2025 代ゼミ

代々木ゼミナール編

大学入学共通テスト 実戦問題集

国語

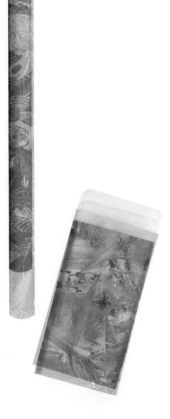

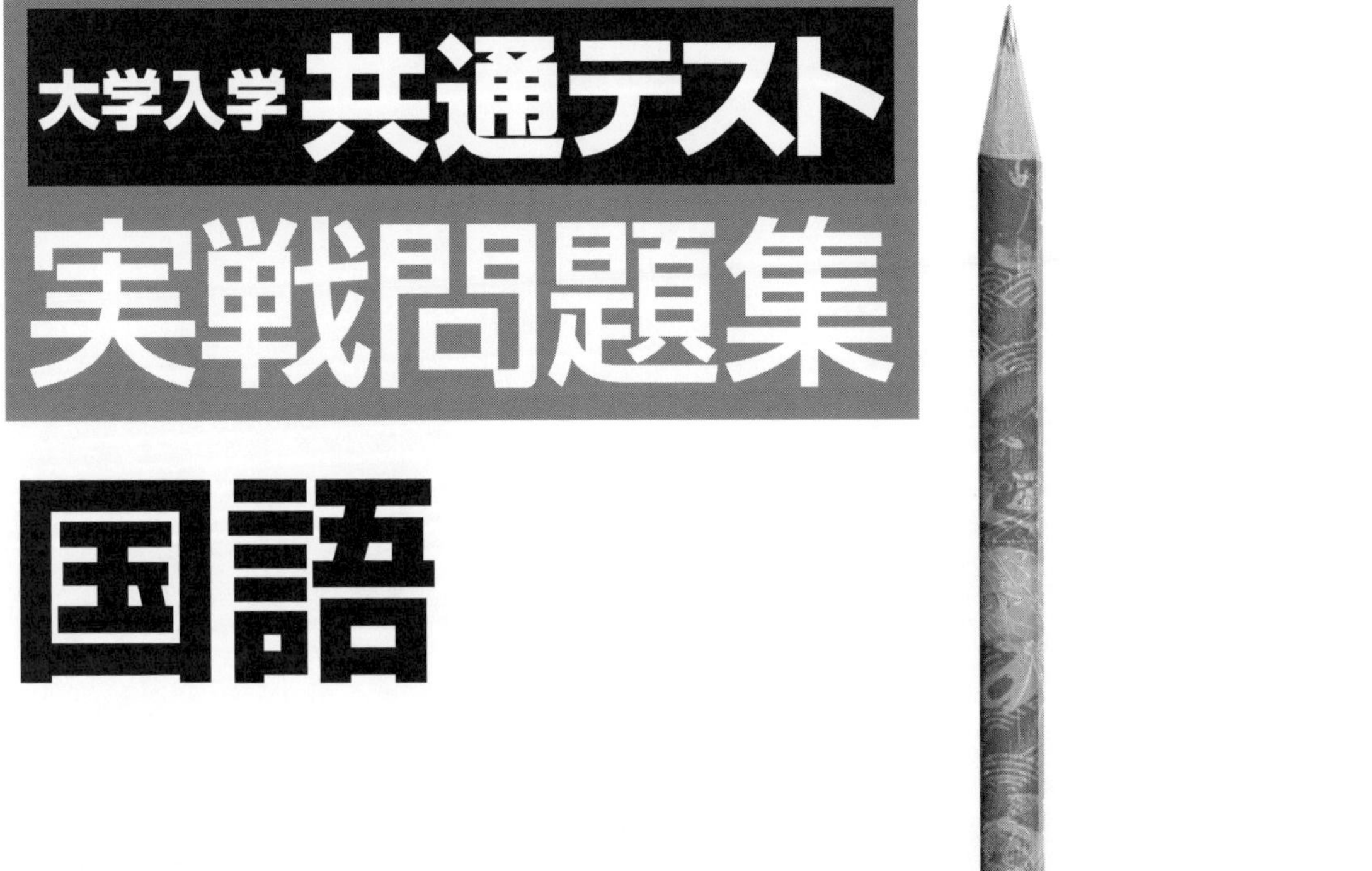

代々木ライブラリー

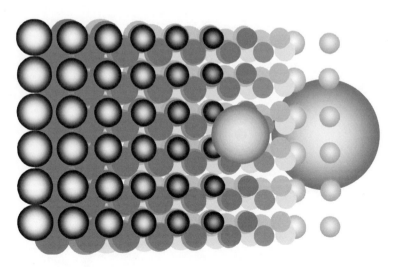

はじめに

この問題集は,大学入学共通テスト（以下,「共通テスト」と略）対策用として,これまでに実施された共通テスト本試験，追試験，2022年に公表された令和7年度共通テスト試作問題などを分析し，これらの出題傾向に基づいて作成したものです。作成には，これまで多くの共通テスト系模試やテキストなどを作成してきた代々木ゼミナール教材研究センターのスタッフが当たり，良問を精選して編集しました。

共通テストは,「高等学校の段階における基礎的な学習の達成の程度を判定し,大学教育を受けるために必要な能力について把握する」ことを目的に実施されています。出題に当たっては，高等学校において「主体的・対話的で深い学び」を通して育成することとされている「深い理解を伴った知識の質を問う問題や，知識・技術を活用し思考力，判断力，表現力等を発揮して解くことが求められる問題を重視する。その際，言語能力，情報活用能力，問題発見・解決能力等を，教科等横断的に育成することとされていることについても留意する」と公表されています（大学入試センター「大学入学共通テスト問題作成方針」による)。

また,「知識・技術や思考力・判断力・表現力等を適切に評価できるよう，出題科目の特性に応じた学習の過程を重視し,問題の構成や場面設定等を工夫する。例えば，社会や日常の中から課題を発見し解決方法を構想する場面，資料やデータ等を基に考察する場面などを問題作成に効果的に取り入れる」とされています。

過去のセンター試験・共通テストの傾向に加えて，思考力・判断力・表現力を重視した出題，社会生活や日常生活に関する問題発見型の出題，さらに複数の資料やデータを関連づける出題が今後も増加すると予想されます。そのような問題に適切に対処するには，同傾向の問題に幅広く触れ，時間配分をも意識して，実践的な演習を積むことが不可欠です。

本問題集の徹底的な学習，攻略によって，皆さんが見事志望校に合格されることを心より願っています。

代々木ゼミナール教材研究センター

特色と利用法

1. 共通テスト対策の決定版

① 代々木ゼミナール教材研究センターのスタッフが良問を厳選

これまで実施された代々木ゼミナールの共通テスト向け模擬試験やテスト、テキストなどから、本番で出題が予想され、実戦力養成に役立つ良問を厳選して収録しています。また一部の科目では新課程入試に対応するよう新規作成問題を収録しています。

② 詳しい解答・解説付き

2. 共通テストと同一形式

出題形式、難易度、時間、体裁など、本番に準じたものになっています（一部、模試実施時の形式のものがあります）。実戦練習を積み重ねることによって、マークミスなどの不注意な誤りを防ぎ、持てる力を100％発揮するためのコツが習得できます。

3. 詳しい解答・解説により実力アップ

各回ともにポイントを踏まえた詳しい解説がついています。弱点分野の補強、知識・考え方の整理・確認など、本番突破のための実戦的な学力を養成できます。

4. 効果的な利用法

本書を最も効果的に活用するために、以下の3点を必ず励行してください。

① 制限時間を厳守し、本番に臨むつもりで真剣に取り組むこと

② 自己採点をして、学力のチェックを行うこと

③ 解答・解説をじっくり読んで、弱点補強、知識や考え方の整理に努めること

5. 共通テスト本試験問題・試作問題と解答・解説を収録

２０２４年1月に実施された「共通テスト本試験」、ならびに２０２２年11月に公表された「令和7年度共通テスト試作問題」の問題と解答・解説を収録しています。これらも参考にして、出題傾向と対策のマスターに役立ててください。

CONTENTS

大学入学 共通テスト“出題傾向と対策”

令和７年度大学入学共通テスト「国語」では、試験時間が従来から10分延長になり、近代以降の文章の大問が１題追加される変更が予告されている。試験時間90分、満点200点、近代以降の文章（3問110点）、古文（１問45点）、漢文（１問45点）の５つの大問による出題となる。大問ごとの特徴と対策は以下の通り。

第１問（現代文）では、主に評論文が取り上げられ、漢字の知識や文章を正確に読み取る力、複数のテクストを関連付けて考える力などが問われる。対策として、まずは文章の文脈・展開を正確に読み取る力、および本文全体の構造を把握する力を養おう。共通テスト・センター試験の過去問を解くことはもちろん、解いた問題を使って本文要約の練習をすることも効果的だ。本文をいくつかの意味段落（内容のまとまり）に分け、それぞれのまとまりを簡潔に要約してみよう。さらに模擬試験や問題集などを通して、複数の文章を関連付けて解くタイプの問題に慣れておくことも必要である。

第２問（現代文）では主に小説が取り上げられる。基本的には従来のセンター試験の傾向を引き継いでいるが、本文の内容や表現について別の資料に基づいて解釈するといった設問が出題されている。しかしこうした解釈の多様性に基づく問題も、本文や資料の内容を把握できていればさほど難しい問題ではない。そのため、共通テスト・センター試験の過去問を用いて小説の読み方と正誤判定の仕方に習熟しておくことが重要である。また、読んだ作品に対する批評や、関連する他の作品などにも可能な限り触れておくと、複数の文章を関連付けて解く問題に余裕をもって取り組むことができる。

第３問（現代文）は、令和７年度より新たに追加される大問である。令和４年11月９日に大学入試センターより公表された試作問題では、高校生が複数の資料をもとにレポートを書くといった言語活動の場面を想定し、文章や図、グラフなどの多様なテクストの読解を求める出題がなされている。新傾向の問題ではあるが、一つ一つのテクストの正確な読解が重要である点は他の大問と同様である。図やグラフ、その他の実用的なテクストを交えた問題については、教科書の内容を押さえたうえで、模試等を通じて定期的に演習を行おう。

第４問（古文）は、一部の設問で本文をより深く理解するための解説文、教師と生徒の対話、引歌と本歌の鑑賞など、複数の文章を関連付けて読む力が求められる。ただ、全体的には従来のセンター試験の出題傾向を引き継ぐ設問構成。「語句の解釈」、文法を含む「語句と表現」に関する出題は定着しており、単語や文法の知識が不可欠である。この基礎力なくしては本文を正確に読み解くことが出来ず、失点につながってしまいやすい。また、和歌に関する説明問題も頻出するので修辞の知識も必須。対策としては、模試や予想問題、過去問を用いた演習が効果的である。

第５問（漢文）は、おおむね従来のセンター試験の設問形式を踏襲しつつも、複数の文章を関連付けて取り組む新傾向の設問が出題されている。したがって「それぞれの問題文の趣旨をおさえ、共通点・相違点を見抜く」という複数文章問題の対策を学んでおくことは不可欠だろう。また、共通テストでは漢詩が頻繁に出題されているため、漢詩の基礎的な知識（詩型や押韻、対句など）も習得する必要がある。しかし複数文章にかかわる設問以外は、従来のセンター試験から大きな変化はない。したがってその対策も、重要語句や句法を覚え、返り点や書き下し文の法則を理解し、読解演習を繰り返すという地道な努力以外にはない。新傾向問題への対策は不可欠だが、同時にこれまで通りの漢文学習にも十分な時間を費やしてもらいたい。

●出典表

年度	大問	内　容
2023 本試験	1．現代文（評論）	文章Ⅰ＝柏木博『視覚の生命力』　文章Ⅱ＝呉谷充利『ル・コルビュジエと近代絵画』
	2．現代文（小説）	梅崎春生「飢えの季節」
	3．古　文	『俊頼髄脳』　問４＝『散木奇歌集』
	4．漢　文	白居易『白氏文集』
2023 追試験	1．現代文（評論）	北川東子「歴史の必然性について」
	2．現代文（小説）	太宰治「パンドラの匣」　問７【資料】＝外山滋比古『「読み」の整理学』
	3．古　文	『石清水物語』　問５＝『伊勢物語』
	4．漢　文	文章Ⅰ＝安積艮斎『洋外紀略』　文章Ⅱ＝『性理大全』
2024 本試験	1．現代文（評論）	渡辺裕『サウンドとメディアの文化資源学』
	2．現代文（小説）	牧田真有子「桟橋」　問７【資料】＝太田省吾「自然と工作」
	3．古　文	『草縁集』「車中雪」
	4．漢　文	【詩】＝杜牧「華清宮」　【資料Ⅰ～Ⅲ】＝蔡正孫『詩林広記』 【資料Ⅳ】＝程大昌『考古編』
2024 追試験	1．現代文（評論）	文章Ⅰ＝大塚英志『江藤淳と少女フェミニズム的戦後』 文章Ⅱ＝西兼志「コミュニケーションの vector としての〈キャラ〉」
	2．現代文（小説）	野呂邦暢「鳥たちの河口」
	3．古　文	幸若舞「景清」　問５＝浄瑠璃「出世景清」
	4．漢　文	賀貽孫『激書』

第　1　回

時間　90分　　　　　　　200点　満点

1 ── 解答にあたっては，実際に試験を受けるつもりで，時間を厳守し真剣に取りくむこと。

2 ── 巻末にマークシートをつけてあるので，切り離しのうえ練習用として利用すること。

3 ── 解答終了後には，自己採点により学力チェックを行い，別冊の解答・解説をじっくり読んで，弱点補強，知識や考え方の整理などに努めること。

第1問　次の【文章Ⅰ】は、建築家である筆者（青木淳《あおきじゅん》）が自分で設計した住宅について述べたものである。また、【文章Ⅱ】は建築家である筆者（隈研吾《くまけんご》）が建築物の歴史について考察したものである。これらを読んで、後の問い（問1～6）に答えよ。なお、設問の都合で表記を一部改めている。（配点　45）

【文章Ⅰ】

一九九四年、ぼくははじめての住宅「H」(注1)をつくった。設計に五年もかかった。そんなにかかってしまったのは、実施設計を終えて見積りに出すと、決まって予算がオーバーしていたからである。すぐに細かい修正を加えて減額案をつくればよいのだが、わがままをいって、そのたびごとに最初から案を立て直させてもらった。気持ちのどこかで、今の案ではクライアント(注2)の老夫妻の生活と、肝心のところで決定的にずれてしまっている、と感じていたのに違いない。結局でき上がったのは、住宅といっても、寝室もなければダイニングもない、細長い不均質なワンルームの空間であった。

設計の間、庭でサイ(ア)バイした野菜やハーブを摘んでつくった料理を御馳走になったり、夏用の簡素な別荘に泊まりがけで呼ばれたりした。だんだん、彼らが生活の中でどんなことを大事にし、どんなことを楽しいと感じているか、おおよそのことがわかってくる。それにつれて、設計のやり方も、生活を分析してそれを組み立てて案をつくるということから、まず案をつくって、頭の中でそこでの生活を思い描いて、ぴったり合っているかどうかをチェックする、といった方法に比重が移っていく。だから、でき上がったものにはぜんぜん論理的な筋道がない。寝室やダイニングをなくそうとしたわけではなく、ようやく生活と身の丈があったと思ったら、寝室もダイニングもなかったのである。

こうしてでき上がったものを前にして、ぼくはあらためて、住まいはかつて目的空間の集合体ではなかった、というきわめて単純なことに思い当たった。

かつて住まいではさまざまなことが行われていた。食事、睡眠はもちろん、出産、育児、教育、儀式、治療、葬式、寄合、生産、労働、仕事、芸事。それらあまりに多くの行為が同居していたさまは、むしろまず「生活」としかいいようのない総体があって、それがさまざまな局面を見せていた、といったほうがよほど正確であるような気がする。そこで行われていることひとつひとつを(イ)弁別して名づける必要を感じないほどに、「生活」は不定形なひとまとまりだったのである。近代は、住まいでのこういう「生活」を、目的を持った行為に切り分け、ついでそれを外部化した。工場、学校、病院、葬儀場、集会所……といった近代に生まれた多くのビルディング・タイプは、そういう大きな流れの産物であったという。A住宅は都市の中の目的空間を発生させてきたひとつの大切な母体だったのである。

このことを逆からいえば、住宅を他のビルディング・タイプから分けているのは、それが目的に分化する以前の行為つまり「生活」の場であるということだろう。ところが、今では住宅も目的空間の集合体として考えられている。眠る「ための」場所、食べる「ための」場所、入浴する「ための」場所、くつろぐ「ための」場所、それらの目的空間が前提とされている。それらをどう配置するかに多くの時間が割かれている。

「H」で迂回しながらもぼくが辿《たど》り着いたのは、しかしそういう思考方法では、住宅を「生活」の場として、たぶんつくり得ないだろうという予感であった。都市において「未目的」な行為の場が住宅なら、住宅においてそれを構成するのもやはり「未目的」な行為の場のはずである。それは寝室や食堂や浴室や居間などではあり得ない。あえていうなら、それら目的空間の「間」だけが住宅を構成し得るはずである。「生活」は、寝室や食堂で「ない」ところに見い出すしかない、と思ったのである。

街路や住宅が目的をもった行為に切り分けられ、さまざまなビルディング・タイプとして目的地に移し変えられていくのを前にして、ぼくがやってみたいと思ったのは、そうして一旦はでき上がってしまっている目的地をもう一度「未目的」の状態に差し返すことであった。つまり、ぼくたちの行為に先取りして存在している空間を引きずり戻して、行為が起きることではじめて出現する「場」につくり変えたいと思ったのである。

そのためにぼくがまずは必要だと考えたのは、空間から目的を(ウ)ハぎ取ることであった。博物館から「博物館であること」を、劇場から「劇場であること」を、小学校から「小学校であること」をまずは差し引こう、と考えたのである。たとえば小学校を設計する。しかしBそれが「小学校であること」をその出発点から葬り去る。

狭義の「建築計画学」はこれとちょうど反対のことをする。小学校ではかくかくの行為が行われるので、しかじかの空間を必要とする、というような順番で考える。その空間で行われることはあらかじめ決まっている。小学校ができ上がると、意図どおり教師や児童生徒が動いてくれたかどうかが検証される。いかにうまく人間を空間というシナリオどおりに行動させられるかが問われている。

こういう「建築計画学」の精度が上がり、それが細かく適用されればされるほど、ぼくには小学校が「見えない牢獄」に近づくように見える。自分では自由に飛び回っているつもりの孫悟空が実は釈迦の手の平にユウ(エ)ヘイされていたように、児童生徒は意識はしていないが徹底したシナリオの外に一歩も出られなくなっているように思われるのである。友達としゃべることまで想定された「しゃべろうか」という、何とも悪い冗談のような廊下の話を聞いたことがある。

もちろん、こういうCはなはだ反教育的な空間を避けるために、なんでもできる「ための」空間も用意される。しかし、どのように扱うにしても、出発点に「小学校であること」を置くということは、ぼくには空間が行為に先行するという倒錯にしか思えないのである。

ぼくが小学校について考えるとき、よく思いだすのは新疆《しんきょう》(注3)アルタイ山で撮られた一枚の写真のことである。草原のなかに板を立て掛けた男がいる。まわりに子供が二十数人。前に平たい石を積んで、三々五々地べたに座り、彼の話に聞き入っている。そこでは行為が空間に先行している。児童生徒、教師、あるいは地域住民が出会うことで、はじめて「小学校」という状況が生まれてくるのである。

(青木淳『原っぱと遊園地』による)

【文章Ⅱ】

人々は大きな建築にあこがれ続けた。一九二九年の大恐慌によって、超高層ブームは一旦収束にむかったが、その後も世界は一貫して、「強く、合理的で、しかも大きな」建築をめざして動き続けた。二〇世紀中盤にかけてのニューヨーク、一九八〇年代のいわゆるバブル経済期の東京、九〇年代以降の北京、上海、そして石油で潤った中東。時々の経済活動の中心地に、大きな塔は立った。外観のパッケージは、時々の流行につれて微妙に変化していくが、その奥にひそむ精神は同一である。リスボン（注4）で神を見失って以降、人間は一貫して、強く合理的で大きな建築をめざして走り続けて来たのである。大災害に遭うたびに、いよいよこの傾向は強まっていった。建築を大きくすることが、必ずしも、建築の安全性とは一致しないにもかかわらず、強く、合理的で大きなものをめざす気持ちは変わることがなかった。むしろ加速していった。

最も残念なことは、日本もまた、リスボン以降の強く大きな建築へと向かう波にのみこまれてしまったことである。関東大震災（一九二三年）以前の東京は、木造の平屋や二階建て建築が立ち並ぶ低層の都市であった。木造建築は、コンクリートや鉄の建築に比べれば強くもなければ合理的でもなかったし、もちろん大きくもなかった。木造建築は、あらゆる意味において、木材という自然素材の制約下にあり、長さ三メートル前後以上のものは手に入りにくかったし、太さも一〇センチ内外以上の材を手に入れるのは難しい。自然という絶対条件が、手かせ足かせになっているのである。

しかしその制約のおかげで、木造建築はヒューマンなスケールを獲得することができた。三メートルごとに細い柱が立ち、高さも二階建て以下に自動的に抑えられた。人工的な法規によってではなく、自然という絶対条件ゆえに、「小さな建築」しか建てられなかったのである。

D自然は建築を小さくし、人間の知能は建築を大きくしようとする。その自然という制約が、東京という都市を世界でもまれな美しい都市としていた。たぐいまれな高密度都市であるにもかかわらず、東京は木のおかげで、美しく温かく、やわらかかった。木という制約が、この都市の美しい暮らしを支えていたのである。

しかし、関東大震災によって一〇万人の人間が亡くなった。主な死因は焼死である。ロンドン大火、シカゴ大火と同じように、木造の都市であったことが一〇万人の死者を出した。(オ)即座に、建築基準法が改正された。東京は強く合理的で大きな建築が立ち並ぶ都市に生まれ変わることになったのである。木に代わって、コンクリートや鉄という、日本人にはなじみのない素材が導入され、東京のヒューマンスケールは失われた。東京の「小ささ」が失われ、東京はおそろしい勢いで醜くなっていった。コンクリートや鉄というヨーロッパ・アメリカ発の材料を受け入れたことで、ヨーロッパ・アメリカのコピー建築で埋め尽くされた、醜くて「大きな」都市へとなりさがったのである。

（隈研吾『小さな建築』による）

（注） 1 住宅「H」――筆者は自らの設計した住宅をアルファベットの略号で呼んでいる。

2 クライアント――顧客、依頼人。ここでは建築の施工を依頼した人のこと。

3 新疆アルタイ山――アルタイ山脈は、西シベリア、モンゴル、中国の新疆ウイグル自治区にまたがる山脈。

4 リスボンで神を見失って――一七五五年に起こった「リスボン大地震」を指す。この地震はヨーロッパに甚大な被害をもたらし、死者五～六万人を出した。当時の人々は「神はついに人間を見捨てた」と感じたという。

問1　次の(i)・(ii)の問いに答えよ。

(i)　傍線部(ア)・(ウ)・(エ)に相当する漢字を含むものを、次の各群の①～④のうちから、それぞれ一つずつ選べ。解答番号は［1］～［3］。

(ア)　サイバイ　［1］
① 所得がバイゾウする
② バイシン員制度
③ 実験用の細菌をバイヨウする
④ 損害バイショウを請求する

(ウ)　ハぎ取る　［2］
① 彼はハクシキで知られている
② 民俗館で熊のハクセイを見る
③ キハクな人間関係に悩む
④ 異教徒をハクガイする

(エ)　ユウヘイ　［3］
① 父の頑固さにはヘイコウする
② ゴヘイのある言い方をする
③ オウヘイな態度を改める
④ 隣国をヘイゴウする

(ii) 傍線部(イ)・(オ)と同じ意味を持つものを、次の各群の①〜④のうちから、それぞれ一つずつ選べ。解答番号は 4 ・ 5 。

(イ) 4 弁別

① 思弁
② 弁舌
③ 花弁
④ 雄弁

(オ) 5 即座

① 即位
② 不即不離
③ 即物的
④ 即答

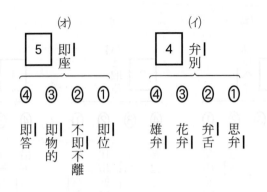

問2　傍線部**A**「住宅は都市の中の目的空間を発生させてきたひとつの大切な母体だったのである」とあるが、それはどういうことか。その説明として最も適当なものを、次の①～⑤のうちから一つ選べ。解答番号は 6 。

①　現在の都市にある機能的で合理的な目的空間は、人間が自らの住まいに求めてきた機能性や合理性を近代的な技術によってさらに発展させたものだということ。

②　現在の都市のさまざまな目的をもった建築物は、かつての人間の住まいにおいて実現されていた目的空間の集合体をさらに大規模に発展させたものだということ。

③　現在の都市にある多様な建築物は、人間が自らの生活をまとまりのあるものにするために作ってきた住宅をさらに拡張することによって生まれたものだということ。

④　現在の都市にある多様な目的空間は、機能によって分けることのできない生活の場であった住まいからさまざまな形に派生して生まれたものだということ。

⑤　現在の都市にある多様な建築物は、人間の住まいに未分化な形で存在していた生活の多様性を、機能性に基づいて統合することによって生まれたものだということ。

問3　傍線部B「それが『小学校であること』をその出発点から葬り去る」とあるが、この表現を通して筆者は何を言おうとしているのか。その説明として最も適当なものを、次の①～⑤のうちから一つ選べ。解答番号は 7 。

①　小学校を設計するにあたっては、そこでどのような学びが行われるのかは二次的な問題にすぎず、むしろそこで子供たちがいかに自由に遊べるかを中心に考えるべきだということ。

②　小学校を設計するにあたっては、そこが何をすべき場所かということをいったん忘れ、そこで自然に生まれる教える側と教わる側との自由な行動こそを優先すべきだということ。

③　小学校を設計するにあたっては、それが何のために使用される建物かという実用的な側面を忘れることによって、純粋な建築物としての自立性や独立性を追求すべきだということ。

④　小学校を設計するにあたっては、従来の小学校のイメージを根本から否定することによって、教える側と教えられる側との固定的な関係性を壊すことを第一に考えるべきだということ。

⑤　小学校を設計するにあたっては、従来の小学校の伝統的なイメージに縛られることなく、より自由な教育プログラムの実践にふさわしい場を作ることを重視すべきだということ。

問4　傍線部C「はなはだ反教育的な空間」とあるが、筆者はなぜこのように述べているのか。その説明として最も適当なものを、次の①～⑤のうちから一つ選べ。解答番号は 8 。

①　子供たちが自由に友人と語り合い、勉強以外の活動も許容されるべき小学校が、大人の意図の強引な押しつけによって、単に効率的に勉強するだけの場所になってしまっているから。

②　子供たちが互いに教え合い、学び合う場であるべき小学校が、教える側の意図通りに設計されることによって、教育を通して身につけるべき協調性や集団性が見失われているから。

③　本来ならば子供たちの生き生きと学ぶ姿を思い浮かべ、それにふさわしい空間を作るべきなのに、大人の意図通りの空間が作られることで、子供の自然な学習意欲が奪われているから。

④　自然の中でのびのびと学ぶべき子供たちが、人工的な校舎の中に閉じ込められ、決められたカリキュラムを押しつけられることによって、自然との豊かな交流の機会を奪われているから。

⑤　子供たちの自然な行動が尊重されるべき小学校が、設計者の事前の意図通りに作られることによって、本来の教育には欠かせない子供たち自身の判断や行動の自由が奪われているから。

問5　傍線部D「自然は建築を小さくし、人間の知能は建築を大きくしようとする」とあるが、それはどういうことか。その説明として最も適当なものを、次の①～⑤のうちから一つ選べ。解答番号は 9 。

① 自然の素材はその制約によって建築物を一定の大きさにとどめてきたが、近代以降、より強く合理的な建築物を作ろうとする人間の精神が従来の制約を超えた巨大な建築物作りをめざすようになったということ。

② 木造建築による都市作りを行ってきた日本は素材の制約により小さな建築物しか作ることができなかったが、近代以降、西洋の技術を取り入れることで、より巨大な建築物を作ることができるようになったということ。

③ 伝統的に自然との調和を重んじてきた日本は、その理想の実現のために木造建築による都市作りを行ってきたが、西洋近代の合理精神は建築物を自然に対立するものととらえ、その巨大化を図ってきたということ。

④ 自然は素材による制約によって建築物の大きさを制限してきたが、人間は自然の意志にあらがうために、近代的な合理精神と物質的な技術を駆使して、より強靭で巨大な建築物を作ることに成功したということ。

⑤ 日本では小さいながらも美しく温かな都市作りをめざして木造建築を行ってきたが、西洋では近代以降、過酷な自然災害から人々を守るために、より安全性の高い巨大な建築物作りを追求してきたということ。

問6　次に示すのは、授業で**【文章Ⅰ】【文章Ⅱ】**を読んだ後の、話し合いの様子である。これを読んで、後の(i)～(iii)の問いに答えよ。

生徒A――**【文章Ⅰ】**と**【文章Ⅱ】**は、両方とも人間の暮らしと建築物との関係について論じていたね。

生徒B――うん。この二つの文章を読み比べると、［　**X**　］と言えそうだ。

生徒C――たしかにそうだね。でも**【文章Ⅰ】**と**【文章Ⅱ】**には［　**Y**　］という違いもあるね。

生徒A――そうか。たしかにそういうとらえ方の違いはありそうだ。

生徒B――ただし、二つの文章の根底には［　**Z**　］という問題意識が存在しているように思えるよ。

生徒C――こうして二つの文章を読み比べながら、共通点と相違点を話し合ってみると、それぞれの文章を読んでいるだけでは気づかない新たな発見があるね。

(i) 空欄 X に入る発言として最も適当なものを、次の①～④のうちから一つ選べ。解答番号は 10 。

① 【文章Ⅰ】では、近代の都市空間がかつての住宅に存在していた各部屋の機能性の調和を見失ったことが指摘され、【文章Ⅱ】では、日本の建築が木材の美しさを見失い、効率重視の都市作りへと突き進んだことが批判されている

② 【文章Ⅰ】では、目的を先行させて作られた近代的な建築が生活の本質を見失わせたことが指摘され、【文章Ⅱ】では、巨大化した近代の建築が、自然と調和していたかつてのあり方を見失ってしまったことが批判されている

③ 【文章Ⅰ】では、建築物の設計において建築家と住人の人間的な交流が不可欠であることが述べられ、【文章Ⅱ】では、近代建築が自然災害の被害を防ぐために人工的な素材を用いた結果、都市の美観を損なったことが批判されている

④ 【文章Ⅰ】では、近代建築が見失った生活の可能性を取り戻すために伝統的な建築物に回帰すべきことが述べられ、【文章Ⅱ】では、木造建築に基づく都市の美しい暮らしが近代の建築により大きく損なわれたことが批判されている

(ii) 空欄 **Y** に入る発言として最も適当なものを、次の①～④のうちから一つ選べ。解答番号は 11 。

① 住宅とビルディングの建築物としての機能の違いに着目するか、西洋と日本の建築様式の違いに着目するか

② 建築物の設計における非合理性の必要に着目するか、建築物の規模における合理性の追求に着目するか

③ 生活する場としての住宅の持つ意味に着目するか、近代の建築物の背後にある人々の意識に着目するか

④ 生活を快適にするための住まいの独自性に着目するか、建築物の背景に存在する歴史的事実に着目するか

(iii) 空欄 Z に入る発言として最も適当なものを、次の①～④のうちから一つ選べ。解答番号は 12 。

① 近代以降の建築は規模の拡大をめざしてきたが、今後は小規模な建築物のもつ意味にも目を向けるべきではないか
② 近代以降の建築は合理性のみを追求するあまり、無目的な空間のもつ意味や意義を見失ってしまったのではないか
③ 近代以降の建築は自然を征服しようと試みてきたが、これからは自然との共存や調和を図っていくべきではないか
④ 近代以降の建築は目的や規模の大きさにとらわれ、人間の暮らしの根本にある価値や基準を見失ったのではないか

第2問

次の文章は、桜木《さくらぎ》紫乃《しの》「やや子《こ》」（二〇一四年発表）の一節である。田上《たがみ》やや子は両親が離婚したため祖父母に育てられ、現在は釧路市で図書館員として働いている。ある日、音信不通だった父・高雄《たかお》と一緒に暮らしていたという旭川市の三浦《みうら》知《とも》子《こ》という女性から、高雄の危篤を知らせる手紙が祖母宛てに届く。祖母はすでに他界していたため、やや子が知子に連絡を取ったところ、高雄も既に亡くなっていたことを知らされた。本文は、やや子が旭川まで知子を訪ねた場面から始まる。これを読んで、後の問い（**問1～7**）に答えよ。（配点　45）

三浦家は、広大な田んぼの一角に家を構えていた。遠くに冠雪している大雪山が見える。空と山と田んぼだけで、充分旅先を実感できた。家の周りには、しっかり刈り込まれた松や太い木々がそびえるように生えており、建物も家というよりは屋敷と呼ぶほうがふさわしい大きさだった。知子は、ここにひとりで住んでいるのだと言った。

「三浦家には跡取りがいなかったから、十年前からわたしが土地と建物を管理しているんです。養子縁組をしましたが、親族とはつきあいがありません」

知子は旭川の大学で教鞭《きょうべん》を執っている農学科の教授だった。**A**肩書きと来し方がおもしろいほどずれている。

「あ、良かった。駅に着いてから初めて笑ってもらえました。ずっと笑ってくれないんじゃないかと思ってましたよ」

笑いながら家に上がり、そのまま仏壇の前に座り手を合わせた。子供のころに見た父は大柄な印象だったが、骨壺は驚くほどちいさかった。両手にすっぽりおさまりそうだ。三浦家の仏壇には先代夫妻の位牌《いはい》と「田上高雄」の位牌があった。見知らぬ男と並べられた夫妻も戸惑っているのではないか。

ぼんやりと骨壺を見ていると、知子が言った。

「ここの田んぼは、田植えから稲刈りまですべて学生たちの動員をかけてやってます。収穫したあと、みんなで自分たちの育てた米を炊いて、お腹いっぱい食べます。田上さんとは、彼が大学の清掃のアルバイトをしているときに知り合いました」

自分は勝手に他人の養子になるような身軽な人間なのだと知子は言う。そして父の高雄もまた、彼女に劣らず身軽な一生を生きた。

「お互いの死を知らずにあの世へ逝く母と息子ってどうなんだろうと、やや子さんにお目にかかるまでいろいろと考えました」

客観的に自分たちはどんな捉《とら》えられかたをするのだろう。やや子は知子の言葉を待った。B彼女は数秒骨壺を見たあと、晴れ晴れとした表情になった。

「いいんじゃないかなそれも、と思えたんですよ。なんだか巡り合わせとして不思議だけれど、お互いの選択が許されたわけだから。誰が許したかなんていうのは、ふたりにとって問題にならないし」

知子の言葉は人と人のあいだにある不確かさをすべて肯定していた。

「C父は、どんなひとでしたか」言葉にすれば、おかしな具合だ。

「おもしろい方でしたよ」と知子は言った。

明けても暮れても稲の研究ばかりしている知子の研究室にゴミ箱を取りにきた父は、品種改良を試みる苗をじっと見ながら
「この米は旨いんですか」と訊ねたという。

「どの米よりもおいしくするために研究してるんですって答えると、慌てて頭を下げたの」

失礼なことを言ったという自覚はあったようだが、一週間後に再び同じ質問をしたのでそのときばかりは少し怒ったふりをしたのだという。

「田上さん、お詫びになにを持ってきたと思いますか」

さぁ、と首を傾《かし》げると「海苔《のり》です」と答えた。

「のり、ですか」

「ええ。旨い米はにぎりめしがいちばんだからという理由で、島根県産の板海苔を十枚。それって、かなり希少なものなんです。訊いたら、若いころに海藻《かいそう》を取り扱う仕事に就いたこともあったらしくて。その年に収穫した米でおにぎりを作って、その海苔を巻いてお返ししたんです。それからのおつきあいです」

あっけらかんと話す知子の晴れやかな表情に、やや子はしばらくのあいだうまい言葉が浮かばなかった。照れた表情のあと、目を伏せる。

「病院に入ったのは、本当に最後の最後でした。明日のこともわからないなぁと思ったら、ちょっとだけ心が弱くなってしまって。またひとりに戻るだけなんだけど、一緒に暮らした時間がとても楽しかったから。彼も、このまま死ぬからと笑って言うので、そうしてあげたかったんですけど」

三浦知子が手紙を投函《とうかん》してほどなく、父、田上高雄は息を引き取った。お互いの来し方を話さなくてもいい関係は、とても居心地が良かったと彼女は言った。やや子も、彼女のあれこれを訊ねなかった。

その夜やや子は彼女とふたり、白米と数種類の漬け物、地酒で、遅れた「通夜」を送った。もう父の魂はどこかへ行ってしまったろうし、あの世の存在も信じていないが、質素に見えてとても贅沢《ぜいたく》な食卓には、終始ふたりきりではないような気配が漂った。

家の掃除と維持を農作業にやってくる学生たちに任せていると笑う教授は、豪快に酒を飲み、酔うと稲の話が尽きなかった。昭彦(注)から三通メールがきていたが、返信をしないまま寝床に入った。その夜やや子は、ひとかけらの夢もみなかった。

翌日、旭川駅へ送ってもらった別れ際、知子が茶色い紙袋を差し出して言った。

「これ、田上さんが最後に収穫したお米です。今まででいちばん優秀な子なんです。朝いちばんで精米してあるから、おいしいうちに炊いてあげてください。荷物になっちゃってごめんなさい」

いつでも遊びに来いと言う。遺骨引き取りのことも遺品の話もしなかった。借金こそあれ、父が遺したものなどなにもないだろう。骨だけ持って行ってくれということも、知子の性分からみてなさそうだ。だからこそ、ふたりが最後に収穫した米なのだ。やや子が心から礼を言ったのは、祖母の棺を窯に送ったとき以来だった。

帰宅して米の袋を開けると、日向《ひなた》のにおいがした。知子と父が丹精込めた「優秀な子」だ。アパートに戻りすぐに炊こうと思ったまでは良かったが、いざ台所に立つまで炊飯器がないことに気づかなかった。さて、どうしようか。やや子は携帯電話の検索画面で「炊飯　鍋なし」を探しだし「フライパンで炊飯」という項目を見つけた。フライパンならばある。シンク下の扉から、久しぶりに取り出した。手順に沿って米をとぎ、水を合わせた。火にかけるまでの三十分で、昭彦にメールの返信を打った。

『返信が遅くなりごめんなさい。今、旭川から戻りました。向こうでいただいた米を炊こうと思ったのだけど、炊飯器を持っていなくてフライパン出しました』

さすがに三度もメールを無視したあとは、追っかけすぐの返事もこない。旭川へ行く前に、三浦知子に会ってくることは伝えてあった。メールの件名は「着きましたか」「無事ですか」「大丈夫ですか」の順に並んでいる。

検索画面のレシピどおりに火加減を調節していると、日向のにおいが祖母のにおいに変わった。米が蒸《む》れてゆくように、やや子の内側が柔らかく変化してゆく。小一時間かけてふっくらと炊きあがった飯におそるおそるへらを入れた。

茶碗を出して軽く盛る。口に入れた。フライパンで、米が炊けるのかという驚きのあと口になつかしい甘みが広がった。不思議なほど父に対する慈《いつく》しみも懐かしさも愛情もこみ上げてはこない。けれどたしかに今、彼が生きた日々を肯定していた。

自分も誰かから生まれ落ちた子なのだと、フライパンで炊いたご飯に教えられている。これを感傷と呼ぶのは抵抗があった。ひとくち、もうひとくち。やや子は台所に立ったまま茶碗一杯のご飯を食べ終えた。**D**改めて、今年の収穫時期に再び知子に会いに行こうと思った。会いたい人がひとりできた。久しく感じたことのない心もちだ。

玄関のブザーが鳴った。覗《のぞ》いたレンズの向こうに昭彦がいた。ドアロックを外す。どうしたのかと問うと、パッと表情が明るくなった。

「よかった、元気そうで」

昭彦がやや子の肩幅ほどある四角い箱を差し出した。表示を見ると「極上かまど炊き」とある。

「炊飯器？　どうしたのこれ」受け取りながら訊ねた。

「俺も一緒に食べたいと思って」上着のポケットから、海苔の佃煮《つくだに》が入った瓶を取り出して見せた。**E**やや子は「海苔」と言ったきり黙った。こんなところで父に会うとは思わなかった。

「炊きたてのご飯にこれのっけたら、俺、何杯でもいける」

昭彦を部屋に上げ、茶碗に盛ったご飯と箸を渡した。パソコンやティッシュの箱や、ハンドクリームが置かれたテーブルに、持ってきた佃煮を置いた。昭彦は旨い旨いと言いながら、フライパンに残っていたご飯をすべて平らげた。

やや子はロフト式になったベッドの階段に腰掛け、ぽつぽつと知子から聞いた父親の話をした。昭彦はうなずくだけで、言葉を挟まなかった。

「なんだかね、いいような気がするの。すべてが、良い方向に向いて、それぞれが自分で選択した場所で生きて死んだんだって、そう思えるの」

やや子が黙ると、部屋の空気が床に積もってゆく。かき混ぜるための、次の言葉を探す。ひとつところに長く留まっていられないのは、生まれた場所で死んだ祖母も、故郷に戻れなかった父も、そして自分も同じだった。どこにいようと、心が勝手に流れてゆくのだ。

（注）　昭彦――やや子の交際相手の男性。

問1　傍線部A「肩書きと来し方がおもしろいほどずれている」とはどういうことか。その説明として最も適当なものを、①～⑤のうちから一つ選べ。解答番号は 13 。

① 農学科の教授が父と暮らしていたと聞き狐につままれたような思いを禁じ得ないということ。
② 養子縁組をしたのに親族とはつきあいがないという冗談めいた話は極めて滑稽だということ。
③ 軽いもの言いをする様子からは知子が大学の教授だとはどうしても信じられないということ。
④ 大学教授という立場と養子縁組をした私生活とがどうにも合わないと感じられるということ。
⑤ 大学の教授が広大な土地と建物を持っていることがとても現実の話とは思えないということ。

問2　傍線部B「彼女は数秒骨壺を見たあと、晴れ晴れとした表情になった」とあるが、このときの知子の心情の説明として最も適当なものを、次の①～⑤のうちから一つ選べ。解答番号は 14 。

①　母と息子が血縁に反して疎遠なまま死を迎えたことの是非は判断がつかないでいるが、今は実の娘であり孫であるやや子の悲しみに寄り添うべきだと思い直している。

②　母と息子が相次いで死を迎えた巡り合わせをあれこれ考えるよりも、二人が死を迎えた事実をありのままに受け入れることが親子の供養につながると思い直している。

③　母と息子が互いの死を知らないままだったことを第三者がとやかく言うべきではなく、二人が自分の思いを遂げた上で死を迎えたことを受け入れたいと思い直している。

④　母と子がお互いの死を知らなかったことは常識的には不幸なことだが、二人の場合には死別の悲しみを感じずにすんだことは不幸中の幸いだっただろうと思い直している。

⑤　母と子が互いに音信不通なまま死を迎えたことは心から残念なことだが、別の考え方をあえて提示し、実の孫であり娘であるやや子に気を使わせまいと思い直している。

問3　傍線部**C**「父は、どんなひとでしたか」とあるが、これに続く会話での知子の心の動きはどのようなものか。その説明として最も適当なものを、次の①～⑤のうちから一つ選べ。解答番号は 15 。

① 高雄の人柄について問われたため初対面のやや子に対して高雄との思い出を饒舌に語ってしまったが、返答のできないやや子のとまどった様子に、改めて高雄の死に話題を戻した。

② やや子の前で高雄と暮らした日々や死別した時のことを話すうちに、実の娘であるやや子を差し置いて自分が高雄のエピソードを披露していることに罪悪感を持ち、話をそらそうと思った。

③ やや子と話すうちに高雄の思い出が次々と湧いてきたが、明るく話す自分を怪訝そうに見つめるやや子の様子から高雄とは二度と会えない現実を再認識し、その死を悼む思いを新たにした。

④ やや子の問いかけをきっかけに高雄と出会ってからのことを回想して甘美な追憶に浸っていたが、やや子のとまどったような顔を見て、場違いな言動を続けた自分の無神経さにあきれ返った。

⑤ 高雄との出会いから死別までのことを虚実取り混ぜて話し場を取り繕っていたが、不信感を隠さないやや子の顔つきを見て、やや子とともに高雄の死を冷静に受け止めたいという念に駆られた。

問4　傍線部**D**「改めて、今年の収穫時期に再び知子に会いに行こうと思った」とあるが、やや子がそのように思ったのはなぜか。その理由として最も適当なものを、次の①～⑤のうちから一つ選べ。解答番号は 16 。

① 広い住まいに一人で住み、稲の研究に没頭する知子には近寄りがたいところがあるが、収穫時期ならば打ち解けて話ができると考え、もらった米によって父へのわだかまりが解けたお礼を述べやすいと思ったから。

② 別れ際に知子が自分に米を託したことの真意を測りかねて悩んでいたが、知子が味覚や嗅覚を通じて生命の神秘を伝えようとしていたことにようやく気づき、米の収穫現場で彼女の思いに応えようと思ったから。

③ 父の形見とも言える米をさりげなく渡すことで、やや子が父への思いに区切りをつける道筋をつけてくれた知子の思いやりの深さに今さらながら気づき、収穫に立ちあって彼女の話をもっと聞きたいと思ったから。

④ 丁重な歓待を受けたにもかかわらず遺骨を引き取らなかったことが気になっていたが、知子の気遣いのおかげで遺骨を引き取る決心がつき、収穫作業の手伝いをかねて知子を訪れて親交を深めたいと思ったから。

⑤ 知子のおかげで父が生きた証を確認し、自分も人間の関係性の網の目を生きていると気づくことができたことで知子への親近感も湧き出て、彼女の生きがいともいえる米の収穫に立ちあってみたいと思ったから。

問5　傍線部E「やや子は『海苔』と言ったきり黙った」とあるが、このときのやや子の心情の説明として最も適当なものを、次の①～⑤のうちから一つ選べ。解答番号は 17 。

① 知子への「お詫び」として父が海苔を持ってきたという話を思い出しながら、ご飯と海苔という絶妙な組合せを思いつく感性を父と昭彦が共通して持ち合わせていたことを確認できて嬉しく感じている。

② 父がかつて「お詫びの品」として知子のもとに持参した海苔が今になって自分の前に現れたことで、自分が今も心のどこかで父に依存していることを思い知らされ、驚愕とやりきれなさを味わっている。

③ 海苔は父が以前「お詫び」の意を込めて知子のもとに持参したものだが、連絡を怠ったことを詫びるべき立場にある自分が海苔を昭彦から受け取ったことで、自分と海苔との深い因縁を感じ取っている。

④ 海苔を持って現れた目の前の昭彦の姿は「お詫び」のために知子の前に現れた父の姿を彷彿とさせるものであり、父が海苔にわが身を託して自分たちを見守っているのではないかとの思いを抱いている。

⑤ 昭彦が上着のポケットから出した海苔の佃煮はかつて知子のもとに「お詫び」として板海苔を持参したという父のことを連想させ、父との関係が今も続いているかのような奇妙な感慨にとらわれている。

問6　波線部「田上さんが最後に収穫したお米です。今まででいちばん優秀な子なんです」とあるが、本文で米はどのような働きをしているか。その説明として最も適当なものを、次の①～⑤のうちから一つ選べ。解答番号は［18］。

①　やや子が父の「最後に収穫したお米」を食べてしまうことは父との永遠の別れを意味していたが、お米が「いちばん優秀な子」であるという巧みな比喩は、父が唯一無二の人生を生きた事実がいつまでも残ることを確信させた。

②　やや子にとって、父が「最後に収穫したお米」を炊いたご飯の香りや味わいは祖母や父の存在を認めるきっかけとなると同時に、「優秀な子」という知子の言葉をきっかけに自分自身も生命の連鎖の一環であることが意識された。

③　茶色い小さな紙袋に収まっていた父の「最後に収穫したお米」は人間の生のはかなさを象徴していると感じられたが、知子が「優秀な子」と認めた米を炊いたご飯を食べたことにより、やや子は父の生と死を素直に受け入れられた。

④　「最後に収穫したお米」が「優秀な子」であったのに引き換え、やや子自身はごく普通の「子」でしかないことに割り切れない思いがあったが、フライパンという代用品を使い米を炊飯する行為によってその劣等感を克服できた。

⑤　父の遺した「優秀な子」である「最後に収穫したお米」を炊いたご飯の香りが祖母を思い出させた後で、やや子が昭彦と一緒にそのご飯を食べたことは、二人が世代を超えて代々繋がってきた家系の一員となったことを読者に確認させた。

問7 本文に続く場面で、やや子はこの翌日、勤務する図書館で『星々たち』という本を手に取る。**【資料】**はその場面からの抜粋である。Mさんはこの場面をもとに本文末尾の箇所について考えたことを**【構想メモ】**にまとめ、これに基づいて**【文章】**を書いた。このことについて、後の(i)・(ii)の問いに答えよ。

【資料】

『星々たち』、青いカバーに記された銀色のタイトルをつぶやきながら、満天の星空を思い浮かべた。やや子の胸の内側で、星はどれも等しく、それぞれの場所で光る。いくつかは流れ、そしていくつかは消える。消えた星にも、輝き続けた日々がある。

昨日より、呼吸が楽になっていた。

自分もまたちいさな星のひとつ――。

やや子には表紙カバーの青色が明るい夜空に見えた。頼りない気泡のような星たちを繋げてゆくと、女の像が浮かびあがる。誰も彼も、命ある星だった。夜空に瞬く、名もない星々たちだった――。

【構想メモ】

(1) **【資料】**から考えたこと

・「どれも等しく、それぞれの場所で光る」(＝星のイメージ)。

・やや子は「自分もまたちいさな星のひとつ」と自分に言い聞かせており、自分や身近な人たちを星になぞらえている。

(2) **【文章】**の展開

① やや子の思い浮かべた「満天の星空」

・「消えた星にも、輝き続けた日々がある」

・「自分もまたちいさな星のひとつ」

↓

② 本文末尾の描写との関係

・祖母、父、自分について、「どこにいようと、心が勝手に流れてゆくのだ」

↓

③ **【資料】**で、やや子が「呼吸が楽になっていた」(傍線部)ことの理由

【文章】

【資料】においてやや子は満天の星空を思い浮かべ、どの星も等しく、それぞれの場所で光っていると感じる。「消えた星にも、輝き続けた日々がある」という気づきは、やや子が亡き父について、 I と対応している。また、やや子は自分自身も「またちいさな星のひとつ」であると思う。本文末尾では、やや子は祖母、父、そして自分について「どこにいようと、心が勝手に流れてゆくのだ」と認めている。「ひとつところに長く留まっていられない」ことは落ち着きのない姿勢として否定的に受け止められる向きもあるが、やや子は自分たちを「星」になぞらえて捉えることで、 II 。「呼吸が楽になっていた」と感じることができたのはそのためだろう。

(i) 空欄 I に入るものとして最も適当なものを、次の①～④のうちから一つ選べ。解答番号は 19 。

① 親子の絆《きずな》をついに確認できなかった悲しみには目をつぶろうと思ったこと
② 自分で選び取って生きた人生は本人にとっては充実していたと感じたこと
③ 他人が自分の責任で選んだ人生には干渉するべきでないと気がついたこと
④ 彼が追い求めた人生の理想が今になってようやく実現したと納得したこと

(ii) 空欄 **Ⅱ** に入るものとして最も適当なものを、次の①～④のうちから一つ選べ。解答番号は **20**。

① 思うがまま奔放に生きていくことも人生の輝ける姿として認められてよいと気がついた
② 発想を転換すれば人間の欠点は本人の努力で魅力的な個性に転じうることを発見した
③ 一人では弱々しく流されがちな人間も協調することで強い連帯を保てることがわかった
④ 誰しも自分の根幹の部分にある故郷を意識できれば孤独や不安から解放されると知った

第3問　次の【資料Ⅰ】〜【資料Ⅳ】は、現代における世論形成の特徴について調べていたAさんたちのグループが持ち寄った資料の一部である。これらを読んで、後の問い（問1〜3）に答えよ。（配点　20）

【資料Ⅰ】

「憲法改正」に対する社会の意見分布とSNS上の投稿回数分布

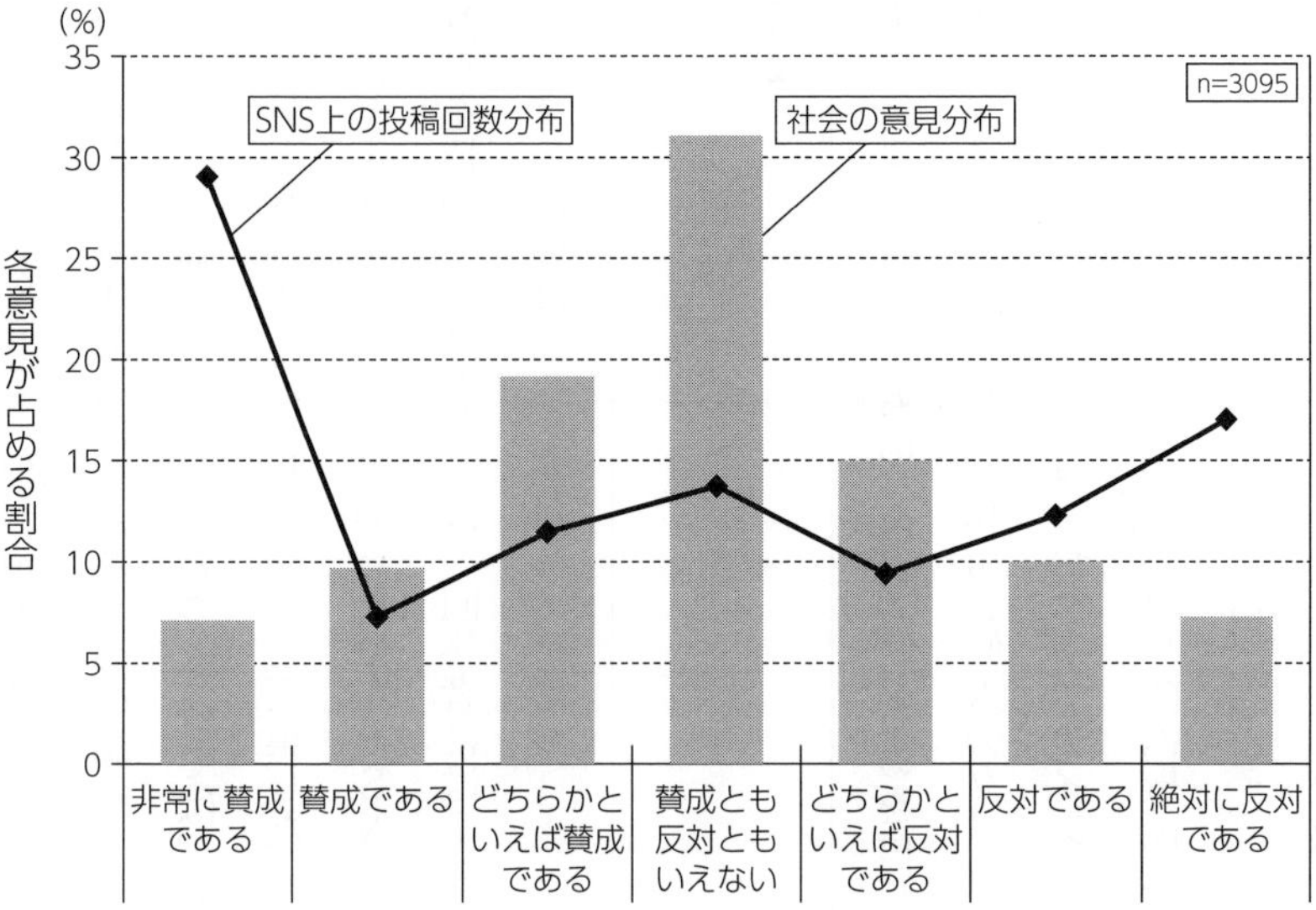

（出典）　山口真一（2020）『正義を振りかざす「極端な人」の正体』

「ネット世論」という言葉をよく耳にするようになった。インターネット上では多様な人が様々な意見を言っており、政治的運動もしばしば起こっている。マスメディアもそのようなインターネットを人々の意見の場として取り上げ、報道することが少なくない。

しかし、実はインターネット上の意見分布が大きく歪《ゆが》んでいることが、筆者の実証研究で明らかになっている。それを世論としてマスメディアが報じたり、政府・政治家・企業・個人もそう捉えたりすることで、大きな問題が引き起こされていることを筆者は危惧している。

なぜインターネット上の意見分布は歪むのか。それは、インターネット上の意見には能動的な情報発信しかないためである。つまり、言いたいことのある人だけが言い続ける言論空間だ。その結果、極端な意見や強い信念を持った人々が大量に発信することが容易になっている。これは、通常行われるような世論調査が、聞かれたから答えるという受動的な発信であるのと逆である。

筆者は２０１８年に、20～60代の男女３０９５人を対象としたアンケートを実施し、意見の強さとＳＮＳ投稿行動の関係を分析した。具体的には、ある一つの話題——ここでは憲法改正——に対する「意見」と、「その話題についてＳＮＳに書き込んだ回数」を調査し、分析した。分析では、「非常に賛成である」～「絶対に反対である」の7段階の選択肢を用意し、回答者の意見とＳＮＳに投稿した回数を収集した。

そのデータから、回答者の意見分布とＳＮＳでの投稿回数分布を分析した結果、[X]。この強い意見を持っている人たちは、回答者には7％ずつしか存在していなかったにもかかわらず、ＳＮＳ上では合計46％の意見を占めていたのだ。

（山口真一「『ネット世論』の歪み」による）

【資料Ⅱ】

人は「自らの見たいもの、信じたいものを信じる」という心理的特性を有しており、これは「確証バイアス」と呼ばれる。[注1]プラットフォーム事業者は、利用者個人のクリック履歴など収集したデータを組み合わせて分析（プロファイリング）し、コンテンツの[注2]レコメンデーションやターゲティング広告等利用者が関心を持ちそうな情報を優先的に配信している。このようなプラットフォーム事業者の[注3]アルゴリズム機能によって、ユーザーは、インターネット上の膨大な情報・データの中から自身が求める情報を得ることができる。

一方、アルゴリズム機能で配信された情報を受け取り続けることにより、ユーザーは、自身の興味のある情報だけにしか触れなくなり、あたかも情報の膜につつまれたかのような「フィルターバブル」と呼ばれる状態となる傾向にある。このバブルの内側では、自身と似た考え・意見が多く集まり、反対のものは排除（フィルタリング）されるため、その存在そのものに気付きづらい。

また、ＳＮＳ等で、自分と似た興味関心を持つユーザーが集まる場でコミュニケーションする結果、自分が発信した意見に似た意見が返ってきて、特定の意見や思想が増幅していく状態は「エコーチェンバー」と呼ばれ、何度も同じような意見を聞くことで、それが正しく、間違いのないものであると、より強く信じ込んでしまう傾向にある。

フィルターバブルやエコーチェンバーにより、インターネット上で集団分極化が発生しているとの指摘がある。意見や思想を極端化させた人々は考えが異なる他者を受け入れられず、話し合うことを拒否する傾向にある。フィルターバブルやエコーチェンバーによるインターネット上の意見・思想の偏りが社会の分断を誘引し、民主主義を危険にさらす可能性もありうる。

（総務省「令和五年版情報通信白書」による）

（注） 1 プラットフォーム事業者——インターネット上で商品の売買や情報のやりとりを行う場をサービスとして提供している企業のこと。

2 レコメンデーション——顧客におすすめの情報を提供するサービスのこと。

3 アルゴリズム——特定の目的を達成するための処理方式のこと。

【資料Ⅲ】

SNS等で自分の考え方に近い意見や情報が表示されやすいことに対する認識の有無

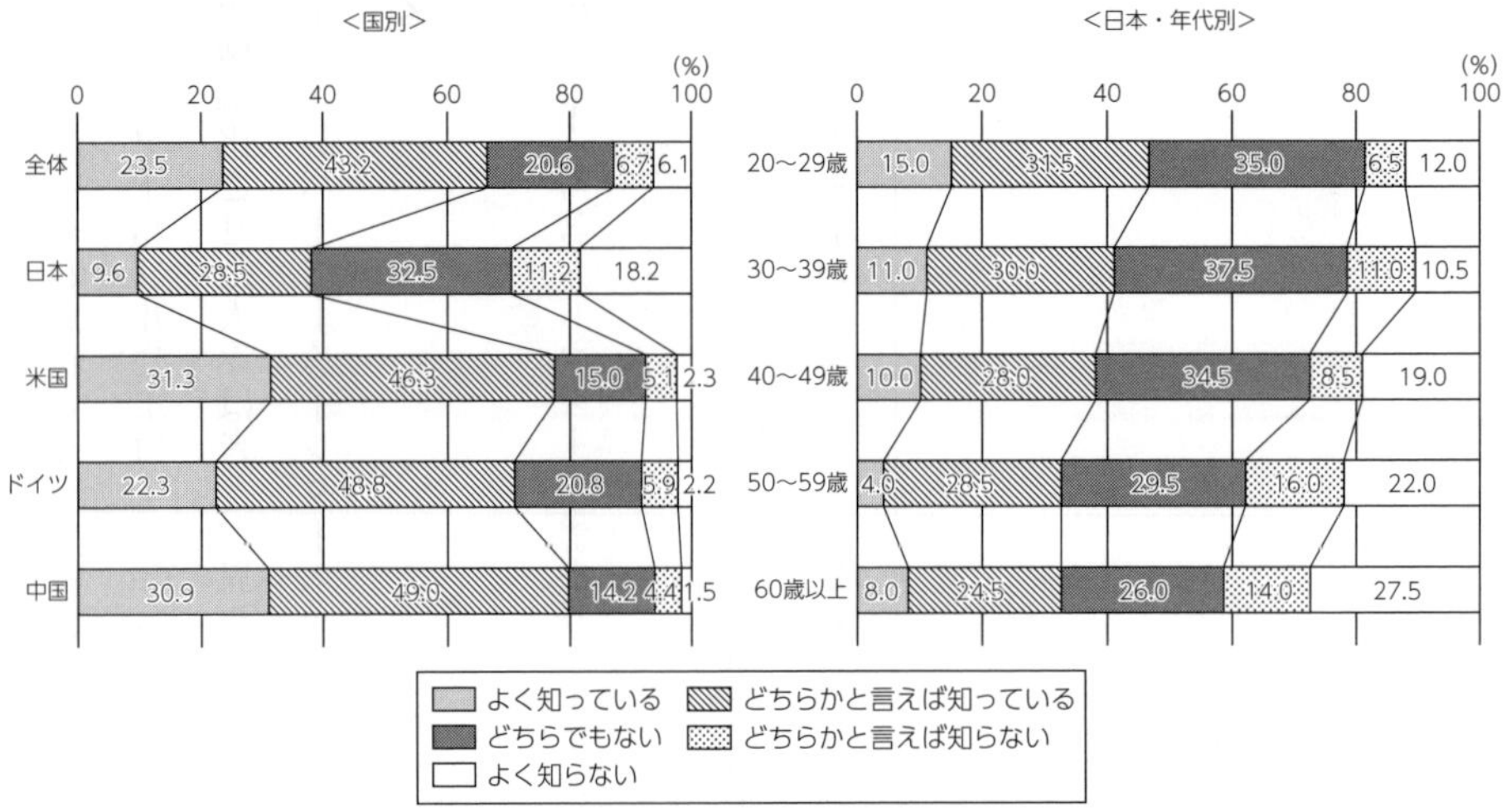

（出典）　総務省（2023）「ICT基盤の高度化とデジタルデータ及び情報の流通に関する調査研究」

【資料Ⅳ】

オンライン上で最新のニュースを知りたいときの行動（日・米・独・中）

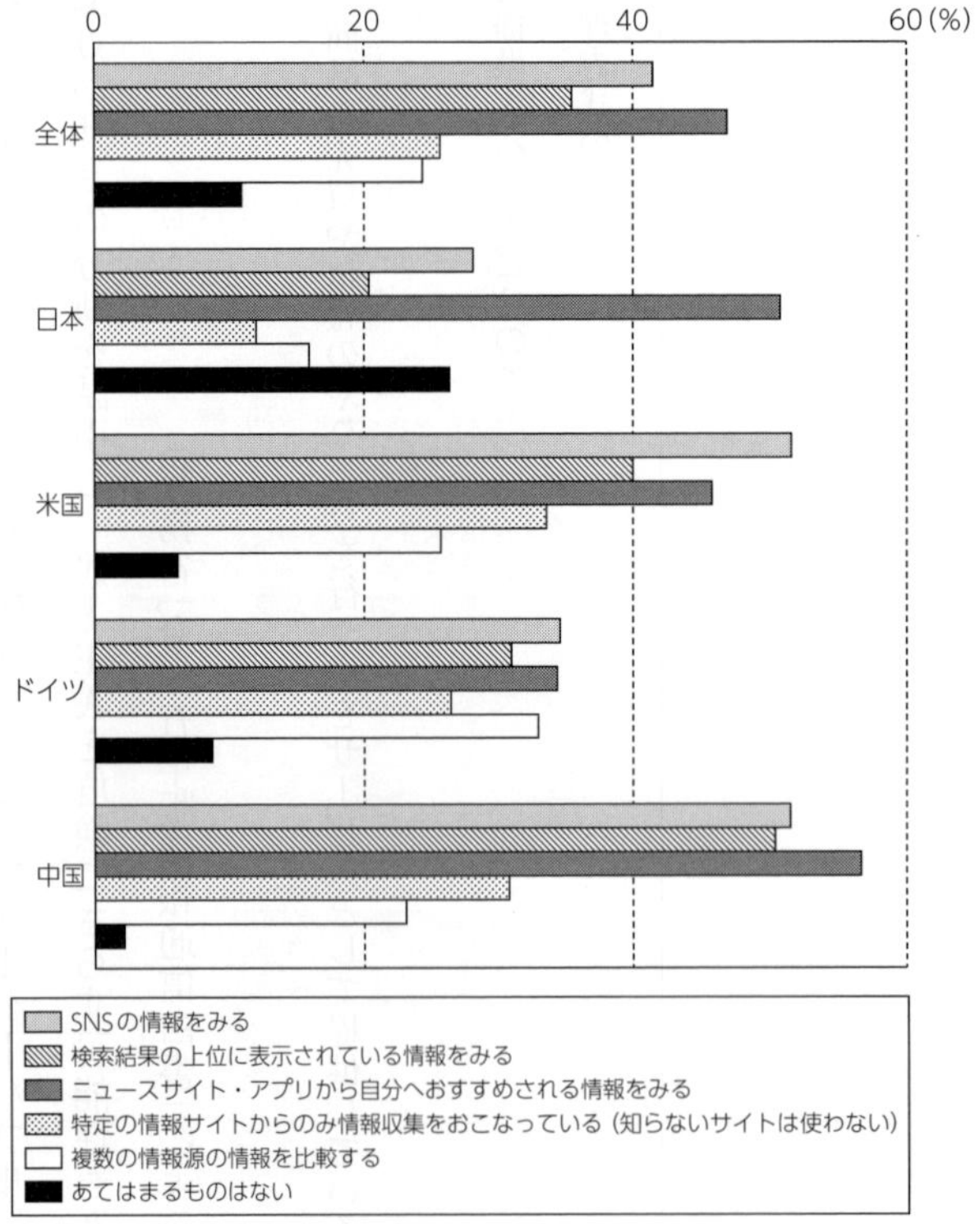

（出典）　総務省（2023）「ICT基盤の高度化とデジタルデータ及び情報の流通に関する調査研究」

問1　【資料Ⅰ】の空欄 X に当てはまる語句として最も適当なものを、次の①～⑤のうちから一つ選べ。解答番号は 21 。

① まず、回答者の意見分布は「どちらかといえば賛成（反対）」「どちらともいえない」といった中庸的な意見の多い山型となった。しかし、ＳＮＳの投稿回数分布は、最も多いのが「非常に賛成である」人の意見で、次に多いのが「絶対に反対である」人の意見という、谷型の意見分布になったのである

② まず、回答者の意見分布は「非常に賛成である」人と「絶対に反対である」人の意見の割合がほぼ同程度となっていた。しかし、ＳＮＳの投稿回数分布を見ると、「絶対に反対」という意見を持つ人よりも「非常に賛成」という意見を持つ人の方がより多く投稿しており、いびつな意見分布になったのである

③ まず、回答者の意見分布は「どちらともいえない」人の割合が圧倒的に高く、それを頂点とする山型のグラフになった。同様に、ＳＮＳの投稿回数分布は、極端な意見を持つ人の割合を例外として、「賛成とも反対ともいえない」人の意見の前後でなだらかなふくらみが見られたのである

④ まず、回答者の意見分布は「非常に賛成」「賛成」「どちらかといえば賛成」を合わせた賛成派の方が、反対派よりも若干高い割合を示していることが分かった。同様に、ＳＮＳの投稿回数分布は、最も多いのが「非常に賛成である」人の意見で、大きく賛成派に傾いていたのである

⑤ まず、回答者の意見分布は賛成意見にも反対意見にも大きな偏りは見られず、全体としてバランスのとれた分布だった。しかし、ＳＮＳの投稿回数分布は、「非常に賛成」「絶対に反対」に加えて「どちらともいえない」人の意見も比較的高い割合を示しており、不規則な分布になったのである

問2 【資料Ⅱ】～【資料Ⅳ】をふまえた意見として最も適当なものを、次の①～⑤のうちから一つ選べ。解答番号は 22 。

① ＳＮＳ等では自分の関心のある情報ばかりが表示されることについて、日本では若年層ほどよく知っている傾向にあるため、その分「確証バイアス」の程度も高齢者に比べて強いと考えられる。

② 他国と比べて日本では、ＳＮＳ等に自分と似た考えが表示されやすいことに関して知られておらず、複数の情報源を比較する姿勢も希薄なため、気づかないうちにフィルターバブルやエコーチェンバーの状態に陥る危険性が高い。

③ 米国と中国は他の国に比べて普段からＳＮＳを利用する割合が高いため、ＳＮＳから得られる情報や意見が自分の思想の方向性に沿ったものになりやすいことを認識している人が多い。

④ 日本の高齢者は若年層に比べてインターネットの使用頻度が低いため、オンライン上で情報収集を行う際、知らない間にフィルタリングされていることに気づきにくい。

⑤ プラットフォーム事業者のアルゴリズム機能により、自分と似た興味関心をもつユーザーが集まる場を見つけやすくなっている状態をエコーチェンバーと呼び、インターネット上の意見や思想の偏りをもたらす一因になっている。

問3　Ａさんのグループは調べた内容や自分たちの考察をプレゼンテーションすることになり、発表内容の構想を練っている。次に掲げる**【構想】**はＡさんがその案として提示したものであり、それに続く**【対話の様子】**はこの案の内容に関してグループ内で討論をしている様子である。これを読んで、後の(i)・(ii)の問いに答えよ。

【構想】

テーマ：現代における世論形成について

はじめに…テーマ設定に至る経緯

（1）　私たちと情報環境
- マスメディアの発達
- インターネットの発達

（2）　情報発信のあり方
- 能動的な発信について
- 受動的な発信について

（3）　現代における世論形成の特徴

おわりに

参考文献一覧

【対話の様子】

Aさん――**【資料Ⅰ】**では情報の能動的発信だけではなく受動的な発信についても触れられていたから、情報発信のあり方として受動的な発信についても盛り込んでみたよ。

Bさん――受動的な発信というのは、たとえばアンケートとか世論調査に対する回答のことだよね。私はこの種の発信の仕方にも注意すべき点があると思う。

Cさん――どういうこと？

Bさん――日本人の国民性を調べたある調査があるんだけど、これが受動的発信の特徴をよく表しているんだ。次の二つの質問を見てもらえるかな。

[質問1] 次の**a**、**b**のうちどちらのタイプの課長が好ましいか

a 規則を曲げてまで無理な仕事をさせないけれども、人の面倒は見ない課長

b 規則を曲げても無理な仕事をさせることもあるが、よく人の面倒を見る課長

[質問2] 次の**c**、**d**のうちどちらのタイプの課長が好ましいか

c **Y**

d よく面倒は見るが規則を曲げる課長

Dさん――あれ？ [質問1]の**a**と[質問2]の**c**は語順は違うけど内容的には同じことを言っているね。**b**と**d**も。

Bさん――その通り。けれども実際の回答を見ると、質問1では**b**が好まれたのに対して、質問2では**c**と**d**が拮抗したらしいんだ。どうやら人間の心理的には、課長を修飾する複数の語句のうち、後の方の語が強く印象づけられ

るようなんだ。

Aさん――なるほど、つまり［Z］。その点を受動的な発信の問題点として発表内容に盛り込もうと思う。ありがとう。

(i)　文中の空欄［Y］・空欄［Z］に入れるのに最も適当な語句を、次の①～④のうちから、それぞれ一つずつ選べ。解答番号は［23］・［24］。

空欄［Y］［23］

① 面倒は見ないけれども規則を曲げない課長
② 規則を曲げるけれどもよく面倒をみる課長
③ よく面倒は見るけれども規則を曲げる課長
④ 規則を曲げないけれども面倒は見ない課長

空欄［Z］［24］

① 一見似たような内容の調査であっても、実施時期によって回答結果が異なってしまうんだね
② 選択肢の文に修飾語句が多いと、回答者はどの点に注目してよいのかが分からなくなってしまうわけだ
③ 内容的には同じ質問であっても、文の構成が変わると回答も変わってしまうことがあるんだね
④ 日本人は、規則を曲げてでも人の面倒をよく見てくれる上司を好む傾向にあるということか

(ii) Aさんのグループは【構想】(3)「現代における世論形成の特徴」の内容に関して議論をしている。【資料Ⅰ】〜【資料Ⅳ】及び【対話の様子】を踏まえた発言として最も適当なものを、次の①〜④のうちから一つ選べ。解答番号は 25 。

① Aさん――プラットフォーム事業者はそれぞれ独自のアルゴリズム機能によって情報を配信することで、ユーザーの意見や思想を自在にコントロールしている。そして、特定の情報を与え続けられたユーザーはそれを真実と思い込み、他者との議論をないがしろにしてしまうんだと思う。

② Bさん――たしかに、【資料Ⅱ】では極端な意見をもつ人々が対話を拒否することで、社会が分断されてしまう危険性について述べられていたね。同様に【資料Ⅰ】では、インターネット上の歪んだ意見分布を世論としてマスメディアや政治家、個人などが発信することの具体的な問題点が挙げられていた。

③ Cさん――そのインターネット上の意見分布と現実社会における意見分布との間には乖離が見られるね。それは、インターネットの言論空間は社会の実態を正確に反映する受動的な発信ではなく、言いたいことのある人だけが発言する能動的な発信の場だからなんだね。

④ Dさん――フィルターバブルによって情報の膜に包まれ、同じ意見や情報に繰り返し触れると、それが正しいものだと思い込み、集団分極化が生じやすくなる。そうして意見を極端化させた人々がSNS等で積極的に発言するため、ネット世論には偏りが生じるわけだ。

第4問 次の文章は『本朝《ほんちょう》美人《びじん》鑑《かがみ》』より、平安時代の女流歌人「伊勢」についての一節である。これを読んで、後の問い(問1～4)に答えよ。なお、設問の都合で本文の段落に 1 ～ 3 の番号を付してある。(配点 45)

1 この人、(注1)七条の中宮に仕へて、古今名誉の歌仙なり。文章またうるはし。

2 その頃、なにがしの男とて色好みなる人あり。伊勢のかたちいつくしく心優形《やさかた》なるを聞き及びける程に、a よき折節もがなと思ひける頃、中宮御方違《かたたが》へに、ある宮へ渡らせ給ひけり。伊勢も御供仕うまつる由を聞きて、この男、心そらになり、物のひま求めて垣間見《かいまみ》しけるに、まことにらうたくもの柔らかなる様、この世のものとも見えざりければ、とかく思ひまどひけれど、b 風のつてだになくして、いとど苦しかりけり。在り所は聞きけれど、c 尋ね見ることもかなはで、かく聞こえけり。

　吹く風に我が身をなして玉すだれかかる d 人目のひま求めなん

と詠みて、朝夕忘れがたき折節、(注2)ある御許人《おもとびと》を語らひ頼みて、文などしたためつつ「かくなん」と言へりければ、御許人、この文を懐《ふところ》に入れ、伊勢の方へ伝へ侍れど、なかなかものつつましき程にて、いらへもなく見えしかば、御許人(ア)よろしくこしらへて泣き侍るにぞ、伊勢もさすがに捨てがたくて、この文を開き見るに、まことに気高きさま言ふばかりなし。重ねてうち捨てんことも、(イ)情け後れたりと人に見られんは、口惜しかるべきことに思ひて、

　目に見えぬ風にはなすとも玉すだれいかで心のひま求むべき

と言ひ返し侍りけるを、かの男、うれしきことに思ひて、たびたびに消息《せうそこ》など言ひ遣はしければ、いつしか本意《ほい》のごとくに相《あひ》知りけり。

3 かくて e 年月経るままに、女、親亡くなりて、頼む所なう思ひ暮らしける頃、いつとなく男も(ウ)かれがれになりて、時々訪るるのみなり。女は変はる心もなく、さばかり恨《うら》むる気色もなくてありわたり侍るが、あまり月日の隔たるまで訪れもせでありければ、

「いかがせさせ給ふにや。露だに御訪れもなく過ごし給ふは、いかが心もとなくも侍る。折々の(注3)御笠宿りにもがな」

と言ひ遣はしければ、返り事に、

「今は障ることありて、えまからず。心長う待ち給へ」

など言へるを、恨みて、

難波潟《なにはがた》みじかき蘆《あし》のふしの間もあはでこのよを過ぐしてよとや

と詠み遣はしけれど、音《おと》もせずなりにければ、恨めしきことの今更取り返されぬ昔を思ひ嘆きて、

濃紫《こむらさき》とてもあせ行く色ならば染めぬを人の情けともがな

（注）1　七条の中宮――宇多天皇の中宮温子《おんし》。

2　御許人――貴人に仕える侍女。

3　笠宿り――雨宿りのように少しの間立ち寄ること。

問1　傍線部(ア)～(ウ)の解釈として最も適当なものを、次の各群の①～⑤のうちから、それぞれ一つずつ選べ。解答番号は 26 ～ 28 。

(ア)　よろしくこしらへて　26

① 丁寧に文を書き直して
② うまい言い訳を考えて
③ 良いように嘘《うそ》を言って
④ 巧妙になだめすかして
⑤ 適当に泣き真似をして

(イ)　情け後れたり　27

① 情趣が全く感じられない
② 情愛が人より劣っている
③ 同情を得ることは無理だ
④ 恋慕の情が薄れるだろう
⑤ 返事が遅く手後れだった

(ウ)　かれがれになりて　28

① 他の女性に気持ちが移って
② 訪れが途絶えがちになって
③ 女性に対する興味を失って
④ 段々と仕事が忙しくなって
⑤ 生活が思わしくなくなって

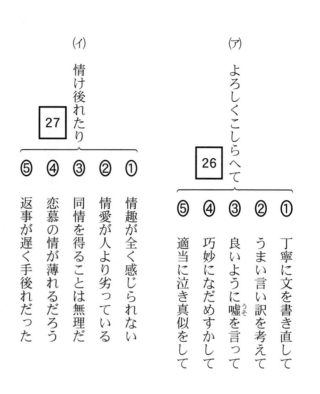

問2　波線部a～eについて、語句と表現に関する説明として最も適当なものを、次の①～⑤のうちから一つ選べ。解答番号は 29 。

① a　「よき折節もがな」は、「もがな」が疑問の終助詞であり、「良い機会がないものだろうか」という意味を表現している。

② b　「風のつてだに」は、「だに」が添加の副助詞であり、「風のような微《かす》かな手掛かりまでも」という意味を表現している。

③ c　「尋ね見ることもかなはで」は、「で」が打消の接続助詞であり、「尋ね見ることもできず」という意味を表現している。

④ d　「人目のひま求めなん」は、「なん」が願望の終助詞であり、「人の眼の隙《すき》を探して欲しい」という意味を表現している。

⑤ e　「年月経るままに」は、「ままに」が逆接の接続助詞であり、「歳月が過ぎ去ったけれども」という意味を表現している。

問3 [1]・[2]段落についての説明として最も適当なものを、次の①～⑤のうちから一つ選べ。解答番号は[30]。

① 伊勢は歌のみならず、文章もすばらしかったので、六歌仙の一人に加えられる名誉を得た。
② 伊勢の噂《うわさ》を聞いて興味を持った色好みの男は、自ら中宮の方違えに随行して垣間見をした。
③ 伊勢の姿を見て、その美貌に心を奪われた男は、寸暇を惜しんで求愛の手紙を書き続けた。
④ 男は、風になってあなたに会いに行きたいという歌を詠み、ある人に託して伊勢に贈った。
⑤ 初めは男に関心のなかった伊勢であるが、男の手紙に心が動いて、受け入れる歌を返した。

問4 次に示すのは、授業で本文を読んだ後の、話し合いの様子である。これを読んで、後の(i)～(iii)の問いに答えよ。

教　師――本文の［3］段落の内容をより深く理解するために、次の文章を読んでみましょう。これは『百人一首一夕話《ひとよがたり》』の一節で、作者は江戸時代の歌人で国学者でもあった尾崎雅嘉《おざきまさよし》です。

> 難波潟みじかき蘆のふしの間もあはでこのよを過ぐしてよとや
>
> 新古今集恋一に題知らずとあり。難波潟は津の国の難波の海辺にて、潮のささぬ時は干潟となる所をいふなり。さてその難波潟に生《は》えてある丈《たけ》の短き蘆の、節と節の間は僅《わづ》かなるものなるが、それ程の僅かなる間も思ふ人には逢はずして、この世を空しう過ごせよといふことかと詠めるなり。

教　師――この『百人一首一夕話』の文章は、伊勢が「難波潟……」の歌で何を訴えたかったかを説明しています。このことについて話し合ってみましょう。

生徒A――難波の浅い海辺に生える蘆は短いから、その節と節の間の長さも僅かだということだよね。

生徒B――そのことから、それくらい僅かな時間も逢ってくれないのかと、恨み言を言ったんだ。

生徒C――しかし、時間をたとえるのに、蘆を選んだ理由は何だろう。

教　師――前に授業で取り上げた「掛詞《かけことば》」に注目してみると良いですよ。

生徒B――掛詞は一つの言葉に二つ以上の意味を持たせる技法だったよね。この歌の中の掛詞は……あ、そうか、［**X**］ということじゃないかな。

生徒C――なるほど、そして［**Y**］を対比させているんだ。

生徒A――しかし結局、男は戻ってくることはなかったわけだよね。そこで最後の歌では、［**Z**］という気持ちを詠んだんだね。

教　師――良い学習ができましたね。「難波潟」の歌は、「百人一首」で広く知られた歌です。ということで、次回の授業では、百人一首について学びましょう。

(i) 空欄 **X** に入る最も適当なものを、次の①〜④のうちから一つ選べ。解答番号は 31 。

① 「みじかき」に「短き」と「身近き」が掛けられている
② 「ふし」に「節」と「臥し」が掛けられている
③ 「あはで」に「逢はで」と「泡」が掛けられている
④ 「このよ」の「よ」に「節《よ》」と「世」が掛けられている

(ii) 空欄 **Y** に入る最も適当なものを、次の①〜④のうちから一つ選べ。解答番号は 32 。

① 逢える時間の短さと、逢えない時間の長さ
② 傍にいる時の喜びと、離れている間の悲しみ
③ 逢っている間の楽しさと、逢えない時の苦しさ
④ 寝ている時間のはかなさと、起きている間の現実

(iii) 空欄 Z に入る最も適当なものを、次の①～④のうちから一つ選べ。解答番号は 33 。

① あなたが愛した私の容色も、やがて衰えてしまえば、あなたは私に愛想を尽かすでしょう

② あなたが私に示した愛情があまりに強かったので、その後の変心が私には信じられません

③ どんなに深い愛情も、いずれは冷めるのであれば、初めから情けをかけないでほしかった

④ 私はあなたを愛していなかったのに、あなたの求愛に応じたことを、今は後悔しています

第5問 次の文章は、唐の太宗(帝)と褚遂良《ちょすいりょう》の会話である【故事】と、それに対する北宋の范祖禹《はんそう》の【論評】である。これらを読んで、後の問い(問1～6)に答えよ。ただし設問の都合で返り点・送り仮名を省いたところがある。(配点 45)

【故事】

帝問《ヒテ》二褚遂良《ニ》一曰《ハク》、「舜《しゅん》(注1)造《ルニ》二漆器《ヲ》一、諫《ムル》者十余人《ト》。此《レ》何《ゾ》足《ラント》レ諫《ムルニ》。」(ア)対曰《ハク》、「奢《しゃ》侈《しナル》者《ハ》、危亡之本《ナリ》。A漆器不《ンバ》レ已《マ》、将《ニ》下以《テ》二金玉《ヲ》一為《ラント》レ之《ヲ》。忠臣愛《スルニ》レ君《ヲ》、必《ズ》防《グ》二其《ノ》漸《ヲ》(注2)一。B若禍乱已成、無レ所二復諫一矣。」帝曰《ハク》、「然《リ》。朕《ちん》有《ラバ》レ過《チ》、卿《モ》亦《タ》当《ニ》《シ》レ諫《ム》二其《ノ》漸《ヲ》一。朕見《ルニ》二前世《ノ》帝王《ノ》拒《ム》レ諫《ヲ》者《ヲ》一、多《ク》云《ヒ》二『業《す》(注3)已《でニ》為《スト》レ之《ヲ》』、或《イハ》云《ヒ》二『業已《ニ》許《スト》レ之《ヲ》』、終《ニ》不レ為《サ》レ改《ムルヲ》。C如《クンバ》レ此《クノ》欲《スルモ》レ無《カランコトヲ》二危亡一得《ン》レ乎《ト》。」

【論評】

今有《リ》レ人康強《ニシテ》而無《シ》レ疾《やまひ》。或《ヒト》告《グルニ》レ之《ニ》以《テス》二多言之損《ナヒ》レ気《ヲ》(注4)、多食之致《ス》レ死《ヲ》。彼《ノ》愛《スル》二其《ノ》身《ヲ》一者、聞《カバ》レ之《ヲ》、必《ズ》惕《てき》(注5)焉《えん》兢兢《トシテ》而不《レバ》レ忘《レ》、則《チ》疾《しつ》(注6)疢《ちん》何《いづレ》自《よリ》而

生《ゼン》矣。彼《ノ》恃《たのム》二其《ノ》強《ヲ》一者聞《カバ》レ之《ヲ》、D不惟不信而又艴然《ふつぜん》(注7)。是《ノ》人也《や》、不《ンバ》レ病《マ》

則《チ》已《ム》。病《マバ》則《チ》忽焉《トシテ》而死《ス》。雖《モ》レ欲《スト》レ救《ハント》(イ)無《シ》レ及《ブ》矣。従《フト》レ諫《ムルニ》之《ヲ》与《ニ》二拒《ム》レ諫《ヲ》者一、何《ヲ》

以《テ》異《ナラン》二于是《ニ》一。

（范祖禹『唐鑑』による）

（注）
1　舜――古代の聖王。
2　漸――兆し。
3　業已――二字で「すでに」の意。
4　気――ここでは健康の意。
5　惕焉兢兢――恐れる様。
6　疾疢――病気。
7　艴然――怒る様。

問1　波線部(ア)「対」・(イ)「無レ及」のここでの意味として最も適当なものを、次の各群の①～⑤のうちから、それぞれ一つずつ選べ。解答番号は 34 ・ 35 。

(ア)「対」 34
① 比較して
② お答えして
③ へりくだって
④ はばからずに
⑤ 向かい合って

(イ)「無レ及」 35
① 匹敵しない
② やり過ぎである
③ 才能がない
④ 間に合わない
⑤ 普及しない

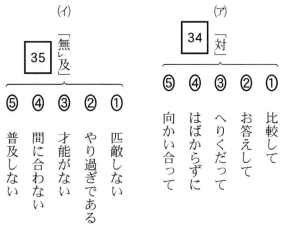

問2　傍線部**A**「漆器不㆑已、将㆘以㆓金玉㆒為㆖之」とはどういうことか。その説明として最も適当なものを、次の①～⑤のうちから一つ選べ。解答番号は 36 。

① 高級な漆器を作り続ければ、多量の金銀財宝が必要になってしまうということ。

② 高級な漆器を求め続けることは、金銀財宝を求めることと同じであるということ。

③ 漆の器では満足できなくなり、金銀財宝で器を作ることを求めるようになるということ。

④ 漆の器を作るくらいであれば、思い切って金銀財宝で器を作る方がよいということ。

⑤ 高級な漆器では飽き足らず、金銀財宝を追い求めるようになるだろうということ。

問3 傍線部**B**「若禍乱已成、無レ所二復諫一矣」に用いられている句法の説明と傍線部の意味として最も適当なものを、次の①～⑤のうちから一つ選べ。解答番号は 37 。

① この文には禁止の句法が用いられており、全体で「世の中が乱れているときには、決して諫言をしてはいけない」という意味を表している。

② この文には使役の句法が用いられており、全体で「世の中を乱れさせるくらいであれば、進んで諫言をしなければならない」という意味を表している。

③ この文には比較の句法が用いられており、全体で「世の中が乱れるくらいなら、身を危険にさらしても諫言した方がよい」という意味を表している。

④ この文には仮定の句法が用いられており、全体で「世の中が乱れてしまえば、もう諫言をするすべがなくなってしまう」という意味を表している。

⑤ この文には比況の句法が用いられており、全体で「世の中が乱れてしまうことは、諫言する人がいないことと同じだ」という意味を表している。

問4 傍線部**C**「如レ此 欲レ無二危 亡一得 乎」とあるが、それはなぜか。その理由の説明として最も適当なものを、次の①～⑤のうちから一つ選べ。解答番号は **38** 。

① 失敗を反省することなく、場当たり的に政策を改めるようなことをすれば、国が滅亡してしまうのも当然だから。

② 過去に失政があったとしても、未来の政策に反省を活かすのであれば、国は滅亡を免れることができるはずだから。

③ 人の忠告を聞いたとしても、すでに実施した政策を改悪するようであれば、国が滅亡してしまうのも当然だから。

④ 人の忠告は聞かなくとも、これから実施する政策がよいものであれば、国は滅亡を免れることができるはずだから。

⑤ 人の忠告を拒否して、すでに実施した政策はなんでも許容してしまえば、国が滅亡してしまうのも当然だから。

問5 傍線部**D**「不 惟 不 信 而 又 艶 然」について、返り点の付け方と書き下し文との組合せとして最も適当なものを、次の①～⑤のうちから一つ選べ。解答番号は 39 。

① 不㆓惟 不㆖㆑信 而 又 艶 然　惟だに信ぜざるのみならずして又艶然たり

② 不㆔惟 不㆓信 而 又 艶 然㆒　惟だに信じて又艶然たらざるのみならず

③ 不㆓惟 不㆑信 而 又 艶 然㆒　惟だに信ぜずして又艶然たらざるのみ

④ 不㆑惟 不㆑信 而 又 艶 然　惟だのみならず信ぜずして又艶然たり

⑤ 不㆓惟 不㆖㆑信㆓而 又 艶 然㆒　惟だに又艶然たるを信ぜざるのみならず

問6　【論評】において、筆者は【故事】をどのように捉え、何を主張しているか。その説明として最も適当なものを、次の①～⑤のうちから一つ選べ。解答番号は 40 。

① 君主が臣下の忠告を聞くことは、人が病気になって初めて日頃の生活の重要性に気付くことに似ている。唐の太宗が危機を目の前にして、ようやく臣下の忠告に従ったのは、君主となる者のよい反面教師である。

② 君主と臣下との関係は、健康な人と病気に苦しむ人との関係に似ている。唐の太宗が贅沢《ぜいたく》な生活を楽しんでいると、臣下が人々の苦しみをさとしたが、太宗はかえって激怒した。太宗の態度は国を滅ぼす原因である。

③ 君主が臣下の忠告を聞くことは、健康な人が自分の生活に対する忠告を聞くことに似ている。唐の太宗のように君主が自分の能力を過信せず、忠告に素直に従い過ちを改めるよう心がければ、国が滅びる心配はない。

④ 君主と臣下との関係は、病人と医者との関係に似ている。唐の太宗が贅沢に興味を示すと、臣下はすぐに君主としての正しいあり方をさとし、太宗は態度を改めた。太宗の態度は君主が模範とするべきものである。

⑤ 君主に対する臣下の忠告は、病気の人に対して苦い薬を飲むように勧める医者の発言に似ている。唐の太宗は国が危険な状態に陥っても、臣下の忠告を嫌がり怒った。これでは国が滅びるのは当然である。

第　2　回

時間　90分　　　　200点　満点

1 ── 解答にあたっては，実際に試験を受けるつもりで，時間を厳守し真剣に取りくむこと。

2 ── 巻末にマークシートをつけてあるので，切り離しのうえ練習用として利用すること。

3 ── 解答終了後には，自己採点により学力チェックを行い，別冊の解答・解説をじっくり読んで，弱点補強，知識や考え方の整理などに努めること。

第1問　次の【文章Ⅰ】と【文章Ⅱ】を読んで、後の問い(問1〜6)に答えよ。なお、設問の都合で表記を一部改めてある。(配点　45)

【文章Ⅰ】

近代画家は、自由に描く場と自由に発表する場と自由に生きる場を求めるのである。おそらく、一九一〇年代は、個としての芸術家の意識が日本において目覚めようとしていた時期であった。村山槐多《むらやまかいた》(注1)はそのことを強く意識していたのである。一九一四年、「裸婦と男たち」を描いた年、槐多は信州から大阪朝日新聞に「絵馬堂を仰ぎて」という一文を寄せ、京都付録版に掲載された。これは西洋風の美術館ではなく、各神社の絵馬堂を美術館にして、油絵、水彩、彫刻など、日本画以外のものも展示せよというものであり、今日の地方美術館の構想をはるかに先取りしていたようである。ともかく、槐多は、自由な発表の場がなければならないことをツウ(ア)セツに感じていたのであった。

村山槐多の絵をまとめて見ると、自画像の多いのに気づく。「尿《いばり》する裸僧」(一九一五)なども自画像と見ることができる。有島《ありしま》(注2)武郎《たけお》は次のように書いている。

「凡《すべ》てを焼尽してもなほ悔ひないまでに、自己を延ばし延ばした槐多氏の如《ごと》きは、わが芸術界に於《おい》て稀有《けう》なことだと云《い》へると思ふ。あれだけの生得の良心と、あれだけの大胆な冒険力とを兼ね備へた人は珍らしい。彼《か》れは彼れ自身に於て完全に新しい生活の型を創立した」(有島武郎『槐多の歌へる』書評、「著作評論」一九二〇年八月号)——《a》

「完全に新しい生活の創立」が一九一〇年代の画家としての槐多の意味である。浅井忠、黒田清輝、藤島武二といった一九〇〇年の画家は、国家の費用で留学し、学校で教え、絵によって生活している。A絵は芸術的創作であると同時に職業なのである。またその絵は、対象の描写であるか、象徴主義的、神話的テーマの表現である。

一九一〇年代において、画家たちは、はじめて自己の内面を神話や象徴に仮託することなく、直接的にとりあげるようになる。村山槐多や関根正二《せきねしょうじ》(注3)があれほどまでに執拗《しつよう》に自画像を描きつづけたことは、一九一〇年代の新しい状況をあらわしているのである。彼らの作品は、ある意味ですべて自画像というべきものである。「凡てを焼尽してもなほ悔ひないまでに、自己を延ばし延ばした」という有島武郎の槐多についてのことばはこのことを語っている。

画家の自画像は、自らの内面をのぞくためのものであって、始源的には商品とはならないものである。それは頼まれて描く肖像画とは根本的にちがっている。それに固執することは、職業的画家を逸脱してしまうことなのだ。一九〇〇年の画家にとって自画像はそれほど重要な位置を持っていない。一九一〇年代の槐多や関根正二にとって、**B**自画像は最終目的なのである。

一九一〇年代の画家にとって、絵を描くことは、新しい生活の型をつくることである。絵を描くことのうちに、古いモラルから解放された自由な生活がつくりだされなければならない。一九一八年、槐多は山崎省三、杉村鼎介、山本二郎（路郎）たちと「代々木ユートピア」を結成して共同生活をおくったという。モンマルトルの「洗濯船」に集まったピカソたちのボヘミアン生活がここにこだましている。絵を描くことが、新しい生き方であり、古いモラルをゆるがすものであるという信条こそ、近代画家の誕生を印しづけているのである。槐多や関根正二はそのような新しい生を生き、それを受け入れる社会を持たずに極貧のうちに死んでいったのであった。

やはり一九一〇年代のパースペクティヴのうちに考えられるべき白樺《しらかば》派も、芸術がモラルに関わるものであり、新しい芸術が新しいモラルを要求することを意識していた。一九一〇年代の芸術家は、社会に対立し、自立するところの、個人としての芸術家の意識に目覚めたのであった。

一九一五年に、槐多を(イ)激しくつき動かしたのは、このような状況であった。彼は職業的画家の訓練を受けることなく画家となる。彼らは自らのために描こうとする。自画像を描くことによって、彼らは自らの生の裸像をむきだしにしてしまう。それは自らの生活の糧を稼ぐこともできず、家族や友人に迷惑をかけている、のらくら者としての自画像である。彼は、自由な画家として自立した途端、社会における存在の根がなくなってしまうという**C**近代画家の矛盾を生きなければならないのである。

日本の近代美術のアカデミーはおくれて出発し、芸術的未成熟のまま急速に官僚化、ケン(ウ)イ化した。そこから脱出して孤独な闘いをつづけなければならなかった村山槐多は、自由な発表の場を希求した。それにもかかわらず彼は生前に画廊で個展を開くことができなかった。官展や団体展のアカデミズムに反発しつつ、なお彼は日本美術院展しか発表の場を持つことができなかった。画廊において槐多の個展が開かれたのは、彼の死後であった。

（海野《うんの》弘《ひろし》『東京風景史の人々』による）

【文章Ⅱ】

槐多の千余枚に及ぶ遺稿を集め、『塊多の歌へる』と題して出版した際（アルス社、一九二〇年）、その広告が載った同じ(エ)号の『著作評論』（一九二〇年八月号）で、有島武郎はこんなことを書いている。

　彼れは自らの生活を血液主義といつた位、強健精剛な肉と熱烈純清な魂との讃美者であつた。彼れの色彩は赤と紫と金とであつた。彼れは荒蕩《こうとう》な（注4）ディオニソス的な欲念を四肢とし楽園の消息に純粋に精通し嬰児《えいじ》の（注5）トルソとを持つた一箇《こ》のセンタウル（Centaur〈半人半馬〉—筆者註）であつた。彼れは奇怪なこの二つの矛盾に苦しみながら、而《し》かも一個の完全な生物として終始した。妥協の余地なきほどに彼れはつきつめて生きてゐた。

槐多の詩のなかにちらつく色彩は、「赤と紫と金とであつた」という指摘は、《尿する裸僧》にあまりにも符合する。しかし、有島は槐多の色彩の豊富なほとばしりを、その詩に感じたのであって、絵をみて書いたのではない。槐多の友人のひとりの追悼文に、もし槐多が有島をどのようにみていたかというのがあったらおもしろい——といった一文があったのを記憶しているが、およそキン(オ)コウしない両者の内面に、外からはみえないDある感情的な熱度における共通の領野が存在していたとすれば、それはまた大いに興味ある主題といわなければならないだろう。有島は単に「夭折《ようせつ》」の詩人・画家をいたわる宣伝の文句を書いたのではない。自分もまた危機の意識に晒《さら》されていたのを暗示するかのように先の文章の最後でこう結んでいる。

　少しばかりのエネルギーを、火を、使ひへらさない為《た》めに、小さな美しい牢獄《ろうごく》に閉ぢこもつて、完全であり得た人はないではなかつた。凡てを焼尽してもなほ悔ひないまでに、自己を延ばした槐多氏の如きは、わが芸術界に於て稀有なことだといへると思ふ。あれだけの生得の良心と、あれだけの大胆な冒険力とを兼ね備へた人は珍らしい。彼れは彼れ自身に於て完全に新しい生活の型を創立した。――《b》

「新しい生活の型を創立した」という一節をはたしてどう解釈するのか、わたしには不明だが、有島のことばとして限定すれば、その生涯の対社会的な苦悶《くもん》のなかにのぞいた、いわば、かなり本音にちかい、自分自身の生き方における「個」の問題と深くかかわっていることばとしてうけとれる。

（酒井忠康《さかいただやす》『早世の天才画家』による）

（注）1　村山槐多――洋画家、詩人、作家（一八九六―一九一九）。

2　有島武郎――作家（一八七八―一九二三）。志賀直哉らとともに「白樺派」と呼ばれる。

3　関根正二――洋画家（一八九九―一九一九）。

4　ディオニソス的――ディオニソスはギリシア神話に登場する酒と酩酊の神。陶酔的・創造的衝動を表す。

5　トルソ――イタリア語で胴体のこと。彫刻の用語で首・四肢のない、胴体だけの彫像を指す。

問1　次の(i)・(ii)の問いに答えよ。

(i)　傍線部(ア)・(ウ)・(オ)に相当する漢字を含むものを、次の各群の①～④のうちから、それぞれ一つずつ選べ。解答番号は［1］～［3］。

(ア)　ツウセツ　［1］
① カセツを立てる
② 時間をセツヤクする
③ 会場をセツエイする
④ コンセツ丁寧な説明

(ウ)　ケンイ　［2］
① キイに聞こえる
② テンイ無縫
③ 敵陣をホウイする
④ イアツ的な態度

(オ)　キンコウ　［3］
① ドリョウコウの統一
② 免許のコウシン手続き
③ コウミャクを掘り当てる
④ ハンコウ的な現地人の態度

(ii) 傍線部(イ)・(エ)と同じ意味を持つものを、次の各群の①～④のうちから、それぞれ一つずつ選べ。解答番号は 4 ・ 5 。

(イ) 激しく 4

① 激レイ
② 激リュウ
③ カン激
④ シ激

(エ) 号 5

① 号ガイ
② 号キュウ
③ ショウ号
④ キ号

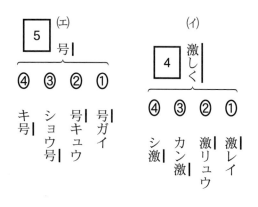

問2　傍線部**A**「絵は芸術的創作であると同時に職業なのである」とあるが、それはどういうことか。その説明として最も適当なものを、次の①～⑤のうちから一つ選べ。解答番号は 6 。

① 自己の内面を表現したいという欲求と、芸術家として人々から認められたいという内的欲求が両立しているということ。
② 人々にすぐれた芸術作品を提供するという職業的使命感が中核にあり、芸術家としての活動を支えているということ。
③ 絵を描くことは美的な表現の活動であるとともに、社会的な地位に就いて生きていくための営みでもあるということ。
④ 多くの人から賞賛される作品の傾向に合わせた芸術を創作することで、画家として生計を成り立たせているということ。
⑤ すぐれた絵を描くことが芸術家としての地位を高め、そのことが絵の評価を高めるという連鎖の内にいるということ。

問3　傍線部**B**「自画像は最終目的なのである」とあるが、それはどういうことか。その説明として最も適当なものを、次の①～⑤のうちから一つ選べ。解答番号は［7］。

①　村山槐多らにとって絵を描くのは自己の潜在的な可能性を可視化するためであり、自らの多様な可能性を一枚の自画像にまとめることが自己を知ることと直結していたということ。

②　一九一〇年代の画家たちにとって絵を描くとは自分自身の生を正しい方向に導くことを意味し、正しく生きるという境地に達した人物の姿を描くことを常に求めていたということ。

③　村山槐多らにとって絵を描くとは自分に固有の世界像を表現するということであり、多様に揺れ動いてやまない自己の内面を画布上に確定させることが創作の目標だったということ。

④　一九一〇年代の画家たちにとって絵を描くことは自己の内面と対話する思索の象徴であり、自画像を完成させることが自己を客観視して捉えるためには不可欠であったということ。

⑤　村山槐多らにとって絵を描くことは自己の内面を包み隠すことなく表現する行為として意識され、自分自身の姿を描き出すことが芸術的な活動の究極的な意義だったということ。

問4 傍線部**C**「近代画家の矛盾を生きなければならないのである」とあるが、それはどういうことか。その説明として最も適当なものを、次の①～⑤のうちから一つ選べ。解答番号は 8 。

① 自分のありのままの内面を表出した自画像を描くことに固執し、新たな生活の型をつくり上げることに躍起になっていたものの、生活の困窮という現実の前では当時のアカデミズムに迎合せざるを得なかったということ。

② 近代画家として自由に発表する場を希求し、自分の内面を描きたいという欲求は満たされても、そこで描かれたのは社会的に自立できていない自己でしかなく、その現実を認めざるを得ない状況に直面したということ。

③ 自己の内面を表現することが画家の本領であるとの自覚のもとに創作に取り組み、禁欲的な自己を装って自画像を制作することに没頭したが、そこには社会から排除された者の悲哀が赤裸々に描かれていたということ。

④ 近代画家として理想的な生活の型をつくることと職業的画家として名声を得ることの板挟みに悩み抜いた挙句に前者を選んだが、作品の自由な発表の場を確保するために既存の勢力に従うことを余儀なくされたということ。

⑤ 作品を自由に発表できる場の拡大を主張し、技術の向上にも積極的であったが、職業的画家としての訓練を受けていなかったために社会から不当な仕打ちを受け、そのことが発表の場を狭めることになったということ。

問5　次に示すのは、傍線部**D**「ある感情的な熱度における共通の領野」について、生徒たちが**【文章Ⅰ】**・**【文章Ⅱ】**をもとに話し合っている場面である。これを読んで、後の(i)・(ii)の問いに答えよ。

生徒A――「共通の領野」とは、村山槐多と有島武郎の内面に共通する領域のことだよね。
生徒B――まず、村山槐多の「内面」から確認しよう。傍線部**D**よりも少し前に、有島が槐多の詩に「色彩の豊富なほとばしり」を感じたとある。
生徒C――「赤と紫と金と」は、**【文章Ⅱ】**の1つめの引用にある表現だ。
生徒B――うん。ここからは、槐多の「内面」が激しさと純粋さを合わせ持っていたことが読み取れるね。
生徒A――有島武郎の「内面」はどうかな。傍線部**D**の2つ後の文に、有島武郎自身、「危機の意識に晒されていた」とある。
生徒B――**【文章Ⅱ】**の2つめの引用を受けて、**【文章Ⅱ】**の著者は［　**X**　］ことを指摘している。槐多と有島はこのような点で共通するところがあったということか。
生徒D――**【文章Ⅰ】**には、有島武郎もその一人だった「白樺派」に言及している箇所があるんだ。傍線部**C**がある段落の1つ前の段落を見てよ。
生徒C――「新しい芸術」「新しいモラル」といったことが書かれているね。
生徒B――「白樺派」の記述が有島武郎にもあてはまるとすると、［　**Y**　］ということかな。
生徒D――なるほど……。

(i) 空欄 X に入る発言として最も適当なものを、次の①～④のうちから一つ選べ。解答番号は 9 。

① 一人の人間としてどう生きるか、自分と社会との関係をどう捉えるか、という意識がそこにある

② 個人の幸福を祈願すべきであるか、社会全体の幸福を祈願すべきか、という自問がそこにある

③ 一人の人間の限界とどう向き合うか、社会は今後どう変化していくか、という問いがそこにある

④ 個人の尊厳とはどういうことか、自分は社会のために何ができるか、という苦悩がそこにある

(ii) 空欄 **Y** に入る発言として最も適当なものを、次の①～④のうちから一つ選べ。解答番号は 10 。

① 新しいモラルを求めて仲間たちと切磋琢磨《せっさたくま》して創作に勤しむ情熱を持つことが芸術の水準を高め、自己の内面をあますところなく表現することができるという信念を二人は共有していた

② 芸術は新しい生活の型をつくること、新しいモラルを内面化することと連動しており、普遍的なモラルを追求するために芸術と向き合わなければならないと二人とも考えていた

③ 新しい時代にふさわしい芸術が社会に浸透していくことが人々を古いモラルから解放し、個人として自由な生を生きていくことの手助けとなるという信念が二人には通底していた

④ それまでの常識に囚《とら》われない新しい芸術が古いモラルを問い直し、そのことが新しい時代における一人の表現者として生きることを可能にするという考えが共通していた

問6　【文章Ⅰ】の《a》と【文章Ⅱ】の《b》では、同じ文章が引用されている。このことについての説明として最も適当なものを、次の①～⑤のうちから一つ選べ。解答番号は 11 。

① 【文章Ⅰ】の《a》は村山槐多の人間像について多様な捉え方ができることを示す引用であるのに対し、【文章Ⅱ】の《b》は槐多の作品に対して筆者と類似した評価があることを紹介する役割を果たしている。

② 【文章Ⅰ】の《a》は村山槐多の絵が一九一〇年代の画家の中でも特異なものだったことを示すための引用であるのに対し、【文章Ⅱ】の《b》は有島武郎が捉えていた槐多の人間像を紹介するために引用されている。

③ 【文章Ⅰ】の《a》は村山槐多が自我に固執していたことを強調するために引用されているのに対し、【文章Ⅱ】の《b》は槐多や有島武郎の自我が時代を先取りするものであったことを読者に強く印象付けている。

④ 【文章Ⅰ】の《a》は村山槐多の絵画について述べた筆者の考えを裏付ける役割を果たしているのに対し、【文章Ⅱ】の《b》は引用文をもとに槐多と有島武郎の生き方を解明する手がかりとして提示されている。

⑤ 【文章Ⅰ】の《a》は村山槐多の絵の性格が前の世代と大きく違うことを示すことを主眼としているのに対し、【文章Ⅱ】の《b》は槐多の作風に有島武郎の芸術観からの影響があることを示すための引用である。

第2問

次の文章は、永井荷風「女中のはなし」(一九三八年発表)の一節である。戦前のある日、全国の舞踏場が閉鎖されるという噂《うわさ》を聞いた小説家の「わたくし」は、以前雇っていた女中(注1)の恵美子のことを思い出す。ダンスを好み、たびたびダンスの練習場に出かけていた彼女は、ある日置手紙を残して去ってしまった。しかし、「わたくし」はよくあることと気にせずその後しばらく生活していた。以下はそれに続く場面である。これを読んで、後の問い(**問1～6**)に答えよ。(配点　45)

わたくしの家にはその後半年目くらいに、女中の出代《でがわり》があって、また一しきり杜絶《とだ》えたまま、誰も居なかった時であった。(中略)夏の頃には雷鳴と共に雹《ひょう》ばかりか雪が降り、冬になると、浅間山の灰が東京の町の屋根をも白くしたような、天変地妖の引続《ひきつづ》いた年の暮《くれ》だと記憶している。わたくしは外から帰って来て門をくぐるが否《いな》や、勝手口の硝子戸《ガラスど》に、消して出た筈《はず》の灯が映っているのを見て耳を澄ませた。

勝手の出入口は外出中に郵便脚夫《きゃくふ》が大形の小包郵便などを配達する時の事を慮《おもんぱか》って、わたくしの家中《うちじゅう》でこの一箇処《かしょ》だけは、いつも鍵をかけずに置くのである。わたくしはこれまで一度も盗難に遇《あ》ったことがないので、その心配よりも、留守中に誰か急用の人が来て、台所の灯を消し忘れて行ったのではないかと思い、すぐその方へと歩みを運んだ。

すると、勝手口の硝子戸はわたくしが手をかけるよりも早く、内からがらりとあいて、強い香水の匂《におい》と共に、ぱっと外へ流れる明るい火影《ほかげ》が、浮上《うきあが》ったように恵美子の姿を照らし出した。恵美子は以前とはちがって、髪を切って縮《ちぢ》らせ、眉を描き、爪紅《つまべに》をさした指には指環《ゆびわ》をはめている様子、一見して既に舞踏場のダンサアである。台所に火の気のない為か、赤い羽かざりのついた黒い帽子もその儘《まま》、外套《がいとう》の襟も立てたなりで、

「先生、すみません。お留守にだまって上って……。」

「夜いないことは知っている筈じゃないか。大分待ったかね。」

「いいえ。十二時頃にはお帰りだろうと思って、そのつもりで参りましたから。」

「そうか。ここは寒くてたまらない。此方《こっち》へおいで。」

恵美子は帽子と外套を取り、「女中さんがいないようですから、お待ちしている間に、お茶を入れるお湯だけわかして置きました。」

そして、わたくしが書斎の瓦斯炉《ガスろ》に火をつけたり靴をはきかえたりしている中《うち》に、恵美子は盆に載せた紅茶と、手土産の菓子らしい紙箱とを持《もち》運んで来て、

「あがれますか、どうですか……。」と云《い》いながらテーブルの上に置いた。

「すまないね。そんな心配をしちゃア。」

わたくしは紅茶を一飲みしながら女の様子を眺めた。既にどこかのダンサアになっているとしたなら、それにも飽きて、今度は女優にでもなりたいという相談に来たのではないかと、その言出《いいだ》すのを待っていたが、恵美子はわたくしが手土産の西洋菓子を摘《つま》んで半分ほど口にしてしまっても、まだ何とも言出さないので、

「A忘れものがあったよ。手袋とエプロンがあったよ。」

「わたし、先生におはなししたい事があるんですの。外《ほか》に相談する人がないんですの。」

伏目になって瞼《まぶた》をぱちぱちさせるその様子から、滞《とどこお》りがちな物の言方まで、以前家にいた時、折々わたくしを驚かせたような無遠慮な調子とは大分変《かわ》っている。

「お腹でも大きくなったのか。」

「まア、先生。わたし、もうお話しませんわ。」

「おこったのか。冗談だよ。」

「おこりゃしません。けど……先生、ほんとに真面目になって聞いて下さる。秘密の話なんです。わたしほんとに困ってる事があるんです。」

「まア、そこへお掛けよ。寒いから。」

「はい。」

「どう云うはなしだね。」

「わたし……止《よ》しますわ。お話するつもりで来たんですけれど、あんまり、何だか……。」

「それ御覧、コレでなくっても、それに近い話だろう。誰にも言やしない。まアそれよりか、その後ダンスはどうした。どこかホールへ出るようになったか。」

「ええ。ちょっと出ましたの。それから……。」

「困るねえ。どうも。それから恋愛問題で煩悶《はんもん》していると云う話だろう。」

「先生、実に不思議な話なんですの。わたしお友達にも勧められるし、一人じゃなかなかやって行かれないから、或人《あるひと》をパトロン(注2)にしたんですの。わたし初《はじめ》の中は生《うま》れた家の事なんか隠していたんですけれど、何かの拍子に仙台の家の事や死んだ兄の事なんぞ話をしたんですの、すると、ねえ、先生、兄さんの死んだ時の事や何かがすっかり分《わか》ったんですの。わたしのパトロンはむかし兄さんと同じクラスに居たんだって云うんですの。山登りをして暴風に遭って、兄さんが凍えて死んだのは、パトロンが兄さんの持っているウイスキイを引ったくって皆飲んでしまった為だって云うはなしなんですの。その時分わたしはまだ十二、三で、母さんと二人きりでしたから、電報が来ても、近処《きんじょ》の人が行ってくれたばかりで、何もよく知らなかったんですの。一緒にハイキングに行ったお友達の名前も知らないし、それから、その時の委《くわ》しい様子も、何も知らなかったんですの。兄さんは凍死したけれど、パトロンの方は心臓が強かったし、それにお酒を飲んでいたので、夜が明けてから、捜索に行った人に助けられて、生返《いきかえ》ったんだそうです。パトロンはわたしに、その話をして、おれはお前の兄さんの仇《かたき》だ。お前はその話をきいて、どう云う心持がしているか、それを包まず言ってくれろと言うんですの。逢うたんびにその返事をしろッて言うんですけれど、わたし何て言っていいのか。**B**ほんとに困ってしまったんですの。」

夜廻《よまわり》(注3)の拍子木が門外の寝静まった町に響きわたるばかりで、冬の夜は珍《めず》らしく風もないと見えて、庭の竹のそよぐ音もしない。台所の水道の栓から水の滴《したた》る響《ひびき》が聞《きこ》える。

「お前は一体どう思っているんだ。最初そのはなしを聞いた瞬間……。」

「びっくりしましたわ。」

「それァ、びっくりするだろう。そうにちがいない。それから、お前、その人に対する考《かんがえ》が、以前何も知らなかった時とは、何かちがったようになりはしないかね。つまりその人はそれも聞こうと云うんだろう。」

「そうかも知れません。だけど、わたし別にどういう考もないんですの。何しろもう十何年も前のことだし、母さんもとうに死んでしまったのだし、兄さんが生きていたって、わたしそう何時《いつ》までも兄さんと一緒にいられるもんじゃなし、兄さんだってお嫁でも貰えば、わたしはやっぱり一人で生活して行かなくっちゃならないんだから。」

「じゃ、その通りにそう言ったらいいじゃないか。その人が兄さんの仇だと思うか、どうかときいたら、お前はそう思わないのなら、思わないと、有《あり》のままに言うより外に仕様がないだろう。」

「ですから、そう言いましたわ。はっきりそうとは言わなかったかも知れませんけど、そんな昔の事どうでもいいじゃないのぐらい……。そうすると、その人の態度が急に変ってしまったんですの。そしてお宅に病人が出来たり何かして、一寸《ちょっと》の間行かれないからって、お金を五百円(注4)送ってくれたんですの。」

わたくしは紅茶の茶碗を取《とり》上げたまま、C何やら沈痛な思《おもい》に打たれて我知らず俯向《うつむ》いてしまったが、恵美子は言いたい事を言ってしまって、気が晴々《せいせい》したと云わぬばかり、忽《たちま》ち軽い調子になって、

「先生、初ッからわたしその人にラブしていたわけじゃないのよ。だんまり、むッつりで、ちっとも面白くないんですの。わたしお友達に借金さえしていなければ、勧められても承諾しやしないのよ。ですから、来なくなればなるで、わたし何とも思やしないのよ。だけど、ねえ、先生、男っていうものは、どうしてそんな事を気にするんでしょう。」

「しかしその人の身になって見れば、生涯の最大事件じゃないか。むかしなら仇敵《かたきうち》だぜ。」

「むかしなら、そう……。」と恵美子はいかにも不審そうにわたくしの顔を見ていたが、「じゃア先生もやっぱり、あの人と同じような考方《かんがえかた》をしているのね。わたしの考え方は間違っていたのか知《し》ら。」

「お前はどういう心持なんだ。」

「どう云うって、兄さんの死んだ事……。」

「そうさ。」

「それは悲しい事だと思うけれど、それは不意の災難じゃありませんか。災難で死んだ事を仇だの何だのと云ったら、汽車や自動車の事故で死んだ人はどうするの。その人の親類や友達は運転手を仇だと思わなければならないようになるわねえ。」

わたくしは近年頻々《ひんぴん》として行われる政界の暗殺を不図《ふと》思合《おもいあわ》せて、恵美子の言う事に対しては何とも答えられなくなった。

「むかしはむかし、今は今ですもの、ねえ、先生。」

「全くそうだ。」

「わたしお金を貰っといてもいいでしょうね。実はどうしようかと思って、それをお聞きしたかったの。」

「わざわざ相談に来たのはお金の事なのか。そうか。」

「だって、お金の事は外の事とはちがいますから。」

「くれたものなら貰って置くさ。それとも、もっと沢山貰いたいと云うならば、一度返した方がいい。」

「じゃ、だまってこの儘にして置きます。外套をこしらえるから。」恵美子はますます元気のいい調子で、「**D**わたしもお茶いただきますわ。熱いのと入れかえて来ましょう。」

どこかに火事が起《おこ》ったと見えて、唸《うな》るようなポンプの汽笛が一時に異《ことな》った方向から聞え、それに続いて犬の吠える声がしだした。わたくしは解き得ない謎に苦しめられて、恵美子の立戻って来るまで瓦斯の燃える火を見ながら煙草《たばこ》をのむことも忘れていた。

（中略）

世の中は年と共にますます変って行く。日常の雑談にも、今まで世が平和であったころには耳にした事のない新しい言葉が数知れず聞かれるようになったが、その中で最も多く繰返《くりかえ》されるのは、強く生きよとか、強くなれとか云う言葉である。しかしこの言葉は時と場合によっては、どうやら反対の意に用いられるのではないかと思われるようなこともある。裏町の酒場で聞いた流行唄《はやりうた》の中にも、

……なるやうにしかならないわ。
悲しく沈む夕日でも
あしたになれば昇るわよ。
強くなつてねえ。あなた。
強くなつてね。

と云うようなものがあった。

強者を称美し、強者を崇拝するのが今の世に活《いき》る人の義務のようになった。そして、強者になりたくもなれない者が、自らその弱きを知って諦めの道に入ろうとすれば、世はこれを目して卑屈となすよりも、寧《むし》ろ狡猾奸譎《かんけつ》として憎み罰するようにも思いなされて来た。

わたくしがこの頃になって、不図恵美子の事を憶出《おもいだ》したのも、恐らくはこのような感慨からであろう。あの女の性格や人物が今になって見ると、家にいた時よりも、却《かえっ》てはっきり解釈せられるような気がする。恵美子は見方によっては、**E**今の世に謂《い》う一種の強者であるのかも知れない。悲しく沈む夕日も、一晩たてばまた明《あか》くなって昇るのだと思って、泣寐入《なきねい》りに寐《ね》てしまう強者であるらしい。されば、舞踏場が閉《とざ》された暁《あかつき》には、その時とその場合とに応じて、さほど自分の思慮を費《ついや》さず、仲間の者共の為すところを見て、これに倣《なら》い、容易にその日その日を送る他の道を見付けるであろう。

恵美子は今どこに何をしているのか知らぬが、しかし実在の人物であるから、わたくしはこの稿を草するに莅《のぞ》んで、その名を偽り、且《かつ》また筆者に都合の好《よ》いような作り事をも、少からず交《まじ》えて置いたのである。

（注）
1　女中――よその家に雇われて家事などの手伝いをする女性。
2　パトロン――後援者。
3　夜廻――夜、警備のために地域を見回ること。ここでは見回っている人を指す。
4　五百円――恵美子が「わたくし」の家に女中としてきていた時の給金は一月に十五円であった。

問1　傍線部**A**「忘れものがあったよ。手袋とエプロンがあったよ。」とあるが、このときの「わたくし」の様子の説明として最も適当なものを、次の①～⑤のうちから一つ選べ。解答番号は 12 。

① 何も話さない恵美子の態度を面倒に思い、忘れ物を渡してさっさと帰してしまおうとしている。
② なかなか話し出さない恵美子を気遣い、何気ない話題できっかけを与えようとしている。
③ 勝手に出て行ったのに相談をしに戻ってきた恵美子を身勝手に思い、嫌味を言っている。
④ 恵美子の姿の変わりように驚き、今の彼女には関係のない話をしてしまうほど混乱している。
⑤ 深夜に訪ねてきたにもかかわらずあいまいな態度をとる恵美子に、いらだちを感じている。

問2　傍線部B「ほんとに困ってしまったんですの。」とあるが、その理由の説明として最も適当なものを、次の①～⑤のうちから一つ選べ。解答番号は 13 。

① 兄の死の詳細が明らかになりパトロンの男性を仇だと思ったが、今は自分の生活を支えてくれている人でもあるので憎いという気持ちは浮かんでこないから。

② パトロンの男性の行為によって兄が死んだと聞かされても昔のことなので実感がわかず、彼を憎む気持ちを自覚できずにいるから。

③ 今まで自分によくしてくれていたパトロンの男性が実は兄の死の原因を作ったと教えられ、突然のことにどう対応していいかわからなくなっているから。

④ 兄の死の真相を知らされたところで今の自分の生活とはさほど関係がないので、何度パトロンの男性に気持ちを尋ねられても答えようがないから。

⑤ 思いがけず兄の死んだときのことを教えられたが、必ずしもパトロンの男性のせいだとも言えない状況だったため彼を責めることもできないから。

問3　傍線部C「何やら沈痛な思に打たれて我知らず俯向いてしまった」とあるが、このときの「わたくし」の様子の説明として最も適当なものを、次の①～⑤のうちから一つ選べ。解答番号は 14 。

① 本人にとっては重大な事件であった出来事をどうでもいいと言われ、金銭を渡すしかできなかった男性に心を痛めている。

② かつて自分が犯した罪を告白して金銭を渡したが、相手は特に心を動かされた様子がなかった男性に同情の念を覚えている。

③ 兄の話をして憎まれてでも恵美子の気を引きたいと思ったのに、失敗したうえに金銭まで失った男性をかわいそうに思っている。

④ 過去に人を死に追いやってしまったために、病人がいるにもかかわらず金銭で償うことになった男性を哀れに思っている。

⑤ 恵美子の気持ちも考えずに兄の仇だと告げたり、一方的に金銭を送って償おうとしたりする男性の自己中心的な態度に呆れている。

問4　傍線部**D**「わたしもお茶いただきますわ。熱いのと入れかえて来ましょう。」とあるが、このときの恵美子の様子の説明として最も適当なものを、次の①～⑤のうちから一つ選べ。解答番号は 15 。

① 悩み事は相談することで解決できたが、長い時間話してしまったために先生に出したお茶が冷めてしまっていたことに気づき慌てて入れなおそうとしている。

② 誰にも話せずにいた悩み事を相談でき、男の残していった金銭の扱いについても決めることができたので心が軽くなり、お茶を楽しもうという余裕が生まれている。

③ 先生に男から渡された金銭を返せと叱られるかもしれないと危惧していたが、持っていてもいいと言ってもらえたので、新しい外套を作ることができると喜んでいる。

④ パトロンの男性との関係について相談するふりをして、怪しまれることなく金銭のことを相談するという本来の目的を達成できて安心している。

⑤ 長い間悩まされていた事柄について先生に相談してすぐ解決したことを嬉しく思い、感謝を示すために、お礼に新しいお茶を入れてこようとしている。

問5　傍線部E「今の世に謂う一種の強者」とはどのようなものか。その説明として最も適当なものを、次の①～⑤のうちから一つ選べ。解答番号は 16 。

① どのような困難にあったとしても決してくじけることなく、立ち向かっていく者。
② 世の中の状況がどのように変わろうとも、みずからの生きたい道を貫く力を持った者。
③ 深い悲しみの中にあっても希望を失わず、日々の生活を送っていくことができる者。
④ 強くあることを求める社会の中で、自身の弱さを受け入れて生きようとする者。
⑤ つらい目にあってもそれをただ受け入れて、今を生きていこうという姿勢をもつ者。

問6　Sさんは本文の理解を深めるため、作品が書かれた当時の時代背景に注目して考察することにした。本文より前の場面から時代背景がうかがえる描写を抜粋した**【資料】**の内容をもとに、「わたくし」の恵美子や社会への視線について考察し、**【構想メモ】**を作って**【文章】**を書いた。このことについて、後の(i)・(ii)に答えよ。

【資料】

・「全国の舞踏場が閉鎖せられるとかいう噂をきいて、ふと思出したことがある。月日のたつのは早い。たしか霞ヶ関三年坂のお屋敷で、白昼に人が殺された事のあった年であったと思うので、もう七、八年前のことになる。その時分から際立って世の中の変り出したことは、折々路傍の電信柱や、橋の欄干などに貼り出される宣伝の文字を見ても、満更わからない訳ではなかったものの、しかしまだまだその時分には、市中到るところに、恋のサイレンだの。君恋し。なんどと云う流行唄が、夜のふけわたる頃まで絶間なくひびき渡っていたくらいなので、いかに世の中が変ろうとも、女の髪の形や着るものにまで、厳しいお触が出ようとは、誰一人予想するものはなかった。」（冒頭で、「わたくし」が恵美子のことについて思い出す場面）

・「わたくしは最初から、この女の言葉使とその態度とで、新しい時代の、さして教養の深くない家に生れ育ったものらしく思っていたが、いよいよその推測の誤っていない事を知ると共に、…」（恵美子が女中として「わたくし」の家に初めてやってきた場面）

【構想メモ】

(1)　**【資料】**からわかること
・本文が書かれたのは、国内の状況が激しく動き、一般の人々の生活にも戦争の影響が出始めた時代であった。
・恵美子はそうした時代に育った若い女性であり、それ以前の時代を知る「わたくし」の眼には新しい時代の存在として映っている。

(2)　**【文章】**の展開

①　「強さ」とは
・社会が称美・崇拝する強さ
・流行唄や恵美子の言葉にみられる強さ

↓

②　「わたくし」の立ち位置
・①で示した「強さ」のどちらをも、新しい、昨今のものと感じている。

↓

③　「わたくし」が恵美子のことを思い出した理由

【文章】

【資料】からは、戦争に向かって国内の状況がめまぐるしく変化するなか、それ以前の時代を知る「わたくし」にとって恵美子は新しい世代の存在として映っていることが読み取れる。強さを称美・崇拝する社会への変化の中で、「むかしはむかし、今は今ですもの」という恵美子の言葉は流行唄にもあらわされている、［Ⅰ］という人物像と重なる。彼女たちは社会の変化を嘆いたり批判したりすることなく、ただその日その日をしたたかに生きていく力をもった人々なのである。「わたくし」は、［Ⅱ］、言葉なく感慨にふけっていると考えられる。

(i) 空欄［Ⅰ］に入るものとして最も適当なものを、次の①～④のうちから一つ選べ。解答番号は［17］。

① 夕日の沈む悲しさをも、次の日に朝日が昇れば忘れてしまう
② 悲しい出来事に動じない強さを、自己にも他者にも求める
③ 悲しみを感じたとしても、成り行きに任せて生きていける
④ 日が沈んでもまた昇るように、悲しみに打ち勝とうとする

(ii) 空欄 Ⅱ に入るものとして最も適当なものを、次の ① 〜 ④ のうちから一つ選べ。解答番号は 18 。

① 世の中の求める強さからも、恵美子のような人々の持つ強さからも距離をとって

② 強さが求められる世の中に逆行する恵美子のような生き方を認めることができず

③ 強く生きよという世の中に流されていた自分とは異なる恵美子の独自の在り方に感嘆して

④ 変わりゆく時代にふさわしい強さを持った恵美子とは対照的な自らの弱さを恥じて

第3問　次の【資料Ⅰ】（文章、図・グラフ）・【資料Ⅱ】（文章）・【資料Ⅲ】（図、文章）は、「クマとの共生」について調べていたケイさんが見つけた資料の一部である。これらを読んで、後の問い（問1～4）に答えよ。（配点　20）

【資料Ⅰ】

文章　「アーバン・ベア」の脅威

札幌市民や国内外の観光客に人気の藻岩山（531メートル）山頂付近で6月20日、周辺に「親子のヒグマが4～5頭いた」との通報があった。

翌日、付近を訪れると「ヒグマの目撃情報があります」と注意を呼びかける看板が立っていた。札幌市の会社員男性（59）は「最近、人里近くでのクマの目撃情報が本当に多い。怖い」と語った。

197万人が暮らす札幌市では、近郊で育った「アーバン・ベア」が恒常的に市街地に現れる脅威が年々高まっている。

2021年には、藻岩山がある南区とは対角に位置し、山林には接していない東区の住宅地にヒグマが出没し、4人が負傷した。22年3月には札幌駅から西へ6キロほどの三角山で、冬眠穴を調査していた男性2人が襲われた。23年の出没数は7月末時点で133件に上り、過去10年で最多のペースだ。

アーバン・ベアに関する著書がある酪農学園大学の佐藤喜和教授によると、札幌市では、2000年代からヒグマが市街地に出没し始めた。10年代になると恒常化し、市街地内部への侵入も目立つようになった。こうした事態は今年さらに深刻化したという。特徴として、同じ個体が繰り返し出没するだけではなく、複数のグループが市内各地で同時に出没する。都市近郊で生まれ育つことで、人を見ても逃げない個体が育っている傾向があるという。

人口減少と高齢化が加速する道内では、農業や狩猟人口も減少。市街地周辺の農地で活動する人が減り、人を恐れなくなったヒグマが住宅地付近に生息地を広げている。人口減少局面に入った札幌市も例外ではなく、佐藤教授は「ヒグマが人の社会に適応してきている」と警鐘を鳴らす。

ヒグマの「変容」は都市部にとどまらない。

今年７月、道東部で放牧中の牛66頭を次々に襲い、地元から恐れられ続けたオスのヒグマ「ＯＳＯ《オソ》18」が射殺された。始まりは19年７月、標茶町オソツベツ地区で死んでいる牛が見つかった。翌月には数日おきに牛が襲われ、19年だけで28頭が被害にあった。

現場の足跡や毛を分析し、同一個体による被害と判明。足跡の幅と最初の被害地区名から名前が付けられた。（中略）

道東部の釧路町で７月30日に射殺されたヒグマが後にオソと判明したが、地元が追跡を強める中でオソは４年間牛を襲い続け、被害を食い止めることはできなかった。

ヒグマが人里との距離を縮め、生活やなりわいへの脅威となっている背景には、個体数の増加がある。北海道内の推定生息数（２０２０年）は１万１７００頭と、30年前の５２００頭から倍増した。

増加の要因とされるのが、１９８９年度に実行に移された「春グマ駆除」の禁止だ。

北海道では80年代まで、ヒグマによる人的被害や農業被害を防ごうと、追跡しやすい３～５月の残雪期の積極的な駆除を進めてきた。だが、個体数の減少に危機感を強めた道が方針を転換。環境保護や生物多様性の重要性も問われるようになり、道は90年以降、春グマ駆除を禁じた。

それから30年余り。ヒグマの駆除には批判もあるが、人を恐れなくなったヒグマが相次いで市街地に出没して市民生活を脅かす事態に、道は従来のヒグマ政策の見直しに踏み切ろうとしている。

今年から、人里に隣接する地域での残雪期の駆除を認め、人への警戒心をヒグマに持たせることで出没の抑制を狙う。禁止してきた冬眠中の個体を捕殺する「穴狩り」も、こうした地域に限って認めた。（中略）

学者や農家らが参加するヒグマの会は７月、鈴木直道知事にヒグマと人間双方の暮らしを守る「ゾーニング」管理の強化による共存策を求めた。

図・グラフ

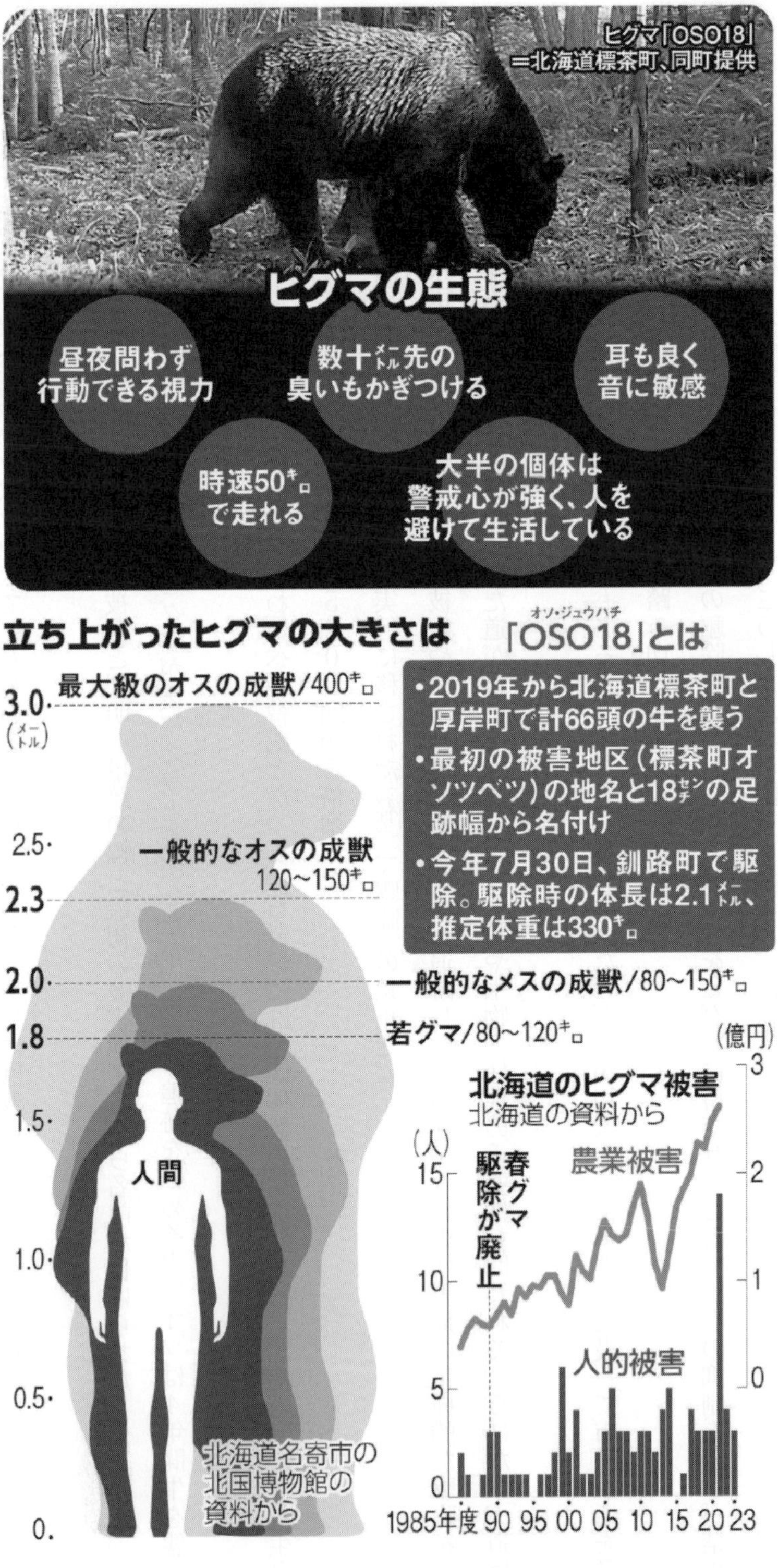
ヒグマ「OSO18」
＝北海道標茶町、同町提供
ヒグマの生態
昼夜問わず行動できる視力
数十メートル先の臭いもかぎつける
耳も良く音に敏感
時速50キロで走れる
大半の個体は警戒心が強く、人を避けて生活している
立ち上がったヒグマの大きさは
3.0（メートル）最大級のオスの成獣/400キロ
2.5
2.3 一般的なオスの成獣 120〜150キロ
2.0 一般的なメスの成獣/80〜150キロ
1.8 若グマ/80〜120キロ
1.5
1.0
0.5
0.
人間
北海道名寄市の北国博物館の資料から
「OSO18《オソ・ジュウハチ》」とは
・2019年から北海道標茶町と厚岸町で計66頭の牛を襲う
・最初の被害地区（標茶町オソツベツ）の地名と18センチの足跡幅から名付け
・今年7月30日、釧路町で駆除。駆除時の体長は2.1メートル、推定体重は330キロ
北海道のヒグマ被害
北海道の資料から
（人）
（億円）
春グマ駆除が廃止
農業被害
人的被害
15
10
5
0
3
2
1
0
1985年度 90 95 00 05 10 15 20 23

（写真提供：北海道標茶町）

（朝日新聞「『アーバン・ベア』の脅威　都市近郊で生まれ育ったクマ　人を恐れず　集団で市街地に」による。）

【資料Ⅱ】

文章 クマとの共存　美術家は考える

クマによる被害が全国で相次ぐ。駆除に行政や地域が奔走する一方で、多くの抗議も寄せられている。なぜ摩擦が起きるのか、人間と自然との関係をどう考えるか。クマをモチーフにした作品を手がける2人の美術家に聞いた。(注)

■彫刻家・三沢厚彦さん「リアルさ　超えた人間のリアリティー」

《動物の姿を木で彫り彩色した「アニマルズ」シリーズを手がける。童話などではかわいいクマが、実際は獰猛《どうもう》で被害をもたらす……。人々の相反するイメージに着目したクマの作品を世に送り出す》

クマの駆除に抗議をするのは、クマに出合ったことのない地域の人が多いのではないでしょうか。実際のクマよりも、「かわいい」「駆除したらかわいそう」という気持ちが、その人の中で「リアリティー」を結んでいるのでしょうね。

実際に出くわした友人は腰が抜けそうになり、一目散に逃げた、と。生き物の怖さは、出合って初めてわかるのではないですか。

シカなども駆除されていますが、クマに対して人は格別な思いがあるのでは。親子で連れ添っていたり、二本足で立ったりと、人間に近いところがある。クマが出てくる物語もたくさんあり、人々が共有しているイメージがあるのでしょう。

展覧会に来た人に聞くと「クマの怖さや被害も知っている。でも、やっぱりかわいい」と言うんです。リアルなクマを、人間のリアリティーは超えてしまう。ネコやイヌと一緒に生活するなかで、そのかわいさをどんどん作り上げていくのと、似ているのかな。

なぜ今、クマが人里に出てこざるを得ないのか。過疎化や気候変動などの問題が複雑に絡み合っている。駆除への抗議という行動に移す前に、現状を知るべきです。また、抗議する側とされる側とで意見交換の場を持つといった、問題をきっかけに課題を共有して考える機会にして欲しい。

最近、一つの体に異なる動物の特徴が合わさった、空想上の動物キメラをつくっています。考え方の違うものたちが、一つの体を維持していく。そんなキメラ的な考え方が必要な時代だと感じています。

（朝日新聞「クマとの共存　美術家は考える」による。）

（注）　2人の美術家――記事には2人の美術家へのインタビューが掲載されていたが、そのうち1人へのインタビューを抜粋した。

【資料Ⅲ】 ゾーニング管理の考えにもとづく未然防除の重要性

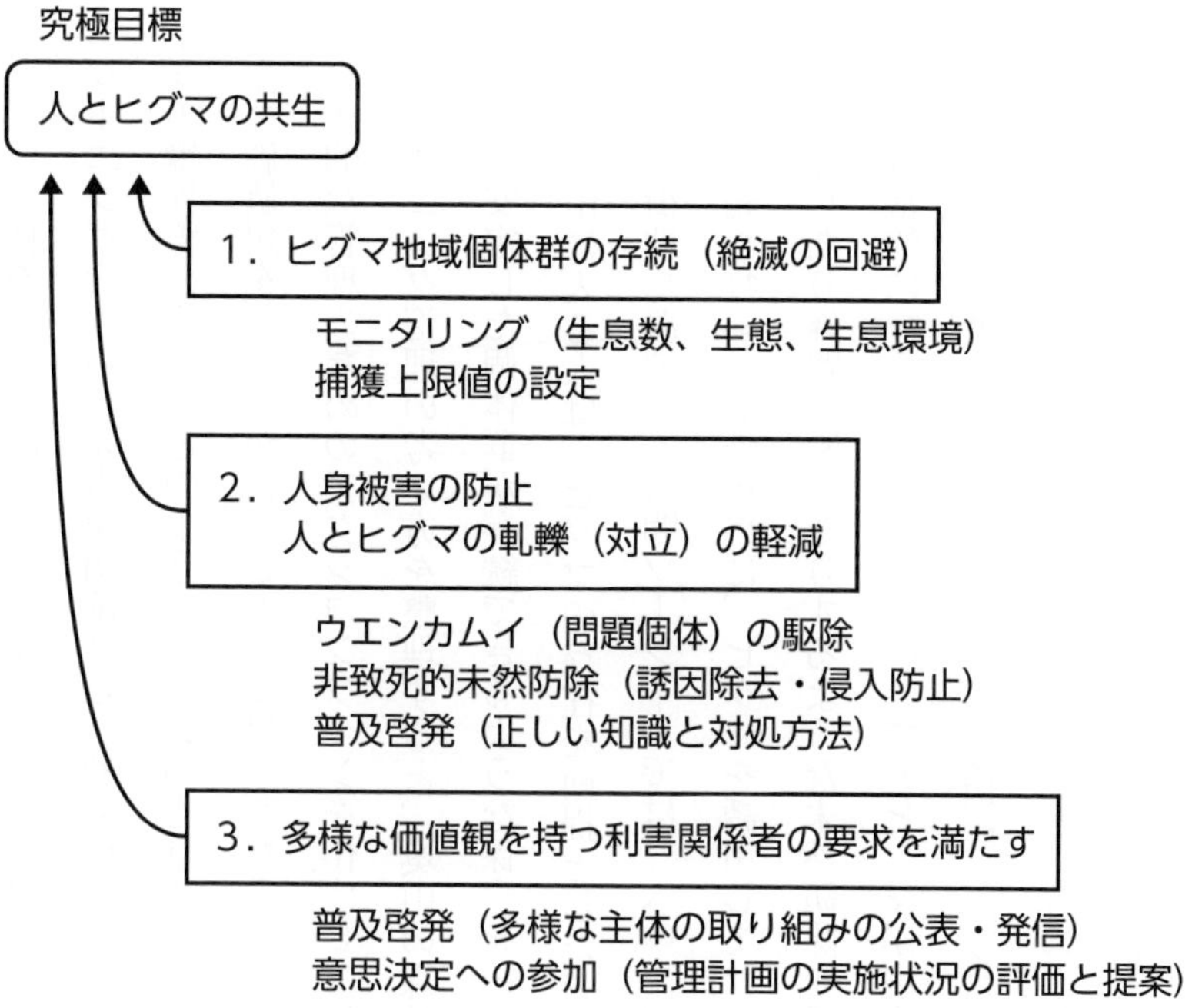
究極目標
人とヒグマの共生
1．ヒグマ地域個体群の存続（絶滅の回避）
モニタリング（生息数、生態、生息環境）
捕獲上限値の設定
2．人身被害の防止
人とヒグマの軋轢（対立）の軽減
ウエンカムイ（問題個体）の駆除
非致死的未然防除（誘因除去・侵入防止）
普及啓発（正しい知識と対処方法）
3．多様な価値観を持つ利害関係者の要求を満たす
普及啓発（多様な主体の取り組みの公表・発信）
意思決定への参加（管理計画の実施状況の評価と提案）

図 これからの北海道におけるヒグマ管理に求められる３つの柱。

文章

図に示した三つの柱を未然防除と対症療法の併用により実現していくための具体的なイメージとしては、空間的なすみわけを基本とするゾーニング管理の考え方を明確にし、その概念を行政も地域住民もしっかりと理解しておくこと、そして各地域における各ゾーンの境界線の管理をどのように行うのかを具体的に示すことが重要だろう。地域住民がヒグマに関する知識を身につけ、また多様な価値観を持つ人がいることを受け入れたうえで、ゾーニングの概念をうまく用いて、それぞれの地域ごとに、実情に合った具体的な管理のためのアクションプランを作成していくことが望ましい。

あらためてゾーニング管理の考え方を整理すると、奥山の森林はヒグマの恒常的生息地――ヒグマゾーン――として、五〇年後も一〇〇年後も安定した個体群が存続できるような保全をめざすと同時に、登山やハイキング、山菜やキノコ採り、釣りや狩猟などを目的に奥山に入る人は、ヒグマの存在を前提とした対策を徹底して入山することを常識とする必要がある。一方、人の生活圏である市街地や農地――人間ゾーン――では、人の生命や財産をヒグマから守り、いつまでも安心安全な暮らしが続けられることが最優先される。そのために、ヒグマを誘引してしまうような原因は除去し、出没しやすい場所や侵入しやすい経路は、見通しをよくしたり経路遮断したりするような未然防除を通じてヒグマが出にくい地域づくりを、ヒグマが出没してからではなく平時から日常的に行う必要がある。それでもヒグマが侵入した場合には、排除のための緊急的対応を優先する。そして、奥山と人の生活圏との境界領域にあたる里山的な地域を両者の緩衝地帯として、人の手でしっかりと管理、防衛することにより、基本的にはすみわけで人とヒグマの共生を図るというのが基本的な考え方となる。

とくに市街地など住宅密集地では、いったん出没してしまうと駆除することすらむずかしいという現状もある。そのため、境界線を越えて出没しないように、草刈りや電気柵設置などの侵入を予防するための未然防除対策を平時から日常的に行うことを、行政担当者にとっても地域住民にとっても常識にする必要がある。

(佐藤喜和『アーバン・ベア　となりのヒグマと向き合う』による。)

問１　【資料Ⅰ】の 文章 と 図・グラフ について、次の(i)・(ii)の問いに答えよ。

(i)　文章 から読み取れる内容として最も適当なものを、次の①～⑤のうちから一つ選べ。解答番号は 19 。

①　ヒグマの生息分布域の急激な縮小
②　「アーバン・ベア」の現れ方の特徴
③　「ＯＳＯ18」による人的被害の実態
④　ヒグマの体や能力などの特徴
⑤　「春グマ駆除」の解禁による影響

(ii)　文章 と 図・グラフ の関係についての説明として**適当でないもの**を、次の①～⑤のうちから一つ選べ。解答番号は 20 。

①　文章 に関連する事実が、図・グラフ では箇条書きやグラフなどを使ってわかりやすくまとめられている。
②　文章 は個別の出来事や活動の記述が中心になっており、図・グラフ は一般的な事象や長期的なデータなどをまとめている。
③　文章 は短い文を重ねて要点が伝わりやすく書かれ、図・グラフ はイラストを用いるなどして読者のイメージを喚起している。
④　文章 は論拠を示しながら書き手の考えを展開し、図・グラフ はそれを裏づける事実や統計を多面的にあげている。
⑤　文章 は人々の声や専門家の意見を盛り込んでいる点、図・グラフ は視覚的な工夫を施している点にそれぞれ特徴がある。

問2 【資料Ⅱ】での三沢氏の考えとして最も適当なものを、次の①～⑤のうちから一つ選べ。解答番号は 21 。

① クマを「かわいい」「駆除したらかわいそう」と思うのは、実際のクマがそれだけ身近な存在であることの表れである。
② 人間に被害をもたらす「怖い」クマと、人間味にあふれる「かわいい」クマとの「すみ分け」を模索すべきである。
③ 人間の想像力が生み出した「かわいい」クマ像が、獰猛で被害をもたらす現実のクマを覆い隠すことに問題がある。
④ クマの駆除に抗議する声があがることは、現実離れしたクマを造形してきたデザイナーにも責任の一端がある。
⑤ 自然界のクマと造形されたクマのキャラクターとの乖離《かいり》が大きすぎることが、人々のクマに対する恐怖心を消し去ってしまう。

問3　【資料Ⅲ】をもとにまとめた次の(ア)〜(エ)の各文について、【凡例】にもとづいて内容の正誤を判断したとき、その組合せとして最も適当なものを、後の①〜⑤のうちから一つ選べ。解答番号は 22 。

【凡例】

正　し　い――述べられている内容は正しい。
誤っている――述べられている内容は誤っている。
判断できない――述べられている内容の正誤について【資料Ⅲ】からは判断できない。

(ア) ゾーニング管理の考え方は、行政や専門家を除く一般の人々がヒグマの生活圏に侵入しないよう徹底することを基本としている。
(イ) 「ヒグマゾーン」では行政がヒグマの生息数をモニタリングし、その結果に基づいて生息数が基準を超えないよう捕獲上限値を決定する。
(ウ) 「人間ゾーン」では、日頃からヒグマが出没しにくい環境づくりを行い、人の手で管理することが必要である。
(エ) 家庭菜園に電気柵を設置することや市街地域の河川敷で草刈りを行うことは「未然防除」の一環である。

①	(ア) 正しい	(イ) 誤っている	(ウ) 判断できない	(エ) 判断できない
②	(ア) 誤っている	(イ) 正しい	(ウ) 判断できない	(エ) 誤っている
③	(ア) 判断できない	(イ) 誤っている	(ウ) 誤っている	(エ) 正しい
④	(ア) 正しい	(イ) 判断できない	(ウ) 誤っている	(エ) 誤っている
⑤	(ア) 誤っている	(イ) 判断できない	(ウ) 正しい	(エ) 正しい

問4　ケイさんは【資料Ⅰ】～【資料Ⅲ】からわかったことをもとにレポートを作成することにした。そこで【レポートの項目(案)】を次のようにまとめ、各項目で盛り込むべき内容や補足すべき事項について【メモ】をした。【メモ】の内容として適当でないものを、後の①～⑤のうちから一つ選べ。解答番号は 23 。

【レポートの項目(案)】

A　「アーバン・ベア」とは何か
B　ヒグマによる被害の実態
C　ヒグマの出没が増えた理由
D　クマの駆除に反対する意見
E　ヒグマ管理の三つの柱

【メモ】

① Aについて、「アーバン・ベア」が現れる市街地だけでなく、道東など都市部でない地域でもクマの脅威が高まっていることを補足する。
② Bについて、被害が増加していることを客観的な数値を用いて示すことで、問題の深刻さをわかりやすく伝えるよう留意する。
③ Cについて、人口の減少や高齢化などの人間社会の変化とクマの生態や個体数の変化が相互に影響し合っているという関係性を具体的に記述する。
④ Dについて、問題との関わり方や価値観の違いがある、現状の認識が十分ではないなどの問題点があることを補足

する。

⑤　**E**について、「ゾーニング」によってヒグマを「管理」するという考え方が「ヒグマとの共生」の実現のための前提であることを述べる。

第4問

次の【文章Ⅰ】は、『栄花物語』の一節である。病状の思わしくなかった後一条天皇は譲位を望んでいたが、結局、在位のまま亡くなり、その後、葬送の儀は決まり通りの形で進められた。本文の[1]段落はそれに続く場面であり、[2]・[3]段落は、京極殿《きやうごく》で念仏が行われる際に、人々が鷹司《たかつかさ》殿へ参集した場面、[4]・[5]段落は、東北院で念仏が行われた際の様子とその後の事柄について語る場面である。また、【文章Ⅱ】は、『今鏡』の一節で、【文章Ⅰ】の[5]段落の異伝である。【文章Ⅰ】と【文章Ⅱ】を読んで、後の問い（問1～4）に答えよ。（配点　45）

【文章Ⅰ】

[1] 例の作法に、御乳母子《めのとご》(注1)ども、章任《のりたふ》の伊予の守、実綱《さねつな》、憲房《のりふさ》、義通《よしみち》など仕《つか》うまつる心地ども a思ひやるべし。兼房《かねふさ》(注2)の中宮の亮《すけ》、言ひ続けて泣く声のおどろおどろしきもあはれなり。昔は、かく位にて失せさせたまふは(ア)まさなきこと多く、所狭《ところせ》かりけれど、今の世はさる厳しきこともなし。関白殿(注3)も同じ殿におはしまし、今の上(注4)も、いかでかは情けなくもおはしまさん。院(注5)も宮(注6)も、ただ亡き人にておはします。

[2] 二十一日(注7)の夕さり、京極殿の東の対におはしまして、そこにて御念仏などあるべければ、暁に中宮、一品《いっぽん》の宮(注8)も、北の政所《まんどころ》(注9)のおはします鷹司殿に出でさせたまふ。位ながらの御有様は、所狭くいみじかるべければ、下《お》り居《ゐ》の帝に bなしたてまつらせたまひてけり。殿は、今の内の御事ども行はせたまへば、内の大殿《おほとの》(注10)、異《こと》殿(注11)ばらぞ添ひたてまつらせたまひ、出でさせたまふ(注12)。暁の月の隈《くま》なきに、もの覚えぬ心のうちに覚えける、出羽《いでは》(注13)の弁、

めぐり逢はむ頼みもなくて出づべしと思ひかけきや有明《ありあけ》の月

[3] 女院も京極殿に出でさせたまひぬ。院も宮も、おはしますやうにもなく沈み入らせたまへり。鷹司殿の上は、待ち付けきこえさせたまひて、よろづに慰めきこえさせたまへど、姨捨《をばすて》(注14)にのみぞ。(イ)書き尽くすべくもあらず。関白殿、内の大殿、殿ばら

よりはじめ、泣き恋ひきこえたまはぬ人なし。殿の内に初めて世の光を取り出でさせたまひしよりはじめ、御心ばへのめでたくおはしましし、御年のほど惜しくいみじく、夢かと思《おぼ》し惑ふ。女院の御心のうちに、生まれさせたまひしほど、**c**殿の思し喜びしより、今日、今までの御心など、よろづをば申すべきにもあらず、ただ恋しう悲しういみじう思し召し惑はせたまふ。

（中略）

4 女院の、御堂《みだう》(注15)行はせたまひけるに、柳の作りたるを内に参らせさせたまへりければ、枝はまことにてありければ、清涼殿の壺に植ゑさせたまへりけるが、生《お》ひ出でたりけるを聞きたまひて、宮の宣旨《せんじ》(注16)、

　憂《う》き節《ふし》と思ひながらも生ひ出でむ柳の糸もあはれなるかな

出雲《いづも》(注17)、

　形見にと思ひ寄るより青柳《あをやぎ》の芽の**d**いとなくや悲しかるらん

など、偲びつつ涙の隙《ひま》には言ひ交はしける。

5 顕基《あきもと》(注18)の中納言、人よりは殊《こと》になどや思し召しけん、法師になりたまひにけり。世にあはれなることに(ウ)言ひののしる。女院より御消息遣はしたりけるに、

X　世を捨てて宿を出でにし心にもなほ恋しきは昔なりけり

と申したまへりければ、侍従の内侍《ないし》(注19)、

Y　時の間も恋しきことの慰まば世は二度《ふたたび》も背《そむ》かれなまし

仰せごとめきてありけるなるべし。内(注20)よりとて御使の参り、御文など**e**参らせさせたまへるにも、まづかきくらしてのみ思し召し惑はせたまふ。

【文章Ⅱ】

長暦《ちやうりやく》三年五月七日、御髪《みぐし》下ろさせたまふ。顕基の入道中納言、

x　世を捨てて宿を出でにし身なれどもなほ恋しきは昔なりけり

と詠みて、この女院へ奉りたまへる御返り事に、

y　束《つか》の間《ま》も恋しきことの慰まば二度世をも背かざらまし

と詠ませたまへる。初めは御髪削《そ》がせたまひて、後に皆下ろさせたまふ心なるべし。

かの中納言は、後一条院の御覚えの人におはしけるに、御忌《い》みにおはして、宮のうちに大殿《おほとなぶら》油も奉らずはべりければ、「いかに」と尋ねたまひけるに、「女官ども今の内に参りて、かき灯《とも》しする人もなし」など聞きたまふに、いとど悲しくて、帝の隠れさせたまひて六日といふに、頭《かしら》下ろして、山深く籠もりたまへりけり。年三十七になむおはしける。聞く人涙を流さずといふことなくなむはべりける。

（注）1　御乳母子ども――後一条天皇の乳母の子たち。後の、章任、実綱、憲房、義通等を指す。

2　兼房の中宮の亮――藤原兼房。「中宮の亮」は、中宮職《ちゆうぐうしき》の次官のこと。

3　関白殿――藤原頼通。後一条天皇の叔父で、後一条天皇の亡くなった後も、引き続き関白であった。後の「殿」も同じ。

4　今の上――後朱雀天皇。後一条天皇の弟。

5　院――彰子。後一条天皇の母。後の「女院」も同じ。

6　宮――威子。後一条天皇の中宮。

7　二十一日――長元《ちやうげん》九年四月二十一日。

8　一品の宮――章子内親王。後一条天皇の皇女。

9　北の政所――源倫子。後一条天皇の祖母。鷹司殿は、倫子の邸宅で、京極殿の南にある建物。
10　内の大殿――藤原教通。内大臣で、関白の弟。
11　異殿ばら――関白の異母弟たち。
12　出でさせたまふ――後一条天皇を京極殿へ移送することを、後一条天皇がおでましになる、と表現している。
13　出羽の弁――中宮威子に仕えた女房。
14　姨捨――「わが心慰めかねつ更級《さらしな》や姨捨山に照る月を見て」(『古今和歌集』)を踏まえる。
15　御堂行はせたまひけるに――「御堂」は東北院のことで、そこで念仏を行った。
16　宮の宣旨――一品の宮の乳母。
17　出雲――後一条天皇に仕えた女房。
18　顕基の中納言――源顕基。関白の養子で、後一条天皇の寵臣。
19　侍従の内侍――院に仕えた女房。
20　内――後朱雀天皇。

〈人物関係図〉　‖は夫婦関係、――は親子兄弟関係、……は養子であることを示す。

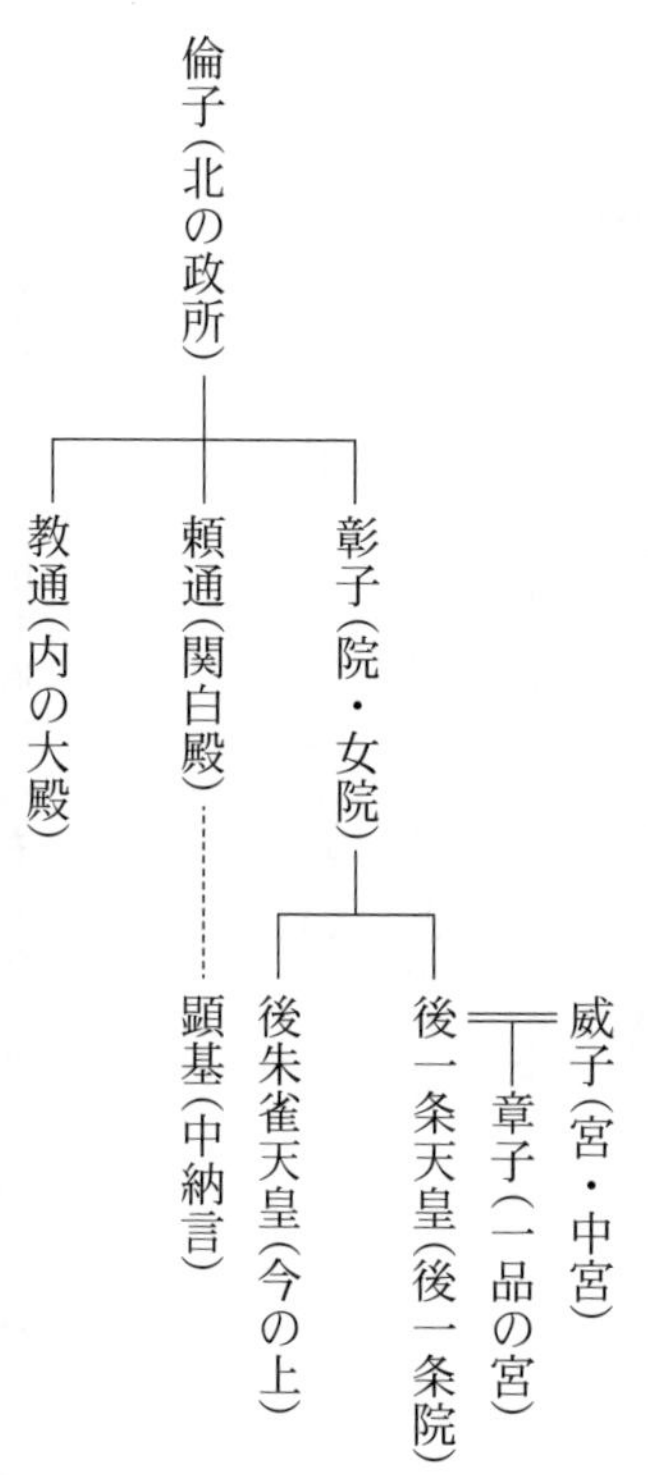

問1　傍線部(ア)～(ウ)の解釈として最も適当なものを、次の各群の①～⑤のうちから、それぞれ一つずつ選べ。解答番号は 24 ～ 26 。

(ア)　まさなきこと多く　24
①　疎かにできないことが多く
②　遠慮すべきことが多く
③　思いがけないことが多く
④　仕方のないことが多く
⑤　公《おおやけ》にできないことが多く

(イ)　書き尽くすべくもあらず　25
①　すべては書けそうもない
②　残らず書いてはなるまい
③　いくらでも書けるだろう
④　書き連ねても意味がない
⑤　いちいち書くまでもない

(ウ)　言ひののしる　26
①　声をあげて泣く
②　わざと誉める
③　陰口を言い合う
④　ひどく残念がる
⑤　盛んに噂する

問2 [1]〜[3]段落の登場人物に関する説明として最も適当なものを、次の①〜⑤のうちから一つ選べ。解答番号は[27]。

① 「兼房の中宮の亮」は、泣き声を無理に大きく張り上げ、悲しみの深さを人々に印象づけようとした。
② 「今の上」は、悲しみのあまり取り乱しそうになるが、ふがいない姿を見せまいと気丈に振る舞った。
③ 「殿」は、「今の内」の諸事を執り行わせるために、「内の大殿」を、「異殿ばら」に付き添わせた。
④ 「女院」は、京極殿に到着したが、どこを通ったのかも分からないほど、深い悲しみに暮れていた。
⑤ 「鷹司殿の上」は、京極殿で「女院」や「宮」を出迎え、あれこれと慰めたが、慰めきれなかった。

問3　波線部 **a** ～ **e** について、語句と表現に関する説明として最も適当なものを、次の①～⑤のうちから一つ選べ。解答番号は 28 。

① 「思ひやるべし」は、「べし」が意志の助動詞であり、「御乳母子ども」が自分たちの悲しみの深さを理解してほしいと訴えている。

② 「なしたてまつらせたまひてけり」は、「てけり」の「て」が強意の助動詞であり、後一条天皇の譲位が滞りなく済んだことを強調している。

③ 「殿の思し喜びしより」は、「より」が比較の格助詞であり、「女院」の方が「殿」よりも喜びが大きかったことを表している。

④ 「いとなくや」は、「いとなく」が「絶え間なく」の意であり、さらに、「いと」には同音の「糸」が掛けられている。

⑤ 「参らせさせたまへるにも」は、「る」が尊敬の助動詞であり、「たまへ」と合わせて二重尊敬の表現になっている。

問4　次に示すのは、【文章Ⅰ】【文章Ⅱ】を読んだ後の話し合いの様子である。これを読んで、後の(i)〜(iii)の問いに答えよ。

教　師――いま二つの文章を読みましたが、【文章Ⅱ】は、【文章Ⅰ】の 5 段落の内容とだいたい重なっていました。ただし、詳しく見ると違いもありましたね。そこで、二つの文章を読み比べてみましょう。先に、歴史的な事実を整理しておくと、後一条天皇の母である彰子は、二度、出家をしています。初めが万寿《まんじゅ》三年(一〇二六)で、次が長暦三年(一〇三九)です。また、本文にあった後一条天皇の葬送の儀と顕基の出家は、いずれも長元九年(一〇三六)のことです。これをまとめると、

万寿三年(一〇二六)	彰子の出家
長元九年(一〇三六)	後一条天皇の葬送の儀 顕基の出家
長暦三年(一〇三九)	彰子の二度めの出家

となります。このような背景を考慮しながら、二つの文章の記述の違いについて、話し合ってみましょう。

生徒A――【文章Ⅱ】の方が、顕基の出家の事情が詳しく分かるね。【文章Ⅰ】では、顕基が、ほかの人よりも格別に、後一条天皇を思っていたからだろうか、と漠然と推測しているだけだけれども、【文章Ⅱ】では、 (1) ということになっているね。

生徒B――そうだね。【文章Ⅱ】の方が、出家したきっかけがよく分かるね。じゃあ、顕基の歌はどう違うかな。

生徒C――【文章Ⅰ】では、後一条院が亡くなって、顕基が出家した後に詠んでいるから、長元九年に詠んだものだね。出家した直後の気持ちを詠んでいるんだね。それに対して【文章Ⅱ】では、彰子が二度めの出家をした長暦三年に詠んだことになっているよ。この場合は、出家して三年経った気持ちを詠んだことになるね。

生徒B――そうだね。ただし、表現にはあまり違いがないね。第三句が、**【文章Ⅰ】**の和歌**X**では「心にも」となっていて、**【文章Ⅱ】**の和歌**x**では「身なれども」となっているけれども、歌の意味が変わるほどではないかな。

生徒A――たしかに。じゃあ、顕基への返歌はどう違うかな。**【文章Ⅰ】**の和歌**Y**は、彰子の二度めの出家よりも前に詠まれた歌で、**【文章Ⅱ】**の和歌**y**は、彰子の二度めの出家の後に詠まれた歌なんだね。そうすると彰子の状況は違っているよね。それが、表現の違いとも関わっているみたいだね。

生徒B――**【文章Ⅰ】**の和歌**Y**は、初句が「時の間も」で、下の句が「世は二度も背かれなまし」となっているけれども、**【文章Ⅱ】**の和歌**y**は、初句が「束の間も」で、下の句が「二度世をも背かざらまし」となっているよ。「時の間」と「束の間」は大体同じ意味だから、下の句の違いによって、歌の意味が変わるのかな。

生徒C――そうかも知れないね。**【文章Ⅰ】**の和歌**Y**は、［(2)］という気持ちを込めた歌だね。

生徒B――なるほど。それに対して**【文章Ⅱ】**の和歌**y**は、［(3)］歌になっているということかな。

教　師――同じ話題でも、背景が異なると細部の理解も変わってくるので、興味深いですね。

(i) 空欄 (1) に入る発言として最も適当なものを、次の①〜④のうちから一つ選べ。解答番号は 29 。

① 顕基は、後一条天皇の遺志を継ごうとする人で、女官たちがこぞって後朱雀天皇にお仕えしていると分かり、人々の心変わりの早さを悲嘆して出家した

② 顕基は、後一条天皇の信任が厚い人で、灯火を点《とも》すはずの女官たちが皆、後朱雀天皇のもとに参上していると聞いて、悲しみがいっそう深くなって出家した

③ 顕基は、後一条天皇に重く用いられていたのに、後ろ盾の帝が亡くなると、女官たちが顕基の指示に従わなくなり、自分の境遇の変化を思い知らされて出家した

④ 顕基は、まだ後一条天皇のことを第一に考えているのに、女官たちはもう、後朱雀天皇に取り入ろうとしているのを知り、後一条天皇の無念さを思って出家した

(ii) 空欄 (2) に入る発言として最も適当なものを、次の①～④のうちから一つ選べ。解答番号は 30 。

① 侍従の内侍が彰子の言葉を伝えるようにして詠んだもので、一瞬でも恋しい人のことを忘れてしまうのならば、自分はもう二度と出家などしたくはない

② 侍従の内侍が彰子の口調をまねるようにして詠んだもので、わずかな時間でも恋しさを静められるならば、自分もぜひもう一度出家したいものだ

③ 侍従の内侍が彰子の詠歌を踏まえるようにして詠んだもので、少しの間でも恋しさを忘れられるものならば、自分にも再度の出家を許してほしい

④ 侍従の内侍が彰子の立場に立つようにして詠んだもので、短い時間でも恋しい気持ちが紛れるのであれば、自分ももう一度出家してしまうだろうに

(iii) 空欄 (3) に入る発言として最も適当なものを、次の①～④のうちから一つ選べ。解答番号は 31 。

① 下の句が、二度も出家する必要はなかったのにという意味で、この歌は、出家前の生活の方がよかったという顕基の感慨を受け、二度めの出家を後悔する

② 下の句が、どうして二度も出家をしたのだろうかという意味で、この歌は、出家後も昔のことをよく思い出すという顕基の詠嘆を知り、顕基に同情する

③ 下の句が、二度も出家しなかっただろうにという意味で、この歌は、出家しても恋しさは変わらないという顕基の歌の趣旨を理解し、その思いに共感する

④ 下の句が、二度も出家すべきではなかったのにという意味で、この歌は、出家などしても効果がないという顕基の歌に触発され、出家そのものを否定する

第5問 次の【文章Ⅰ】は、清廉潔白な人物として知られた晋《しん》の呉隠之《ごいんし》にまつわる逸話であり、【文章Ⅱ】は、明《みん》の劉基《りゅうき》がその逸話に対して見解を述べたものである。これを読んで、後の問い（問1～6）に答えよ。なお、設問の都合で返り点・送り仮名・本文を省いたところがある。（配点 45）

【文章Ⅰ】

広（注1）州ハ珍異ノ所ナレバレ出ツル、前後ノ刺（注2）史多ク黷《けが》ルレ貨ニ。朝廷欲シレ革《あらた》メント二其ノ弊一ヲ、以テ二隠之ヲ一為ス二刺史一ト。州ニ有リレ水、曰ヒ二貪《たん》泉《せん》ト一、飲ム者懐（ア）ク二無キレ厭《あ》ク（注4）之欲一ヲ。隠之至リ二泉ノ所一ニ、酌《く》ミテ而飲ミレ之ヲ、因リテ賦《ふ》シテ（注5）レ詩ヲ曰ハク、

古人云フ此ノ水　一タビ歃《すす》レバ懐《おも》フト二千金一ヲ

試ミニ使メバ二夷《い》斉《せい》（注6）ヲシテ飲一マ　A 終当不易心

及ビレ在ルニレ州ニ、清操（イ）愈厲《はげ》シ（注7）。

（『蒙求《もうぎゅう》』による）

【文章Ⅱ】

予旧《もと》見《テ》丁昔人《ノ》論《ジ》二刺史飲泉《ノ》事《ヲ》一、或《ヒト》病《ムヲ》丙(注8)其《ノ》為《スヲ》乙(注9)矯《けう》心《しんヲ》甲、甚《ダ》不 X 然。

人心之貪《ト》与《レ》廉、自《リ》我作《おこス》レ之《ヲ》。豈《ニ》外物《ノ》所《ナラン》二能《ク》易《かフル》一哉。人之好《ムト》レ利《ヲ》与《レ》好《ム》レ名《ヲ》、皆蠱《こセラルル》(注10)二於物《ニ》一者也。有《レバ》(注11)レ一《モ》焉、則《チ》其《ノ》守《ルコト》不《シテ》レ固《カラ》而物得《テ》二以移《スヲ》レ之《ヲ》矣。

若《キハ》二刺史《ノ》一、吾知《ル》三其《ノ》決《シテ》非《ザルヲ》二矯《シテ》以《テ》沽《うル》(注12)レ名《ヲ》者《ニ》一也。惟《ダ》其《ノ》知《ルコト》レ道《ヲ》明《ラカニシテ》、而自《ラ》信《ズルコト》篤《キ》也。故《ニ》飲《ミテ》レ之《ヲ》以《テ》示《シ》レ人《ニ》、使《メ》下人《ヲシテ》知《リテ》三貪廉之由《よルヲ》二乎内《ニ》一、而不《ラ》上レ仮《かラ》二乎外《ニ》一、使《ム》二外《ニ》好《ミテ》レ名《ヲ》而内《ニ》貪濁《ナル》者《ヲシテ》不《ラ》レ得三以《テ》藉《かリテ》(注13)レ口《ヲ》而分《クルヲ》二其《ノ》罪《ヲ》一。

（劉基『誠意伯文集《せいいはくぶんしゅう》』による）

（注）
1　広州――地名。現在の広東省付近。「州」は当時の行政区分。
2　刺史――州の長官。
3　黷㆑貨――わいろをむさぼる。
4　無㆑厭――際限のない。
5　賦㆑詩――詩を作る。
6　夷斉――伯夷《はくい》・叔斉《しゅくせい》兄弟を指す。清廉潔白で知られた古代の人物。
7　厲――厳格なさま。
8　病――非難する。
9　為㆚矯心㆙――あえて常識に逆らい、他人と異なる意見を唱える。後の「矯」も同じ。
10　蠱――誘惑される。
11　有㆑一――片方でもあれば。
12　沽㆑名――売名する。
13　藉㆑口――口実を作って言い訳をする。

問1　波線部(ア)「懐」・(イ)「愈」のここでの意味として最も適当なものを、次の各群の①～⑤のうちから、それぞれ一つずつ選べ。解答番号は 32 ・ 33 。

(ア)「懐」 32
① 名残惜しむ
② うらやむ
③ 悔やむ
④ 心に持つ
⑤ なつかしむ

(イ)「愈」 33
① すぐに
② ますます
③ 次第に
④ しばしば
⑤ いつも

問2　傍線部A「終　当　不　易　心」の返り点の付け方と書き下し文との組合せとして最も適当なものを、次の①～⑤のうちから一つ選べ。解答番号は 34 。

① 終㆓当㆑不㆑易心㆒　易《やす》からざるに当たる心を《を》終へんと

② 終㆑当㆑不㆑易㆑心　心を易《か》へざるに当たるを終へんと

③ 終当㆓‐不易㆒㆑心　終《つひ》に当《まさ》に心を易ふべからずと

④ 終当㆓不㆑易心㆒　終に当に易へざる心ならんとすと

⑤ 終当㆑不㆑易㆑心　終に当に心を易へざるべしと

問3　傍線部B「不 **X** 然」について、(a)空欄 **X** に入る語と、(b)書き下し文との組合せとして最も適当なものを、次の①～⑤のうちから一つ選べ。解答番号は 35 。

① (a) 如　(b) 然るに如かず
② (a) 以為　(b) 以て然りと為さず
③ (a) 何　(b) 何ぞ然らざる
④ (a) 所以　(b) 然る所以ならず
⑤ (a) 未　(b) 未だ然らずんばあらず

問4　傍線部C「外　物」とあるが、【文章Ⅱ】で述べられている、人と外界の事物との関係性に合致するものを、次の①～⑥のうちから**二つ**選べ。ただし、解答の順序は問わない。解答番号は　36　・　37　。

① 人はたくさんの外界の事物に囲まれれば、誰でも貪欲になる可能性がある。
② 貪欲か清廉かは自分自身が引き起こすものであり、外界の事物の影響を受けない。
③ 清廉であっても意志が弱い人は、外界の事物に誘惑されれば貪欲になる。
④ 富を好むか名誉を好むかはその人自身が決めるので、外界の事物は影響しない。
⑤ 名誉を好む人は、外界の事物に影響されて富を好むようにもなり得る。
⑥ 貪欲な人でも、外界の事物の誘惑を断ち切れば名誉を好む清廉な人物となる。

問5 傍線部**D**「惟其知レ道明、而自信篤也」の解釈として最も適当なものを、次の①～⑤のうちから一つ選べ。解答番号は 38 。

① ただ呉隠之は泉の場所を事前に知っており、自分自身を信じて迷わなかっただけのことだ。
② 私は呉隠之が物事の道理に詳しかったと考えており、ただ自説を信じて疑わないだけだ。
③ ただ呉隠之は物事の道理に通じており、自分自身を固く信じていたというだけのことだ。
④ ただ呉隠之は泉の水を活用する方法を考え出し、人々に教え広めようと決心しただけだ。
⑤ 呉隠之は泉の水を活用する方法をよく理解していただけでなく、自分自身を固く信じていた。

問6 【文章Ⅰ】の故事に対する、【文章Ⅱ】の筆者の見解として最も適当なものを、次の①～⑤のうちから一つ選べ。解答番号は 39 。

① 呉隠之は「貪泉」の水を飲み、人の貪欲さはその人自身の意志の弱さに原因があるという趣旨の詩を詠むことで、広州の人々に対し、わいろなどの不正行為を厳しく取り締まるという決意を表明した。

② 呉隠之は「貪泉」の水を飲み、清廉で知られた人物も泉の水を飲めば貪欲になってしまうという趣旨の詩を詠むことで、広州の人々に対し、清廉な心を守るために決して泉の水を飲んではいけないと教えた。

③ 呉隠之は「貪泉」の水を飲み、清廉な人物は泉の水のせいで貪欲になることはないという趣旨の詩を詠むことで、広州の人々に対し、貪欲な心は自己の内側から起こるのだと教え、泉のせいにしないようにさせた。

④ 呉隠之は「貪泉」の水を飲み、清廉な人物は泉の水を飲むだけで心が揺らぐことはないという趣旨の詩を詠むことで、広州の人々に対し、自分が貪欲な心を持つ刺史ではないことを明らかにし、安心させようとした。

⑤ 呉隠之は「貪泉」の水を飲み、もともと清廉な人物であれば泉の水を飲もうとはしないという趣旨の詩を詠むことで、広州の人々に対し、自己の欲望に打ち勝ち、外界からの誘惑を断ち切る大切さを教えた。

第　3　回

時間　90分　　　　　200点　満点

1 ══ 解答にあたっては，実際に試験を受けるつもりで，時間を厳守し真剣に取りくむこと。

2 ══ 巻末にマークシートをつけてあるので，切り離しのうえ練習用として利用すること。

3 ══ 解答終了後には，自己採点により学力チェックを行い，別冊の解答・解説をじっくり読んで，弱点補強，知識や考え方の整理などに努めること。

第1問　次の文章を読んで、後の問い（問1～6）に答えよ。なお、設問の都合で本文の段落に 1 ～ 13 の番号を付してある。（配点　45）

1 多様性という観念は、たがいの違いを認める、ひとを他に向けて開く、というようなイメージで、さして抵抗もなしに受けとめられている。差異の肯定、つまりは、生きとし生けるものを、あるいは文化を、それぞれの姿のままで肯定するということ、それがこの観念には込められている。もろもろの差異の存在をなにかある別次元の同一性のもとに回収するという《政治》に抵抗するものとして、多様性は非同一性の側にくみする観念であるというふうに受けとられている。現代社会では、多様性こそ《良心》の別名であるかのように。抑圧された（つまり、よく見えなくさせられた）少数派の(ア)ヨウゴという点からは、《正義》の別名であるかのように。

2 が、多様性と言うとき、それを人びとはどのような地点から謳《うた》っているのだろうか。それこそ、それぞれに多様な場所からだろうか。それとも、多様性を超え、多様性を一望できる別の地点からだろうか。

3 たとえば、文化の多様性。多様であるからには、文化はたがいに異なる複数のあり方をしているということが前提とされている。しかし、たがいに異なる複数の文化が存在するというのは、そもそもどのような事態を想定して言われているのか。

4 もっとも単純な規定から見てゆく。D・スペルベル(注1)は、相対主義を批判する文脈で、相対主義の考え方を次のような命題にとりまとめている。いわく、《異なる文化に属する人びとは異なる世界に住む》、と。ひとは言葉とその意味とによって世界を分節し、解釈しながら生きている（たとえば北極圏に住む人びとにとって、わたしたちが白いと形容している雪も氷も白熊も兎も、みな異なる色としてとらえられていると言われる）。色の分節も、自然の事物や現象の分節も、あるいは家族や社会関係のあり方も、言葉と文化が異なれば当然異なる。世界はそれぞれの流儀において理解され、また組織されており、したがってそこでは世界はそれぞれに別様に現われているというわけだ。つまり、A世界はそれじたいが多型的《ポリモルフ》な現象なのである……。

5 が、ここでひっかかってしまう。世界は多型的な現象であると言うときに、なぜ多型性を超えて、多型的に現出する一つの

「世界」に言及できるのかというのが、まず最初に立ち起こる問いである。あわせて、異なる文化がなぜ(現にそうであるように)相互に翻訳可能なのかという問題もここには生じる。

6 たしかに、ここで問題になっているのは真理の複数性、真理の相対性という問題ではない。真理の複数性を唯一の真理として主張すること、真理の相対性を絶対的な真理として主張することが自己撞《どう》着に(イ)オチイるのは、すぐにわかる道理である。ここで問題になっているのはむしろ、真理が真理であるための条件の複数性であり、相対性である。つまり、世界の現われは、それをなにか意味ある形象や出来事としてとらえる一定の「解釈図式」(たとえば思考のシステム、パラダイム、意味の組織etc.)に相対的であるということが言われているのである。真理は一定の「解釈図式」と相関的なものだから、そして人びとはそうした特定の「解釈図式」のうちに住み込むことからその生を開始するのだから、当然、《異なる文化に属する人びとは異なる世界に住む》ということになる。するとここからは、異文化間の相互理解や交通は不可能であるという結論が導きだされるよりほかはない。あまたの相対主義批判はここにひっかかるのである。

7 そうだとすると、すべての世界現出はみな主観的なものであるということに、いいかえると、真理はつねにある特定文化が内蔵する「解釈図式」のなかで真であるにすぎないということになってしまい、結局は、この世に真理は存在しないという、懐疑主義や認識論的アナーキーしか帰結しないことになる。というわけで、真理の探究をミッションとする学問じたいがなりたたなくなる。それを回避するために対抗的に立てられるのが、異なる世界解釈のなかにもじつは「不変項」が存在するという議論である。相対的に見えるのは世界現出の「表層」におけることがらにすぎず、その「深層」にはかならずなんらかのインヴァリアントが見いだせるというのだ。つまり、「世界」の多様な現象形態の背後になんらかの「認知的な普遍」ないしは「道徳的な普遍」が存在するはずだというのだ。これに対しては、もちろん相対主義からの強烈な反批判がありうる。そうした認知や道徳における普遍(不変項の存在)は、それぞれの世界解釈の図式を超越するものとして、しかしあくまで特定の文化的地平のなかにある特定の「解釈図式」の内部で仮構された論理的な構築物にすぎない、だから、そこでいわれる「普遍」(注2)は、異なる世界解釈をもおのれの世界解釈のなかに翻訳・還元したうえで、まるで解釈図式を超えるかのように「普遍」を僭《せん》称しているにすぎないというわけである。

8 **B**相対主義によるこの反批判は皮肉なものである。というのも、反相対主義者による相対主義の規定、《異なる文化に属する人びとは異なる世界に住む》をそのまま受け入れているからである。人びとはみずからが住み込んでいる世界の外についに出られないという帰結を、反相対主義者とじつは共有していることになるからである。

9 こうした議論の循環、ないしは相対主義と反相対主義の隠れた共犯関係に、いわば斜交《はすか》いから異論を唱えるのが、(注3)クリフォード・ギアツの「反―反相対主義」という論文である。反―反相対主義とは、ある意味、きわめて屈折したスタンスである。それは、形式のうえでは、共産主義をシン(ウ)ポウすることなく反共産主義(マッカーシズム)を批判する議論、中絶の法的制限に反対する議論に賛同することなく反中絶論を批判するという議論に似た、いわば二重否定のスタンスをとる議論であって、「拒まれている対象を受け入れることなく、拒んでいるものを拒む」。

10 相対主義者と反相対主義者との論争は、分析上の議論というよりもむしろ「警告の応酬」だと、ギアツはいう。「身につきすぎ、評価しすぎといっていいくらいに過剰にみずからの社会を受け容れると、知覚が鈍り、知性が締めつけられ、共感が狭まってしまう」という、自文化を過大に見積もる「偏狭さ」への警告が相対主義者から反相対主義者に対してなされ、他方では、あらゆるものを受容することですべてが有意味となれば、それはすべてが無意味であるというに等しい、いいかえれば、理解できるものはなんでも許されるという、いわば「こころの熱射病」にかかっていると、反相対主義者は相対主義者に警告する。

11 ギアツがここでとくに批判のターゲットとするのは、反相対主義者にみられる「偏狭さ」である。相対主義者の議論を憂うときに反相対主義者が依拠しているのは、「人間《ホモ》」という「(注4)コンテクストに拠らない概念」である。「最小限の装備、本体価格だけのhomoと、正味のみ、添加物一切なしのsapiens」へと約《つづ》められた、いわば文化ぬきの人間概念である。ここに持ち込まれるのは、自然主義的な説明をとるばあいなら「人間の本性」であり、合理主義的な説明をとるばあいなら「人間の心性」(お好みならば「知性」や「深層心理」と言ってもよいし、遺伝子や大脳の構造を想起してもよい)である。複数の文化をつらぬいて、そういう不変項もしくは「定数」が見いだされるはずだというのである。

12 もしそうだとすると、文化の多様性はこの「定数」からの「逸脱」の具合の多様性を示すものだということになる。その「逸脱」の具合はすぐに正常／異常という差異へとずらされる。**C**その傾向を揶揄《やゆ》して、ギアツはいじわるな例を差し挟む。文化のコンテクストに左右されない普遍的な「人間の本性」を言うのなら、たとえば他人を噛《か》むというわたしたちの習性はどうか、攻撃としての噛む、愛撫《ぶ》としての噛むは正常で、偏執狂的な噛むは異常なのか、と。「人間の本性」を「自然」として理解するなら、「サディズムはあまり力を入れて噛みすぎなければ自然である」というような珍妙な理屈になる。つまり、わたしたちの習性には「自然な自然」と「不自然な自然」とがあって、その習性が「適切に機能する」かぎりは自然で、そうでないばあいは不自然だという議論になる。が、そもそも、ここで習性がどのように機能することが「適切」と考えられているのか、その「適切」の判断こそ文化のコンテクストに依存するものである。

13 「わたしたちは他の人たちの生を自分自身が磨いたレンズを通して見るのであるし、他の人たちもわたしたちの生を彼ら自身が磨いたレンズを通して見る」ということ、これが異文化にふれるときのもっとも基本的な事実であって、そうした接触のなかで「〈みずからの〉地平を設定しなおし、視野の中心をずらせる」ことも必然的に起こる。異なる文化との接触においてそのようにみずからを疎隔化するなかで、「わたしたちの感覚についての感覚」「わたしたちの知覚についての知覚」が変容しかけているときに、「世界の縁から転落してしまわないようにと昔の歌や昔の物語に立ち戻る」のは意味のないことだ。これがギアツの当座の結論である。

（鷲《わし》田《だ》清一《きよかず》『〈ひと〉の現象学』による）

（注）1 D・スペルベル——ダン・スペルベル。フランスの人類学者（一九四二〜）。
2 僭称——身分を超えた称号をとなえること。
3 クリフォード・ギアツ——アメリカの文化人類学者（一九二六〜二〇〇六）。
4 コンテクスト——文脈。

問1 傍線部(ア)～(ウ)に相当する漢字を含むものを、次の各群の①～④のうちから、それぞれ一つずつ選べ。解答番号は 1 ～ 3 。

(ア) ヨウゴ 1
① 国旗をケイヨウする
② カンヨウな心で向き合う
③ チョウヨウの序に従う
④ 新人候補をヨウリツする

(イ) オチイる 2
① トッカン工事で建設する
② 事をトウカンに付す
③ 首都がカンラクする
④ 損得をカンアンする

(ウ) シンポウ 3
① 受けた親切にヘンポウする
② 供物をホウノウする
③ ホウキュウ生活者
④ ビホウサクを講じる

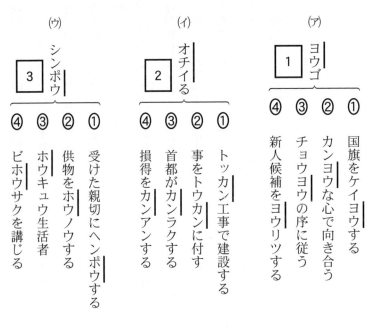

問2　傍線部A「世界はそれじたいが多型的な現象なのである」とあるが、それはどういうことか。その説明として最も適当なものを、次の①～⑤のうちから一つ選べ。解答番号は 4 。

① ひとは言語を通して世界を秩序づけて理解して生きているのだから、世界は単一なのではなく各々の言語や文化ごとに異なる現れ方をするということ。

② 異なる文化に属する人は世界をそれぞれ異なる仕方で分節しているのだから、唯一の客観的な世界は存在せず、文化の相互理解は不可能だということ。

③ 北極圏では「白」の概念が豊富なように、言語はその地域の自然環境に応じて世界を分節化しているのだから、世界はそれじたいが言語や文化に応じて多様だということ。

④ 人びとは個々人で異なる語彙を通じて世界を認識しているのだから、世界を解釈する語彙の違いによって、世界の現れ方は様々に変化するということ。

⑤ 文化が異なれば言語のあり方も自然環境や社会制度も違ったものになるのだから、文化は多様であり、互いに異なる複数のあり方をしているということ。

問3　傍線部**B**「相対主義によるこの反批判は皮肉なものである。」とあるが、それはなぜか。その理由の説明として最も適当なものを、次の①～⑤のうちから一つ選べ。解答番号は 5 。

①　世界の現れ方は各々の文化に応じて相対的ではあり得ないという反相対主義の主張に対して、そのような様相はあくまでも世界の表層におけるものに過ぎないと相対主義が批判することは、結局のところ各々の文化は世界を主観的にしか捉えられないという結論に至ってしまうから。

②　世界現出の深層には認知的・道徳的な普遍性が存在するという反相対主義の考えに対して、そのような発想も世界解釈の一つにすぎないと相対主義が批判することは、異なる文化はそれぞれの解釈図式の外部には出られないことを自ら認めることになるから。

③　真理の相対性を絶対化することは矛盾していると主張した反相対主義に対して、そのような主張を真理として提示することもまた一つの世界解釈に過ぎないと相対主義が批判することは、異なる文化に属する人は異なる世界に住むという考えを図らずも受け入れてしまうから。

④　多型的に現出する世界の根底に何らかの「不変項」を見出す反相対主義に対して、そのような「不変項」は特定の解釈図式の中でこしらえられた虚構にすぎないと相対主義が批判することは、かえって自らを「普遍」の立場に位置づける矛盾をおかしてしまうから。

⑤　千変万化する自然現象の背後には不変の真理が実在するという反相対主義の思想に対して、それはあらゆる世界解釈を自己の中で統合しようとする横暴な思想だと相対主義が批判することは、かえって異文化間は分断されており相互理解は不可能という自らに不利な結論を招いてしまうから。

問4　傍線部C「その傾向」とあるが、どういうことか。その説明として最も適当なものを、次の①～⑤のうちから一つ選べ。解答番号は 6 。

① 文化的文脈に拘束されない普遍的な人間の本性なるものは、結局は人間の多様な文化や習性のうちからその本性に照らして恣意的に自然・適切なものとそうでないものとを判断することになりがちだということ。

② 相対主義者が言うように反相対主義者は自文化を優れたものとして過大に評価しがちであり、他の文化を普遍性のない劣ったものとして軽視する「偏狭」な態度をとり続ける傾向にあるということ。

③ 文化の多様性を文化的コンテクストに依存しない人間概念からの逸脱の程度の多様性と捉えても、その捉え方は一定の価値付けを伴う傾向があり、相対主義的な発想から遠ざかってしまうということ。

④ 多様な現象形態をもつ文化の根底に不変項としての人間概念が存在するという主張は、自文化の考える人間の概念を前提にした議論に過ぎないため、異なる文化のコンテクストの中では成り立たないことがあるということ。

⑤ 文化のコンテクストから独立した普遍的な人間像を提唱する反相対主義者は、文化の多様性をどの程度合理性から逸脱しているかという観点から認識するが、合理性の基準は各文化によって異なる場合が多いということ。

問5　本文の構成に関する説明として**適当でないもの**を、次の①～⑤のうちから一つ選べ。解答番号は 7 。

① 本文の導入部分にあたる第 1 ・ 2 段落では、まず多様性という概念に関する一般的な言説を取り上げたあとで、その多様性を語る視点の位置に着目することで問題提起を行っている。

② 第 3 段落で議論の焦点を文化の多様性に定めたうえで、第 4 ～ 6 段落では相対主義的な文化の規定とそれに対する反相対主義の立場からの批判を述べる展開になっている。

③ 第 7 ・ 8 段落では、相対主義と反相対主義による批判の応酬について述べた後、その対立の間に見られる二者の共通点に言及している。

④ 第 9 ・ 10 段落では相対主義と反相対主義の論争に対する第三の立場として、相対主義を受け入れることなく反相対主義を拒むというギアツの立場が紹介されている。

⑤ 第 11 ～ 13 段落では、ギアツによる反相対主義批判に言及しつつも、人びとは自分の解釈図式からは出られないという、相互理解の限界が強調されている。

問6　次に示すのは、授業で本文を読んだ後の、話し合いの様子である。これを読んで、後の(i)〜(iii)の問いに答えよ。

生徒A――近年、頻繁に多様性の尊重ということが言われているね。そもそもどうしてそのようなことが声高に叫ばれるようになったのかな。

生徒B――うーん、色々ありそうだけど、本文の第 1 段落には「《政治》に抵抗する」ということが指摘されているね。

生徒C――ここでいう「《政治》」というのは、例えば　**X**　ということかな。

生徒A――そうだね。それから、多様性の尊重は個性の尊重とセットで語られることも多い。

生徒B――一人ひとりは異なる個性を持つのだから、その違いを認め合おうということかな。

生徒A――その点なんだけどさ、実は本文とは別の箇所で筆者は次のようなことを述べているんだ。

> ひとは一人ひとり異なる個性をもつ、それゆえに多様だというのは、もし、その個性が発現するその源をそのひとの「内部」に仮構し、それについてはわたしにはうかがい知れない、つまりわたしの解釈図式への翻訳という操作によってしか近づけないというふうに考えるならば、他者への〈共感〉とは、自他の相互隔離（アパルトヘイト）にしかならない。他者を仮構された「他者」自身のうちに幽閉するということにしかならない。他者性の尊重という議論にはこういう危うさが含まれる。

生徒C――最後の「危うさ」というのは、本文でいう文化の文脈に置き換えると、　**Y**　ということだね。

生徒D――なるほど。実はいま、地域に住む外国人の方々を学校に迎えて「異文化交流会」を開催する企画を進めていて、その案内文に企画の趣旨を書く必要があるんだ。どのような方向性で書いたらいいんだろう。

生徒C――授業で学んだ本文にヒントがあるんじゃないかな。本文第[13]段落に「みずからを疎隔化する」という話があったよ。

生徒E――そうか！　じゃあ例えば[　Z　]、といった方向性で企画を検討してみようかな。ありがとう。

(i)　空欄[　X　]に入る発言として最も適当なものを、次の①～④のうちから一つ選べ。解答番号は[　8　]。

① 社会に存在する様々なルールや慣習を批判的に検証し、公正・公平な社会の構築を目指そうとする動き

② 多様な民族が暮らしている地域において、争いを避けるために互いの生活領域を明確に区切ろうとする動き

③ 同じ宗教や生活様式を共有する集団が一定の場所に集まって独自のコミュニティを築こうとする動き

④ 現実に存在する様々な性自認をなおざりにして、男性／女性の二元論的な発想で物事を推し進めようとする動き

(ii) 空欄 **Y** に入る発言として最も適当なものを、次の①～④のうちから一つ選べ。解答番号は 9 。

① 《異なる文化に属する人びとは異なる世界に住む》というように、各々の文化のもつ一定の解釈図式は自他を相互に隔離する作用をはたしてしまう

② 異なる文化の世界解釈を自己の文化の世界解釈のなかへと翻訳・還元することは、あらゆる解釈のあり方を超越した「普遍」を僭称することになりかねない

③ 異文化は自文化の解釈図式を通してしか理解することができないとするなら、安易な異文化理解は自らこしらえあげた異文化のイメージに当の異文化を還元してしまうことになる

④ どの文化にも独自の思考のシステムや意味の体系のようなものがあるけれども、すべてが主観的な認識枠組みにとどまるとすれば、すべての真理は相対化されてしまうことになる

(iii) 空欄 **Z** に入る発言として最も適当なものを、次の①～④のうちから一つ選べ。解答番号は 10 。

① 異文化とのふれあいを通じて、異文化の世界は自分のレンズを通して知覚できる範囲に限られていることを知る

② 異文化とのふれあいを通じて、自分が自明と思い込んでいたことに気づき、それまでとは異なるものの見方を得る

③ 異文化とのふれあいを通じて、海外の様々な文化のレンズを身につけ、異文化への理解を深める

④ 異文化とのふれあいを通じて、これまでの自分の世界認識を揺さぶり、改めて自己自身の拠り所を探す契機にする

第2問　次の文章は黒井千次《くろいせんじ》「椅子」（一九七〇年発表）の一節である。「B31」という商品の販売企画を進めていた北川四郎は、突然、上司である部長からその企画の中止を命じられた。これを読んで、後の問い（**問1～7**）に答えよ。（配点　45）

理由を説明して下さい。私にはどうしても……。まだ椅子に坐《すわ》ったまま後を追った北川四郎の声の前に、金属製のドアが乾いた音をたててしまっていた。あいつが決定するのは許せない、と北川四郎は思った。あの紺色の大型の部長椅子が決めるのならまだ俺は許せるだろう。何故なら、俺の坐っているのはスキー場の安いリフトのように背もたれだけしかついていない丸い椅子であり、二つの椅子の間の違いは歴然としているのだから。しかしその上に坐る人間についていえば、北川四郎は自分の販売という業務についての知識と経験が、部長の持つそれより貧しいとはどうしても思えないのだ。部長の背後にドアがしまって一呼吸たった時、横に坐っている直接上司である販売企画課長がふえふえふえふえと奇妙な声をたてて笑うのがきこえた。その笑いが、怒りに丸くふくらんだ部長の後姿の滑稽さと、部長に対して遂に何事もなし得なかった課長自身の無力さとにむけられたものであったのは明らかだった。Aここで笑わなければいかん、と北川四郎は思った。この笑いが、あの部長の支配する部屋の中で生存し続けるために絶対必要な生活技術であることは、北川四郎自身も十分に認識していた。その笑いが、自分の中に仁王立ちになってしまった正当な赤い怒りに肩すかしを喰《く》わせ、まあまあとなだめ、仕方ないよと慰める最良の鎮静剤の働きをするわけだ。笑いはしかし、皮膚がこわばってしまった北川四郎の顔にどうしても浮かんでは来なかった。

北川四郎は、C45の前に今や老朽化してしまったB31をあまりに愛しすぎていた。それは性能本位の、どちらかといえば不愛想な電気掃除機だった。家電製品がみな様々の意匠をとりいれて美しく装っている今日、B31がそういつまでも生きられる商品ではないことは彼も十分に認識していた。だからこそ、彼はライフを終ろうとするこの朴訥《ぼくとつ》な商品のための美しい墓を建てるつもりで最後の販売企画をまとめたのだった。企画は課長の承認をとり、部長の内諾さえ得て、一部既に動き出していた。月例の主要販売店会議の席上、非公式に、とことわりをつけた上でその催物の企画は故意に一部洩らされた。C45への形式切り替えをうすうす感づいてぐらつき出している販売店を勇気づけ、その在庫を一掃させるためにキャンペーン計画の一部を洩らしてみよう、と言ったのはあの部長ではなかったか。

というわけですか、とまだふえふえ笑い続けている課長を見て北川四郎はやっと言った。というわけですよ、と課長はようやく笑いを身体の中にひっこめながら、それでも少しは申し訳なさそうな声で言った。固く静まりかえっていた部屋の中に、又ゆっくりとざわめきがもどって来ていた。

北川四郎が自分の席にかえると、なれない手付きでそろばんをいれていた森村がいたずらっぽく目をあげて、又やりましたね、と言った。北川四郎は黙って息を強く吐いた。波立ってしまった身体に、何か生理的な解決を与えてやることが必要だったのだ。

北川さんの今度の企画は、がんばって作ったもんね、と苦しそうに息を続ける北川四郎を見てB急に笑顔をひっこめた森村が言った。真顔になると、眼鏡の中の黒い目は病人をいたむ柔らかな光をたたえたものに変っている。同僚のその柔らかな目を俺は欲しくはない、と思ったけれど、同時にそれは森村自身の同じような経験に根ざして生れて来ているものなのかもしれなかった。そうだとすれば、森村の柔らかな目は北川四郎にむけられたものではなく、単に彼自身への慰めのために光っているにすぎないのだ。

突然前の机からくるりと椅子をまわした木野が、急に仕事上のことでも思いついたような口調で言った。でもさ、北川さんとあの部長と、ちょっと似ているところがあるんじゃない？　似ている？　と思わず声をあららげてききかえしながら、折角しずまりはじめていた身体の中に又血柱が立つのを北川四郎は感じた。似ているってさ、ごまをするところじゃないですよ。細かくて、やかましくて、企画資料の完璧主義のところなんか。今度のＢ31の企画資料をみても、見事に部長のスタイルにのっとっているものね。北川四郎の声に押されたらしく木野は少し椅子をずらせたが、弁解するという風ではなく、単純に自分の考えをのべるのだという若い者特有の素直さと図々しさとがその言葉にはあった。部長の承認を得るために部長好みのスタイルの資料を作るのは技術の問題じゃないか。北川四郎は木野の顔を見返しながら多少先輩じみた口調で言った。それだけじゃないんですよ、もっと別に、たとえばね、と急にそこで大げさに顔を近づけて、字が似てますよ、字が、と言い終ると北川四郎が怒り出すのを見こしたかのようににやりと笑い急に背をむけて仕事にもどっていた。そうだな、北川さんが部長になったら、部下は大変だろうな、と横から森村が真顔で同意した。

「似ているよ、どうせ。あいつと俺が違うのは椅子だけだ」

北川四郎は軽く丸いスチール製の椅子を乱暴に机にひきつけた。椅子はガチャンと足についている車の安っぽい音をたてた。

北川四郎の気分はまだ鎮まらなかった。部長との見解の対立は、それを対立として身体の中に受け入れて自分で耐えれば良いというものではなく、既に一部動き始めている営業各部及び一部の販売店にストップをかけるという対外的な厭な仕事をはらんでいた。北川四郎としては、企画の実現を見込んでひそかに若い営業部員を扇動してまわっていたのだ。部長から中止の決定を言い渡され、しかも課長が頼りにならない以上、もはやあの企画の可能性は全くないものなのか、もし動き出した部門にストップをかけるとすれば、どこからどう説明してストップをかけるか、それ等を冷静に考えぬくためには、なによりも気分の動揺をとりしずめねばならない。

C 散歩をして来ます、と北川四郎は無愛想に課長に言った。課長は仕方がない、という顔でうなずいた。エレベーターで地階に降り、そこから地下道づたいに行けるデパートへと彼は歩いていった。食料品売場の喧騒、玩具売場の色彩、婦人服売場のどこか湿っぽい空気等にひたりながらエスカレーターで右に左に折れつつ上昇していくのが、自分をもてあました時の北川四郎の気分転換の方法だった。エスカレーターが七階についた時、彼の身体は予想していなかった柔らかな薄闇の中に吸いこまれた。床をはうように低く音楽が流れ、正面の柱に北欧の国旗が垂れ、「ファニチュアフェア」という銀色の美しいデザイン文字がその横に天井から吊られて踊っている。八階へのエスカレーターの昇り口にむかわずに、彼は快い薄闇の中に溶け込むように踏み入っていた。外光を遮断されたフロアのあちこちに白い光、オレンジ色の光が小さく気ままな円を描き、その中に堅実で均斉のとれた北欧の家具が白い木目を見せて静かに浮き上っている。「商品につきご休息はご遠慮下さい」というテーブルの上にたてられた注意書を無視して、彼は一つの大きなソファーにゆったりと腰をおろしてみた。坐るものをやたらに迎合するのではなく、坐るという行為を正確に受けとめる節度正しい反応がそのソファーにはあった。どこか粗い上張りの布の手ざわりまでが掌に爽やかだった。デパートに来ると必ず家具売場をのぞかなければ気のすまぬ妻のことがふと頭に浮かんだ。そのフロアに足を踏み入れる時、結婚前のように彼女は自然に彼の腕を取った。気に入った家具があると（それがないということは常に有り得ないのだが）、もはや収容する空間のことは全く考えずに彼の腕をゆすってその家具の購入を検討し始めてしまう妻が思い出された。彼女がこのソファーに坐ったならばなんというだろう。たちまち彼女のまわりには冷たく澄み切った北欧の空気と青い空がひろがるに違いない。小さな国旗が開かれた扇のように何本もたてられている白木づくりのテーブルを見おろしながら、彼は次の肘掛け椅子に腰をおろしていた。坐ることは良いことだとでも言うような端正な椅子の鋭い主張がそこにあった。それに貫かれて敏感に反応する小柄だが柔らかな妻の身体が思われた。どの椅子も、同じように自然で正確な坐り心地を持っていた。国旗の横の価格表示の白いプラスチック板だけが、その坐り心地の堅実さとは正反対な軽薄さで多くのゼロを連ねて並んでいる。少し近眼で気が早く、すべての問題を自分に都合よく解してしまう美徳を持つあの妻であったら、おそらくこの数字を二桁は少なく読みとるに違いない。応接セットの価格は、優に彼の年収を上まわっていた。

飾り戸棚があり、サイドデスクがあり、朝の匂いのする食卓セットがあり、澄んだ水溜りのような壁鏡があり、揺り椅子があり、可愛《かわい》らしい国旗の群れがあり、そして厖大《ぼうだい》な数字の列があった。その中を、ほとんど家具の精のようになって北川四郎はさまよっていた。

でも、ひとまわりしてしまうともう買ったような気分になるのだから、私のは経済的でいいでしょ、と家具売場からの階段を降りる時きまって言うまだ火照りを残した妻の言葉が思い出されていた。それは目の前に昼の光に白くぼやけている階段が迫ったからかも知れなかった。「ファニチュアフェア」の展示はそこで終り、踊り場にトイレットを持つデパートの白けた階段がひらけていた。そしてD北川四郎の「ファニチュアフェア」も、足が階段にかかった瞬間に終りをとげていた。彼の身体は、祭りの後の虚しさを運ぶように固い階段を一段一段と降りはじめる。トイレットの前を過ぎ、そこで向きをかえて踊り場から次の階段にさしかかった時、彼の目に六階の雑然とした日用品売場の光景がとびこんで来た。快い薄闇から出て来た彼の目に、その光景はあまりに現実的であり、あまりに影のない光に照らされすぎていた。フロアの俯瞰が次第にその眺望の奥行きを失い、人々の頭が自分の目の高さになった時、彼の視線はすぐ前に並んでいる机と椅子の列にぶつかった。七階の催物のために押し出されたのか、そこにはスチール製を主とする国産のビジネスデスクと椅子とがせせこましく押し合うようにして並べられていた。七階の優雅な展示のことを考える時、**E**そのデスクの列は冷ややかな事務機材の羅列にすぎなかった。

しかし、北川四郎はそれ等の中からほとんど無意識のように自分の目が一つのスチールデスクと肘掛けのない丸い椅子を選び出しているのに気づいた。それは横に広いひき出しが一つと縦に三つのひき出しがならび、一番下のものがファイルをたてていれられるように深くなっている彼のグレイの事務机であり、四つにわかれた足の下に黒い車を持つ背あてだけの彼の事務椅子だった。近寄った彼の目に、椅子の背のスチールパイプから垂れている価格票の三八〇〇円という数字が読めた。七階の椅子に比し、それはあまりにも安い価格だった。その横に、同じようなグレイに塗られてはいたが、坐るところが一段と広くなり、肘掛けのついた課長用の椅子が並んでいた。課長以上はヒップのサイズに関係なく底面は広くなり、腕の有無に関係なく肘掛けを備えた椅子があてがわれることになっていた。その椅子に垂れている価格票の数字は六〇〇〇円を示していた。北川四郎は頭の中で二つの椅子の価格をすばやく比較していた。彼の椅子に比して六割弱高い価格の椅子に坐っている課長の給料は、彼の給料に比してそれ程の開きを持っていないだろうと思われた。つまり、給料は坐る椅子の価格にストレートに比例はしていない。とすれば、価格のより高い部分だけ、椅子は権限の大きさを象徴しているのかもしれない。そして、彼の視線はごく自然に課長用の椅子を離れて部長椅子を列の中にさがしていた。それは課長椅子の三つ先に並べられていた。背当ての上部三分の一と肘掛けの上部にグレイのビニールレザーが張られ、その他は紺のクロスでおおわれた一段と大きな椅子だった。課長椅子が肘掛けとはいっても肘を支える部分はいわば棒を曲げた形になって側面が抜けているのに対して、部長椅子になると側面も厚いクロスの壁でおおわれているために尻は三方を紺色の柔らかな囲みで包まれた形になり、より一層どっしりとした感じが生れるらしかった。脚部についても、回転軸から四方に張り出した車輪をもつ支えの上部に、象嵌《ぞうがん》のように光る金属製の飾りが埋めこまれていた。北川四郎の手は机の上にはり出されている椅子の価格をすばやく読み取った。一六五〇〇円というその価格は彼自身の丸い事務椅子の価格の四倍以上にあたっていたが、これも又給料の開きよりも大きい感じだった。しかし、その倍率そのものよりも、彼には一六五〇〇円という金額に比して三八〇〇円という金額が不当に貧しく思われた。いつか近くの家具店からかついで帰った子供用の木製の椅子だってそれよりは高かった筈《はず》だ。部長用に使われている椅子をひき出して北川四郎はその上に腰をおろしてみた。見たところよりクッションは固く、素気なく、今七階で坐ってみた北欧製の椅子の感触とははるかにかけ離れたものだった。しかし、その程度の坐り心地さえオフィスの中で自分には与えられていないのだ、と彼は思った。背をもたせかけると、椅子は二重のクッションで背後にゆるく倒れた。それはわざとらしい厭な柔らかさだったけれど、それでも彼が坐らせられている丸い椅子の申し訳程度の弾力にくらべればやはりはるかに快かった。この椅子が、俺のB31の販売企画をぶっつぶしたのだ。と北川四郎は思った。F弾かれたように彼は部長椅子から立上っていた。先刻自分が叫んだ「あいつと俺が違うのは椅子だけだ」という言葉が熱の輪のようになって身体の底をまわっているのを彼は感じた。手もちぶさたにむこうを向いて立っている若い店員を摑《つか》まえて、この椅子はいつ運んでもらえるか、と彼は今自分がかけていた椅子を指さして尋ねた。そして相手が応える前に、一方的に明日の朝いちばんでこの椅子を運び込んでほしい、と自分のビルの名を告げていた。

問1　傍線部A「ここで笑わなければいかん」とあるが、この時の北川四郎の様子の説明として最も適当なものを、次の①～⑤のうちから一つ選べ。解答番号は 11 。

①　部長の決定を覆すには部員全員が連帯して立ち向かう必要があると思い、湧き上がる怒りを抑えて共に笑うことで彼らとの一体感を生み出そうと努めている。

②　部長の決定よりも自分の販売企画の方が利益をもたらすものだと課長も分かっているはずなのに、保身のために部長に迎合した課長を許せないでいる。

③　販売企画への思い入れの強さからすぐには気持ちを切り替えられずにいる自分自身のことを持て余しながら、心に余裕を持たせておきたいと思っている。

④　部長の一方的な決定に深く傷ついているが、今後も同じ職場で働くためには職場の雰囲気を暗くしてはならないと気がつき、無理やり笑おうとしている。

⑤　心の動揺を鎮めて冷静に部長と交渉することが販売企画を再開する近道だと理解してはいるが、部長が憎いという自分の気持ちに嘘をつけず苦しんでいる。

問2　傍線部B「急に笑顔をひっこめた森村」とあるが、この森村の態度に対する北川四郎の心情の説明として最も適当なものを、次の①～⑤のうちから一つ選べ。解答番号は 12 。

① 自分のことをからかうような態度だった森村が、あまりに落ち込んでいる自分に対して同情的な態度をとるようになったことの真意が分からず、混乱しとまどっている。

② 森村は自分の様子からただならぬ雰囲気を感じ取ってやさしい言葉をかけてくれたように思ったが、その言葉は何か別の思いから発せられたのではないかと思い直している。

③ 森村は部長と衝突しがちな自分を気にかけているようだが、それは過去に自分と同じような状況にあった森村を無視した自分へのあてつけなのではないかと考えている。

④ 課長と一緒に笑っていた森村が突然真剣な表情で自分をなぐさめだしたことで、森村が自分を部長と敵対する仲間に引き入れようとしているのではないかと訝《いぶか》っている。

⑤ 先ほどまでおどけた様子だった森村が苛《いら》立つ自分の態度に遠慮しはじめた様子を見て、部長と自分に共通する他者への厳しさを感じ取っている。

問3　傍線部C「散歩をして来ます、と北川四郎は無愛想に課長に言った」とあるが、それはなぜか。その理由の説明として最も適当なものを、次の①～⑤のうちから一つ選べ。解答番号は 13 。

①　販売企画が中止されたショックから後輩の何気ない言葉を悪口と感じてしまうほど情緒不安定になっている自分に気づき、企画への未練を断って気分転換をしたいと思ったから。

②　同僚と雑談をすることで販売企画中止の動揺を鎮めようと思ったが、部長の話題が出たことで部長への強い怒りがよみがえり、このまま職場にいても仕事をする気分になれないと思ったから。

③　部長に対する怒りは課長や同僚の頼りなさが浮き彫りになるにつれて徐々に薄れたが、大量に残された仕事に集中するためには一度休憩した方がよいと思ったから。

④　自分よりも販売実績のない部長に企画を台無しにされ、自分の保身を優先する課長にも助けてもらえない孤立無援状態にあることが寂しく、いよいよ我慢できないと思ったから。

⑤　部長を腹立たしく思う気持ちがくすぶっていては仕事にならないと考え、今後行うべきことを考えるためにも、ひとまず職場を離れて冷静になる必要があると思ったから。

問4 傍線部**D**「北川四郎の『ファニチュアフェア』も、足が階段にかかった瞬間に終りをとげていた」とあるが、この時の北川四郎の状況と心理の説明として最も適当なものを、次の①～⑤のうちから一つ選べ。解答番号は 14 。

① 北欧家具を見ていた時には仕事の憂鬱さを忘れられていたが、不意に会社で使っているのと同じ椅子を見つけてしまったことで北欧家具は非現実的な世界に過ぎなかったことに気づかされ、祭りの後のように虚しい気持ちになった。

② 優雅に並べられた北欧家具の数々を見たことで爽快な気分を味わっていたが、展示を見終わりデパートの階段に出てみれば、北欧家具を見た催事場も変わりばえのしない現実と地続きであることが強く意識され、もの寂しい気持ちになった。

③ 予想外に遭遇した北欧家具の展示会場の雰囲気に身を委ねることで日常から解放された気分を味わっていたが、展示場を一歩出ると同時にそれまでの高揚感は嘘のように消え失せ、思うようにならない現実を再び意識して気持ちが沈んでいった。

④ 北欧家具の展示会場で高価な家具を見て回り、肘掛け椅子に腰かけただけで買ったつもりになって満足していたが、展示場の外で我に返ると、会社の椅子のことが結局片時も頭から離れていなかったことに気づき、自分の卑小さに嫌気がさした。

⑤ デパートの催事場で北欧家具を見ながら家族と過ごす時間を夢想することでいら立っていた気持ちを鎮めることができていたが、展示場の家具を見たことがかえって日常のつらさを際立たせ、暗澹《あんたん》たる思いを呼び起こした。

問5　傍線部**E**「そのデスクの列は冷ややかな事務機材の羅列にすぎなかった」とあるが、この表現についての説明として最も適当なものを、次の①～⑤のうちから一つ選べ。解答番号は 15 。

① 「デスクの列」は「七階の優雅な展示」と対比され、後者が見かけはよいが実用性に欠けることを強調している。

② 「デスクの列」は「七階の優雅な展示」と対比され、前者は安価で使い勝手はよいが粗野であることを印象づけている。

③ 「冷ややかな」は、デスクや椅子がそれを使う人の社会的な地位や能力を残酷に反映することを表している。

④ デスクや椅子を「事務機材」と言い換え、それらが事務用の機材として高い実用性を持つことを表現している。

⑤ 「羅列」は、デスクや椅子に不必要な装飾が施されず、無機質な仕事道具以上の価値がないことを示唆している。

問6　傍線部**F**「弾かれたように彼は部長椅子から立上っていた」とあるが、この時の北川四郎の心情の説明として最も適当なものを、次の①～⑤のうちから一つ選べ。解答番号は 16 。

① 自分が会社で使用している椅子と部長が使っている椅子の値段を比較したところ、自分が会社で使っている椅子は部長のものと比べて桁違いに安いものであるとわかり、長年勤めてきた会社から爪はじきにされたような衝撃をおぼえている。

② 会社で使用されている椅子の価格や性能の違いが社内での地位や立場を実体として表現していることに思い至ったが、部長が使っているのと同じ椅子に坐ってみるとそのことが殊更に腹立たしく思えてきて、いらだちを抑えきれなくなっている。

③ 部長が使っている椅子の坐り心地は自分の椅子よりも快適だが、七階の北欧製の椅子よりは劣るものであり、職場で北欧製の椅子に坐っている自分の姿を空想することで心の安寧を取り戻し、鬱屈《うっくつ》した思いを一掃しようと躍起になっている。

④ 部長と部下という立場の上下、また仕事の能力と意欲の高さが椅子の値段や坐り心地に如実に反映されている職場の現状に疑問を感じ、意味のない序列化を一思いに拒否して自分で満足できる仕事に取り組んでいこうと心を新たにしている。

⑤ 数多くの椅子を観察するうちに、椅子の値段や坐り心地が本来平等であるべき社員間に不当な差別化と軋轢《あつれき》を生んでいることに気づき、自分の企画が退けられたことの元凶も椅子にあると感じられてきて、椅子への嫌悪を爆発させている。

問7　Wさんのクラスでは、本文の理解を深めるために教師から、本文について書かれた「解説」が**【資料】**として提示された。Wさんは、**【資料】**を参考に本文に二箇所ある二重傍線部「あいつと俺が違うのは椅子だけだ」という北川四郎の台詞《せりふ》について考察することにし、**【構想メモ】**を作り、**【文章】**を書いた。このことについて、後の(i)・(ii)の問いに答えよ。

【資料】

生気を失った組織にあっては、人間関係の感覚が、物のように凝固してしまったと感じられることがある。黒井千次の「椅子」は、まさしく椅子という物品に凝結してしまった人間関係を描いている。主人公は、その凝結した関係を逆手にとって反抗を試みる。だが、彼の反抗の方法自体、彼の意識が椅子に囚われてしまっていることを示している。このとき、椅子はただの物品ではない。それは物品でありながら、サラリーマンたちの生々しい欲望を吸収して息づいている。

（井口時男《いぐちときお》「解説」〔『戦後短篇小説再発見17　組織と個人』〕）

【構想メモ】

(1)　**【資料】**からわかること

・本文は「椅子という物品に凝結してしまった人間関係を描いている」。

・北川四郎は「その凝結した関係を逆手にとって反抗を試みる」。

↓「彼の意識が椅子に囚われてしまっていることを示している」。

(2) 本文からわかること
・北川四郎は部長に対して、「あいつと俺が違うのは椅子だけだ」と思っている。
・北川四郎は部長用の椅子を購入し、会社へ運び込もうとしている。

【文章】

【資料】は、本文の主題を「椅子という物品に凝結してしまった人間関係」と捉えている。人間関係とは本来、人や時、場所によってさまざまな形をつくる、柔軟性を持ったものだ。それが北川四郎にとっては、「椅子」という備品によって言い表されるほど凝り固まってしまった。つまり、［Ⅰ］しまった。そのため北川四郎は部長用の椅子を購入して会社に運び込むことで、［Ⅱ］ことができると思ったのではないだろうか。なぜなら、「あいつと俺が違うのは椅子だけだ」からである。

(i) 空欄 **I** に入るものとして最も適当なものを、次の①～④のうちから一つ選べ。解答番号は 17 。

① 出世して権力を手に入れたいという欲望にとらわれて
② 椅子の違いによってしか社員の見分けがつかなくなって
③ 部長という人間と部長の坐っている椅子が等価になって
④ 同僚の気遣いも受け入れられないほど意固地になって

(ii) 空欄 **II** に入るものとして最も適当なものを、次の①～④のうちから一つ選べ。解答番号は 18 。

① 本来持っていた仕事への自信を取り戻す
② 上司に遠慮することなく自らの能力を発揮する
③ 部長と同等の立場のようにふるまい一矢報いる
④ こじれてしまった人間関係を円滑にする

第3問

アキラさんは、気候変動への対応策について調べ、「気候変動問題への対策―私たちにできること―」という題で自分の考えを【レポート】にまとめた。【資料Ⅰ】～【資料Ⅲ】は、【レポート】に引用するために、参考文献の一部を見出しを付けて整理したものである。これらを読んで、後の問い(問1～4)に答えよ。(配点 20)

【レポート】

温室効果ガスの濃度の上昇による気候変動の問題は、地球環境問題の中でも重大な問題として長年世界中で議論が行われてきたが、この問題の難しさはどのような点にあるのだろうか。

【資料Ⅰ】の図1によると、日本の温室効果ガス排出量は２０１３年度以降減少を続けており、２０２０年度には30年間で最も低い数値になっている。しかし、日本は国際社会との協調のもと、２０５０年までの温室効果ガス排出実質ゼロを目指し、２０３０年までに２０１３年度比で実質46％削減することを目標として宣言している。【資料Ⅰ】の表1によると、２０３０年度目標の達成にはさらなる対策を打ち出していくことが必要だと考えられる。また、表1、図２の［X］点にも着目すると、ＣＯ２の排出は私たちの生活からも決して遠い事柄ではない。

一方で気候変動問題には、公害や森林伐採などの他の環境問題とは異なり、［Y］などの特徴があり、対処が難しい。たしかに、私たちの周りにも気候変動やＣＯ２の問題について知っていて、また対策に関心を持ってはいても、実際にできる行動は限られていたり、実際の効果に対して疑問を抱いたりしている人は多いだろう。

しかし、こうした問題を抱えているからこそ、気候変動問題には私たちを含む多くの人々が協調し合って対応することが重要であり、そのための仕組み作りも進められている。私たちの生活においても様々な対策が可能だ。例えば、［Z］などである。

これからも調査を続け、自分にできる対策から挑戦していきたい。

【資料Ⅰ】 温室効果ガス排出の現状と目標

図１：日本の温室効果ガス排出量

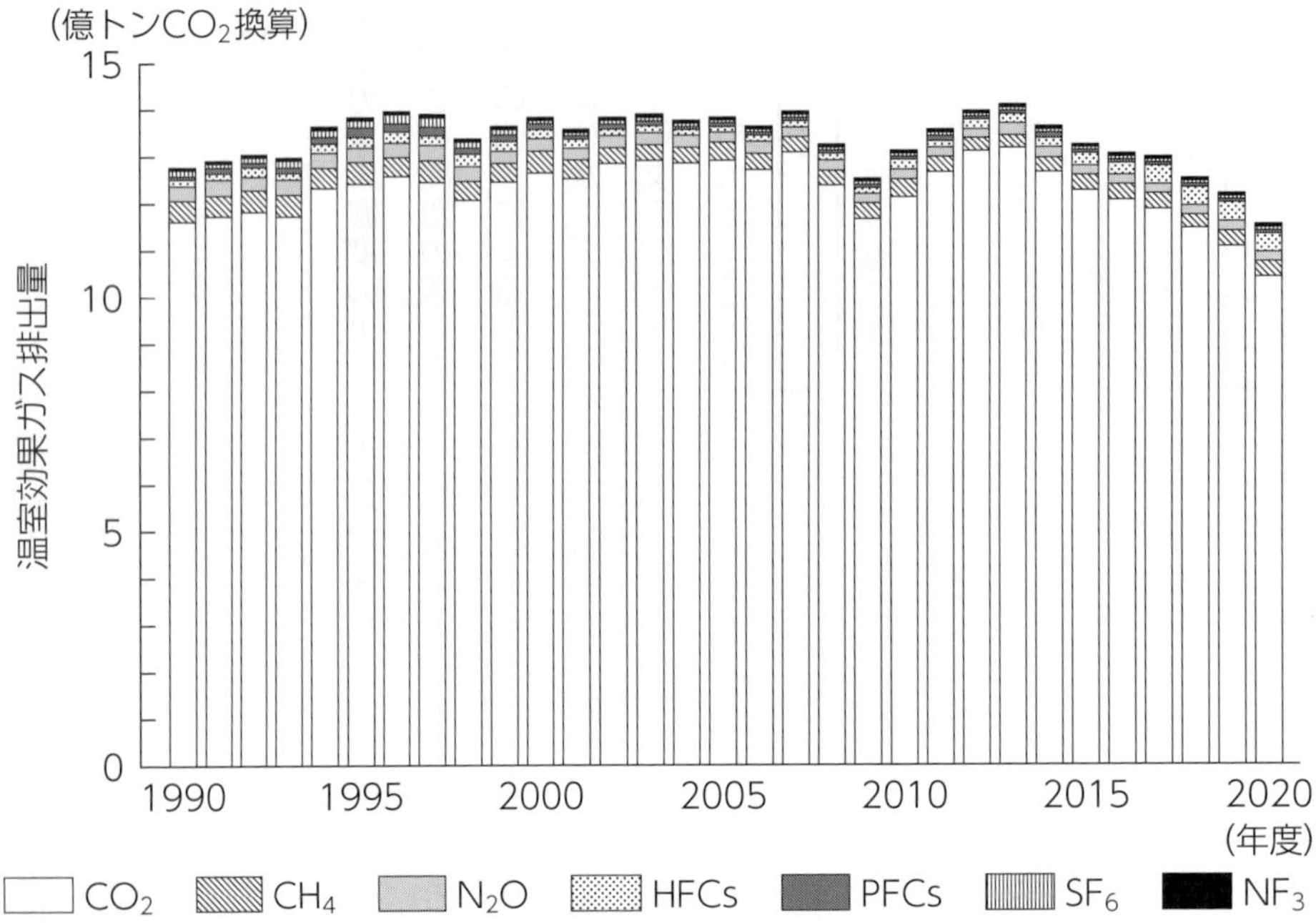

資料：環境省

表１：温室効果ガスのガス別・部門別の排出量・吸収量(注1 生産ベース)

2030年度目標に向けた進捗

温室効果ガス排出量・吸収量(単位：億t-CO_2)		2013年度実績	2030年度目標	2020年度実績(確報値)	2030年度削減率	2020年度削減率(確報値)
		14.08	**7.60**	**11.06**	**▲46%**	**▲22%**
エネルギー起源CO_2		12.35	6.77	9.67	▲45%	▲22%
部門別	産業	4.63	2.89	3.56	▲38%	▲23%
部門別	業務その他	2.38	1.16	1.82	▲51%	23%
部門別	家庭	2.08	0.70	1.66	▲66%	▲20%
部門別	運輸	2.24	1.46	1.85	▲35%	18%
部門別	エネルギー転換	1.06	0.56	0.82	▲47%	▲23%
非エネルギー起源CO_2、メタン、N_2O		1.34	1.15	1.25	▲14%	▲7%
HFC等４ガス(フロン類)		0.39	0.22	0.58	▲44%	+47%
吸収源注2		−	▲0.48	▲0.45	−	−

図２：注3消費ベースでの日本の温室効果ガス排出量（2015年）

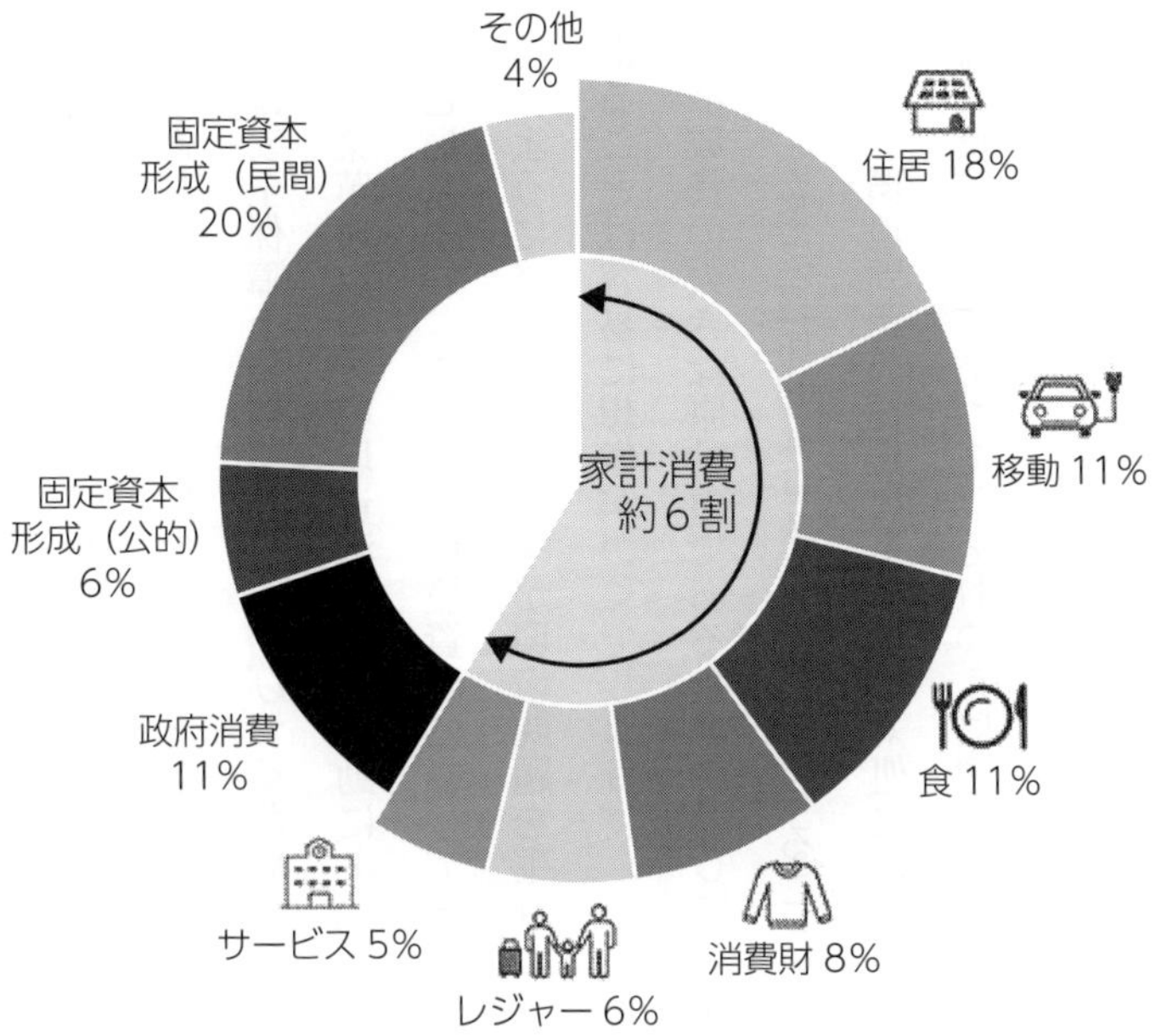

資料：南斉規介（2019）産業連関表による環境負荷原単位データブック（3EID）（国立環境研究所）、Nansai et al.（2020）Resources. Conservation & Recycling 152 104525、総務省（2015）平成27年産業連関表に基づき国立環境研究所及び地球環境戦略研究機関（IGES）にて推計。
※各項目は、我が国で消費・固定資本形成される製品・サービス毎のライフサイクル（資源の採取、素材の加工、製品の製造、流通、小売、使用、廃棄）において生じる温室効果ガス排出量（カーボンフットプリント）を算定し、合算したもの（国内の生産ベースの直接排出量と一致しない。）。

（注）１　生産ベース――ガソリン・電気・ガスなどの使用量を元にして温室効果ガスの排出量を算出する方法。
２　吸収源――植林等CO_2の吸収量を増やすための取り組みによる数値。
３　消費ベース――最終的な製品やサービスからさかのぼって、それを生産するために排出された温室効果ガスを算出する方法。

【資料Ⅱ】 環境問題への国家間協調の難しさ

地球環境問題をめぐる国家間協調の難しさはどこにあるのでしょうか。環境条約のような制度が存在しない場合、主に地球環境に根ざす2つの性質が、協調を難しくするといえるでしょう。

1つ目は、環境問題への対処が、本質的に国々の経済利益に反するという点です。今日の世界では、経済利益の追求が重視され、経済成長を通じて一国の富を拡大することが国家の目的であるといっても過言ではありません。富の拡大は国力の増大と等しく、ひいては安全保障上の利益と深く結びつくため、経済成長は国の存立さえも左右する重要な問題です。その一方で環境問題とは、特に産業革命以降、環境資源が経済活動によって無制限に利用されまた汚染されてきた結果、経済成長の代償として顕在化した問題といえます。これは、環境資源に対してその価値を反映する適切な市場価格がつけられてこなかったことが背景にあります。このように経済利益の追求が環境問題を生み出してきたという事実をふまえれば、環境問題への対処が経済利益を損なうものであることは容易に想像がつくでしょう。

例えば、経済成長の大きな原動力である企業に対して、環境資源に追加的な価格を払うよう求めることや、環境汚染の抑制を求めることは、企業に追加的なコストを負担させることになります。その結果として、国全体の経済成長にも負の影響が及びます。もちろん、環境問題の種類によって、対処にかかるコストの程度は異なります。しかし、環境問題への対処は多かれ少なかれ経済利益に反するのであって、それゆえに国々は環境協調に積極的になりにくいのです。

2つ目に、他国による協調に対するフリーライド(ただ乗り)への懸念が挙げられます。きれいな空気や水といった有限の環境資源は、誰もが自由にそれを利用し、その恩恵を受けられるという非排除性の性質をもちます。したがって、例えば地球規模の大気や海洋の汚染が問題となっている場合、一部の国々が協調することによって得られるきれいな空気や水は、協調に参加した国だけではなく協調に参加しなかった国も同様に使うことができます。つまり、協調に参加しない国は、環境問題の対処にかかるコストを払わずしてきれいな空気や水を利用し、他国の協調にフリーライドできるのです。環境条約が存在しない場合には、こうしたフリーライドを阻止する術《すべ》がありません。したがってどのような国でもフリーライドする誘引をもつのです。そして、環境への対処にかかるコストが大きければ大きいほどフリーライドの誘因は高まり、この問題はより深刻となります。そして、他国にただ乗りをされることへの懸念は国々の協調の意欲を削《そ》ぎ、その結果、協調は実現しません。

(宇治《うじ》梓紗《あずさ》「国際環境協調をどのように促すか?」による)

【資料Ⅲ】 環境問題への個々人の関わり方

例えば、あなたが気候変動を憂慮し、明日から自動車に乗ることをやめたとしよう。それはとても素晴らしいことだ。しかし、もしもあなた以外の全ての人々が行動を変えないなら、あなたがどれだけ頑張っても気候変動は解決されないだろう。もちろん、一人ひとりの個人がそれぞれに努力し、一斉に行動を変容させることも可能かもしれない。しかし普通に考えてそれは簡単ではない。むしろ、そのように集団的な行動を変えるためには、公共的な政策を講じることによって、社会のシステムを変えていく必要がある。しかし、そうであるとしたら、未来倫理(注)が重要なのだとしても、それはそうした政策を考える人にとって重要なのであって、個人には関係ないということになってしまうのではないか。それがごく一般的な考え方のようにも思える。

けれども、実はそんなことはない。私たちは個人としても未来倫理の実践に関与することができるはずである。まず、一人の市民として私たちにできることは、政治家に対して意見を表明することである。例えば選挙において投票することで、政策に対して賛否を表明すれば、政治家に対して自分の意見を提示することができる。あるいは選挙を介さずとも、何らかの活動を行って、こういう政策を作って欲しい、こういう問題を解決して欲しいと、訴えかけることもできる。政治を変えるのは簡単ではないが、議会制民主主義を採る国であれば、このような形で個人が行動を起こすことは可能である。

別のアプローチの仕方もある。それは、消費者として未来倫理の実践に関与するということだ。消費者としてとは、どういうことだろうか。一言で言えば、それは未来に配慮した企業から商品やサービスを購入する、という関わり方である。近年、社会課題の解決への取り組みは、「企業の社会的責任(CSR：corporate social responsibility)」として、重要な企業活動として認識されている。したがって、未来への倫理的な配慮に取り組む企業を支援することは、消費者として未来世代に寄与することを意味するだろう。

(戸谷《とや》洋志《ひろし》『未来倫理』による)

(注)　未来倫理——**【資料Ⅲ】**は未来世代への責任(未来倫理)について考える書籍からの引用である。

問1　【レポート】の空欄Xには、【レポート】の展開を踏まえた【資料Ⅰ】の説明が入る。その説明として最も適当なものを、次の①～⑤のうちから一つ選べ。解答番号は 19 。

① 生産ベース、消費ベースともに家庭または住居に関連する温室効果ガス排出量は全体の2割に満たない数値にとどまっている

② 消費ベースで見ると、家計消費に関連する温室効果ガスの排出量は全体の約6割を占めているが、生産ベースの排出量では全体の1・5割に満たない

③ 生産ベースでは家庭に関する温室効果ガス排出量は運輸に関連する排出量を下回っているが、消費ベースでは住居関連の排出量が移動に関連する排出量を上回っている

④ 生産ベースの温室効果ガス排出量では、家庭からの排出量は2030年度までの削減目標を達成しておらず、また消費ベースでの排出量を見ると、家計消費が約6割を占めている

⑤ 生産ベースで見たときの2030年度目標における家庭からの温室効果ガス排出量と、消費ベースで見たときの家計消費に関連する排出量が、ともに全体の約6割を占めている

問2　【レポート】の空欄Yには、【資料Ⅱ】および【資料Ⅲ】の要約が入る。その要約として最も適当なものを、次の①～⑤のうちから一つ選べ。解答番号は 20 。

① 経済的コストや他国によるただ乗りの懸念から国際協調が難しいため、各国で国民一人一人に対策を呼びかけるしかないが、個人に当事者意識を持たせるのも難しいこと

② 影響範囲が広く一人一人の個人の取り組みでは解決することのできない問題であり、対応へのモチベーションを維持することが難しいため、対策に経済的なコストがかかること

③ 対策の効果が表れるまでにはある程度の時間を要すること、実際に問題の影響を受けるのは現在の人々ではなく未来の世代であること、また社会全体の人々の行動を一斉に変えるのは難しいこと

④ 対策に経済的なコストがかかることと、環境は特定の人や国の所有物ではないためまったく対策をしていない人々にただ乗りされる恐れがあること、また個人個人で対応することは難しく、社会での協調が必要になること

⑤ 気候変動は人間の経済的利益を追求する姿勢に端を発しており、対応すれば自分たちの生活が脅かされることになるということ、また環境への働きかけは影響範囲が広いため、他国にただ乗りされる可能性があり、争いの火種になること

問3　**【レポート】**の空欄**Z**には、個人でできる気候変動問題への対策の例が入る。その例として**適当でないもの**を、次の①～⑤のうちから一つ選べ。解答番号は 21 。

① 温室効果ガスを削減する取り組みについて調べ、啓発活動に協力すること
② 生産過程におけるエネルギー効率の向上に力を入れている業者の商品を買うようにすること
③ 食品の産地を調べ、CO_2濃度の低いきれいな空気の中で作られたものを選んで購入すること
④ 自宅の家電を選ぶ際には消費電力などを確認し省エネルギー性能の良いものを選ぶようにすること
⑤ CO_2を吸収したり排出を削減したりする新技術の開発に取り組んでいる企業の製品を買うようにすること

問4　アキラさんは、**【レポート】**の主張をより理解してもらうためには論拠が不十分であることに気づき、補足しようと考えた。その内容として適当なものを、次の①～⑥のうちから**二つ**選べ。ただし、解答の順序は問わない。解答番号は 22 ・ 23 。

① 気候変動は産業革命以降に起こった問題であり、地球の歴史の中ではごく最近の出来事であるという点。
② 以前は新興国に比べ先進国が多くの温室効果ガスを排出しており、削減の責任は各国で同等ではないという点。
③ 温室効果ガスにはいくつかの種類があるが、排出量全体のうちの割合では大部分をCO2が占めているという点。
④ 消費ベースの温室効果ガス排出量を算出するためには、細かな情報が必要になるため長い時間がかかるという点。
⑤ 温室効果ガスの増加によって地球の平均気温が上昇することにより、冬期のエネルギー使用量が低下するという点。
⑥ 温室効果ガスは目に見えず、また気候に影響が現れるまで一定の時間がかかるため、対策の効果が実感されにくい点。

第4問 次の文章は、親の勧める縁談にも関心を示さず出家を志向する男君（中納言）と葎《むぐら》の宿の女君（本文では「女」）との恋を描いた『八重葎《やえむぐら》』の一節である。男君が、偶然通りかかった葎の宿から聞こえる琴の音に惹《ひ》かれて立ち寄り、その家の女君と語らい合ってそのまま一夜を過ごす。本文は、それに続く場面である。これを読んで、後の問い（**問1～5**）に答えよ。なお、設問の都合で本文の段落に 1 ～ 5 の番号を付してある。（配点 45）

1 冬立つままに、日にいくたびか晴れ、曇り、時雨《しぐ》るる木枯《こが》らしにうち散りたる楢《なら》の葉は、遣水《やりみづ》も見えず埋《うづ》みて、山里の心地してをかしきを、そよめきわたり入り給ふに、今もさと吹き出《い》づる風にはらはらと散りて、御冠《かうぶり》直衣《なほし》の袖にとまる紅葉《もみぢ》のをかしきを、「かれ見給へ。二月《きさらぎ》（注1）の雪こそ衣には落つなれ。さま変へたるわざなりや」と、払ひ給ふ。紫の濃き直衣に映《は》え給へる手つき、顔の匂《にほ》ひの愛敬《あいきやう》は、女もをかしと見給ふらむかし。例の(ア)こまかにうち語らひ、長き世をさへかけて頼めたまふこと多かるべし。

2 「いかで名乗りし給へ。**A**かばかりになりぬれば、いかなりともおろかに思ふべき仲の契りかは」と、ゆかしがり給ふに、忍《しの》び過ぐすべきにはあらねど、言ひ出でむことの慎《つつ》ましう恥づかしければ、「木《き》の丸殿《まろどの》（注2）に侍《はべ》らばこそ」と言ふも(イ)はかなだちてをかし。

「**B**おぼつかな誰《た》が植ゑそめて紫《むらさき》の心を砕《くだ》くつまとなりけん

なほ聞こえ給へ。かう隔《へだ》てたまふは、行く末長かるまじき心と疑ひ給ふや。君によりてを、遠き恋路の苦しさをも馴《な》らひたれば、ましていつ知るべき徒《あだ》し心ぞ」と、のたまへど、

「冬枯《ふゆがれ》の汀《みぎは》に残る紫はあるにもあらぬ根ざしなりけり」

と、ほのかに言ふ。

「あやし、**C**この紫こそ武蔵野《むさしの》のにも劣るまじうなつかしけれ」と、戯《たはぶ》れ給ふもいとをかし。

3 暁《あかつき》露に濡《そぼ》ちつつ歩き給ふも苦しければ、「朝夕眺《あさゆふなが》むる所へ率《ゐ》て行かまし」と、途絶《とだ》えがたく思《おぼ》しなるは、(注3)初めの御心には違《たが》ひにたるあやにくさなりや。されど、(注4)のたまひおきし御あたりをさへ、いとほしく聞き過ぐすに、心にまかせたる私《わたくし》のものあつかひをしてねぢけたることにかたがたに聞かれたてまつらんも(ウ)はしたなかるべし。

4 (注5)上《うへ》ばかりこそかなしきものにせさせ給ふあまりに、かかることもいとほしく、けしからずとも聞かせ給ふまじけれ、(注6)かの大臣《おとど》のわたりに言ひ騒がむ言《こと》の葉《は》さへ思ひつづけられ給へば、恥づかしくて、あるまじく思す。

5 上の御許《もと》に渡り給へば、長炭櫃《ながすびつ》に炭おこして集まり居《ゐ》る人の有様、いづれとなくめやすく、裳唐衣《もからぎぬ》のいろいろやすらかに着なして、候《さぶら》ひ馴れたる気配を、をかしと見給ひて、

「いで何事を聞こゆるぞ。そと聞かせよ。なきほどは誰《たれ》も誰も心地よげにて、をかしき歌ものがたりもすると見ゆれど、まろだに来れば、いみじき虫などの這《は》ひ来《く》るやうに、それぞれと言ひていざりのき、(注7)音無《おとなし》の里つくり出づるや。さるはつひに流れ出づる涙もあらんを」

と、微笑《ほほゑ》みて聞こえ給ふに、若き人々は(注8)死にかへりわびあへり。(注9)大人みたるは、なかなかもて出でて、

「さに侍り。(注10)森の下草《したくさ》さへ『駒《こま》だにすさまば』と、思う給ふれば、まして若き人は『(注11)川にながれず』といふことなくや侍らん。ただその(注12)水上は、御前ぞ知らせ給ふべき」

と答《いら》へ聞こゆるに、え堪《た》へですべり隠るるもあり。あるはつきじろひうつ伏《ふ》しなどすべし。

「あやしきわざかな。この聖《ひじり》をさのたまはんは、(注13)三瀬川《みつせがは》の導《しる》べにやあらん。仏の顔より外《ほか》に見るべきものも思《おぼ》えぬしれじれしさを」

とて立ち給ふ。

(注) 1 二月の雪こそ衣には落つなれ――「梅花を折つて頭に挿《はさ》めば 二月の雪衣に落つ」(『和漢朗詠集』)による表現。

2　木の丸殿――仮につくられた粗末な御殿。天智天皇の詠んだ歌で有名になり、後に、「木の丸殿」にあわせて「名乗る」と詠み込むことが多くなった。

3　初めの御心――出家を考える男君は、これまで女性には関心を示さないでいた。

4　のたまひおきし――主語は男君の亡き父君。ここは、言い残しておいた縁談のこと。

5　上――男君の母君。

6　かの大臣のわたり――男君の縁談相手の右大臣家。

7　音無の里――音や声が聞こえないという意を含ませての表現。ここは、あたりはばからずに泣ける里の意。

8　死にかへりわびあへり――死にそうになるくらいの困り果てようを言ったもの。

9　大人みたる――年配で世慣れている女房。和歌の教養があり、恋のかけひきに長《た》けている。

10　森の下草さへ『駒だにすさまば』――古歌を踏まえ、老いた私は誰も相手にしてくれない、と戯れたもの。

11　川にながれず――「おとなしの川とぞつひに流れけるいはで物思ふ人の涙は」という和歌をふまえる。

12　その水上は、御前ぞ知らせ給ふべき――「色ふかき涙の川の水上は人をわすれぬ心なりけり」という和歌をふまえた女房の発言。涙川の水上は、あなた様がよくご存知でしょう、の意。

13　三瀬川の導べ――「三瀬川」は、あの世で渡る「三途《さんず》の川」のこと。女性が死ぬと、この川をはじめて逢《あ》った男に背負われて渡るという俗信による表現。ここは、女房の発言に対して戯れて言ったもの。

問1　傍線部(ア)～(ウ)の解釈として最も適当なものを、次の各群の①～⑤のうちから、それぞれ一つずつ選べ。解答番号は 24 ～ 26 。

(ア) こまかにうち語らひ 24

① こまごまと問いただし
② ねんごろに言い交わし
③ 暗に恋心をほのめかし
④ うまい具合に説得して
⑤ ことさらに求愛して

(イ) はかなだちて 25

① 申し訳なさそうにして
② はぐらかすようにして
③ たよりなさそうにして
④ わざとらしく振る舞って
⑤ たわいもないようにつくろって

(ウ) はしたなかるべし 26

① みっともないにちがいない
② 無礼になってしまうだろう
③ ひかえめにしていよう
④ 困らせてしまうはずだ
⑤ 無愛想に思われるだろう

問2　傍線部A「かばかりになりぬれば、いかなりともおろかに思ふべき仲の契りかは」は男君の心情を述べたものだが、その語句や表現に関する説明として最も適当なものを、次の①～④のうちから一つ選べ。解答番号は 27 。

① 「かばかりになり」の「かばかり」は「これほど」の意になる副詞。「なり」は断定の助動詞で、男君の愛情の深さが表現されている。

② 「いかなりとも」の「とも」は接続助詞で、女君の身の上がどうあったとしても思いは変わらないという男君の思いが表現されている。

③ 「おろかに」は、形容動詞「おろかなり」の連用形。「おろかに思ふ」で、男君の女君に対する愚直なまでの愛が表現されている。

④ 「契りかは」の「か」は疑問の係助詞で、二人の仲は途切れることなく続くのだろうかという男君の不安な気持ちが表現されている。

問3 1 〜 3 段落の登場人物に関する説明として最も適当なものを、次の①〜⑤のうちから一つ選べ。解答番号は 28 。

① 紅葉を二月の雪に見立てて、衣の袖の紅葉を振り払う男君の風雅なふるまいに女君は心ひかれ、自分の将来も安心して託せると思っている。

② 男君は女君が名前を教えないのは、いつか心変わりがするのではないかと自分を疑っているからだと思い、浮気心を持つことはないと訴えた。

③ 男君に名前を教えてほしいと促《うなが》されても、女君は出会ったばかりの男君の真意がわからず、まだ不信感があるために名乗ることはしなかった。

④ 露にぬれながら女君のもとに通うのはお互いに不都合なので、男君は女君の気持ちにも配慮して安心できる所に女君を連れて行こうと思った。

⑤ 男君の亡き父の言い残した縁談については、男君も良い話だと思い乗り気になっていたので、葎の宿の女君とは頃合いをみて別れるつもりだった。

問4 4・5 段落の内容に関する説明として最も適当なものを、次の①～④のうちから一つ選べ。解答番号は 29 。

① 男君の母君は、男君が葎の女君の世話をしていることに目をつぶり、男君の縁談相手の右大臣家にそのことが耳に入ったら恥ずかしいことなので、決して知られてはならないことだと考えていた。

② 母君に仕える女房たちに、男君が会話の内容を尋ねても自分を嫌って逃げ隠れすることに気分を害され、これでは音無の里になって、嫌われ者の涙が川になって流れることだと皮肉を言った。

③ 老女房は、自分たちに無理矢理口を開かせようとする男君に対し、古歌にあるように一途の恋をしてはじめて涙が川になって流れ出るものなので、秘めて口に出さない慎ましさが大切だと反論した。

④ 老女房にやりこめられた男君は、一心に仏に帰依《きえ》する私は愚かしいまでに恋とは無縁ですのに、あなたは私と契りを交わして三途の川の手引きにでもするおつもりかと戯《ざ》れ言を言って席を立った。

問5　次に示すのは、授業で本文を読んだ後の、話し合いの様子である。これを読んで、後の(i)・(ii)の問いに答えよ。

教　師——本文の 2 段落の内容をより深く理解するために、次にあげる二首の和歌とあわせて考えてみましょう。**【資料】**の**I**にある歌は、授業でもとりあげた『伊勢物語』の「初冠《うひかうぶり》」の段にあるものです。男が奈良の春日《かすが》の里に鷹狩りに行った際、里に住む美しい姉妹を垣間見《かいまみ》して、着ていた信夫摺《しのぶずり》の狩衣《かりぎぬ》の裾《すそ》を切って書いておくった歌でしたね。傍線部**B**の歌の趣旨と同じと考えてよいでしょう。また、傍線部**C**も、**【資料】**の**II**の歌をふまえた表現になります。

【資料】

I　陸奥《みちのく》のしのぶ(注1)もぢずり(注2)誰ゆゑに乱れそめにし我ならなくに

（『伊勢物語』「初冠」）

（注）1　しのぶ——植物の名前（忍ぶ草）とも言われ、和歌では「忍ぶ恋」を暗示する。

2　もぢずり——乱れたように摺り出した模様のこと。

II　紫(注)のひともとゆゑに武蔵野の草はみながらあはれとぞ見る

（『古今和歌集』）

（注）紫——紫草。夏に白い花を咲かせ、根は紫色に染める染料につかう。

教　師——まず、傍線部**B**の歌と、**【資料】**の**I**の歌を読み比べてみましょう。

生徒A――どちらの歌にも「そめ」とあるけれど、紫草で「染め」ということかなあ。

生徒B――いや、傍線部**B**の歌では「植ゑそめて」とあるので、「そめ」は「初め」だと思うよ。この歌は男君が女君に詠みかけた歌で、「紫の心を砕く」の「心を砕く」というのは思い悩むことを言ったのだと思う。

生徒C――私もBさんの考えに賛成。「紫」は紫草のことで、ここは葎の女君のことを言ったものだよね。

生徒A――なるほど。それで**【資料】**の**I**の歌も「乱れ初め」ということか。恋の思いに心を乱しているように思うな。「誰ゆゑに」とか「我ならなくに」も傍線部**B**の歌と関連しそうだね。

生徒B――「我ならなくに」は「私ではありませんよ」の意味だったね。

生徒C――そう考えてくると、**B**の歌は男君の詠んだ歌で、**X** ということになりそうです。

教　師――そうですね。よくできました。次に**【資料】**の**II**の歌について考えてみましょう。平安時代に入ると、この歌が広く世に知られるようになり「武蔵野」といえば「紫草」が詠まれるようになりました。

生徒A――「紫のひともと」は紫草一本ということでしょう。やはり愛する人を喩えたものだよね。

生徒B――私もAさんと同じ考えだな。また、傍線部**C**の後に「戯れ給ふ」と、尊敬表現があるので、これは男君の会話だとわかるよね。

生徒C――なるほど。それならば、**Y** と整理してよいでしょうか。

教　師――それでよいですね。このように引用された表現について、本になる歌と考え合わせるとより理解が深まります。

(i) 空欄 X に入る発言として最も適当なものを、次の①～④のうちから一つ選べ。解答番号は 30 。

① 紫草の素性を知らない私にとって、将来あなたを妻として迎えることに不安があるので、もっとあなたのことを教えてほしいと哀願する歌

② いったい誰のせいでこんなにも心を乱すことになったのか、そのきっかけとなった紫草のようなあなたに深く心惹かれる思いを詠んだ歌

③ 紫草のようなあなたに次第に心がひかれるのを宿命と思いながら、かなわぬ恋の行方を悲観しているのは私ではなくあなたの方だと恨む歌

④ 紫草のようなあなたの心を悩ませるのは不本意だが、今後どのような障害があったとしても、あなたを不幸にすることはないと約束する歌

(ii) 空欄 Y に入る発言として最も適当なものを、次の①～④のうちから一つ選べ。解答番号は 31 。

① **【資料】**のⅡの歌は、一人の人を愛することによって、はじめて誰からも慕われるようになるものだと詠んでいるが、傍線部**C**では、女君の縁者には誰でも親しみを感じるものだと言っている

② **【資料】**のⅡの歌は、愛してくれる人が一人でもいれば、誰に対しても慈《いつく》しみの心を持つことができると詠んでいるが、傍線部**C**では、女君にはもっと自分に心を開いてほしいと言っている

③ **【資料】**のⅡの歌は、愛する人があくまでも中心であって誰に対しても愛が及ぶわけではないと詠んでいるが、傍線部**C**では、女君以外の女性に対しても深い愛が向かうことだと言っている

④ **【資料】**のⅡの歌は、愛する人を中心に、それとゆかりのある人にまで愛が及んでゆくものだと詠んでいるが、傍線部**C**では、女君の美しさは他のどんな女性よりも際立つと言っている

第5問

北宋の文同《ぶんどう》は、中央政府から地方官へと左遷され、赴任先の陵陽《りょうよう》で「紆竹《うちく》図」（曲がった竹の絵）を描いた。次の【文章Ⅰ】は文同がその絵の題材となった竹について説明したもの、【文章Ⅱ】は文同の死後、親交の深かった蘇軾《そしょく》がその絵について述べたものである。これらを読んで、後の問い（問1～7）に答えよ。なお、設問の都合で本文を改め、返り点・送り仮名を省いたところがある。（配点　45）

【文章Ⅰ】

紆竹生ズ二于陵陽ノ守居（注1）之北崖ニ一。A其ノ始メ共ニレ本ヲ以テ出デ、去ルコトレ土ヲ未ダレ幾ナラシテ而遽カニ分カル。其ノ一裁《わづカニ》三尺、倮《ら》（注2）然《ぜんトシテ》無ク二他枝一、乃チ枿《ひこばえナリ》（注3）。B蓋其顚未脱籜（注4）時蝎（注5）害之使然爾。其ノ一既ニ独リ盛ンニシテ、将ニルモ二挺《てい》（注6）起《きセント》一、C X 垂巌（注7）所軋（注8）、力不レ得レ競フヲ。曾《すなはチ》莫キレ知ル下其ノ歴《ふルコト》二寒暑ヲ一之何《いかばかりナルカヲ》許上也。

余采《とルニ》レ薬ヲ過（ア）二其ノ下ヲ一見レ之ヲ、命ジテ二二童奴（注9）ニ一、撥《のぞキ》（注10）二荒《くわう》榛《しんヲ》一除キ二腐《ふ》蔓《まんヲ》一、扶起シテ而支二持《セシムルモ》之ヲ一、則チ已ニ堅《けん》（注11）彊《きやう》偃《えん》蹇《けんニシテ》宛《ゑん》骫《ゐシテ》附キレ地ニ、D若シレ不ルガレ欲セレ使ムルヲ下人ヲシテ加ヘ中哀憐ヲ於其ノ不レル得レ遂ニグルヲ諸ノ生理一ヲ者上ニ。然ルニ観ニル其ノ抱レクヲ節ヲ也《や》、剛潔ニシテ而隆高タリ。其ノ布レシク葉ヲ也、瘦《そう》(注12)瘠《せい》ニシテ而修長タリ。是レ所謂戦ニヒ風日一ニ、傲ニシ氷霜一ニ(注13)、凌ニ突シ四時一ヲ、磨《ま》(注14)ニ礫《れき》スル万草一ヲ之奇植也。

（文同『丹淵集』による）

【文章Ⅱ】

余得ニ其ノ(注15)摹《も》本《ほん》ヲ一、以テ遺(イ)ニ(注16)玉冊官祁《き》永《えい》ニ一、使レメ刻ニマ之ヲ石一ニ、以テ為ニサントシ好事者ノ動カシレ心ヲ駭《おどろ》カスレ目ヲ詭《き》(注17)特《とく》之観一ト、且ツ以テ想ニ見セシメントス亡友之風節一ヲ。其ノ屈スレドモ而不レル撓《たわ》マ者《は》、蓋シ如レシト此クノ云フ。

（蘇軾『東坡題跋』による）

（注）1 守居――長官の住まい。

2 倮――「裸」と同じ。

3　栟——竹の根株から新しく出た芽。

4　籜——竹の皮。生長に従って下の方から落ちる。

5　蝎——虫の名。

6　挺起——抜け出す。

7　垂巖——大きな岩。

8　軋——押しのける。

9　童奴——子どもの召使い。

10　撥㆓荒榛㆒——荒れた木々を取り除く。

11　堅彊偃蹇宛虬附㆑地——固く伸び広がり、曲がって地についている。

12　瘦瘠——細い。

13　傲——ものともしない。

14　磨㆓轢——しのぐ。

15　其摹本——「紆竹図」を模写した絵。

16　玉冊官祁永——「玉冊官」は官職の名。「祁永」は人名。

17　詭特——「奇特」と同じ。

問1 波線部(ア)「過」・(イ)「遺」のここでの意味として最も適当なものを、次の各群の①～⑤のうちから、それぞれ一つずつ選べ。解答番号は 32 ・ 33 。

(ア)「過」 32
① 誤って
② 飛び越えて
③ 通って
④ 暮らして
⑤ 眺めて

(イ)「遺」 33
① 贈って
② 見せて
③ 会って
④ 頼んで
⑤ 教えて

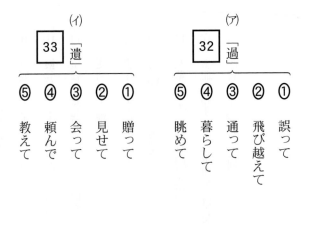

問2 傍線部**A**「其始共レ本以出、去レ土未レ幾而遽分」の解釈として最も適当なものを、次の①～⑤のうちから一つ選べ。解答番号は **34** 。

① 竹の生え始めは同じ根元から出ているが、地面を出てわずかのところで急に分かれている。

② 竹はもともと二本生えていたが、生え始めて間もない頃に突然別々の場所に移された。

③ 竹は初めは密集して生えていたが、長い時間をかけて伸びるうちに次第にまばらになった。

④ 竹の根元はもともと大きく出っ張っていて、土の上にもわずかに根元がのぞいている。

⑤ 竹の生え始めは住居に隣接しているが、地面を離れるにつれて次第に住居から離れている。

問3 傍線部**B**「蓋其顚未脱擇時蝎害之使然爾」の返り点の付け方と書き下し文との組合せとして最も適当なものを、次の①～⑤のうちから一つ選べ。解答番号は 35 。

① 蓋其顚未レ脱擇時蝎害レ之使然爾　蓋し其の顚《いただき》未だ脱せざる擇《たく》の時に蝎《かつ》之を害《そこな》はしめて然《しか》るのみ

② 蓋其顚未レ脱擇時蝎害レ之使レ然レ爾　蓋し其の顚の未だ脱せざる擇は時に蝎之を害ひて爾《なんぢ》をして然らしむ

③ 蓋其顚未レ脱二擇時蝎害之使㆑然レ爾　蓋し其の顚未だ擇の時に蝎を害ふの爾を然らしむるを脱せず

④ 蓋其顚未レ脱二擇時蝎害之使然一爾　蓋し其の顚未だ擇の時に蝎の害を之れ使ひて然るを脱せざるのみ

⑤ 蓋其顚未レ脱レ擇時蝎害レ之使レ然爾　蓋し其の顚未だ擇を脱せざる時に蝎之を害ひて然らしむるのみ

問4　傍線部C「X 垂巌所軋」について、(a)空欄 X に入る語と、(b)書き下し文との組合せとして最も適当なものを、次の①～⑤のうちから一つ選べ。解答番号は 36 。

① (a) 非　(b) 垂巌《すいがん》の軋《あつ》する所に非ず
② (a) 雖　(b) 垂巌の軋する所と雖も
③ (a) 為　(b) 垂巌の軋する所と為り
④ (a) 如　(b) 如《も》し垂巌の軋する所ならば
⑤ (a) 安　(b) 安《いづ》くにか垂巌の軋する所なる

問5 傍線部**D**「若レ不レ欲レ使下人加中哀憐於其不レ得レ遂二諸生理一者上」はどういう意味を表しているのか。その説明として最も適当なものを、次の①〜⑤のうちから一つ選べ。解答番号は 37 。

① 竹は、竹の本来の性質を全うできていない自分を憐れまないでほしいと思っているかのように、固く地面を這《は》っていたということ。

② 竹は、正しい生き方を心得ない人間に憐れみを向けられることを拒んでいるかのように、強く根を張って動かなかったということ。

③ 竹は、人の手が加えられてかえって生きる道理を失ってしまったことを嘆いているかのように、ひどく荒れ果てていたということ。

④ 竹は、本当は竹としてあるべき姿でいられないことを人に同情されたがっているかのように、人の手に身を委ねていたということ。

⑤ 竹は、生きのびることができずに枯れてしまった枝葉を取られることを嫌がっているかのように、固く葉をつけていたということ。

問6　傍線部**E**「磨㆓轢万草㆒之奇植也」とあるが、筆者が竹を評価している点として**適当でないもの**を、次の①〜⑤のうちから一つ選べ。解答番号は 38 。

① 節が盛り上がって立派である点。
② 風や日差しに負けなかった点。
③ 葉が細く長く伸びている点。
④ 気候に適応しようと自ら曲がった点。
⑤ 多くの季節を乗り越えてきた点。

問7　文同と蘇軾の考えを説明したものとして最も適当なものを、次の①～⑤のうちから一つ選べ。解答番号は 39 。

① 文同は、これまで人から評価されることのなかった竹にも、意外なよさがあると高く評価している。蘇軾は、文同が描いたこの竹の絵の素晴らしさが、広く世間に知れ渡っていない状況を嘆いている。

② 文同は、竹の育った環境に同情を寄せつつ、その中でも力強く成長した竹を称賛している。蘇軾は、この竹を文同自身の投影と捉え、文同は竹のように気高い節操を備えた人物であったと高く評価している。

③ 文同は、自然の脅威にさいなまれながらも何とか生き抜こうとした竹の強い生命力に感嘆している。蘇軾は、この竹を救おうと奮闘した文同の心意気を思い、彼の姿を石に刻んで後世に伝えるべきだと考えている。

④ 文同は、他の草木を寄せつけず、孤高の存在としてあり続けた竹に共感を覚えている。蘇軾は、他人に惑わされず、独創的な作品を後世に残した文同の気風は、この竹のようであったと懐かしんでいる。

⑤ 文同は、折れ曲がった竹の形は問題ではなく、節や葉などの細部に竹の神髄が現れていると考えている。蘇軾は、文同の鋭い観察眼にもとづく緻密な絵は、見る者を驚かせる希有な作品であったと評価している。

第　4　回

時間　90分　　　　　　　200点　満点

1 ── 解答にあたっては，実際に試験を受けるつもりで，時間を厳守し真剣に取りくむこと。

2 ── 巻末にマークシートをつけてあるので，切り離しのうえ練習用として利用すること。

3 ── 解答終了後には，自己採点により学力チェックを行い，別冊の解答・解説をじっくり読んで，弱点補強，知識や考え方の整理などに努めること。

第1問　次の【文章Ⅰ】は、代表制民主主義の限界を指摘して、それに代わるシステムとして代表者をくじで選ぶという「くじ引き民主主義」とその可能性を提示するものである。また、【文章Ⅱ】は、代表制民主主義の機能不全とその刷新を論じるものであり、機能不全の原因を示すにあたって【文章Ⅰ】を参照している。これらを読んで、後の問い（問1～5）に答えよ。（配点　45）

【文章Ⅰ】

代表制の起源を遡れば、それが王政と近代国家形成の歴史と不可分であることがわかる。議会制民主主義発祥の地として知られるイギリス議会の歴史は古い。原型は13世紀イングランド議会にあるとされるが、これはそれまで「大評議会（The Great Councils）」と呼ばれる、司教や貴族といった、王の諮問機関が発展していったものだ。あるいは、1789年にフランス革命が起きるきっかけとなったのは、ルイ16世が増税を認めさせようと「三部会（貴族、聖職者、平民からなる議会）」を召集したところ、提案が拒否されてこれを散会させてしまったからだが、この三部会はその後、場所を変えて憲法制定会議となり、これはそのまま国民議会へと発展していった。

多くの国では、こうした特権階級（「教養と財産を有する男性」）が占めていた議会のモン(ア)コが徐々に開かれていき、19世紀後半頃から男子普通選挙が実現していくことになる。階級によらない政治的な代表権が広く認められるようになったのも、1871年に発足した帝政ドイツがそうであったように、国民国家を形成する目的があったからだ。（注1）それゆえ、代表制は、あくまでもナショナルなものを基盤にしている。いうまでもなく、議会で発議され、検討され、投票に付される内容は、その国の市民と領土に係わるものであることが大前提である。つまり、代表制民主主義は王や皇帝が独占していた「国家主権」を前提とした、A非民主的な制度を前身にしているのである。

従って、今日のようにグローバル化が加速度的に増し、1年間に1兆ドル以上もの資本と、20兆ドルもの財・サービスが、そして3億人弱もの人々が世界を自由に移動するような時代を迎えると、国家が国内で決定した事柄であっても、そのユウ(イ)コウ性は相対的に薄れてしまうことになる。

もちろん、国家が全く無力になったわけではない。依然として、国家はその領域に住む人々の生殺与奪《せいさつよだつ》権を持つ主体であることは間違いない。しかし、「グローバル・ガバナンス」の必要性がつとに指摘されるように、環境問題、移民・難民問題、感染症対策、資本市場の安定、エネルギー問題、多国籍企業への課税、はたまたＧＡＦＡＭ(Google、Amazon、Facebook、Apple、Microsoft)に代表されるプラットフォーマー(注2)の活動をどう規制するのかといった問題は、少なくとも一国単位で解決することができなくなっていることは確かだ。

グローバル化を前に国民国家を単位とする代表制が無能化する一方、Bその国民の要求にも無力化しつつある。市民の不満や困窮、生活を送る上での障害を取り除くのに、現代の官僚制はあまりにも縦割りにすぎ、複雑になりすぎている。例えば、軽度の知的障害を持つ子を抱える働くシングルマザーといった「新しい生活困難層」の生活上の困難を取り除くには、市役所の保護課、児童相談所、民生委員、ケースワーカー等々、行政の様々な部署や人々が連携しなければならない。しかし、近年の痛ましい児童虐待の例をみてもわかるように、ワンストップで有機的な対応を可能にする制度はなかなか実現しない。

さらに、個々人が困難を抱える理由も多様化しているため、全てに一律的に対応することも難しくなっている。例えば、政府や自治体は、所得の再分配から介護、就労支援、果ては婚活支援までに至る個人生活の様々な領域に対処しなければならず、さらに孤立や孤独といった、極めて実存的な問題に関わる新たな社会問題にも対処を迫られるようになっている。そして、社会の進展――個人意識・権利意識の拡大、家族形態の多様化、情報消費の活性化、新たに知覚される生きづらさ等々――から生じる新たな課題は、ＮＰＯや支援組織といった市民社会での協力がなければ、解決できなくなっている。こうした民間の非営利組織によって構成される第三セクター(注3)の経済規模は、アメリカのＧＤＰの10％(被雇用者総数の10％は製造業とほぼ同数)、西欧諸国の５％、日本の３％程度に上ると推計されている。

現在の政府は生活の大問題を解決するには小さく、生活の小問題を解決するには大きすぎる、と指摘したのは『イデオロギーの終焉《しゅうえん》』などの著作で知られる思想家ダニエル・ベルだ。そして、代表制民主主義はその出自から、大きな空間で生まれる問題たるグローバル化、小さな空間で生まれる問題たる人々の人生の問題に挟まれて身動きが取れないままでいるゆえ、信頼を(ウ)失いつつある。

くじ引き民主主義が、これらの問題に対する完全な解答になるとは言わない。しかし、くじ引き民主主義の特質は、選挙の圧力に晒《さら》されず、思い込みや先入観を排除した形で集められた市民同士の討議によって、特定の問題についての、特定の解決策を模索することにある。グローバルな問題群に対しては、その当事者や利害関係国となる国の市民をくじ引きで抽出して、地域的な協議体を作ってもよいだろう。(中略)

何よりも、くじ引き民主主義は、国民国家を基盤にしている代表制に代わって、問題に直面する当事者たち、つまりステークホルダー(利害関係者)であれば、誰でもそこに加わる資格が与えられるものなのだ。

(吉田徹『くじ引き民主主義　政治にイノヴェーションを起こす』による)

【文章Ⅱ】

こうした代表制民主主義の機能不全を解く鍵はどこにあるのか。(中略)(注4)

政治学者の吉田徹は、ミニ・パブリックス(注5)を含め、無作為抽出で選んだ代議員や委員の議論を(エ)通じて意思決定を行う仕組みを広く「くじ引き民主主義」と呼び、その意義や可能性を論じている。そこでは、既存の代表制民主主義が機能不全を起こす原因が三つの「限界」として指摘されている。①数年に一度の選挙にしばられて、政策の(オ)シャテイが短期的になる「時間的制約」、②国民国家を基本的な単位とするため、グローバルな問題や生活に密着した問題に対応できない「空間的制約」、③代表者である政治家と代表される者である有権者との間に、属性や情報などの面でギャップがある「非対称性」――である。

「くじ引き民主主義」の構想が向かう先が、こうした限界のある既存の代表制民主主義を補完する仕組みの模索なのか、それとも抽選制に基づく直接参加を中心とした新たな民主主義の枠組みへの転換なのかは、まだわからない。ただ、市民議会を含むミニ・パブリックスの広がりが、選挙で選ばれた代表や特定の利害関係者だけでない一般の人びとによる熟議を通じた民主主義の深化、という方向を指し示していることは確かである。

このような方向性をより包括的に表現するキーワードとして、近年、民主主義についての議論で目立つようになったのが「デモクラティック・イノベーション」、あえて訳すなら「民主主義のイノベーション」「民主主義の刷新」だ。二〇一九年には、このテーマに特化した六〇〇ページもある国際的なハンドブックが英国で出版された。

同書での定義によれば、民主主義のイノベーションとは「参加や熟議をしたり、影響力を与えたりする機会を増やすことによって、ガバナンスにおける市民の役割を問い直し、広げるために編み出される、新たなプロセスや制度」である。要するに、人びとが政治的な意思決定に直接参加したり、その過程で他の参加者や政策決定にあたる政治家や行政関係者、専門家などと話し合ったり、それらを通じて、C 市民の意思決定への影響力を高めたりするための新しい仕組みのことである。

定義のなかにある「ガバナンス」が少しつかみにくいかもしれない。別のことばに置き換えるなら「統治」である。ガバナンスとは、地域や国、国際社会など、さまざまな対象について、何らかの秩序を生み出す統治のプロセスを指す。

近代社会において、統治とは長い間、国民国家をどのように治めるか、そのための機構や制度がどうあるべきかという問題であり、要するに統治とは政府（ガバメント）の問題であった。二〇世紀末にかけて、グローバル化に伴って一国の政府だけでは治められない国際的な課題が増大するとともに、企業やＮＧＯ・ＮＰＯなどが政策過程に関わる場面が増えてきた。こうした変化を反映して、統治に関する認識の焦点が、機構や制度としての政府（ガバメント）から秩序形成のプロセス（ガバナンス）へと転換したことにより、ガバナンスということばは、一九九〇年代から公共政策や企業経営などの分野で広く用いられるようになった。

民主主義をめぐって「ガバナンス」ということばが用いられる場合、それは主権者による自分たち自身の統治という意味である。支配者が被支配者を一方的に支配するという意味ではない。ただ、選挙を軸とした代表制民主主義では、選ばれた代表者にあらゆる事柄の決定を委ねてしまうことになりがちである。そこで、とくに重要な事柄や身近な事柄に関する決定に、市民が直接参加し、熟議できるような仕掛けを加えていくことで、主権者による自分たち自身の統治という意味での民主主義のガバナンスを再生しようというのが、民主主義のイノベーションの基本的な発想である。

（三上直之『気候民主主義――次世代の政治の動かし方』による）

（注）
1 国民国家――言語や文化などの共有によって一体となった国民が主権をもつ国家。
2 プラットフォーマー――インターネット上でサービスなどを提供する企業。
3 第三セクター――政府や地方公共団体と民間企業が共同で出資した企業。
4 こうした代表制民主主義の機能不全を――本文に先立つ箇所で、筆者は政治家や議会への不信、ポピュリズムの台頭、社会の分断などを挙げ、代表制民主主義が問題解決にあたって限界を持っていることを示している。
5 ミニ・パブリックス――無作為抽出された市民による議論の結果を政策決定に用いる仕組み。

問1　次の(i)・(ii)の問いに答えよ。

(i)　傍線部(ア)・(イ)・(オ)に相当する漢字を含むものを、次の各群の①～④のうちから、それぞれ一つずつ選べ。解答番号は［1］～［3］。

(ア)　モンコ　［1］
① 絵画のコテンを開く
② コジ成語を学習する
③ ジコ紹介をする
④ コセキとう本を取り寄せる

(イ)　ユウコウ　［2］
① 平和ユウコウ条約を締結する
② セイコウを収める
③ コウミョウな罠を仕掛けられた
④ コウカを発揮する

(オ)　シャテイ　［3］
① 秋のシャヨウに映える山
② チュウシャにより抗体ができる
③ 被害者にシャザイする
④ シュシャ選択をする

(ii) 傍線部(ウ)・(エ)と同じ意味を持つものを、次の各群の①～④のうちから、それぞれ一つずつ選べ。解答番号は 4 ・ 5 。

(ウ) 失い 4
① フン失
② カ失
③ 失パイ
④ 失ゲン

(エ) 通じて 5
① 通キン
② 通ドク
③ 通コク
④ 通ジョウ

問2　傍線部**A**「非民主的な制度を前身にしているのである」とあるが、それはどういうことか。その説明として最も適当なものを、次の①～⑤のうちから一つ選べ。解答番号は 6 。

① 代表制民主主義は、戦争の勝利により、王や皇帝が独占していた主権を国民が無理やり奪い取って成立したという歴史を持つため、もとの制度は民主的ではなかったということ。

② 代表制民主主義は、国民国家を形成する目的のもとに議会でその国の市民と領土に係わる内容が審議されるようになったという歴史を持つため、もとの制度は国際的ではなかったということ。

③ 代表制民主主義は、国民国家を形成するという目的のもとに形成されたという歴史を持つため、グローバル化が加速度的に増した現代では解決できない問題に直面するのも当然であるということ。

④ 代表制民主主義は、特権階級によって占められていた議会に他の階級の人々も参加できるようになって成立したという歴史を持つため、もとの制度は民主的ではなかったということ。

⑤ 代表制民主主義は、特権階級で占められていた議会に、国民国家が形成されることで多くの階級が参加できるようになったという歴史を持つため、厳密には民主主義とは呼べないということ。

問3　傍線部**B**「その国民の要求にも無力化しつつある」とあるが、それはどういうことか。その説明として最も適当なものを、次の①～⑤のうちから一つ選べ。解答番号は［7］。

① 現代の官僚制は国民に対して一律的な対応しか行えないがゆえに、個々人の様々な領域の問題に対処するためには市民社会での協力が不可欠であることから、行政は無力感を覚えつつあるということ。

② 現代の官僚制は個々人の抱える多様な問題の解決にあたって市民社会の協力を前提として設計されていたために、民間の非営利団体などが発達していない現代社会ではそれらの問題は解決できないということ。

③ 現代の官僚制は縦割りであり複雑であるため連携して対応に当たることが難しく、また個人が困難を抱える原因も多様であるがゆえに、一律的な制度では対応ができなくなってきているということ。

④ 現代の官僚制は縦割りと複雑さという問題をはらむために、市民の要求にワンストップで有機的に対応する制度が機能せず、多様な困難を抱える個々人に一律的な対応しかできないでいるということ。

⑤ 現代の官僚制は国民国家を前提として設計されているために、行政はグローバル化によって生活上の困難を抱えることとなった「新しい生活困難層」を救うことができなくなっているということ。

問4 傍線部C「市民の意思決定への影響力を高めたりするための新しい仕組みのことである」とあるが、このような仕組みが求められるようになった理由として最も適当なものを、次の①～⑤のうちから一つ選べ。解答番号は 8 。

① 代表制民主主義では選ばれた代表者が選んだ市民を一方的に支配する事態に陥ってしまっていたので、企業やNGO・NPOなどが政策過程に関わる場面が増えてきた昨今では、今までの選ばれた代表者による統治から、市民自らが代表者を選ばずに企業やNGO・NPOと協力して行う統治が必要になったため。

② 代表制民主主義によって国民国家は適切に統治されていたが、企業経営の場で秩序形成のプロセス、すなわちガバナンスが重視されるようになったことから、国際的な課題が増大したり政府以外の主体が政策過程に関わる場面が増えたりした昨今では、公共政策の場でもガバナンスが重視されるようになってきたため。

③ 代表制民主主義では代表者にあらゆる事柄の決定を委ねてしまう傾向にあり、また昨今は国際的な課題や政府以外の主体が政策過程に関わることが増えてきていることから、さまざまな事柄の決定に市民が直接参加して熟議できるようにして、主権者による自分たち自身の統治を再生するため。

④ 代表制民主主義では選挙を軸としているために支配者が被支配者を一方的に支配することは生じ得ないものの、企業が政策過程に関わる場面に増えてきた昨今は企業による市民の支配が生じうることから、特に重要な事柄や身近な事柄の決定については、市民に直接参加し、熟議してもらうことが必要になったため。

⑤ 代表制民主主義においては、主権者は自分たち自身の統治を行うという意識が希薄であり代表者による統治を求める傾向にあったことから、グローバル化によって国際的に解決しなくてはならない問題が増大した昨今、主権者が自分たち自身の統治を行うことによって政府任せではない解決策を見出す必要が生じたため。

問5　次に示すのは、授業で**【文章Ⅰ】【文章Ⅱ】**を読んだ後の、話し合いの様子である。これを読んで、後の(i)・(ii)の問いに答えよ。

生徒A――**【文章Ⅰ】**と**【文章Ⅱ】**は、両方ともくじ引き民主主義について議論していたね。［　**X**　］。

生徒B――また両方ともに、同じような語句が出てきていたね。たとえば「国民国家」。

生徒C――どういうこと?

生徒B――**【文章Ⅰ】**は、代表制民主主義の形成の根底には国民国家形成という目的があったと議論していたよね。**【文章Ⅱ】**は、統治について注目される点がガバメントからガバナンスに転換したとあったけれど、ガバメントの問題とは国民国家をどのように治め、そのために機構や制度がどうあるべきかという問題だったと述べていた。両方ともが「国民国家」に言及している。

生徒C――たしかに。そう言われて読み直してみると、**【文章Ⅰ】**でも**【文章Ⅱ】**でも同じような現象が言及されていると言えるのではないかなと思う。［　**Y**　］という現象だよ。代表者による議論だけではなくて人びとによる熟議が必要なのは、こういう背景があるからなのかもしれないね。

生徒A――なるほど、読み比べてみると、一つのテクストを読むよりもいろいろ気づくことがあるね。

(i) 空欄 X に入る発言として最も適当なものを、次の①～④のうちから一つ選べ。解答番号は 9 。

① 【文章Ⅰ】は、代表制民主主義はグローバルな問題や市民が抱える個々の生活上の問題をうまく解決できないけれども、くじ引き民主主義はその市民同士の討議という特質によってそれらを解決しうると示唆していた。一方【文章Ⅱ】は、【文章Ⅰ】を含む吉田氏の議論を踏まえて、くじ引き民主主義が「デモクラティック・イノベーション」と同様の方向性を持っていると議論していた

② 【文章Ⅰ】は、代表制民主主義は地球規模の大問題にも生活上の小問題にも対応できないけれども、くじ引き民主主義は解決できる可能性があると議論していた。一方【文章Ⅱ】は、【文章Ⅰ】を含む吉田氏の議論を踏まえて、くじ引き民主主義が既存の代表制民主主義を補完して民主主義を深化させ、そのガバナンスの再生を可能にする制度であると議論していた

③ 【文章Ⅰ】は、代表制民主主義は国民国家を基盤にしているためグローバルな問題には対応できないけれども、くじ引き民主主義はステークホルダーなら議論に参加できるためグローバルな問題にも対応できると議論していた。一方【文章Ⅱ】は、【文章Ⅰ】を含む吉田氏の議論を踏まえて、民主主義のイノベーションを「企業やＮＧＯ・ＮＰＯの統治」と定義していた

④ 【文章Ⅰ】は、代表制民主主義は市民が抱える個々の生活上の問題を解決できないために市民からの信頼を失いつつあるけれども、くじ引き民主主義は問題に直面するステークホルダーが解決するために信頼を得つつあると議論していた。一方【文章Ⅱ】は、【文章Ⅰ】を含む吉田氏の議論を踏まえて、統治がガバメントの問題からガバナンスの問題へと変化したと議論していた

(ii) 空欄 **Y** に入る発言として最も適当なものを、次の①～④のうちから一つ選べ。解答番号は 10 。

① 近年では国民の要求が複雑になりつつあり、課題を抱える国民自身が自分たちの抱える問題を解決しなくてはならなくなっている

② 近年ではグローバル・ガバナンスの必要性が指摘される中で、孤立や孤独などの問題を抱えている市民への支援が必要になっている

③ 近年では一国の政府だけでは解決できない問題が増大しつつあるゆえに、市民自身が意思決定をしている場面がこれまで以上に増えてきている

④ 近年ではグローバル化が進んで国際的な課題が増大し、政府以外の団体が政策策定や社会問題の解決に関わるようになっている

第2問

次の文章は小川洋子「小箱」の一節である。「私」は、以前は幼稚園であった建物に住んでおり、その中にある講堂にはガラスの箱がいくつも並べられている。そこには子どもを亡くした親が訪れ、靴や九九の暗記表、塗り絵など、子どもが使っていた物や子どものために選んだ物が納められている。これを読んで、後の問い（**問1～6**）に答えよ。（配点　45）

かつて郷土史資料館で過去の時間を閉じ込めていたガラスの箱は、今では死んだ子どもの未来を保存するための箱になっている。収納されているのは、決して遺品ではない。死んだ子どもたちは箱の中の小さな庭で、成長し続ける。靴を履いて歩く練習をし、九九や字を覚え、お姫様のドレスを好きな色に塗って遊んでいる。

講堂の掃除が終わると、舞台の上からもう一度全体を見渡し、一列ずつ棚を目でたどって、ガラスの箱の無事を確かめる。一つ一つの箱には、あふれんばかりの思いが詰まって果てもないというのに、それらはみな仰々しい様子も見せず、ただ大人しく与えられた番号の棚に並んでいる。

私は窓を閉め、カーテンを引く。途端に朝日が遠ざかってゆく。日が当たると傷みが進みますよ、とバリトンさん（注1）にアドバイスされ、厚手のカーテンに取り換えて以来、講堂はいつでも日暮れ時のような闇と冷気に覆われている。蠟燭《ろうそく》はもう消したはずなのに、まだどこかに甘い匂いが残っている気がする。

土曜日の午前中、頼まれていた本を図書館で借りて、従姉《いとこ》のところへ届けた。町でたった一つの図書館が、新設された公道沿いへ移転して以降、二週間おきに、彼女の代わりに図書館へ通うのが習慣になっていた。その新しい公道を、彼女は歩けないからだった。十一の時に海で溺れ死んだ息子が、生きていた時歩いた道しか、従姉は決して通らない。

「『月と六ペンス』、『マノン・レスコー』、『闇の奥』、『狭き門』、『ねじの回転』、『ヴェニスに死す』、『インド夜想曲』……」

間違いがないかどうか確かめながら、私は本をテーブルの上に積み上げていった。従姉が読むのは小説や詩や戯曲で、作者は必ず死んでいる人と決まっていた。どんなベストセラーでも、興味深い題材でも、書いた人がまだ生きている、というただそれだけの理由でリストからは外された。

「うん、ありがとう」

彼女は言った。積み上げられた本は互いの顔を半分隠すほどの高さになった。彼女はいつも二週間で許されている最大の冊数を借り、それらを全部読んだ。

「Aいつも悪いわね」

「ちっとも」

「お昼、食べて行ってね」

「うん」

従姉が自らに歩くことを許している道沿いから、新たな場所に移転してしまったものは、他に美容院と公民館があったが、それらは図書館ほどの影響は与えなかった。髪はお風呂場で適当に切ればいいし、公民館の集まりには最初から無縁だった。

息子を亡くした日から、従姉の人生はあらゆる面において縮小していった。夫と別れ、病院経営者の邸宅の元門番小屋に引っ越し、手作りのお弁当を自転車に積んで、中央公園の入り口で売る生活をはじめた。病院経営者の子どもは息子の友だちで、邸宅には馴染みがあり、中央公園の広場は息子が野球に熱中した場所だった。小屋と公園、二つの場所を行き来するだけで日々が過ぎていった。

彼女の頭の中には、息子がまだ十分には大きくなりきっていない、未熟な足で歩いたルートが克明に刻まれていた。彼の足が踏んだか、踏んでいないか。その違いは彼女にとって、越えることの許されない国境に等しかった。壁は高くそびえ、どこにも抜け道はなく、見張り塔からは強烈なサーチライトが発せられていた。彼女はそこを通り抜けるためのパスポートを持っていなかった。彼女が手にしているのは、折り畳めば片手で握り締められるくらいに小さくて素朴な地図、一枚きりだった。そこに描かれた道はどれも、気ままに地図の外側へはみ出そうとする線は一本としてなく、互いにつながり合い、一続きになって小さな紙におさまるだけの愛らしい形を描き出していた。息子が彼女のために靴で残した、消えない印だった。

「さあ、食べなさい」

従姉が作ってくれるのは、公園で売っているお弁当と同じスタイル、ライスにおかずの炒め煮をかけた混ぜご飯だった。おかずの具は、豚肉や牛ミンチやエビなどいろいろとバリエーションがあった。必ず胡瓜《きゅうり》のピクルスが添えられ、そこだけライスが薄緑色に染まっていた。

「一緒に食べようよ」

B従姉の答えは分かっていても、念のため、私はそう言った。

「いいの。一人分作るのも食べるのも、同じことだから」

彼女は食卓の向かいに座って頬杖をつき、食事をする私の様子をぼんやり眺めながら、意味のよく通らない答えを返した。私に分かるのは、これもまた息子の残した小さな地図に沿うための理屈なのだろう、ということだけだった。一旦縮小した彼女の人生では、何かを足すより、引くことの方がずっと大切にされた。

彼女の作るお弁当は安くて味付けが濃く、タクシーの運転手や公園の清掃作業員たちに人気があり、お昼前には行列ができるほどだった。単純な料理にもかかわらず、どこか刺激があり、毎日食べても飽きない隠れた工夫がなされていた。早々に売り切れる日も珍しくなかったが、個数を多くしたり、ライトバンを導入したりといった商売の拡大には興味はなく、ひたすら自転車の荷台に載るだけのお弁当を作り続けるばかりだった。

中央公園のそばを通る時、たまに仕事中の彼女を見かけることがあった。愛想を振りまくでもなく、潑溂《はつらつ》とした雰囲気でもなく、元門番小屋にいるのと少しも変わらない表情をしていた。それでも**C**私は彼女のお弁当が売れてゆくのを眺めるのが好きだった。たとえ勝手な思い込みでも、一個一個お弁当が見知らぬ誰かの手に渡るたび、それらが身代わりになって、彼女の踏めない道に足跡を残してくれるような、縮小する地図をささやかでも押し広げてくれているような気持になれるからだった。

「この間の音楽会(注2)、行った?」

従姉が尋ねた。煮汁とライスをかき混ぜながら私がうなずくと、「ふうん……」と小声を漏らした。

「たくさんの人だったよ。来ればよかったのに。今度はいつだろう」

「さあ……」

彼女も楽器を持っていた。鎖でつないだ足指の骨が、風鈴のように触れ合って音を奏でる楽器だった。長い年月を経て骨は青味がかり、表面にあいた細かい穴がレースのような模様を浮き上がらせ、いっそう、ああ、これの音を聴いてみたいと思わせる姿になっていた。

火葬にされた息子の、足指の骨をとっさに喪服のポケットに忍ばせた時既に、それが踏んだ土の上しか歩かないという彼女の決心は定まっていたのか、あるいは誰にも計画できない偶然だったのか、確かめるための言葉が、私には思い浮かばない。

そしてやはり講堂には、彼女の息子のための箱があった。最も古い時代に分類される箱だったが、ガラスは透明度を保ち、中はよく手入れされ、納められているすべての品々が生き生きとしていた。

「あの子がこの渡り廊下を歩いていて、本当によかった」

講堂に来るたび、従姉は言った。息子はその幼稚園の卒園児だった。

「もしそうじゃなかったら、講堂に来られないんだもの。考えるだけで震えてくるわ」

息子の足跡がまだ残っているとでも言いたげな様子で、彼女は視線を落とし、その一歩一歩に自分の足を重ね合わせるようにして**D**渡り廊下を歩いた。

「丘(注3)までの坂道が大変なら、いつでも言ってね」

「うん」

「バリトンさんに頼めば、きっとおんぶしてくれるよ」

「うん……。お代わりは?」

「もう、お腹一杯」

私は最後に残った、薄緑色に染まった一匙《ひとさじ》のライスを口に運んだ。

いつだったか自転車で転んで右膝を骨折して以来、なかなか痛みが引かず、ちょうど図書館の移転とも時期が重なって、生活の縮小はさらに一段進んでいた。欠かさず参加していた〝一人一人の音楽会〟にも、欠席することが多くなった。

骨がつながり、仕事を再開したあともしばらくは、私の手助けが必要だった。お弁当のパックを保温容器に詰め、自転車の後ろに括りつけ、公園まで一緒に押して歩いた。顔見知りのお客さんの中には、従姉に起こった事態を心配し、慰めの言葉を掛けてくれる人もあった。

手伝いの最後の日、公園の噴水を管理する作業員らしいお得意さんが、「お大事に」と言って小さな花束を差し出した。お弁当と引き換えにそれを受け取った従姉は、うろたえた表情でうつむいたきり、いつまでも口ごもっていた。代わりに私が、「ありがとうございます」と言うしかなかった。

明らかに公園に生えていたと思われる名もない草花を、ピンクのビニール紐で縛った、素朴すぎる花束だった。お弁当を片手に、木立の中へ小走りに去ってゆく作業員の向こうから、微かに噴水の音が聞こえていた。従姉の手の中で早くも、白と黄色と水色の小花たちはぐったりと萎《しお》れかけていた。

帰り道、従姉は歩みも止めずに花束を橋の上から川へ投げ捨てた。思いがけず優美な弧を描きながらそれは落ちてゆき、しばらく波にもまれたあと、渦に飲み込まれて沈んでいった。水面には花弁一枚残らなかった。彼女はお客さんの好意を拒否しているわけではない、ただ外の世界から家の中へ目新しいものを持ち込みたくないだけだ、と知っている**E**私は、何事もなかった振りをして自転車を押し続けた。彼女の地図に、息子の知らない誰かからもらった花束を飾る場所は、印されていないのだった。

膝が治りきっていないせいで、彼女の足取りはまだ覚束《おぼつか》なかった。靴底が地面をこする音に合わせるように、錆びた自転車がギーギーと鳴っていた。お弁当は全部売れて、荷台の保温容器は空っぽだった。風の向きが変わるたび、ほとんど無意識のうちに彼女は耳に神経を集中させ、耳たぶに楽器がぶら下がっている時と変わらない真剣さで、息子の足音を探した。

(注) 1　バリトンさん――「私」と同じ町に住む男性。子を亡くした恋人からの手紙の解読を「私」に依頼している。

2　音楽会——「私」が住む町では、亡くなった子どもの髪や骨から作った楽器を耳たぶにぶら下げ、風に揺れる音を聴く会が行われている。後の「〝一人一人の音楽会〟」も同じ。

3　丘——音楽会が行われる場所。

問1　傍線部**A**「いつも悪いわね」とあるが、この時の従姉の心情の説明として最も適当なものを、次の①～⑤のうちから一つ選べ。解答番号は 11 。

① 従姉は息子が生前歩いていた道しか歩かないため、図書館が移転してからずっと「私」に本を借りに行ってもらっていることに対し、感謝しつつ申し訳なく思っている。

② 従姉は作者が死んでいる本しか読まないため、誤って作者が存命の本を借りてきていないか「私」に毎回確かめてもらわなければならないことに対し、引け目を感じている。

③ 従姉は息子が生きていた時に歩いた道しか歩けないため、図書館がどこに移転したのか分からず「私」に代わりに行ってもらっていることに対し、恩を感じている。

④ 従姉は図書館が移転しても美容院などと同じく影響は少ないと考えていたため、「私」が本を借りてくることに対し、迷惑に思いつつも気遣いはありがたいと思っている。

⑤ 従姉は町に唯一あった図書館が移転して行けなくなったため、「私」に大量の本を遠くの図書館から届けるという負担をかけていることに対し、心苦しく思っている。

問２　傍線部**B**「従姉の答えは分かっていても、念のため、私はそう言った」について、「従姉の答え」を聞いた「私」が考えたことの説明として最も適切なものを、次の①～⑤のうちから一つ選べ。解答番号は［12］。

① 「私」はなぜ従姉が誘いを断るのか見当がつかなかったが、息子が生きていた時に口にしたことのあるものしか食べることができないのだろうと考えた。

② 「私」は従姉の発言の意味が理解できなかったものの、誘いを断るのは息子の生前の生活圏内で生きるという厳格なルールと関係があるのだろうと考えた。

③ 「私」は従姉が言ったことの意味が分からなかったが、「私」に食事を作って食べさせる行為を息子との思い出と重ねているのだろうと考えた。

④ 「私」は従姉が真面目に答えていないと感じたものの、従姉にとって息子が残した地図に従って生きること以外は重要ではないのだろうと考えた。

⑤ 「私」は従姉が作ることと食べることを混同していると思ったが、どちらも何かを引く行為ではないためその違いは重視していないのだろうと考えた。

問3　傍線部C「私は彼女のお弁当が売れてゆくのを眺めるのが好きだった」とあるが、それはなぜか。その理由の説明として最も適切なものを、次の①～⑤のうちから一つ選べ。解答番号は 13 。

① 単純な料理の弁当が売れるのか不安に思っていたが、飽きないような工夫をして行列ができるほどの人気になったように、従姉の生活にも新たな変化がもたらされているように感じられたから。

② 仕事中も家にいるときと同じような表情で弁当を売る従姉を心配していたが、弁当を通して多くの人と接するうちに、顔に現れなくとも感情を取り戻しつつあるように感じられたから。

③ 人気が出ても自転車に載る分しか弁当を作ろうとしない従姉に不満を抱いていたが、弁当を買ったお客さんが評判を広めてくれることで、いずれは商売の拡大を検討すると思われたから。

④ 従姉の生活は収縮し続けているが、弁当の販売を通じて息子と面識のない人々と交流することで、息子との思い出にとらわれて生きる従姉の世界も広がっていくように思われたから。

⑤ 仕事中も従姉の表情に変化はないが、彼女が作ったお弁当が人々に買われて彼女が行けない場所へも運ばれていくことで、縮小した彼女の世界を広げてくれているように感じられたから。

問4　傍線部D「渡り廊下を歩いた」とあるが、このときの従姉の状況と心境として最も適切なものを、次の①～⑤のうちから一つ選べ。解答番号は 14 。

① もし息子が「私」が住んでいる元幼稚園の卒園児でなかったらと考えた従姉は、廊下に息子が歩いた跡がはっきりと残っていることをうれしく思いつつ、息子の足跡の上を歩いた。

② 講堂に来られず自分で息子の遺品の管理をしなければならなかったらと考えた従姉は、「私」が代わりに講堂で管理してくれることに安堵し、息子が歩く姿を想像しながら講堂の中を歩いた。

③ 息子が講堂のある幼稚園に通っていなかったらと考えた従姉は、講堂に箱を置いて息子が成長した姿を想像できることをありがたく思いながら、息子の痕跡をたどるように歩いた。

④ 生前の息子が元幼稚園の中を歩いていなかったらと考えた従姉は、息子が使っていた施設がまだ近くに残っていることを感謝しつつ、息子が歩いた跡を探して歩いた。

⑤ 元幼稚園の講堂に息子のためのガラス箱が置かれていなかったらと考えた従姉は、息子が講堂で箱を使っていたことを幸運に思いながら、息子になったつもりで歩いた。

問5　傍線部**E**「私は、何事もなかった振りをして自転車を押し続けた」について、このときの「私」の様子の説明として最も適切なものを、次の①～⑤のうちから一つ選べ。解答番号は 15 。

① 常連の作業員が善意で花束を渡してくれたのだと分かっていても、花がぐったりと萎れた様子が従姉に息子の死を連想させるため投げ捨ててしまったのだと知っていた「私」は、見て見ぬふりをした。

② 常連の作業員が作ってくれた花束が公園で採った花をまとめた粗末なものだったため、従姉は家の中に持ち込みたくなかったのだと気づいた「私」は、投げ捨てたことなど見ていないと自分に言い聞かせた。

③ 常連の作業員が心配して作ってくれた花束を従姉が投げ捨てたのは、作業員の気持ちを拒否しているのではなく新しいものを受け入れられないからだと理解した「私」は、気にかけていないようにふるまった。

④ 従姉は常連の作業員の気遣いに感謝していたものの、うまくお礼の言葉を言えなかったことを思い出してしまうため花束を捨てたのだと考えた「私」は、あえて従姉の行動に言及しないようにした。

⑤ 常連の作業員の気持ちはわかっていても、息子の生前の生活に沿って生きているため花束を受け取れない従姉の心情を理解しつつも、自転車を押すことに集中していた「私」は、そのことに気がつかないでいた。

問6　Kさんは、文章の理解を深めるために、本文についての批評の一節と、同じ筆者の別作品の批評の一節（**【資料】**）を読んだ。Kさんは**【資料】**を踏まえて、批評文における本文の評価と本文に描かれている「私」の人物像の考察を**【文章】**にまとめた。これについて、後の(i)・(ii)の問いに答えよ。

【資料】

Ⅰ　小川洋子「小箱」の批評文より

子どもを失うというイメージは近年小川洋子作品に多々登場する（『琥珀のまたたき』『あとは切手を、一枚貼るだけ』など）。これはどういう心境の変化だろうか。小川洋子はインタビューで「息子が独立して結婚したときえもいわれぬさみしさを覚えた」と言っていたが、もしそれをこんな形で読み替えているならすごいと言わざるを得ない（通常、その喪失は達成感や満足感などと相殺されがちだから。生まれる前、成長し切る前の喪失と同等に悲しみや切なさを伴うものとは一緒にできないと思いきや、子を失うという意味では変わらないなんて）。

「私」はバリトンさんが遠い町の病院から送ってくる手紙の解読を引き受けている。あまりにも小さな文字で書かれているため（びっしり書かれた小さな文字の手紙は『夜明けの縁をさ迷う人々』所収の「ラヴェール嬢」にその端を発する）これは仕事なのかボランティアなのかわからないけれど「係」的な役割（『約束された移動』の各短篇に通ずる）を思わせる。これは従姉のためにすでに死んだ作家の小説を図書館で借りてくる行為にも同様のことが言える（従姉の弁当屋はれっきとした仕事だ）。

Ⅱ　小川洋子「約束された移動」の批評文より

仕事において「係」というのはどういう意味を持つだろうか。単なる区分に過ぎないけれど所属よりもっと細かく働きかける対象ややるべき仕事に結びついてその人そのものを表している特別な感じもある。

（中略）

「係」の仕事は細分化されている分、本当に仔細な任務に溢《あふ》れているが、それゆえに専門に担当する人だけに見え受け取れる密やかなサインが忍ばされており、それを受け止める喜びこそが仕事の醍醐《だいご》味だというように思えてくる。小川洋子の描く仕事とは、こちら側の世界での一見無意味な繰り返しの中、ふと見つけてしまうあちら側の世界の愉しみを描いているのだ。

（神田法子「全作品解説」『小川洋子のつくり方』所収）

【文章】

本文は子を亡くした悲しみをテーマにした作品である。**【資料】**の筆者は、本文の筆者が **X** を評価している。本文中の「私」は、子を亡くした親たちのために講堂を管理したり、息子を亡くし生活を縮小させていった従姉のために図書館で本を借りてくるなどのサポートをおこなったりしている。**【資料】**を参考に、本文中の「私」の行動に注目してその人物像について考察すると、「私」は本文の中で **Y** として描かれていると言える。

(i) 空欄 **X** に入るものとして最も適切なものを、次の①～④のうちから一つ選べ。解答番号は 16 。

① 自身が経験した子が独立したときの喪失感を、近年の作品の中で繰り返し扱っている点
② 子が独立したときの喪失感を、子を亡くすというイメージに置き換えて表現している点
③ 子を亡くした悲しみや切なさを、子を育てた達成感や満足感と対比させて描いている点
④ 子を失う悲しみだけでなく、子が独立し親元を離れるときの満足感にも着目している点

(ii) 空欄 **Y** に入るものとして最も適切なものを、次の①～④のうちから一つ選べ。解答番号は 17 。

① 「係」的な役割を通して子を亡くした親に働きかけ、それぞれの想いを受けとめようとする人物
② 専門性の高い「係」的な役割をこなすことにやりがいを感じ、自身の使命だと考えている人物
③ 細かく分類された「係」的な仕事を、本心では無意味だと思いつつも淡々とやり遂げられる人物
④ 一見意味がないと思われる「係」的な仕事にも、何度も取り組む中で意義を見出そうとする人物

第3問　カズキさんは、新型コロナウイルス感染拡大に伴うテレワークの普及について調べ、「見直されるアナログのよさ」という題で自分の考えを**【レポート】**にまとめた。**【グラフ1】**～**【グラフ3】**と**【資料】**は、**【レポート】**に引用するためにアンケート結果や参考文献の一部に見出しをつけて整理したものである。これらを読んで、後の問い（**問1～4**）に答えよ。（配点　20）

【レポート】

「見直されるアナログのよさ」

新型コロナウイルスの感染が拡大し始めてから、感染対策の一環として、テレワークが急速に普及した。**【グラフ1】**によると、緊急事態宣言発出前には17・6％だった実施率は、一回目の緊急事態宣言が発出された二〇二〇年四月から五月ごろには56・4％まで高まった。その後宣言は一度解除され、二〇二一年に再び発出されたが、二回目の宣言が発出されていた二〇二一年三月ごろの実施率は38・4％に留まり、緊急事態宣言発出前と比べれば高い水準となったものの、一回目の宣言時ほどではなかった。

さらに**【グラフ2】**のアンケートでは、緊急事態宣言中のテレワーク実施者を対象に、テレワークの実施頻度を尋ねている。一回目の宣言時と二回目の宣言時を比べると、［X］ことなどから、実施頻度が少なくなる傾向が見てとれる。

つまり、緊急事態宣言一回目から二回目の期間において、テレワークは急速に普及し、ある程度定着した一方、実施率や頻度が低下する流れもあったと考えられる。感染が収束しきらないなかで、なぜこのような流れが生まれたのだろうか。

【グラフ3】は、二〇二〇年一〇月と二〇二一年一〇月にテレワークの課題について尋ねたアンケートの結果を抜粋して作ったグラフである（複数回答でいくつでも選択可）。なかでも、［Y］点に着目したい。

さらに**【資料】**を参照しよう。**【資料】**によれば、［Z］とあり、場を共有することにはメリットがある。

この二点を考え合わせると、次のような予想が立てられるのではないだろうか。一回目の緊急事態宣言時に多くの人がテレワークを経験するなかで、**【グラフ3】**で着目した点（ **Y** ）が実感された。そして、**【資料】**にあるように **Z** というような、場を共有することのメリットが改めて意識されたということである。このことが、テレワークを取りやめたり、頻度を減らしたりといった、アナログな働き方に回帰する動きにつながったと考えられる。このように、アナログにはデジタルにはないよさがある。感染症の流行が収束した場合、また誰もがアナログで出勤して働くべきだといえるだろう。

【グラフ1】

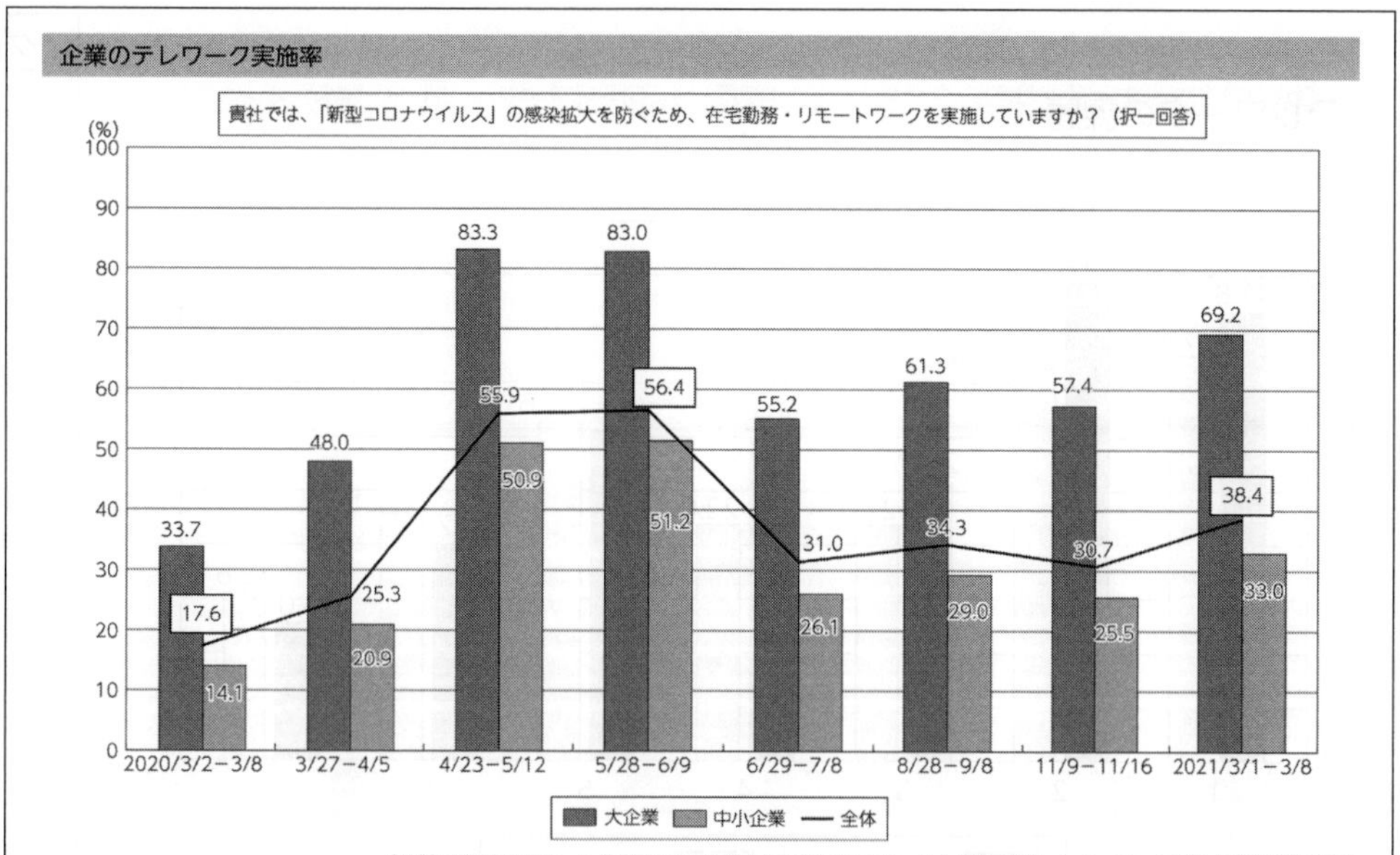

（出典）東京商工リサーチ「新型コロナウイルスに関するアンケート」調査（第2~6、8、10、14回）を基に総務省作成

【グラフ2】

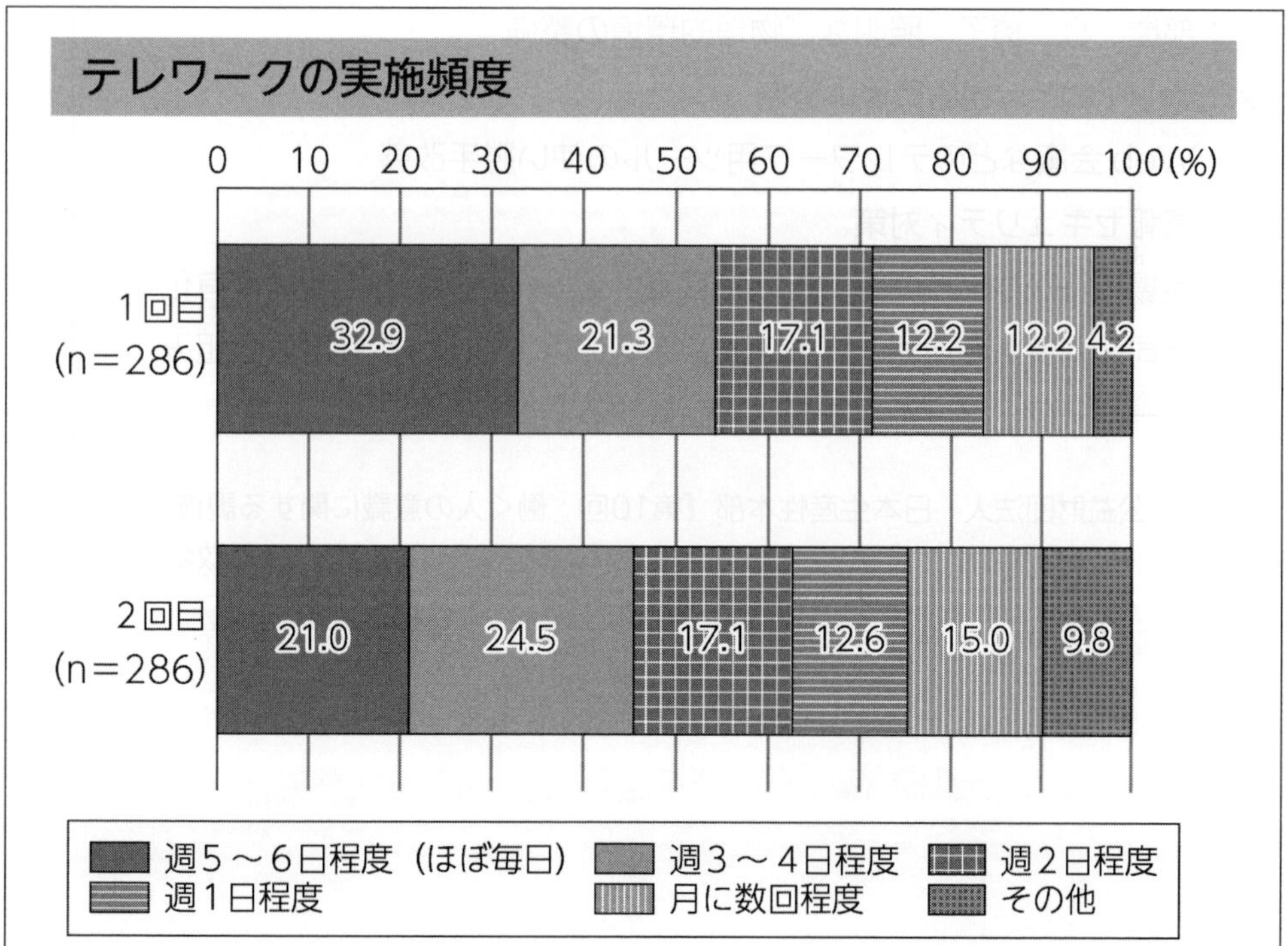

※nはサンプル数

（出典）総務省（2021）「ウィズコロナにおけるデジタル活用の実態と利用者意識の変化に関する調査研究」

【グラフ3】

テレワークの課題

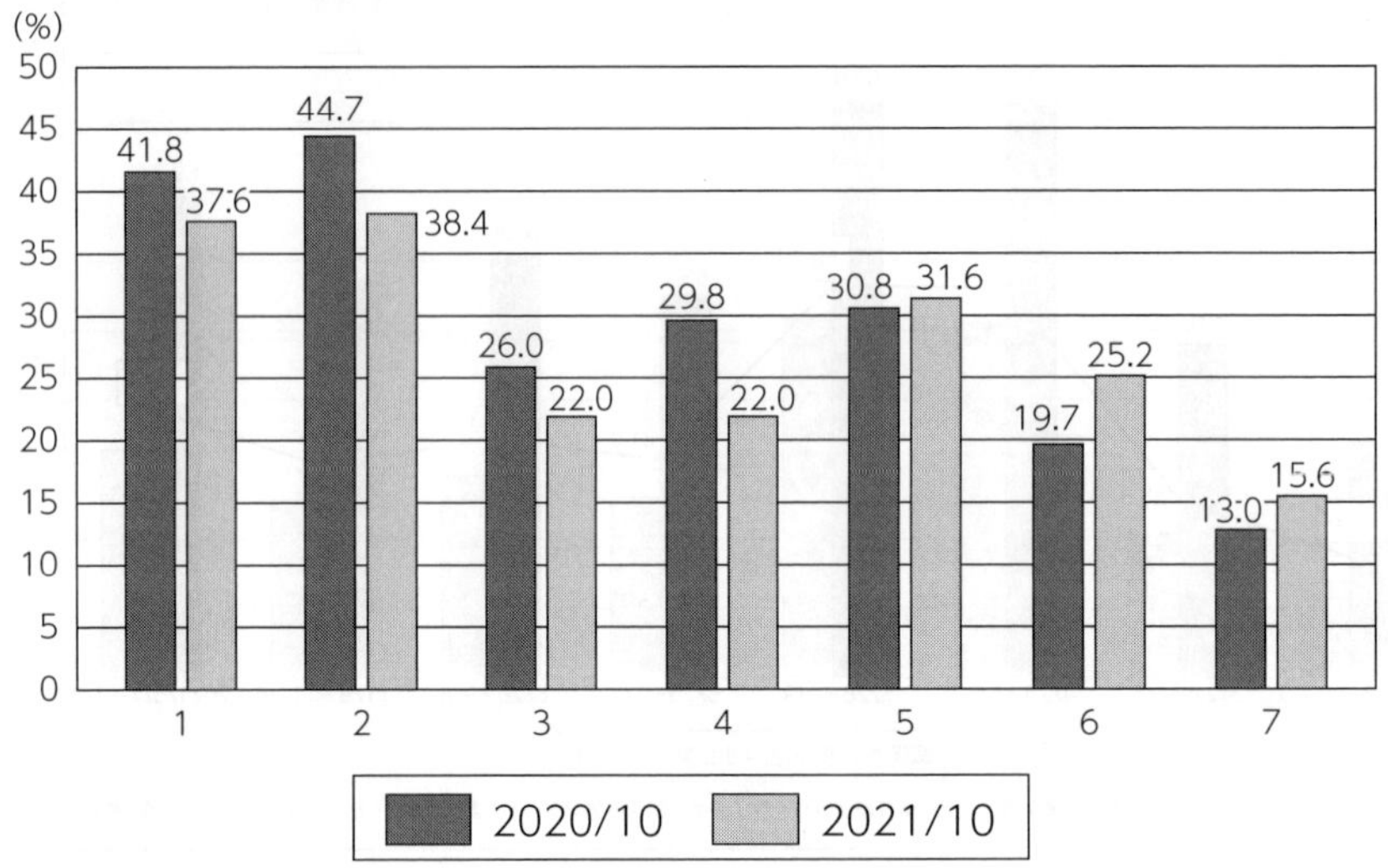

1：部屋、机、椅子、照明など物理的環境の整備

2：Wi-Fi など、通信環境の整備

3：Web 会議などのテレワーク用ツールの使い勝手改善

4：情報セキュリティ対策

5：職場に行かないと閲覧できない資料・データのネット上での共有化

6：上司・同僚との連絡・意志疎通を適切に行えるような制度・仕組み

7：オーバーワーク（働きすぎ）を回避する制度や仕組み

（出典）公益財団法人　日本生産性本部『第10回　働く人の意識に関する調査』より改変

【資料】

イノベーション(注1)のような知的な生産活動には、言語化された情報だけではなく、「暗黙知」と呼ばれる情報のやり取りも重要です。暗黙知とは、表情や仕草、雰囲気や言葉の調子など、同じ場所を共有していなければやり取りすることが難しい情報のことです。経営学者の遠山亮子(注2)によると、イノベーションのベースになる知識の創造のためには、暗黙知とともに、「雑談」や「ノイズ」、「偶然の出会い」も必要になります。

コミュニケーションは会議のような、その目的がはっきりした場においてのみ起こるわけではない。知識の共有や創造にとっては、廊下や食堂、オフィスの片隅でのカジュアルな「雑談」も非常に重要である。たとえばあるコールセンターでは、休憩時間のスケジュールを見直してチーム全員が同じ時間帯に休憩を取ることで、同じチームのメンバーが休憩時間に雑談を行えるようにした。その結果、1コール当たりの平均処理時間が、成績の悪いチームでは20％以上、コールセンター全体では8％短縮したという。

「雑談」も暗黙知と同じように、同じ場を共有しなければ生まれませんが、雑談を通して暗黙知を含んださまざまな知識やアイデアが人と人の間を移動しているのです。

グレイザー(注3)の著書では、スーパーマーケットのレジ打ちの例が挙げられています。スーパーマーケットのレジ係のスピードや能力には大きな違いがあります。ある大手チェーン店では、能力水準の異なるレジ係が、ほとんどランダムにシフトを割り振られているので、経済学者2人はそれを使い、生産的な同僚がいるときの影響を検討しました。すると、同じシフトで能力の高いレジ係が働いていると、平均的なレジ係の生産も大幅に高まることが分かったのです。そして、その平均的なレジ係は、シフトにいるのが平均以下のレジ係だと成績がかなり落ちるのです。

このように、顔を合わせて情報のやり取りをすることの重要性を示した証拠は数多くあります。古代ギリシャの時代から現在に至るまで、都市では人々が偶然出会い、顔を合わせて暗黙知を含めた知識やアイデアを交換することで、新たなアイデアが生まれてきました。そして、多くの研究結果が示唆するように、新たな知識が創造されるためには物理的に近くに住み、直接顔を合わせることが必要です。

ＩＣＴ(注4)では暗黙知のやり取りは難しいですし、仕事の合間の時間に雑談をするのにも適していません。知的な生産活動のためにはＩＣＴだけではなく、顔を合わせて知識やアイデアを交換することが必要なのです。

（山本和博《やまもとかずひろ》『大都市はどうやってできるのか』による）

（注）
1　イノベーション――これまでとは異なった新しい発展。刷新。技術革新。新機軸。
2　遠山亮子――日本の経営学者。
3　グレイザー――アメリカの経済学者。
4　ＩＣＴ――Information and Communication Technologyの略。情報通信技術。

問1　**【レポート】**の空欄 **X** には、**【レポート】**の展開を踏まえた**【グラフ2】**の説明が入る。その説明として最も適当なものを、次の①～⑤のうちから一つ選べ。解答番号は **18** 。

① 「週5～6日程度」と「週3～4日程度」の割合が減少し「月に数回程度」が増加した
② 「週5～6日程度」の割合が減少し「週3～4日程度」「月に数回程度」が増加した
③ 「週5～6日程度」の割合が減少し「週2日程度」は変わらなかった
④ 「週3～4日程度」の割合が増加し「週2日程度」は変わらなかった
⑤ 「週3～4日程度」の割合が増加し「週1日程度」「月に数回程度」が減少した

問2　【レポート】の空欄 **Y** (二箇所ある)には、【レポート】の展開を踏まえた【グラフ3】の説明が入る。その説明として最も適当なものを、次の①～⑤のうちから一つ選べ。解答番号は 19 。

① 2020年から2021年にかけて、「部屋、机、椅子、照明など物理的環境の整備」や「Wi-Fiなど、通信環境の整備」などについては課題と感じている人の割合が少なくなっていることから、環境の不便を感じることなくテレワークを順調に行えるようになった人の割合は増えてきていると考えられる

② 2020年と2021年の、「オーバーワーク(働きすぎ)を回避する制度や仕組み」を課題と答えた人はそれぞれ13%、15・6%であり、ともに各項目の中で最も低い値となっていることから、人々のオーバーワークに対する関心は年々薄まってきており、特段解決策を講じる必要はないと考えられる

③ 2020年から2021年にかけて、「情報セキュリティ対策」を課題と答えた人の割合は29・8%から22%に推移しており、このグラフの中の変化ではもっとも大きい7・8%の減少となっていることから、人々は情報セキュリティ対策にのみ力を入れて取り組んだことで、人々の不安は解消されてきていると考えられる

④ 2020年から2021年にかけて、「職場に行かないと閲覧できない資料・データのネット上での共有化」を課題と答えた人の割合はほぼ変わっていないことから、社外に漏えいしてはいけない個人情報などのデータをネット上でどのように共有するかという課題は、他の課題に比べ優先順位が低いと考えられる

⑤ 2020年から2021年にかけて、「上司・同僚との連絡・意志疎通を適切に行えるような制度・仕組み」や「オーバーワーク(働きすぎ)を回避する制度や仕組み」などの課題は一層大きくなっていることから、人々は互いの状況を把握するために対面で働くことの重要性を再認識していると考えられる

問3 【レポート】の空欄 Z （二箇所ある）には、【資料】の要約が入る。その要約として最も適当なものを、次の①～⑤のうちから一つ選べ。解答番号は 20 。

① 働く人同士がコミュニケーションを取ることには、互いの持っている知識やアイデアを交換し、双方の業務効率を高めていけるという利点がある

② 働く人同士が同じ場を共有して、互いの雰囲気などを感じたり、時には雑談をしたりすれば、一人きりのときよりもリラックスして仕事ができ、生産性が向上する

③ 知的な生産活動をするには、人々が顔を合わせてともに仕事をすることで、暗黙知をやりとりしたり雑談による知識やアイデアの交換をしたりすることが重要である

④ 知的な生産活動につながる暗黙知は、雑談のような目的の決まっていないコミュニケーションによってしか交換できないため、雑談は仕事に必要である

⑤ 情報通信技術を使ったコミュニケーションでは、知識やアイデアを交換することができないため、仕事は常に顔を合わせて行う必要がある

問4　カズキさんはクラスで**【レポート】**の内容を発表した。級友のナオコさんは発表を聞いて、**【レポート】**の主張に違和感を覚え、反論しようと考えた。その内容として最も適当なものを、次の①～⑤のうちから一つ選べ。解答番号は 21 。

① 誰もが出勤して働く場合、外国などの遠隔地に住んでいる人と連携して仕事をすることが難しくなります。日本の技術やアイデアなどが海外に流出する機会を減らすことができるため、日本の国際的な地位を高めることにつながると考えられます。

② 場を共有して仕事をすることには、働く人が互いの目や上司の監視を意識でき、仕事と休息のメリハリをつけやすくなるという利点があると思います。働くモチベーションを維持できないテレワークは、感染症流行などの緊急事態に限定するべきではないでしょうか。

③ テレワークをする際には、仕事に必要な多くの情報をデジタル化し、インターネットを介してやりとりする必要があります。便利になる点ばかりではなく、情報漏えいなどのリスクが高まることも意識しながら、テレワークを続けていくべきだと思います。

④ 近年はテレワークのような仕事だけでなく、旅行などアナログならではと思われていたことまでバーチャルで行われるようになりました。どんなにデジタル化が進んでもアナログでしか味わえない感動もあるのだということを、強く発信していくべきだと思います。

⑤ テレワークが取り入れられたことで、家族と過ごせる時間やリラックスできる時間が増えたという意見を聞いたことがあります。ワークライフバランスを整えるためには、感染症収束以降もテレワークを取り入れるべきだといえるのではないでしょうか。

第4問

次の文章は『狭衣物語』の一節である。狭衣中将が、宮中の管弦の遊びで横笛を吹いたところ、あまりの見事さに天に召されそうになったが、帝がこれを引き止めた。帝は優れた演奏の恩賞として、娘・女二の宮と狭衣中将を結婚させようとするものの、狭衣中将は、実の妹同然に育てられた源氏の宮を密かに恋慕していたため思い悩む。本文はそれに続く場面である。これを読んで、後の問い(問1～5)に答えよ。なお、設問の都合で本文の段落に［1］～［4］の番号を付してある。(配点　45)

［1］盃《さかづき》持て悩《なや》みたまへる火影《ほかげ》、常よりも **a** ものあはれなるけしきは、げにおぼろけの見目《みめ》にては、帝《みかど》の御女《むすめ》といふとも、並びにくげなめるを、(帝は)「この宮はなどかは」と思《おぼ》しめす。(注1)鳴く一声《ひとこゑ》に明くる心地すれば、みな人々まかでたまひぬ。殿(注2)も、中将の君、一つ車にて出《い》でたまひぬ。

［2］母宮《ははみや》(注3)の見たてまつりたまはん御けしき、思ひやるべし。「(ア)いかに困《こう》じたまひぬらん」とて、**b** 御自《みづか》ら、とかく(注4)物参りたまへれど、まことに苦しく悩ましう思されて、「今宵《こよひ》はいかにも不用なめり。**c** 休みはべらん」とて、我が御方《かた》に渡りたまふを、「いとど今宵ばかりは、片時《かたとき》立ち離れたまはんも、いとうしろめたうわりなし」と思して、「こなたにものしたまへ」とせちにのたまへば、御座《おまし》(注5)など敷かせてうち臥《ふ》したまひぬれど、めづらしかりつることのみ思ひ続けられて、まどろまれたまはず。何《なに》となく、まことに心地も浮かれて、ありつる御子《みこ》(注6)の御容貌《かたち》、けはひ恋しう、口惜《くちを》しくおぼえたまへば、「げに、殿ののたまふやうに、この世にはありはつまじきにや」と我ながら心細し。

［3］木幡《こはた》(注7)の僧都《そうづ》、召しありつれば **d** 参りたまへるを、この御傍《かたは》らにて、殿なども寝入《ねい》りたまはず、今宵のことども語りたまひつつ、いとものゆゆしう思して、明日《あす》より始まるべき御祈り事どものたまはす。さるべき家司《けいし》(注8)、職事《しきじ》ども召し集めて、(イ)やんごとなく験《しるし》あるべき人々して、思し至らぬ隈《くま》なくおきて **e** 仰《おほ》せらるる御祈りども、いとこちたきを聞き臥したまひて、「などかくしも思すらん。いとかかる御心ざしを知らず顔にて、あるまじきことにより、身をばいかにしなしてんとすらん」と、人やりならず、**A** 枕《まくら》も浮きぬべし。

4 「あるまじきこと」とのみ返す返す思ひながらも、明け暮れさし向《むか》ひきこえながら、わきかへる心の中の、しるしもなくて過ぐる嘆かはしさは、さらに思ひ弱るべき心地もせず。内《うち》の上《うへ》の、いみじき御心ざしと思しめして賜はせつる御身の衣、いと面《おも》だたしけれども、かひがひしくも思されで、「紫ならましかば」とのみおぼえたまふ。

いろいろに重ねては着《き》じ人知れず思ひそめてし夜の狭衣

と、返す返す言はれたまふ。

(注) 1 鳴く一声に明くる心地すれば――ホトトギスの一声で夜が明けそうな気がするので。「夏の夜の臥《ふ》すかとすれば時鳥《ほととぎす》鳴く一声に明くるしののめ」(『古今和歌集』)を踏まえた表現。

2 殿――狭衣中将の父。

3 母宮――狭衣中将の母。宮中の騒ぎを聞いて、狭衣中将のことを心配していた。

4 とかく物参りたまへれど――あれこれと食事を差し上げなさるが。

5 御座――畳。当時は、必要に応じて部屋の一部に敷いた。

6 ありつる御子――狭衣中将を天に召すために先ほど降臨した天の使い。

7 木幡の僧都――狭衣中将が天に召されそうになったのを受け、祈禱《きとう》のために呼ばれた僧。

8 家司、職事――狭衣中将の家に仕え、家政にあたる者。

問1　傍線部(ア)・(イ)の解釈として最も適当なものを、次の各群の①～⑤のうちから、それぞれ一つずつ選べ。解答番号は 22 ・ 23 。

(ア)　いかにに困じたまひぬらん　22
① あまり体調が良くないのだろうか
② どんなに疲れなさっているだろう
③ きっと退屈でいらっしゃるだろう
④ ご苦労をねぎらって差し上げよう
⑤ どうして気落ちしているのだろうか

(イ)　やんごとなく験あるべき　23
① 優美で学識の豊かそうな
② 富裕で権力のあるだろう
③ 上品で器量の良いような
④ 誠実で実績の多いような
⑤ 尊くて効験のありそうな

問2　波線部a～eについて、語句と表現に関する説明として最も適当なものを、次の①～⑤のうちから一つ選べ。解答番号は 24 。

①　a　「ものあはれなる」は、「なる」が断定の助動詞であり、狭衣中将の憂いを強調する表現になっている。
②　b　「御自ら」は、「御」が接頭語であり、作者から狭衣中将への敬意を込めた表現になっている。
③　c　「休みはべらん」は、「ん」が意志の助動詞であり、今日はもう休みたいと「母宮」に伝える表現になっている。
④　d　「参りたまへる」は、「たまへ」が尊敬語であり、作者から「殿」への敬意を込めた表現になっている。
⑤　e　「仰せらるる」は、「るる」が自発の助動詞であり、「木幡の僧都」の切実な気持ちを示唆《しさ》する表現になっている。

問3 [1]・[2] 段落についての説明として最も適当なものを、次の①～⑤のうちから一つ選べ。解答番号は [25] 。

① 帝は、狭衣中将の平凡な容姿を見て、娘・女二の宮の結婚相手としてふさわしくないのではないかと不安になった。
② 殿と狭衣中将は、夜明けが近づき多くの人々が宮中に参上したので、二人で車に乗って宮中から退出した。
③ 母宮は、自室に戻ろうとする狭衣中将が気がかりで仕方がなく、自分のそばで休むよう一心に引き止めた。
④ 母宮は、狭衣中将が食事をまったく口にしないことが珍しく、何かあったのではないかと心配で寝付けなかった。
⑤ 狭衣中将は、宮中に降臨した天の使いを恋しく思うにつけ、俗世で生き続けなければならないことが心細くなった。

問4　傍線部A「枕も浮きぬべし」は、「独り寝の床にたまれる涙には石の枕も浮きぬべらなり」（古今和歌六帖・五）という和歌を背景とした表現である。これを参考にして、ここでの狭衣中将の心情についての説明として最も適当なものを、次の①～④のうちから一つ選べ。解答番号は 26 。

① 自分を気遣ってくれる周囲の気持ちをよそに、源氏の宮への恋慕によって身がもたないでいることを、涙で枕が浮きそうなほどやりきれないと思っている。

② 自分の源氏の宮への密かな恋慕に気づかず、大げさな祈禱をして物思いを妨げる周囲の人々の思いやりのなさを、まるで石のようだと残念に思っている。

③ 木幡の僧都の懸命な思いを理解できず、祈禱を聞いてもうるさいと思うだけの自分は、きっと往生できないだろうということを、床に涙がたまるほど辛く感じている。

④ 娘と自分を結婚させたい帝の気持ちを無視すると、帝の恨みを買って身を滅ぼすだろうと思うにつけ、独りでは寝られないほど不安に思っている。

問5 次に示すのは、授業で本文を読んだ後の、話し合いの様子である。これを読んで、後の(i)・(ii)の問いに答えよ。

生徒A――[4]段落の内容がよくわかりません。二重傍線部の「御身の衣」や「紫」、「夜の狭衣」という語は何でしょうか?

教　師――良い質問ですね。実は、それらはすべて人物を指しています。このうち「紫」は、

紫の一本《ひともと》ゆゑに武蔵野の草は皆《みな》がらあはれとぞ見る(『古今和歌集』)

〔歌意＝一本の好きな紫草があればこそ、武蔵野に生えているすべての草に親しみを覚えるのです〕

という和歌を背景とした表現です。この和歌を「愛する人の関係者すべてに親しみを感じる」と解釈できることから、「紫」という語が「血縁の者」という意味で使われるようになりました。また「夜の狭衣」は夜着のことで、狭衣中将を指すわけではありません。それぞれが誰を指しているか、本文の内容を踏まえて考えてみましょう。

生徒B――「御身の衣」は[Ⅰ]、「紫」は[Ⅱ]、「夜の狭衣」は[Ⅲ]でしょうか。

生徒A――なるほど! そうすると、[4]段落の内容もよくわかるよ。[Ⅳ]ということなんだね。

教　師――その通り。古文では、人物名を表すのに直接名前を使わずに、官職名や邸宅名を使うことがありますが、和歌的な文脈では、このように衣服で表すこともあったんですね。古文を読む時、人物名の表現の仕方に注目してみると面白いですよ。

(i) 空欄 I ・ II ・ III に入る発言の組合せとして最も適当なものを、次の①～④のうちから一つ選べ。解答番号は 27 。

① I ―女二の宮　II ―女二の宮　III ―源氏の宮
② I ―女二の宮　II ―源氏の宮　III ―源氏の宮
③ I ―源氏の宮　II ―女二の宮　III ―女二の宮
④ I ―源氏の宮　II ―源氏の宮　III ―女二の宮

(ii) 空欄 IV に入る発言として最も適当なものを、次の①～④のうちから一つ選べ。解答番号は 28 。

① 狭衣中将は、源氏の宮が狭衣中将の恋心に気づかずに過ごしていることを嘆かわしいと思った
② 母宮は、意気消沈する狭衣中将と対面する時、あえて気丈にふるまうことで、狭衣中将を元気づけた
③ 帝は、狭衣中将が女二の宮との縁談に乗り気でない様子を見て取って、内心腹立たしいと思った
④ 狭衣中将は、女二の宮との縁談を心からは喜べず、かえって源氏の宮への一途な思いを歌に詠んだ

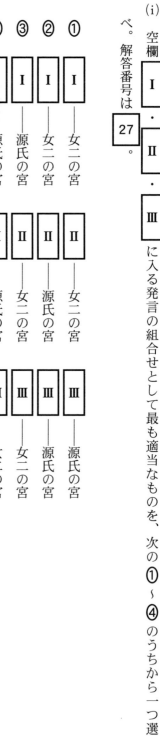

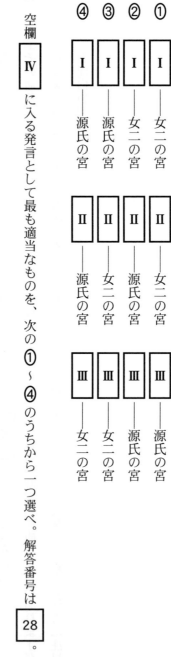

第5問

次の【文章Ⅰ】は道家思想、【文章Ⅱ】は神仙思想というそれぞれ異なる立場から書かれたものである。これを読んで、後の問い（問1～6）に答えよ。なお、設問の都合で返り点・送り仮名を省いたところがある。（配点 45）

【文章Ⅰ】

古之真(注1)人ハ不レ知ラレ説《よろこ》ブヲレ生ヲ、不レ知ラレ X レ死ヲ。其ノ出ツルヲ不レ訢《よろこ》バ、其ノ入ルヲ不レ距《こば》マ。翛《せう》(注2)然《ぜん》トシテ而往キ、翛然トシテ而来ル而已。不レ忌マ二其ノ所ヲ一レ始マル、不レ求メ二其ノ所ヲ一レ終ハル、受ケテ而喜ビレ之ヲ、亡《うしな》ヒテ而復《かへ》ルレ之ニ。A 是之謂不以心捐道、不以人助天。是ヲ之レ謂フ二真人ト一。

（『荘子《そうじ》』による）

（注） 1 真人――道を悟った人。
2 翛然――無心に自然に従うさま。

【文章Ⅱ】

至於文子(注1)・荘子・関令尹《ゐん》喜之徒、其属文筆、雖祖(注2)述黄老、憲(注3)章玄虚、但(ア)演其大旨、永無至言。或復斉死生、謂無異、B以存(注4)活為徭《えう》役《えき》、以殂《そ》(注5)歿《ぼつ》為休息。其去神(注6)仙、已千億里矣。(イ)豈足耽《たん》玩《ぐわん》哉。其寓言・譬喩、猶有可采以供給砕(注7)用、充(注8)御《ぎよ》卒乏、至使末世利(注9)口之奸《かん》佞《ねい》、無(注10)行之弊子、得以老(注11)荘為窟《こつ》(注12)藪《そう》、C不亦惜乎。

(『抱朴子《ほうぼくし》』による)

(注) 1 文子・荘子・関令尹喜——道家の思想家たちの名。
2 祖述黄老——黄帝と老子(=道家思想の祖)の学説を継承し、それにならう。
3 憲章玄虚——奥深い虚無の道(=万物の根源)を明らかにする。

4　存活――生きること。
5　殂歿――死ぬこと。
6　神仙――不老不死の仙人。
7　砕用――こまごました用途。
8　充㆓禦卒之㆒――とっさの急場に間に合わせる。
9　利口之奸佞――口達者で悪賢い人。
10　無行之弊子――行いの悪い卑劣な人。
11　老荘――『老子』と『荘子』。ともに道家思想の書。
12　窟藪――（悪人がすみかとする）岩穴やぶ。

問1 波線部(ア)「但 演二其 大 旨一」・(イ)「豈 足二耽 玩一哉」の解釈として最も適当なものを、次の各群の①～⑤のうちから、それぞれ一つずつ選べ。解答番号は [29] ・ [30] 。

(ア) 「但 演二其 大 旨一」 [29]

① ただその趣旨を敷衍しただけで
② ただその趣旨を敷衍したのみならず
③ いったんその趣旨を敷衍したところ
④ ただしその趣旨を敷衍することはできても
⑤ ただしその趣旨を敷衍したのはよいが

(イ) 「豈 足二耽 玩一哉」 [30]

① なんと読みふけるだけで十分なのだなあ
② どうして読みふけるだけの価値があろうか
③ なんと読みふけってはいけないのだなあ
④ どうして歩きながら読みふけってよかろうか
⑤ なんとおのずと読みふけってしまうのだなあ

問2 空欄 X に入る語として最も適当なものを、次の①～⑤のうちから一つ選べ。解答番号は 31 。

① 黙
② 望
③ 失
④ 悪
⑤ 歓

問3 傍線部A「是 之 謂 不 以 心 捐 道、不 以 人 助 天」の返り点の付け方と書き下し文との組合せとして最も適当なものを、次の①～⑤のうちから一つ選べ。解答番号は **32** 。

① 是 之 謂レ不ニ以レ心 捐一道、不ニ以レ人 助一天
是を之れ心を以て道を捐《す》てずと謂ひて、人を以て天を助けず

② 是 之 謂下不ニ以レ心 捐一道、不中以レ人 助上天
是を之れ心を以て道を捐てず、人を以て天を助けずと謂ふ

③ 是 之 謂三不レ以レ心 捐レ道、不レ以レ人 助一天
是を之れ心を以てせず道を捐て、人を以てせず天を助くと謂ふ

④ 是 之 謂レ不ニ以 心 捐一道、不ニ以 人 助一天
是を之れ以て心は道を捐てずと謂ひて、以て人は天を助けず

⑤ 是 之 謂三不レ以レ心レ捐レ道、不一以レ人レ助レ天
是を之れ道を捐つる心を以てせず、天を助くる人を以てせずと謂ふ

問4　傍線部**B**「以㆓存活㆒為㆓徭役㆒、以㆓殂歿㆒為㆓休息㆒」とあるが、どういうことか。その説明として最も適当なものを、次の①～⑤のうちから一つ選べ。解答番号は **33** 。

①　道家の思想家たちは、生きることを重要な仕事にたとえ、死ぬことを退職することにたとえており、生きたいと願っても死は必ず訪れるものだと捉えているということ。

②　道家の思想家たちは、生きることを苦しい労働にたとえ、死ぬことを安らかな休みにたとえており、死というものを生に対して悪いことではないと捉えているということ。

③　道家の思想家たちは、生きることを罪をあがなう苦役にたとえ、死ぬことをずる休みにたとえており、死ぬことを運命から逃げる無責任な行為として捉えているということ。

④　道家の思想家たちは、生きることを勤勉にたとえ、死ぬことを怠惰にたとえており、生きることが義務であり死ぬことはその役目を放棄することだと捉えているということ。

⑤　道家の思想家たちは、生きることを長旅にたとえ、死ぬことをその途中での休憩にたとえており、よく生きるためにこそ死ぬことが大切なものだと捉えているということ。

問5　傍線部C「不二亦 惜一乎」とあるが、どうして**【文章Ⅱ】**の筆者はこのように考えるのか。その説明として最も適当なものを、次の①～⑤のうちから一つ選べ。解答番号は **34** 。

① 時代も末になると、『老子』・『荘子』の精緻なたとえ話を真に受けて行動する愚か者たちがはびこるようになったから。

② 『老子』・『荘子』にある巧みなたとえ話をかみ砕いて使えば、口が上手い悪賢い者たちに惑わされることはなくなるから。

③ 後世の口だけ立派で実際には行いの悪い者たちが、『老子』・『荘子』の巧妙なたとえ話をその場しのぎに使っているから。

④ 時代が下ると『老子』・『荘子』が用いたたとえ話を使えなくなるので、ずる賢い者や悪人は岩穴ややぶに隠れてしまうから。

⑤ 『老子』・『荘子』のたとえ話の水準を維持することができない後世の愚か者たちは、古いたとえ話の再利用しかできないから。

問6　【文章Ⅰ】と【文章Ⅱ】との考え方の違いの説明として最も適当なものを、次の①～⑤のうちから一つ選べ。解答番号は 35 。

① 【文章Ⅰ】は生きることの素晴らしさと、死のつらさを述べて嘆いているが、【文章Ⅱ】は死を克服する神仙の道があると説いて【文章Ⅰ】の段階を思想的に乗り越えている。

② 【文章Ⅰ】は生を否定し死を肯定する危険な内容であるが、【文章Ⅱ】は【文章Ⅰ】の間違いを指摘した口達者な後継者の教えを聞くべきではないと激しく糾弾している。

③ 【文章Ⅰ】はむかしの悟った人は生死に無頓着であったと説いているが、【文章Ⅱ】は『荘子』などの教えは仙人の道を正しく受け継いだものだと高く評価している。

④ 【文章Ⅰ】は生死は天から与えられたものだが、人間の努力で変えることができると考えている一方、【文章Ⅱ】は生死に本質的区別はないと達観した教えを説いている。

⑤ 【文章Ⅰ】は死を必ずしも悲しむべきことではなく、生の延長線上に捉えているのに対して、【文章Ⅱ】は【文章Ⅰ】が永遠の命を求める道をゆがめていると批判している。

第　5　回

時間　90分　　　　　　200点　満点

1 ── 解答にあたっては，実際に試験を受けるつもりで，時間を厳守し真剣に取りくむこと。

2 ── 巻末にマークシートをつけてあるので，切り離しのうえ練習用として利用すること。

3 ── 解答終了後には，自己採点により学力チェックを行い，別冊の解答・解説をじっくり読んで，弱点補強，知識や考え方の整理などに努めること。

第1問　次の【文章Ⅰ】【文章Ⅱ】は、平尾昌宏氏が日本語の常体と敬体について論じた文章である。これらを読んで、後の問い（問1～6）に答えよ。（配点　45）

【文章Ⅰ】

〈である体〉が客観的で、〈です・ます体〉が主観的だという見方があまりにも事柄を単純化した(ア)ソザツな見方であることは、このように〈である体〉についての簡単な考察からだけでも(イ)明らかである。しかし、これではまだ、〈である体〉の特性を明らかにしたとは到底言えない。必要なのは、〈である体〉に固有の特性を取り出し、それを〈です・ます体〉との対比に使えるようにすることである。そのためにここで、まずは「書き手」の概念を導入してみよう。

日記の場合、書き手は他ならぬこの「私」である。何を当たり前のことをと言われるかもしれない。「書き手」が「私」でないことなどあり得ないではないかと。だが、そうでもない。日記などの場合と違って、例えば学術論文では、書き手にしばしば「我々」という一人称代名詞が用いられる（現に本書でも用いている）。それどころか、学術論文、特に自然科学論文において「私」という一人称単数は実は特例だと考えることができる。『現代日本語文法』でもこう指摘されている。「論説文の中でも論文や研究発表などでは、話し手や書き手の存在を可能な限り消すような、特徴的な表現が用いられる」。「たとえば、『私』など話し手や書き手を指示する1人称は原則として用いられない」（7巻212頁）。

残念ながらその理由は説明されていないが、一人称単数の「私」では、まさしく個人的な主観性の契機が(ウ)現れてしまうからだと解することができよう。それに対して、一人称複数ならそうした主観性を除去でき、客観的な視点を示し得るように思われているらしい。

以上二点をまとめれば、日記などの主観的な〈である体〉は「私」という一人称単数を書き手とし、また、学術論文などの客観的な〈である体〉は「我々」という一人称複数を書き手とする文体であるという類別が可能だということになる。

（中略）

「人称」はヨーロッパ諸語では決定的な意味を持つが、日本語ではさほど重要性が認められない。（注）屈折語である前者では人称の違いが動詞の活用にそのまま現れる。ところが、日本語ではその区別がない。とすれば、あくまで日本語から考えようとしている我々にとって、ここで人称の概念を導入することは、いわば反則技に見えるかもしれない。

しかし、この概念は日本語文法にとって不要であっても、**A**〈である体〉の本質を捉えるのには役に立つというのが私の見立てである。日本語であれヨーロッパ語であれ、「語り手」、「聞き手・読み手」、対象となる「事柄」という区別は自然で、これらをそれぞれ一人称、二人称、三人称とすることができる。ただ、ヨーロッパ語の人称概念が便利なのは、単数・複数の別があることである。実際、右で〈である体〉の主観的用法として取り出したものは、一人称単数的語法と称するべきであったし、客観的用法とは、一人称複数的な語法とでも称すべきであった。つまり、ここでの人称概念の導入には、十分意味があるのである。

ただ、前節で見たように、いずれの語法でも、書き手によって語られる対象がなければならない。日記に見られるような〈である体〉の一人称単数的語法とは、書き手としての「私」が「私」という対象（「私」の内面）に即して語ったものである。構造的には、「自己」はそこでは対象化されることによって、書き手としての主観ないし一人称に対して三人称的に現れる。しかし、実質的にその対象は書き手としての「私」そのものである。それゆえここでは、語られる対象が語る主語としての一人称に圧縮される。日記はこの用法に基づくものであって、これは一人称対象化的語法の代表例である。

一方、学術論文などでは、書き手である一人称は「私」という一人称単数を特権化せず、自らを複数化する。それによって客観的な観点を確保しようとしているのだろうが、そればかりではない。それが語る対象が一人称とは区別された三人称であるという意味でも客観性を保持しようとする文体なのである。

このことは、「書き手＝一人称」と「対象＝三人称」に加えて、「読者＝二人称」を導入すればより明確になる。〈である体〉の一人称単数的語法——例えば日記——において読者は想定されないのだった。想定されるとすれば、それは一人称単数の著者本人である。こうした語法を〈である体A〉と呼ぶことにしよう。

もちろん、日記などの場合であっても、二人称に対する語りかけを用いることは全く不可能というわけではない。例えば次のような場合である。

「私は教師としてこの子どもたちの担任になったことを感謝する。君たちはこの一年で私の思っていた以上に成長してくれた。君たちにありがとうと言おう。」

しかし、この「君たち」、すなわち教師である「私」のクラスの子どもたちはこの日記の読者ではあり得ない。「君たち」に対する語りかけは、地の文に埋め込まれた「台詞」とでも言うべきものであり、この部分は正確には、次のように表記すべきであろう。

「私は教師としてこの子どもたちの担任になったことを感謝する。『君たちはこの一年で私の思っていた以上に成長してくれた。君たちに《ありがとう》と言おう』。」

「私」が語りかけている相手があるとしても、それは自身の中にある「君たち」であって、実際の子どもたちではない。日記の読者はあくまで一人称単数の「私」、書き手である「私」自身でしかあり得ないのである。

それに対して、〈である体〉の客観的用法では、「書き手」は語られている対象へと一直線に注意を向けている。この用法では、語られる対象の側に強く焦点が当たっており、読者は特権化されない書き手である「我々」と、いわば横並びに対象を見ているカッ(エ)コウになる。その意味では、書き手の一人称は単に特権化されていないというよりは、B むしろ個別化されずに、読者をも含む形で極端に一般化されていると言うことができる。これを〈である体B〉と呼ぼう。

（平尾昌宏『日本語からの哲学——なぜ〈です・ます〉で論文を書いてはならないのか?』による）

（注）屈折語——単語の実質的な意味をもつ部分と文法的な意味を示す部分とが密接に結合して、語そのものが語形変化することにより、文法的機能が成り立つ言語。

【文章Ⅱ】

我々は〈である体〉の特性を明確にし、その用法を類別化するのに「書き手」、「対象」、「読者」を導入した。そこで今度は、同じ着眼を〈です・ます体〉にも適用してみよう。

まずは「書き手」である。〈である体〉では一人称が単数であるか複数であるかによって二種に類別可能であった。それと同様、例えば手紙文に代表されるような〈です・ます体〉使用は、書き手の一人称単数性が際立ちやすいだろうし、逆に、教科書やニュース原稿などでは一人称は複数化していると言えるだろう。

しかし、〈です・ます体〉の特性でより注目すべきなのは、読者である。〈である体〉においては、書き手が一人称単数であるか複数であるかによって全く異なった世界が描かれたが、〈です・ます体〉的世界が二種に類別されるとすれば、それは読者＝二人称が単数か複数かによるのである。

例えば、先にも一つの範型として取り出した手紙の場合を考えてみよう。一言で「手紙」と言っても、そこにも様々な場合があるのはもちろんだが、典型的な場合を考えてみれば、私信としての手紙は、読み手が二人称単数の文書であると考えることができる。その代表的な例がラブレターであった。それに対して、記事、報道文のような場合には、読み手が二人称複数になっているのだと見ることができるだろう。

（中略）

〈です・ます体〉が、読み手を意識した文体であるのに対して、〈である体〉は読み手を意識しない文体であった。しかし、「読み手を意識しない」とは何か。考えられるのは、すなわち書き手と読み手が同一の場合であり、そのためには(1)他者を抹消するか、もしくは(2)他者を同化するかである。言うまでもなく、我々の見出した〈である体A〉が前者であり、〈である体B〉が後者に当たる。改めて確認すれば、前者の場合には一人称単数である書き手とは区別された独立の読者（つまり他者）が想定されておらず、また、後者の場合には読者は複数化された一人称の書き手に吸収されているのである。

一方〈です・ます体〉では、書き手と読み手との関係が問題となる。言い換えれば、C書き手と読み手との間には他者性が浮かび上がってくる。そして、この他者性のあり方が書き手＝一人称のあり方を規定しており、この点でやはり二種の語法が区別できる。すなわち、手紙などに見られるような対二人称単数的語法〈です・ます体A〉と、対二人称複数的語法〈です・ます体B〉である。

〈です・ます体〉と〈である体〉の両方を、それぞれ二種に類別化することで明確化しつつ、同時にDそれらを総合的に捉え、統一的な視点から説明できたことは我々の理論的な達成の一つである。これによって、具体的なスイ(オ)ジュンで見出された用法の区別が、理論的ないし形式的に見出されるカテゴリーと見事に対応することが確認できたからである。

（平尾昌宏『日本語からの哲学——なぜ〈です・ます〉で論文を書いてはならないのか？』による）

問1 次の(i)・(ii)の問いに答えよ。

(i) 傍線部(ア)・(エ)・(オ)に相当する漢字を含むものを、次の各群の①～④のうちから、それぞれ一つずつ選べ。解答番号は［1］～［3］。

(ア) ソザツ ［1］
① 自分のソセンを調べる
② 軍隊をソシキする
③ ソゼイを徴収する
④ ソシナを進呈する

(エ) カッコウ ［2］
① ヘイコウに線を引く
② 昆虫アイコウカに会う
③ コウブツ資源が枯渇する
④ 卒業式でコウカを歌う

(オ) スイジュン ［3］
① 登校のジュンビをする
② ジュンバン通りに並ぶ
③ 校舎内をジュンカイする
④ シツジュンな気候だ

(ii) 傍線部(イ)・(ウ)と同じ意味を持つものを、次の各群の①～④のうちから、それぞれ一つずつ選べ。解答番号は 4 ・ 5 。

(イ) 明らか 4
① 明アン
② 明メツ
③ 明ハク
④ ミ明

(ウ) 現れて 5
① 現バ
② 現ゾン
③ ジツ現
④ 現ショク

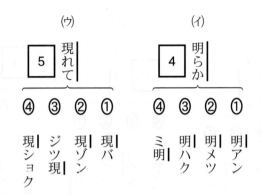

問2　傍線部**A**「〈である体〉の本質を捉えるのには役に立つ」とあるが、それはなぜか。その理由として最も適当なものを、次の①～⑤のうちから一つ選べ。解答番号は［6］。

①　ヨーロッパ語の人称概念によって、日記に見られる〈である体〉の用法を一人称単数的語法と定義することで、日記の特異性を明らかにすることができるから。

②　ヨーロッパ語の人称概念は日本語において重要性を持たず、それを導入することは日本語の分析においては反則とさえいえるからこそ、斬新な分析が可能となるため。

③　ヨーロッパ語の人称概念を導入することによって、〈である体〉の用法を主体の数に応じて分類することができるようになり、より厳密な分析が可能となるから。

④　ヨーロッパ語の人称概念を導入することで、一人称である書き手と三人称である対象に加えて二人称である読者も分析の観点として導入することが可能となるため。

⑤　ヨーロッパ語の人称概念の導入により、一人称・二人称・三人称の三つの人称概念を用いて〈である体〉を細かくわけることができるから。

問3　傍線部B「むしろ個別化されずに、読者をも含む形で極端に一般化されている」とあるが、それはどういうことか。その説明として最も適当なものを、次の①～⑤のうちから一つ選べ。解答番号は 7 。

① 〈である体〉の客観的な用法では、語られる対象に対して書き手と読者との区別をせず、主語に置かれた「我々」という語で著者と読者の共同主観を生み出しているということ。

② 〈である体〉の客観的な用法では主語に一人称単数を用いるが、それは書き手の「私」と同様に読み手の「私」も意味することができるため、主語が読者にまで一般化されているということ。

③ 〈である体〉の客観的な用法では、書き手が語られる対象のことだけを考えているため、一人称で意味する範囲が曖昧であり、読者まで含んでしまっているということ。

④ 〈である体〉の客観的な用法では、二人称への語りかけも書き手自身の中にある相手に対するものとなるので、主語の「我々」が二人称も含んでいるということ。

⑤ 〈である体〉の客観的な用法では、主語に置かれる書き手の一人称として、「我々」と読者とを同列に扱うことのできるような新たな一人称が模索されるということ。

問4　傍線部C「書き手と読み手との間には他者性が浮かび上がってくる」とあるが、それはどういうことか。その説明として最も適当なものを、次の①～⑤のうちから一つ選べ。解答番号は 8 。

① 〈である体〉が書き手である自己に読者である他者を含む文体なのに対して、〈です・ます体〉は書き手が常に他者と区別され、対立し続ける文体であるということ。

② 〈である体〉が他者の存在を無視して記述する文体であるのに対して、〈です・ます体〉は他者の存在によって書くべき内容が左右される文体であるということ。

③ 〈である体〉が他者を意識しない文体であるのに対して、〈です・ます体〉は読者を特定の他者に限定した上で書かれる文体であるということ。

④ 〈である体〉が他者の存在を問題としない文体であるのに対して、〈です・ます体〉は読者との関係が書き手のあり方を決める文体であるということ。

⑤ 〈である体〉が読み手を意識せず、読者に対する配慮を欠く文体なのに対して、〈です・ます体〉は読者の受け取り方を常に意識して記述する文体であるということ。

問5　次に示すのは、授業で**【文章Ⅰ】【文章Ⅱ】**を読んだ後の、話し合いの様子である。これを読んで、後の(i)・(ii)の問いに答えよ。

生徒A――**【文章Ⅰ】**と**【文章Ⅱ】**は、両方とも日本語の文末表現について論じられていたね。

生徒B――**【文章Ⅰ】**では〈である体〉、**【文章Ⅱ】**では〈です・ます体〉について書かれていたけど、どちらも分析の仕方としては［　**X**　］。

生徒C――一方で、どちらの文体についても「書き手」「対象」「読者」の観点を導入すると述べているけど、〈です・ます体〉について論じた**【文章Ⅱ】**では「対象」についてあまり言及されていなかったね。自分たちで考えてみようよ。

生徒A――私が思うに、ラブレターは読み手に対する書き手の気持ちを伝えるものであって、書かれた内容が客観的かどうかってあまり重視されないんじゃないかな。

生徒B――そうだね。逆に報道文とか教科書なんかは内容に誤りがあったら大変だよね。

生徒C――なるほど。本書の副題に「なぜ〈です・ます〉で論文を書いてはならないのか」とあるんだけど、今の話を踏まえると、結局論文で使える文体は「［　**Y**　］」と言えるんじゃないかな。

生徒A――考えが深まったね。いまの議論を整理して発表してみよう。

(i) 空欄 **X** に入る発言として最も適当なものを、次の①～④のうちから一つ選べ。解答番号は 9 。

① 従来の主観的・客観的用法を批判的に検討することで、これまで語学研究では重視されてこなかった人称概念という観点にたどり着くことができていたね

② 人称概念とその単数性・複数性に注目してそれぞれの用法の特徴を論じ、主観的・客観的という概念をもとに説明するという方法がとられていたね

③ 日記や教師の語りかけ、手紙といった筆者の経験からそれぞれの文体の性格を分析することで、読者が自分の経験をもとに理解できるように配慮されていたね

④ 「一人称単数的語法」といった独自の概念を手掛かりに議論を進めることで、主観的・客観的という概念によらない深い分析を可能にしていたね

(ii) 空欄 **Y** に入る発言として最も適当なものを、次の ①～④ のうちから一つ選べ。解答番号は **10** 。

① 〈です・ます体A〉が最適だが、語られる対象に強く焦点の当たっている〈である体B〉も使用可能である
② 〈である体A〉が最適だが、不特定多数の人を相手に語り、客観性を確保できる〈です・ます体B〉も使用可能である
③ 〈です・ます体B〉が最適だが、語られる対象に強く焦点の当たっている〈です・ます体A〉も使用可能である
④ 〈である体B〉が最適だが、不特定多数の人を相手に語り、客観性を確保できる〈です・ます体B〉も使用可能である

問6　傍線部**D**「それらを総合的に捉え、統一的な視点から説明できたことは我々の理論的な達成の一つである」とあるが、次は、**【文章Ⅰ】【文章Ⅱ】**で述べられた著者の分類をまとめたものである。それぞれに当てはまるものの組み合わせとして最も適当なものを、次の①～④のうちから一つ選べ。解答番号は 11 。

著者・読者の単数性×著者と読者の同等性（著者―対象関係優先）…**a**
著者・読者の複数性×著者と読者の同等性（著者―対象関係優先）…**b**
著者・読者の単数性×著者と読者の非対称性（著者―読者関係優先）…**c**
著者・読者の複数性×著者と読者の非対称性（著者―読者関係優先）…**d**

①	**a**〈です・ます体A〉	**b**〈です・ます体B〉	**c**〈である体A〉	**d**〈である体B〉
②	**a**〈である体A〉	**b**〈です・ます体A〉	**c**〈である体B〉	**d**〈です・ます体B〉
③	**a**〈である体A〉	**b**〈である体B〉	**c**〈です・ます体A〉	**d**〈です・ます体B〉
④	**a**〈です・ます体A〉	**b**〈である体B〉	**c**〈である体A〉	**d**〈です・ます体B〉

第2問

次の文章は、吉村昭「梅の蕾《つぼみ》」(一九九五年発表)の一節である。岩手県のある村で医師を招くべく八方手を尽くしていた村長の早瀬は、村の診療所に赴任してきた堂前医師が村人を丁寧に診察し、その夫人が趣味の山歩きを通して村人と親しく交際しているのを見て安堵していた。難病を抱えていた夫人は三カ月に一度堂前医師に連れられて千葉の癌《がん》センターに検査を受けに行っており、年明けに千葉から梅の苗木を取り寄せてその一本を早瀬に贈る。秋口に夫人が入院した折に早瀬は堂前医師から夫人に回復の見込みはないと告げられていたものの、年明けに夫人の様子を見舞った際には好転するかもしれないと希望を持った。以下はそれに続く場面である。これを読んで、後の問い(**問1〜6**)に答えよ。(配点　45)

やがて寒気がゆるみ、庭の梅の蕾《つぼみ》がふくらんだ。

全国町村会の理事の改選期が来て、早瀬は若い吏員(注1)を連れて東京に出ると、町村会の宿所に入った。投票がおこなわれ、早瀬は理事に選任されて再び常任理事に推された。就任にともなう手続もすみ、翌日村にもどることになったが、再び夫人を見舞おうと思った。

その夜、常任理事たちとの会食があり、宿所にもどると、フロントの前のロビーの椅子に吏員が坐《すわ》っていた。早瀬の姿を眼にした吏員が、すぐに立って近寄ってきた。

「堂前先生の奥様が、今朝、お亡《な》くなりになられたそうです」

早瀬は、表情をこわばらせ、吏員の言葉をきいていた。

昨日の朝、癌センターから堂前のもとに電話がかかり、堂前は、二人の子供を連れて村をはなれた。その折に、堂前がボストンバッグに喪服を入れるのを看護婦(注2)が眼にし、夫人が危篤《きとく》状態にあるのを察したという。

今日の午後、堂前から診療所に電話が入り、夫人が朝、息を引きとったので、村には帰れぬ、と言った。今夜は通夜《つや》で、明日の午後一時から夫人の実家で葬儀を営む、とも言ったという。

早瀬は、即座に、

「家から喪服を持ってくるように、役場の者に連絡をとってくれ」

と、吏員に命じた。

村長として葬儀に出席し、堂前とその夫人の好意に対し、弔辞を読まねばならぬ、と思った。

吏員が、すぐに公衆電話のボックスに行った。

やがてもどってきた吏員が、収入役が喪服を手に夜行列車で東京へくることを伝えた。

早瀬は、フロントで弔辞の紙をもらい、筆を借りて部屋に入った。筆をとったかれは、自然に、夫人から贈ってもらった梅の蕾がふくらんだことについてふれ、開花をみずして夫人の訃報《ふほう》(注3)をきいたことが悲しい、と記した。

これまで多くの弔辞を書いてきたが、それは型通りのもので、A胸にあふれた感情を思いのまま表出した異例の文章にかれは驚きを感じるとともに、眼に涙がにじみ出ているのも意識していた。

翌日は晴天で、朝食をとって間もなく、収入役が姿をみせた。収入役は、自分も喪服を持ってきていて、吏員に黒いネクタイを渡した。

堂前夫人の実家が湘南《しょうなん》(注4)地方にあって、葬儀はそこで営まれることになっていた。

早瀬たちは、地下鉄から湘南電車に乗りかえ、目的の駅で下車した。駅前でタクシーに乗り、運転手に住所を記した紙を見せ、夫人の実家の近くで降りた。

花輪が三基、小さな門の前に立ち並び、早瀬は家に近づくと収入役たちとともに記帳した。

祭壇は、庭に面した座敷にもうけられ、まだ読経《どきょう》がはじまって間もないらしく、焼香客は少《すく》なかった。祭壇の横に、堂前と二人の子供が親族らしい人たちと坐っていて、早瀬は堂前に目礼し、祭壇にむかって合掌し、焼香した。飾られた夫人の写真は、肉づきが豊かで笑みを浮かべていた。

かれは、家の前の道に出た。収入役が、葬儀社の男に、村長が弔辞を用意していることを伝えた。

早瀬は、道の端に収入役たちと立っていたが、車が近づく気配にその方向に眼をむけた。大型バスがゆっくりと近づいてきて眼の前を過ぎ、その後から六台のマイクロバスがつづいていて、家の前を過ぎて停止した。

早瀬は、それらのバスの後部のナンバープレートに岩手とあるのに気づいた。どのバスにも多くの人が乗っている。

バスの扉が開いて喪服を身につけた男や女が路上に降りたが、それらの顔を見た早瀬は、茫然《ぼうぜん》とした。それらは見なれた村の者たちであった。かれらは、診療所の事務長に導かれて進み、門の中に入ってゆく。

早瀬の胸に熱いものが突き上げた。村人たちは、夫人の死を耳にしてだれ言うとなくバスを手配し、夜を徹してこの地に来たのだろう。少くとも二百名を超える数であった。

早瀬は不意に手で口をおおい、嗚咽《おえつ》をこらえた。夫人と山歩きをした老人や女の姿も見える。堂前の治療を受けていた老女が、腕をとられて庭に入ってゆく。葬儀社の男は、おびただしい人の数に呆気《あっけ》にとられていた。

焼香をすませた村人たちが、道に出てきた。早瀬に無言で頭をさげる者もいる。眼を赤くし、ハンカチで涙をぬぐっている者が多かった。

葬儀社の人にうながされ、早瀬は祭壇の前に行き、弔辞の紙を開いた。後方には村人たちがひしめくように立っていた。

早瀬は、梅の蕾、とそこまで読んだ時、**B**絶句した。すすり泣きの声が背後で起った。

かれは、弔辞の紙を手にしたまま立ちつくしていた。

診療所の一般診療は、休診になった。

これで、すべては終《おわ》りになった、と早瀬は思った。

堂前が村の診療医になってくれたのは、夫人の山野を歩く趣味をみたそうとしたからにほかならない。医師として堂前は、夫人の生命が近い将来確実に断たれるのを知っていた。その残された時間に、かれは、夫人に思う存分趣味に生きさせようと思ったにちがいない。それは、村に移住したことで十分に果《はた》され、夫人の死によって堂前が村に住む意味はなくなっている。

早瀬は、村長室の机の前に坐《すわ》って窓の外をぼんやりながめていた。向《むか》いの山には、所々に雪が残っている。

診療所のバスは、県立病院(注5)に病人を送り迎えするのに使われている。事務長からの求めもあって、早瀬は、昨日、医科大学に電話をかけ、一日だけの集中診療を依頼した。

かれには、医者探しに努力する気持《きもち》は失われていた。堂前が村に赴任してきたのは、死期の迫った夫人のためであり、そのような特殊な事情がないかぎり、村にやってくる医師などいない。県下に無医村は数限りなくあり、自分の村もその一つであって、**C**分に過ぎた望みをいだくべきではないのだ、と思った。

かれは、体から力が抜けたような疲れをおぼえていた。

役場の敷地に、小型タクシーが入ってきて、入口の所でとまった。開いたドアから、ボストンバッグを手にした長身の男が降り立った。堂前だった。

早瀬は、椅子に坐ったままであった。

診療所の住居には、堂前一家の家財がそのまま残されている。夫人の死からすでに二十日近くが過ぎ、堂前はそれを運び出すため村にやってきたのだろう。

役場では堂前に給与と一応の退職金を渡さねばならず、二年ほどではあったが、診療を担当してくれた堂前に出来るだけのことはしなければならない、と早瀬は考えていた。

ドアがノックされ、堂前が部屋に入ってきた。

早瀬は立ち、応接用の椅子に坐るよううながした。

堂前は、葬儀に参列してくれた礼を述べ、椅子に腰をおろした。

早瀬は煙草にライターの火をつけ、堂前の話を黙ってきいていた。菩提寺《ぼだいじ》(注6)の墓所に夫人の遺骨を納めたことを口にした堂前は、

「子供のことを親戚《しんせき》の者たちとも話し合いましたが、母親がいなくなりましたので、村に置くのもどうかということになりま

してね。妻の実家で世話をしてくれるというので、あちらの学校に入れました」

と、言った。

早瀬は、堂前の口にしている言葉の意味が理解できず、うつろな眼を堂前にむけていた。

「単身赴任というわけですよ」

堂前の口もとが、かすかにゆるんだ。

早瀬は、堂前の顔を見つめた。聞きまちがえではないか、と思った。

「単身赴任？　それでは、この村に残って下さると言うんですか」

早瀬は、半ば疑わしそうにたずねた。

「正直のところ、友人の医師たちからどこかの病院に勤めろ、としきりに言われました。それもよくわかるのですが、妻の葬儀の時に、あんなに多くの村の人が来てくれましたでしょう。あれを見たら、村にもどらぬわけにはゆきませんよ」

堂前の顔に笑みが浮《うか》んだが、**D**眼には光るものが湧《わ》いていた。

「本当ですか。すっかり諦めていました。そうですか、村に残ってくれるのですか」

早瀬は、甲高い声で言った。

「診療所へ行きます。どなたか、車で送ってくれませんか」

堂前は腰をあげ、ボストンバッグを手にした。

早瀬は机に近寄り、受話器を手にすると、観光課長と書かれたボタンを押した。

「先生が帰ってこられた。先生をすぐに診療所にお送りしてくれ」

かれは、うわずった声で言った。

早瀬は、堂前とともにドアの外に出ると、役場の入口に立った。

観光課長が役場から小走りに出てゆくと、すぐにワゴン車を運転して近づき、眼の前で車をとめた。

車に入りかけた堂前に、早瀬は、

「私の家の庭に植えられている梅が、満開ですよ」

と、声をかけた。

堂前はうなずき、座席に腰をおろした。

E早瀬は歓声をあげたいような衝動にかられながら、道に出てゆくワゴン車を見送っていた。

（注）1　吏員――地方公共団体の職員。公務員。後の「収入役」も同じ。
2　看護婦――看護師のことを当時はこのように呼んでいた。
3　訃報――人が亡くなったという知らせ。
4　湘南地方――神奈川県の南部。
5　県立病院に病人を送り迎えするのに――堂前医師が赴任する前、診療所の一般診療は休診状態であり、早瀬は県内の医科大学に月に二、三日間医師を派遣してもらっていた。そのため病気にかかった村人は県立病院に行くようになっており、その送迎に診療所のバスが使用されていた。
6　菩提寺――先祖代々の墓がある寺。

問1　傍線部A「胸にあふれた感情を思いのまま表出した異例の文章にかれは驚きを感じる」とあるが、それはどういうことか。その説明として最も適当なものを、次の①～⑤のうちから一つ選べ。解答番号は 12 。

① これまで書いていた弔辞はひな型に従って書いた弔辞であったが、堂前夫人への弔辞は心からの悲しみを記しており、そのような文章に早瀬は驚いていたということ。

② これまで書いていた弔辞はセオリー通りに書いて感情を抑制した弔辞であったが、堂前夫人への弔辞は感情を抑えることがなく、自分の感情の豊かさに早瀬は驚いていたということ。

③ これまで書いていた弔辞は型に沿って書いた弔辞であったが、堂前夫人への弔辞は型から逸脱して悲しみを記しており、思いもよらなかった自らの表現力に早瀬は驚いていたということ。

④ これまで多くの弔辞を書くうちに書き方の型が生じてきたが、堂前夫人への弔辞は自然な感情が表れたものとなっており、自分の弔辞の書き方を振り返って早瀬は新鮮に感じたということ。

⑤ これまで多くの弔辞を書くうちに型通りに書くようになっていたが、堂前夫人への弔辞は多くの思い出が記されており、それほどに夫人とのつき合いが長くなったことに早瀬は驚いていたということ。

問２　傍線部**B**「絶句した」とあるが、それはなぜか。その理由として最も適当なものを、次の①～⑤のうちから一つ選べ。
解答番号は 13 。

① 「梅の蕾」まで読んだときに、夫人との思い出で涙があふれ、字が読めなくなったから。
② 「梅の蕾」まで読んだときに、背後ですすり泣きの声が生じ、その声に気圧されたから。
③ 「梅の蕾」まで読んだときに、夫人との心温かな交流を思い出し、懐かしさに感極まったから。
④ 「梅の蕾」まで読んだときに、後方に大勢いる村人たちにどう思われるか気になってしまったから。
⑤ 「梅の蕾」まで読んだときに、夫人との交流が思い出され、悲しみで声が出なくなったから。

問3　傍線部C「分に過ぎた望みをいだくべきではないのだ、と思った」とあるが、この早瀬の思いの説明として最も適当なものを、次の①～⑤のうちから一つ選べ。解答番号は 14 。

① 堂前が村にやってきたのは死期の近い夫人のためという事情があったからであり、夫人が亡くなってしまった以上、堂前が村を去ることになっても堂前への感謝の気持ちは忘れないということ。

② 堂前が村にやってきたのは山歩きを趣味とする夫人が決めたことだからであり、夫人が亡くなってしまった今、堂前に村にとどまってほしいと思うのは虫が良すぎる希望であるにすぎないということ。

③ 堂前が村にやってきたのは死期の近い夫人のためという事情があったからであり、自分の村は県下にたくさんある無医村の一つにすぎず、医師に来てほしいという望みはいだくべきではないということ。

④ 県立病院にせよ医科大学にせよ、村民には受診に苦労をかけて申し訳ないが、県下に無医村がほかにもあることを考えると、これらに所属する医師に常駐してほしいという望みは持ってはならないということ。

⑤ 堂前が村にやってきたのは特殊な事情があったためであったが、そのような事情を他の医師が持っていないとも限らず、ほんの微かな程度には希望は持っても構わないのではないかということ。

問4　傍線部D「眼には光るものが湧《わ》いていた」とあるが、このときの堂前の様子と心理の説明として最も適当なものを、次の①～⑤のうちから一つ選べ。解答番号は 15 。

① 眼を涙で潤しながら、夫人の葬儀に多くの村人が参列したことに感謝する一方、そのために子供たちと離れて村に戻らなければならなくなったことを悲しんでいる。

② 眼に涙を浮かべながら、夫人の葬儀に多くの村人が参列したことに感動し、村人たちのためにこの村で働くという気持ちを抱いている。

③ 涙があふれるのをこらえながら、夫人の葬儀に多くの村人が参列したために、友人たちの勧めを断らなければならなくなったことを悔しく感じている。

④ 眼を輝かせながら、夫人の葬儀に多くの村人が参列したことに驚くとともに嬉しく思い、自分を必要としてくれる村に戻ろうと固く心に決めている。

⑤ 眼光鋭く早瀬を見据え、夫人の葬儀に多くの村人が参列したために、村の人たちのために働くのが今後の自分の使命だと自分に言い聞かせている。

問5 傍線部**E**「早瀬は歓声をあげたいような衝動にかられながら」とあるが、ここに至るまでの早瀬の心の動きはどのようなものか。その説明として最も適当なものを、次の①～⑤のうちから一つ選べ。解答番号は 16 。

① 堂前が村から離れるに違いないと考え、無医村にさせまいとして医者探しをしていたが、村に残るという堂前の言葉を聞いて医者探しが不要とわかり、喜びを感じた。

② 堂前が村から離れるかもしれないものの堂前の言葉を聞くまでは速断は避けるべきだと考えていたが、村に残るという堂前の言葉を聞いて杞憂であったと悟り、嬉しくなった。

③ 堂前が村から離れるために給与と退職金を用意して覚悟して待っていたが、村から離れることはないという堂前の言葉を聞いて、支払いが不要となり安堵《あんど》した。

④ 堂前が村から離れるだろうと考え、無気力になっており、村に残るという堂前の言葉も半信半疑であったが、堂前の真意を理解して喜びと興奮でいっぱいになった。

⑤ 堂前が村に残ることはないだろうと考え、村に残るという堂前の言葉とその真意を聞いても信じられず、一旦夫人の形見の梅の花を話題に出して堂前の関心を引こうとした。

問6　Eさんのクラスでは、本文の理解を深めるために教師から【資料Ⅰ】【資料Ⅱ】が示された。前者は本文についてであり、後者は本文の作者について書かれたものである。Eさんは、これらをもとにして本文の特徴をまとめることにし、【文章】を書いた。このことについて、後の(i)・(ii)の問いに答えよ。

【資料Ⅰ】

無医村にやってくる医師、それを温かく迎える村長や村民たち。誰が書いても、感動的な人情話になるだろう。しかし、吉村が書くと並の感動物語では終わらない。まず、彼は、事実そのものを冷静に、時には冷酷とすら感じられるように綴《つづ》っていく。そういう描写を通して、無医村にならざるをえない僻村《へきそん》の厳しい現実がヒシヒシと伝わってくる。そこに、「夫人から贈ってもらった梅の蕾がふくらんだ」とか「バスの後部のナンバープレートに岩手とあるのに気づいた」といった感動を誘う言葉が書かれている。それを読んだときの感動は、ひときわ強く私たちの心を直撃する。

（松田哲夫「読みどころ」日本文学100年の名作第9巻『アイロンのある風景』）新潮文庫

【資料Ⅱ】

吉村昭は、調査の作家、取材の作家と呼ばれている。吉村さんの取材の徹底したすさまじさと、その周到な綿密さは、よく第三者の口を通じて伝わってくることがある。（中略）吉村昭の調査や取材は、言って見れば一切の仮説や仮定なしの調査である。まず最初に特異な事実があり、吉村昭はいかなる先入観も抱かず、虚心に事実を調べて行き、それをまた虚心に再現して行くだけである。強いて言えば、自らの眼をカメラのレンズと化し、原稿用紙を印画紙と化していると言ったらよかろうか。自らの眼を無機的なレンズと化した、即物主義とでも言うべきであろう。

（福田宏年「吉村昭・人と作品」『昭和文学全集』第26巻）

【文章】

【資料Ⅱ】によると、本文の作者である吉村昭氏は、徹底した調査や取材を行って、［ X ］というのが特徴であるという。同様に、【資料Ⅰ】には「事実そのものを冷静に、時には冷酷とすら感じられるように綴っていく。そういう描写を通して、無医村にならざるをえない僻村の厳しい現実がヒシヒシと伝わってくる」とある。ここから、本作品も、事実そのものを描くという姿勢で描かれているといえそうである。しかし、このように描かれているために、夫人の葬儀や堂前医師が村にとどまると知った時の場面に注目すると、かえって［ Y ］といえそうである。

(i) 空欄［ X ］に入るものとして最も適当なものを、次の①～④のうちから一つ選べ。解答番号は［ 17 ］。

① 仮説や仮定を検証する
② 第三者が取材の緻密さをほめている
③ 虚心に事実を調べ、虚心に再現する
④ カメラで事実そのものを映し出す

(ii) 空欄 **Y** に入るものとして最も適当なものを、次の①～④のうちから一つ選べ。解答番号は 18 。

① 虚脱感や喜びなどの早瀬の感情がより鮮やかに伝わって、感動が私たちの心に響いてくる

② 夫人が亡くなったという事実や堂前医師が村に残るという事実が私たちに詳細に伝わってくる

③ 夫人の死や堂前医師の村への残留が現実感のない物語上の出来事として私たちに感じられる

④ 早瀬の感情の動きが読み取りにくくなっており、登場人物の心情を私たちが自由に想像できる

第3問

次の【資料Ⅰ】（文章、図）と【資料Ⅱ】（表、グラフ）は、ＳＤＧｓについて日本企業がどのように対応しているかを調べていたYさんが見つけた資料の一部である。これらを読んで、後の問い（問1～4）に答えよ。（配点　20）

【資料Ⅰ】

文章　企業にとってのSDGsとは

●経営リスクの回避とビジネスチャンスの獲得

　企業が行う多くの事業活動は、環境に何らかの影響を与えていることから、事業者が環境の持続可能性を意識した取組を実践することは、企業を持続可能なものとする上で不可欠となります。また、事業活動が環境に与える影響を把握することで、事業者は潜在的なリスクを把握し、また、新たなビジネスチャンスを見つけることが可能となります。

　例えば、人類が引き起こした気候変動や生物多様性の損失は、企業にとってはリスク要因であると同時に、どのようにして他社との差異化を図りビジネスチャンスにつなげられるかが勝負どころとなってきています。

　SDGsは、社会が抱える課題が包括的に網羅されており、企業にとってはリスクとチャンスに気付くためのツールとして用いることができます。事業活動の内容とSDGsの各項目との紐づけによって、リスクだけではなく、すでに事業活動そのものに、SDGsに対する潜在的なプラス要素が含まれていることが明らかになる場合もあります。つまり、SDGsへの取組によって、リスクをチャンスに変えることができるだけでなく、企業が持つ、SDGsに対する潜在的な価値が明らかになるのです。

環境省『すべての企業が持続的に発展するために—持続可能な開発目標(SDGs)活用ガイド　第２版(本編)』より抜粋

図　企業にとってのリスクとチャンス

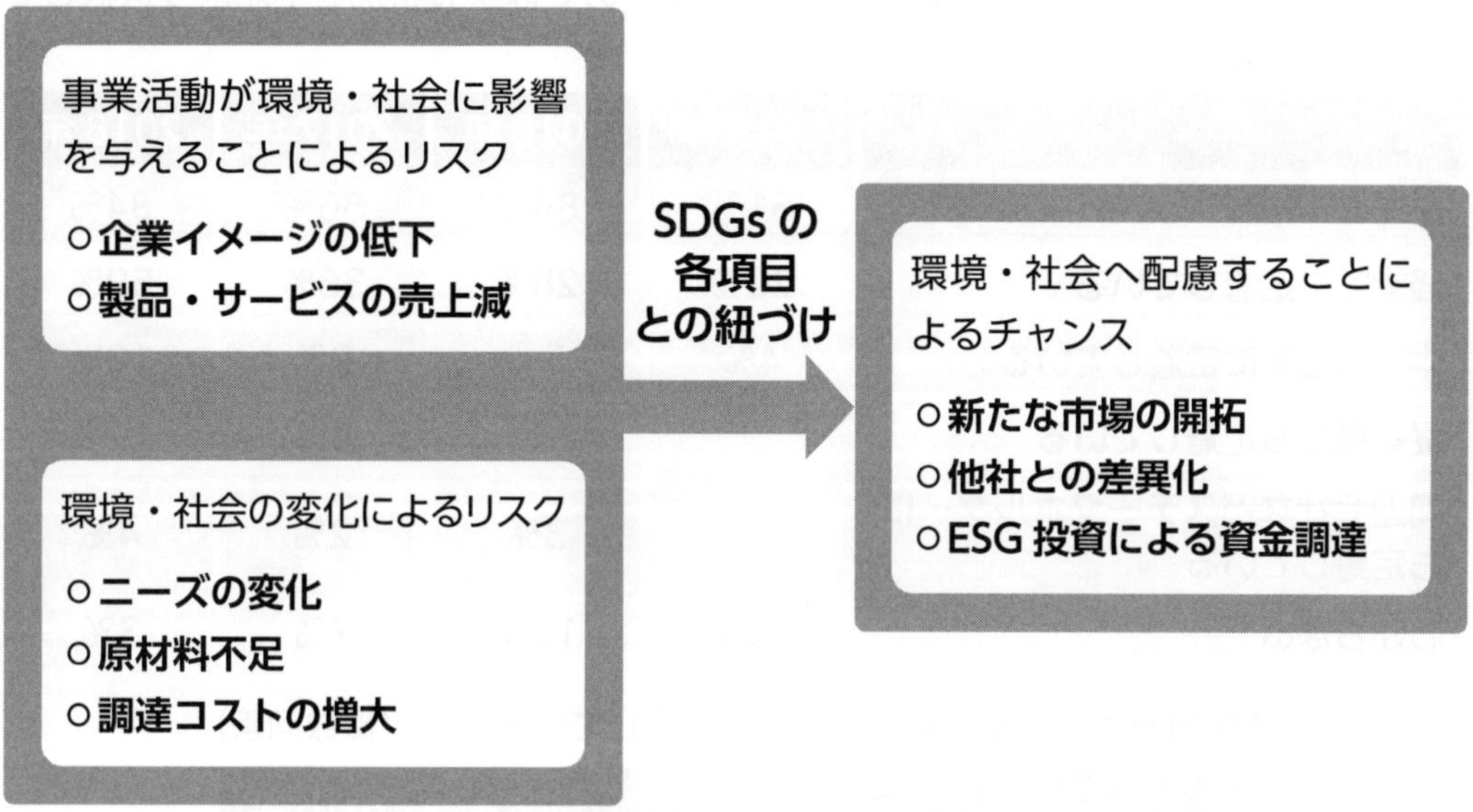

（注）　ESG投資…Environment（環境）、Social（社会）、Governance（企業統治）に対する企業の取り組みを評価基準として投資先を選ぶ投資方法のこと。

【資料Ⅱ】

表　日本企業におけるSDGsの認知度や認識についてのアンケート

Q．貴社・団体内でのSDGsの認知度について、あてはまる状況を下記より選択してください。（複数回答）

	2015年	2016年	2017年	2018年
主にCSR担当に定着している	61%	84%	86%	84%
経営陣に定着している	20%	28%	36%	59%
中間管理職に定着している	4%	5%	9%	18%
従業員にも定着している	—	—	8%	17%
関連会社などステークホルダーにも定着している	—	3%	2%	4%
わからない	15%	12%	7%	3%

Q．貴社・団体内では、SDGsをどのように認識しているか？（複数回答）

	2016年	2017年	2018年
持続可能性に関わる価値の向上	79%	77%	82%
ステークホルダーとの関係強化	61%	55%	59%
将来のビジネスチャンス	60%	58%	69%
社会と市場の安定化	57%	52%	58%
企業の存在価値向上	−	74%	80%
重要と認識しているが明確な目的は模索中	−	20%	9%
投資家対応	−	29%	27%
特に重要であるとの認識はない	5%	1%	0%
その他	5%	4%	5%

(注) 1　CSR……企業の社会的責任。

2　ステークホルダー……企業に関するあらゆる利害関係者を指すビジネス用語。

環境省『すべての企業が持続的に発展するために―持続可能な開発目標(SDGs)活用ガイド　第2版(資料編)』より抜粋・改変

引用元：『主流化に向かうSDGsとビジネス～日本における企業・団体の取組み現場から～』(2019年2月、一般社団法人グローバル・コンパクト・ネットワーク・ジャパン、公益財団法人地球環境戦略研究機関(IGES))

グラフ　企業の対応状況

Q. 貴社は、SDGs（持続可能な開発目標）の採択を受けて何らかの対応をとっていますか。

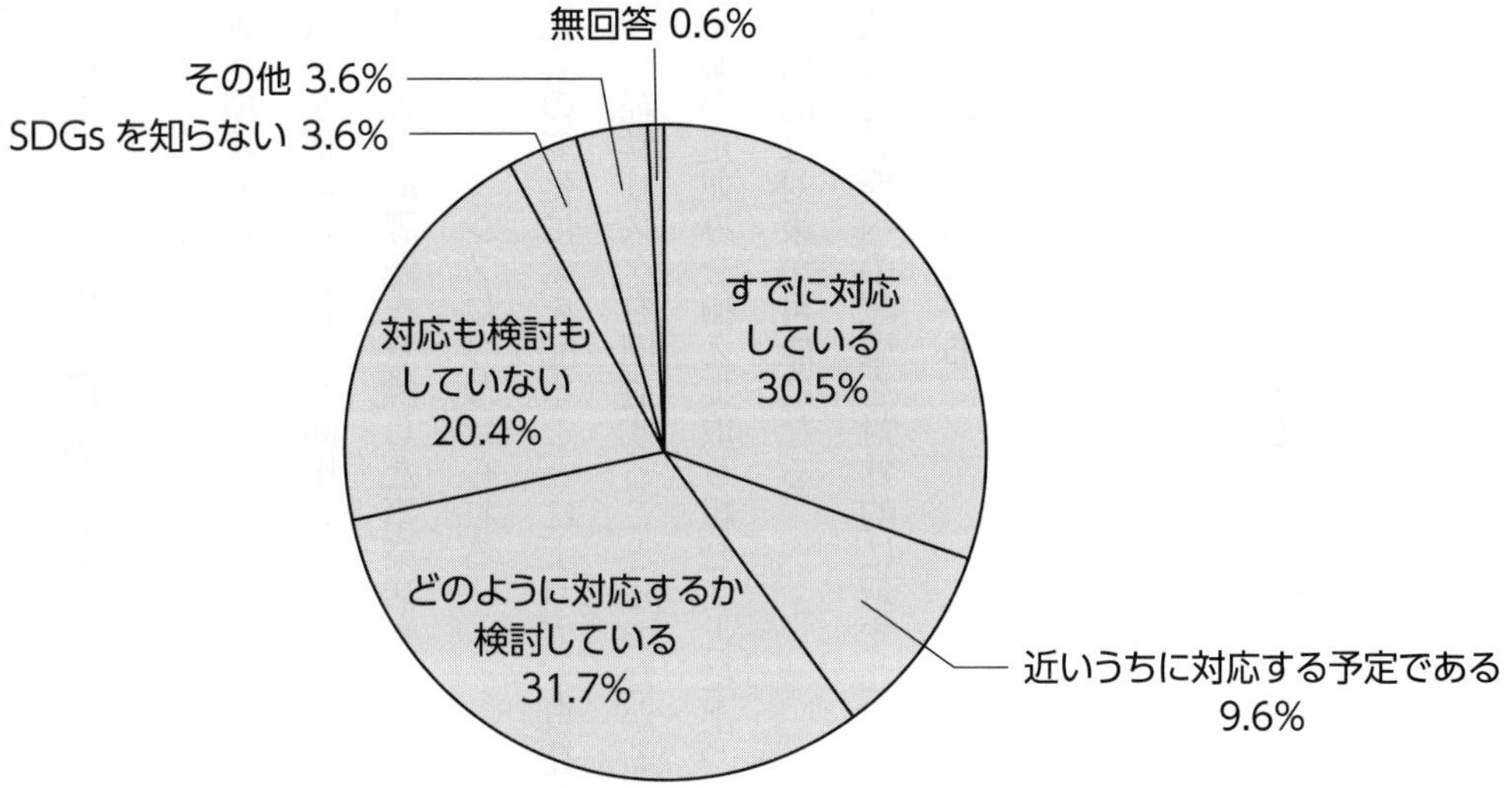

〈すでに対応している企業の対応開始時期〉

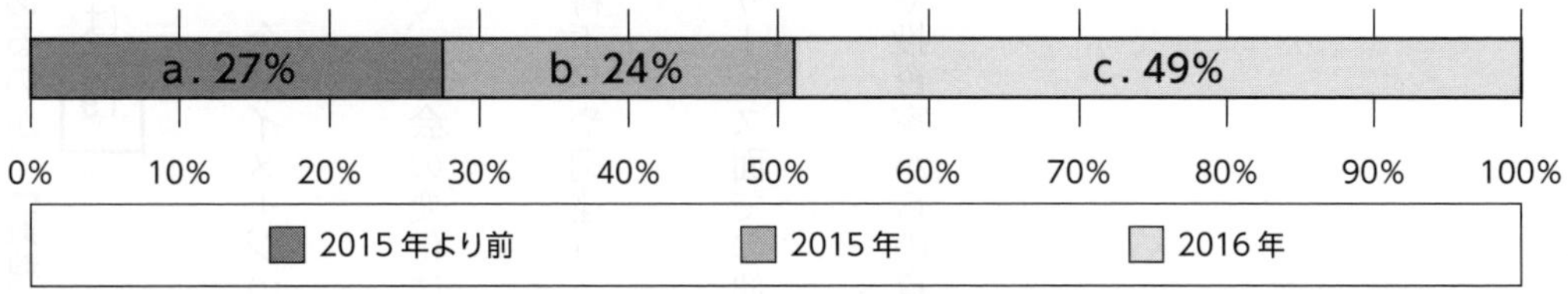

出所：公益社団法人企業市民協議会（CBCC）「『CSR実態調査』結果」（2017年６月）

問1　ＳＤＧｓに取り組むことは、企業にとってどのようなメリットがあるのか。**【資料Ⅰ】**の文章と図から読み取れることとして**適当でないものを**、次の①～⑤のうちから一つ選べ。解答番号は 19 。

① 事業活動が環境や社会に与える影響を把握することによって、企業イメージの低下、製品やサービスの売上減少などの経営リスクを把握し、新たな商機を見つけられる。

② 環境問題や社会的課題を意識した事業活動を行うことによって、社会の変化に伴う顧客のニーズの変化にいち早く対応し、ビジネスチャンスにつなげられる。

③ 環境や社会の変化に気を配ることによって、自社商品の原材料不足や調達コストの増大などを早期に察知することができるので、経営リスクを回避することにつながる。

④ 多くの企業が足並みを揃えて取り組むことによって、品質やサービス面での他社との差異がなくなり、環境や社会的問題への包括的な対策が可能になる。

⑤ 環境や社会的影響への配慮を対外的に示すことにより、銀行や投資家からの資金を調達しやすくなり、結果として持続可能な企業経営につながる。

問２　**【資料Ⅱ】**の表から読み取れる、日本企業におけるＳＤＧｓの認知度や認識を説明したものとして最も適当なものを、次の①～⑤のうちから一つ選べ。解答番号は **20** 。

① 認知度について、２０１５年では最大でも「主にＣＳＲ担当に定着している」で61％の割合だったのが、２０１８年には「経営陣に定着している」が60％以上の割合にまで増加している。

② 認識について、「持続可能性に関わる価値の向上」の割合は２０１６年から常に増加し続けており、２０１８年には「企業の存在価値向上」の割合と並んで80％以上の割合にまで増加している。

③ 認知度・認識のいずれにおいても、２０１６年から２０１８年にかけて数値が出ている項目の割合は全体的に増加傾向を示しているが、消極的認識を示す項目の割合についても全て増加している。

④ 認識について、２０１７年は２０１６年と比較して数値が出ているものは全体的に割合が減少傾向にあるが、２０１８年には積極的認識を示す項目ではすべて60％を超えている。

⑤ 認知度について、２０１７年から２０１８年にかけて「経営陣に定着している」の割合は増加しているが、２０１８年の中間管理職や従業員における割合は未だ20％を下回っている。

問3　次のア～エの各文は、Yさんが【資料Ⅱ】のグラフから読み取れることを根拠としてまとめたものである。【凡例】に基づいて各文の内容の正誤を判断したとき、その組合せとして最も適当なものを、後の①～⑤のうちから一つ選べ。解答番号は 21 。

【凡例】

正しい――述べられている内容は、正しい。
誤っている――述べられている内容は、誤っている。
判断できない――述べられている内容について、【資料Ⅱ】のグラフからは判断できない。

ア　「近いうちに対応する予定である」企業は２０１７年には対応を開始した。
イ　アンケート時点で全体の70％近くの企業はまだ対応をしていない。
ウ　「対応も検討もしていない」と答えた企業はＳＤＧｓに関心がない。
エ　２０１６年より前に対応を開始している企業は「すでに対応している」と回答した企業のうち50％未満である。

①　ア　正しい　　イ　誤っている　　ウ　誤っている　　エ　判断できない
②　ア　誤っている　　イ　判断できない　　ウ　誤っている　　エ　誤っている
③　ア　正しい　　イ　誤っている　　ウ　判断できない　　エ　正しい
④　ア　判断できない　　イ　正しい　　ウ　判断できない　　エ　正しい
⑤　ア　判断できない　　イ　正しい　　ウ　判断できない　　エ　誤っている

問4　Yさんは級友と一緒に【資料Ⅰ】【資料Ⅱ】の内容を分析し、各々意見を述べることにした。資料の内容と合致している意見として最も適当なものを、次の①～⑤のうちから一つ選べ。解答番号は 22 。

①　Aさん　【資料Ⅰ】を読んだ限り、SDGsは企業にとってとてもメリットがあるように思えるけど、【資料Ⅱ】を見ると、それでもあまり定着してないように見えるね。SDGsが重要だと考えている人はいないんじゃないかな。

②　Bさん　【資料Ⅰ】は企業がSDGsに対応した場合のメリットとデメリットが書いてあるようだね。【資料Ⅱ】はグラフの内容が意外だったな。2015年より前からSDGsに対応していた企業もあったんだね。

③　Cさん　【資料Ⅰ】を読むと、SDGsに対応することには多くのメリットがあることがわかるのに、【資料Ⅱ】を見ると、対応済みの企業は全体の割合の半分もないんだね。

④　Dさん　【資料Ⅰ】でSDGsのメリットはわかったけど、企業は具体的にどうすれば良いのかが難しいのかもしれないね。【資料Ⅱ】を読んでも、SDGsのことがわからない人は0％である反面、全体的な認知度は偏りがちだしね。

⑤　Eさん　【資料Ⅰ】に新たなビジネスチャンスとあるけど、【資料Ⅱ】を見る限りステークホルダーとの連携は認知度が5％を切っていて難しいのかな。とはいえ、ステークホルダーとの関係強化を意識している人は常に6割以上だから今後は期待できるね。

第4問

次の文章は『海人《あま》の刈藻《かるも》』の一節である。新中納言（中納言殿）は、帝に仕える藤壺《ふじつぼ》の女御と密通して子をもうけてしまい、葛藤に苛《さいな》まれ出家を考えるようになった。そんな新中納言はある夜、女御の世話役であり事の次第を知っている大納言の君・少将姉妹をたずねて、姉妹が参籠している清水寺《きよみずでら》へとひそかにやってくる。これを読んで、後の問い（問1～5）に答えよ。なお、設問の都合で本文の段落に 1 ～ 5 の番号を付してある。（配点 45）

1 暮れ行くままに、月いと明《あ》かう出《い》でたるに、うち眺《なが》めて居《ゐ》たるに、「（注1）『殿より』とて、鈴虫といふ端童《はしたわらは》を尋ねて女房の入らせ給へるが、少将殿に対面《たいめ》聞こえん」とあり。（少将は）「誰《たれ》ならん。(ア)おぼろけの人にはあらじ」と思ふに、車より下《お》るる人を月影に見れば、なまめかしげなる人入り給ひて、御衣《ぞ》引きのけ給ふを見れば、中納言殿にてぞおはしける。

2 （少将は）「aあな、あさまし。いかで知らせ給ひけるぞ」と聞こゆれば、「一日《ひとひ》案内《あない》せしに、（注2）しかしかと承りて、かかる折ならではと思ひ立ち侍《はべ》りぬる」よしのたまひて、いと心苦しげなるさまにて、「さても、いはけなき人にもの思ひの枝さし添ひぬる心地する。いかなる深山辺《みやまべ》の道妨《さまた》げならんと恨めしく、かつはあはれに」とて、「（注3）大宮・斎宮《さいぐう》など、もてかしづき給ふさま、御懐《ふところ》離れずなん。『見るに心は』と今ぞ覚え侍る」とて、堰《せ》きかね給ふ御さま、（注4）ありし夕べののちは、大納言の君は今ぞ見聞こゆる。少将のつねに語り聞こえしもことわりに思ひて、我もうち泣きぬ。

3 「今はひたすらに思ひ立ちぬべき山道を、（注5）『この御さま今少し見聞こえん』と思ふにぞ、今日までも」とて、おほけなき心のかく染《し》みかへりぬる年月を、泣きみ笑ひみのたまふ御さま、いみじうらうたげに、（注6）奥の夷《えびす》も泣きぬべく見え給ふに、二人《ふたり》ながら(イ)岩木ならねば、いみじう泣きぬるを、「さは、あはれ知り給ふ御心もおはしけりな。これや仏の御しるべならん。（注7）『枯れたる枝』の例《ためし》にや」とてうち笑ひ給ふにぞ、「誰《た》がつらさをか」など聞こえかはすに、鳥もたびたび鳴くに、「今はb帰らせ給へ。殿の人々などや参り侍らん」と聞こゆれば、「いさや、いと苦し。仏にはいかに人に憎まれたる者も参る例にこそcあなれ。関白殿参り給ふとも苦しからず」などのたまふ。さすがにゆかしき人の御うへを聞くもあはれなり。

4　こと（注8）と d 明かうなれば、さすがに出で給ふとても、さし寄りて、「益田《ますだ》（注9）はいかに苦しう e 思ひ給ふらん」とて、「今一度《ひとたび》、内裏《うち》へ参り給はぬさきに、御衣の端をだに」と返す返すのたまふに、（少将は）

Ⅰ　頼めてもかひもあらじをなかなかに繰《く》り返す（注10）てふ言の葉ぞ憂《う》き

と言ひたるに、

Ⅱ　枯れ木にも花の咲くてふ寺に来て頼めしことのかひなからめや

とのたまふ。

5　出でがてにやすらひ給ふさま、なまめかしうあてなるは、「帝と聞こゆとも、かうはえおはしまさざりけり」と見奉る。なみなみのことならば、身にも替へぬべくぞ覚ゆるや。

（注）
1　『殿より』とて……対面聞こえん」――新中納言の来訪に接した侍女の取り次ぎの台詞。「殿」は帝に近しい関白家を指す。周囲を憚った新中納言が、架空の口上を用いたのである。
2　しかしかと承りて――大納言の君・少将姉妹が清水寺に参籠していると伺って。
3　大宮・斎宮――大宮は皇太后、斎宮はその娘。新中納言と女御との子を預かっている。
4　ありし夕べ――女御が出産する時に、新中納言がひそかに駆けつけた晩を指す。
5　この御さま――新中納言の子の御様子。
6　奥の夷も泣きぬべく見え給ふに――荒々しい奥州の人々でさえも泣いてしまいそうにお見えになるので。
7　「枯れたる枝」の例――清水寺の観音の功徳によって、枯れた草木に花が咲いたという霊験譚。
8　ことと――本格的に。すっかり。
9　益田――女御を指す。
10　てふ――「といふ」が縮まった表現。

問1 傍線部(ア)・(イ)の解釈として最も適当なものを、次の各群の①～⑤のうちから、それぞれ一つずつ選べ。解答番号は 23 ・ 24 。

(ア) おぼろけの人にはあらじ 23
① 興趣を解する人ではあるまい
② 仏道修行中の人かもしれない
③ 並一通りの人ではなさそうだ
④ 顔なじみの人であってほしい
⑤ 取るに足りない人に違いない

(イ) 岩木ならねば 24
① 古雅な岩や木のようなので
② 素朴な岩や木のようなので
③ 粗末な岩や木ではないので
④ 非情な岩や木ではないので
⑤ 頑強な岩や木ではないので

問2　波線部**a**〜**e**について、語句と表現に関する説明として最も適当なものを、次の①〜⑤のうちから一つ選べ。解答番号は 25 。

① **a**　「あな、あさまし」は、「あさまし」が形容詞の語幹の用法であり、「少将」の驚きを強調する表現になっている。

② **b**　「帰らせ給へ」は、「給へ」が尊敬の補助動詞であり、作者から「新中納言」への敬意を込めた表現になっている。

③ **c**　「あなれ」は、「なれ」が断定の助動詞であり、「新中納言」の発言の説得力を強める表現になっている。

④ **d**　「明かうなれば」は、「なれ」が推定の助動詞であり、時間の経過を読み手に伝える表現になっている。

⑤ **e**　「思ひ給ふらん」は、「らん」が現在推量の助動詞であり、「少将」の気がかりな気持ちを込めた表現になっている。

問3　[1]～[3]段落の内容に関する説明として適当なものを、次の①～⑥のうちから二つ選べ。ただし、解答の順序は問わない。解答番号は[26]・[27]。

①　少将が、来訪者の被っていた着物を引きのけると、その正体は新中納言であることがわかった。
②　新中納言は、こういう機会でないと訪問は難しいから、今回の訪問を思い立ったと説明した。
③　新中納言は、女御のために物思いが重なり、出家の妨げになるかもしれないと恨めしく思った。
④　少将は、いつも大納言の君から新中納言のいたわしい様子を語り聞かされていた。
⑤　新中納言は、女御を愛するという大それた心が深く染みついた年月のことを語った。
⑥　新中納言は、思いがけず関白の身の上話まで聞くことになり、しみじみと心打たれた。

問4 4・5 段落の内容に関する説明として最も適当なものを、次の①～④のうちから一つ選べ。解答番号は 28 。

① 和歌Ⅰは、女御の着物の端だけでも見せてくれないかという新中納言の頼みに対して、あなたがどれだけ期待をしても私はそれに答えられませんと断る意味になっている。

② 和歌Ⅱは、少将に対して、霊験あらたかな清水寺に来ているのだから、あなたが私に期待を持たせたことはきっと甲斐がありますよと説得する内容になっている。

③ 新中納言が清水寺を退出した後に休息している様子は、大納言の君や少将が、帝といってもこれほどではないだろうと思うほど気品に満ちていた。

④ 新中納言は、女御の着物の端だけでも欲しいという大それた頼みではなく、もっと普通の頼みであれば、大納言の君や少将は聞き入れてくれただろうにと後悔した。

問5　Hさんのクラスでは、授業で本文を読んだ後、本文の表現について理解を深めるために、教師から配られた**【学習プリント】**をもとに、グループで話し合い、その結果を**【ノート】**にまとめた。このことについて、後の(i)・(ii)の問いに答えよ。

【学習プリント】

2段落の二重傍線部「『見るに心は』と今ぞ覚え侍る」の「見るに心は」は、以下にあげる『源氏物語』の和歌をふまえた表現です。

Ⅲ　よそへつつ見るに心は慰まで露けさまさるなでしこの花

光源氏は、帝に仕える藤壺の女御と不義の子・若君をもうけますが、帝が若君を我が子だと疑わずかわいがっているのを目にして、さまざまな葛藤に苛まれます。そうした折、庭前の撫子《なでしこ》の花を見て藤壺の女御に送った歌が、右の和歌**Ⅲ**です。

〔課題〕　和歌**Ⅲ**の表現をふまえて、二重傍線部に表現された新中納言の心情について考察してみましょう。

【ノート】

●和歌Ⅲについて
・「よそふ」は、辞書によれば、「①準備する　②身を飾る」の意の四段活用動詞と、「①ことよせる・かこつける　②たとえる・なぞらえる・比べる」の意の下二段活用動詞の二つがある。
・光源氏が和歌Ⅲを詠んだ事情をふまえると、和歌Ⅲでは、 X と考えられる。

●二重傍線部について
二重傍線部で新中納言が伝えたかったことは、 Y ということであると考えられる。

(i) 空欄 X に入る内容として最も適当なものを、次の①～④のうちから一つ選べ。解答番号は 29 。

① いま見ている撫子の花を、いとしい子というその名の連想から若君になぞらえている
② どんなに心の準備をしていても、実際に若君を見ると動揺してしまうと告白している
③ 美しく着飾った若君は、まるで露をたくさん受けた撫子の花のようだと賛美している
④ 若君の可憐さは、撫子の花にも比肩しうると述べて、わが子への愛情を吐露している

(ii) 空欄 **Y** に入る内容として最も適当なものを、次の①～④のうちから一つ選べ。解答番号は 30 。

① 我が子に対し、いくら大宮と斎宮からかわいがられているとはいえ、不義の子であるという境遇を考えると、同情を禁じえないでいる

② 大宮と斎宮が新中納言の子を身辺から離さないのを見ると、預けたりせずに自分が直接養育できたらよかったのにと後悔している

③ 大宮と斎宮が新中納言の子をかわいがる一方で、自分は我が子に思いを馳せても心が慰められず、かえって悲しみを募らせている

④ 大宮と斎宮が新中納言の子をかわいがる様子を見ると、自分は我が子を表立ってかわいがることができないことが情けなく思われる

第5問 次の文章を読んで、後の問い(**問1～6**)に答えよ。なお、設問の都合で返り点・送り仮名を省いたところがある。
(配点 45)

衛(注1)ノ霊公以テ二天寒キヲ一鑿《うが》タントスレ池ヲ。宛《えん》(注3)春《しゅん》諫メテ曰ハク、「天寒クシテ起コサバレ役ヲ、A X 傷民。」公曰ハク、「天寒キ乎カト。」宛春曰ハク、「君衣《き》二狐《こ》(注4)裘《きう》ヲ一、坐シ二熊《いう》(注5)席《せき》ニ一、陬《あう》(注6)隅《ぐう》ニ有リレ竈《かまど》、(ア)是以不レ寒カラ。今民ハ衣弊《やぶ》ルルモ不レ補ハ、履《くつ》決《やぶ》ルルモ不レ苴《おぎな》ハ。君ハ則チ不レ寒カラ、民ハ誠ニ寒シト矣。」公曰ハク、「善シト。」令ムレ罷《や》メレ役ヲ。(イ)左右諫メテ曰ハク、「君鑿タントシテレ池ヲ、不ルニレ知ラ二天ノ寒キヲ一、以テ二宛春ノ知ルヲ一而罷メバレ役ヲ、B 是徳帰宛春、怨帰於君。」公曰ハク、「不レ然ラ。宛春ハ、魯《ろ》(注7)国之匹夫ニシテ、吾挙グ(注8)レ之ヲ。民未ダレ有ラレ見ルコトレ焉《これ》ヲ。今 C 将レ令二民以レ此見一レ之。且ツ春也《や》有リレ善。寡《くわ》人《じん》有レバ二春之善一、D 非ザラン二寡人之善ニ一与《や》ト。」霊公ノ論ズルハ二宛春ヲ一、可シレ謂フレ知レリト二君之道ヲ一矣。

(劉向《りゅうきょう》『新序《しんじょ》』による)

（注）
1　衛霊公――「衛」は春秋時代の国名。「霊公」は衛国の君主。
2　鑿レ池――城の周りの堀を深くする。
3　宛春――人名。
4　狐裘――キツネの腋《わき》の下の白い毛で作った皮衣《かわごろも》。
5　熊席――クマの毛皮で作った敷きもの。
6　陬隅――部屋の隅。
7　魯――春秋時代の国名。
8　挙――登用する。

問1　波線部(ア)「是 以」・(イ)「左 右」の意味として最も適当なものを、次の各群の①～⑤のうちから、それぞれ一つずつ選べ。解答番号は 31 ・ 32 。

(ア)「是 以」 31
① いわゆる
② 思うに
③ 正確には
④ そもそも
⑤ こういうわけで

(イ)「左 右」 32
① 親類が
② 側近が
③ 旧知の友が
④ 大臣が
⑤ 使者が

問2　傍線部A「[X]傷民」について、(a)空欄[X]に入る語と、(b)書き下し文との組合せとして最も適当なものを、次の①～⑤のうちから一つ選べ。解答番号は[33]。

① (a) 不　(b) 民を傷《そこ》なはず(と)

② (a) 何　(b) 何ぞ民を傷なはんや(と)

③ (a) 請　(b) 請ふ民を傷なはん(と)

④ (a) 安　(b) 安《いづ》くにか民を傷なはんや(と)

⑤ (a) 恐　(b) 恐らくは民を傷なはん(と)

問3　傍線部**B**「是 徳 帰 宛 春、怨 帰 於 君」の返り点と書き下し文との組合せとして最も適当なものを、次の①～⑤のうちから一つ選べ。解答番号は **34** 。

① 是 徳二｜帰 宛 春一、怨二｜帰 於 君一　是れ宛春は徳に帰《き》し、君は怨みに帰せん(と)

② 是 徳 帰二宛 春一、怨 帰二於 君一　是れ徳は宛春に帰し、怨みは君に帰せん(と)

③ 是 徳 帰二宛 春一、怨レ帰二於 君一　是れ徳は宛春に帰し、君よりも帰するを怨まん(と)

④ 是 徳二帰 宛 春一、怨二帰 於 君一　是れ帰するを宛春に徳とし、帰するを君に怨まん(と)

⑤ 是 徳二｜帰 宛 春一、怨レ帰二於 君一　是れ宛春は徳に帰し、君よりも帰するを怨まん(と)

問4　傍線部**C**「将レ令ニ民 以レ此 見一レ之」の解釈として最も適当なものを、次の①～⑤のうちから一つ選べ。解答番号は 35 。

① 宛春の諫言に従い労役を中止することで、人びとに宛春の善良さを見させよう

② 宛春の諫言に従い労役を中止することで、人びとに宛春の善良さを見させるのがよい

③ 宛春の諫言に従い労役を中止することで、人びとの喜ぶ様子を見たいと思う

④ 宛春の諫言に従い労役を中止することで、お前たちに人びとの喜ぶ様子を見させよう

⑤ 宛春の諫言に従い労役を中止することで、宛春は自分の手柄を誇って人びとに見せるだろう

問5　傍線部**D**「非二寡 人 之 善一与」とあるが、どういうことが言いたいのか。その説明として最も適当なものを、次の①～⑤のうちから一つ選べ。解答番号は 36 。

① 宛春のような善良さを持っている人物は、衛国にはめったにいないということ。
② 人びとの苦しい生活を憂慮する宛春の善良さに、霊公の善良さは及ばないということ。
③ 善良な宛春を登用したからといって、霊公が善良だということにはならないということ。
④ 臣下の宛春が善良であることは、そのまま霊公が善良であるのと同じだということ。
⑤ 善良な宛春が霊公の臣下に加わったのは、霊公の善良さを慕っているからだということ。

問6　次の**【資料】**は、南宋《なんそう》の何坦《かたん》が著した統治に関する意見のうち、本文の故事について述べた箇所である。本文の二重傍線部「霊公論二宛春一、可レ謂レ知二君之道一矣」と比較して、**【資料】**の意見はどのような点が特徴的か。その説明として最も適当なものを、後の①～⑤のうちから一つ選べ。解答番号は **37** 。

【資料】

> 霊公冬寒クシテ而役シテレ民ヲ鑿《うが》タントスルハレ池ヲ、過チナルモ也、能ク聴キテ二宛春之諫メヲ一而罷《や》ムニ其ノ役ヲ一。後世有リレ取ルモノレ焉《これ》ヲ、為ス三其レ能ク用ヰルト二人之善ヲ一也。況《ま》シテ不ルレ為ラ二霊公一者ハ、可ケン二諱《い》ミテレ過チヲ而憚《はばか》ルレ改ムルヲ乎。
>
> （何坦『西疇老人常言《せいちゅうろうじんじょうげん》』による）

① 霊公のことを自身の過ちを改めた人物とみなし、「自らの過ちを改めることをためらってはならない」という、世の中の為政者がみな心がけるべき教訓を導き出している点。

② 霊公のことを臣下の過ちを正した人物とみなし、「君主は臣下に善行を行うよう奨励しなければならない」という、善政を行って人びとの支持を集める重要性を主張している点。

③ 霊公のことを的確な人材登用を行った人物とみなし、「君主は身分に関係なく優秀な人材を重用すべきだ」という、国を長く存続させるための秘訣《けつ》を説いている点。

④ 霊公のことを諫言に従い過ちを改めた人物とみなし、「これほど素直に自らの過ちを改めた君主は歴史上ほかにいない」という、霊公に対する最大級の賛辞を贈っている点。

⑤ 霊公のことを過ちに適切に対処した人物とみなし、「過ちを未然に恐れるのではなく、犯してしまった過ちを改めることが重要だ」という、為政者の持つべき心構えを示している点。

大学入学共通テスト試作問題

(2022年11月公表)

●大学入試センターによる試作問題(2022年11月公表)は，新課程での共通テスト実施に向け，作問の方向性や具体的なイメージを共有するため，理科以外の6教科それぞれの全科目または一部科目について作成されたものです。本番の試験ではこの試作問題と同じような内容，形式，配点等の問題が必ずしも出題されるものではありません。

○掲載している試作問題

第A問（配点20点）　　第B問（配点20点）

※本問題集収録にあたっては，A4サイズで公表された問題をB5サイズに縮小しています。また，公表時の問題をベースとして編集部にて一部修正・変更等を行っています。

第A問

次の【資料Ⅰ】（**文章**、**図**、**グラフ1**～**グラフ3**）と【資料Ⅱ】は、気候変動が健康に与える影響について調べていたひかるさんが見つけた資料の一部である。これらを読んで、後の問い（**問1～3**）に答えよ。（配点　20）

【資料Ⅰ】

文章　**健康分野における、気候変動の影響について**

ⓐ気候変動による気温上昇は熱ストレス[注1]を増加させ、熱中症リスク[注2]や暑熱による死亡リスク、その他、呼吸器系疾患等の様々な疾患リスクを増加させる。特に、ⓑ暑熱に対して脆《ぜい》弱性が高い高齢者を中心に、暑熱による超過死亡[注3]が増加傾向にあることが報告されている。年によってばらつきはあるものの、熱中症による救急搬送人員・医療機関受診者数・熱中症死亡者数は増加傾向にある。

ⓒ気温の上昇は感染症を媒介する節足動物[注4]の分布域・個体群密度・活動時期を変化させる。感染者の移動も相まって、国内での感染連鎖が発生することが危惧される。これまで侵入・定着がされていない北海道南部でもヒトスジシマカの生息が拡大する可能性や、日本脳炎ウイルスを媒介する外来性の蚊の鹿児島県以北への分布域拡大の可能性などが新たに指摘されている。

外気温の変化は、水系・食品媒介性感染症[注5]やインフルエンザのような感染症類の流行パターンを変化させる。感染性胃腸炎やロタウイルス感染症、下痢症などの水系・食品媒介性感染症、インフルエンザや手足口病などの感染症類の発症リスク・流行パターンの変化が新たに報告されている。

猛暑や強い台風、大雨等の極端な気象現象の増加に伴いⓓ自然災害が発生すれば、被災者の暑熱リスクや感染症リスク、精神疾患リスク等が増加する可能性がある。

2030 年代までの短期的には、ⓔ温暖化に伴い光化学オキシダント・オゾン等の汚染物質の増加に伴う超過死亡者数が増加するが、それ以降は減少することが予測されている。

健康分野における、気候変動による健康面への影響の概略は、次の**図**に示すとおりである。

（注）1　熱ストレス……高温による健康影響の原因の総称。
2　リスク……危険が生じる可能性や度合い。
3　超過死亡……過去のデータから統計的に推定される死者数をどれだけ上回ったかを示す指標。
4　感染症を媒介する節足動物……昆虫やダニ類など。
5　水系・食品媒介性感染症……水、食品を介して発症する感染症。

図

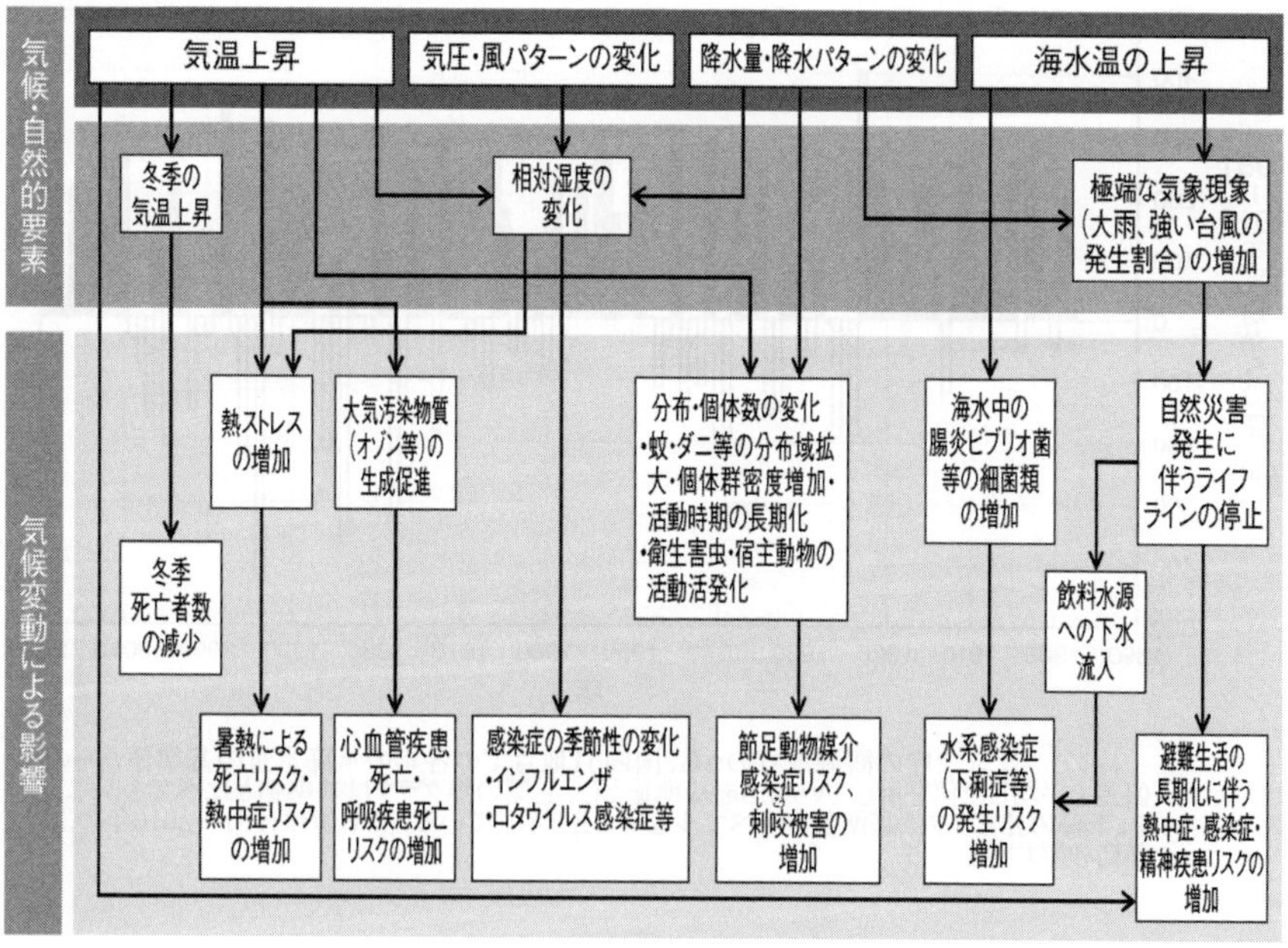

（**文章**と**図**は、環境省「気候変動影響評価報告書 詳細（令和２年12月）」をもとに作成）

グラフ1 日本の年平均気温偏差の経年変化

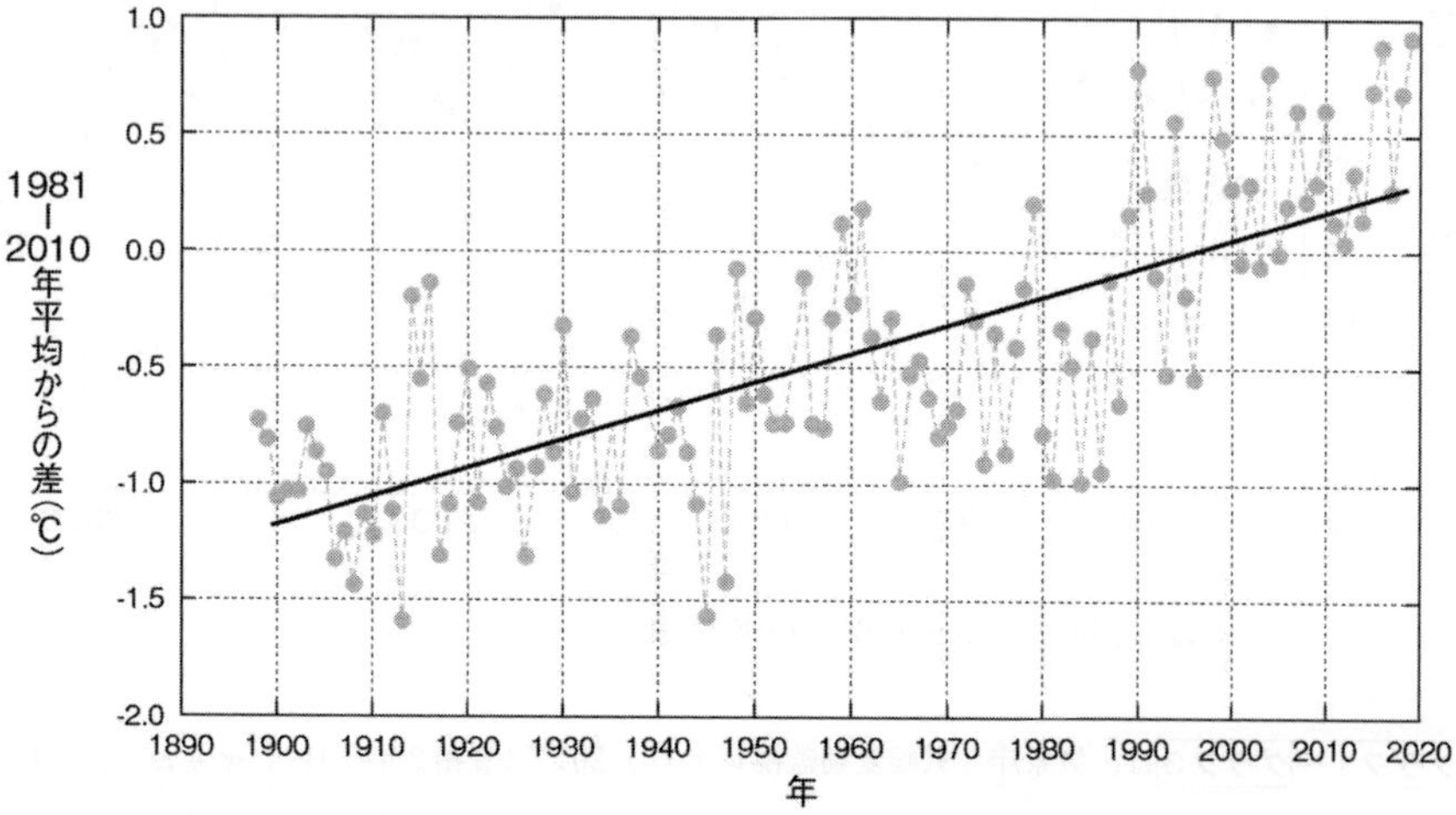

点線で結ばれた点は、国内15観測地点での年平均気温の基準値からの偏差を平均した値を示している。直線は長期変化傾向（この期間の平均的な変化傾向）を示している。基準値は1981～2010年の30年平均値。

グラフ2 日本の年降水量偏差の経年変化

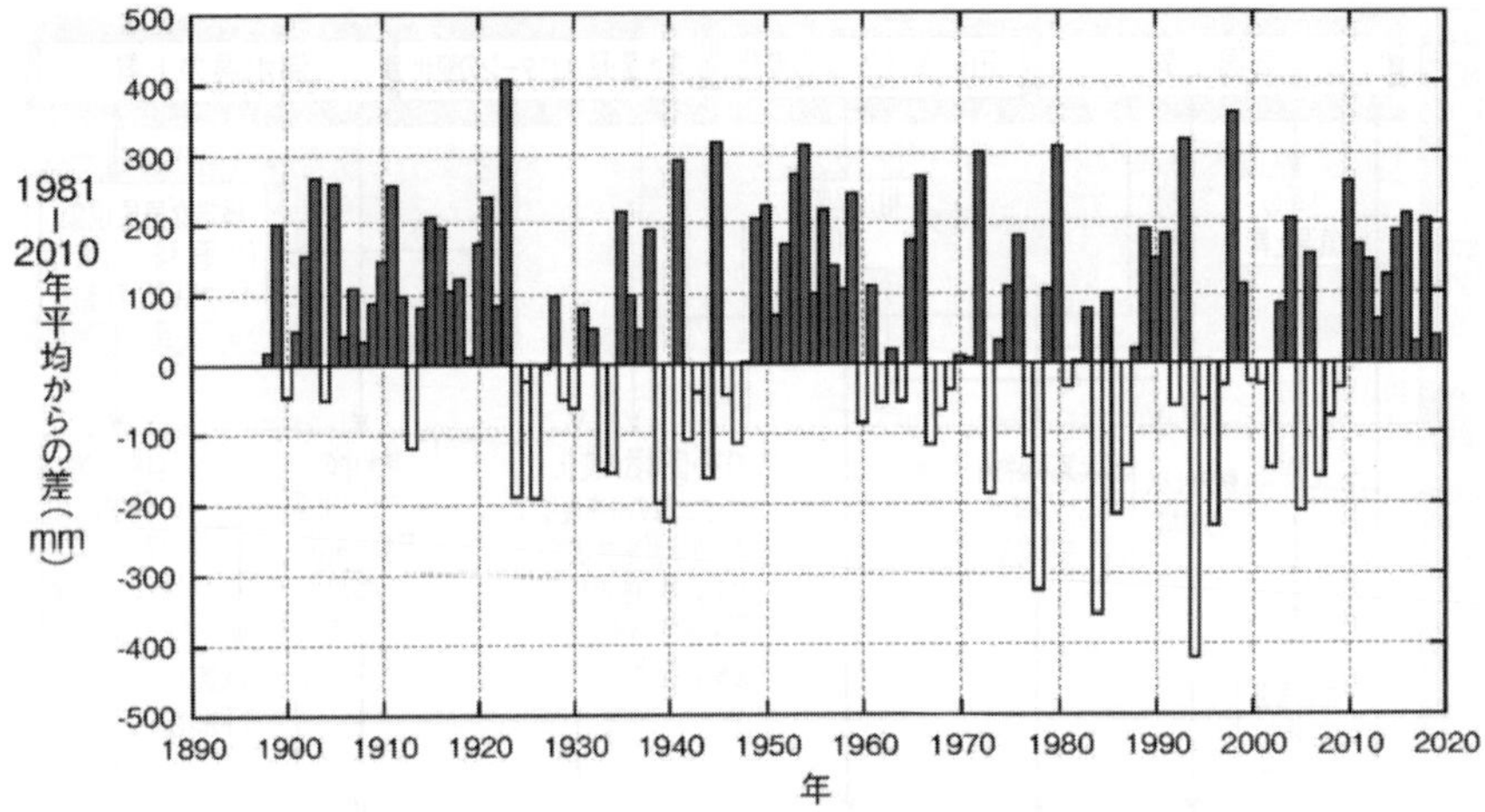

棒グラフは気象庁の観測地点のうち、国内51地点での各年の年降水量の基準値からの偏差を平均した値を示している。0を基準値とし、上側の棒グラフは基準値と比べて多いことを、下側の棒グラフは基準値と比べて少ないことを示している。基準値は1981～2010年の30年間の平均値。

グラフ3 台風の発生数及び日本への接近数

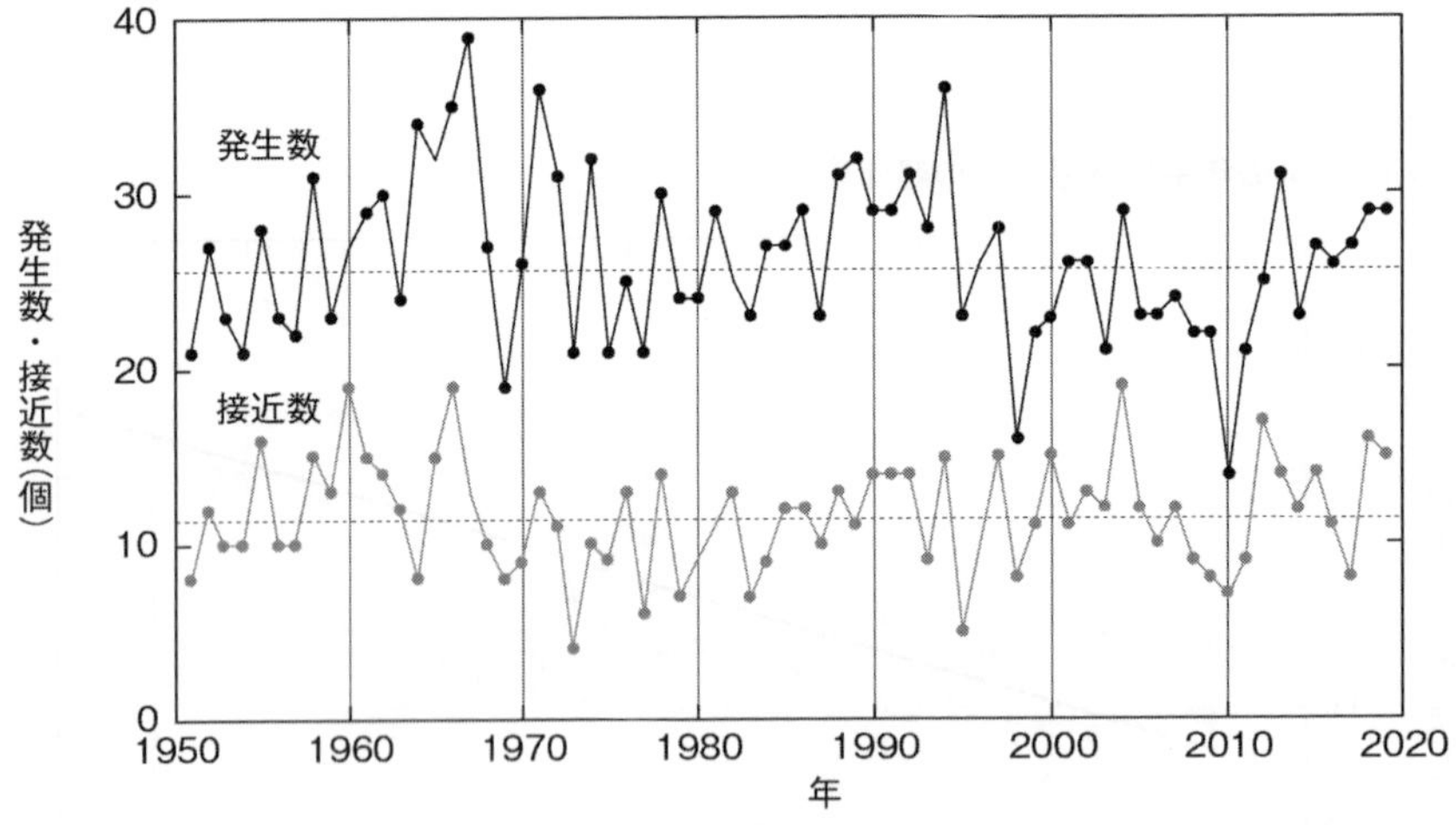

点線は平年値（1950年～2020年の平均）を表す。

（**グラフ１**～**グラフ３**は、気象庁「気候変動監視レポート 2019（令和２年７月）」をもとに作成）

【資料Ⅱ】

地球温暖化の対策は、これまで原因となる温室効果ガスの排出を削減する「緩和策」を中心に進められてきた。しかし、世界が早急に緩和策に取り組んだとしても、地球温暖化の進行を完全に制御することはできないと考えられている。温暖化の影響と考えられる事象が世界各地で起こる中、その影響を抑えるためには、私たちの生活・行動様式の変容や防災への投資といった被害を回避、軽減するための「適応策」が求められる。例えば、環境省は熱中症予防情報サイトを設けて、私たちが日々の生活や街中で熱中症を予防するための様々な工夫や取り組みを紹介したり、保健活動にかかわる人向けの保健指導マニュアル「熱中症環境保健マニュアル」を公開したりしている。これも暑熱に対する適応策である。また、健康影響が生じた場合、現状の保健医療体制で住民の医療ニーズに応え、健康水準を保持できるのか、そのために不足しているリソース[注1]があるとすれば何で、必要な施策は何かを特定することが望まれる。例えば、21世紀半ばに熱中症搬送者数が 2 倍以上となった場合、現行の救急搬送システム（救急隊員数、救急車の数等）ですべての熱中症患者を同じ水準で搬送可能なのか、受け入れる医療機関、病床、医療従事者は足りるのか、といった評価を行い、対策を立案していくことが今後求められる。また緩和策と健康増進を同時に進めるコベネフィット[注2]を追求していくことも推奨される。例えば、自動車の代わりに自転車を使うことは、自動車から排出される温室効果ガスと大気汚染物質を減らし（緩和策）、自転車を漕《こ》ぐことで心肺機能が高まり健康増進につながる。肉食を減らし、野菜食を中心にすることは、家畜の飼育過程で糞《ふん》尿などから大量に排出されるメタンガスなどの温室効果ガスを抑制すると同時に、健康増進につながる。こうしたコベネフィットを社会全体で追求していくことは、各セクター[注3]で縦割りになりがちな適応策に横のつながりをもたらすことが期待される。

（橋爪真弘《はしづめまさひろ》「公衆衛生分野における気候変動の影響と適応策」による）

（注） 1　リソース……資源。
2　コベネフィット……一つの活動が複数の利益につながること。
3　セクター……部門、部署。

問1 【資料Ⅰ】 文章と図との関係について、次の(ⅰ)(ⅱ)の問いに答えよ。

(ⅰ) 文章の下線部ⓐ～ⓔの内容には、図では**省略されているものが二つ**ある。その二つの組合せとして最も適当なものを、次の①～⑤のうちから一つ選べ。
解答番号は 1 。

① ⓑとⓔ
② ⓐとⓓ
③ ⓒとⓔ
④ ⓑとⓓ
⑤ ⓐとⓒ

(ⅱ) 図の内容や表現の説明として**適当でないもの**を、次の①～⑤のうちから一つ選べ。解答番号は 2 。

① 「気候変動による影響」として環境及び健康面への影響を整理して図示し、文章の内容を読み手が理解しやすいように工夫している。
② 気温上昇によって降水量・降水パターンの変化や海水温の上昇が起こるという因果関係を図示することによって、文章の内容を補足している。
③ 「気候・自然的要素」と「気候変動による影響」に分けて整理することで、どの要素がどのような影響を与えたかがわかるように提示している。
④ 「気候・自然的要素」が及ぼす「気候変動による影響」を図示することにより、特定の現象が複数の影響を生み出し得ることを示唆している。
⑤ 気候変動によって健康分野が受ける複雑な影響を読み手にわかりやすく伝えるために、いくつかの事象に限定して因果関係を図示している。

問2 次のア～エの各文は、ひかるさんが**【資料Ⅰ】**、**【資料Ⅱ】**を根拠としてまとめたものである。**【凡例】**に基づいて各文の内容の正誤を判断したとき、その組合せとして最も適当なものを、後の①～⑤のうちから一つ選べ。解答番号は **3** 。

【凡例】

> **正　し　い**――述べられている内容は、正しい。
> **誤っている**――述べられている内容は、誤っている。
> **判断できない**――述べられている内容の正誤について、**【資料Ⅰ】**、**【資料Ⅱ】**からは判断できない。

ア　気候変動による気温の上昇は、冬における死亡者数の減少につながる一方で、高齢者を中心に熱中症や呼吸器疾患など様々な健康リスクをもたらす。

イ　日本の年降水量の平均は一九〇一年から一九三〇年の三〇年間より一九八一年から二〇一〇年の三〇年間の方が多く、気候変動の一端がうかがえる。

ウ　台風の発生数が平年値よりも多い年は日本で真夏日・猛暑日となる日が多く、気温や海水温の上昇と台風の発生数は関連している可能性がある。

エ　地球温暖化に対して、温室効果ガスの排出削減を目指す緩和策だけでなく、被害を回避、軽減するための適応策や健康増進のための対策も必要である。

	ア	イ	ウ	エ
①	正しい	誤っている	誤っている	判断できない
②	誤っている	判断できない	誤っている	誤っている
③	正しい	誤っている	判断できない	正しい
④	誤っている	正しい	判断できない	正しい
⑤	判断できない	正しい	判断できない	誤っている

問3 気候変動が健康に影響を与えることを知り、高校生として何ができるか考えたひかるさんは、**【資料Ⅰ】**と**【資料Ⅱ】**を踏まえたレポートを書くことにした。次の**【目次】**は、ひかるさんがレポートの内容と構成を考えるために作成したものである。これを読んで、後の（ｉ）（ⅱ）の問いに答えよ。

【目次】

テーマ：気候変動が健康に与える影響と対策

はじめに：テーマ設定の理由

第１章　気候変動が私たちの健康に与える影響
　a 暑熱による死亡リスクや様々な疾患リスクの増加
　b 感染症の発生リスクの増加
　c 自然災害の発生による被災者の健康リスクの増加

第２章　データによる気候変動の実態
　a 日本の年平均気温の経年変化
　b 日本の年降水量の経年変化
　c 台風の発生数及び日本への接近数

第３章　気候変動に対して健康のために取り組むべきこと
　a 生活や行動様式を変えること
　b 防災に対して投資すること
　c ［　　X　　］
　d コベネフィットを追求すること

おわりに：調査をふりかえって
参考文献

（ⅰ）**【資料Ⅱ】**を踏まえて、レポートの第3章の構成を考えたとき、**【目次】**の空欄 X に入る内容として最も適当なものを、次の①〜⑤のうちから一つ選べ。解答番号は 4 。

① 熱中症予防情報サイトを設けて周知に努めること
② 保健活動にかかわる人向けのマニュアルを公開すること
③ 住民の医療ニーズに応えるために必要な施策を特定すること
④ 現行の救急搬送システムの改善点を明らかにすること
⑤ 縦割りになりがちな適応策に横のつながりをもたらすこと

（ⅱ）ひかるさんは、級友に**【目次】**と**【資料Ⅰ】【資料Ⅱ】**を示してレポートの内容や構成を説明し、助言をもらった。**助言の内容に誤りがあるもの**を、次の①〜⑤のうちから一つ選べ。解答番号は 5 。

① Aさん　テーマに掲げている「対策」という表現は、「健康を守るための対策」なのか、「気候変動を防ぐための対策」なのかわかりにくいから、そこが明確になるように表現すべきだと思うよ。
② Bさん　第1章のbの表現は、aやcの表現とそろえたほうがいいんじゃないかな。「大気汚染物質による感染症の発生リスクの増加」とすれば、発生の原因まで明確に示すことができると思うよ。
③ Cさん　気候変動と健康というテーマで論じるなら、気候変動に関するデータだけでなく、感染症や熱中症の発生状況の推移がわかるデータも提示できると、より根拠が明確になるんじゃないかな。
④ Dさん　第1章で、気候変動が健康に与えるリスクについて述べるんだよね。でも、その前提として気候変動が起きているデータを示すべきだから、第1章と第2章は入れ替えた方が、流れがよくなると思うよ。
⑤ Eさん　第1章から第3章は、調べてわかった事実や見つけた資料の内容の紹介だけで終わっているように見えるけど、それらに基づいたひかるさんなりの考察も書いてみたらどうだろう。

第Ｂ問

ヒロミさんは、日本語の独特な言葉遣いについて調べ、「言葉遣いへの自覚」という題で自分の考えを**【レポート】**にまとめた。**【資料Ⅰ】**～**【資料Ⅲ】**は、**【レポート】**に引用するためにアンケート結果や参考文献の一部を、見出しを付けて整理したものである。これらを読んで、後の問い（**問１～４**）に答えよ。（配点　20）

【レポート】

男女間の言葉遣いの違いは、どこにあるのだろうか。**【資料Ⅰ】**によると、男女の言葉遣いは同じでないと思っている人の割合は、七割以上いる。実際、「このバスに乗ればいいのよね？」は女の子の話し方として、「このカレーライスうまいね！」は男の子の話し方として認識されている。これは、性差によって言葉遣いがはっきり分かれているという、日本語の特徴の反映ではないだろうか。

一方、［　X　］にも着目すると、男女の言葉遣いの違いを認識しているものの、女性らしいとされていた言葉遣いがあまり用いられず、逆に男性らしいとされる言葉遣いをしている女性も少なからず存在することが分かる。

ここで、**【資料Ⅱ】【資料Ⅲ】**の「役割語」を参照したい。これらの資料によれば、言葉遣いの違いは性別によるとはかぎらない、そして、［　Y　］ということである。

たしかに、マンガやアニメ、小説などのフィクションにおいて、このような役割語は、非常に発達している。役割語がなければ、「キャラクタ」を描けないようにすら感じる。とくに、文字は映像と違って、顔は見えないし声も聞こえない。役割語が効率的にキャラクタを描き分けることによって、それぞれのイメージを読者に伝えることができる。その一方で、キャラクタのイメージがワンパターンに陥ってしまうこともある。

それでは、現実の世界ではどうだろうか。私たちの身近にある例を次にいくつか挙げてみよう。

［　Z　］

以上のように、私たちの周りには多くの役割語があふれている。したがって、役割語の性質を理解したうえで、フィクションとして楽しんだり、時と場所によって用いるかどうかを判断したりするなど、自らの言葉遣いについても自覚的でありたい。

【資料Ⅰ】　性別による言葉遣いの違い

著作権処理等の関係上、省略しています

【資料Ⅱ】　役割語の定義

役割語について、金水敏『ヴァーチャル日本語　役割語の謎』（岩波書店、二〇〇三年、二〇五頁）では次のように定義している。

ある特定の言葉遣い（語彙・語法・言い回し・イントネーション等）を聞くと特定の人物像（年齢、性別、職業、階層、時代、容姿・風貌、性格等）を思い浮かべることができるとき、あるいはある特定の人物像を提示されると、その人物がいかにも使用しそうな言葉遣いを思い浮かべることができるとき、その言葉遣いを「役割語」と呼ぶ。

すなわち、特定の話し方あるいは言葉遣いと特定の人物像（キャラクタ）との心理的な連合であり、（注）ステレオタイプの言語版であるとも言える。役割語の分かりやすい例として、次のようなものを挙げることができる。

a　おお、そうじゃ、わしが知っておるんじゃ。
b　あら、そうよ、わたくしが知っておりますわ。
c　うん、そうだよ、ぼくが知ってるよ。
d　んだ、んだ、おら知ってるだ。
e　そやそや、わしが知ってまっせー。
f　うむ、さよう、せっしゃが存じております る。

上記の話し方はいずれも論理的な内容が同じであるが、想起させる話し手が異なる。例えばaは男性老人、bはお嬢様、cは男の子、dは田舎もの、eは関西人、fは武士などの話し手が当てられるであろう。

（金水敏《きんすいさとし》「役割語と日本語教育」『日本語教育』第一五〇号による）

（注）　ステレオタイプ――型にはまった画一的なイメージ。紋切り型。

【資料Ⅲ】　役割語の習得時期

多くの日本語話者は、「あら、すてきだわ」「おい、おれは行くぜ」のような言い方が女性や男性の話し方を想起させるという知識を共有している。しかし、現実の日常生活の中でこのようないかにも女性的、いかにも男性的というような表現は今日の日本ではやはりまれになっている。

日常的な音声言語に、語彙・語法的な特徴と性差に関する積極的な証拠が乏しいにもかかわらず、多くのネイティブの日本語話者は、〈男ことば〉と〈女ことば〉を正しく認識する。むろんこれは、絵本やテレビなどの作品の受容を通して知識を受け入れているのである。この点について考えるために、私が代表者を務める[注]科研費の研究グループで、幼児の役割語認識の発達に関する予備的な実験調査を紹介しよう。図1として示すのは、その実験に用いたイラストである。

この図を被実験者の幼児に示し、さらに音声刺激として次のような文の読み上げを聞かせ、絵の人物を指し示させた。

図１　役割語習得に関する実験刺激

a　おれは、この町が大好きだぜ。
b　あたしは、この町が大好きなのよ。
c　わしは、この町が大好きなんじゃ。
d　ぼくは、この町が大好きさ。
e　わたくしは、この町が大好きですわ。

その結果、三歳児では性差を含む役割語の認識が十分でなかったのに対し、五歳児ではほぼ完璧にできることが分かった(音声的な刺激を用いたので、語彙・語法的な指標と音声的な指標のどちらが効いていたかはこれからの検討課題である)。

幼児が、これらの人物像すべてに現実に出会うということはほとんど考えにくい。これに対して、幼児が日常的に触れる絵本やアニメ作品等には、役割語の例があふれている。

（金水敏「役割語と日本語教育」『日本語教育』第一五〇号による）

（注）　科研費――科学研究費補助金の略。学術研究を発展させることを目的にする競争的資金。

問1　**【レポート】**の空欄 X には、**【レポート】**の展開を踏まえた**【資料Ⅰ】**の説明が入る。その説明として最も適当なものを、次の①〜⑤のうちから一つ選べ。解答番号は 1 。

著作権処理等の関係上、省略しています

問2　**【レポート】**の空欄 Y には、**【資料Ⅱ】**及び**【資料Ⅲ】**の要約が入る。その要約として最も適当なものを、次の①～⑤のうちから一つ選べ。解答番号は **2** 。

① イラストと音声刺激を用いた発達段階に関する調査によって、役割語の認識は、五歳でほぼ獲得されることが明らかになったが、それは絵本やアニメといった幼児向けのフィクションの影響である

② 役割語とは、特定の人物像を想起させたり特定の人物がいかにも使用しそうだと感じさせたりする語彙や言い回しなどの言葉遣いのことであり、日本語の言葉遣いの特徴を端的に示した概念である

③ 年齢や職業、性格といった話し手の人物像に関する情報と結びつけられた言葉遣いを役割語と呼び、私たちはそうした言葉遣いを幼児期から絵本やアニメ等の登場人物の話し方を通して学んでいる

④ 日本語話者であれば言葉遣いだけで特定の人物のイメージを思い浮かべることができるが、こうした特定のイメージが社会で広く共有されるに至ったステレオタイプとしての言語が役割語である

⑤ 特定の人物のイメージを喚起する役割語の力が非常に強いのは、幼児期からフィクションを通して刷り込まれているためであるが、成長の過程で理性的な判断によってそのイメージは変えられる

問3 【レポート】の空欄 Z には、役割語の例が入る。その例として**適当でないもの**を、次の①～⑤のうちから一つ選べ。解答番号は 3 。

① 家族や友だちに対してはくだけた言葉遣いで話すことが多い人が、他人の目を意識して、親密な人にも敬語を用いて話し方を変える場合が見受けられる。

② アニメやマンガ、映画の登場人物を真似るなどして、一般的に男性が用いる「僕」や「俺」などの一人称代名詞を用いる女性が見受けられる。

③ ふだん共通語を話す人が話す不自然な方言よりも、周りが方言を話す環境で育てられた人が話す自然な方言の方が好まれるという傾向が見受けられる。

④ 「ツッコミキャラ」、「天然キャラ」などの類型的な人物像が浸透し、場面に応じてそれらを使い分けるというコミュニケーションが見受けられる。

⑤ スポーツニュースで外国人男性選手の言葉が、「俺は～だぜ」、「～さ」などと男性言葉をことさら強調して翻訳される場合が見受けられる。

問4 ヒロミさんは、**【レポート】**の主張をより理解してもらうためには論拠が不十分であることに気づき、補足しようと考えた。その内容として適当なものを、次の①～⑥のうちから**二つ**選べ。ただし、解答の順序は問わない。解答番号は 4 ・ 5 。

① 「今日は学校に行くの」という表現を例にして、日本語における役割語では語彙や語法より音声的な要素が重要であるため、文末のイントネーションによって男女どちらの言葉遣いにもなることを補足する。

② 英語の「I」に対応する日本語が「わたし」、「わたくし」、「おれ」、「ぼく」など多様に存在することを例示し、一人称代名詞の使い分けだけでも具体的な人物像を想起させることができることを補足する。

③ マンガやアニメなどに登場する武士や忍者が用いるとされる「～でござる」という文末表現が江戸時代にはすでに使われていたことを指摘し、役割語の多くが江戸時代の言葉を反映していることを補足する。

④ 役割語と性別、年齢、仕事の種類、見た目などのイメージとがつながりやすいことを踏まえ、不用意に役割語を用いることは人間関係において個性を固定化してしまう可能性があるということを補足する。

⑤ 絵本やアニメなどの幼児向けの作品を通していつの間にか認識されるという役割語の習得過程とその影響力の大きさを示し、この時期の幼児教育には子どもの語彙を豊かにする可能性があるということを補足する。

⑥ 役割語であると認識されてはいても実際の場面ではあまり用いられないという役割語使用の実情をもとに、一人称代名詞や文末表現などの役割語の数が将来減少してしまう可能性があるということを補足する。

大学入学共通テスト本試験

（2024年1月13日実施）

時間　80分　　　　　　200点　満点

1 ── 解答にあたっては，実際に試験を受けるつもりで，時間を厳守し真剣に取りくむこと。

2 ── 巻末にマークシートをつけてあるので，切り離しのうえ練習用として利用すること。

3 ── 解答終了後には，自己採点により学力チェックを行い，別冊の解答・解説をじっくり読んで，弱点補強，知識や考え方の整理などに努めること。

※ 2024 共通テスト本試験問題を編集部にて一部修正して作成しています。

第1問　次の文章を読んで、後の問い（問1～6）に答えよ。なお、設問の都合で本文の段落に［1］～［10］の番号を付してある。また、表記を一部改めている。（配点　50）

［1］　モーツァルトの没後二〇〇年の年となった一九九一年の、まさにモーツァルトの命日に当たる一二月五日に、ウィーンの聖シュテファン大聖堂でモーツァルトの《レクイエム》(注1)の演奏が行われた（直後にLD(注2)が発売されている）。ゲオルク・ショルティ(注3)の指揮するウィーン・フィル(注4)、ウィーン国立歌劇場の合唱団などが出演し、ウィーンの音楽界の総力をあげた演奏でもあるのだが、ここで重要なのは、これがモーツァルトの没後二〇〇年を記念する追悼ミサという「宗教行事」であったということである。それゆえ、随所に聖書の朗読や祈りの言葉等、「音楽」ではない台詞《せりふ》の部分や聖体拝領(注5)などの様々な儀式的所作が割り込む形になる。まさに「音楽」でもあり「宗教行事」でもあるという典型的な例である。

［2］　モーツァルトの《レクイエム》という音楽作品として聴こうとする人は、これをどのように認識するのか？　あるCDショップのウェブサイトに(ア)ケイサイされているこの演奏のCDのレビュー欄には、「キリスト教徒でない並みの音楽好きには延々と続く典礼の割り込みには正直辟易《へきえき》としてくるのも事実。CDプレイヤーのプログラミング機能がカツ(イ)ヤクする」というコメントが見られる。これを「音楽」として捉えようとするこの聴き手が、音楽部分だけをつなぎ合わせてひとまとまりとして捉えるような認識の仕方をしているさまが彷彿《ほうふつ》としてくる。

［3］　それに対して、この(ウ)モヨオし物は「音楽」である以前に典礼であり、この聴き手のような本来のあり方を無視した聴き方は本末顛倒《てんとう》だとする立場も当然考えられる。こういうものは、典礼の全体を体験してこそその意味を正しく認識できるのであり、音楽部分だけつまみだして云々《うんぬん》するなどという聴き方は、あらゆる音楽を、コンテクストを無視してコンサートのモデルで捉える一九世紀的なアク(エ)ヘイにすぎない、一刻も早く、そういう歪《ゆが》みを取り去って、体験の本来の姿を取り戻さなければならない、そういう主張である。

4 この主張はたしかに一面の真理ではあろう。だがここでの問題は、一九世紀には音楽が典礼から自立したとか、それをまた、本来のコンテクストに戻す動きが生じているというような単純な二分法的ストーリーにおさまるものではない。もちろん、物事には見方によっていろいろな側面があるのは当然なのだから、音楽か典礼かというオールオアナッシングのような議論で話が片付かないのはあたりまえだが、何よりも重要なのは、ここでの問題が、音楽vs.典礼といった図式的な二項関係の説明にはおさまりきれない複合的な性格をもった、しかもきわめてアクチュアル(注6)な現代的問題を孕《はら》んでいるということである。

5 Aこれが典礼なのか、音楽なのかという問題は、実はかなり微妙である。たしかに、モーツァルトの命日を記念して聖シュテファン大聖堂で行われている追悼ミサであるという限りでは(オ)マギれもなく宗教行事であるには違いないが、ウィーン・フィルと国立歌劇場合唱団の大部隊が大挙してシュテファン大聖堂に乗り込んで来ているという段階で、すでにかなり異例な事態である。DVDの映像を見ても、前方の祭壇を中心に行われている司式(注7)を見る限りでは通常の「典礼」のようだが、通常の典礼にはない大規模なオーケストラと合唱団を後方に配置するために、聖堂の後ろにある通常の出入り口は閉め切られてしまっている。聖堂での通常の儀礼という範囲に到底おさまりきれないものになっているのだ。客(信徒と言うべきだろうか)もまた、典礼という限りでは、前の祭壇で行われている司式に注目するのが自然であり、実際椅子もそちら向きにセットされているのだが、背後から聞こえてくる音楽は、もはや典礼の一部をなす、というようなレベルをはるかにこえて、その音楽自体を「鑑賞」の対象にしている様子が窺《うかが》える(実際、映像を見ると、「客」が半ば後ろ向きになって、窮屈そうな様子で背後のオーケストラや合唱の方をみている様子が映し出されている)。

6 そして何といっても極めつきなのが、この典礼の映像がLD、DVDなどの形でパッケージ化されて販売され、私を含めた大多数の人々はその様子を、これらのメディアを通して体験しているという事実である。これはほとんど音楽的なメディア・イヴェントと言っても過言ではないものになっているのだが、ここで非常におもしろいのは、典礼という宗教行事よりもモーツァルトの「音楽作品」に焦点をあてるという方向性を推し進めた結果、典礼の要素が背景に退くのではなくかえって、典礼をも巻き込む形で全体が「作品化」され、「鑑賞」の対象になるような状況が生じているということである。

7 このことは、B今「芸術」全般にわたって進行しつつある状況とも対応している。それは「博物館化」、「博物館学的欲望」などの語で呼ばれる、きわめて現代的な現象である。コンサートホール同様、一九世紀にそのあり方を確立した美術館や博物館においては、様々な物品を現実のコンテクストから切り取って展示する、そのあり方が不自然だという批判が出てきた。たしかに、寺で信仰の対象として長いこと使われ、皆が頭をなでてすり減っているような仏像が、それ自体、美術的な、あるいは歴史的な価値をもつものとして、寺から持ち出されてガラスケースの中に展示され、それを遠くから鑑賞する、というような体験はとても不思議なものではある。最近ではその種の展示でも、単に「もの自体」をみせるのでなく、それが使われたコンテクスト全体をみせ、そのものが生活の中で使われている状況を可能な限りイメージさせるような工夫がなされたり、作家や作品そのものではなく、その背景になった時代全体を主題化した展覧会のようなものが増えたり、といった動きが進んできた。ところがそのことが、単に元のコンテクストに戻す、ということにとどまらない結果を生み出しているのである。

8 美術館や博物館の展示が、物そのものにとどまらず、それを取り巻くコンテクストをも取り込むようになってきていることは、別の見方をすれば、かつては「聖域」として仕切られた「作品そのもの」の外に位置していたはずの現実の時空もろとも、美術館や博物館という「聖域」の中に引きずり込まれた状況であるとみることもできる。それどころか、一九世紀以来、こうした場で育まれてきた「鑑賞」のまなざしが今や、美術館や博物館の垣根をのりこえて、町全体に流れ込むようになってきていると言ってよいかもしれない。ディズニーランドやハウステンボスは言うに及ばず、ウィーンでも京都でも、ベルリンや東京でも、いたるところに「歴史的町並み」風の場所が出現し、さながら町全体がテーマパーク化したような状況になっている。そういう場所で人々が周囲の景物に向けるまなざしは、たぶん美術館や博物館の内部で「物そのもの」に向けられていたものに近いものだろう。「博物館化」、「博物館学的欲望」といった語はまさに、そのような心性や状況を言い表そうとしているものである。これまで問題にしてきたシュテファン大聖堂での《レクイエム》のケースも、それになぞらえれば、単に音楽をコンサートから典礼のコンテクストに戻したのではなく、むしろ典礼そのものをもコンサート的なまなざしのうちに置こうとする人々の「コンサートホール的欲望」によって、コンサートの外なる場所であったはずの現実の都市の様々な空間が、どんどん「コンサートホール化」されている状況の反映と言い換えることができるように思われる。

9 「音楽」や「芸術」の概念の話に戻り、今のそういう状況に重ね合わせて考え直してみるならば、この状況は、近代的なコンサートホールの展開と相関的に形成されてきた「音楽」や「芸術」に向けるまなざしや聴き方が今や、その外側にまであふれ出てきて、かつてそのような概念の適用範囲外にあった領域にまでどんどん浸食してきている状況であると言いうるだろう。逆説的な言い方になるが、一見したところ「音楽」や「芸術」という伝統的な概念や枠組みが解体、多様化しているようにみえる状況と裏腹に、むしろコンサートホールや美術館から漏れ出したそれらの概念があらゆるものの「音楽化」や「芸術化」を促進しているように思われるのである。だがそうであるならば、「音楽」や「芸術」という概念が自明の前提であるかのように考えてスタートしてしまうような議論に対しては、Cなおさら警戒心をもって周到に臨まなければならないのではないだろうか。このような状況自体、特定の歴史的・文化的コンテクストの中で一定の価値観やイデオロギーに媒介されることによって成り立っているのだとすれば、そこでの「音楽化」や「芸術化」の動きの周辺にはたらいている力学や、そういう中で「音楽」や「芸術」の概念が形作られたり変容したりする過程やメカニズムを明確にすることこそが決定的に重要になってくるからである。

10 問題のポイントを簡単に言うなら、「音楽」や「芸術」は決して最初から「ある」わけではなく、「なる」ものであるということになろう。それにもかかわらず、「音楽」や「芸術」という概念を繰り返し使っているうちに、それがいつの間にか本質化され、最初から「ある」かのような話にすりかわってしまい（ちょうど紙幣を繰り返し使っているうちに、それ自体に価値が具《そな》わっているかのように錯覚するようになってしまうのと同じである）、その結果は、気がついてみたら、「音楽は国境を越える」、「音楽で世界は一つ」という怪しげなグローバリズムの論理に取り込まれていたということにもなりかねないのである。

（渡辺《わたなべ》 裕《ひろし》『サウンドとメディアの文化資源学――境界線上の音楽』による）

（注）

1　レクイエム――死者の魂が天国に迎え入れられるよう神に祈るための曲。

2　ＬＤ――レーザーディスク。映像・音声の記録媒体の一つ。

3　ゲオルク・ショルティ――ハンガリー出身の指揮者、ピアニスト（一九一二―一九九七）。

4　ウィーン・フィル――ウィーン・フィルハーモニー管弦楽団のこと。

5　聖体拝領――キリストの血と肉を象徴する葡萄《ぶどう》酒とパンを人々が受け取る儀式。

6　アクチュアルな――今まさに直面している。

7　司式――教会の儀式をつかさどること。ここでは儀式そのものを指す。

問1 傍線部(ア)〜(オ)に相当する漢字を含むものを、次の各群の①〜④のうちから、それぞれ一つずつ選べ。解答番号は 1 〜 5 。

(ア) ケイサイ 1
① 名著にケイハツされる
② 連絡事項をケイシュツする
③ 方針転換のケイキになる
④ 一族のケイズを作る

(イ) カツヤク 2
① 神仏のごリヤクにすがる
② あの人はケンヤク家だ
③ 面目ヤクジョの働きをする
④ 重要なヤクショクに就く

(ウ) モヨオし物 3
① 議案をサイタクする
② サイミン効果のある音楽
③ カッサイを浴びた演技
④ 多額のフサイを抱える

(エ) アクヘイ 4
① 機会のコウヘイを保つ
② 心身がヒヘイする
③ 室内にユウヘイされる
④ オウヘイな態度をとる

(オ) マギれ 5
① 不満がフンシュツする
② フンベツある大人になる
③ 議論がフンキュウする
④ 決算をフンショクする

問2 傍線部**A**「これが典礼なのか、音楽なのかという問題は、実はかなり微妙である。」とあるが、筆者がそのように述べる理由として最も適当なものを、次の ① ～ ⑤ のうちから一つ選べ。解答番号は **6** 。

① 追悼ミサにおける《レクイエム》は、音楽として捉えることもできるが、それ以前に典礼の一部なのであり、典礼の全体を体験することによって楽曲本来のあり方を正しく認識できるようにもなっているから。

② 追悼ミサにおける《レクイエム》は、もともと典礼の一要素として理解されてはいたが、聖書の朗読や祈りの言葉等の儀式的な部分を取り去れば、独立した音楽として鑑賞できると認識されてもいるから。

③ 追悼ミサにおける《レクイエム》は、典礼の一要素として演奏されたものではあったが、参列者のために儀式と演奏の空間を分けたことによって、聖堂内でありながら音楽として典礼から自立することにもなったから。

④ 追悼ミサにおける《レクイエム》は、典礼の一部として受容されてはいたが、演奏を聴くことを目的に参列する人やＣＤを購入する人が増えたことで、典礼が音楽の一部と見なされるようにもなっていったから。

⑤ 追悼ミサにおける《レクイエム》は、典礼を構成する一要素であるが、その典礼から切り離し音楽として鑑賞することもでき、さらには典礼全体を一つのイヴェントとして鑑賞するような事態も起きているから。

問3　傍線部B「今『芸術』全般にわたって進行しつつある状況」とあるが、それはどのような状況か。その説明として最も適当なものを、次の①～⑤のうちから一つ選べ。解答番号は 7 。

① 展示物をその背景とともに捉えることで、美術館や博物館の内部で作品に向けられていたまなざしが周囲の事物にも向けられるようになり、現実の空間まで鑑賞の対象に組み込まれてきたという状況。

② 展示物を取り巻くコンテクストもイメージすることで、美術館や博物館内部の空間よりもその周辺に関心が移り、物そのものが置かれていた生活空間も鑑賞の対象とする考え方がもたらされてきたという状況。

③ 作品の展示空間を美術館や博物館の内部に限ったものと見なすのではなく、地域全体を展示空間と見なす新たな鑑賞のまなざしが生まれ、施設の内部と外部の境界が曖昧になってきたという状況。

④ 生活の中にあった事物が美術館や博物館の内部に展示物として取り込まれるようになったことで、作品と結びついたコンテクスト全体が鑑賞の対象として主題化されるようになってきたという状況。

⑤ 美術館や博物館内部の展示空間からその外に位置していた現実の時空にも鑑賞の対象が拡大していくにつれて、町全体をテーマパーク化し人々の関心を呼び込もうとする都市が出現してきたという状況。

問4　傍線部C「なおさら警戒心をもって周到に臨まなければならないのではないだろうか」とあるが、筆者がそのように述べる理由として最も適当なものを、次の①～⑤のうちから一つ選べ。解答番号は 8 。

① 「音楽」や「芸術」は、コンサートホールや美術館の内部で形成された「博物館学的欲望」に基づいて更新され続けてきた概念である。その過程を無視して概念を自明のものとしてしまうと、概念化を促す原動力としての人々の心性を捉え損ねてしまうから。

② 「音楽」や「芸術」は、コンサートホールや美術館における演奏や展示を通して多様に評価され変容してきた概念である。その過程を無視して概念を自明のものとしてしまうと、「音楽で世界は一つ」などというグローバリズムの論理に取り込まれてしまうから。

③ 「音楽」や「芸術」は、コンサートホールや美術館といった「聖域」が外部へと領域を広げていったことで発展してきた概念である。その過程を無視して概念を自明のものとしてしまうと、あらゆるものが「音楽化」や「芸術化」の対象になってゆく状況を説明できなくなるから。

④ 「音楽」や「芸術」は、コンサートホールや美術館の中で生まれた価値観やイデオロギーを媒介として形作られてきた概念である。その過程を無視して概念を自明のものとしてしまうと、それらの周辺にはたらいている力学の変容過程を明確にすることができなくなるから。

⑤ 「音楽」や「芸術」は、コンサートホールや美術館で育まれた「鑑賞」のまなざしと関わり合いながら成り立ってきた概念である。その過程を無視して概念を自明のものとしてしまうと、それ自体が本質化され、普遍的な価値を持つものとして機能してしまいかねないから。

問5　この文章の構成・展開に関する説明として**適当でないもの**を、次の①～④のうちから一つ選べ。解答番号は **9** 。

① [1]段落は、議論の前提となる事例をその背景や補足情報とともに提示して導入を図っており、[2]・[3]段落は、[1]段落で提示された事例について説明しながら二つの異なる立場を紹介している。

② [4]段落は、[2]・[3]段落で紹介された立場を基に問題を提起しており、[5]・[6]段落は、[4]段落で提起された問題についてより具体的な情報を付け加えた上で議論の方向づけを行っている。

③ [7]段落は、前段落までの議論をより一般的な事例を通して検討し直すことで新たに別の問題への転換を図っており、[8]段落は、[7]段落から導き出された観点を基に筆者の見解を提示している。

④ [9]段落は、[7]・[8]段落で導き出された観点に基づいて問題点を指摘しており、[10]段落は、その問題点を簡潔に言い換えつつ[9]段落の議論から導かれた筆者の危惧を示している。

問6　授業で本文を読んだSさんは、作品鑑賞のあり方について自身の経験を基に考える課題を与えられ、次の【文章】を書いた。その後、Sさんは提出前にこの【文章】を推敲《すいこう》することにした。このことについて、後の(i)～(iii)の問いに答えよ。

【文章】

本文では現実を鑑賞の対象とすることに注意深くなるよう主張されていた。しかし、ここでは作品を現実世界とつなげて鑑賞することの有効性について自分自身の経験を基に考えてみたい。

小説や映画、漫画やアニメの中には、現実に存在する場所を舞台にした作品が多くある。そのため、私たちは作品を読み終えたり見終わったりした後に、実際に舞台となった場所を訪れることで、現実空間と作品をつなげて鑑賞することができる。

最近、近くの町がある小説の舞台になっていることを知った。私は何度もそこに行ったことがあるが、これまでは何も感じることがなかった。ところが、小説を読んでから訪れてみると、今までと別の見方ができて面白かった。（**a**）このように、私たちは、作品世界というフィルターを通じて現実世界をも鑑賞の対象にすることが可能である。（**b**）一方で、小説の舞台をめぐり歩いてみたことによって小説のイメージが変わった気もした。（**c**）実際の町の印象を織り込んで読んでみることで、作品が新しい姿を見せることもあるのだ。（**d**）作品を読んで町を歩くことで、さまざまな発見があった。

(i)　Sさんは、傍線部「今までと別の見方ができて」を前後の文脈に合わせてより具体的な表現に修正することにした。修正する表現として最も適当なものを、次の①～④のうちから一つ選べ。解答番号は 10 。

① なにげない町の風景が作品の描写を通して魅力的に見えてきて
② その町の情景を思い浮かべながら作品を新たな視点で読み解けて
③ 作品そのままの町の様子から作者の創作意図が感じられて
④ 作品の情景と実際の風景のずれから時間の経過が実感できて

(ii)　Sさんは、自身が感じ取った印象に理由を加えて自らの主張につなげるため、**【文章】**に次の一文を加筆することにした。加筆する最も適当な箇所は(**a**)～(**d**)のどの箇所か。後の①～④のうちから一つ選べ。解答番号は 11 。

> それは、単に作品の舞台に足を運んだということだけではなく、現実の空間に身を置くことによって得たイメージで作品を自分なりに捉え直すということをしたからだろう。

① (**a**)
② (**b**)
③ (**c**)
④ (**d**)

(iii) Sさんは、この【文章】の主張をより明確にするために全体の結論を最終段落として書き加えることにした。そのための方針として最も適当なものを、次の①～④のうちから一つ選べ。解答番号は 12 。

① 作品世界をふまえることで現実世界への認識を深めることができるように、自分が生きている現実世界を知るために作品理解は欠かせない。その気づきを基に、作品世界と現実世界が不可分であることに留意して作品を鑑賞する必要があるといった結論を述べる。

② 作品世界と重ね合わせることで現実世界の見方が変わることがあり、それとは逆に、現実世界と重ね合わせることで作品の印象が変わることもある。その気づきを基に、作品と現実世界の鑑賞のあり方は相互に作用し得るといった結論を述べる。

③ 現実世界をふまえることで作品世界を別の角度から捉えることができるが、一方で、現実世界を意識せずに作品世界だけを味わうことも有効である。その気づきを基に、読者の鑑賞のあり方によって作品の意味は多様であるといった結論を述べる。

④ 現実世界と重ね合わせることで作品世界の捉え方が変わることがあり、そのことで作品に対する理解がさらに深まることになる。その気づきを基に、作品世界を鑑賞するには現実世界も鑑賞の対象にすることが欠かせないといった結論を述べる。

第2問

次の文章は、牧田真有子《まきたまゆこ》「桟橋」（二〇一七年発表）の一節である。一六歳の高校生「イチナ」の家に、八歳年上の「おば」が訪れ、同居するようになる。イチナが幼少期に祖父母の家で親しく接していたおばは、中学生の頃から演劇の才能を発揮し、その後は劇団に所属しながら住居を転々としていた。これを読んで、後の問い（**問1～7**）に答えよ。なお、設問の都合で本文の上に行数を付してある。（配点　50）

イチナが幼い頃のおばの印象は、「ままごと遊びになぜか本気で付き合ってくれるおねえさん」だった。幼稚園や小学校から祖父母の家に直行するときのイチナの目当ては、おばと定まっていた。学者だった祖父の書斎のソファで昼寝をして、おばが中学校から帰ってくるのを待った。やがて路地の角を曲がってざくざくと砂利を踏む足音で目がさめ、跳ね起きて玄関へ急ぐ。

「イチナ、少しはあの子にも羽を伸ばさせてあげなさい」

背後から祖父が神経質な口調でたしなめ、おばは靴を脱がないままかばんだけどすんと置いて、「いいよ。休みに行くようなもんだから」と書斎の方角に言い放つ。イチナはおばにまとわりつくようにして一緒に家を出る。

杉の木立に囲まれた児童公園が遊び場だった。おばは一度も足をとめずすたすたと砂場へ向かう。滑り台や鉄棒で遊んでいた、年齢にばらつきのある七、八人が我先にと集ってくる。

ままごとといっても、ありふれた家庭を模したものであったためしはない。専業主婦の正体が窃盗団のカシラだとか、全面闘争よりも華やかな記憶とともに滅びていく方を選ぶ王家の一族だとか、(ア)うらぶれた(注1)男やもめと彼を陰に陽に支えるおせっかいな商店街の面々だとか、凝っている。「我が領土ではもはや革命分子らが徒党を組んでおるのだ」「後添え(注2)をもらうんなら早いに越したことあないぜ」等々、子どもには耳慣れないせりふが多い。おばは一人で何役もこなす。彼女からは簡単な説明があるだけなので、子どもたちは的外れなせりふを連発するが、**A**おばがいる限り世界は崩れなかった。

家にいるときには決してしない足の組み方。「三行半《みくだりはん》(注3)」という言葉を口にするときだけ異様に淡くなるまなざし。寂しげな舌打ち。ここと、ここにあるはずのない場所とがらりと入れ替わっていく一つの大きな動きに、子どもたちは皆、巻き込まれたがった。全力を尽くして立ちこぎするブランコよりも、たしかに危険な匂いがした。

夕暮れの公園を斜めに突っ切っていく通行人も多い。おばの同級生が苦笑まじりに声を掛けてくる。会社帰りらしい年配の男性が立ちどまってしげしげと見ていくこともある。制服姿のおばは全然かまわずに続ける。さまざまな遊具の影は誰かが引っ張っているかのように伸びつづけて、砂の上を黒く塗っていく。

公園の砂場で三文役者（注4）を務めた幼《おさな》馴染《なじみ》たちの一人と、イチナは今も親交がある。

映画を見に行く日取りを決めるため、その年上の友人と電話していた夕方のことだ。話の切れ目にイチナは、「なんと今あのおばが居候中（注5）でね」と言った。電話口の向こうに、すばやい沈黙があった。階下の台所からは天ぷらを揚げる母親の声と手伝っているおばの声が、一箇所に重なったり離れたりして聞こえていた。二人の声質はそっくりで、わずかに小さいおばの声は、母の声の影のようだった。一拍おいて友人は「フーライボー（注6）とか、なまで見んのはじめてかも」とちぐはぐなことを言った。

「なまで見てた頃は定住してたしね。懐かしくない？　電話代わろうか」

イチナが冗談半分で勧めると、相手も「結構です」と笑って言ったが、そこには何か、拭いきれていない沈黙が交じっているようだった。

「おばさんと話すのは億劫《おっくう》？」とイチナは訊《き》いた。

「いや、これ言っていいのかな。おばさんさ、私の家にもちょっと住んでたんだよね。去年の春。いきなりだった。寝袋かついで玄関に立ってる人が誰なのか、最初ぴんと来なかったもん。あ、別にいいんだよ、じゅうぶんな生活費入れてくれてたし。私もほら、一人暮らしも二年目で飽きてたし」

空いている方の手で絨毯《じゅうたん》の上の糸屑《いとくず》を拾っていたイチナの動きがとまる。言ってしまうと友人は、B もう気安い声を出した。

「私まで『おばさん』呼ばわりは悪いと思いつつ。イチナのがうつっちゃって」

「昔、それとなく『おねえさん』にすり替えようとする度おじいちゃんから威嚇されてね」

イチナは狼狽《ろうばい》を引きずったまま再び手を動かし始める。彼女の祖父は言葉の正式な使用を好む。続柄の呼称についての勝手な改変は、たとえ幼い孫相手であっても許さなかった。

台所ではおばが、水で戻すわかめの引きあげが早い、と母から厳しく指摘されている。

「しかしあのおばさんてのは、全っ然、ぼろ出さないね」

友人は思い出したように言った。イチナはすかさず反論した。

「けっこうずぼらだしそそっかしいけど」

「失敗しないって意味じゃなくて、失敗してもぜったい言い訳しないとか。痛いときは存分に痛がるとか、年上だからって虚勢張らないとか。自然体の人ってのはいるけど、おばさんの場合いっそ自然の側みたいに思える時ない？　他人なのに不透明感なさすぎて。朝顔の観察日記みたいに記録をつけられそうっていうか。共同生活、悪くなかったよ。なぜかはっきり思い出せないけど」

イチナは今度は、絨毯の上の糸屑を拾う手をとめない。上手《うま》くとめられなかったのだ。電話を切ると、「終わったなら早く手伝いに来なさい」という母親からの伝言を携えておばが上がってくる。肩までの髪をざっと束ね、腕まくりした格好のおばに、イチナは先の通話相手の名を挙げる。

「もう泊めてくれるような知り合いが底をついたからってさ、私の友達のとこにまで勝手に押しかけるのやめてよ。おばさんとあの子って、ほぼ見ず知らずの人ってくらいの関係じゃん、今となっては」

「けど完全に見ず知らずの人の家ってわりと暮らしにくいものだよ」

「嘘《うそ》でしょ試したの？　ていうか、そもそもなんでまた居候？」

「たしかにする理由はない。でもしない理由もなくない？」

「迷惑がかかる。セキュリティの問題。不躾《ぶしつけ》で厚かましい。しない方の理由はひっきりなしに湧いてくるんだけど？」

「それはその人が決めることでしょう。その人のことを私が予《あらかじ》め決めるわけにはいかないでしょう」

「(イ)もっともらしい顔で言わないでよ」

イチナが物の単位を誤ったりすると、すかさず正して復唱させる祖父に、おばは目鼻立ちが似ている。しかし厳格な祖父ですら、本当のことを受け入れれば自分自身を損なうような場面では(ウ)やにわに弁解し、自分の領域を護《まも》ろうとするときがあった。友人の言うとおりなのかもしれない、とイチナは考える。普通、人にはもっと、内面の輪郭が露《あら》わになる瞬間がある。肉体とは別に、その人がそこから先へ出ることのない領域の、縁。当人には自覚しきれなくても他人の眼《め》にはふしぎとなまなましく映る。たしかにおばには、どこからどこまでがおばなのかよくわからない様子があった。氷山の一角みたいに。

居候という根本的な問題に対して母が得意の批評眼を保てなくなったのは、おば自身の工夫による成果ではない、とイチナはふむ。母だけではない、おばを住まわせた人たちは皆その、果てのなさに途中で追いつけなくなってしまうのだ。だから居候が去った後、彼らはおばとの暮らしをはっきりと思い出せない。思い出したいなら観察日記でもつけるしかない。C私はごまかされたくない、とイチナは思う。

「そうかイチナ、する方の理由これでいい?」階段を下りかけていたおばの、言葉だけが部屋に戻ってくる。「私の肉体は家だから。だから、これより外側にもう一重の、自分の家をほしいと思えない」

演じるごとに役柄に自分をあけ払うから。そういう意味だとイチナが理解したときには、おばはもう台所にいる。イチナは何してるのよ、という母親の声と、のんきそうにしてる、というおばの声が、空をよぎる鳥と路上を伝う鳥影のような一対の質感で耳に届く。

(注) 1 男やもめ――妻を失った男。
2 後添え――二度目の配偶者。
3 三行半――夫から妻に出す離縁状。
4 三文――価値の低いこと。
5 居候――他人の家に身を寄せ、養ってもらっていること。
6 フーライボー――風来坊。居どころを気まぐれに変えながら生きている人。

問1　傍線部(ア)～(ウ)の語句の意味として最も適当なものを、次の各群の①～⑤のうちから、それぞれ一つずつ選べ。解答番号は 13 ～ 15 。

(ア) うらぶれた 13

① 度量が小さく偏屈な
② だらしなく大雑把な
③ 不満げで投げやりな
④ みすぼらしく惨めな
⑤ 優柔不断で不誠実な

(イ) もっともらしい 14

① 悪びれず開き直るような
② まるで他人事だと突き放すような
③ へりくだり理解を求めるような
④ いかにも正しいことを言うような
⑤ 問い詰めてやりこめるような

(ウ) やにわに 15

① 多弁に
② 即座に
③ 強硬に
④ 半端に
⑤ 柔軟に

問2　傍線部A「おばがいる限り世界は崩れなかった」とあるが、どういうことか。その説明として最も適当なものを、次の①〜⑤のうちから一つ選べ。解答番号は 16 。

① おばの「ままごと」は、ありきたりの内容とは異なるものだったが、子どもたちが役柄に合わない言動をしても、自在な演技をするおばに生み出された雰囲気によってその場が保たれていたということ。

② おばの「ままごと」は、もともと子ども相手のたわいのない遊戯だったが、演技に魅了されたおばの姿勢によって本格的な内容になり、そのことで参加者全員を夢中にさせるほどの完成度に達していたということ。

③ おばの「ままごと」は、その中身が非日常的で大人びたものであったが、子どもたちの取るに足りない言動にもおばが相応の意味づけをしたため、結果的に子どもたちを退屈させない劇になっていたということ。

④ おばの「ままごと」は、奇抜なふるまいを子どもたちに求めるものだったが、人目を気にしないおばが恥じることなく演じたため、子どもたちも安心して物語の設定を受け入れることができたということ。

⑤ おばの「ままごと」は、子どもたちにとって設定が複雑で難解なものであったが、おばが状況にあわせて話の筋をつくりかえることで、子どもたちが楽しんで参加できる物語になっていたということ。

問3　傍線部B「もう気安い声を出した」とあるが、友人がこのような対応をしたのはなぜか。その理由の説明として最も適当なものを、次の①～⑤のうちから一つ選べ。解答番号は 17 。

① 同居していたことをおばに口止めされていた友人は、イチナが重ねて尋ねてくるのを好機としてありのままを告げた。そのうえで、おばの生活についてイチナと語り合う良い機会だと思ってうれしくなったから。

② おばと同居していた事実を黙っていた友人は、イチナに隠し事をしている罪悪感に耐えきれず打ち明けてしまった。そのうえで、イチナとの会話を自然に続けようと考えてくつろいだ雰囲気をつくろうとしたから。

③ 同居するなかでおばと親密になった友人は、二人の仲を気にし始めたイチナに衝撃を与えないようにおばとの関係を明かした。そのうえで、現在は付き合いがないことを示してイチナを安心させようとしたから。

④ おばとの同居を伏せていた友人は、おばを煩わしく感じているとイチナに思われることを避けようとして事実を告げた。そのうえで、話さずにいた後ろめたさから解放されてイチナと気楽に会話できると考えたから。

⑤ おばと同居していたことをイチナには隠そうとしていた友人は、おばがイチナにうっかり話してしまうことを懸念して自分から打ち明けた。そのうえで、友人関係が破綻しないようにイチナをなだめようとしたから。

問4 本文33行目から47行目にかけて糸屑を拾うイチナの様子が何度か描かれているが、その描写についての説明として最も適当なものを、次の①～⑤のうちから一つ選べ。解答番号は 18 。

① 友人からおばとの関係を打ち明けられ、自分とおばの関係に他人が割り込んでくることの衝撃をなんとか押さえようとするイチナの内面が、手を止めたり止めなかったりという動作に暗示的に表現されている。

② 友人の家におばが居候していたことに驚かされ、さらに友人が自分の意識していなかったおばの一面を伝えてきたことに揺さぶられるイチナの心のありようが、糸屑を拾う手の動きを通して表現されている。

③ おばとの共同生活を悪くなかったとする友人の意外な言葉に接し、おばの居候の生活を厚かましく迷惑なものと捉えていた見方を覆されたイチナの心の動きが、手で糸屑を拾う動きになぞらえて表現されている。

④ 友人とおばとの関係が親密であったと告げられたことにうろたえ、現在とは違いおばに懐いていた頃を思い返すイチナの物寂しい思いが、糸屑を拾う手遊びという無自覚な動作に重ねられて表現されている。

⑤ おばとの共同生活を思い出せないと友人が言ったことを受けて、おばに対して同じ思いを抱いていたことにあらためて気づいたイチナの驚きが、意思と関係なく動いてしまう手の動作に象徴的に表現されている。

問5　傍線部C「私はごまかされたくない、とイチナは思う。」とあるが、このときのイチナの思いとして最も適当なものを、次の①～⑤のうちから一つ選べ。解答番号は 19 。

① おばとの生活は突然訪問された人にも悪い印象を残すものではなかったため、同居していた友人や母はおばの居候生活を強く責めてこなかったが、自分だけは迷惑なものとして追及し続けたいという思い。

② おばの自然なふるまいは同居人にも内面のありようを感じさせないため、これまでともに生活してきた者たちはおばという人のあり方を捉えられなかったが、自分だけはどうにかして見誤らずに捉えたいという思い。

③ 明確な記憶を残させないようおばがふるまっているため、これまでともに暮らしてきた者たちはおばとの生活をはっきりと思い出せないが、自分だけはおばを観察することによって記憶にとどめておきたいという思い。

④ 共同生活をしてもおばの内面が見えてこないため、同居していた友人や母ですらどこまでが演技か見抜くことができなかったが、自分だけは個々の言動からおばの本心を解き明かして理解したいという思い。

⑤ 何を質問してもおばがはぐらかすような答えしかしないため、ともに暮らした友人や母にもおばの居候生活の理由は隠し通されてきたが、自分だけは口先で丸め込まれることなく観察を通して明らかにしたいという思い。

問6　本文の表現に関する説明として**適当でないもの**を、次の①〜⑤のうちから一つ選べ。解答番号は 20 。

① 「ざくざくと砂利を踏む」（3行目）、「どすんと置いて」（5行目）、「すたすたと砂場へ向かう」（7行目）は、擬音語・擬態語が用いられることで、おばの中学校時代の様子や行動が具体的にイメージできるように表現されている。

② 「さまざまな遊具の影は誰かが引っ張っているかのように伸びつづけて、砂の上を黒く塗っていく。」（18〜19行目）は、遊具の影の動きが比喩で表されることで、子どもたちの意識が徐々に変化していく様子が表現されている。

③ イチナが電話で友人と話している場面（22〜47行目）では、友人の話すイチナの知らないおばの話と階下から聞こえてくる身近なおばの様子とが交互に示されることで、おばの異なる姿が並立的に表現されている。

④ イチナとおばの会話場面（50〜57行目）では、情景描写が省かれそれぞれの発言だけで構成されることで、居候をめぐってイチナとおばの意見が対立しイチナが言い募っていく様子が臨場感をもって表現されている。

⑤ 「たしかにおばには、どこからどこまでがおばなのかよくわからない様子があった。氷山の一角みたいに。」（62行目）は、比喩と倒置が用いられることで、イチナから見たおばのうかがいしれなさが表現されている。

問7　「おば」は居候する理由をイチナに問われ、「私の肉体は家だから。」（67〜68行目）と答えた。この言葉をイチナは「演じるごとに役柄に自分をあけ払うから。」（69行目）ということだと理解した。イチナによるこうしたおばの捉え方について理解を深めるために、教師から【資料】が配付された。以下は【資料】とそれに基づいた教師と生徒の対話である。このことについて後の(i)・(ii)の問いに答えよ。

【資料】

演出家・太田《おおた》省吾《しょうご》が演技について論じた文章「自然と工作――現在的断章」より

われわれは、日常、己《おの》れの枠をもたずに生活している。そして、枠をもつことができるのは、死の場面であると言ってもよい。死ぬとき、いや死んだときには、われわれは、〈私〉の枠をもつ、これこれの者であったと。しかし、そのときの〈私〉は存在しているとはいえぬ状態にあるとすれば、われわれは〈私〉を枠づけることのできぬ存在であるということになるのだが、〈私〉を枠づけたいという欲求は、われわれの基礎的な生の欲求である。

われわれは、なに者かでありたいのだ。なに者かである者として〈私〉を枠づけ自己実現させたいのだ。

演技の欲求を、自分でないなに者かになりたいという言い方で言うことがある。このとき、自分でないなに者かとは、自分でない者ではなく、なに者かの方が目指されているのであり、そのなに者とは、実は自分のことである。つまり、それは自分になりたい欲求を基礎とした一つの言い方である。

太田省吾「自然と工作――現在的断章」・『プロセス　太田省吾演劇論集』而立書房

教　師――イチナはおばの人物像を捉えかねているようですね。人には普通「内面の輪郭」(60行目)が明らかになるときがあるのに、おばにはそれがないとされています。この問題を考えるために、**【資料】**を読んでみましょう。この**【資料】**によると、「われわれは、日常、己れの枠をもたずに生活している」ので「〈私〉を枠づけたいという欲求」を持つとのことです。「枠」を使って考えると、本文の中にもわかりやすくなるところがありませんか。

生徒M――イチナはおばのことを「 X 」と思っていました。それは**【資料】**の「 Y 」ようという様子がおばには見られないことを示しているのではないでしょうか。

生徒N――一方で、友人はおばを「ぼろ出さない」(40行目)と評しています。これは、「枠」がないようにイチナには見えるおばのあり方を、意思的なふるまいと見る言い方ではないでしょうか。はじめはこれに反論したイチナも友人の言葉に触発されているようです。

教　師――おばについて、「枠」を観点にしてそれぞれ意見が出ましたが、おばは演じる者でもありました。イチナの「演じるごとに役柄に自分をあけ払うから」という理解の仕方については、どう言えるでしょうか。

生徒N――イチナはおばのことを、日常生活で Z と考えています。幼い頃に体験した中学生のおばの演技の様子も考えると、役者としてもおばは様々な役になりきることで自分であることから離れている、とイチナは捉えていると思います。この理解が、「演じるごとに役柄に自分をあけ払う」という言葉につながったのではないでしょうか。

教　師――**【資料】**では、「自分でないなに者かになりたい」欲求の現れとして演技がみなされていますが、イチナの考えているおばのあり方とは隔たりがありそうですね。

(i) 空欄 X ・ Y に入るものの組合せとして最も適当なものを、次の①～④のうちから一つ選べ。解答番号は 21 。

① X ままごと遊びになぜか本気で付き合ってくれる　Y なに者かである者として〈私〉を枠づけ

② X けっこうずぼらだしそっかしい　Y 日常、己れの枠をもたずに生活し

③ X 内面の輪郭が露わになる瞬間がある　Y 日常、己れの枠をもたずに生活し

④ X どこからどこまでがおばなのかよくわからない　Y なに者かである者として〈私〉を枠づけ

(ii) 空欄 Z に入るものとして最も適当なものを、次の①～④のうちから一つ選べ。解答番号は 22 。

① 演技を通して「枠」を隠し「実現」させたい「自己」を人に見せないよう意識している

② 「〈私〉を枠づけたいという欲求」の内容を常に更新しながらその欲求を実現している

③ 自分は「これこれの者」だという一つの「枠」にとらわれないふるまいをしている

④ 「自分になりたい」という「欲求」に基づいて多様な「己れの枠」を所有できている

第3問　次の文章は、「車中雪《しゃちゅうのゆき》」という題で創作された作品の一節である（『草縁集《そうえんしゅう》』所収）。主人公が従者とともに桂《かつら》（京都市西京区の地名）にある別邸（本文では「院」）に向かう場面から始まる。これを読んで、後の問い（問1～4）に答えよ。なお、設問の都合で本文の上に行数を付してある。（配点　50）

桂の院つくりそへ給《たま》ふものから、(ア)あからさまにも渡り給はざりしを、友待つ雪(注1)にもよほされてなむ、ゆくりなく思《おぼ》し(注2)立たすめる。かうやうの御歩《あり》きには、源少将、藤式部をはじめて、今の世の有職《いうそく》と聞こゆる若人のかぎり、必ずしも召しまつはしたりしを、(イ)とみのことなりければ、かくとだにもほのめかし給はず、「ただ親しき家司《けいし》(注3)四人五人《よたりいつたり》して」とぞ思しおきて給ふ。

やがて御車引き出《い》でたるに、「空(注4)より花の」と**a**うち興じたりしも、めでゆくまにまにいつしかと散りうせぬるは、かくてやみぬとにやあらむ。「さるはいみじき出で消えにこそ」と、人々死に返り(注5)妬《ねた》がるを、「げにあへなく口惜し」と思せど、「さて**b**引き返さむも人目悪《わろ》かめり。なほ法輪(注6)の八講にことよせて」と思しなりて、ひたやりに急がせ給ふほど、またもつつ闇(注7)に曇りみちて、ありしよりけに散り乱れたれば、道のほとりに御車たてさせつつ見給ふに、何がしの山、くれがしの河原も、ただ時の間に**c**面《おも》変はりせり。

かのしぶしぶなりし人々も、いといたう笑み曲げて、「これや小倉《をぐら》(注8)の峰ならまし」「それこそ梅津(注9)の渡りならめ」と、口々に定めあへるものから、松と竹とのけぢめをだに、とりはづしては違《たが》へぬべかめり。「あはれ、世に面白しとはかかるをや言ふならむかし。なほここ(注10)にてを見栄《は》やさまし」とて、やがて下簾《したすだれ》(注11)かかげ給ひつつ、

ここもまた月の中なる里ならし雪の光もよに似ざりけり

など**d**興ぜさせ給ふほど、(ウ)かたちをかしげなる童《わらは》の水干《すいかん》着たるが、手を吹く吹く御あと尋《と》め来て、榻《しぢ》(注12)のもとにうずくまりつつ、「これ御車に」とて差し出でたるは、源少将よりの御消息なりけり。**e**大夫《たいふ》とりつたへて奉るを見給ふに、「いつも後《おく》らかし給はぬを、かく、

X白雪のふり捨てられしあたりには恨みのみこそ千重に積もれれ」

とあるを、ほほ笑み給ひて、畳紙《たたうがみ》に、

Y　尋め来やとゆきにしあとをつけつつも待つとは人の知らずやありけむ

やがてそこなる松を雪ながら折らせ給ひて、その枝に結びつけてぞたまはせたる。

やうやう暮れかかるほど、さばかり天霧《あまぎ》(注13)らひたりしも、いつしかなごりなく晴れわたりて、名に負ふ里の月影はなやかに差し出でたるに、雪の光もいとどしく映えまさりつつ、天地《あめつち》のかぎり、白銀《しろかね》うちのべたらむがごとくきらめきわたりて、あやにまばゆき夜のさまなり。

院の(注14)預かりも出で来て、「かう渡らせ給ふとも知らざりつれば、とくも迎へ奉らざりしこと」など言ひつつ、頭《かしら》もたげで、よろづに追従するあまりに、牛の額の雪かきはらふとては、軛《くびき》に触れて烏帽子《えぼし》を落とし、御車やるべき道清むとては、あたら雪をも踏みしだきつつ、足手の色を海老《えび》(注15)になして、桂風《かつらかぜ》を引き歩く。人々、「いまはとく引き入れてむ。かしこのさまもいとゆかしきを」とて、もろ(注16)そそきにそそきあへるを、「げにも」とは思すものから、ここもなほ見過ぐしがたうて。

(注)　1　友待つ雪――後から降ってくる雪を待つかのように消え残っている雪。

2　思し立たす――「す」はここでは尊敬の助動詞。

3　家司――邸《やしき》の事務を担当する者。後出の「大夫」はその一人。

4　空より花の――『古今和歌集』の「冬ながら空より花の散りくるは雲のあなたは春にやあるらむ」という和歌をふまえた表現。

5　死に返り――とても強く。

6　法輪の八講――「法輪」は京都市西京区にある法輪寺。「八講」は『法華経』全八巻を講義して讃《たた》える法会。

7　つつ闇――まっくら闇。

8　小倉の峰――京都市右京区にある小倉山。

9　梅津の渡り――京都市右京区の名所。桂川左岸に位置する。

10　ここにてを見栄やさまし——ここで見て賞美しよう。

11　下簾——牛車《ぎっしゃ》の前後の簾(下図参照)の内にかける帳《とばり》。

12　榻——牛車から牛をとり放したとき、「軶《くびき》」を支える台(下図参照)。牛車に乗り降りする際に踏み台ともする。

13　天霧らひ——「天霧らふ」は雲や霧などがかかって空が一面に曇るという意。

14　院の預かり——桂の院の管理を任された人。

15　海老になして——海老のように赤くして。

16　もろそそき——「もろ」は一斉に、「そそく」はそわそわするという意。

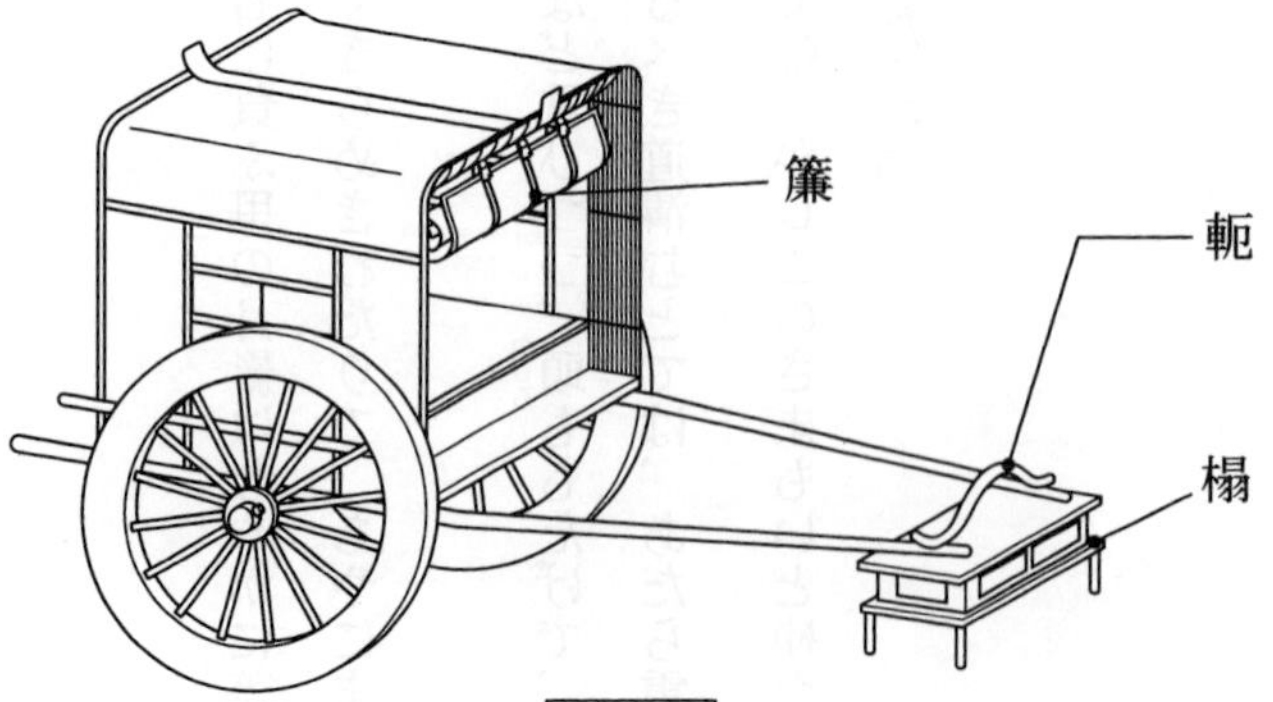

牛車図

問1　傍線部(ア)～(ウ)の解釈として最も適当なものを、次の各群の①～⑤のうちから、それぞれ一つずつ選べ。解答番号は 23 ～ 25 。

(ア)　あからさまにも 23
① 昼のうちも
② 一人でも
③ 少しの間も
④ 完成してからも
⑤ 紅葉の季節にも

(イ)　とみのこと 24
① 今までになかったこと
② にわかに思いついたこと
③ ひそかに楽しみたいこと
④ 天候に左右されること
⑤ とてもぜいたくなこと

(ウ)　かたちをかしげなる 25
① 格好が場違いな
② 機転がよく利く
③ 和歌が上手な
④ 体を斜めに傾けた
⑤ 見た目が好ましい

問2　波線部a〜eについて、語句と表現に関する説明として最も適当なものを、次の①〜⑤のうちから一つ選べ。解答番号は 26 。

① a「うち興じたりしも」の「し」は強意の副助詞で、雪が降ることに対する主人公の喜びの大きさを表している。

② b「引き返さむも」の「む」は仮定・婉曲の助動詞で、引き返した場合の状況を主人公が考えていることを表している。

③ c「面変はりせり」の「せり」は「り」が完了の助動詞で、人々の顔色が寒さで変化してしまったことを表している。

④ d「興ぜさせ給ふ」の「させ」は使役の助動詞で、主人公が和歌を詠んで人々を楽しませたことを表している。

⑤ e「大夫とりつたへて奉るを見給ふ」の「給ふ」は尊敬の補助動詞で、作者から大夫に対する敬意を表している。

問3　和歌**X**・**Y**に関する説明として最も適当なものを、次の①～④のうちから一つ選べ。解答番号は 27 。

①　源少将は主人公の誘いを断ったことを気に病み、「白雪」が降り積もるように私への「恨み」が積もっているのでしょうね、という意味の和歌**X**を贈った。

②　源少将は和歌**X**に「捨てられ」「恨み」という恋の歌によく使われる言葉を用いて主人公への恋情を訴えたため、主人公は意外な告白に思わず頬を緩めた。

③　主人公は和歌**Y**に「待つ」という言葉を用いたのに合わせて、「待つ」の掛詞《かけことば》としてよく使われる「松」の枝とともに、源少将が待つ桂の院に返事を届けさせた。

④　主人公は「ゆき」に「雪」と「行き」の意を掛けて、「雪に車の跡をつけながら進み、あなたを待っていたのですよ」という和歌**Y**を詠んで源少将に贈った。

問4　次に示すのは、「桂《かつら》」という言葉に注目して本文を解説した文章である。これを読んで、後の(i)〜(iii)の問いに答えよ。

本文は江戸時代に書かれた作品だが、「桂」やそれに関連する表現に注目すると、平安時代に成立した『源氏物語』や、中国の故事がふまえられていることがわかる。以下、順を追って解説していく。

まず、1行目に「桂の院」とある。「桂」は都の中心地からやや離れたところにある土地の名前で、『源氏物語』の主人公である光源氏も「桂の院」という別邸を持っている。「桂の院」という言葉がはじめに出てくることで、読者は『源氏物語』の世界を思い浮かべながら本文を読んでいくことになる。

次に、12行目の和歌に「月の中なる里」とある。実はこれも「桂」に関わる表現である。古語辞典の「桂」の項目には、「中国の伝説で、月に生えているという木。また、月のこと」という説明がある。すなわち、「月の中なる里」とは「桂の里」を指す。したがって、12行目の和歌は、「まだ桂の里に着いていないはずだが、この場所もまた『月の中なる里』だと思われる。なぜなら、［Ⅰ］」と解釈できる。

「桂」が「月」を連想させる言葉だとすると、20行目で桂の里が「名に負ふ里」と表現されている意味も理解できる。すなわち、20〜22行目は［Ⅱ］、という情景を描いているわけである。

最後に、25行目に「桂風を引き歩く」とある。「桂風」は「桂の木の間を吹き抜ける風」のことであるが、「桂風を引き」には「風邪を引く」という意味も掛けられている。実は『源氏物語』にも「浜風を引き歩く」という似た表現がある。光源氏の弾く琴の音が素晴らしく、それを聞いた人々が思わず浜を浮かれ歩き風邪を引くというユーモラスな場面である。『源氏物語』を意識して読むと、23〜26行目では主人公がどのように描かれているかがよくわかる。すなわち、［Ⅲ］。

以上のように、本文は「桂の院」に向かう主人公たちの様子を、移り変わる雪と月の情景とともに描き、最後は院の預かりや人々と対比的に主人公を描いて終わる。作者は『源氏物語』や中国の故事をふまえつつ、「桂」という言葉が有するイメージをいかして、この作品を著したのである。

(i) 空欄 **I** に入る文章として最も適当なものを、次の ① ～ ④ のうちから一つ選べ。解答番号は **28** 。

① 小倉や梅津とは比較できないくらい月と雪が美しいから

② 雪がこの世のものとは思えないほど光り輝いているから

③ ひどく降る白い雪によって周囲の見分けがつかないから

④ 月の光に照らされた雪のおかげで昼のように明るいから

(ii) 空欄 **Ⅱ** に入る文章として最も適当なものを、次の ① ～ ④ のうちから一つ選べ。解答番号は **29** 。

① 空を覆っていた雲にわずかな隙間が生じ、月を想起させる名を持つ桂の里には、一筋の月の光が鮮やかに差し込んできて、明るく照らし出された雪の山が、目がくらむほど輝いている

② 空を覆っていた雲がいつの間にかなくなり、月を想起させる名を持つ桂の里にふさわしく、月の光が鮮やかに差し込み、雪明かりもますます引き立ち、あたり一面が銀色に輝いている

③ 空を覆っていた雲が少しずつ薄らぎ、月を想起させる名を持つ桂の里に、月の光が鮮やかに差し込んでいるものの、今夜降り積もった雪が、その月の光を打ち消して明るく輝いている

④ 空を覆っていた雲は跡形もなく消え去り、月を想起させる名を持つ桂の里だけに、月の光が鮮やかに差し込んできて、空にちりばめられた銀河の星が、見渡す限りまぶしく輝いている

(iii) 空欄 **Ⅲ** に入る文章として最も適当なものを、次の①～④のうちから一つ選べ。解答番号は **30**。

① 「足手の色」を気にして仕事が手につかない院の預かりや、邸の中に入って休息をとろうとする人々とは異なり、「ここもなほ見過ぐしがたうて」とその場に居続けようとするところに、主人公の律儀な性格が表現されている

② 風邪を引いた院の預かりを放っておいて「かしこのさまもいとゆかしきを」と邸に移ろうとする人々とは異なり、「『げにも』とは思す」ものの、院の預かりの体調を気遣うところに、主人公の温厚な人柄が表現されている

③ 軽率にふるまって「あたら雪をも踏みしだきつつ」主人を迎えようとする院の預かりや、すぐに先を急ごうとする人々とは異なり、「ここもなほ見過ぐしがたうて」と思っているところに、主人公の風雅な心が表現されている

④ 「とくも迎へ奉らざりしこと」と言い訳しながら慌てる院の預かりや、都に帰りたくて落ち着かない人々とは異なり、「『げにも』とは思す」ものの、周囲の人を気にかけないところに、主人公の悠々とした姿が表現されている

第4問

次の文章は、唐の杜牧《とぼく》（八〇三―八五二）の【詩】「華清宮《かせいきゅう》」とそれに関連する【資料】Ⅰ～Ⅳである。これを読んで、後の問い（問1～6）に答えよ。なお、設問の都合で返り点・送り仮名を省いたところがある。（配点 50）

【詩】

華（注1）清宮

長安ヨリ回望スレバ繡《しゅう》（注2）成スレ堆ヲ
山頂ノ千門次（注3）第ニ開ク
一騎紅《こう》（注4）塵《じん》妃（注5）子笑フ
無シ三人ノ知ル二是《これ》荔《れい》（注6）枝《し》ノ来タルヲ一

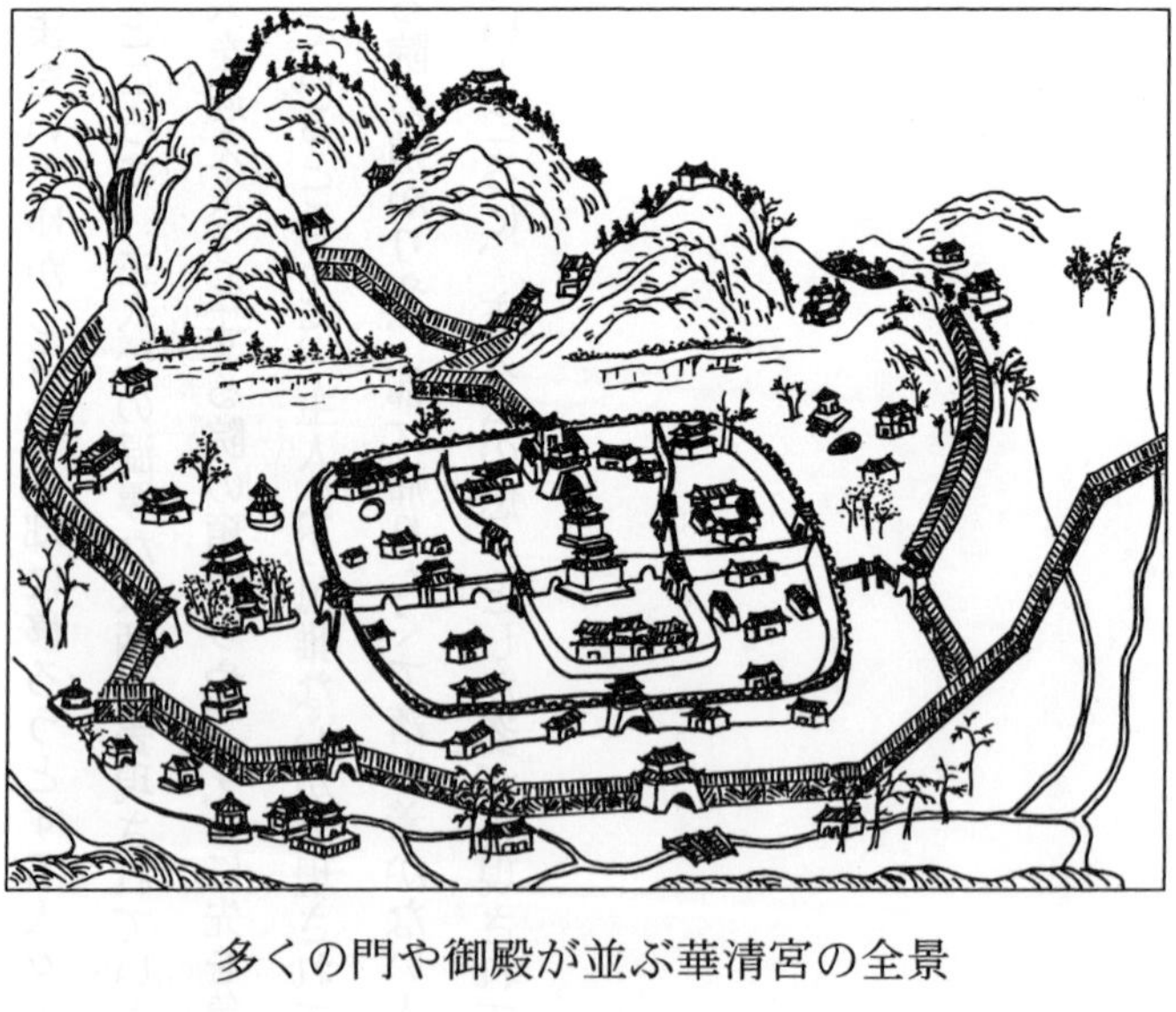

多くの門や御殿が並ぶ華清宮の全景

【資料】

Ⅰ『天(注7)宝遺事』云《いフ》、「貴妃嗜《たしなム》茘枝。当時涪《ふう》(注8)州《しう》致貢以馬逓(注9)馳《ち》載《さい》七日七夜至京。人馬多斃《たふレ》於路、(ア)百姓苦之。」

Ⅱ『畳(注10)山詩話』云、「明(注11)皇致遠物以悦《よろこ》婦人。窮人力絶人命、有所不顧。」

Ⅲ『遯《とん》(注12)斎《さい》閑《かん》覧《らん》』云、「杜牧華清宮詩(イ)尤《もつとモ》膾《くわい》炙《しやス》人口。拠唐紀(注13)、明皇以十月幸驪《り》山《ざん》、至春即還《かへル》宮。是未嘗六月在驪山也。然茘枝盛暑方《はじメテ》熟。」

（【詩】と【資料】Ⅰ～Ⅲは蔡正孫《さいせいそん》『詩林広記』による）

Ⅳ『甘沢謡』(注14)ニ曰ハク、「天宝十四年六月一日、貴妃誕《たん》辰《しん》(注15)、駕《が》(注16)幸ス二驪山ニ一。命ジテ二小部(注17)音声ニ一奏シ二楽ヲ長生殿(注18)ニ一、進メシムルモ二新曲ヲ一、未ダレ有ラレ名。会《たまたま》南海(注19)献ジ二茘枝ヲ一(ウ)、因リテ名ヅクト二茘《れい》枝《し》香《かうト》一。」

(【資料】Ⅳは程大昌《ていだいしよう》『考古編』による)

(注)

1 華清宮――唐の都長安の郊外にある、驪山《りざん》の温泉地に造営された離宮。

2 繡成レ堆――綾絹《あやぎぬ》を重ねたような驪山の山容の美しさをいう。

3 次第――次々と。

4 紅塵――砂煙。

5 妃子――楊《よう》貴《き》妃《ひ》のこと。唐の皇帝玄宗《げんそう》(六八五―七六二)の妃《きさき》。

6 茘枝――果物のライチ。中国南方の特産物。

7 『天宝遺事』――唐の天宝年間(七四二―七五六)の逸話を集めた書。王仁裕《おうじんゆう》著。

8 涪州――中国南方の地名。

9 馬逓――早馬の中継による緊急輸送。公文書を運ぶのが本来の目的。

10 『畳山詩話』――詩の解説・批評や詩人の逸話を載せた書。謝枋得《しやぼうとく》著。

11　明皇——玄宗を指す。
12　『遯斎閑覧』——学問的なテーマで書かれた随筆集。陳正敏《ちんせいびん》著。
13　唐紀——唐の時代についての歴史記録。
14　『甘沢謡』——唐の逸話を集めた書。袁郊《えんこう》著。
15　誕辰——誕生日。
16　駕——皇帝の乗り物。
17　小部音声——唐の宮廷の少年歌舞音楽隊。
18　長生殿——華清宮の建物の一つ。
19　南海——南海郡のこと。中国南方の地名。

問1　この【**詩**】の形式と押韻の説明として最も適当なものを、次の①～⑥のうちから一つ選べ。解答番号は［31］。

① 形式は七言律詩であり、「開」「来」で押韻している。
② 形式は七言律詩であり、「堆」「開」「来」で押韻している。
③ 形式は七言律詩であり、「堆」「開」「笑」「来」で押韻している。
④ 形式は七言絶句であり、「開」「来」で押韻している。
⑤ 形式は七言絶句であり、「堆」「開」「来」で押韻している。
⑥ 形式は七言絶句であり、「堆」「開」「笑」「来」で押韻している。

問2 波線部(ア)「百姓」・(イ)「膾ヨ炙 人 口ニ」・(ウ)「因」のここでの意味として最も適当なものを、次の各群の①～⑤のうちから、それぞれ一つずつ選べ。解答番号は 32 ～ 34 。

(ア) 「百姓」 32
① 民衆
② 旅人
③ 皇帝
④ 商人
⑤ 罪人

(イ) 「膾ヨ炙 人 口ニ」 33
① 異口同音に批判する
② 一言では到底表せない
③ 詳しく分析されている
④ 広く知れわたっている
⑤ 人々が苦痛に感じている

(ウ) 「因」 34
① そのために
② やむをえず
③ ことさら
④ とりあえず
⑤ またもや

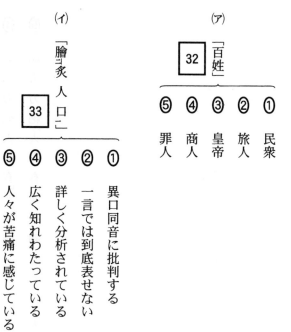

問3 傍線部「窮人力絶人命、有所不顧。」について、返り点の付け方と書き下し文との組合せとして最も適当なものを、次の①～⑤のうちから一つ選べ。解答番号は 35 。

① 窮㆔人力絶㆓人命㆒、有㆓所不㆒㆑顧。　人力の人命を絶たんとするを窮めて、所として顧みざる有りと。

② 窮㆓人力絶人命㆒、有所㆑不㆑顧。　人の力《つと》めて絶人の命を窮むるは、有れども顧みざる所なりと。

③ 窮人力絶人命、有所不㆑顧。　窮人の力は絶人の命にして、有る所顧みざるのみと。

④ 窮㆓人力㆒絶㆓人命㆒、有㆑所㆑不㆑顧。　人力を窮め人命を絶つも、顧みざる所有りと。

⑤ 窮㆑人力絶㆑人命、有㆑所不㆑顧。　人を窮めて力《つと》めしめ人を絶ちて命じ、所有るも顧みずと。

問4 【詩】の第三句「一 騎 紅 塵 妃 子 笑」について、【資料】Ⅰ・Ⅱをふまえた解釈として最も適当なものを、次の①～⑤のうちから一つ選べ。解答番号は 36 。

① 玄宗のため楊貴妃が手配した茘枝を早馬が砂煙を上げながら運んで来る。それを見て楊貴妃は笑う。
② 楊貴妃のため茘枝を手に入れようと早馬が砂煙のなか産地へと走りゆく。それを見て楊貴妃は笑う。
③ 楊貴妃の好物の茘枝を運ぶ早馬が宮殿の門の直前で倒れて砂煙を上げる。それを見て楊貴妃は笑う。
④ 玄宗の命令で楊貴妃の好物の茘枝を運ぶ早馬が砂煙を上げ疾走して来る。それを見て楊貴妃は笑う。
⑤ 玄宗に取り入りたい役人が茘枝を携えて砂煙のなか早馬を走らせて来る。それを見て楊貴妃は笑う。

問5　【資料】Ⅲ・Ⅳに関する説明として最も適当なものを、次の①～⑤のうちから一つ選べ。解答番号は 37 。

① 【資料】Ⅲは、玄宗一行が驪山に滞在した時期と茘枝が熟す時期との一致によって、【詩】の描写が事実に符合することを指摘する。【資料】Ⅳは、玄宗一行が夏の華清宮で賞玩したのは楽曲「茘枝香」であったことを述べており、【資料】Ⅲの見解に反論する根拠となる。

② 【資料】Ⅲは、玄宗一行が驪山に滞在した時期と茘枝が熟す時期との一致によって、【詩】の描写が事実に符合することを指摘する。【資料】Ⅳは、夏の華清宮で玄宗一行に献上された茘枝が特別に「茘枝香」と名付けられたことを述べており、【資料】Ⅲの見解を補足できる。

③ 【資料】Ⅲは、玄宗一行が驪山に滞在した時期と茘枝が熟す時期との不一致によって、【詩】の描写が事実に反することを指摘する。【資料】Ⅳは、夏の華清宮で玄宗一行に献上された「茘枝香」が果物の名ではなく楽曲の名であることを述べており、【資料】Ⅲの見解を補足できる。

④ 【資料】Ⅲは、玄宗一行が驪山に滞在した時期と茘枝が熟す時期との不一致によって、【詩】の描写が事実に反することを指摘する。【資料】Ⅳは、玄宗一行が「茘枝香」という名の茘枝を賞味した場所は夏の南海郡であったことを述べており、【資料】Ⅲの見解を補足できる。

⑤ 【資料】Ⅲは、玄宗一行が驪山に滞在した時期と茘枝が熟す時期との不一致によって、【詩】の描写が事実に反することを指摘する。【資料】Ⅳは、「茘枝香」という楽曲名が夏の華清宮で玄宗一行に献上された茘枝に由来すると述べており、【資料】Ⅲの見解に反論する根拠となる。

問6 【資料】をふまえた【詩】の鑑賞として最も適当なものを、次の①～⑤のうちから一つ選べ。解答番号は 38 。

① 驪山の華清宮を舞台に、開放される宮殿の門、公文書を急送するはずの早馬、楊貴妃の笑みと、謎めいた描写が連ねられたうえで、それらが常軌を逸した茘枝の輸送によるものであったことが明かされる。事実無根の逸話をあえて描き、玄宗が政治を怠り宮殿でぜいたくに過ごしていたことへの憤慨をぶちまけている。

② 驪山の遠景から華清宮の門、駆け抜ける早馬へと焦点が絞られ、視点は楊貴妃の笑みに転じる。笑みをもたらしたのは不適切な手段で運ばれる茘枝であった。事実かどうか不明な部分があるものの、玄宗と楊貴妃の逸話を巧みに用い、玄宗が為政者の道を踏み外して楊貴妃に対する情愛に溺れたことを慨嘆している。

③ 驪山の山容や宮殿の門の配置を詳しく描き、早馬が上げる砂煙や楊貴妃の笑みなどの細部も見逃さない。早馬がもたらすであろう茘枝についても写実的に描写している。玄宗と楊貴妃に関する事実を巧みに詠み込んでおり、二人が華清宮でどのような生活を送っていたかについての歴史的知識を提供している。

④ 美しい驪山に造営された華清宮の壮麗さを背景に、一人ほほ笑む楊貴妃の艶《あで》やかさが印象的に描かれたうえで、ほほ笑みをもたらした茘枝の希少性について語られる。事実かどうかわからないことを含むものの、玄宗が天下のすべてを手に入れて君臨していたことへの感嘆を巧みに表現している。

⑤ 驪山に建つ宮殿の門は後景に退き、ほほ笑む楊貴妃の眼中には一騎の早馬しかない。早馬がもたらそうとしているのは、玄宗が楊貴妃とともに賞味する茘枝であった。事実かどうかを問題とせず、玄宗と楊貴妃の仲睦《むつ》まじさが際立つ逸話を用いることで、二人が永遠の愛を誓ったことを賛美している。

代々木ゼミナール編

2025大学入学
共通テスト
実戦問題集

英語［リーディング・リスニング］
数学Ⅰ・A
数学Ⅱ・B・C
国語
物理
化学
生物
理科基礎［物理/化学/生物/地学］
化学基礎＋生物基礎
生物基礎＋地学基礎
地理総合／歴史総合／公共
歴史総合，日本史探究
歴史総合，世界史探究
地理総合，地理探究
公共，倫理
公共，政治・経済

2025年版/大学入学共通テスト
実戦問題集
国語

2024年 7 月20日　　初版発行
●
編　者 ―― 代々木ゼミナール
発行者 ―― 髙宮英郎
発行所 ―― 株式会社日本入試センター
〒151-0053
東京都渋谷区代々木1-27-1
代々木ライブラリー
印刷所 ―― 三松堂株式会社

●この書籍の編集内容および落丁・乱丁についてのお問い合わせは下記までお願いいたします
〒151-0053
東京都渋谷区代々木1-38-9
☎03-3370-7409(平日9:00~17:00)
代々木ライブラリー営業部

ISBN978-4-86346-872-6　Printed in Japan

（キリトリセン）

マーク例

良い例	悪い例

① 受験番号を記入し，その下のマーク欄にマークしなさい。

受験番号欄					
千位	百位	十位	一位	英字	
–	⓪	⓪	⓪	Ⓐ	A
①	①	①	①	Ⓑ	B
②	②	②	②	Ⓒ	C
③	③	③	③	Ⓗ	H
④	④	④	④	Ⓚ	K
⑤	⑤	⑤	⑤	Ⓜ	M
⑥	⑥	⑥	⑥	Ⓡ	R
⑦	⑦	⑦	⑦	Ⓤ	U
⑧	⑧	⑧	⑧	Ⓧ	X
⑨	⑨	⑨	⑨	Ⓨ	Y
–	–	–	–	Ⓩ	Z

受験番号マークチェック欄

② 氏名・フリガナ，試験場コードを記入しなさい。

フリガナ						
氏　名						
試験場コード	十万位	万位	千位	百位	十位	一位

氏名等チェック欄

実戦問題集　国語　解答用紙

注意事項

1 訂正は，消しゴムできれいに消し，消しくずを残してはいけません。

2 所定欄以外にはマークしたり，記入したりしてはいけません。

3 汚したり，折りまげたりしてはいけません。

解答番号	解答欄 1	2	3	4	5	6	7	8	9
1	①	②	③	④	⑤	⑥	⑦	⑧	⑨
2	①	②	③	④	⑤	⑥	⑦	⑧	⑨
3	①	②	③	④	⑤	⑥	⑦	⑧	⑨
4	①	②	③	④	⑤	⑥	⑦	⑧	⑨
5	①	②	③	④	⑤	⑥	⑦	⑧	⑨
6	①	②	③	④	⑤	⑥	⑦	⑧	⑨
7	①	②	③	④	⑤	⑥	⑦	⑧	⑨
8	①	②	③	④	⑤	⑥	⑦	⑧	⑨
9	①	②	③	④	⑤	⑥	⑦	⑧	⑨
10	①	②	③	④	⑤	⑥	⑦	⑧	⑨
11	①	②	③	④	⑤	⑥	⑦	⑧	⑨
12	①	②	③	④	⑤	⑥	⑦	⑧	⑨
13	①	②	③	④	⑤	⑥	⑦	⑧	⑨

解答番号	解答欄 1	2	3	4	5	6	7	8	9
14	①	②	③	④	⑤	⑥	⑦	⑧	⑨
15	①	②	③	④	⑤	⑥	⑦	⑧	⑨
16	①	②	③	④	⑤	⑥	⑦	⑧	⑨
17	①	②	③	④	⑤	⑥	⑦	⑧	⑨
18	①	②	③	④	⑤	⑥	⑦	⑧	⑨
19	①	②	③	④	⑤	⑥	⑦	⑧	⑨
20	①	②	③	④	⑤	⑥	⑦	⑧	⑨
21	①	②	③	④	⑤	⑥	⑦	⑧	⑨
22	①	②	③	④	⑤	⑥	⑦	⑧	⑨
23	①	②	③	④	⑤	⑥	⑦	⑧	⑨
24	①	②	③	④	⑤	⑥	⑦	⑧	⑨
25	①	②	③	④	⑤	⑥	⑦	⑧	⑨
26	①	②	③	④	⑤	⑥	⑦	⑧	⑨

解答番号	解答欄 1	2	3	4	5	6	7	8	9
27	①	②	③	④	⑤	⑥	⑦	⑧	⑨
28	①	②	③	④	⑤	⑥	⑦	⑧	⑨
29	①	②	③	④	⑤	⑥	⑦	⑧	⑨
30	①	②	③	④	⑤	⑥	⑦	⑧	⑨
31	①	②	③	④	⑤	⑥	⑦	⑧	⑨
32	①	②	③	④	⑤	⑥	⑦	⑧	⑨
33	①	②	③	④	⑤	⑥	⑦	⑧	⑨
34	①	②	③	④	⑤	⑥	⑦	⑧	⑨
35	①	②	③	④	⑤	⑥	⑦	⑧	⑨
36	①	②	③	④	⑤	⑥	⑦	⑧	⑨
37	①	②	③	④	⑤	⑥	⑦	⑧	⑨
38	①	②	③	④	⑤	⑥	⑦	⑧	⑨
39	①	②	③	④	⑤	⑥	⑦	⑧	⑨

解答番号	解答欄 1	2	3	4	5	6	7	8	9
40	①	②	③	④	⑤	⑥	⑦	⑧	⑨
41	①	②	③	④	⑤	⑥	⑦	⑧	⑨
42	①	②	③	④	⑤	⑥	⑦	⑧	⑨
43	①	②	③	④	⑤	⑥	⑦	⑧	⑨
44	①	②	③	④	⑤	⑥	⑦	⑧	⑨
45	①	②	③	④	⑤	⑥	⑦	⑧	⑨
46	①	②	③	④	⑤	⑥	⑦	⑧	⑨
47	①	②	③	④	⑤	⑥	⑦	⑧	⑨
48	①	②	③	④	⑤	⑥	⑦	⑧	⑨
49	①	②	③	④	⑤	⑥	⑦	⑧	⑨
50	①	②	③	④	⑤	⑥	⑦	⑧	⑨
51	①	②	③	④	⑤	⑥	⑦	⑧	⑨
52	①	②	③	④	⑤	⑥	⑦	⑧	⑨

実戦問題集　国語　解答用紙

マーク例

良い例	悪い例
●	⊙ ⊗ ◓ ○

①

受験番号を記入し，その下のマーク欄にマークしなさい。

受験番号欄				
千位	百位	十位	一位	英字
–	⓪	⓪	⓪	Ⓐ A
①	①	①	①	Ⓑ B
②	②	②	②	Ⓒ C
③	③	③	③	Ⓗ H
④	④	④	④	Ⓚ K
⑤	⑤	⑤	⑤	Ⓜ M
⑥	⑥	⑥	⑥	Ⓡ R
⑦	⑦	⑦	⑦	Ⓤ U
⑧	⑧	⑧	⑧	Ⓧ X
⑨	⑨	⑨	⑨	Ⓨ Y
–	–	–	–	Ⓩ Z

受験番号マークチェック欄

②

氏名・フリガナ，試験場コードを記入しなさい。

フリガナ						
氏　名						
試験場コード	十万位	万位	千位	百位	十位	一位

氏名等チェック欄

注意事項

1　訂正は，消しゴムできれいに消し，消しくずを残してはいけません。

2　所定欄以外にはマークしたり，記入したりしてはいけません。

3　汚したり，折りまげたりしてはいけません。

解答番号	解答欄 1	2	3	4	5	6	7	8	9	解答番号	解答欄 1	2	3	4	5	6	7	8	9	解答番号	解答欄 1	2	3	4	5	6	7	8	9	解答番号	解答欄 1	2	3	4	5	6	7	8	9
1	①	②	③	④	⑤	⑥	⑦	⑧	⑨	14	①	②	③	④	⑤	⑥	⑦	⑧	⑨	27	①	②	③	④	⑤	⑥	⑦	⑧	⑨	40	①	②	③	④	⑤	⑥	⑦	⑧	⑨
2	①	②	③	④	⑤	⑥	⑦	⑧	⑨	15	①	②	③	④	⑤	⑥	⑦	⑧	⑨	28	①	②	③	④	⑤	⑥	⑦	⑧	⑨	41	①	②	③	④	⑤	⑥	⑦	⑧	⑨
3	①	②	③	④	⑤	⑥	⑦	⑧	⑨	16	①	②	③	④	⑤	⑥	⑦	⑧	⑨	29	①	②	③	④	⑤	⑥	⑦	⑧	⑨	42	①	②	③	④	⑤	⑥	⑦	⑧	⑨
4	①	②	③	④	⑤	⑥	⑦	⑧	⑨	17	①	②	③	④	⑤	⑥	⑦	⑧	⑨	30	①	②	③	④	⑤	⑥	⑦	⑧	⑨	43	①	②	③	④	⑤	⑥	⑦	⑧	⑨
5	①	②	③	④	⑤	⑥	⑦	⑧	⑨	18	①	②	③	④	⑤	⑥	⑦	⑧	⑨	31	①	②	③	④	⑤	⑥	⑦	⑧	⑨	44	①	②	③	④	⑤	⑥	⑦	⑧	⑨
6	①	②	③	④	⑤	⑥	⑦	⑧	⑨	19	①	②	③	④	⑤	⑥	⑦	⑧	⑨	32	①	②	③	④	⑤	⑥	⑦	⑧	⑨	45	①	②	③	④	⑤	⑥	⑦	⑧	⑨
7	①	②	③	④	⑤	⑥	⑦	⑧	⑨	20	①	②	③	④	⑤	⑥	⑦	⑧	⑨	33	①	②	③	④	⑤	⑥	⑦	⑧	⑨	46	①	②	③	④	⑤	⑥	⑦	⑧	⑨
8	①	②	③	④	⑤	⑥	⑦	⑧	⑨	21	①	②	③	④	⑤	⑥	⑦	⑧	⑨	34	①	②	③	④	⑤	⑥	⑦	⑧	⑨	47	①	②	③	④	⑤	⑥	⑦	⑧	⑨
9	①	②	③	④	⑤	⑥	⑦	⑧	⑨	22	①	②	③	④	⑤	⑥	⑦	⑧	⑨	35	①	②	③	④	⑤	⑥	⑦	⑧	⑨	48	①	②	③	④	⑤	⑥	⑦	⑧	⑨
10	①	②	③	④	⑤	⑥	⑦	⑧	⑨	23	①	②	③	④	⑤	⑥	⑦	⑧	⑨	36	①	②	③	④	⑤	⑥	⑦	⑧	⑨	49	①	②	③	④	⑤	⑥	⑦	⑧	⑨
11	①	②	③	④	⑤	⑥	⑦	⑧	⑨	24	①	②	③	④	⑤	⑥	⑦	⑧	⑨	37	①	②	③	④	⑤	⑥	⑦	⑧	⑨	50	①	②	③	④	⑤	⑥	⑦	⑧	⑨
12	①	②	③	④	⑤	⑥	⑦	⑧	⑨	25	①	②	③	④	⑤	⑥	⑦	⑧	⑨	38	①	②	③	④	⑤	⑥	⑦	⑧	⑨	51	①	②	③	④	⑤	⑥	⑦	⑧	⑨
13	①	②	③	④	⑤	⑥	⑦	⑧	⑨	26	①	②	③	④	⑤	⑥	⑦	⑧	⑨	39	①	②	③	④	⑤	⑥	⑦	⑧	⑨	52	①	②	③	④	⑤	⑥	⑦	⑧	⑨

マーク例

良い例	悪い例

①
受験番号を記入し，その下のマーク欄にマークしなさい。

受験番号欄					
千位	百位	十位	一位	英字	
–	⓪	⓪	⓪	Ⓐ	A
①	①	①	①	Ⓑ	B
②	②	②	②	Ⓒ	C
③	③	③	③	Ⓗ	H
④	④	④	④	Ⓚ	K
⑤	⑤	⑤	⑤	Ⓜ	M
⑥	⑥	⑥	⑥	Ⓡ	R
⑦	⑦	⑦	⑦	Ⓤ	U
⑧	⑧	⑧	⑧	Ⓧ	X
⑨	⑨	⑨	⑨	Ⓨ	Y
–	–	–	–	Ⓩ	Z

受験番号マークチェック欄

②
氏名・フリガナ，試験場コードを記入しなさい。

フリガナ						
氏名						
試験場コード	十万位	万位	千位	百位	十位	一位

氏名等チェック欄

実戦問題集　国語　解答用紙

注意事項

1　訂正は，消しゴムできれいに消し，消しくずを残してはいけません。

2　所定欄以外にはマークしたり，記入したりしてはいけません。

3　汚したり，折りまげたりしてはいけません。

解答番号	解答欄 1	2	3	4	5	6	7	8	9	解答番号	解答欄 1	2	3	4	5	6	7	8	9
1	①	②	③	④	⑤	⑥	⑦	⑧	⑨	14	①	②	③	④	⑤	⑥	⑦	⑧	⑨
2	①	②	③	④	⑤	⑥	⑦	⑧	⑨	15	①	②	③	④	⑤	⑥	⑦	⑧	⑨
3	①	②	③	④	⑤	⑥	⑦	⑧	⑨	16	①	②	③	④	⑤	⑥	⑦	⑧	⑨
4	①	②	③	④	⑤	⑥	⑦	⑧	⑨	17	①	②	③	④	⑤	⑥	⑦	⑧	⑨
5	①	②	③	④	⑤	⑥	⑦	⑧	⑨	18	①	②	③	④	⑤	⑥	⑦	⑧	⑨
6	①	②	③	④	⑤	⑥	⑦	⑧	⑨	19	①	②	③	④	⑤	⑥	⑦	⑧	⑨
7	①	②	③	④	⑤	⑥	⑦	⑧	⑨	20	①	②	③	④	⑤	⑥	⑦	⑧	⑨
8	①	②	③	④	⑤	⑥	⑦	⑧	⑨	21	①	②	③	④	⑤	⑥	⑦	⑧	⑨
9	①	②	③	④	⑤	⑥	⑦	⑧	⑨	22	①	②	③	④	⑤	⑥	⑦	⑧	⑨
10	①	②	③	④	⑤	⑥	⑦	⑧	⑨	23	①	②	③	④	⑤	⑥	⑦	⑧	⑨
11	①	②	③	④	⑤	⑥	⑦	⑧	⑨	24	①	②	③	④	⑤	⑥	⑦	⑧	⑨
12	①	②	③	④	⑤	⑥	⑦	⑧	⑨	25	①	②	③	④	⑤	⑥	⑦	⑧	⑨
13	①	②	③	④	⑤	⑥	⑦	⑧	⑨	26	①	②	③	④	⑤	⑥	⑦	⑧	⑨

解答番号	解答欄 1	2	3	4	5	6	7	8	9	解答番号	解答欄 1	2	3	4	5	6	7	8	9
27	①	②	③	④	⑤	⑥	⑦	⑧	⑨	40	①	②	③	④	⑤	⑥	⑦	⑧	⑨
28	①	②	③	④	⑤	⑥	⑦	⑧	⑨	41	①	②	③	④	⑤	⑥	⑦	⑧	⑨
29	①	②	③	④	⑤	⑥	⑦	⑧	⑨	42	①	②	③	④	⑤	⑥	⑦	⑧	⑨
30	①	②	③	④	⑤	⑥	⑦	⑧	⑨	43	①	②	③	④	⑤	⑥	⑦	⑧	⑨
31	①	②	③	④	⑤	⑥	⑦	⑧	⑨	44	①	②	③	④	⑤	⑥	⑦	⑧	⑨
32	①	②	③	④	⑤	⑥	⑦	⑧	⑨	45	①	②	③	④	⑤	⑥	⑦	⑧	⑨
33	①	②	③	④	⑤	⑥	⑦	⑧	⑨	46	①	②	③	④	⑤	⑥	⑦	⑧	⑨
34	①	②	③	④	⑤	⑥	⑦	⑧	⑨	47	①	②	③	④	⑤	⑥	⑦	⑧	⑨
35	①	②	③	④	⑤	⑥	⑦	⑧	⑨	48	①	②	③	④	⑤	⑥	⑦	⑧	⑨
36	①	②	③	④	⑤	⑥	⑦	⑧	⑨	49	①	②	③	④	⑤	⑥	⑦	⑧	⑨
37	①	②	③	④	⑤	⑥	⑦	⑧	⑨	50	①	②	③	④	⑤	⑥	⑦	⑧	⑨
38	①	②	③	④	⑤	⑥	⑦	⑧	⑨	51	①	②	③	④	⑤	⑥	⑦	⑧	⑨
39	①	②	③	④	⑤	⑥	⑦	⑧	⑨	52	①	②	③	④	⑤	⑥	⑦	⑧	⑨

マーク例

良い例	悪い例
●	⊙ ⊗ ◓ ○

① 受験番号を記入し，その下のマーク欄にマークしなさい。

受験番号欄					
千位	百位	十位	一位	英字	
–	⓪	⓪	⓪	Ⓐ	A
①	①	①	①	Ⓑ	B
②	②	②	②	Ⓒ	C
③	③	③	③	Ⓗ	H
④	④	④	④	Ⓚ	K
⑤	⑤	⑤	⑤	Ⓜ	M
⑥	⑥	⑥	⑥	Ⓡ	R
⑦	⑦	⑦	⑦	Ⓤ	U
⑧	⑧	⑧	⑧	Ⓧ	X
⑨	⑨	⑨	⑨	Ⓨ	Y
–	–	–	–	Ⓩ	Z

受験番号マークチェック欄

② 氏名・フリガナ，試験場コードを記入しなさい。

フリガナ						
氏名						
試験場コード	十万位	万位	千位	百位	十位	一位

氏名等チェック欄

実戦問題集　国語　解答用紙

注意事項

1　訂正は，消しゴムできれいに消し，消しくずを残してはいけません。

2　所定欄以外にはマークしたり，記入したりしてはいけません。

3　汚したり，折りまげたりしてはいけません。

解答番号	解答欄									解答番号	解答欄									解答番号	解答欄									解答番号	解答欄								
	1	2	3	4	5	6	7	8	9		1	2	3	4	5	6	7	8	9		1	2	3	4	5	6	7	8	9		1	2	3	4	5	6	7	8	9
1	①	②	③	④	⑤	⑥	⑦	⑧	⑨	14	①	②	③	④	⑤	⑥	⑦	⑧	⑨	27	①	②	③	④	⑤	⑥	⑦	⑧	⑨	40	①	②	③	④	⑤	⑥	⑦	⑧	⑨
2	①	②	③	④	⑤	⑥	⑦	⑧	⑨	15	①	②	③	④	⑤	⑥	⑦	⑧	⑨	28	①	②	③	④	⑤	⑥	⑦	⑧	⑨	41	①	②	③	④	⑤	⑥	⑦	⑧	⑨
3	①	②	③	④	⑤	⑥	⑦	⑧	⑨	16	①	②	③	④	⑤	⑥	⑦	⑧	⑨	29	①	②	③	④	⑤	⑥	⑦	⑧	⑨	42	①	②	③	④	⑤	⑥	⑦	⑧	⑨
4	①	②	③	④	⑤	⑥	⑦	⑧	⑨	17	①	②	③	④	⑤	⑥	⑦	⑧	⑨	30	①	②	③	④	⑤	⑥	⑦	⑧	⑨	43	①	②	③	④	⑤	⑥	⑦	⑧	⑨
5	①	②	③	④	⑤	⑥	⑦	⑧	⑨	18	①	②	③	④	⑤	⑥	⑦	⑧	⑨	31	①	②	③	④	⑤	⑥	⑦	⑧	⑨	44	①	②	③	④	⑤	⑥	⑦	⑧	⑨
6	①	②	③	④	⑤	⑥	⑦	⑧	⑨	19	①	②	③	④	⑤	⑥	⑦	⑧	⑨	32	①	②	③	④	⑤	⑥	⑦	⑧	⑨	45	①	②	③	④	⑤	⑥	⑦	⑧	⑨
7	①	②	③	④	⑤	⑥	⑦	⑧	⑨	20	①	②	③	④	⑤	⑥	⑦	⑧	⑨	33	①	②	③	④	⑤	⑥	⑦	⑧	⑨	46	①	②	③	④	⑤	⑥	⑦	⑧	⑨
8	①	②	③	④	⑤	⑥	⑦	⑧	⑨	21	①	②	③	④	⑤	⑥	⑦	⑧	⑨	34	①	②	③	④	⑤	⑥	⑦	⑧	⑨	47	①	②	③	④	⑤	⑥	⑦	⑧	⑨
9	①	②	③	④	⑤	⑥	⑦	⑧	⑨	22	①	②	③	④	⑤	⑥	⑦	⑧	⑨	35	①	②	③	④	⑤	⑥	⑦	⑧	⑨	48	①	②	③	④	⑤	⑥	⑦	⑧	⑨
10	①	②	③	④	⑤	⑥	⑦	⑧	⑨	23	①	②	③	④	⑤	⑥	⑦	⑧	⑨	36	①	②	③	④	⑤	⑥	⑦	⑧	⑨	49	①	②	③	④	⑤	⑥	⑦	⑧	⑨
11	①	②	③	④	⑤	⑥	⑦	⑧	⑨	24	①	②	③	④	⑤	⑥	⑦	⑧	⑨	37	①	②	③	④	⑤	⑥	⑦	⑧	⑨	50	①	②	③	④	⑤	⑥	⑦	⑧	⑨
12	①	②	③	④	⑤	⑥	⑦	⑧	⑨	25	①	②	③	④	⑤	⑥	⑦	⑧	⑨	38	①	②	③	④	⑤	⑥	⑦	⑧	⑨	51	①	②	③	④	⑤	⑥	⑦	⑧	⑨
13	①	②	③	④	⑤	⑥	⑦	⑧	⑨	26	①	②	③	④	⑤	⑥	⑦	⑧	⑨	39	①	②	③	④	⑤	⑥	⑦	⑧	⑨	52	①	②	③	④	⑤	⑥	⑦	⑧	⑨

キリトリセン

マーク例

良い例	悪い例
●	◉⊗◓○

①

受験番号を記入し，その下のマーク欄にマークしなさい。

受験番号欄					
千位	百位	十位	一位	英字	
–	⓪	⓪	⓪	Ⓐ	A
①	①	①	①	Ⓑ	B
②	②	②	②	Ⓒ	C
③	③	③	③	Ⓗ	H
④	④	④	④	Ⓚ	K
⑤	⑤	⑤	⑤	Ⓜ	M
⑥	⑥	⑥	⑥	Ⓡ	R
⑦	⑦	⑦	⑦	Ⓤ	U
⑧	⑧	⑧	⑧	Ⓧ	X
⑨	⑨	⑨	⑨	Ⓨ	Y
–	–	–	–	Ⓩ	Z

受験番号マークチェック欄

②

氏名・フリガナ，試験場コードを記入しなさい。

フリガナ						
氏名						
試験場コード	十万位	万位	千位	百位	十位	一位

氏名等チェック欄

実戦問題集　国語　解答用紙

注意事項

1　訂正は，消しゴムできれいに消し，消しくずを残してはいけません。

2　所定欄以外にはマークしたり，記入したりしてはいけません。

3　汚したり，折りまげたりしてはいけません。

解答番号	解答欄 1	2	3	4	5	6	7	8	9	解答番号	解答欄 1	2	3	4	5	6	7	8	9	解答番号	解答欄 1	2	3	4	5	6	7	8	9	解答番号	解答欄 1	2	3	4	5	6	7	8	9
1	①	②	③	④	⑤	⑥	⑦	⑧	⑨	14	①	②	③	④	⑤	⑥	⑦	⑧	⑨	27	①	②	③	④	⑤	⑥	⑦	⑧	⑨	40	①	②	③	④	⑤	⑥	⑦	⑧	⑨
2	①	②	③	④	⑤	⑥	⑦	⑧	⑨	15	①	②	③	④	⑤	⑥	⑦	⑧	⑨	28	①	②	③	④	⑤	⑥	⑦	⑧	⑨	41	①	②	③	④	⑤	⑥	⑦	⑧	⑨
3	①	②	③	④	⑤	⑥	⑦	⑧	⑨	16	①	②	③	④	⑤	⑥	⑦	⑧	⑨	29	①	②	③	④	⑤	⑥	⑦	⑧	⑨	42	①	②	③	④	⑤	⑥	⑦	⑧	⑨
4	①	②	③	④	⑤	⑥	⑦	⑧	⑨	17	①	②	③	④	⑤	⑥	⑦	⑧	⑨	30	①	②	③	④	⑤	⑥	⑦	⑧	⑨	43	①	②	③	④	⑤	⑥	⑦	⑧	⑨
5	①	②	③	④	⑤	⑥	⑦	⑧	⑨	18	①	②	③	④	⑤	⑥	⑦	⑧	⑨	31	①	②	③	④	⑤	⑥	⑦	⑧	⑨	44	①	②	③	④	⑤	⑥	⑦	⑧	⑨
6	①	②	③	④	⑤	⑥	⑦	⑧	⑨	19	①	②	③	④	⑤	⑥	⑦	⑧	⑨	32	①	②	③	④	⑤	⑥	⑦	⑧	⑨	45	①	②	③	④	⑤	⑥	⑦	⑧	⑨
7	①	②	③	④	⑤	⑥	⑦	⑧	⑨	20	①	②	③	④	⑤	⑥	⑦	⑧	⑨	33	①	②	③	④	⑤	⑥	⑦	⑧	⑨	46	①	②	③	④	⑤	⑥	⑦	⑧	⑨
8	①	②	③	④	⑤	⑥	⑦	⑧	⑨	21	①	②	③	④	⑤	⑥	⑦	⑧	⑨	34	①	②	③	④	⑤	⑥	⑦	⑧	⑨	47	①	②	③	④	⑤	⑥	⑦	⑧	⑨
9	①	②	③	④	⑤	⑥	⑦	⑧	⑨	22	①	②	③	④	⑤	⑥	⑦	⑧	⑨	35	①	②	③	④	⑤	⑥	⑦	⑧	⑨	48	①	②	③	④	⑤	⑥	⑦	⑧	⑨
10	①	②	③	④	⑤	⑥	⑦	⑧	⑨	23	①	②	③	④	⑤	⑥	⑦	⑧	⑨	36	①	②	③	④	⑤	⑥	⑦	⑧	⑨	49	①	②	③	④	⑤	⑥	⑦	⑧	⑨
11	①	②	③	④	⑤	⑥	⑦	⑧	⑨	24	①	②	③	④	⑤	⑥	⑦	⑧	⑨	37	①	②	③	④	⑤	⑥	⑦	⑧	⑨	50	①	②	③	④	⑤	⑥	⑦	⑧	⑨
12	①	②	③	④	⑤	⑥	⑦	⑧	⑨	25	①	②	③	④	⑤	⑥	⑦	⑧	⑨	38	①	②	③	④	⑤	⑥	⑦	⑧	⑨	51	①	②	③	④	⑤	⑥	⑦	⑧	⑨
13	①	②	③	④	⑤	⑥	⑦	⑧	⑨	26	①	②	③	④	⑤	⑥	⑦	⑧	⑨	39	①	②	③	④	⑤	⑥	⑦	⑧	⑨	52	①	②	③	④	⑤	⑥	⑦	⑧	⑨

(キリトリセン)

マーク例

良い例	悪い例
●	⊙⊗◓○

①

受験番号を記入し，その下のマーク欄にマークしなさい。

受験番号欄					
千位	百位	十位	一位	英字	
−	⓪	⓪	⓪	Ⓐ	A
①	①	①	①	Ⓑ	B
②	②	②	②	Ⓒ	C
③	③	③	③	Ⓗ	H
④	④	④	④	Ⓚ	K
⑤	⑤	⑤	⑤	Ⓜ	M
⑥	⑥	⑥	⑥	Ⓡ	R
⑦	⑦	⑦	⑦	Ⓤ	U
⑧	⑧	⑧	⑧	Ⓧ	X
⑨	⑨	⑨	⑨	Ⓨ	Y
−	−	−	−	Ⓩ	Z

受験番号マークチェック欄

②

氏名・フリガナ，試験場コードを記入しなさい。

フリガナ						
氏　名						
試験場コード	十万位	万位	千位	百位	十位	一位

氏名等チェック欄

実戦問題集　国語　解答用紙

注意事項

1　訂正は，消しゴムできれいに消し，消しくずを残してはいけません。

2　所定欄以外にはマークしたり，記入したりしてはいけません。

3　汚したり，折りまげたりしてはいけません。

解答番号	解答欄									解答番号	解答欄									解答番号	解答欄									解答番号	解答欄								
	1	2	3	4	5	6	7	8	9		1	2	3	4	5	6	7	8	9		1	2	3	4	5	6	7	8	9		1	2	3	4	5	6	7	8	9
1	①	②	③	④	⑤	⑥	⑦	⑧	⑨	14	①	②	③	④	⑤	⑥	⑦	⑧	⑨	27	①	②	③	④	⑤	⑥	⑦	⑧	⑨	40	①	②	③	④	⑤	⑥	⑦	⑧	⑨
2	①	②	③	④	⑤	⑥	⑦	⑧	⑨	15	①	②	③	④	⑤	⑥	⑦	⑧	⑨	28	①	②	③	④	⑤	⑥	⑦	⑧	⑨	41	①	②	③	④	⑤	⑥	⑦	⑧	⑨
3	①	②	③	④	⑤	⑥	⑦	⑧	⑨	16	①	②	③	④	⑤	⑥	⑦	⑧	⑨	29	①	②	③	④	⑤	⑥	⑦	⑧	⑨	42	①	②	③	④	⑤	⑥	⑦	⑧	⑨
4	①	②	③	④	⑤	⑥	⑦	⑧	⑨	17	①	②	③	④	⑤	⑥	⑦	⑧	⑨	30	①	②	③	④	⑤	⑥	⑦	⑧	⑨	43	①	②	③	④	⑤	⑥	⑦	⑧	⑨
5	①	②	③	④	⑤	⑥	⑦	⑧	⑨	18	①	②	③	④	⑤	⑥	⑦	⑧	⑨	31	①	②	③	④	⑤	⑥	⑦	⑧	⑨	44	①	②	③	④	⑤	⑥	⑦	⑧	⑨
6	①	②	③	④	⑤	⑥	⑦	⑧	⑨	19	①	②	③	④	⑤	⑥	⑦	⑧	⑨	32	①	②	③	④	⑤	⑥	⑦	⑧	⑨	45	①	②	③	④	⑤	⑥	⑦	⑧	⑨
7	①	②	③	④	⑤	⑥	⑦	⑧	⑨	20	①	②	③	④	⑤	⑥	⑦	⑧	⑨	33	①	②	③	④	⑤	⑥	⑦	⑧	⑨	46	①	②	③	④	⑤	⑥	⑦	⑧	⑨
8	①	②	③	④	⑤	⑥	⑦	⑧	⑨	21	①	②	③	④	⑤	⑥	⑦	⑧	⑨	34	①	②	③	④	⑤	⑥	⑦	⑧	⑨	47	①	②	③	④	⑤	⑥	⑦	⑧	⑨
9	①	②	③	④	⑤	⑥	⑦	⑧	⑨	22	①	②	③	④	⑤	⑥	⑦	⑧	⑨	35	①	②	③	④	⑤	⑥	⑦	⑧	⑨	48	①	②	③	④	⑤	⑥	⑦	⑧	⑨
10	①	②	③	④	⑤	⑥	⑦	⑧	⑨	23	①	②	③	④	⑤	⑥	⑦	⑧	⑨	36	①	②	③	④	⑤	⑥	⑦	⑧	⑨	49	①	②	③	④	⑤	⑥	⑦	⑧	⑨
11	①	②	③	④	⑤	⑥	⑦	⑧	⑨	24	①	②	③	④	⑤	⑥	⑦	⑧	⑨	37	①	②	③	④	⑤	⑥	⑦	⑧	⑨	50	①	②	③	④	⑤	⑥	⑦	⑧	⑨
12	①	②	③	④	⑤	⑥	⑦	⑧	⑨	25	①	②	③	④	⑤	⑥	⑦	⑧	⑨	38	①	②	③	④	⑤	⑥	⑦	⑧	⑨	51	①	②	③	④	⑤	⑥	⑦	⑧	⑨
13	①	②	③	④	⑤	⑥	⑦	⑧	⑨	26	①	②	③	④	⑤	⑥	⑦	⑧	⑨	39	①	②	③	④	⑤	⑥	⑦	⑧	⑨	52	①	②	③	④	⑤	⑥	⑦	⑧	⑨

2025 代ゼミ
代々木ゼミナール編

大学入学 共通テスト
実戦問題集

国語

解答・解説

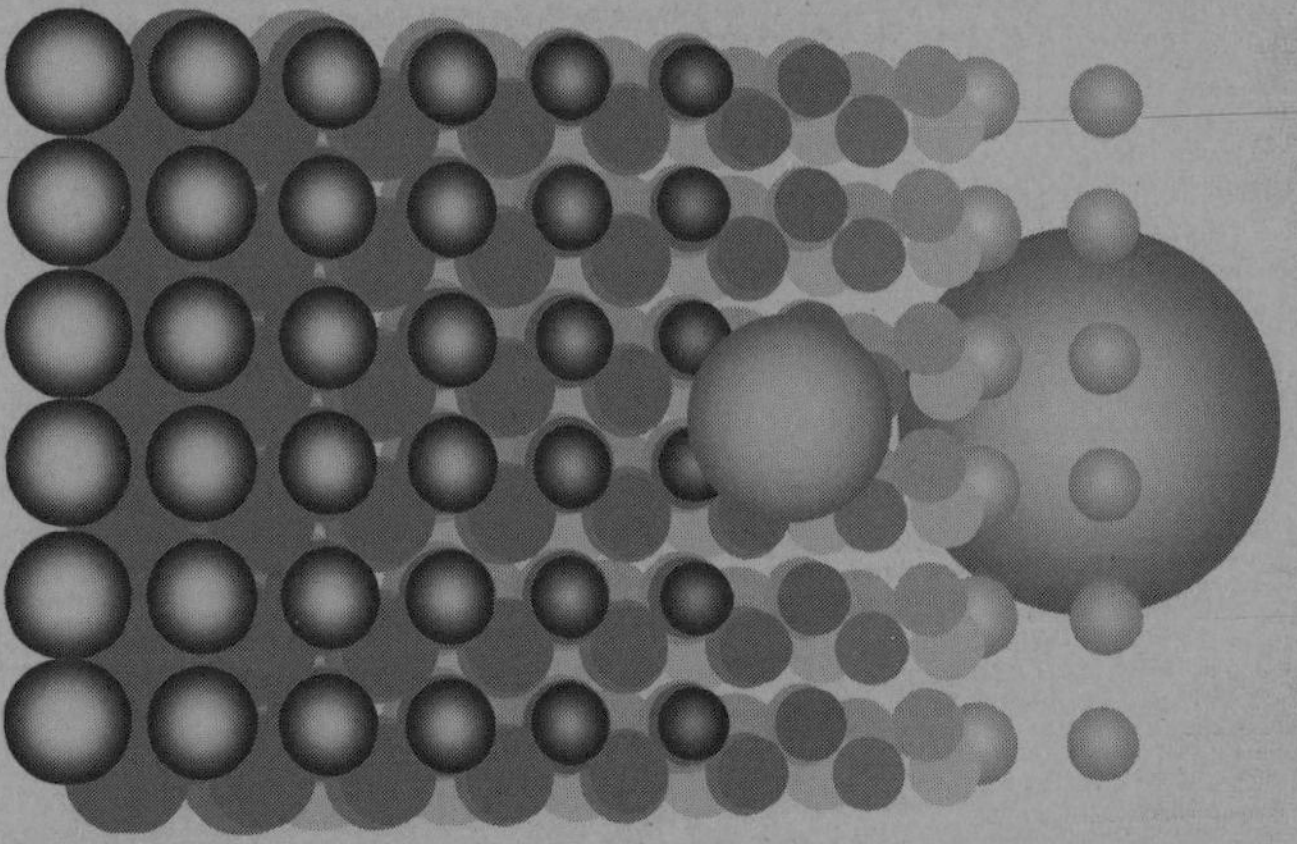

代々木ライブラリー

第1回　解答と解説

（200点満点）

問題番号（配点）	設問（配点）	解答番号	正解	自己採点
第1問（45）	1 (10)〈各2〉 (i) (ア)	1	③	
	(ウ)	2	②	
	(エ)	3	①	
	(ii) (イ)	4	①	
	(オ)	5	④	
	2（6）	6	④	
	3（6）	7	②	
	4（7）	8	⑤	
	5（7）	9	①	
	6（9）〈各3〉 (i)	10	②	
	(ii)	11	③	
	(iii)	12	④	
			自己採点小計	
第2問（45）	1（5）	13	④	
	2（5）	14	③	
	3（6）	15	①	
	4（6）	16	⑤	
	5（6）	17	⑤	
	6（6）	18	②	
	7 (i)（5）	19	②	
	(ii)（6）	20	①	
			自己採点小計	
第3問（20）	1（4）	21	①	
	2（4）	22	②	
	3 (i)（8）〈各4〉 Ⅱ	23	①	
	Ⅲ	24	③	
	(ii)（4）	25	④	
			自己採点小計	
第4問（45）	1（12）〈各4〉 (ア)	26	⑤	
	(イ)	27	②	
	(ウ)	28	②	
	2（7）	29	③	
	3（7）	30	④	
	4 (i)（6）	31	④	
	(ii)（6）	32	①	
	(iii)（7）	33	③	
			自己採点小計	
第5問（45）	1（8）〈各4〉 (ア)	34	②	
	(イ)	35	④	
	2（7）	36	③	
	3（7）	37	④	
	4（8）	38	⑤	
	5（7）	39	①	
	6（8）	40	③	
			自己採点小計	

自己採点合計

出　典
1　【文章Ⅰ】青木淳『原っぱと遊園地』、【文章Ⅱ】隈研吾『小さな建築』
2　桜木紫乃「やや子」
3　山口真一「『ネット世論』の歪み」、総務省「令和五年版情報通信白書」
4　『本朝美人鑑』、問4の引用文＝尾崎雅嘉『百人一首一夕話』
5　范祖禹『唐鑑』

第1問　解説

出題のねらい

二〇二三年一月、三年目となる「大学入学共通テスト」が実施された。本問題はその第1問（本試）の出題傾向に即して作成したものである。

まず、二〇二三年度の共通テスト第1問（本試）の出題傾向を見ておこう。

主な特徴は以下の通りである。

① 複数テキストによる出題
・本文は、【文章Ⅰ】、【文章Ⅱ】の二つの問題文で構成されている。それぞれ著者は異なるが、ル・コルビュジエの同一の引用文を含んだ文章であり、字数は【文章Ⅰ】が二三〇〇字程度、【文章Ⅱ】が一一〇〇字程度であった。

② 漢字問題の形式
・昨年度同様、(i)、(ii)の二つの小問に分かれ、(i)は傍線部の漢字と同じ漢字を選ばせる問題（3つ）、(ii)は傍線部の漢字と同じ意味の漢字を選ばせる問題（2つ）であった。全体的に漢字5問のうち、3問が訓読みであり、漢字の意味を重視した出題となっている。

③ 【文章Ⅰ】・【文章Ⅱ】を読んだ後の、生徒の話し合いに基づく出題
・二つの本文を読んだ後の生徒（A、B、C）3名の話し合いの様子が示され、その3名の会話の空欄（X、Y、Z）に適切な選択肢を入れる問題。生徒の学習過程を意識した問題作りがなされており、【文章Ⅰ】・【文章Ⅱ】をどのように関連づけるかという主体的な理解力を求める問題になっている。

主な特徴は以上だが、従来見られた本文の形式段落に数字を振り、本文全体のマクロの読解を求める問題は今年度は出題されなかった。しかし、それ以外は、これまでの共通テスト、およびセンター試験の内容を踏襲したものが大半であり、過去問の演習で対策を講じることが十分可能である。

対策としては、まず共通テスト、センター試験の過去問を利用して基礎的な読解力、選択肢の識別力を鍛えた上で、

1　複数の文章を関連づけるトレーニング
2　評論文を用いて意味段落ごとに内容をまとめ、本文全体の構造を把握する練習
3　一般的な論旨を具体化する、逆に具体的な事例を一般化してまとめる練習

を行うことが有効だろう。

なお、本問は今年度の共通テストの傾向を踏まえて作成されているが、今後出題方針が変更される可能性も考えられる。とくに実用文（各種規定や法律の条文など）に基づく出題も考えられるので、それに対応できるように幅広く問題演習を積んでおきたい。

出典

【文章Ⅰ】　青木淳『原っぱと遊園地』（王国社・二〇〇四年一〇月刊）より、「PLACE　動線体への道程」の一節。出題の都合により本文を省略し、表現を改めた箇所がある。

青木淳（一九五六〜）は日本の建築家。（株）AS（二〇二〇年、青木淳建築計画事務所から改組）主宰。東京大学工学部建築学科卒業、同大学院工学系研究科建築学専攻修士課程修了。二〇一九年より、東京芸術大学美術学部建築科教授、多摩美術大学美術学部環境デザイン学科客員教授。

一九九九年「潟博物館」により、日本建築学会賞作品賞。他に「青森県立美術館」、「ルイ・ヴィトン表参道ビル」、「ルイ・ヴィトン六本木ヒルズ店」（いずれも店舗内装を除く）を手がけた。他の著書に『原っぱと遊園地2』（王国社）、『住宅論—12のダイアローグ』（INAX出版）、『青木淳 1991-1999』（彰国社）などがある。

本文解説

※円数字は形式段落を示す。

【住宅「H」について】

① はじめてつくった住宅「H」は設計に五年もかかった。見積りで予算がオーバーするたびに最初から案を立て直したからだ。結局、でき上がったのは寝室もなければダイニングもない、細長い不均質なワンルームの空間だった。

② 設計の間、クライアントの老夫妻と過ごし、彼らが生活で何を大事にし、何を楽しいと思っているかがわかってきた。それに

つれて、生活を分析し、それを組み立てるという設計のやり方から、まず案をつくり、それが彼らの生活と合っているかをチェックする方法に変わっていった。

③　そこでできあがったものには論理的な筋道がない。ようやく生活と身の丈があったと思ったら、結果的に寝室もダイニングもなかったのだ。

【住まいは目的空間の集合体ではない】

④　その経験を通して、住まいはかつて目的空間の集合体ではなかったという単純なことに思い当たった。

⑤　かつての住まいには多くの行為が同居していた。それは「生活」としかいいようのない総体であり、不定形なひとまとまりのものだった。近代は、こういう「生活」を、目的を持った行為に切り分け、それを外部化した。近代に生まれた多くのビルディング・タイプはそうして作られた。住宅は都市の中の目的空間を発生させてきたひとつの大切な母体だったといえる。

⑥　これを逆からいえば、住宅を他のビルディング・タイプから分けているのは、それが目的に分化する以前の行為、つまり「生活」の場だということだろう。ところが、今では住宅も目的空間の集合体と考えられている。

⑦　「H」をつくることで辿り着いたのは、そういう思考方法では、住宅を「生活」の場としてはつくり得ないという予感だった。「未目的」な行為の場が住宅なら、住宅を構成するのも「未目的」な行為の場のはずであり、それは寝室や浴室や居間ではありえない。それらの目的空間の「間」だけが住宅を構成し得るはずだ。

【目的地を未目的の状態に差し戻す】

⑧　ぼくは一旦でき上がってしまっている目的地をもう一度「未目的」の状態に差し返してみたかった。つまり、ぼくたちの行為に先取りして存在している空間を引きずり戻し、行為が起きることではじめて出現する「場」につくり変えたかったのだ。

⑨　そのために必要なのは、空間から目的を剝ぎ取ることだった。たとえば小学校から「小学校であること」をまず差し引く、小学校を設計するときに、それが小学校であることを出発点から葬り去ろうとしたのである。

【建築計画学との違い】

⑩　狭義の「建築計画学」はこれと反対のことをする。建築物の中の空間で行われる行為を想定し、それにあわせて建築物を作る。そこでは、いかにうまく人間を空間というシナリオどおりに行動させるかが問われる。

⑪　こういう「建築計画学」が精緻になればなるほど、小学校は「見えない牢獄」に近づく。そこで過ごす児童はシナリオの外に一歩も出られなくなるのだ。

⑫　こういう反教育的な空間を避けるために、なんでもできる「ための」空間を用意しても、出発点に「小学校」を置くことは、ぼくには空間が行為に先行するという倒錯にしか思えない。

【本来の小学校のあり方】

⑬　ぼくは小学校について考えるとき、一枚の写真を思い出す。そこでは草原の中に板を立て掛けた男がおり、まわりに子供が二十数人いて、地べたに座り、彼の話に聞き入っている。そこではじめて行為が空間に先行している。そこではじめて「小学校」という状況が生まれるのである。

出典

【文章Ⅱ】　隈研吾『小さな建築』（岩波書店・二〇一三年一月刊）より、「はじめに――悲劇から始まる建築史」の一節。出題の都合により本文を省略し、表現を改めた箇所がある。

隈研吾（一九五四～）は日本の建築家、デザイナー。株式会社隈研吾建築都市設計事務所主宰。東京大学特別教授・名誉教授、岡山大学特別教授、早稲田大学特命教授、高知県立林業大学校校長、東京藝術大学客員教授。東京大学工学部建築学科卒業。同大学院建築意匠専攻修士課程修了。自然と技術と人間の新しい関係を切り開く建築を提案しており、これまでに「新国立競技場」、

「高輪ゲートウェイ駅」、「石の美術館」、「サントリー美術館」などを手がけている。

また執筆活動も積極的に行っており、他の著書に『10宅論―10種類の日本人が住む10種類の住宅』（ちくま文庫）、『新・建築入門―思想と歴史』（ちくま新書）、『自然な建築』（岩波新書）、『建築家、走る』（新潮文庫）などがある。

本文解説

【「強く、合理的で、大きな建築」をめざす世界】

① 人々は大きな建築にあこがれ続けた。近代以降、世界は一貫して「強く、合理的で、しかも大きな」建築をめざした。二〇世紀中葉のニューヨーク、一九八〇年代の東京、九〇年以降の北京、上海、中東。時々の経済活動の中心地には大きな塔が立った。外観は違っても、その奥にひそむ精神は同一である。

② 強く合理的で大きな建築をめざして走り続ける傾向は大災害に遭うたびに強まっていった。建築を大きくすることは建築の安全性と一致しないにもかかわらず、強く合理的で大きなものをめざす気持ちはむしろ加速していった。

【関東大震災以前の東京】

③ 残念なことに日本もまた強く大きな建築へと向かう波にのみこまれてしまった。関東大震災以前の東京は、木造の平屋や二階建てが並ぶ低層の都市だった。木造建築は木材という自然素材の制約によって大きな建築にはなりえなかったのである。

④ しかしその制約のおかげで木造建築はヒューマンなスケールを獲得できた。自然という絶対条件ゆえに「小さな建築」しか建てられなかったのである。

⑤ 自然は建築を小さくし、人間の知能は建築を大きくしようとする。その自然という制約が東京を美しい都市にしていた。東京は木のおかげで、美しく、温かく、やわらかい都市だったのである。

【関東大震災以後の東京】

⑥ しかし、関東大震災によって一〇万人の人間が亡くなった。主な死因は焼死であり、その直後に建築基準法が改正された。東京は強く合理的で大きな建築が立ち並ぶ都市に生まれ変わることになった。木に代わってコンクリートや鉄という素材が導入され、東京のヒューマンスケールは失われた。東京はヨーロッパ・アメリカのコピー建築で埋め尽くされた、醜くて「大きな」都市へとなりさがったのである。

設問解説

問1　漢字問題（基礎）

解答　(i)　(ア)＝③　(ウ)＝②　(エ)＝①
(ii)　(イ)＝①　(オ)＝④

解法のポイント

(i)　(ア)は「栽培」。「植物を植えて育てること」。

①は「倍増」（二倍に増えること）。②は「陪審」（一般市民から選ばれた陪審員が審理に参加する裁判制度）。③は「培養」（植物や細胞、また実力などを養い育てること）。④は「賠償」（損害を償うこと）。正解は③。

(ウ)は「剝ぎ取る」。

①は「博識」（広く知識があること）。②は「剝製」（動物の生時の外形を保って作られた標本）、③は「希（稀）薄」（気体の濃度や液体の濃度がうすいこと）、④は「迫害」（弱い立場の者などを追い詰めて、苦しめること）。正解は②。

(エ)は「幽閉」。「牢などに閉じ込めること」。

①は「閉口」（手に負えなくて困ること）、②は「語弊」（言葉の使い方が適切でないために生じる弊害）、③は「横柄」（人を見下したようなえらそうな態度をとるさま）、④は「併合」（いくつかのものを合わせて一つにすること。国際法上は、ある国が他の国家、またはその領土の一部を自国のものとすること）。正解は①。

(ii)　(イ)「弁別」は「違いをわきまえて区別すること」。

「弁」という漢字には、A＝よいもの、理屈にあっているものとそうでないものとを区別すること、わきまえること（弁別、弁証）、B＝何かの用に当てること（弁当、弁償）、C＝話すこと、しゃべること（雄弁、答弁）、

D＝花びら（花弁）などの意味がある。

①の「思弁」は「よく考えてものの道理をわきまえること」であり、Aの意味があてはまる。②の「弁舌」はC。③の「花弁」はD。④の「雄弁」はCの意味である。正解は①。

(オ)は「即座」。「即」には、A＝つく、接する（即位、即応）、B＝時をおかないで、ただちに（即刻、即時、即断）などの意味がある。(オ)の「即座」はBの意味である。

①の「即位」は、「君主・天皇の位につくこと」であり、Aの意味。②の「不即不離」は「二つのものが、つきもせず離れもしない関係のこと。つかず離れず」であり、これもA。③の「即物的」は「物質的なものを中心にして考えるさま」であり、これもAの意味（「物につく」）となる。④の「即答」は「その場ですぐに答えること」という意味であり、これだけがBの「ただちに」の意味となる。正解は④。

問2　傍線部説明問題（標準）

解答　④

解法のポイント

「住宅」が「都市の中の目的空間を発生させてきたひとつの大切な母体だった」とはどういうことか。

本文によれば、

> 「住宅（住まい）」＝さまざまなことが行われ、その行為が同居し、「生活」としかいいようのない総体が存在するところ

と書かれている。そこには生きる上でのさまざまな営みが分離不可能な形で総体として存在していたというのが筆者の考えである。

それに対して

> 「都市の中の目的空間（近代に生まれた多くのビルディング・タイプ）」＝住まいにおける「生活」を、目的を持った行為に切り分け、外部化したもの

と書かれている。

つまり、住まいにおける「生活」という混然としたものを、ひとつひとつの行為に切り分けて、それぞれを外から見える形に具体化したもの、それが都市の目的空間（ビルディング）だというのである。「住宅」という母体から分離して生まれたもの、それが都会のさまざまな建築物であったと理解すればいい。

以上の解釈にふさわしいのは、都市の目的空間を「機能によって分けることのできない生活の場であった住まいから」「さまざまな形に派生（＝もとのものからわかれて生じること）して生まれたもの」とした④である。正解は④。

①は「人間が自らの住まいに求めてきた機能性や合理性」という部分に根拠が見つからない。本文では人間が住まいで暮らすとき、そこには「生活」としかいいようのない総体があるとしか書かれておらず、人間が住まいに機能性や合理性を求めたとは述べられていない。

②は「かつての人間の住まいにおいて実現されていた目的空間の集合体」が誤っている。本文の第4段落では「住まいはかつて目的空間の集合体ではなかった」とあることからもそれは明らかである。

③は「人間が自らの生活をまとまりのあるものにするために作ってきた」という部分が不適切。住まいにおける生活はもともと分離不可能な総体として存在していたのであり、人間が意図的にまとまりを求めたわけではない。さらに後半の「拡張する」も適切さに欠ける。住まいの各機能を分離して外部化したものが都市のビルディングだとすると、そこでは「混沌とした総体」から「各機能に明確に分離し、外部化された」ものへと質的な変化が起こっており、単なる「拡張」とはいえないからである。

⑤は「人間の住まいに未分化な形で存在していた生活の多様性」まではいいが、その後の「機能性に基づいて統合する」が誤り。本文では、都市のビルディングは生活を「目的を持った行為に切り分け」「外部化」したと書かれている。つまり、住まいから生活の各機能を分離した結果、都市の建築物が生まれたのであって、これは「統合（＝二つ以上のものを一つにする）」とは逆方向の営み（＝分離、派生）だからである。

問3　傍線部説明問題（標準）

解答　②

解法のポイント

問2と同じく傍線部説明問題だが、問2が

「それはどういうことか」という問い方なのに対して、本問は「この表現を通して筆者は何を言おうとしているのか」と問うていることに注意したい。前者が傍線部の意味だけを聞いているのに対して、本問は「傍線部の意味＋その表現に託された筆者の真意」までを幅広く聞いているのである。

傍線部の「小学校であること」を「その出発点から葬り去る」とは、第8段落の「一旦はでき上がってしまっている目的地をもう一度『未目的』の状態に差し返すこと」の具体的な言い換えである。筆者は、現在の建築が「そこで何が行われるか」という目的をまず設定し、それに応じて作られていることを指摘した上で、まず「行為」があり、それに応じて出現する「場」としての建築物を作ることをめざしている。つまり、「何をすべきかという目的設定をした建築物→それに応じた行為」ではなく、「まず行為が起きる→それに応じた『場』としての建築物」を作ろうとしているのである。そのためには、何を目的とし、何を行うべき建物かという意図を一旦消し去る必要がある。それが「小学校であること」を「その出発点から葬り去る」という表現の意味である。

以上の理解に即して選択肢を検討していこう。

①。「そこでどのような学びが行われるのかは二次的な問題にすぎず」は、筆者の考えに反しているとはいえない。ただし、「そこで子供たちがいかに自由に遊べるか」を中心に考えるべきだという後半部には問題がある。筆者は小学校で子供たちが遊ぶことをとくに重視しているわけではないし、それよりも「小学校＝子供が遊ぶべき場所」と考えている時点で、筆者が批判している「まず目的があり、それに応じた建築空間を作る」という考え方になってしまっているからである。

②。前半はとくに問題はない。後半の「そこで自然に生まれる教える側と教わる側との自由な行動こそ」を優先すべきだという主張は、第8段落の「行為が起きることではじめて出現する『場』につくり変えたい」という表現の言い換えと考えられ、最終段落の「行為が空間に先行している」という筆者の主張とも適合する。よって、正解は②。

③。「実用的な側面を忘れることによって」は必ずしも筆者の主張と食い違っているわけではないが、「純粋な建築物としての自立性や独立性を追求すべき」が不適切。これでは建築空間から目的を剝ぎ取り、「行為が起きることではじめて出現する『場』」を作りたいという筆者の意図に反してしまう。筆者は純粋な建築物として自立、独立した小学校を作りたいのではなく、教える側、教わる側の自然な行動を最優先する小学校を作りたいと考えているのである。

④。前半の「従来の小学校のイメージを根本から否定」という表現が、本文とはずれた解釈になっている。筆者は小学校が何のための建築物であるかを一旦忘れようと言っているのであり、それは「根本から否定する」こととは異なる。後半の「教える側と教えられる側との固定的な関係性を壊す」も本文中に根拠が見出せず、最終段落に紹介されている写真の説明とも合致しない。

⑤。前半はとくに問題ないが、後半の「より自由な教育プログラムの実践にふさわしい場を作る」という部分が不適切。これでは小学校の設計に当たって、そこで何をするか（＝自由な教育プログラムの実践）があらかじめ決まっており、それにふさわしい建築物を作るということになる。これでは、筆者が批判している「まず行うべき行為があって、それにふさわしい建築空間を作る」という「建築計画学」と同じ考えになってしまうからである。

問4　傍線部理由説明問題（標準）

解答 ⑤

解法のポイント

筆者はここでなぜ「はなはだ反教育的な空間」と述べているのか、その理由を確認する問題である。

まず、この表現がどのような対象に向けられているのかを確認しておこう。

それは、筆者の考えとは正反対の小学校のあり方であり、その特徴は、本文第10段落以降に具体的に書かれている。そのイメージは次の通りである。

・「小学校ではかくかくの行為が行われるので、しかじかの空間を必要とする」
（＝まず目的としての行為があり、それ

にふさわしい空間が作られる)
・「その空間で行われることはあらかじめ決まっている」
・「いかにうまく人間を空間というシナリオどおりに行動させられるかが問われている」

その結果、こういう小学校は「見えない牢獄」に近づくと筆者は述べている。このような学校では、あらかじめ設定された空間(=シナリオ)通りに子供たちは行動させられる。それはまるで子供たちを操り人形のようにコントロールすることであり、ついには友達としゃべる空間まで「しゃべろうか」という廊下で行うように誘導される。これでは、本来の教育に求められる子供たち自身の自由な判断や行動は不可能であり、彼らはまるで「牢獄」に閉じ込められているような状態に置かれる。そのような小学校を指して、筆者は「はなはだ反教育的な空間」といっているのである。

以上の理解に基づいて、選択肢を検討していこう。

①。前半部はとくに不適切とはいえない。ただし、後半の「単に効率的に勉強するだけの場所になってしまっている」は適切ではない。筆者は、子供たちから一切の自由が奪われていることを批判しているのであって、小学校が「勉強」のためだけの場所になっていることを批判しているわけではない。それは「しゃべろうか」という「悪い冗談のような廊下の話」をしていることからもわかるだろう。筆者が問題と考えているのは「小学校=勉強するためだけの場所」になっていることではなく、「小学校=見えない牢獄」となり、教育に必要な子供の自由が奪われているところにあるのである。

②。前半の「互いに教え合い、学び合う場であるべき小学校」とあるが、このようなあり方は本文には述べられていない。しかもこれでは、学校を作る段階で、すでにそこで子供たちが何を行うべきか(=目的をもった行為)が設定されていることになり、小学校を「未目的」の状態に差し返すという筆者の主張とは相いれないものになってしまう。後半の「教育を通して身につけるべき協調性や集団性」も本文中に根拠をもたない表現である。

③。この選択肢は一見すると、望ましい小学校のあり方を説明しているように見えるが、前半の「子供たちの生き生きと学ぶ姿を思い浮かべ、それにふさわしい空間を作るべき」という部分が、筆者の批判する「建築計画学」(まず行為を想定し、それにふさわしい空間を作る)の考え方になってしまっており、不適切。「子供の自然な学習意欲が奪われている」という部分も本文中に根拠を見出せない。

④。この選択肢は、本来自然の中で学ぶべき子供たちが人工的な空間に閉じ込められていることを批判する内容だが、筆者は人工的な空間そのものを批判しているわけではない。その空間があらかじめ行為を想定し、それに合わせて作られている点が問題だというのである。筆者は建築空間を「行為が起きることではじめて出現する『場』につくり変えたい」(第8段落)と考えており、そのような人工的な空間を作ることをめざしているのである。

⑤。前半の「子供たちの自然な行動が尊重されるべき小学校」は、本文第8段落の「(空間を)行為が起きることではじめて出現する『場』につくり変えたい」という表現に呼応している。後半の「本来の教育には欠かせない子供たち自身の判断や行動の自由が奪われているから」という表現も、小学校が「見えない牢獄」に近づいているという筆者の主張と方向性が一致しており、「反教育的な空間」の説明としてふさわしいものとなっている。正解は⑤。

問5 傍線部説明問題(標準)

解答 ①

解法のポイント

傍線部「自然は建築を小さくし、人間の知能は建築を大きくしようとする」とはどういうことか、その説明を求める問題である。

まず、「自然は建築を小さくし」(=A)については、第3・4段落で述べられている。

「木造建築は」「木材という自然素材の制約下にあり」、「長さ三メートル前後以上のものは手に入りにくかったし、太さも一〇センチ内外以上の材を手に入れるのは難しい」

つまり、木造建築では木材の大きさが制約となって、建造物の大きさが一定の範囲内にとどめられるということである。

一方、「人間の知能は建築を大きくしようとする」（＝B）の内容は、第1・2段落で述べられている。

> 「人々は大きな建築にあこがれ続けた」
> 「世界は一貫して、『強く、合理的で、しかも大きな』建築をめざして動き続けた」
> 「人間は一貫して、強く合理的で大きな建築をめざして走り続けて来たのである」

リスボンの大地震以来、人間はひたすら「強く、合理的で、大きな」建築をめざしてきた。そのことを指して、「人間の知能は建築を大きくしようとする」と言っているのである。

以上の説明に適合する選択肢は、Aを「自然の素材はその制約によって建築物を一定の大きさにとどめてきた」とし、Bを「より強く合理的な建築物を作ろうとする人間の精神が従来の制約を超えた巨大な建築物作りをめざすようになった」とした①である。

②の前半はAの説明として適切。後半の説明も一見すると、Bに適合しているように見えるが、問題は選択肢全体が「日本」を主語としている点である。傍線部を含む段落を見ると、前半の説明は日本を主語としても問題ないが、後半の「人間の知能は建築を大きくしようとする」は「人間の知能」一般の傾向について述べたものであり、日本に限定した話ではない。さらにこの選択肢では「かつてできなかったことが近代以降、できるようになった」という方向で書かれているが、本文では近代以降の日本（具体的には東京）を「おそろしい勢いで醜くなっていった」「醜くて『大きな』都市へとなりさがった」と否定的にとらえており、それがプラスのニュアンスで表現されてしまっている点も適切さに欠ける。

③。前半の「伝統的に自然との調和を重んじてきた日本は、その理想の実現のために木造建築による都市作りを行ってきた」という部分に問題がある。ここでは、日本が「自然との調和」という理想を実現するための手段として木造建築を行ったことになっているが、本文では「人工的な法規によってではなく、自然という絶対条件ゆえに、『小さな建築』しか建てられなかった」（第4段落）とあり、木造建築は理想を実現するための手段ではなく、自然条件でそうせざるを得なかったと書かれている。したがって、③は不適切。

④。前半のAの説明には問題がない。ただし、後半の「人間は自然の意志にあらがうために」の部分に問題がある。本文では自然に特定の意志があり、人間がそれにあらがって巨大な建築物を作ったとは書かれておらず、リスボンの大地震以降、人間が一貫して「強く、合理的で、しかも大きな」建築をめざしてきたとのみ述べられている。さらに「より強靭で巨大な建築物を作ることに成功した」という表現も、西洋の近代建築に対して批判的な筆者の考えと相いれない。

⑤。これは後半の「西洋では近代以降、過酷な自然災害から人々を守るために、より安全性の高い巨大な建築物作りを追求してきた」の部分が不適切である。本文の第2段落では、「必ずしも、建築の安全性とは一致しないにもかかわらず」人間は巨大な建築物をめざしたと書かれているからである。

問6　会話形式による複数テキストの関連づけ問題（応用）

解答　(i)＝②　(ii)＝③　(iii)＝④

解法のポイント

本年度の共通テスト第1問（本試）の問6は、生徒A、B、Cの3人が二つの本文を読んで意見を述べ、それぞれの発言に設けられた空欄にふさわしい内容を選ぶ問題であった。本問もその形式にならっている。

(i)は、二つの文章を読み比べて、それぞれの内容をふり返った発言である。二つの文章の主題を踏まえて、各選択肢の妥当性を確認していこう。なお、これ以降の説明では便宜上【文章Ⅰ】をⅠ、【文章Ⅱ】をⅡと表記する。

①。Ⅰ＝「かつての住宅に存在していた各部屋の機能性の調和を見失った」とあるが、本文ではかつての住宅に存在していたのは『生活』としかいいようのない総体」であり、「不定形なひとまとまり」と書かれている。「各部屋の機能性の調和」では、この時点ですでに住宅の各部屋が機能別に分離されていたことになってしまい、『生活』としか

いいようのない総体」という本文の記述と矛盾してしまう。

Ⅱ＝「効率重視の都市作り」も本文中に根拠が見出せず、不適切。

②。Ⅰ＝「目的を先行させて作られた近代的な建築」が「生活の本質（＝目的に分化する以前の不定形なひとまとまり）を見失わせた」という部分は本文に適合している。

Ⅱ＝「巨大化した近代の建築」が「自然と調和していたかつてのあり方を見失ってしまった」という部分は、関東大震災以前と以後の東京のあり方を説明した本文内容に合致している。正解は②。

③。Ⅰ＝「建築家と住人の人間的な交流」という部分は、本文の前半に触れられている筆者自身のエピソードの一部にすぎず、それが設計において「不可欠」であるとは、本文中では述べられていない。

④。Ⅰ＝「近代建築が見失った生活の可能性を取り戻す」までは良いが、「伝統的な建築物に回帰すべき」という主張は本文では述べられていない。

以上の検討から、正解は②とわかる。

(ii)　この設問は、ⅠとⅡの違いを確認する問題である。

Ⅰでは、人間の暮らしと建築物との関係について、「かつての住宅には未分化な形で総体としての生活が存在していた」ことが指摘され、【文章Ⅱ】では、「近代以降、人間はひたすら巨大な建築物作りをめざし、その精神は変わることがなかった」ことが述べられている。前者が住宅の中にある生活本来のあり方に着目しているとすれば、後者は建築物の背後にある人間の精神や意識（＝より大きな建築物を作ろうという精神）に着目しているといえるだろう。

以上の説明に適合する選択肢は、前者を「生活する場としての住宅の持つ意味に着目する」とし、後者を「近代の建築物の背後にある人々の意識に着目する」とした③である。

①。前半はまったくの誤りとはいえないが、「住宅とビルディングの建築物としての機能の違い」に着目するというよりも、その違いを通して「住宅の中に存在していた生活の本質」を考察することが筆者の真の意図であり、それに触れていない点が不適切。後半の「西洋と日本の建築様式の違いに着目する」という部分も、結局は日本も西洋の建築のあり方にならったことが後半部には書かれており、西洋と日本の建築様式を対比すること自体が真のテーマではなかったことがわかる。

②はⅠが「建築物の設計における非合理性の必要に着目する」とあるが、筆者が自身で設計した住宅が結果的に「論理的な筋道がない」ものになったとは書かれているが、それは合理性よりも生活そのものを重視した結果にすぎず、「非合理性」が必要だったからではない。

④は「生活を快適にするための住まいの独自性」とあるが、「生活を快適にするため」に何が必要かということは【文章Ⅰ】では述べられていないため、不適切である。

(iii)　二つの文章の根底にある問題意識の内容を考える問題である。

二つの文章の共通点としてまず考えられるのは「近代建築批判」という論点だろう。Ⅰでは「本来ひとまとまりであった生活を目的別に切り分けた」あり方が批判され、Ⅱでは「ひたすら巨大建築をめざした結果、自然との共存や人間的な規模（ヒューマンスケール）が見失われた」ことが批判の対象となっている。

以上の理解を踏まえて、選択肢を検討していこう。

①では、近代以降の建築が「規模の拡大」をめざしてきたとあるが、これはⅡにはあてはまっても、Ⅰにはあてはまらない。Ⅰでは「建築物が目的優先になったこと」が批判のポイントだからである。後半の「小規模な建築物のもつ意味」についても、Ⅰには該当する記述がない。

②は後半の「無目的な空間のもつ意味や意義を見失ってしまった」という部分に問題がある。

この論点はⅡにはあてはまらないし、Ⅰについても「無目的な空間」ではなく、正確には「未目的（最初に設定された目的以前の地点に戻ること）」の状態に戻ることの必要性と書くべきところであり、不適切である。

③は「近代以降の建築は自然を征服しようと試みてきた」という部分が、Ⅰ、Ⅱいずれにもあてはまらない。

④は「目的や規模の大きさにとらわれ」

の、「目的」はⅠに対応し、「規模の大きさ」はⅡに対応している。「人間の暮らしの根本にある価値」は、Ⅰの「生活はそもそも目的に分離すべきものではなく、建築はまず行為を優先し、それに合わせて作られるべきである」という価値意識に対応すると考えられる。そして、「(人間の暮らしの根本にある)基準」は、Ⅱで述べられた「ヒューマンなスケール(人間的な尺度・基準)」を指すと考えられ、正解は④とわかる。

第2問 解説

出題のねらい

3年目を迎えた「大学入学共通テスト」(以下、共通テスト)の出題を踏まえて作成した。共通テスト第2問の素材文や設問形式に倣った問題に取り組んでもらい、入試本番を見据えて今後の学習で注力すべきことを各自が意識できる出題を心がけた。

これまでの共通テスト第2問では文学の領域から小説が素材文に選ばれ、最終問題では「学習の過程」や「別のテキスト」と関連づける問題が出題されている。このことから、今回の出題も素材文には小説を採用し、「学習の過程」を追って考えることを求める設問を含め今年度の設問と同じ設問構成で問題を構成した。

出典

桜木紫乃「やや子」(『星々たち』実業之日本社、二〇一四年刊所収)の一節。問7の【資料】では同作品の、本文とは別の一節を引用している。同書は9つの物語からなる連作短編集だが、一人一人の異なる主人公の視点から語られる物語がそれぞれ絡み合って一つの作品世界を構築しているという、手の込んだ仕掛けが施されている。

桜木紫乃(一九六五〜)は北海道釧路市生まれの作家。二〇〇二年「雪虫」でオール讀物新人賞を受賞。同作品を含む『氷平線』で二〇〇七年に単行本デビュー。二〇一三年に『ホテルローヤル』(集英社)で第一四九回直木賞を受賞。北海道を舞台とする人々の人間模様を描いた作品を多く発表し続けている。

本文解説

【知子との出会い】(場面1)

三浦家は、広大な田んぼの一角に家を構えていた。三浦家と養子縁組し、十年前から土地と建物を管理しているという。肩書きは旭川の大学の農学科の教授であり、やや子はA肩書きと来し方がおもしろいほどずれていると感じた。

↓

やや子の父(高雄)とは、彼が大学の清掃のアルバイトをしているときに知り合ったという。

↓

「お互いの死を知らずにあの世へ逝く母と息子ってどうなんだろうと、やや子さんにお目にかかるまでいろいろと考えました」

↓

B彼女は数秒骨壺を見たあと、晴れ晴れとした表情になった。

↓

「いいんじゃないかなそれも、と思えたんですよ。なんだか巡り合わせとして不思議だけれど、お互いの選択が許されたわけだから。」

知子の言葉は人と人のあいだにある不確かさをすべて肯定していた。

【知子の回想】(場面2)

「C父は、どんなひとでしたか」

↓

「おもしろい方でしたよ」と知子は言った。

苗を見ながら「この米は旨いんですか」と二度も訊ねた父に知子が少し怒ったふりをしてみせると、父はお詫びに海苔を持ってきた。
「その年に収穫した米でおにぎりを作って、その海苔を巻いてお返ししたんです。それからのおつきあいです」
↓
あっけらかんと話す知子の晴れやかな表情に、やや子はしばらくのあいだうまい言葉が浮かばなかった。
↓
お互いの来し方を話さなくてもいい関係は、とても居心地が良かったと彼女は言った。やや子も、彼女のあれこれを訊ねなかった。

【高雄の「通夜」】（場面3）

その夜やや子は彼女とふたり、白米と数種類の漬け物、地酒で、遅れた「通夜」を送った。質素に見えてとても贅沢な食卓には、終始ふたりきりではないような気配が漂った。
↓
翌日、知子は茶色い紙袋を差し出して言った。
「これ、田上さんが最後に収穫したお米です。今までいちばん優秀な子なんです。」
↓
やや子が心から礼を言ったのは、祖母の棺を窯に送ったとき以来だった。

【ご飯を炊く】（場面4）

知子と父が丹精込めた「優秀な子」を、フライパンで炊飯した。
↓
火加減を調節していると、日向のにおいが祖母のにおいに変わった。米が蒸れてゆくように、やや子の内側が柔らかく変化してゆく。炊きあがった飯を口に入れると、なつかしい甘みが広がった。
↓
不思議なほど父に対する慈しみも懐かしさも愛情もこみ上げてはこない。けれどたしかに今、彼が生きた日々を肯定していた。自分も誰かから生まれ落ちた子なのだと、フライパンで炊いたご飯に教えられている。これを感傷と呼ぶのは抵抗があった。
↓
ひとくち、もうひとくち。やや子は台所に立ったまま茶碗一杯のご飯を食べ終えた。D改めて、今年の収穫時期に再び知子に会いに行こうと思った。会いたい人がひとりできた。久しく感じたことのない心もちだ。

【やや子の感懐】（場面5）

昭彦は、炊飯器と海苔の佃煮を持って現れる。Eやや子は「海苔」と言ったきり黙った。こんなところで父に会うとは思わなかった。
↓
「なんだかね、いいような気がするの。すべてが、良い方向に向いて、それぞれが自分で選択した場所で生きて死んだんだって、そう思えるの」
ひとつところに長く留まっていられないのは、生まれた場所で死んだ祖母も、故郷に戻れなかった父も、そして自分も同じだった。どこにいようと、心が勝手に流れてゆくのだ。

設問解説

問1　傍線部説明問題（基礎）

解答　④

解法のポイント

・傍線部の語句の意味を基本に考えること。
・「肩書き」と「来し方」が何を指すかを確認すること。

センター試験の頃から一昨年まで、第2問の小説問題の問1は語句の意味を問う問題が定番であった。この2か年の本試験では語句の意味を問う問題は出題されていないが、語彙は国語力の基本であり、語彙力を身につけることの重要性は少しも減じていない。導入部にあたる本問でも、言葉の意味を意識して取り組むことを促す設問を用意したのはそのためである。

「肩書き」は、名刺や印刷物などで、氏名の上部や右肩に官位・職名などを添えて書くこと、またその官位や職業上の立場を指す。

ここではすぐ前に「旭川の～教授だった」とあり、知子が大学教授という「肩書き」を持っていることがわかる。

「来し方」は幾分文語的な言い回しだが、過去のこと。「行く末」＝未来と対になる語である。知子にとっての過去とは、直前の発言にある「十年前から」という表現から、養子縁組をしたことや、三浦家の土地と建物を管理するようになったことを指すと考えられる。

> 肩書き＝官位・職業：大学教授
> 来し方＝過去：養子縁組をしたこと

大学教授という職業（社会的な立場）と、養子縁組をして他人の家の土地や建物を管理することになった過去が「おもしろいほどずれている」と、やや子には感じられた。

「肩書き」と「来し方」それぞれについて正しく組合されているものとして、④が合う。

①は「来し方」に「父と暮らしていた」をあげているが、この場面では「父と暮らしていた」ことは、やや子が強く意識していた節はないので選べない。

②は「養子縁組」と「親族とはつきあいがない」ことをあげているが、右の囲みに照らして「肩書き」のポイントを外している。

③は「軽いもの言いをする」と「大学の教授」をあげている。後者は「肩書き」にあたるが前者は「来し方」とは言えないので誤り。

⑤は「大学の教授」であることと「広大な土地と建物を持っている」ことをあげている。前者は「肩書」にあたるが後者は「来し方」とは言えないのでよくない。また、末尾の「現実の話とは思えない」も、「ずれている」の説明としてふさわしくない。

問２　心情説明問題（標準）

解答　③

解法のポイント

> ・傍線部を前後の行動や発言と結びつけて考える。
> ・本問は、「晴れ晴れとした表情」になったのはなぜか、がポイント。

傍線部の前で知子が言う「お互いの死を知らずにあの世へ逝く母と息子」とは、やや子の祖母と父（高雄）を指す。やや子の祖母と父が「お互いの死を知らずに」亡くなったことは事実であり、知子が「どうなんだろう」という感想を持ったこともまた事実である。

傍線部のすぐ前には「客観的」という語がある。第三者の立場から見れば、実の親子が互いの死を知らずに死んでいくことは、奇妙なことかもしれない。やや子はそうした「客観的」に見た場合の奇妙さを糾弾されるのではないかと身構えた。

しかし傍線部を挟んで、知子の口から出たのは、二人のあり方を肯定する言葉であり、やや子にそのことは「人と人とのあいだにある不確かさをすべて肯定」するものと映った。

> 「お互いの死を知らずにあの世へ逝く母と息子ってどうなんだろう」（A）
> ⇔「客観的」には奇妙なものかもしれない
> 「いいんじゃないかなそれも」（B）
> ↓晴れ晴れとした表情
> ＝
> 人と人とのあいだにある不確かさをすべて肯定していた

（A）と（B）は互いに食い違うものの見方であり、

> ・知子の心情は（A）から（B）へと転じたこと
> ・そこには「お互いの選択が許された」という理解があったこと

がわかる。

この点を踏まえ、知子の心情を適切にまとめた選択肢として、③が合う。

①は前半の「～是非は判断がつかないでいる」がふさわしくない。知子は「いいんじゃないかな」といって、二人の死について「すべて肯定していた」のだから。また、後半には「やや子の悲しみ」ともあるが、やや子にとって「悲しみ」が基調となる心情でもなかろう。

②は前半について、「相次いで死を迎えた巡り合わせ」とあるが、右で確認したようにここでのポイントは「お互いの死を知らずにあの世へ逝く」ことである。また、後半につ

いても「肯定」するべき中身が間違っている。「死を迎えた事実をありのままに受け入れる」のではなく、彼らの「選択」が「肯定」されるべきところである。さらに、「供養」も的外れだ。

④の前半「常識的には不幸なことだが」という捉え方は誤りではない。しかしそれと対比させる形で記述されている後半部分で、「死別の悲しみを感じずにすんだこと」「不幸中の幸い」といったことは知子の発言からはうかがえないので誤り。

⑤の前半「心から残念なことだが」とあるが、知子の内部でこれが軌道修正されていることが示されていない。また、知子が「気を使わせまい」というような配慮をしているわけでもないので、この点もふさわしくない。

問３　心情説明問題（標準）

解答　①

解法のポイント

・心情の「動き」に関わる要素を本文からピックアップする。
・心情の推移を「最後まで」追えているかどうかに注意。

傍線部Ｃはやや子が生前の父の様子を知子にたずねる箇所である。返ってきた言葉は「おもしろい方でしたよ」であり、知子は父とのエピソードや出会いの様子を「晴れやかな表情」で「あっけらかんと話す」。以降の様子を、整理してみると次のようになる。

（高雄との思い出話を）「あっけらかんと話す」
↓
やや子は…うまい言葉が浮かばなかった
↓
照れた表情＝「晴れやかな表情」に向けられたやや子の表情を見て、それまでの自分の様子を恥ずかしくも感じた
↓
目を伏せる＝続く部分では高雄の死を語っており、話の方向をやや変えようと、少しばかり厳粛な心持になっている

⑤を除いて、「あっけらかんと話す」知子の様子は指摘できており、説明の出発点はどれも誤っていない。以降の推移に注目してみよう。

①は、やや子のとまどったような表情から、高雄との思い出を振り返ることを一旦やめ、高雄の死について語るよう方向転換していったさまがまとめられているので、よい。

②は、「実の娘であるやや子を～エピソードを披露していること」に「罪悪感」を持ったとしているのが誤り。「話をそらそうと思った」とあるのは、現に高雄の最期へと話の舵を切っており、この部分に問題はない。

③は、やや子が「明るく話す自分（＝知子）を怪訝そうに見つめる」という部分はよいが、知子がそこで感じたのは、やや子に対する配慮あるいは遠慮であって、「高雄とは二度と会えない現実を再認識し」というように、高雄の死を改めて感じたわけでもなく、またそれまでの箇所で高雄の死を忘れていたわけでもない。したがって末尾の、高雄の「死を悼む思いを新たにした」も合わない。

④「やや子のとまどったような顔を見」たことが心情の動きのきっかけになったという捉え方はよいが、「自分の無神経さにあきれ返った」はおかしい。知子がやや子に対して謝罪の念を抱くような様子は本文中から読みとれない。また、高雄の最期へと話を転じていることへの「心情の動き」の説明が欠けていることもふさわしくない。

⑤は「出会いから死別までのことを虚実取り混ぜて話し場を取り繕っていたが」が誤り。「虚実取り混ぜ」た話であるとは本文中から読みとれない。また、やや子の表情を「不信感を隠さない」と解釈していることも誤っている。

問４　傍線部理由説明問題（標準）

解答　⑤

解法のポイント

・「理由」「動機」「心情」を一括りでおさえること。
・傍線部の細かな表現、ここでは「改めて」「今年の収穫時期に」などの意味を考えること。

本文の波線部の箇所に続く部分には「やや子が心から礼を言ったのは」とある通り、や

や子は旭川の場面でも知子に対して感謝の念を持っていた。その思いは、帰宅して米を炊くことを通して、さらに深められていく。

> 火加減を調節していると、日向のにおいが祖母のにおいに変わった。米が蒸れてゆくように、やや子の内側が柔らかく変化してゆく。
>
> ↓
>
> 口になつかしい甘みが広がった。不思議なほど父に対する慈しみも懐かしさも愛情もこみ上げてはこない。けれどたしかに今、彼が生きた日々を肯定していた。
>
> ↓
>
> 自分も誰かから生まれ落ちた子なのだと、フライパンで炊いたご飯に教えられている。これを感傷と呼ぶのは抵抗があった。
>
> ↓
>
> D 改めて、今年の収穫時期に再び知子に会いに行こうと思った。会いたい人がひとりできた。久しく感じたことのない心もちだ。

やや子はご飯を炊いて食べることを通して、「(父が)生きていた日々を肯定し」、「自分も誰かから生まれ落ちた子なのだ」と知らされたように思った。やや子はこのようにして人間が生きること、人間と人間とのつながりを肯定的に見る視点を得て、その延長線上において知子にも会いたいと思えているのだと考えられる。

傍線部に続く箇所からわかるように、やや子は誰か特定の人間に会いたいと思うことはめったになかった。しかし、父が生きたこと、自分も人と人とのつながりを生きていることを確認できたことで、知子に会いたいという気持ちが芽生えた。そこにはまた、別れの場面で知子に感謝の思いを感じていたことや、米と重ね合わせて捉えられる知子のイメージなども関係していると言えるだろう。

以上のことを踏まえてまとめてある選択肢として、⑤を選べる。

①は、一見したところ話の筋書きとしては理屈が通っているように思われるが、出発点のところで知子に「近寄りがたいところがある」としているところが誤り。やや子は知子について、その淡白なところを含めて好意的に見ており、別れの場面では感謝の思いも持っており、「近寄りがたい」とは感じていない。また、後半「父へのわだかまりが解けた」とあるが、やや子が父に「わだかまり」(=不満や不信のこと)と言えるほどのものを持っていたとまで言い切れる根拠もない。

②は、「別れ際に~真意を測りかねて悩んでいた」がまず誤り。別れ際に知子から米を手渡され、やや子は「だからこそ、~米なのだ」と自ら納得しているので、「真意を測りかねて」ということはない。また、知子が「生命の神秘」を伝えようとしていたというまとめ方も強引であり、したがってそれを受けて「思いに応えようと思った」とするのも適切でない。

③は、前半部の「父への思いに区切りをつける道筋をつけてくれた」が誤り。やや子は米によって父が生きたことを確認したのであって、「思いに区切りをつけ」たのではない。「知子の思いやりの深さ」を感じたことも、この場面からはうかがえない。

④は、「丁重な歓待を受けた」こと、「遺骨を引き取らなかったこと」はどちらも事実として間違っていないが、遺骨を引き取るよう言われなかったことが書いてある部分で、やや子がそのことを気に病んでいる様子はない。したがって「気になっていた」や「遺骨を引き取る決心がつき」の箇所がふさわしくない。

問5 傍線部心情説明問題(標準)

解答 ⑤

解法のポイント

- 複数のエピソードを結んで考えること。
- 要素(ここでは「海苔」と「父」)がどう結びつくのかを考えること。

昭彦が上着のポケットから取り出して見せた佃煮の「海苔」は、父と知子がつき合うきっかけとなった場面で、父が知子に対して「お詫び」の品として差し出したものである。やや子はそのエピソードを覚えていたからこそ、昭彦が差し出した海苔を見て、「こんなところで父に会うとは思わなかった」と感じたのである。

傍線部では、やや子は「父に会う」と感じている。つまり、やや子には「海苔＝父」というイメージが定着している。

父＝海苔　→　やや子の前に現れた

やや子が傍線部で感じたのはこれ以上でもこれ以下でもない。ご飯を炊いて食べた時に、父が生きたことを実感として確認することができていたわけだが、その父が今、目の前に現れたように感じて奇妙な思いにとらわれたということである。

このことを適切に書いているものとして、⑤がよい。知子への「お詫び」として海苔を持参したエピソードを取り上げて父と海苔を結びつけ、その父・海苔が目の前に現れたことを、「父との関係が今も続いているかのような」とする説明は適当である。

①は、「ご飯と海苔という絶妙な組合せ」「父と昭彦が共通して持ち合わせて」のように、「海苔」と「父」それぞれに「ご飯」と「昭彦」という別の要素を結びつけている点がよくない。

②は「海苔が～現れた」ことを「父」に関連づけていることは、「海苔＝父」という見立てを示すものであり適切である。しかし「自分（＝やや子）が～父に依存している」として、「やや子と父」との結びつき（依存）を持ち出している点がよくない。

③は、「自分と海苔との深い因縁」とあるが、「やや子と海苔」ではなく「父と海苔」を結んで説明すべきところである。また、「連絡を怠った～昭彦から受け取った」とあるが、やや子自身がここに出てくる2種類の「お詫び」を結びつけて考えていることをうかがわせる記述は本文にはない。

④は「……昭彦の姿は、～父の姿を彷彿とさせるものであり」の部分は、「昭彦」が「父」を彷彿とさせる（ありありと想像させる）ことを述べているが、やや子は昭彦から父を想像したのではなく海苔から父を想像した。「海苔→父」が「昭彦→父」のように食い違っているところが誤っている。

問6　表現の効果を問う問題（応用）

解答　②

解法のポイント

・比喩の効果や、事物の象徴的な働きを理解すること。
・本文の核となるできごとや心情をおさえること。

やや子が知子から手渡された米をフライパンで炊いて食べ、父と自分の生命について思いを馳せたことは、本文後半の核となる出来事として記述されている。また、やや子の脳内には知子が米を手渡す際に言った「優秀な子」という比喩が残り、ご飯を炊いて食べる場面を通してこの比喩は繰り返されている。

・米のなつかしい甘み→父が生きた日々を肯定
・米＝「優秀な子」→自分も誰かから生まれ落ちた子なのだ

知子からもらった米が父の「最後に収穫したお米」であることによって、やや子は父が生きた日々を肯定することになった。また、「優秀な子」という知子の使った比喩は、自分もまた誰かの「子」であるという命のつながりを意識するきっかけとなった。このように考えると、やや子自身と父、あるいは命を取り持つなかだちとなったのが「米」だと言える。

①は、「父との永遠の別れ」と「父が唯一無二の人生を生きた事実」を対比させて記述している。やや子は「不思議なほど父に対する慈しみも懐かしさも愛情も」感じておらず、「父との永遠の別れ」も感じているそぶりはないので、前半は誤り。また、やや子は「父が生きた証」を感じてはいるが、これは後半のように「唯一無二の人生を生きた事実」とまでは言えなかろう。

②は、前半で米が父の存在を認めるきっかけとなったことを示し、後半で「優秀な子」という比喩が自身の生命を意識させるきっかけとなったことを示している。右で確認したことと合っているので、これを選べる。

③は、「最後に収穫したお米」が「茶色い小さな紙袋に収まっていた」ことは、「人間の生のはかなさを象徴している」のか？　答えは否である。①でも見たように、やや子は父への慈しみや懐かしさなど、生への感懐を何も持たなかったからだ。父が生きたという

事実を厳然と認めたという冷静な感慨である。後半の「ご飯を～受け入れられた」の箇所はよい。

④は、「やや子自身は～割り切れない思い」が誤り。「優秀な子」と「そうでない自分」という対比的な捉え方をしているという指摘に根拠がない。したがって、「フライパンという代用品を～劣等感を克服できた」も合わないことになる。

⑤は世代を超えて「家系の一員となった」という指摘だが、やや子と昭彦がご飯を食べることで、家系の何かを引き継いだことを読み取るのは難しい。やや子が人が生きること、誰かの子であること、といったことに気づかされた、という程度であり、代々引き継いだ、といったことまでは言えない。

問7　複数のテクストを用いた発展問題（応用）

解答　(i)＝②　(ii)＝①

解法のポイント

- 本文と資料の関係を正しく捉えること。
- 【構想メモ】に沿って【文章】を追うこと。

(i)　空欄Ⅰを含む一文では、「消えた星」と「亡き父」が重ね合わされている。やや子が父についてどう思っているかを本文から探してみると、やや子が本文の最後で昭彦に「すべてが、良い方向に向いて、それぞれが自分で選択した場所で生きて死んだんだって、そう思えるの」と言っている箇所が見つかる。

消えた星	―― 輝き続けた日々
↕	
亡き父	―― 自分で選択した場所で生きて死んだ

「消えた星」と「亡き父」が対応し、星を「輝き続けた」と肯定的に捉えていることと対応して、父の人生が自分で選択したものであったという捉え方がなされている。

このことに相当するものとして、②がよい。「自分で選び取って」が「選択」の言い換えにあたる。

①は「親子の～確認できなかった悲しみ」に「目をつぶろうと思ったこと」が本文にはない指摘である。

③は「自分の責任で選んだ人生」は「選択」に該当するが、「干渉するべきでない」では「輝き続けた」と相応するプラスの意味合いが出てこない。

④は「追い求めた人生の理想」があることは本文からは読み取れず、それが「ようやく実現した」という見方は示されていない。

(ii)　空欄Ⅱの前の部分にある「ひとつところに長く留まっていられない」、「心が勝手に流れてゆく」生き方は、父や祖母、そしてやや子自身にもあてはまるものであることが、本文末尾からわかる。【文章】ではその生き方について、否定的な見方とそうではない見方を示し、空欄Ⅱには後者の「そうではない見方」が入る。

「ひとつところに長く留まっていられない」こと
↓
・落ち着きのない姿勢＝否定的な見方
⇕
・［Ⅱ］＝肯定的な見方

長く留まっていられないことを「落ち着きのなさ」として否定的に見るのではなく、それもまた人間の一つの姿として「輝いている」と認めるという容認がここにはある。このことに合う①が正解。

②は、やや子は父や自分たちの行状をそのまま受け入れているので、「発想を転換」や「本人の努力」などの言葉で抽象化される何らかの操作を行ったわけではない。

③は「協調すること」や「強い連帯」が的外れ。「協調」や「連帯」の大切さに気付いた、という文脈ではないからである。

④は「故郷を意識できれば」が誤り。「ひとつところに長く留まっていられない」とは、故郷のような決まった場所にこだわらない姿勢である。

第3問 解説

出題のねらい

二〇二五年一月から共通テスト「国語」に追加される第3問は、公開されている試作問題を見る限り、言語活動を重視した出題形式となっており、文章だけではなく図や表なども多く出題されると予想される。現行の第1問（論理的な文章を主とする問題）や第2問（文学的な文章を主とする問題）では、文章の内容を正確に読み取る読解力が重視されており、第3問も基本的には同じ傾向ではあるが、統計資料と文章を関連づけて解くタイプの問題に慣れていないと手こずる可能性がある。したがって、今回は文章を正確に読み解きながら、文脈に合うようにデータを解釈する問題や、文章と図表を根拠として意見を形作る問題など、統計資料を活用する設問を積極的に配置した。設問の難度そのものはあまり高くないので、落ち着いて解く姿勢を身につけてほしい。

出典

【資料Ⅰ】…山口真一『ネット世論』の歪み 一部の声が多数派に、リスク認識を」（朝日新聞デジタル二〇二三年九月一五日「山口真一のメディア私評」）より抜粋、一部省略。

山口真一は経済学者。国際大学グローバル・コミュニケーション・センター主幹研究員／准教授。

【資料Ⅱ】…総務省「令和五年版情報通信白書」第二章第三節「インターネット上での偽・誤情報の拡散等」より抜粋。

【資料Ⅲ】・【資料Ⅳ】…総務省「ICT基盤の高度化とデジタルデータ及び情報の流通に関する調査研究」（二〇二三年）より抜粋。

本文解説

【資料Ⅰ】

「ネット世論」という言葉があるが、インターネット上の意見分布は大きく歪んでいる。その理由は、インターネットは言いたいことのある人だけが言い続ける（＝能動的な情報発信しかない）言論空間であり、その結果、極端な意見や強い信念を持った人々が大量に発信することになるからだ。筆者の調査（憲法改正について）でも、「絶対に賛成」や「絶対に反対」といった強い意見を持つ人は社会的には少数だが、SNS上での投稿回数は彼らが約半分を占めていることが分かった。

【資料Ⅱ】

プラットフォーム事業者は利用者のクリック履歴などからその利用者が関心を持ちそうな情報を優先的に配信している。一方、こうしたアルゴリズム機能で配信された情報を受け取り続けることにより、ユーザーは自分の興味のある情報だけにしか触れなくなり、あたかも情報の膜につつまれたかのような「フィルターバブル」の状態となる傾向にある。また、SNS等で、自分と似た関心をもつユーザー同士でコミュニケーションをすることにより、自分の意見が強化される「エコーチェンバー」の状態となる可能性もある。こうしたフィルターバブルやエコーチェンバーにより、インターネット上で集団分極化が発生し、それが社会を分断し、ひいては民主主義を危険にさらす恐れもある。

設問解説

問1　空欄補充問題

解答　①

解法のポイント

一見単純なデータ読み取りの問題のように見えるが、本問のように文中の空欄補充として出題される場合、文脈に即したデータ解釈が求められるので注意しよう。今回は『憲法改正』に対する社会の意見分布とSNS上の投稿回数分布」という統計資料の内容を読み取るわけだが、そもそもこの調査は何を裏付ける資料として引用されているのか。それは、筆者の主張＝「インターネットは言いたいことのある人だけが言い続ける言論空間なので、ネット上の意見分布は歪んでいる」という見解の根拠としてである。「言いたいことのある人」というのは「非常に賛成」「絶対に反対」といった強い意見の持ち主であるから、〈彼らのSNS投稿回数が非常に多く、現実社会の意見分布と大きく食い違っている〉という趣旨の解釈であれば正解となる。したがって、①が正解。

②は「非常に賛成」と「絶対に反対」とを、意見分布・投稿回数の点でそれぞれ比べる内容になっており、文脈に合わない。

③の前半はよいが、後半に「SNSの投稿回数分布は、極端な意見を持つ人の割合を例外として…」とあり、強い意見を持つ人を例外扱いしている点がよくない。彼らの存在こ

そがこのデータ解釈の肝なのである。

④は、憲法改正についての賛成派と反対派とを比べている点で②と同様文脈に合わない。

⑤は、回答者の意見分布を「バランスのとれた分布」とし、SNS投稿回数を「不規則な分布」としているが、筆者はこうした対比を強調したかったわけではない。また、「『どちらともいえない』人の意見も比較的高い割合を示しており」とあるが、この解釈だと〈強い意見の持ち主ほど投稿回数が多い〉という筆者の主張を裏付けることにならない。

問2　意見とその根拠を問う問題

解答　②

解法のポイント

複数の資料を横断的に読み取り、選択肢で示された意見とその根拠の整合性を判断する問題。順に選択肢を検討していこう。

①について。確証バイアスとは「自らの見たいもの、信じたいものを信じる」という心理的特性のことで、人間一般にみられる心の傾向であるが、若年層と高齢者との間で程度の違いがあることを示す根拠はない。たしかに、若年層が高齢者よりも「SNS等では自分の関心のある情報ばかりが表示されること」をよく知っていること自体は【資料Ⅲ】から読み取れる。しかし、それは確証バイアスの強さとは何の関係もない。

②について。「他国と比べて日本では、SNS等に自分と似た考えが表示されやすいことに関して知られておらず」は【資料Ⅲ】から読み取れる。さらに、「複数の情報源を比較する姿勢も希薄」というのも、【資料Ⅳ】から読み取ることができる。他の情報源を参照することなく、同じ情報ばかりを無自覚に吸収し続けることは、情報の膜（フィルターバブル）につつまれ、そこで同類の情報に繰り返し触れることでそれを真実と思い込んでいく（エコーチェンバー）状態につながると考えられる。そのため②は適当である。

③について。「米国と中国は他の国に比べて普段からSNSを利用する割合が高い」ことは【資料Ⅳ】から読み取れるし、「SNSから得られる情報や意見が自分の思想の方向性に沿ったものになりやすいことを認識している人が多い」ことは【資料Ⅲ】から読み取れるが、後者の理由を前者に求めている点が不適切。SNS利用頻度とSNSの特性の理解度との間の関係は【資料Ⅱ】～【資料Ⅳ】のなかでは分からない。

④について。「日本の高齢者は若年層に比べてインターネットの使用頻度が低い」という部分に根拠がない。

⑤について。「自分と似た興味関心をもつユーザーが集まる場を見つけやすくなっている状態をエコーチェンバーと呼び」という部分が誤り。エコーチェンバーとは、自分が意見を発するとそれと似たような意見が返ってくるという状況が繰り返されることで、特定の意見や思想をより強く信じ込んでしまう現象を指す。

問3　複数のテキストを関連づける問題

解答　(i)　Y＝①　Z＝③　(ii)　④

解法のポイント

〔(i)について〕

質問1のaを見ると、

> a　規則を曲げてまで無理な仕事をさせないけれども、人の面倒は見ない課長

となっており、空欄Yにはこれと同じ内容だが語順の異なる文言が入る。つまり、「規則を曲げてまで無理な仕事をさせない」の部分を後ろにし、「人の面倒は見ない」の部分を前にもってきた文章が正解となる。選択肢のなかでは

> ①　「面倒は見ないけれども規則を曲げない課長」

がそれに相当する。

続いて空欄Zには、受動的な発信についての対話の結論に相当する内容が入る。質問1も質問2も内容的には同じだが、アンケートの文の語順が異なるだけで結果も異なってしまったという内容に相当する選択肢を選べばよい。正解は③。

①は「実施時期」の話は出てきていないので不適切。②は「どの点に注目してよいのかが分からなくなってしまう」のではなく、文の後の方に注意が向くと述べられているため不適切。④は具体例の内容であり、まとめの受動的な発信の問題点として一般化した説明にはなっていないため不適切。

〔ⅱ〕について〕

この大問で取り上げられているすべての資料を用いて一定の結論を導き出す問題だが、内容合致問題として解いて差し支えない。順番に選択肢を検討し、明らかな誤りを含むものを排除していけばよい。

①は「プラットフォーム事業者」が「ユーザーの意見や思想を自在にコントロールしている」と説明しているが、【資料Ⅱ】で述べられているのは〈ユーザーの好む情報を流す〉ということであり、プラットフォーム事業者の思うがままに「自在にコントロール」しているとは言えない。

②は、後半に「【資料Ⅰ】では、インターネット上の歪んだ意見分布を世論としてマスメディアや政治家、個人などが発信することの具体的な問題点が挙げられていた」とあるが、問題があることまでは示されていても、そこからさらに「具体的な問題点」を挙げているわけではないため不適切。

③は、「社会の実態を正確に反映する受動的な発信」がよくない。生徒同士の対話にあったように、受動的な発信（アンケート・世論調査など）は選択肢の文の構成が変わるだけで回答も変わってしまうため、「正確に反映」は言い過ぎである。

④は前半の「フィルターバブルによって情報の膜に包まれ、同じ意見や情報に繰り返し触れると、それが正しいものだと思い込み、集団分極化が生じやすくなる」は【資料Ⅱ】の内容に相当し、「そうして意見を極端化させた人々がSNS等で積極的に発言するため、ネット世論には偏りが生じる」は【資料Ⅰ】の内容に相当する。【資料Ⅱ】の内容と【資料Ⅰ】の内容を自然に接続することができており、これが正解となる。

第4問　解　説

出題のねらい

二三年度の共通テスト本試の古文は、歌論書『俊頼髄脳』から連歌に関する逸話を採り上げ、作者源俊頼の家集『散木奇歌集』を関連させて、連歌や掛詞について、かなり深いレベルの理解が問われた出題であった。

設問形式は小問四題で、問1・問4がそれぞれ枝問3、問4では教師と生徒の授業中の対話が設定され、この設問のみ選択肢が四つという、二二年度本試と全く同じ構成となっている。

そこで本模試では、この設問形式を踏襲して、和歌に関する逸話の読解と、掛詞の技巧に注目した和歌の鑑賞力を試す設問とした。ただし、実施時期も考慮して、選択肢をコンパクトにするなど、本試と比較してやや平易な出題となっている。

出典

『本朝美人鑑』――江戸時代前期、貞享四年（一六八七）に刊行された作品。ジャンルは仮名草子。

仮名草子
近世前期特有の文芸ジャンル。室町時代に盛行した児童向けの読み物である「御伽草子」の流れを受けて、より幅広い年齢層を対象に、通俗的な知識教養や教訓、世相風刺などの要素を盛り込んだ、散文作品の一群。怪談・奇談や笑話が多く、娯楽主体の読み物と言えるが、これがやがて発展し、的確な現実描写・深いレベルでの人間観察・皮相的でない社会批判・独特な文体の創出といった、文学としての内実を備えたものへと進化していくことになる。それは「浮世草子」と呼ばれ、元禄文化を代表するジャンルとして高く評価されている。

上代から中世の著名な女流歌人三十六人について、広く知られたエピソードに、創作も交えて紹介した作品で、作者は未詳。全五巻。ちなみに、共通テストの前身である大学入試センター試験では、二〇〇五年の追試験で、国語Ⅰに、本作品から「弁内侍」の一節が出題されている。

本問に用いたのは、巻一の七「伊勢」の一節。伊勢は平安時代前期の歌人。生没年不詳。伊勢守であった藤原継蔭の娘で、宇多天皇の中宮温子に仕えたが、自らも天皇の寵愛を受け皇子を産んだ。三十六歌仙の一人に数えられ、『古今集』『後撰集』『拾遺集』の三代集に、女流歌人としては最多の歌が収録されている。家集『伊勢集』がある。

また、問４に引用した『百人一首一夕話』は、江戸時代後期の国学者である尾崎雅嘉（一七五五～一八二七）による、「小倉百人一首」の注釈書で、和歌の解釈に加え、やはり歌人のエピソードを詳しく紹介している。雅嘉没後の天保三年（一八三二）刊行。全九巻で、「伊勢」は「巻の二」に収録されている。

本文は、『本朝美人鑑』は東京堂出版「假名草子集成」第六十六巻（二〇二一年一二月刊）、『百人一首一夕話』は岩波文庫（上巻）所収の文に基づき、共通テストの標準的表記に即して適宜字句に修正を施した。

設問解説

問１　傍線部解釈問題（基礎）

二三年度の共通テストでも、この問１の出題は、センター試験以来の形式そのままの、短い傍線部現代語訳三題であった。これは今後も大きな変化はないものと考えてよいだろう。

解答　(ア)＝⑤　(イ)＝②　(ウ)＝②

解法のポイント

(ア)「よろしくこしらへて」

ポイントとなるのはシク活用形容詞「よろし」、ハ行下二段活用動詞「こしらふ」の語義。

「よろし」は、現代語に「宜しい」として残る語であるが、古語としての注意点は、「よし」との対応。

「よし」と「よろし」は、いずれも肯定的評価を示す語であるが、「よろし」は、その度合いはさほど高くなく、「まあ悪くはない」という消極的評価、「どちらかといえば良い」という相対的評価にとどまる場合が多い。

肯定的評価を示す語としては「よし（良し・善し）」の方が肯定の度合いが強く「欠点がない・完璧」というニュアンスを持ち積極的・絶対的な肯定を示す。

一方、これに対する否定的評価としては、「あし（悪し）」が「よし」の対義語として積極的・絶対的な否定を表し、「わろし（悪し）」が「よろし」の対義語として「良くない・どちらかといえば悪い」という消極的・相対的な否定を表す。

これだけは覚えよう

〈肯定的評価〉
(強)よし（良い）
(弱)よろし（まあまあ良い・悪くない）
(弱)わろし（良くない・どちらかといえば悪い）
(強)あし（悪い）
〈否定的評価〉

従って「よろしく」の解釈としては、「丁寧に」「巧妙に」のような高い評価をうかがわせる訳は適切とは言えない。

次に「こしらふ」。

こしらふ〔動詞・ハ行下二段活用〕
①なだめる・機嫌を取る
②言い繕う・説得する
③作る・支度する
④作りごとをする・偽る

ここでは下に「こしらへて→泣き」と続いているから、

「作って泣く」＝
「作り泣き・うそ泣き・泣き真似をする」

と解するのが最適であろう。

以上から、⑤「適当に泣き真似をして」が正解となる。

(イ)「情け後れたり」

「情け」は現代語と同様、幅広い意味内容を持つので、これだけでは決めがたい。

なさけ（情）〔名詞〕
①人間らしい情愛・思いやり・人情
②情趣を解する心・風流心
③男女の愛情・恋慕の情
④物の趣・風情

「後れ」は動詞「後る」連用形。

おくる（後る・遅る）〔ラ行下二段活用〕
①時間的に遅れる・遅くなる
②後に残る・取り残される
③他人に先立たれる・生き残る
④他人より劣る・不足している

また「情け後る」で、「情が薄い・思いやりがない」の意味を表す一語の複合語として扱われる場合もあり、ここもその意味で解してよいだろう。

「たり」は完了の助動詞。

たり〔助動詞・ラ変型活用〕
※連用形接続
①～ている・てある〈存続〉
②～た〈完了〉

完了の助動詞には他に「つ」「ぬ」「り」があるが、意味内容としては「つ・ぬ」が完了、「たり・り」が存続のニュアンスを表す。

これだけは覚えよう

〈完了の助動詞〉
つ・ぬ　＝完了（～てしまった）
　　　　　強意（きっと・必ず～だ）
⇔
たり・り＝存続（～ている）

以上を満たしているのは②「情愛が人より劣っている」で、これが正解。①「情趣が全く感じられない」は迷ったかも知れないが、「後る」が「他と比べて薄い・劣る」という意味合いなので「全く感じられない」は不適であり、また「たり」も訳出できていないので不可。

(ウ)　「かれがれになりて」

「かれがれに」が重要語。これは動詞「かる（離る）」から派生した形容動詞。

これだけは覚えよう

かる（離る）〔動詞・ラ行下二段活用〕
①空間的に離れる・遠ざかる
②時間的に隔たる・間が空く
③心理的に離れる・疎遠になる
⇩
かれがれなり〔ナリ活用形容動詞〕
途絶えがちである・疎遠になる
☆特に男女の関係について用いられることが多い。

またこの語は、和歌などでは「枯る」「枯れ枯れ」との掛詞で用いられることが非常に多いことも押さえておきたい。この場合、草木や花が枯れることと、愛情が薄れることがイメージとして重ね合わされ、強い表現効果を生むことになる。

山里は冬ぞさびしさまさりける
　人目も草もかれぬと思へば
（古今和歌集・源宗于《みなもとのむねゆき》）
通い来し宿の道芝かれがれに
　跡なき霜の結ぼほれつつ
（新古今和歌集）

よって、正解は②「訪れが途絶えがちになって」。

問２　語句・文法に関する説明問題（標準）

解答　③

解法のポイント

二三年度の本試問２の形式に合わせて、文中から五つの語句をピックアップし、文法事項の知識を絡めた表現理解を問う出題とした。

ａ「よき折節もがな」の「もがな」は、願望を表す終助詞で「～があればなあ」と訳す。

これだけは覚えよう

〈願望の終助詞〉
（未然形＋）ばや
　＝～したい〈自己願望〉
（未然形＋）なむ
　＝～してほしい〈他者への願望〉
（連用形＋）てしがな・にしがな

＝～したいなあ〈自己願望〉
〈体言など＋〉がな・もがな
　＝～があればなあ・ほしいなあ〈願望〉
〈参考〉〈願望の助動詞〉
〈未然形＋〉まほし
〈連用形＋〉たし
　＝～したい〈願望〉

ここでは、「よい機会があればなあ・ほしいなあ」という意味になる。よって「疑問の終助詞」とした①は誤り。

ｂ「風のつてだに」の「だに」は、「類推」の副助詞。

類推の副助詞には次の三語があるが、意味用法には違いがある。

だに〈副助詞〉
①類推〈～さえ〉
　程度の軽いものを挙げ、より重いものを類推させる
②最小限の願望〈せめて～だけでも〉
　散りぬとも香をだに残せ梅の花

すら〈副助詞〉
類推〈～さえ〉
極端なもの・特殊なものを挙げ、一般的・平凡なものを類推させる

さへ〈副助詞〉
添加〈（その上）～までも〉
ある事物の上に、さらに別のものが付け加わる意
※中世以降、「だに」と同様に類推の意味で用いられるようになった。

ここでは「風のような微かな手掛かりさえ」という「程度の軽いものを挙げ、より重いものを類推させる」意味で用いられており、「添加」とした②も誤り。

これだけは覚えよう

〈類推の副助詞〉
だに＝せめて……だけでも・さえ
　最小限のもの・軽いものを挙げ、他を類推
すら＝さえ
　軽いもの・特殊なものを挙げ、他を類推
さへ＝までも
　あるものに他を添加

ｃ「尋ね見ることもかなはで」の「で」は、打消の接続助詞。

で〈接続助詞〉
～ないで・～ずに
「ず」（打消の助動詞）＋「て」（接続助詞）が一語化したもの。
活用語の未然形に接続。

上の「かなは」が「かなふ」の未然形なので、「叶わないで・できずに」という意味になり、③は正しい。

ｄ「人目のひま求めなん」の「なん」（＝なむ）は、文法の識別問題の定番。

これだけは覚えよう

〈「なむ」の識別〉
ａ　未然形＋「なむ」
　＝他者への願望（誂《あつら》え）の終助詞（～てほしい）
ｂ　連用形＋「なむ」
　＝完了（強意）「ぬ」未然形＋助動詞「む」
ｃ　「死なむ」「往《い》（去《い》）なむ」
　＝ナ変動詞未然形＋助動詞「む」
ｄ　それ以外（連体形・体言・副詞・助詞など）＋「なむ」
　＝強意の係助詞「なむ」

ただし、上一・上二・下一・下二など未然・連用が同形の語に付く場合は、文脈から判断することが必要となる。ここもマ行下二段活用動詞である「求め」に付いているので、右のａかｂかは、内容から判断しなければならない。

この波線部ｄは、男が伊勢に逢いたいという気持ちを詠んだ歌の一節で、上の句では「吹く風に我が身をなして」＝自分の体を吹く風にして、とある。これを受けて「人目のひま求めなん」と言うのであるから、ここの主語は自分であり、「風になって人目の隙を探し、伊勢に逢いに行きたい」という自身の

意志を表していると見ることができる。よってこの「なん」は、右のbに該当し、完了（強意）「ぬ」未然形＋意志の助動詞「む」終止形だと判断できよう。従って「願望の終助詞」としている④も誤り。

e「年月経るままに」の「ままに」は、名詞「まま」＋格助詞「に」だが、用法は接続助詞に近い。

> **ままに（儘に・随に）〔連語〕**
> ①〜にまかせて・従って
> ②〜と同時に・するやいなや
> ③〜ので（原因・理由）

ここでは「年月が過ぎるのに従って」という意味。よって「逆接の接続助詞」とした⑤も不可。

以上から③が正解。

問3　内容説明問題（標準）

解答　④

解法のポイント

共通テストでは、問題文の一部分に傍線を引いて、解釈や説明を求めるのではなく、本問のように本文を幅広く見渡し、選択肢の記述に対応する箇所を自力で見つけ出して照合することが必要な出題形式が、多く用いられている。選択肢が本文のどこに対応しているか、的確に見抜くことが鍵となる。

①は第1段落参照。ここには伊勢について「古今名誉の歌仙なり。文章またうるはし」と記されており、「歌のみならず、文章もすばらしかった」は正しい。しかし「名誉の歌仙なり」は、「六歌仙の一人に加えられる名誉を得た」ということではない。

「名誉」は、現代語より意味の幅が広く、

> **めいよ（名誉）〔名詞・ナリ活用形容動詞〕**
> ①優れているという名声・高い評判
> ②（善悪を問わず）有名になること
> ③（「面妖」の転）奇妙・奇怪・不思議

という意味。

「歌仙」は「優れた歌人・和歌の名人」の意で、特に「六歌仙」に限定されない。

これだけは覚えよう

> **六歌仙**＝『古今和歌集』仮名序で紀貫之が採り上げ論じた、平安時代初期を代表する六人の歌人。
> 在原業平・僧正遍昭・喜撰法師・大友黒主・文屋康秀・小野小町の六人。

なお出典解説で記した通り、伊勢は「三十六歌仙」の一人とされる。

> **三十六歌仙**＝平安中期の歌人・歌学者であった藤原公任が選んだ、奈良〜平安中期までの代表的歌人三十六人。
> 柿本人麻呂・紀貫之・大伴家持・在原業平・小野小町・壬生忠岑・清原元輔・伊勢など。

ここで言う「名誉の歌仙」とは「優れた歌人として有名な人物」という意味。従って①は不可。

②は、三行目に「中宮御方違へに、ある宮へ渡らせ給ひけり。伊勢も御供仕うまつる由を聞きて、この男、心そらになり、物のひま求めて垣間見しけるに」とあるが、選択肢にあるように「自ら中宮の方違えに随行して」とは述べられていない。よってこれも不適。

③は、これに続いて「垣間見しけるに、まことにらうたくもの柔らかなる様、この世のものとも見えざりければ、とかく思ひまどひけれど……」とあるところから、男が「伊勢の姿を見て、その美貌に心を奪われた」と言うのは正しい。しかし後半部については、一二行目に「たびたびに消息など言ひ遣はしければ」とあるので「求愛の手紙を書き続けた」はよいとしても、「寸暇を惜しんで」に当たる記述はない。三行目に「物のひま求めて」とあるが、この「ひま」とは垣間見をするための空間のことで、時間的な「暇」を指す語ではない。よって不適。

④は、男の詠んだ「吹く風に……」の歌が、「自分の体を吹く風にして、伊勢に逢いに行きたい」という歌意であることは前問のdで確認した通り。また「ある人に託して伊勢に贈った」は七行目「ある御許人を語らひ頼みて、文などしたためつつ『かくなん』と言へりければ……」に該当する。よって正しい。

⑤は、男の歌に対する伊勢の返歌を見ると、

「目に見えぬ風にはなすとも玉すだれいかで心のひま求むべき」とある。ここでは「風になって人目の隙を探して逢いたい」という男の歌に対し「あなたが風になって来たとしても、私の心の隙を求めることができるでしょうか」＝私は心を許しませんよ、と、やんわりと退けた内容になっている。従って「受け入れる歌を返した」は不適。

以上から正解は④。

問4　和歌解釈・鑑賞問題（応用）

解答　(i)＝④　(ii)＝①　(iii)＝③

解法のポイント

二二年度に続いて二三年度も、共通テスト古文の問4では、「授業で本文を読んだ後の教師と生徒たちの話し合い」の場面を設定し、その発言中の空欄を埋める三つの枝問によって、本文の理解や鑑賞力を問う形式で出題された。二三年度は、特に「掛詞」に着目して連歌を解釈する設問があったので、本問もそれに合わせて、和歌の中の掛詞について出題した。

これだけは覚えよう

掛詞＝同音異義語を利用し、一つの語に二つ以上の意味を持たせる。
「縁語」と併用されることが多い。
例：大江山いく野の道の遠ければ
まだふみも見ず天の橋立
（小式部内侍）
⇩「いく野」に地名の「生野」と「行く」、「ふみ」に「踏み」と「文」が掛けられている

〔参考〕
縁語＝歌の中の語に関連のある語を意識的に詠み込む。
その「関連づけ」には「掛詞」の技法が利用されることが多い。
例：梓弓　春たちしより年月の
射るがごとくも思ほゆるかな
（凡河内躬恒《おおしこうちのみつね》）
⇩「弓」「はる」「射る」が縁語である（「はる」は「春」と「張る」を掛けている）

まず(i)の空欄Xについて。

「難波潟……」の歌の中の掛詞を見つけ出す設問であるが、ここで重要ポイントとなるのは、その掛詞が、生徒Cの「時間をたとえるのに、蘆を選んだ理由は何だろう」という疑問に対する答えとなるものでなければならない、ということである。

それに着目すると、選択肢の中で「時間」に関わる語が用いられていると言えるのは、「このよ」の「よ」に「節」と「世」が掛けられているとする④。

よ（節）〔名詞〕
竹や蘆などの節と節との間、または節。
「節ごとに、黄金ある竹を見つくること重なりぬ」（『竹取物語』）
「一節切（ひとよぎり）の笛」
（竹の一節で作る長さ三〇㎝程の笛）

☆和歌では「世」「夜」などとの掛詞とされることが多い。
「年ごとに生ひそふ竹のよよを経て
変はらぬ色を誰とかは見む」
（『伊勢集』）

この解釈に従えば、下の句の「あはでこのよを過ぐしてよとや」の「よ」が、まず上の句「難波潟みじかき蘆のふしの間も」の「ふし」の縁語として「節」の意を表しており、また『百人一首一夕話』に拠れば、この下の句は「思ふ人には逢はずして、この世を空しう過ごせよといふことか」という歌意になるので、もう一つの意味は「世」ということになる。

よ（世・代）〔名詞〕
①人の一生・生涯・寿命
②時代・年代
③為政者の統治の期間・治世
④俗世間・人間社会・世情
⑤夫婦関係・男女の仲
⑥仏教思想の前世・現世・来世

「世」の古語の意味としては「治世」や「男女の仲」が重要だが、ここでは「この世を空しう過ごせよ」と解釈しているから「生きている間・一生」の意と見るのが適切。すると、ここで一つの対比が浮かび上がる。

「節」＝蘆の節の間　＝短いものの象徴

⇔
「世」＝生きている間＝長いものの象徴

　そして「蘆のふしの間もあはで」から「節」は逢っている時間、「あはでこのよを過ぐしてよ」から「世」は逢えない時間を示し、

逢える時間（「節」）は短い
（しかしその短い時間も会えない）
⇔
逢えずに過ごす時間（「世」）は長い

という対比になっていることも、見て取ることができるだろう。これによって、逢えずに長い時間を過ごす女性の痛切な悲しみが、強く印象づけられるわけである。従って(ii)の空欄Yは①の「逢える時間の短さと、逢えない時間の長さ」が適切ということになる。

　そして最後の(iii)は「最後の歌」＝「濃紫……」の歌に込められた心情の把握。（ちなみに、この歌を含め「難波潟……」以外の三首は、『伊勢集』には収録されていないので、本書の作者による創作であると思われる。）

　「濃紫とてもあせ行く色ならば
　　　染めぬを人の情けともがな」

「もがな」が「～があればなあ・ほしいなあ」という願望の終助詞であることは問２のaで確認した通りで、その他には難語は特にない。直訳すると、

　「濃く染めた紫であっても、褪せていく色であるなら、染めないことを、人の情けとしてほしいなあ」

となるが、この表面的な意味が、何のたとえになっているのだろうか。

　直前部では「（男が）音もせずなりにければ、恨めしきことの今更取り返されぬ昔を思ひ嘆きて」とある。つまり、男の訪れが途絶えたことに対する失望と、男の求愛を受け入れてしまったことへの後悔の念が、ここには込められているのである。

　具体的には、

「濃紫」＝当初の熱烈な男の愛情、

「あせ行く」＝その男の愛情が薄れること、

「染め」る＝男の求愛が女の心を動かすこと
をたとえており、これを当てはめれば、

「熱烈な愛情であっても、薄れて行くのであれば、求愛して私の心を動かしたりしないでいるのを、あなたの情けとしてほしいなあ」

ということになる。これに適合するのは③の「どんなに深い愛情も、いずれは冷めるのであれば、初めから情けをかけないでほしかった」である。
　①は「あせ行く」のが自分自身の「容色」と捉えた点が誤り。
　②は「その後の変心が私には信じられません」に見られる未練の情が「染めぬを人の情けともがな」に表れている諦念に反する。
　④は「私はあなたを愛していなかった」とあるが、「染めぬを人の情けともがな」からは、男の求愛によって「染め」られてしまった＝男を愛するようになったことが読み取れるので、これも適切でない。

　以上から③が正解となる。

《全文解釈》
1 この人は、七条の中宮温子に仕えて、昔も今も誉れ高い名歌人である。文章もまた美しい。
2 その頃、何某の男といって色好みの人がいた。伊勢が、容貌が端麗で心が優美であるのを聞き及んだので、よい機会があればなあと思った時、中宮が御方違えで、ある御殿へいらっしゃった。伊勢も御供し申し上げるということを聞いて、この男は、上の空になって、物の隙間を探して垣間見したところ、本当に可愛らしく柔和な様子は、この世の者とも見えなかったので、あれこれと思い迷ったけれども、風のような微かな手掛かりすらもないので、ますます苦しかった。居場所は聞いたけれど、尋ねて見ることもできず、このように申し上げた。
　吹く風に……＝吹く風に、私の体を変えて、玉すだれが掛かるように人の目の多い、その人目の隙間を探したい。

と詠んで、朝夕忘れられずにいるその時、ある侍女に相談し頼み込んで、手紙などを書いて「このように伝えて下さい」と言ったので、侍女は、この手紙を懐に入れ、伊勢の方へ伝えましたが、伊勢は却って気が引けた様子で、返事もなく見えたので、侍女は適当に泣き真似して泣きましたので、伊勢もやはり放っておけず、この手紙を開いて見ると、実に気品のある様子は言い尽くせないほどだ。これ以上放置するようなことも、情愛が人より劣っている女だと人に思われるであろうことは、残念なことに違い

ないと思って、

目に見えぬ……＝あなたが目に見えない風に身を変えたとしても、玉すだれのこちら側にいる私に、どうして心の隙を求めることができるでしょう。

と言い返しましたのを、例の男は、《返事が得られたのを》嬉しいことだと思って、度々手紙などを書き送ったので、いつの間にか、願っていた通りに恋仲となった。

3 こうして歳月が過ぎるに従って、女は、親が亡くなって、頼りとする所がなく思って暮らしていたころ、いつからともなく男も訪れが途絶えがちになって、時々やって来るだけである。女は心変わりすることもなく、それほど恨む様子もなくて居続けましたが、余りに月日が隔たるまで訪れもしないでいたので、

「どうなさったのでしょうか。ほんの少しのご訪問すらもなくお過ごしなさるのは、どうしたのかと気掛かりでいます。時々の雨宿りほどの短い時間でもお立ち寄りいただければいいのになあ」

と言い送ったところ、返事に、

「今は差し障りがあって、行くことができません。気長にお待ち下さい」

などと言ったので、恨んで、

難波潟……＝難波の海辺に生える蘆の節の間のように短い時間も逢わないで、この長い世を過ごしてしまいなさいと言うのですか。

と詠んで送ったけれども、音信もなくなってしまったので、恨めしいとは言っても今更取り返すことのできない昔を思い嘆いて、

濃紫……＝濃く染めた紫であっても色褪せるように、深い愛情も冷めていくのであれば、初めから自分の色に染めない、あなたの思いやりがあったらなあ。

〈問4引用〉

難波潟……＝難波の海辺に生える蘆の節の間のように短い時間も逢わないで、この長い世を過ごしてしまいなさいと言うのですか。

『新古今和歌集』恋歌一に「題知らず」とある。難波潟は摂津の国の難波の海辺であって、潮の満ちていない時は干潟となる所をいうのである。そして、その難波潟に生えている背丈の短い蘆の、節と節の間は僅かな長さのものだが、それ程の僅かな間も愛する人には逢わないで、この世を空しく過ごしなさいということかと詠んでいるのである。

第5問 解説

出題のねらい

これまでの共通テストの本試験・追試験を見ると、漢文の基礎的な知識や訓読法、本文に対する深い読解力や表現の理解、また複数の漢文の関連性を読み解く分析力が問われる傾向にある。

具体的には、全体で二〇〇字程度の本文に、言葉の読み・意味、句法や重要語を含む訓読と解釈、傍線部の説明、本文の趣旨といった設問がしばしば見られる。

したがって共通テストの漢文対策としては、知識（言葉・句法）を修得した上で、一五〇～二〇〇字程度の漢文の論旨を素早く把握する読解力を鍛え、文章相互の関係を理解する力を身につけることが重要となる。

本問は、漢文の基礎的な知識と読解力を試す設問を中心とした。ただし共通テスト対策として、複数の文章の読み比べや対句を利用した空欄補充などの問いも設けている。現時点における漢文の基礎学力を確認し、あわせて今後の共通テスト対策の一助としてほしい。

出典

范祖禹『唐鑑』巻三・太宗

范祖禹（一〇四一～一〇九八）は、北宋の政治家・学者。司馬光を領袖とする旧法党を支持した人物であり、南宋以後は正統派の政治家として高い評価を受けた。また彼は司馬光の『資治通鑑』の編纂を助けた人物としても知られている。『唐鑑』は唐代の歴史を抜粋し、それに論評を加えた

書物で、後世の君主の参考（鑑＝鏡）となることを期待したものである。本書は范祖禹の声望とともに正統派の歴史評論として宋代以降によく参照された。二三年度の共通テスト追試験では、『性理大全』（朱子学の教義をまとめた国定教科書）に引用された『唐鑑』の論評の一部が出題されている。

本文要約

古代の聖天子・舜が漆器を作ったところ、多くの臣下が諌めたという。唐の太宗は大げさだと考えたが、褚遂良は申し上げた。「贅沢は国を滅ぼす根本です。忠臣は君を愛するが故に、滅亡の発端となる奢侈はすぐにもお諌めするのです」と。太宗は感心し、「私に過失があればそなたも諌めるのだぞ。諌言を聞いて改めなければ国が滅びてしまう」と言った。

思うに、君主が諌言を聞き入れるか否かは、健康な人が忠告を受け入れるか否かと同じことだ。自分の体を大切にしていれば、今が健康であろうと忠告を重んじるが、健康を過信している人は聞く耳をもたない。死にそうになってからでは助けようがないのだ。

設問解説

問1　語句の意味の問題（標準）

解答　(ア)＝②　(イ)＝④

解法のポイント

これまでの共通テストの本試験では、問1で三つの語句の意味が問われており、難度も幅も基礎から応用まで広くとられている。言葉の知識は入試本番まで時間をとって修得してほしい。

(ア)「対」は漢文に頻出する基本用語。会話文で用いられるときは、終止形で「こたフ」と読み、「(目上の人に)お答えする」の意味。現在の日本語の「対」(反対する・対抗する)のニュアンスではないので注意したい。正解は②。帝(太宗)の「問」に、褚遂良がお答えした、ということ。

(イ)「無レ及」(及ぶ無し)とは、「(ある時・状態・程度などに)及ばない・到達しない」の意。「過ぎたるは猶お及ばざるがごとし」(やり過ぎは足りないのと同じ程度によくない)を思い浮かべると分かりやすい。

ただし「及ばない」にも様々なニュアンスがある。波線部は、「病気になれば、あっという間に死んでしまう。病気を救おうとしても『及ばない』」の一部である。選択肢の中でこの流れに最も合致するのは、「(時間的に)及ばない」、すなわち「間に合わない」と解釈する④である。

①「匹敵しない」・⑤「普及しない」は「及」の語義としては適当だが、前述の文脈に当てはまらない。②「やり過ぎである」は反対の意味になる。③「才能がない」は、しいていえば「(病気を救うことに)才能が及んでいない」という解釈だが、ここでは病気を救う人の才能は問題とされていない。

問2　内容説明の問題（基礎）

解答　③

解法のポイント

傍線部の内容説明は、傍線部自体に含まれる句法や重要語を解読し、さらにその前後の内容を加味して、傍線部全体の趣旨を明らかにしていく。

傍線部で注意するべき漢字は「已」と「将」である。

「已」は副詞「すでニ」で覚えていると思うが、傍線部は否定「不」に返って読むように指示(レ点)がある。したがってこの「已」は動詞である。本文では「已」が何度か登場するので、次にまとめておこう。

これだけは覚えよう

○「已」の用法

・すでニ　もうすでに（副詞）
　＊已然　すでに起こったこと。
　＊未然　まだ起こっていないこと。

・やム　やめる・おわる（動詞）
　＊「―已」（―やム）と文末に置かれた場合は、「―であれば、それまでである」という定型的な意味になる。

・のみ　―だけである
　＊文末に置かれる。
　＊限定の「耳・爾」と同じ。

「将」は、訓点にしたがえば「将《まさ》に金玉を以て之を為らんとす」と読むことができるので、再読文字である。意味は「(いまにも)―しようとする」。

その他、選択肢から「金玉」は「金銀財

宝」だと分かる。「玉」は宝玉の意。また「以二—一」の「以」は方法や手段の意。

以上を踏まえて傍線部を解釈すれば、「漆器でやまなければ、金銀財宝でこれを作ろうとする」となる。指示語「之」（これ）の具体化のために、本文冒頭からの内容を考える。

太宗が「古代の聖天子である舜が漆の器を作ったとき、それを諫める者が十数人いた。この程度のこと、どうして諫める必要があるだろう」と問うたのに対し、褚遂良は「奢侈（＝贅沢）は、危亡（＝国を危うくし滅ぼすこと）の根本です」と述べて、傍線部につながる。そして「忠臣は主君を愛するとき、必ずその『漸』を防ぎます」と言う。これ以降は傍線部Bのところで説明する。

「漸」は注にある通り、兆しのこと。「だんだん（＝漸次）何かに近づいていくその発端」を意味する。ここでは「奢侈は危亡の本」であるから、奢侈が増加・激化しないように、主君が奢侈な生活を始めようとしたその発端を防ぐ（諫言して阻止する）ということである。

したがって、傍線部は「君主が漆の器で止まらなければ（＝より贅沢な器を求めるようになれば）、次は金銀財宝で作られた器を求めるようになるだろう」といった意味になる。贅沢は際限がなく、行き着くところ、国の滅亡を招くことになる、と言いたいわけである。

これに一致する選択肢は③。①は「漆器」と「金玉」との関係を誤読している。②は「将」を「猶」（なホ—ノごとシ＝ちょうど—と同じだ）と見なしており、間違い。④は比較形のように解釈する点が誤りであるし、「将」を「当・宜・須」のように解釈する点も誤り。⑤は漆器の代わりに金銀財宝を欲するとする点が間違い。

問3　句法と解釈の問題（標準）

解答　④

解法のポイント

傍線部は、前問で見た「贅沢は危亡の根本だから、君主が贅沢を始めると、忠臣は諫言して阻止する」という褚遂良の発言から導き出される結論にあたる部分である。重要な言葉は「若」「已」「所」「復」である。

「若」は代表的な多義語。

これだけは覚えよう

○「若」の用法

・返り点がある場合

①若二—一　—（ノ・ガ）ごとシ
—のようである（比況）

②不レ若二—一　—（二）しカず
—に及ばない（比較）

＊否定表現が多い。

・返り点がない場合

①若　なんぢ
あなた（二人称代名詞）

＊しばしば会話文で使われる。

②若—　もシ—（バ）
もし—であれば（仮定）

傍線部の「若」は返り点がないので、二人称代名詞か仮定のどちらかである。選択肢を見る限り、この「禍乱」は「世の中の乱れ」の意味であるから、ここは「あなたの禍乱」ではなく（この表現自体もおかしいが）、仮定「もし」で理解するのが適当である。

「已」の用法は前問で確認した通り。ここは「成」を修飾しているので、「やム」ではなく、「すでニ」がよい。

「所」は、下の活用語から返って読み、「〜する『こと・もの・とき・ところ』」の意味になる（下の動詞を名詞化する）。ここは「『復諫』すること」の意。

「復」は、「まタ」と読み、「ふたたび」や単なる強調の言葉となる。

以上をまとめると、「もし禍乱がすでに起こってしまえば、もはや諫言することがなくなる」のようになる。分かりやすく言えば、「禍乱の状態になってしまってからでは諫言しても無意味だ」の意味である。

以上の句法と意味に一致する選択肢は④である。①禁止は、「無」を「—（スル）なカレ」と読むことはあるが、傍線部は「所」から「無」に返っているので不適。②使役は該当する表現が傍線部にない。③比較は、「〜より…の方がよい」の意味であれば、「不若」などの否定を伴う表現が必要である。⑤比況は、「若」を「ごとシ」と読む必要があるが、既に見た通り、このように読むには「若」に返り点が必要である。

問4　傍線部理由説明の問題（標準）

解答　⑤

解法のポイント

まず傍線部を解読する。訓点にしたがって傍線部を読むと、「此くのごとくんば危亡無からんことを欲するも得んや」となる。漢文読解で覚えておくべき言葉がいくつかあるので、確認しておこう。

「如レ此」。これは「かクノごとシ」と読み、「このようである」の意。ここでは「かクノごとクンバ」と読んでいるので、「このようであれば」となる。

「欲」。これは「ほつス」と読み、「—したい」（希望・欲求）や「—しようとする」（再読文字「将」に近い）の意味がある。後述の通り、ここは「前世帝王」の希望であるから、前者の意味で理解する。

最後の「得」は少し分かりにくい。「得」は可能を意味する「可・能」の仲間で、しばしば「得ニ—ニ」（—を得＝—できる）の意味になる。この他、「—可乎」（—は可なるか）と同じく、文末に置いて、「—は可能だろうか」のようにつかうこともできる。

これをまとめると、傍線部全体で「このようであれば（国の）危機や滅亡がないことを願っても、可能であろうか（いや不可能である）」の意味になる。

次に「此くのごとし」を具体化していく。傍線部Bまでで、褚遂良は、贅沢は危亡の本であるから、忠臣は禍乱が起こる前に諫言すると主張する。これに対して太宗は、「然り」（その通りである）と答え、自分の見解を述べる。

要点は以下の通り。

- 太宗に過失があれば、褚遂良は諫言しなければならない。
- 前代の帝王（皇帝）で諫言を拒んだ者は、「もうやってしまったことだ、許可したことだ」と言って、結局改めることがなかった。
- その結果、傍線部Cとなる。

念のため文中の重要語を確認しておく。

「卿」。二人称代名詞で「あなた」の意味。ここでは太宗が話している褚遂良を指す。

「当」。これは再読文字で、「まさニ—ベシ」と読み、「(当然) —しなければならない・きっと—だろう」の意味。

「終」。「つひニ」と読む副詞で、「結局・とうとう」の意。同訓同義の漢字に「卒・畢・竟」がある。また「遂」は「結局・とうとう」の他、「そのまま」の意味でもしばしば用いられる。

以上を踏まえると、傍線部の「此」は、前世の帝王が「すでにしてしまったことだから」「すでに許可したことだから」と言って諫言を拒み、結局過失（失政・悪政）を改めない態度を指すと考えられ、これが国の滅亡を免れない理由といえる。この内容に一致する選択肢は⑤である。

①は「場当たり的に政策を改める」が不適。②は過去との対比で「未来の政策に反省を活かす」とする点が不適であるし、そもそも傍線部は「国は滅亡を免れる」ことではなく、「国が滅亡する理由」を述べている。③は「人の忠告を聞いたとしても」が「前世の帝王の諫を拒む者」と相容れない。また「すでに実施した政策を改悪する」とも述べられていない。太宗が指摘しているのは、過失を改めない、という態度である。④はそもそも本文の内容と全く異なる。「国は滅亡を免れる」も②と同様に不適当。

問5 返り点と書き下し文の問題（標準）

解答 ①

解法のポイント

累加の用法を解読する問題。傍線部には注もあり、簡単なように見えるが、累加は意外と意味を取り違えやすい。基本的な形を踏まえ、文意に沿った読みを選ぼう。

これだけは覚えよう

○「累加」の用法

ある限定された範囲だけでなく、さらにそれ以外をも含むことを意味する表現。

〔句形〕不ニ惟A一、B

〔読み〕たダニAノミナラず、B

〔意味〕ただAであるだけでなく、Bでもある

傍線部は次の形になっている。

不惟　不信　而又　艴然

　　　A　　　　　B

AとBの間に「而又」がある。「而」は接続の漢字。「又」は「さらに・加えて」の意

味であるから、「ただAだけでなく、加えてBでもある」の意味だと見当がつく。

傍線部はA（不信）が否定を含む表現となっていて紛らわしいが、定型的な読みに当てはめれば、「惟だに『信ぜざる』のみならずして又艴然たり」となり、意味は「ただ『信じない』だけではなく、加えて怒りもする」となる。

ただし白文はさまざまな読み方ができるので、傍線部に関係する本文の文脈を見ておこう。すると次の表現に気がつく。

彼愛其身者聞之、必惕焉兢兢而不忘
彼恃其強者聞之、不惟不信而又艴然

対句を意識して意味を取ると、健康維持の大切さを説かれたとき、自分の身を大切にする人であれば恐れて慎み、その忠告を忘れないが、自分の健康を過信する者は、「ただ（忠告を）信じないだけではなく、加えて怒りもする」と傍線部につながる。正解は①。

②と③は、この読み方自体はあり得ないではないが、②「『信じて怒る』ことがないだけではない」、③「ただ『信じないで怒る』ことでないだけだ」となり、ここの意味としては不適当である。④は「不惟」を「惟だのみならず」と読む点が不適当。⑤は「又艴然たるを信ぜざる」の読み方が不適当。これならば「又不信艴然」などの形になる。

問6　複数資料の読解の問題（応用）

解答 ③

解法のポイント

本文の【故事】と【論評】から筆者の主張を捉える問題。

【故事】の内容は問4までで詳しく見てきた通りだが、選択肢を見ると、ここでは太宗と臣下の忠告に主眼が置かれているので、【故事】から関連する内容を確認しておこう。太宗は舜とその臣下の関係を踏まえて、自分に過失があれば諫言するよう褚遂良に求めている。（朕有過、卿亦当諫其漸）また前代の皇帝たちが諫言を拒み、過失を改めず、国を滅ぼしたことに言及している。（朕見前世帝王～）したがって、太宗は臣下の諫言を受け入れることで、末永く国が繁栄することを願っていたといえるだろう。

次に【論評】の内容を見ていく。問5で少し触れたように、【論評】は「病気のない健康そのものの人」に「おしゃべりは健康を損なうし、食べすぎは死因になる」ことを忠告したとき、どうなるかというたとえ話である。話自体は単純なので全文解釈を見れば理解できると思うが、本文は対句の構造になっているので、それぞれの対応を次に示しておこう。

A愛其身者
→必惕焉兢兢而不忘
→疾疢何自而生矣

B恃其強者
→不惟不信而又艴然
→①不病則已
②病則忽焉而死。雖欲救無及矣。

Bの①と②は、①「病気にならなければ、それまでである」。しかし②「病気になれば、あっという間に命を落としてしまう。救おうにもとても間に合わない」の意。

つまり、健康な状態であっても、自分の体を大切に考えている人は人の忠告に耳を貸すので、病気などもとより起こりようがない。一方、自分の健康を過信している人は、人が忠告すると、その発言を信じないばかりか怒り出してしまう。それでも病気にならなければよいのだが、いざ病気になると、あっという間に命を失い、もはや救うすべがない。——君主が自身に対する諫言に従うか拒むかは、健康な人が忠告を聞くか拒むかとどうして異なるだろうか、いや同じであるというのが、【論評】の筆者の見解である。

さて、選択肢はいずれも二文に分かれており、前半は【論評】のたとえ話が、後半は【故事】の内容が、まとめられている。

前半から見ていくと、①「人が病気になって初めて日頃の生活の重要性に気付く」は間違い。一般論ではあるが、本文の記述とは異なる。②は君主と臣下の関係を「健康な人と病気に苦しむ人との関係」に対比させている点が間違い。③は特に本文との矛盾はない。④も②と同様で、君主と臣下の関係を「病人と医者との関係」とする点が間違い。⑤は忠告を「病気の人に対して苦い薬を飲むように勧める医者の発言」とする点が間違い。これも漢文でよくある論法だが、本文とは異なる。

したがってこの段階で③が正解だと分かるが、念のため後半も見ておこう。

①は「唐の太宗が危機を目の前にして、よ

うやく臣下の忠告に従った」が間違い。【故事】に見える太宗は、そもそも「危機を目の前」にしていない。②は、「唐の太宗が贅沢な生活を楽しんでいると～」という説明全体が間違い。贅沢を諫められたのは舜である。③は特に本文と矛盾はない。④は②と同様に「唐の太宗が贅沢に興味を示すと～」が本文にない。⑤も①と同様に「国が危険な状態」とする点から誤っている。

したがって前半・後半ともに本文と矛盾のない③が正解である。

《全文訓読》 ※振り仮名は現代仮名遣いによる。

【故事】

帝《てい》褚遂良《ちょすいりょう》に問《と》ひて曰《い》はく、「舜《しゅん》漆器《しっき》を造《つく》るに、諫《いさ》むる者十余人《ものじゅうよにん》と。此《こ》れ何《なん》ぞ諫《いさ》むるに足《た》らん」と。対《こた》へて曰《い》はく、「奢侈《しゃし》なる者《もの》は、危亡《きぼう》の本《もと》なり。漆器《しっき》已《や》まずんば、将《まさ》に金玉《きんぎょく》を以《もっ》て之《これ》を為《つく》らんとす。忠臣君《ちゅうしんきみ》を愛《あい》するに、必《かなら》ず其《そ》の漸《ぜん》を防《ふせ》ぐ。若《も》し禍乱已《からんすで》に成《な》らば、復《ま》た諫《いさ》むる所《ところ》無《な》し」と。帝《てい》曰《い》はく、「然《しか》り。朕《ちん》に過《あやま》ち有《あ》らば、卿《けい》も亦《ま》た当《まさ》に其《そ》の漸《ぜん》を諫《いさ》むべし。朕前世《ちんぜんせい》の帝王《ていおう》の諫《かん》を拒《こば》む者《もの》を見《み》るに、多《おお》く『業已《すで》に之《これ》を為《な》す』と云《い》ひ、或《ある》いは『業已《すで》に之《これ》を許《ゆる》す』と云《い》ひ、終《つい》に改《あらた》むるを為《な》さず。此《か》くのごとくんば危亡《きぼう》無《な》からんことを欲《ほっ》するも得《え》んや」と。

【論評】

今人《いまひと》有《あ》り康強《こうきょう》にして疾《やまい》無《な》し。或《ある》ひと之《これ》に告《つ》ぐるに多言《たげん》の気《き》を損《そこ》なひ、多食《たしょく》の死《し》を致《いた》すを以《もっ》てす。彼《か》の其《そ》の身《み》を愛《あい》する者之《ものこれ》を聞《き》かば、必《かなら》ず惕《てき》焉競競《えんきょうきょう》として忘《わす》れざれば、則《すなわ》ち疾疢《しっちん》何《いず》れより生《しょう》ぜん。彼《か》の其《そ》の強《きょう》を恃《たの》む者之《ものこれ》を聞《き》かば、惟《た》だに信《しん》ぜざるのみならずして又艴然《またふつぜん》たり。是《こ》の人《ひと》や、病《や》まずんば則《すなわ》ち已《や》む。病《や》まば則《すなわ》ち忽焉《こつえん》として死《し》す。救《すく》はんと欲《ほっ》すと雖《いえど》も及《およ》ぶ無《な》し。之《これ》を諫《いさ》むるに従《したが》ふと諫《かん》を拒《こば》む者《もの》と、何《なに》を以《もっ》て是《これ》に異《こと》ならん。

《全文解釈》

【故事】

帝（太宗）は褚遂良に尋ねた、「舜が漆の器を作ったとき、それを諫めるものが十数人いた、と。この程度のこと、どうして諫める必要があるだろう」と。（褚遂良は）お答えして言った、「（君主の）奢侈は、危亡（＝国を危うくし滅ぼすこと）の根本にあるものです。漆の器で止まらなければ、金銀財宝で器を作るようになるでしょう。忠臣は主君を愛するとき、必ずその兆しを防ぎます。もし禍乱がすでに起こってしまえば、もはや諫めるすべがありません」と。帝は言った、「その通りだ。私に過失があれば、そなたも（舜の臣下と同じように）その兆しを諫めねばならぬぞ。私が思うに、前代の帝王で諫言を拒んだ者は、しばしば『すでにしてしまったことだから』と言い、あるいは『すでに許可したことだから』と言って、結局（自分の過失を）改めなかった。このようであれば、危亡を免れようとしても、できるだろうか（いや、できない）」と。

【論評】

ここに病気のない健康そのものの人がいたとしよう。ある人が「おしゃべりは健康を損ない、食べすぎは死因になる」と忠告したとする。自分の身を大切にする人がこれを聞けば、必ず恐れて（忠告を）忘れないので、病気はどこから生じることがあろう。自分の健康を過信する人がこれを聞けば、ただ（忠告を）信用しないだけではなく、怒り出してしまう。この人が病気にならなければ、それまでである。しかし病気になれば、あっという間に命を落としてしまう。救おうにもとても間に合うまい。（君主が）諫言に従うことと諫言を拒むこととは、どうしてこれと異なることがあるだろうか（これと同じである）。

第2回　解答と解説

（200点満点）

問題番号（配点）	設問（配点）			解答番号	正解	自己採点
第1問（45）	1（10）〈各2〉	(i)	(ア)	1	④	
			(ウ)	2	④	
			(オ)	3	①	
		(ii)	(イ)	4	②	
			(エ)	5	①	
	2（6）			6	③	
	3（7）			7	⑤	
	4（7）			8	②	
	5（8）〈各4〉	(i)		9	①	
		(ii)		10	④	
	6（7）			11	④	
自己採点小計						
第2問（45）	1（6）			12	②	
	2（7）			13	④	
	3（7）			14	①	
	4（6）			15	②	
	5（7）			16	⑤	
	6（12）〈各6〉	(i)		17	③	
		(ii)		18	①	
自己採点小計						

問題番号（配点）	設問（配点）		解答番号	正解	自己採点
第3問（20）	1（8）〈各4〉	(i)	19	②	
		(ii)	20	④	
	2（4）		21	③	
	3（4）		22	⑤	
	4（4）		23	③	
自己採点小計					
第4問（45）	1（15）〈各5〉	(ア)	24	③	
		(イ)	25	①	
		(ウ)	26	⑤	
	2（6）		27	⑤	
	3（6）		28	④	
	4（18）〈各6〉	(i)	29	②	
		(ii)	30	④	
		(iii)	31	③	
自己採点小計					
第5問（45）	1（8）〈各4〉	(ア)	32	④	
		(イ)	33	②	
	2（6）		34	⑤	
	3（6）		35	②	
	4（12）〈各6〉		36	②・⑤（順不同可）	
			37		
	5（6）		38	③	
	6（7）		39	③	
自己採点小計					

自己採点合計

出典
1　【文章Ⅰ】海野弘『東京風景史の人々』、【文章Ⅱ】酒井忠康『早世の天才画家』
2　永井荷風「女中のはなし」
3　「アーバン・ベア」に関する資料３点（文章・図表）
4　【文章Ⅰ】『栄花物語』、【文章Ⅱ】『今鏡』
5　【文章Ⅰ】『蒙求』、【文章Ⅱ】劉基『誠意伯文集』

第1問　解説

出題のねらい

二〇二四年度の大学入学共通テストを受験するみなさんを想定し、二〇二三年度本試の第1問の出題に準じた問題とした。

来年は大学入学共通テストが始まってはや四年目を迎える。追試も含めたこれまでの出題では、形式的な違いは見受けられるが、問題の作成にあたっての基本的な姿勢はしっかりと固まっているように見える。すなわち、従来のセンター試験以来変わらない文章の細部と全体の理解に関する問いと、本文の表現や構成に関する問いがまずある。そして新機軸として、複数のテクストを読み比べて、視点や論点の相違を問うこと、また生徒作成の「ノート」や「メモ」あるいは生徒どうしが対話する場面を設定して、言語活動の過程を振り返らせるスタイルがある。新しい出題のスタイルは今後も出てくるだろうが、新奇なことにばかり目を奪われるのではなく、問われているのは読解力であることを忘れず、学習に取り組んでほしい。

出典

【文章Ⅰ】　海野弘『東京風景史の人々』（中央公論新社、二〇〇八年）所収、「村山槐多と一九一〇年代」後半の一節。

海野弘（一九三九～二〇二三）は評論家。平凡社『太陽』の編集長を務めた後、独立。幅広い分野で執筆を行った。近著に『Another Room もうひとつの部屋』（ＬＩＸＩＬ出版、二〇一九）『武蔵野マイウェイ』（冬青社、二〇二一）などがある。

【文章Ⅱ】　酒井忠康『早世の天才画家』（中央公論新社、二〇〇九年）より、「五　宿命の十字路――村山槐多」の一節。

酒井忠康（一九四一～）は美術評論家。現在、世田谷美術館館長。近著に『芸術の補助線』（みすず書房、二〇二一）『遅れた花』（クレヴィス、二〇二二）などがある。

本文解説

※円数字は形式段落を示す。

【文章Ⅰ】

【村山槐多の自画像】

① 一九一〇年代は、個としての芸術家の意識が日本において目覚めようとしていた時期であり、村山槐多らは自由に描く場と自由に発表する場と自由に生きる場を求めた。

②③ 村山槐多の絵には自画像が多い。「凡《すべ》てを焼尽してもなほ悔ひないまでに、自己を延ばし延ばした」「彼《か》れは彼れ自身に於て完全に新しい生活の型を創立した」（有島武郎による評価）

←

④ （前の世代にあたる）一九〇〇年の画家は、国家の費用で留学し、学校で教え、絵によって生活している。A絵は芸術的創作であると同時に職業なのである。

⇔

⑤ 一九一〇年代において、画家たちは、はじめて自己の内面を直接的にとりあげるようになる。村山槐多や関根《せきね》正二《しょうじ》らの作品は、ある意味ですべて自画像というべきものである。

⑥ 画家の自画像は、自らの内面をのぞくためのものであって、始源的には商品とはならないものである。一九一〇年代の槐多や関根正二にとって、B自画像は最終目的なのである。

【新しい生活の型】

⑦ 一九一〇年代の画家にとって、絵を描くことは、新しい生活の型をつくることである。絵を描くことのうちに、古いモラルから解放された自由な生活がつくりだされなければならない。槐多や関根正二はそのような新しい生を生き、それを受け入れる社会を持たずに極貧のうちに死んでいったのであった。

⑧ 白樺《しらかば》派も、新しい芸術が新しいモラルを要求することを意識していた。一九一〇年代の芸術家は、社会に対立し、自立するところの、個人としての芸術家の意識に目覚めたのであった。

【槐多のジレンマ】

⑨ 槐多らは職業的画家の訓練を受けることなく画家となり、自らのために自画像を描くことによって、自らの生の裸像をむきだしにしてしまう。それは自らの生活の糧を

稼ぐこともできず、家族や友人に迷惑をかけている、のらくら者としての自画像である。

←

彼は、自由な画家として自立した途端、社会における存在の根がなくなってしまうという C 近代画家の矛盾を生きなければならないのである。

⑩ 日本の近代美術のアカデミーから脱出して孤独な闘いをつづけなければならなかった村山槐多は、自由な発表の場を希求したが、十分に発表の場を持つことができなかった。

【文章Ⅱ】

【有島武郎の村山槐多評】

①② （槐多は）「強健精剛な肉と熱烈純清な魂との讃美者であつた。彼れの色彩は赤と紫と金とであつた。彼れは荒蕩《こうとう》なディオニソス的な欲念を四肢とし楽園の消息に純粋に精通し嬰児《えいじ》のトルソとを持つた一箇《こ》のセンタウル（Centaur〈半人半馬〉―筆者註）であつた」

【二人の共通項】

③ およそ均衡しない両者の内面には、外からはみえない D ある感情的な熱度における共通の領野が存在していたのではないか。

有島の槐多評は自分もまた危機の意識に晒《さら》されていたのを暗示するかのようである。

④⑤ 「新しい生活の型を創立した」という一節は、その対社会的な関係に苦悶《くもん》した生き方における「個」の問題と深くかかわっていることばとしてうけとれる。

設問解説

問1 漢字問題（基礎）

解答 (i) (ア)=④ (ウ)=④ (オ)=①
(ii) (イ)=② (エ)=①

解法のポイント

(i) (ア)は「痛切」。①は「仮説」、②は「節約」、③は「設営」、④は「懇切」。正解は④。

(ウ)は「権威」。①は「奇異」、②は「天衣無縫」（作品や人柄に作為がなく自然なさま）、③は「包囲」、④は「威圧（的）」。正解は④。

(オ)は「均衡」。①は「度量衡」、②は「更新」、③は「鉱脈」、④は「反抗」。正解は①。

(ii) (イ)の「激」には、(1)はげしい、はなはだしい、きびしい、(2)はげます、ふるいたたせる、(3)はげしく心が動く、たかぶるといった意味がある。傍線部(イ)の「激しく」は(1)で、②の「激流」がこれと同じ意味の用例にあたる。①「激励」は(2)、③「感激」は(3)の用例にあたる。また、④「刺激」は、「刺戟」の代用漢字である。

(エ)の「号」には、(1)さけぶ、大声を出す、(2)あいず、しるし、(3)名前、呼び名、(4)順序や等級を表すことば、(5)乗り物や動物の名につけることば、などの意味がある。傍線部(エ)の「号」は(4)にあたり（雑誌の「第○巻第×号」「○月号」などの用例）、①の「号外」が同じ意味によるものである。

②「号泣」は(1)、③「称号」は(3)、④「記号」は(2)の用例にあたる。

問2 傍線部説明問題（基礎）

解答 ③

解法のポイント

○「職業」とはどういうことか。
○「同時に」とはどのような状態か。

本文が述べていることの中心は村山槐多ら一九一〇年代の画家たちだが、傍線部はそれと対比させる形で前の世代の画家のあり方に言及している箇所である。

傍線部末尾の「〜なのである」という表現からは、この文が前の部分で述べたことの補足であるということが読み取れる。傍線部は前の文にある「一九〇〇年の画家」が「国家の費用で留学し〜生活している」ことを受けている。すなわち、前の世代の画家にとって絵を描くことは芸術的創作であると同時に、金銭的な収入と結びつき、生活の手段となっていた。彼らにとって芸術の創作は自らが満足するための「仕事」であったが、同時に生活の糧を稼ぐための「仕事」でもあった。「職業」の意味を「社会的な地位に就いて生きていくための営み」とし、それが芸術活動と同時に成り立っていたことを指摘した③が合う。

①「両立している」ことがらの一方を「芸術家として人々から認められたいという内的欲求」としているのがよくない。「職業」である以上はそれが収入をもたらすものでなければならないはずで、それは「内的欲求」とは別物である。

②「職業」を「すぐれた芸術作品を提供する」使命感としている点が誤っている。ここでの「職業」の語が言っているのは、教師を務めたり、絵が売れたりするような、金品と結びつくものであったということである。

④「画家として生計を成り立たせている」は傍線部の「職業」の言いかえとして適切である。しかし「多くの人から賞賛される作品の傾向に合わせた芸術を創作する」という表現からは、自分の芸術観をねじ曲げて世間に迎合したかのようなニュアンスが読み取れる。本文は彼らがそのようなことをしていたとも、していなかったとも書いていない。

⑤「芸術家としての地位を高め」たことだけでは、傍線部の「職業」として弱く、傍線部の前の留学や教職といった権益的な側面までカバーしきれていない。また、この選択肢にあるような「絵を描くこと」と「絵の評価」の「連鎖」も本文には書かれていない。

問3　傍線部説明問題（標準）

解答　⑤

解法のポイント

○「自画像」はどのような意味を持つか。

○本文の趣旨と絡めて考えられたか。

「自画像」は【文章Ⅰ】の第2段落以降で中心的に扱われているテーマである。それは第1段落の「個としての芸術家の意識」を受けたもので、主に外部の対象物を描き、自我を描くとしても神話や象徴に仮託して描いていた前の世代と違い、一九一〇年代の画家たちはストレートに自画像を描いた。

傍線部と同じ段落の最初に「画家の自画像は、自らの内面をのぞくためのものであって」とある。「個としての意識」に目覚めた彼らにとって、自画像を描いて「自らの内面をのぞく」ことが大切だった。自画像が「最終目的」だったとは、自画像を描いて自分自身の姿を示すことが絵を描くことのゴールだったということである。「絵を描くこと」と「自己」とのこのような関係をまとめ、「最終目的」を「究極的な意義」としている⑤がよい。

①「絵を描くのは自己の潜在的な可能性を可視化するため」という箇所に疑問符がつく。「潜在的」とは隠れていることだが、「のぞく」とはあっても、自分にとっても未知数の自分の可能性を絵によって見えるようにする、というようなステップがそこにあったとは断定できない。同様に「自らの多様な可能性を」も本文からはこのように断定できない。

②「生を正しい方向に導く」「正しく生きる」といったことは本文での「モラル」と関わるものと読めるが、自画像によって「内面をのぞく」という傍線部を踏まえたものになっていないので不可。後半の「～境地に達した人物の姿を描く」では、自画像を描いたことにはならない。

③「自分に固有の世界像を表現する」は「内面をのぞく」と完全にイコールだとは言えない。世界像は抽象的なもので「自画像」によって表現されるとは限らないからである。また、内面が「多様に揺れ動いてやまない」ものであるということは本文にはないので、その点もふさわしくない。

④「自己を客観視して捉えるためには」とある後半がよくない。「客観視」することに努めているわけではないのである。また、「絵を描くこと」を「自己の内面と対話する思索の象徴」としているが、「内面をのぞく」を「対話する思索」としてしまうことは限定しすぎでもある。

問4　傍線部説明問題（標準）

解答　②

解法のポイント

○「矛盾」とは何と何の「矛盾」か。
○「矛盾」は何をもたらしたか。

「矛盾」とはつじつまの合わないことだが、「何」と「何」が「どう（なぜ）」矛盾しているのかが「説明」のポイントである。傍線部は「自由な画家として～なくなってしまうという」を受けているので、傍線部のすぐ前のこの箇所から「矛盾」を読み取る。合わせて、前問までと同じく「～のである」という文の結びになっており、もう少し前の文脈にも遡って確認する必要がある。

「自由な画家として自立」することができれば、それは本人がどのような存在であるかを自他に向けて示すことになるはずである。しかし実際には「社会における存在の根がなくなってしまう」のであり、存在の確認や誇示とは裏腹な結末がそこには待っていた。これが傍線部の言う「矛盾」である。具体的には、前の文で「生活の糧を稼ぐこともできず～かけている」と記述されている。

> 自らのために自画像を描く
> ←
> 自由な画家として自立した
> ⇔
> 社会における存在の根がなくなってしまう
> ＝生活の糧を稼ぐこともできず、家族や友人に迷惑をかけている

このように相反する関係を指摘したものとして、②がよい。

①「自分のありのままの～躍起になっていた」は本文に紹介される槐多の姿である。しかし後半で「生活の困窮」を指摘したのはよいが、前半で槐多の「自己」を述べていることに照らして、後半も「自己」のあり方について書くべきであるのに、「アカデミズムに迎合せざるを得なかった」としている点が誤り。

③「自己の内面を表現することが画家の本領であるとの自覚」に対して、自画像には「社会から～赤裸々に描かれていた」という骨格は「矛盾」と合うが、中ほどの「禁欲的な自己を装って」がよくない。「装って」では仮面のように本来の自己ではない姿がそこにあったことになってしまうからである。

④「板挟み」（ジレンマ）は、画家でありながら十分な発表の場を与えられなかったことに対するもので、「理想的な生活の型をつくること」と「職業的画家として名声を得ること」の板挟みがあったのではない。槐多の場合は、「板挟みに悩み抜いた」のではなく、躊躇なく前者を選んだというべきである。

⑤「作品を自由に発表できる場」を軸として、その拡大を主張したにもかかわらず、結果としては発表の場を狭めてしまったという骨子だが、右で確認した通りここは槐多の自己について述べた箇所であり、自己に触れていなければならない。また、「技術の向上にも積極的であった」や「社会から不当な仕打ちを受け」たかどうかは、本文に書かれていないので、その点でも正確さに欠ける。

問5　内容探究問題（応用）

解答　(i)＝①　(ii)＝④

解法のポイント

> ○本文の「どこ」と照合するかを見極める。
> ○本文の複数の箇所がどういう関係にあるかを理解する。

(i)　空欄Xには、「【文章Ⅱ】の2つめの引用を受けて」「【文章Ⅱ】の著者」が指摘している内容が入る。そこで、この引用箇所に続く【文章Ⅱ】最後の段落を見てゆくと、次のようにある。

> 生涯の対社会的な苦悶《くもん》のなかにのぞいた、いわば、かなり本音にちかい、自分自身の生き方における「個」の問題と深くかかわっていることばとしてうけとれる。

引用の前で筆者は有島自身が「危機の意識に晒されていた」としており、「社会的な苦悶」「『個』の問題」がこの「危機の意識」にあたると考えてよいだろう。

有島にとって「個」は社会と対立するものとして、その生涯に関わる問題だったというのが筆者の見解である。「『個』の問題」を「一人の人間としてどう生きるか」とし、個と社会の関係にも言及した①がよい。

②「個人」と「社会全体」の対立という軸はよいが、「幸福」「祈願」に限定しているところがよくない。

③「一人の人間の限界」は「社会」との対比でそう言える面もあるが、「社会は今後どう変化していくか」は個との対立を述べていはないので適切でない。

④「生き方における『個』の問題」は社会

に対しての個の意識である。「自分は社会のために何ができるか」では個が社会と対立する立場ではないので誤り。

(ii) 空欄Yのある文の1つ前の発言にある「新しい芸術」「新しいモラル」を【文章Ⅰ】で確認すると、第7・8段落に村山槐多らと白樺派の間で、芸術とモラルについての考え方に重なるところがあったという内容がある。

・絵を描くことのうちに、古いモラルから解放された自由な生活がつくりだされなければならない。（村山槐多ら一九一〇年代の画家）
・芸術がモラルに関わるものであり、新しい芸術が新しいモラルを要求することを意識していた。（白樺派）

↓

一九一〇年代の芸術家は、社会に対立し、自立するところの、個人としての芸術家の意識に目覚めたのであった。

芸術とモラルが一環のものであるという考え方（意識）がそこにはあり、またそれは【文章Ⅰ】の主題である「個人としての芸術家」という意識ともつながっていた。このことを正しく指摘した④がふさわしい。

① 「新しいモラル」が「芸術の水準を高め」るという考えは槐多らと白樺派に共通するところだが、「仲間たちと切磋琢磨して創作に勤しむ」や「自己の内面をあますところなく表現する」は、【文章Ⅰ】を読む限りでは槐多のほうにのみあてはまる事柄であり、「信念を二人は共有していた」とは言えなかろう。

② 「芸術は新しい生活の型を～連動しており」という指摘はよいが、そこで構想されていたのは新しい時代にふさわしい新しいモラルであって、「普遍的なモラル」ではなかった。「普遍的なモラルを追求するために」の部分が誤り。

③ 「新しい時代にふさわしい芸術」が旧来のモラルからの解放をもたらすことは確かだが、「一九一〇年代の芸術家」は「社会に対立」していたのであり、このような解放を人々のために目指したのではなくて、自分たちのために模索したのである。人々のために行ったという視点で書かれている点でふさわしくない。

問6 本文の構成に関する問題（標準）

解答 ④

解法のポイント

○引用文をそれぞれ比較しながら、引用の「意図」や「効果」を考える。
○引用の前後の文でどの部分に着目しているかをチェックする。

引用文の《a》と《b》は出典は同じだが、引用の意図やその範囲、効果などは同じではない。その違いを考えることを求める問題。

【文章Ⅰ】の《a》は村山槐多の自画像を論じた文脈で出てきているものであり、そのことと、文章の後半で「生活の型」を論じていることに留意するならば、引用文で注目すべき箇所は「自己を延ばし延ばした」「完全に新しい生活の型」である。「自己」と「生活の型」は【文章Ⅰ】の槐多論の中心的なテーマでもあり、筆者は有島の文章を引用することで、自己の論を裏付け、あるいは説得力を持たせているのである。

【文章Ⅱ】の《b》は（すでに見た通り）有島武郎の「危機の意識」を暗示する文章として引用されている。引用文を受けて、筆者は「新しい生活の型」という表現に注目し、その解釈を試みている。そして、ここに槐多と有島の内面に通じ合う「共通の領野」（傍線部D）を探る手掛かりを求めている。

《a》について「筆者の考えを裏付ける役割を果たしている」、《b》について「槐多と有島武郎の生き方を解明する手がかり」としている④を選べる。

① 《a》について「多様な捉え方ができる」とあるが、筆者の論点は「自己」と「生活の型」に絞られており、「多様な捉え方」を示すためとは言えない。《b》は「有島も同様のことを述べている」という趣旨だが、むしろ有島の引用を手がかりにして解明しようと試みているので、この指摘も合わない。

② 《a》を「一九一〇年代の画家の中でも特異なものだったことを示すため」としているが、筆者は「一九一〇年代の画家」と一括りにして世代論を展開しており、「特異なものだった」のではない。《b》は「有島武郎が捉え

ていた槐多の人間像を紹介するため」とあるが、有島の自我意識を説くための引用である。

③《a》の「村山槐多が自我に固執していたことを強調するために引用」はよい。しかし《b》は「槐多や有島武郎の自我が時代を先取りするものであった」は誤り。【文章Ⅱ】は前後の世代との比較した書き方をしていないからである。

⑤《a》を「村山槐多の絵の性格が前の世代と大きく違うことを示すことを主眼としている」とする指摘は適切である。しかし《b》は「有島武郎の芸術観」が「槐多の作風」に影響を与えたというものだが、「共通の領野」があるとはあっても、一方的な影響関係があるとは書かれていないので、こちらは誤りである。

第2問 解説

出題のねらい

大学入学共通テストの第2問では、文学的な文章の読解が問われている。二一〜二三年度はいずれも小説が出題された。設問内容については、登場人物の心情を問う問題に加え、書評や歳時記、作品と同時代のチラシなどのテクストと関係づけながら本本の内容理解を問うものが出題された。今後もどのような出題がなされても良いよう、文章を多角的、多面的に解釈する力を身につける必要があると言える。

出典

永井荷風「女中のはなし」(『花火・来訪者 他十一篇』岩波書店)の一節。

永井荷風(一八七九〜一九五九年)は小説家。随筆や翻訳など多岐にわたって活躍した。代表作に『あめりか物語』『ふらんす物語』『すみだ川』などがある。

本文解説

【夜の来訪者】

それは、天変地妖の引続いた年の暮だと記憶している。外から帰ってきたわたくしは、勝手口の硝子戸に、消して出た筈の灯が映っているのを見た。

勝手の出入口はいつも鍵をかけずに置いている。これまで一度も盗難に遇ったことがないので、留守中に誰か急用の人が来て、台所の灯を消し忘れて行ったのではないかと思い、すぐその方へ歩みを進めた。

すると、勝手口の硝子戸はわたくしが手をかけるよりも早く、内からがらりと開いて、強い香水の匂と共に、明るい火影が恵美子の姿を照らし出した。恵美子は以前とは違って、一見して既に舞踏場のダンサアである。留守中に上ったことを詫びる恵美子を、わたくしは招き入れる。そして、わたくしが書斎の瓦斯炉に火をつけたり靴をはきかえたりしている中に、恵美子は盆に載せた紅茶と手土産の菓子らしい紙箱とを持運んで来た。

【恵美子の相談】

わたくしは恵美子が既にダンサアになっているのなら、今度は女優にでもなりたいという相談に来たのではないかと、言出すのを待っていたが、彼女が何も言わないので、女中時代の忘れ物の話をする。すると彼女はようやく相談があると口にしたが、その様子から物の言方まで、以前家にいた時のような無遠慮さがなくなっていた。

恵美子が相談事を言うのをためらっているので、わたくしは彼女が家を出た後どうしていたのかを聞く。相談事も恋愛問題だろうというわたくしに、恵美子が話しだす。彼女はダンサアとしてホールにでてから、友人の勧めもあり或人をパトロンにしたが、彼は恵美子の死んだ兄とかつて同じクラスにいたのだという。そして、恵美子の兄が凍死したのは、自分のせいだったと告白し、その話を聞いてどう思うかを恵美子に尋ねていた。彼女は逢うたんびにその返事をしろと言われ、ほんとに困ってしまったのだという。

【恵美子の心情】

その話を聞いてどう思っているのかとわたくしがきくと、恵美子はびっくりしたという。わたくしはその人に対する考えが、何かちがったようになりはしないか、その人はそれを聞こうと云うのだろうというが、恵美子は別にどうという考えもないという。その人にもそう伝えたが、その人の態度が急に変り、お金をくれたのだという。

わたくしは何やら沈痛な思に打たれて我知らず俯向いてしまったが、恵美子は気が晴々したと云わぬばかり軽い調子になり、男っていうものは、どうしてそんなことを気にするのかと問う。

その人の身になれば、生涯の大事件、むかしなら仇敵だとわたくしは答えるが、恵美子は不審そうにわたくしを見て、自分の考えは間違っていたのかという。彼女は兄の死を不意の事故ととらえ、災難で死んだことを仇だとすることに疑問を呈する。むかしはむかし、いまはいまだという彼女に、わたくしは全くそうだと返す。

【恵美子の結論】

恵美子はその人からのお金を貰っておいてもいいかと尋ねる。彼女の相談事はお金のことであった。くれたのなら貰っておけばよいというわたくしの返答に、なら黙ってこのまま外套をこしらえることにすると言って、恵美子はますます元気のいい調子でお茶を入れかえに行った。

わたくしは解き得ない謎に苦しめられて、恵美子の立戻ってくるまで瓦斯の燃える火を見ながら煙草をのむことも忘れていた。

【世情と強者】

世の中は年と共に変わって行く。日常の雑談にも、世が平和であったころには耳にしたことがない新しい言葉が聞かれるようになったが、その中で最も多く繰返されるのは強く生きよとか、強くなれという言葉である。しかしこの言葉は時と場合によっては反対の意味に用いられるのではないかと思われる。流行歌では「悲しく沈む夕日でも／明日になれば昇るわよ。／強くなってねえ。あなた」というものがあった。

強者を称美・崇拝するのが義務のようになり、強者になりたくもなれない者が諦めの道に入ろうとすれば、世はそれを狡猾な振る舞いとして憎み罰するようになってきた。

わたくしが恵美子のことを思い出したのも、このような感慨からだろう。恵美子は見方によっては、今の世に謂う一種の強者（泣寝入りに寝てしまう強者）であるらしい。されば、舞踏場が閉鎖されたとしても、容易にその日その日を送る道を見付けるであろう。

恵美子は今どこに何をしているか知らぬが、実在の人物であるから、この稿は名を偽り、作り事も交えてある。

設問別解説

問1　心情説明問題（基礎）

解答　②

解法のポイント

○恵美子の様子と、それに対する「わたくし」の反応を整理する。

傍線は、恵美子の忘れ物について「わたくし」が話す場面に引かれている。しかし、恵美子の方から忘れ物の話をしていないことや、「わたくし」がそれを気に留めている様子がないことから、忘れ物については、話の本題でないとわかるだろう。

まずはそこに至るまでの「わたくし」と恵美子のやりとりに注目しよう。恵美子はある夜に突然訪ねて来て、外套や帽子もそのままに「わたくし」の帰りを待っていた。リード文にもあるように、「わたくし」は恵美子が出て行ったことをあまり気にしておらず、それは突然の来訪にもかかわらず、彼女を家に上げる「わたくし」の様子からも読み取れる。「わたくし」は恵美子が何かの相談に来たのだろうと想像し、彼女の用意した紅茶と菓子を口にしながら恵美子が話し出すのを待っていたが、菓子を半分ほど口にしても彼女が何とも言い出さないので、話し出すきっかけを与えようと傍線のように発言したのだと考えられる。よって正解は②。

①は「さっさと帰してしまおう」が誤り、前後の様子からわかるように、「わたくし」は恵美子の相談に乗る姿勢を示している。③は「恵美子を身勝手に思い、嫌味を言っている」が不適。「わたくし」は彼女が出て行ったことをたいして気にしていない。④は恵美子が相談に来たのに何も話さずにいるという状況に触れられていないため誤り。⑤にあるような「いらだち」については、本文中に記述がない。「あがれますか」という恵美子の言葉に「すまないね。そんな心配をしちゃア」と返していることからも、そのような感情は抱いていないと考えられるだろう。

問2　傍線部理由説明問題（標準）

解答　④

解法のポイント

○パトロンの男性と恵美子のやりとりと、それに対する恵美子の反応についてまとめる。

恵美子が語り始めたことによると、彼女はある人をパトロンにしたのだという。しかし、ある日、彼が兄の死に関係していたのだという事実を聞かされる。彼が恵美子の兄と山登りに行って暴風に遭った時に、兄のウイスキイを奪ったことが兄の死の原因であるというのだ。そして、その男は、兄の仇である自分のことを恵美子がどう思ったのか、包まずに言ってほしいと逢うたびに言うようになったので恵美子は困ってしまったということである。さらに、彼女がこの話を聞いてどう感じたかについては、傍線の後の会話で触れられている。恵美子は驚きはしたものの、「わたし別にどういう考もないんですの」と言い、昔のことであるし、今の自分にはあまり大きく関係していることではないと述べる。つまり、恵美子は、特に答えようのないことについて、何度も回答を求められたために困っていたのだと考えられる。よって正解は④。

①は「仇だと思った」が誤り。恵美子自身はパトロンの男性を仇だとみなしていない。②は「彼を憎む気持ちを自覚できずにいる」が間違い。自覚できていないのではなく、そもそもそのような感情を抱いていないのである。③はパトロンの男性にどう思っているのか何度も聞かれているという要素が抜けており不適当。また、兄の仇だとわかったことに対応できず困っているというのも、本文の流れにそぐわない。⑤は「彼を責めることもできない」がよくない。恵美子はそもそもパトロンの男性を責めようとしていない。

問3　心情説明問題（標準）

解答　①

解法のポイント

○パトロンの男性と恵美子のやり取りに対する「わたくし」の感想を読み取る。

傍線は、恵美子がパトロンの男性に対して、彼が兄の仇であることを「そんな昔の事はどうでもいいじゃないの」と返し、それを受けた男性が、しばらくは来られないからと彼女にお金を五百円送ってくれたことを聞いた直後の私の反応に引かれている。男性がお金を送った真意については本文中にも書かれておらず、詳しくはわからない。しかし、男性が兄の仇であったということについては、直後の会話から、「生涯の最大事件」「むかしなら仇敵」という私の感想が読み取れる。それに対して恵美子は気が晴々したような調子になっていることから、私は反対に「沈痛な思」に打たれ気分が重くなっているのだとわかるだろう。それは、生涯の大事件を「どうでもいい」と流されてしまい、理由はどうあれ、彼女にしばらく逢わないという選択をとった男性に対して思うところがあったからだと考えられる。よって正解は①。

②「罪を告白して金銭を渡したが、相手は特に心を動かされた様子がなかった」が誤り。出来事の順番が前後してしまっている。③は「憎まれてでも恵美子の気を引きたいと思った」が、本文中にそのような記述はなく不適。④も「病人がいるにもかかわらず金銭で償うことになった」とあるが、男性の送った五百円が償いであったとは書かれていない。⑤は「男性の自己中心的な態度に呆れている」が、傍線部の「沈痛な思」にそぐわない。

問4　心情説明問題（標準）

解答 ②

解法のポイント

○ここに至るまでの恵美子の振る舞いを整理し、心情をとらえる。

傍線部の直前で恵美子は「ますます元気のいい調子」になっている。これは、一番の相談事であったお金のことについて、貰って置いてもいいと「わたくし」に言ってもらい、悩みが解消されたからだと言えよう。また、彼女が「わたくし」の家を訪れた当初、彼女はお湯を沸かしてはいたものの「わたくし」に出すだけで自分の分は用意せず、遠慮がちだったことを踏まえると、悩みごとを「わたくし」に話すことで自分もお茶を飲もうという余裕が彼女の中に生まれたと考えることができるだろう。よって正解は②。

①は「慌てて入れなおそうとしている」が不適。恵美子の慌てた様子は本文中から読み取れない。③は「男から渡された金銭を返せと叱られるかもしれないと危惧していた」が不適。恵美子は金銭をどうしようか悩んでいるが叱られることを危惧している様子はみられない。④は「パトロンの男性との関係について相談するふりをして」とあるのが本文からややずれる。たしかに、恵美子が最終的に相談したかったのは男性に渡された金銭のことであったが、その前には男性とのやり取りについても「わたくし」に相談しており、「ふりをして」は言い過ぎである。⑤は「お礼に新しいお茶を入れてこようとしている」が不適。お茶を入れなおすのがお礼であるという内容は本文中から読み取れない。

問５　内容説明問題（応用）

解答 ⑤

解法のポイント

○本文中にある「強者」について整理する。

傍線部は「今の世に謂う一種の強者」とあることから、一般的な意味での「強者」とは少し異なる意味で述べられていると考えられる。そこで直後を確認すると、「悲しく沈む夕日も、一晩たてばまた明くなって昇るのだと思って、泣寐入りに寐てしまう強者」とある。さらに「わたくし」は舞踏場が閉鎖された後の恵美子について、「さほど自分の思慮を費さず、～容易にその日その日を送る他の道を見付けるであろう」と述べていることから、ここでの「一種の強者」とは、さまざまな困難や悲しいことがあっても、それに立ち向かったり、過度に嘆いたりせず、その日その日を送っていくことができる強さを指しているのだと考えられる。よって正解は⑤。

①は「決してくじけることなく、立ち向かっていく」が不適。右で確認した強者像からはずれる。②は「みずからの生きたい道を貫く」が誤り。「わたくし」が恵美子について考える箇所に「仲間の者共の為すところを見て、これに倣い」とあるように、自らの意思にはあまりこだわっていないことが読み取れる。③は「希望を失わず、日々の生活を送っていくことができる」が「泣寐入りに寐てしまう」という描写からずれている。④は「自身の弱さを受け入れて生きようとする」が不適。そのような積極的な側面はない。

問６　複数の資料による内容把握問題（応用）

解答 (i)＝③　(ii)＝①

解法のポイント

○【資料】と【構想メモ】の内容を踏まえながら空欄に入るものを吟味する。

【資料】と【構想メモ】を整理しながら、【文章】の空欄に入る言葉を考えよう。

(i)の空欄Ⅰは流行唄と恵美子の言葉に共通する強さについて述べた内容が入る。流行唄では、「なるようにしかならないわ／悲しく沈む夕日でも／明日になったら昇るわよ」とあり、これと「むかしはむかし、今は今ですもの」という恵美子の言葉の共通点を考えると、悲しみを引きずることなく、流れに任せて生きていく人々の姿が読み取れるだろう。正解は③。

①は「夕日の沈む悲しさ」を「忘れてしまう」と書いてしまっているのが不適。「忘れる」のではなくただ流れに身を任せるようなあり方である。②は「動じない強さ」「自己にも他者にも求める」というのが、ここで述べられている強さと合致しない。④は「悲しみに打ち勝とうとする」が良くない。流行

唄では「なるようにしかならないわ」とあり、それは打ち勝つという積極的な姿勢というよりも受け入れていくといった消極的なものだと言えるだろう。

(ii)の空欄Ⅱは恵美子や社会に対する「わたくし」の姿勢について述べたものである。本文や【資料】、【文章】の内容を踏まえて考えると、移り変わっていく世の中で繰り返される「強く生きよ」などの言葉になじめないなか、恵美子という「泣寐入りに寐てしまう強者」に出会ってしまった作家（＝「わたくし」）が、どちらにも寄り添うことができずにいる様子であると読み取れる。その中で「わたくし」はうまく言葉を見つけられず、黙って考え込んでいるのだと考えられるから、正解は①。

②は「恵美子のような生き方を認めることができず」がおかしい。恵美子の生き方に対して「わたくし」が否定的な考えをもっていることは読み取れない。③は「強く生きよという世の中に流されていた自分」とあるが、「わたくし」が強さを求める世の中に流されていたという様子は本文からも資料からも読み取れない。④は「自らの弱さを恥じて」が本文や資料からは読み取れない内容である。

第3問　解説

出題のねらい

大学入試センターが公表した令和七年度大学入学共通テスト第3問の試作問題は、実生活に即したテーマについて、統計データを含む複数の資料を横断的に読み解くとともに、読み取った内容を生徒の立場からレポートなどの形に整理してまとめあげていく言語活動を実践できるかどうかを問うものであった。本問もそれに合わせて、実用的な一つのテーマを扱った複数のテクストを用意し、横断的な読解と資料の再構成を求める設問を用意した。

出典

【資料Ⅰ】「『アーバン・ベア』の脅威」（朝日新聞「時時刻刻」、二〇二三年九月二六日朝刊掲載）

【資料Ⅱ】「クマとの共存　美術家は考える」（朝日新聞文化面、二〇二三年一二月一日朝刊掲載）

【資料Ⅲ】佐藤喜和『アーバン・ベア　となりのヒグマと向き合う』（東京大学出版会、二〇二一年）より、〈終章　これからのヒグマ管理〉の一節。

【資料Ⅱ】でインタビューに応じている三沢厚彦氏は彫刻家（一九六一〜）。京都府生まれ。樟《くすのき》を素材とした木彫で動物を表現した「ＡＮＩＭＡＬＳ」シリーズを手がけている。武蔵野美術大学特任教授。

【資料Ⅲ】の著者である佐藤喜和氏は哺乳類学者（一九七一〜）。現在、酪農学園大学農食環境学群・環境共生学類教授。

資料解説

【資料Ⅰ】（円数字は形式段落番号を示す）

文章

①〜⑦　札幌市で「アーバン・ベア」（都市近郊で育ったクマ）が恒常的に市街地に現れる脅威が高まっていることを報じている。２０２３年の出没数は７月末時点で過去10年のうち最多のペースであり、「ヒグマが人の社会に適応してきている」という専門家の意見が紹介されている。

⑧〜⑫　道東部では「ＯＳＯ18」と名づけられたヒグマが過去４年間にわたって放牧中の牛を次々に襲い、２０２３年に射殺されるまで被害を出し続けたとして、ヒグマの「変容」は都市部にとどまらないことが指摘されている。

⑬〜⑱　ヒグマ「変容」の背景には個体数の大幅な増加があるとし、その要因には過去30年にわたって「春グマ駆除」（残雪期の駆除）が禁止されてきたことがあるという。道は一部の地域で残雪期の駆除や冬眠中の個体の捕殺も認め、学者や農家らで構成される団体は「ゾーニング」管理の強化を要望している。

図・グラフ

ヒグマの生態、大きさ、「ＯＳＯ18」の特徴、北海道のヒグマ被害を個別に、箇条書きやグラフなどの体裁で示している（文章と図・グラフの関係については、問１の解説を参照のこと）。

【資料Ⅱ】

クマを駆除する動きに抗議を寄せる人々にとって、クマの「リアリティー」とは「かわいい」「駆除したらかわいそう」というものであり、そのクマ像は「リアルなクマ」のリアリティーを超えてしまっている。

人里に出てこざるを得ないクマの現状を知ること、抗議する側とされる側が摩擦をきっかけに課題を共有する機会を設けるべきであること、そのようにして考え方の違う人たちが一つの社会を維持し共存していくことが必要ではないか――彫刻家はそのように述べている。

【資料Ⅲ】

図は「人とヒグマの共生」を「究極目標」に掲げ、そのための方策を3つに区分して相互の関係性を図示している。

文章は図に示された「三つの柱」を実践していくための「ゾーニング管理の考え方」を整理したものである。ゾーンは

[1] ヒグマゾーン＝奥山の森林。ヒグマの恒常的生息地

[2] 人間ゾーン＝市街地や農地。人の生活圏

[3] 緩衝地帯＝里山的な地域。奥山と人の生活圏との境界領域

ヒグマゾーンでは入山者はヒグマの存在を前提として対策を意識する。他方、人間ゾーンは人間の生活域としてクマの侵入を未然に防ぎ、万が一侵入した際には排除を優先する。そして間に緩衝地帯を設けて、「すみわけで人とヒグマの共生を図る」ことを基本的な考え方とする。

共生の実現にあたっては「未然防除」と「対症療法」の併用が方法として示されている。

設問解説

問1　複数テクストの読解（基礎）

解答　(i)＝②　(ii)＝④

解法のポイント

(i)は文章を読んで、そこに「何が」書かれているかがわかればよい。【資料Ⅰ】が伝えようとしているのは「ヒグマの脅威が増していること」であり、従来ならばクマが姿を現すことなどなかったか、あるいは極めて稀だったはずの市街地に近頃はクマが頻繁に出没している。この新しいタイプのクマが「アーバン・ベア」と名づけられてニュースになっているのである。

文章の前半部が「アーバン・ベア」の話であり、第6段落には出没の特徴がまとめられている。続く第7段落の「ヒグマが人の社会に適応してきている」もそれを裏づける発言であり、②の『「アーバン・ベア」の現れ方の特徴』が文章の内容と合う。

①「ヒグマの生息分布域の急激な縮小」とあるが、例えば第7段落には「人を恐れなくなったヒグマが住宅地付近に生息地を広げている」とあるので誤っている。

③「OSO18」のことは第9～12段落に書かれているが、文章では「放牧中の牛」を襲ったとあるので、被害を受けたのは牛であり「人的被害」ではないので合わない。

④「ヒグマの体や能力などの特徴」については図にまとめられており、文章中には特に言及がないため、誤り。文章におけるヒグマの記述は、人里で出没する様子や被害の状況についてが中心になっている。

⑤「春グマ駆除」については一九九〇年以降禁止されてきた事実、禁止に至った経緯、またこの度一部の地域で解禁された事実は報じられている。しかし本格的な解禁はこれからであり、「解禁による影響」がどの程度のものであるのかは今のところわからない。したがって「解禁による影響」は書かれておらず、ふさわしくない。

(ii)は文章と図・グラフの関係を問うている。文章は新聞記事によくみられる、「いつ・だれが（何が）・どこで・何を・どうした」といういわゆる「5W1H」的な書き方となっている。一方図・グラフは「ヒグマの出没」という同じテーマを追いながら、箇条書きやイラスト、グラフなど視覚に訴える要素に特徴がある。

①　文章と図・グラフはともにヒグマの出没という同じテーマを扱ったもので、当然ながら両者はリンクしている。また図・グラフが「箇条書きやグラフなどを使って」いる点で「わかりやすくまとめられている」という指摘も的を射たものである。

②　文章 はクマを目撃した男性や専門家の見解を引用するなど個別的である一方で、図・グラフ の掲げる「ヒグマの生態」や「大きさ」は「一般的な事象」にあたる。また被害をまとめたグラフは文章よりも「長期的なデータ」を示している。したがって②も妥当と判断できる。

③　文章 は「短い文を重ねて要点が伝わりやすく書かれ」ているとしてよい。一つの文が何百字にも及ぶ長いものはなく、論旨も明快な書き方がされている。図・グラフ についても「イラストを用い」ていることは事実であり、これによって読者はクマの大きさをイメージすることができるので、妥当な指摘である。

④　文章 が「論拠を示しながら」というのはよいが、「書き手の考えを展開し」ているというよりは事実を紹介していると読むべきである。意見や主張を展開しているわけではないので、図・グラフ が「それを裏づける事実や統計を多面的にあげている」とすることも適切ではないことになる。

⑤　文章 が「人々の声や専門家の意見を盛り込んでいる」という指摘は正しい。また 図・グラフ については箇条書き、人間の大きさと比較したイラスト、グラフなどが「視覚的な工夫」にあたっている。⑤も適切である。

問２　資料の趣旨把握（標準）

解答　③

解法のポイント

テーマや論点は何か、書き手や話し手がどのような立場にあるか、どのような意見を持っているかを理解することは、文章でも話し言葉でも重要なことである。【資料Ⅱ】では「クマの駆除に抗議の声が上がるという摩擦」（＝テーマ・論点）に対して、「リアリティー」の語をキーワードとして論が展開されている。

　表題には「リアルさ　超えた人間のリアリティー」とある。「リアルさ」とは現実の（駆除される）クマであり、「人間のリアリティー」（＝「かわいい」「駆除したらかわいそう」）がそれを超えてしまっている。それが「クマの駆除に抗議する声」を生んだと論者は見ている。

リアルさ＝リアルなクマ
　実際のクマ、被害をもたらすクマ
　＞
人間のリアリティー（人間のつくるクマ像）
　＝「かわいい」クマ、「駆除したらかわいそう」
　（一緒に暮らすネコの「かわいさ」をどんどん作り上げていくのと似ている）
　←　実物のクマよりも人間のリアリティーが優勢
駆除への抗議という行動

論者はこのように分析した上で、「現状を知るべき」「課題を共有して考える機会にして欲しい」と言う。論者が「動物キメラ」を制作しているのも、根底にはこの考えがあるからである。

　以上で確認した「人間のリアリティー」が実物のクマよりも優先されているという関係を正しく示しているものとして、③がよい。「人間の想像力が生み出した『かわいい』クマ像」が「人間のリアリティー」、「獰猛で被害をもたらす現実のクマ」が「実物のクマ」にあたる。

①「かわいい」「駆除したらかわいそう」は「実際のクマ」とは別個に作り上げられた人間側の「リアリティー」であり、そう思う人にとってクマは「身近な存在」ではない。現に「クマの駆除に抗議をするのは、クマに出合ったことのない地域の人が多いのではないでしょうか」と書かれている。

②「人間味にあふれる『かわいい』クマ」が現実の「クマ」を差し置いて「独り歩き」することが問題視されているのであり、「『すみ分け』を模索すべき」とは論じられていない。

④「現実離れしたクマを造形してきたデザイナーにも責任の一端がある」は【資料】からは読み取ることができない。

⑤論者は「リアルなクマを、人間のリアリティーは超えてしまう」と考えているのであり、「乖離が大きすぎる」という隔たりの程度の問題ではない。また、「クマに対する恐怖心を消し去ってしまう」も誤り。「クマ

の怖さや被害も知っている。でも、やっぱりかわいい」というように、「怖さや被害」はそれとして認識されている。

問3　資料内容の正誤判定（標準）

解答　⑤

解法のポイント

選択肢に具体的な事案が書かれているものについては、本文の趣旨に照らして正誤を判断すること。また、正誤に加えて「判断できない」という項目もあるので慎重に検討すること。

(ア)について。「ゾーニング」の基本的な考え方については文章中で説明されている。たしかにゾーニングは「空間的なすみわけを基本とする」が、第2段落で「ヒグマゾーン」について、登山などを目的としてヒグマの生息地に入る人は「ヒグマの存在を前提とした対策を徹底して入山する」とあるので、「一般の人々がヒグマの生活圏に侵入しないよう徹底する」はそぐわない。よって(ア)は「誤っている」。

(イ)の前半にある「ヒグマの生息数をモニタリング」は図の項目1にある。ヒグマのモニタリングでは生息数、生態、生息環境などが調査され、そのねらいは絶滅の回避であること、それが捕獲上限値の設定と関わることも読み取れる。しかし「その（=モニタリングの）結果に基づいて」「行政」が「生息数が基準を超えないよう」捕獲上限値を決定するのかどうかは、ここからではわからない。よって(イ)は「判断できない」となる。

(ウ)第2段落後半に、「人間ゾーン」では「ヒグマが出にくい地域づくり」を「平時から日常的に行う必要がある」とあるため、(ウ)は「正しい」。

(エ)「家庭菜園に電気柵を設置すること」は文章の最終段落によれば「(ヒグマの)侵入を予防するための未然防除対策」であるとわかる。また、「市街地域（=「人間ゾーン」）の河川敷で草刈りを行うこと」は文章第2段落の「見通しをよく」することによる「未然防除」にあたる。したがってここで言及される2つは『未然防除』の一環」であり、(エ)は「正しい」。

問4　複数資料をまとめる問題（標準）

解答　③

解法のポイント

大学入試センターは試作問題で、生徒が作成したという設定のレポート（あるいはその目次）を示し、内容や構成について考えさせた。この種の問いでは、すでに読み取ってきた資料と「レポート」を対応させていくことと、レポートが論理的に構成されているかを吟味することが求められている。

本問では、掲げられた「項目（案）」5つ（A～E）と5つの選択肢が対応している。A～Eを【資料Ⅰ】～【資料Ⅲ】と照合し、各項目の連関や「レポート全体の構成」の観点から選択肢を検討していこう。

①「アーバン・ベア」は【資料Ⅰ】の見出しにあるものだが、【資料Ⅰ】の中盤以降は「アーバン・ベア」に限らずヒグマ（クマ）全般を扱っている。それは【資料Ⅱ】【資料Ⅲ】にもあてはまる。したがって、「アーバン・ベア」に限定せずにヒグマ（クマ）全般に言及することは、B以下との整合性の点でも望ましい。

②【資料Ⅰ】に示されたグラフなどを引用して、近年の人的被害、農業被害がともに突出していることを「客観的な数値を用いて示す」ことは、クマの問題が時事的なトピックであることを読み手に確認させることになるので、メモの内容として妥当である。客観的な数値を示すことは論に客観性を持たせ説得力を増す。普段ヒグマの生息地と離れた場所に暮らしておりヒグマを意識することがない人にも、問題について視覚的に伝えることができると考えられる。

③ヒグマの出没が増えた理由については【資料Ⅰ】で、「人の社会に適応してきている」こと、個体数が増加していることが指摘されている。前者の背景として「人口の減少や高齢化などの人間社会の変化」がクマの生態を変化させたとはあるが、個体数の増加は「春グマ駆除」の禁止によるものだ。また、クマ側の変化が人間社会に影響を与えたとは読み取れないので、「相互に影響し合っている」とは言えず、③は適当と言えない。

④「問題との関わり方の違い」「現状の認識が十分ではない」については【資料Ⅱ】の文中に指摘があり、「価値観の違い」については【資料Ⅲ】の図に書かれているので、これらを考え合わせれば、④は妥当と判断できる。

⑤「ヒグマ管理の三つの柱」や「ゾーニング」は【資料Ⅲ】をもとにまとめればよいところだが、「管理」という語はやや唐突に出てきた感がある。なぜ「管理」なのか、一言補足するという意味で「『ヒグマとの共生』の実現のための前提であることを述べる」ことはレポートの展開をスムーズなものにすると考えられる。⑤も妥当である。

第4問　解　説

出題のねらい

共通テストの古文では、二〇二一年の第2日程を除き、複数テキストを読み比べる形式での出題が続いている。読み比べの問題では、ある出来事やある人物について、異なった情報を伝える作品が選ばれるが、そのような作品として最適なものの一つが歴史物語である。歴史物語は、史実に基づきつつ、物語としての虚構の要素もあり、虚構の要素の盛り込み方によって、史実やほかの歴史物語の記述との間に違いが生じる。そのため、その差に注目させる形での出題が行われやすい。実際の共通テストでも、歴史物語の『栄花物語』（二〇二一年）や『増鏡』（二〇二二年）が出題されている。

このような出題傾向を踏まえ、今回は、歴史物語の『栄花物語』と『今鏡』を選んで出題した。また、共通テストの文法問題は、一文を取り上げてそれについて尋ねる形であったが、二〇二三年は、本文の複数箇所の文法事項を尋ねる形であった。そこで本模試でも、そのような形式を採用し、最新の出題傾向に合わせた。

出典

『栄花物語』『今鏡』

『栄花《えいが》物語』は、平安時代に成立した歴史物語で、正編三十巻、続編十巻の計四十巻からなる。作者については、正編は赤染衛門《あかぞめえもん》、続編は出羽《いでわ》の弁とする説もあるが未詳である。内容は、宇多天皇から堀河天皇までの十五代約二百年の歴史を、編年《へんねん》体（＝年月日の順に記述する方法）で記す。

『今鏡《いまかがみ》』も、平安時代に成立した歴史物語で、全十巻からなる。作者は、寂超《じゃくちょう》（藤原為経《ためつね》）かと見られる。『大鏡《おおかがみ》』の後を受け、後一条天皇から高倉天皇までの十三代・百四十六年の歴史を、紀伝《きでん》体（＝天皇の伝記、臣下の伝記などに分けて記述する方法）で記す。『大鏡』の語り手である、大宅《おおやけ》の世継《よつぎ》の孫娘の老女が語るという設定になっている。なお、『大鏡』『今鏡』、及び後続の『水鏡《みずかがみ》』『増鏡《ますかがみ》』の歴史物語・四作品を合わせて、「四鏡《しきょう》」と呼ぶこともある。

本文は、『栄花物語』が小学館『新編日本古典文学全集　栄花物語③』に拠り、『今鏡』が『今鏡（上）』に拠ったが、読解の便を図り、表記の一部を改めたり、本文の一部を省略したりした。

本文の要約

【文章Ⅰ】

後一条天皇は在位のまま亡くなったが、決まりどおりの方式で、葬儀が行われることになった。京極殿で念仏が行われるため、中宮や一品の宮、女院らが、京極殿の南にある鷹司殿へおでましになる。北の政所が、女院らを慰めるが、慰めきれなかった。関白殿たちも恋い慕って泣き、女院は、後一条天皇が生まれた頃から今までのことを思い出し、深く悲しんだ。その後、女院は東北院で念仏を行い、その際に用意した柳の造花は、本物の枝が使われており、それを庭に植えたところ芽が出たので、宮の宣旨と出雲が和歌を詠みあった。後一条天皇が亡くなった後、顕基は出家した。それが人々の噂となり、女院から顕基へ手紙が届き、その後、侍従の内侍を介して和歌のやり取りが行われた。

【文章Ⅱ】

後一条天皇が亡くなった後、顕基は出家し、女院へ歌を贈った。それに対し、女院から返歌があった。その時点で、女院は、すでに二度出家していた。顕基は、女官たちが新しい天皇のもとへ出仕し、後一条天皇の御所では灯火を点す者もいないことを知って深く悲しみ、出家を決意したのだった。それを聞いた人々は皆、涙を流した。

設問解説

問1　傍線部の語釈問題（基礎）

解答　(ア)＝③　(イ)＝①　(ウ)＝⑤

解法のポイント

(ア)を品詞分解すると「まさなき／こと／多く」となる。このうち重要なのは「まさなき」である。「まさなき」はク活用の形容詞「まさなし」の連体形で、主な意味をまとめると、

これだけは覚えよう

○まさなし（形容詞）
❶思いがけない・予想外だ
❷みっともない・不都合だ

となる。各選択肢のうち、「まさなし」の語義に合致するのは、③「思いがけないことが多く」のみである。よって、③が正解である。

本文を見ると、〈昔は、天皇が在位のまま亡くなると「まさなきこと」が多かった〉、とされている。当時の天皇は、存命中に譲位して上皇となるのが一般的であり、天皇のまま亡くなるケースは少なかった。また、天皇に対しては、上皇に対してよりも、厳格な対応が必要であった。そのような背景があるため、天皇が在位のまま亡くなると、通常の場合と異なる事態が生じ、「まさなきこと」が多いとされているのである。

(イ)を品詞分解すると「書き尽くす／べく／も／あら／ず」となる。このうち、「書き尽くす」は、サ行四段活用の動詞「書き尽くす」の終止形で、現代語の場合と同じく、「残りなく書く・すべて書く」の意を表す。それに続く「べく／も／あら／ず」は重要な連語で、可能・当然の助動詞「べし」の連用形に、係助詞の「も」、ラ行変格活用の補助動詞「あり」の未然形、打消の助動詞「ず」の終止形がついたものである。連語全体の意味をまとめると、

これだけは覚えよう

○べくもあらず（連語）
❶「べし」が可能の場合
〜できそうにもない（不可能）
❷「べし」が当然の場合
〜はずもない（打消当然）

となる。傍線部は、「鷹司殿の上」が、「院」や「宮」を慰めようとするものの、「姨捨」の歌のように、慰めることができない、という説明の後に続いている。よってここは、「院」や「宮」の悲しみが深く、筆者が、それらをすべて書くことができないと述べたものと理解するのがよい。よって、①の「すべては書けそうもない」が正解である。

残りの選択肢はいずれも、「べくもあらず」の意が適切に訳されておらず、誤りである。

なお、類似の表現に「べからず」があり、「〜できない（不可能）」、「〜てはならない（禁止）」、「〜はずがない（打消当然）」の意を表すが、「べくもあらず」は、禁止の意では用いられないので注意しよう。

(ウ)は、ハ行四段活用の動詞「言ふ」に、ラ行四段活用の動詞「ののしる」が付いてできた複合動詞で、主な意味をまとめると、

これだけは覚えよう

○言ひののしる（動詞）
盛んに噂する・声高に言う

となる。「ののしる」は、「大きな声を出す・大きな音を立てる」というのが原義で、そこから、「大声で騒ぐ・噂する・大きな声で鳴く」などの意を表すが、その「ののしる」に「言ふ」の付いた「言ひののしる」は、人の言葉に関する意味に限られ、「盛んに噂する・声高に言う」の意となる。なお、現代語の「ののしる」は、主に「罵倒《ばとう》する・非難する」の意で用いられるが、これは中世以降に生まれた用法で、平安時代の文章ではそのような意味では用いられない。これは「言ひののしる」にも当てはまり、「言ひののしる」

も「罵倒する・非難する」の意は表さない。本文では、後一条天皇が亡くなった後、顕基が出家したことについて、「世にあはれなることに言ひのしる」とあり、世間の人々が、顕基の出家を殊勝なこと（＝けなげで感心なこと）だと噂した、という内容である。よって、⑤の「盛んに噂する」が正解である。

残りの選択肢のうち、①「声を上げて泣く」は、「言ひののしる」の「言ひ」の部分が訳出されていない。②「わざと誉める」は、「わざと」も「誉める」も、「言ひののしる」の語義と異なっている。③「陰口を言い合う」は、「ののしる」を現代語の「非難する」に近い意味で取っており、誤りである。④「ひどく残念がる」は、「残念がる」が「言ひののしる」の語義から外れている。

問2　登場人物の行動に関する説明問題（標準）

解答　⑤

解法のポイント

このような問題では、各選択肢の内容が、本文のどの部分と関わるかを意識しながら考えよう。

①は、[1]段落の「兼房の中宮の亮、言ひ続けて泣く声のおどろおどろしきもあはれなり」と関わる。このうち、「おどろおどろしき」は、シク活用の形容詞「おどろおどろし」の連体形である。「おどろおどろし」の主な意味をまとめると、

○おどろおどろし（形容詞）
❶大げさだ・仰々《ぎょうぎょう》しい
❷気味が悪い・恐ろしい

となる。本文では、後一条天皇の死に接した「兼房の中宮の亮」の泣き声に関して用いられており、❶の「大げさだ・仰々しい」の意である。また、「言ひ続けて」は、悲しみの言葉を言い続けて、の意と見られる。これらを踏まえて該当箇所を訳すと、「兼房の中宮の亮が、（悲しみの言葉を）言い続けて泣く声の仰々しさも気の毒である」となる。一方、選択肢は「泣き声を無理に大きく張り上げ、悲しみの深さを人々に印象づけようとした」とあるが、「無理に」や「印象づけようとした」に相当する言葉は本文にない。よって、①は誤りである。

②は、[1]段落の「今の上も、いかでかは情けなくもおはしまさん」と関わる。「いかでかは」以降を品詞分解すると、「いかで／かは／情けなく／も／おはしまさ／ん」となる。このうち、「かは」と「も」は係助詞、「おはしまさ」は尊敬の補助動詞「おはします」の未然形、「ん」は推量の助動詞「ん（む）」で、係助詞「かは」と呼応して係り結びを起こして、連体形となっている。また、「いかで」と「かは」は連語として用いられ、「情けなく」は、ク活用の形容詞「情けなし」の連用形である。「いかでかは」、「情けなし」の主な意味をまとめると、

○いかでかは（連語）
❶願望（何とかして～）
❷疑問（どうして～か）
❸反語（どうして～か、いや～ない）
○情けなし（形容詞）
❶薄情だ・思いやりがない
❷風情がない・無風流だ

となる。「情けなし」は、現代語の「情けない」のもとになった言葉であるが、現代語のように、ふがいなさを嘆く意味では用いられない。古語では、文字通り、「情け（＝思いやり・風流）」がない状態を表す。本文では、兄の死に対する後朱雀天皇の状態を説明する箇所に用いられており、❶の「薄情だ・思いやりがない」の意である。また、「いかでかは」は、願望、疑問、反語の意味を表すが、ここは反語の意味で取るのが適切で、該当箇所は、「今上帝も、どうして薄情でもいらっしゃるだろうか、いやいらっしゃらない」の意となる。後一条天皇は、在位のまま亡くなるという異例の状態であったが、後朱雀天皇は、兄の死に対し、薄情な対応をすることはなかった、ということである。一方、選択肢は、「悲しみのあまり取り乱しそうになるが、ふがいない姿を見せまいと気丈に振る舞った」とあるが、「ふがいない姿を見せまい」は、「情けなく」の意を誤解している。また、「悲しみのあまり取り乱しそうになる」や、「気丈に振る舞った」に該当する内容は本文にはない。よって、②は誤りである。

③は、[2]段落の「殿は、今の内の御事ども行はせたまへば、内の大殿、異殿ばらぞ添

ひたてまつらせたまひ、出でさせたまふ」の箇所と関わる。このうち、前半部分の「行はせたまへば」は、「執り行う」の意の動詞「行ふ」の未然形に、尊敬の助動詞「す」の連用形、尊敬の補助動詞「たまふ」の已然形、順接の確定条件（原因・理由）の接続助詞「ば」が付いたもので、「（後朱雀天皇のさまざまな御事を）執り行いなさるので」の意となる。また、後半部分では、最後の「出でさせたまふ」の主語が、本文の注にあるように、後一条天皇である。一方、その前の「内の大殿、異殿ばらぞ添ひたてまつらせたまひ」は、「添ひたてまつらせたまひ」が、「付き添う」の意の動詞「添ふ」の連用形に、謙譲の補助動詞「たてまつる」の未然形、尊敬の助動詞「す」の連用形、尊敬の補助動詞「たまふ」の連用形が付いたもので、「（後一条天皇は）内の大殿や、ほかの殿方がお付き添い申し上げなさり、お出ましになる」の意となる。一方、選択肢では『殿』は、『今の内』の諸事を執り行わせるために、『内の大殿』を、『異殿ばら』に付き添わせた」とあるが、傍線部の箇所は本文の内容と異なっている。よって、③は誤りである。

④は、3段落の「女院も京極殿に出でさせたまひぬ」と、その直後の「院も宮も、おはしますやうにもなく沈み入らせたまへり」の箇所と関わる。前者の「出でさせたまひぬ」は、ダ行下二段活用の動詞「出づ」の未然形に、尊敬の助動詞「さす」の連用形、尊敬の補助動詞「たまふ」の連用形、完了の助動詞「ぬ」の終止形が付いたもので、該当箇所は、「女院も京極殿にお出ましになった」の意である。後者は、「おはしますやうにもなく」が、「生きている・無事だ」の意の動詞「あり」の尊敬語「おはします」の連体形に、「〜の様子だ」の意の形容動詞「やうなり」の連用形、係助詞の「も」、形容詞「なし」の連用形「なく」が付いたもので、「生きていらっしゃる様子でもなく」の意となる。また、それに続く「沈み入らせたまへり」は、「落ち込む」の意の動詞「沈む」の連用形に、「すっかり〜する」の意を添える補助動詞「入る」の未然形、尊敬の助動詞「す」の連用形、尊敬の補助動詞「たまふ」の已然形、存続の助動詞「り」の終止形が付いたもので、「すっかり落ち込みなさっている」の意である。これらをまとめると、女院は京極殿にお出ましになったが、中宮とともに、死んだような状態で落ち込んでいた、ということになる。一方、選択肢を見ると、『女院』は、京極殿に到着したが、どこを通ったのかも分からないほど、深い悲しみに暮れていた」とあるが、傍線部の箇所は本文の内容と異なっている。よって、④は誤りである。

⑤は、3段落の「鷹司殿の上は、待ち付けきこえさせたまひて、よろづに慰めきこえさせたまへど、姨捨にのみぞ」の箇所と関わる。このうち、「待ち付けきこえさせたまひて」は、カ行下二段活用の動詞「待ち付く」の連用形に、謙譲の補助動詞「きこゆ」の未然形、尊敬の助動詞「さす」の連用形、尊敬の補助動詞「たまふ」の連用形、単純接続の接続助詞「て」が付いたものである。「待ち付く」の主な意味をまとめると、

これだけは覚えよう

○待ち付く（動詞）
　待ち迎える・待ち受けて会う

となる。これらを踏まえると、該当箇所は、「待ち迎え申し上げなさって」の意となる。続く「よろづに慰めきこえさせたまへど」は、「さまざまに・あれこれと」の意の副詞「よろづに」に、「慰める」の意の動詞「慰む」の連用形、謙譲の補助動詞「きこゆ」の未然形、尊敬の助動詞「さす」の連用形、尊敬の補助動詞「たまふ」の已然形、逆接の接続助詞「ど」が付いたもので、「さまざまに慰め申し上げなさるが」の意となる。また、「姨捨にのみぞ」は、「姨捨」が本文の注にあるように、「わが心慰めかねつ更級や姨捨山に照る月を見て」という和歌を踏まえた表現である。この歌は、姨捨山に照る月を見ても心が慰められなかった、という内容で、この歌の「姨捨」を引き歌として引用することで、〈心が慰められなかった〉という状態を暗示している。これを本文の場面に即して言えば、「鷹司殿の上」が、「女院」や「中宮」の心を慰めようとしたが慰めきれなかった、ということになる。以上のことがらは、選択肢の内容と一致する。よって、⑤が正解である。

問3　傍線部の表現の説明問題（標準）

解答　④

解法のポイント

①「思ひやるべし」は、「推察する」の意の動詞「思ひやる」の終止形に、推量の助動詞「べし」が付いたものである。「べし」には、推量のほか、意志・適当・当然・可能・命令などの意味があるが、物語や説話の地の文で、「思ひやるべし」が用いられる場合は、適当・当然の意を表し、語り手（作者）が、読者に対し、「推察するのがよい」と語りかける表現である。今回の文章では、後一条天皇の乳母子たちの悲しみがいかに深いか想像してほしい、と語り手（作者）が読者に向けて述べた表現である。一方、選択肢では、「べし」を意志の意とし、さらに「御乳母子ども」の訴えの表現としている。よって、①は誤りである。

②「てけり」は、完了・強意の助動詞「つ」の連用形に過去の助動詞「けり」が付いたものである。「つ」は、主に完了の意味で用いられる助動詞で、強意の意味を表す場合には、後に、「む」・「べし」などの推量の助動詞が来る。波線部では、「つ」の後にあるのは過去の助動詞「けり」であり、このような形の場合、「つ」は強意の意味ではない。よって、「つ」を強意とする②は誤りである。

③「より」は、起点（～から）・経由（～を通って）・比較（～より）・手段（～で）・原因理由（～ために）など、多くの意味を持つ格助詞である。本文では、波線部の後に、「今日、今までの御心など」とあり、時間的な限度を表す「まで」が用いられている。すなわち、ここは「～より、～まで」という表現であることが分かる。よって、この「より」は起点の意を表しており、「比較の格助詞」とする③は誤りである。

④「いとなくや」は、ク活用の形容詞「いとなし」の連用形に疑問の係助詞「や」が付いたものである。「いとなし」は、「暇・絶え間」の意の名詞「いとま」が基になった形容詞で、主な意味をまとめると、

これだけは覚えよう

○いとなし（形容詞）
　暇がない・絶え間がない

となる。また、波線部を含んだ「形見にと～」の和歌は、宮の宣旨が詠んだ「憂き節と～」の和歌への返歌となっている。宮の宣旨の和歌には、第四句に「柳の糸」という言葉があるが、これは、柳の枝が細く長いことを「糸」に例えた表現である。出雲の返歌は、それを踏まえているため、「いとなし」の「いと」にも、掛詞として「糸」が重ねられている。以上の説明は、選択肢④の内容とほぼ合致する。よって、④が正解である。

なお、出雲の和歌はさらに、「思ひ寄る」の「寄る」にも、「縒《よ》る（＝ねじり合わせて一本にする）」が掛けられており、その「縒る」が「糸」と縁語になっている。

⑤「る」は、自発・可能・受身・尊敬の助動詞「る」の終止形、連体形である場合と、存続・完了の助動詞「り」の連体形とがある。四段・ナ変・ラ変の未然形に接続している場合は前者で、サ変の未然形か四段の已然形（命令形）に接続している場合は後者である。本文を見ると「たまへる」とあり、「る」の前にはハ行四段活用の補助動詞「たまふ」の已然形がある。よって、この「る」は存続・完了の助動詞「り」であり、「尊敬の助動詞」とする⑤は誤りである。

問4　本文の表現と内容に関する比較問題（応用）

解答　(i)＝②　(ii)＝④　(iii)＝③

解法のポイント

このような設問では、漠然とした印象で選択肢を選ぶのではなく、本文の記述と選択肢とを対応させて考えよう。

(i)【文章Ⅱ】で、顕基の出家について書かれているのは、本文・後半部の「かの中納言は、～山深く籠もりたまへりけり」の箇所である。ここでは、「かの中納言（＝顕基）」が、後一条天皇の「御覚えの人」であったことと、後一条天皇の喪中に御所を訪れたところ、「大殿油（＝灯火）」が点されておらず、それは、女官たちが「今の内」に参上しているからだと聞き、「いとど悲しく」感じて出家したことが記されている。このうち、「御覚えの人」は、「覚え」が動詞「覚ゆ」からできた名詞で、主な意味をまとめると、

これだけは覚えよう

○覚え（名詞）

❶世評・評判
❷信任・寵愛・人望
❸自信
❹記憶・心当たり

となる。本文では、「後一条院の御覚え」とあるので、❷「信任・寵愛・人望」の意とみるのがよく、該当箇所は、「後一条天皇の御信任の厚い人」という意味になる。また、女官たちは、「今の内」に参上しているとあるが、「内」は「天皇」の意を表す名詞で、「今の内」とは「今上帝（＝現在の天皇）」を指す言葉であり、本文では、後朱雀天皇のことである。そして、それを聞いた顕基が、「いとど悲しくて」という状態になったとあるが、この「いとど」は、「いっそう・ますます」の意を表す副詞である。したがって、顕基は、それ以前から悲しかったが、後一条天皇の御所に、灯火を点す女官もいないということを知って、いっそう悲しくなったということである。こうして、悲しさが一層強くなったため、顕基は出家したのである。このような内容と合致するのは選択肢②で、これが正解である。

①は、「後一条院の御覚えの人」を「後一条天皇の遺志を継ごうとする人」とするが、「覚え」に「遺志」の意はない。よって①は誤りである。

③は、選択肢後半部の「後ろ盾の帝が亡くなると、女官たちが顕基の指示に従わなくなり、自分の境遇の変化を思い知らされて」が、本文の内容とは異なる。本文では、「顕基」が、「女官ども」に灯火を点すよう指示したとは書かれておらず、「女官ども」がそれに従わなかったとも書かれていない。よって、③は誤りである。

④は、「後一条院の御覚え」を「後一条天皇のことを第一に考えている」と解する点が誤りである。「後一条院の御覚え」は、顕基が、後一条院を思っている、という意味の表現ではない。また、選択肢の、「女官たちはもう、後朱雀天皇に取り入ろうとしている」や、「後一条天皇の無念さ」は、本文には書かれていない内容である。よって、④は誤りである。

(ii)は、【文章Ⅰ】の和歌Yと、その直後にある「仰せごとめきてありけるなるべし」の箇所に関する設問である。

まず和歌を見よう。和歌の表現で重要なのは、「慰まば〜背かれなまし」の箇所にある、反実仮想（＝事実に反することを仮に想像する）の語法である。反実仮想についてまとめると、

これだけは覚えよう

○反実仮想
●用いられ方
〜ましかば〜まし
〜ませば〜まし
〜せば〜まし
〜ば〜まし
※「ましか」「ませ」は助動詞「まし」の未然形、「せ」は助動詞「き」の未然形で、「ば」は順接の仮定条件の接続助詞。
●訳し方
▽もし〜ならば、〜だろうに。

となる。本文では、「慰まば」が、マ行四段活用の動詞「慰む」の未然形に「ば」が付いたもので、「背かれなまし」が、カ行四段活用の動詞「背く」の未然形に、自発の助動詞「る」の連用形、完了・強意の助動詞「ぬ」の未然形、反実仮想の助動詞「まし」の終止形が付いたものである。このほか、初句の「時の間」は、「ほんの少しの間」の意の連語、「世は二度も背かれなまし」の「世（を）背く」は、「出家する」の意の連語である。これらを踏まえて和歌全体を訳すと、「ほんの少しの間でも恋しい気持ちが紛れるのならば、二度でも出家してしまうことでしょうに」となる。

次に、和歌直後の「仰せごとめきてありけるなるべし」を見よう。この箇所を品詞分解をすると「仰せごとめき／て／あり／ける／なる／べし」となる。このうち、「仰せごとめき」は、「お言葉・ご命令」の意の名詞「仰せごと」に、「〜らしく見える」の意を表す接尾語「めく」が付いてできた動詞「仰せごとめく」の連用形である。また「ける／なる／べし」は、過去の助動詞「けり」の連体形に、断定の助動詞「なり」の連体形、推量の助動詞「べし」の終止形が付いたものであ

る。これらを踏まえると、該当箇所の訳は、「御言葉らしく見えるようにして詠んだのだろう」となる。これは、侍従の内侍が、女院（＝彰子）の心情を代弁するように和歌Yを詠んだのだろう、ということである。このような内容と合致するのは選択肢④であり、これが正解である。

①は、「一瞬でも恋しい人のことを忘れてしまうのならば、自分はもう二度と出家などしたくはない」の部分が、和歌Yの内容と反対になっている。よって、①は誤りである。

②は、「口調をまねるようにして」が、「仰せごとめきて」の意味として不適切である。侍従の内侍は、彰子の立場に立ってその心情を詠んだのであって、彰子の口調をまねたわけではない。また、「自分もぜひもう一度出家したいものだ」の部分も和歌の内容と異なる。「（背かれ）なまし」は、先にも見たように、反実仮想の語法の一部であって、「～したいものだ」という願望を表す語法ではない。よって、②は誤りである。

③は、「彰子の詠歌を踏まえるようにして」が、「仰せごとめきて」の意味と合致しない。侍従の内侍は、彰子がすでに詠んだ歌を踏まえて自らの歌を詠んだのではない。また、「再度の出家を許してほしい」の部分も、「～なまし」を「～てほしい（願望）」の意で解する点が不適切である。よって、③は誤りである。

(iii)は、【文章Ⅱ】の和歌xと、それに応じた和歌yの内容に関する設問である。

まず、和歌xを見よう。和歌xの上の句にある「世を捨て」は、「俗世間を逃れて」の意で、遁世《とんせい》したり出家したりすることをいう。また「宿を出で」も、「出家して」の意を表す。その後の「にし」は、完了の助動詞「ぬ」の連用形に、過去の助動詞「き」の連体形が付いたものである。また、「なれども」は、断定の助動詞「なり」の已然形に、逆接の接続助詞「ども」が付いたものである。一方、下の句では、「なほ恋しきは」が、「やはり」の意の副詞「なほ」に、「恋しい」の意の形容詞「恋し」の連体形と係助詞「は」が付いたものである。その後の「昔なりけり」は、歌末の「なりけり」が、断定の助動詞「なり」の連用形に、詠嘆の助動詞「けり」の終止形が付いたものである。また、その前の「昔」は、出家後も恋しく感じる「昔」であるので、具体的には、後一条天皇の在世中の頃を指していると見られる。以上を踏まえて、和歌全体を訳すと、「俗世間を逃れて出家してしまった身ではありますが、やはり恋しいのは（後一条天皇在世の）昔でありましたよ」となる。

一方、これへの返歌である和歌yは、【文章Ⅰ】の和歌Yと共通する表現と、相違する表現とがある。二首を並べると、

●和歌Y
時の間も恋しきことの慰まば
世は二度も背かれなまし
●和歌y
束の間も恋しきことの慰まば
二度世をも背かざらまし

となる。このうち、上の句の、「時の間」（和歌Y）と「束の間」（和歌y）は、設問の会話文にもあるように、ほぼ同じ意味の表現である。また、下の句の「世は二度も」（和歌Y）と「二度世をも」（和歌y）も、言葉の順序は逆になっているが、意味は同じである。これに対し、第五句の「背かれなまし」（和歌Y）と「背かざらまし」（和歌y）は、「れなまし」と「ざらまし」とが異なっている。和歌Yの「れなまし」は、(ii)で解説したように、自発の「れ」に、完了・強意の「な」、反実仮想の「まし」が付いたものであったが、和歌yの「ざらまし」は、打消の助動詞「ず」の未然形「ざら」に、反実仮想の助動詞「まし」の終止形が付いたものである。これらを踏まえて和歌y全体を訳すと、「ほんの少しの間でも恋しい気持ちが紛れるのならば、二度も出家しなかったでしょうに」となる。これが、歌の表面上の意味であるが、裏を返せば、〈一度出家した私も、出家によって恋しさが紛れなかったので、二度も出家をしてしまった〉という心情を詠んだことになる。これは、顕基の詠んだ、〈出家後も、依然として昔が恋しい〉という心情と重なるものであり、彰子は、この歌を詠むことで、顕基の気持ちに共感を示そうとしたのである。以上の内容を踏まえると、選択肢③が正解である。

①は、「出家前の生活の方がよかったという顕基の感慨」の部分が本文の内容と異なる。顕基は、出家後も依然として昔が恋しい、と詠んでいるのであって、出家前の方がよかったとは言っていない。また、彰子が「二度めの出家を後悔する」という点も本文の内容と異なる。彰子は、出家によって恋しさが紛れなかった、とは言っているが、出家を後悔しているとまでは言っていない。よって、①は誤りである。

②は、「下の句が、どうして二度も出家をしたのだろうかという意味で」の部分が本文の内容と異なる。和歌yの「〜ば〜まし」は、反実仮想の語法であり、「どうして〜だろうか」という疑問表現ではない。また、「出家後も昔のことをよく思い出すという顕基の詠嘆」も本文の内容とは異なる。顕基の歌にある「なほ恋しきは昔なりけり」を、「昔のことをよく思い出す」と解するのは飛躍がある。よって、②は誤りである。

④は、「下の句が、二度も出家すべきではなかったのにという意味で」の部分が本文の内容と異なる。②と同じく、「〜ば〜まし」は反実仮想で、「〜すべきではない」といった禁止の語法ではない。また、「出家そのものを否定する」も適切な理解ではない。彰子は、〈出家しても恋しさが紛れなかった〉とは詠んではいるものの、「出家そのものを否定」しているとまでは言えない。よって、④は誤りである。

《全文解釈》

【文章Ⅰ】（『栄花物語』）

決まったとおりの方式で、御乳母子たち、章任の伊予の守、実綱、憲房、義通などがお仕えする気持ちも推察するのがよい。兼房の中宮の亮が、（悲しみの言葉を）言い続けて泣く声の仰々しさも気の毒である。昔は、このように在位のまま崩御なさるのは思いがけないことが多く、やっかいであったが、当世ではそのような厳密なこともない。関白殿も（前代と）同じ頼通殿でいらっしゃり、今上帝も、どうして薄情でもいらっしゃるだろうか、いやいらっしゃらない。女院も中宮も、まるで亡くなった人のようでいらっしゃる。

二十一日の夕方、京極殿の東の対にお移りになって、そこで御念仏などがあるはずなので、夜明け前に中宮や、一品の宮も、北の政所のいらっしゃる鷹司殿にお出ましになる。在位のままでの御様子は煩わしく大変であろうと思われたので、太上天皇にお変え申し上げなさった。殿は、後朱雀天皇のさまざまな御事を執り行いなさるので、（後一条天皇の御遺体は）内の大殿や、ほかの殿方がお付き添い申し上げなさり、お出ましになる。夜明け前の月が陰りないために、正気でない心のなかで思われたことを、出羽の弁（が詠んだ歌）

めぐり逢はむ……＝巡り来て再び会えるような期待もない状態で出ることになろうとは予期したでしょうか、いやしなかったでしょう、有明の月は。――宮中に戻って後一条天皇と再会する、という期待もない状態で、宮中からお出ましになろうとは、中宮様も予期されなかったでしょう――。

女院も京極殿にお出ましになった。女院も中宮も、生きていらっしゃる様子でもなくすっかり落ち込みなさっている。鷹司殿の上は、待ち迎え申し上げなさって、さまざまに慰め申し上げなさるが、姨捨の月（のように慰めきれないこと）ばかりであった。すべては書けそうもない。関白殿や、内の大殿、（ほかの）殿方をはじめ、泣いて恋い慕い申し上げなさらない人はいない。（女院は）この御殿の中で初めてこの世の光を取り出しなさった――光り輝く後一条天皇をご出産なさった――時から始まり、（後一条天皇が）御気立てがすばらしくおいでだったことや、（まだ若い）御年齢のほどが残念で悲しく、夢かと思い惑いなさる。女院の御心の中では、（後一条天皇が）お生まれになった時に、道長殿が思い喜びなさったことから始まり、今日、今までのお気持ちなど、すべてのことを申し上げることもできないほど、ひたすら恋しく悲しくひどく思い惑いなさっている。

（中略）

女院が、御堂の御念仏を行いなさった時に、造花の柳を献上なさったところ、枝は実物であったので、清涼殿の壺庭に植えなさったところ、芽が生え出てきたことを（女院が）お聞きになって、宮の宣旨が、

憂き節と……＝つらい折と思うけれども、生え出るような柳の糸もしみじみと感慨深いことですよ。

（と詠み）出雲が、

形見にと……＝帝の形見として（生え出たの

だろう）と気づいたために、青柳の芽が
絶え間なく悲しいのでしょうか。

などと（詠み）、（帝を）恋い慕っては涙を流す合間に言い交わしたことだ。

顕基の中納言は、他の人よりは格別にといった風に思いなさったのだろうか、法師になりなさってしまった。実にしみじみと心打たれることとして盛んに噂する。女院から御手紙をおやりなった時に、

世を捨てて……＝俗世間を捨てて出家してしまった心にも、やはり恋しいのは（後一条天皇在世の）昔でありましたよ。

と申し上げなさったところ、侍従の内侍が、

時の間も……＝ほんの少しの間でも恋しい気持ちが紛れるのならば、二度でも出家してしまうことでしょうに。

（女院の）御言葉らしく見えるようにして詠んだのだろう。後朱雀天皇からということで御使者が参上し、御手紙などを差し上げなさったのにつけても、（女院は）まず目の前が真っ暗になってひたすら思い惑いなさる。

【文章Ⅱ】（『今鏡』）

長暦三年五月七日、（女院は）御剃髪なさる。顕基の入道中納言が、

世を捨てて……＝俗世間を捨てて出家してしまった身でありますが、やはり恋しいのは（後一条天皇在世の）昔でありましたよ。

と詠んで、この女院へ献上なさいました御返事に、

束の間も……＝ほんの少しの間でも恋しい気持ちが紛れるのならば、二度も出家しなかったでしょうに。（一度めの出家で恋しい気持ちが紛れなかったので、二度も出家してしまいました。）

と（女院は）詠みなさった。初めは御髪を削ぎなさって、後ですべて剃髪なさるという趣旨であろう。

その中納言は、後一条天皇の御信任の厚い人でいらっしゃったが、御喪中に（後一条天皇の御所に）おいでになって、御所の中に灯火も点《とも》し申し上げないでいましたので、「どうしたのか」と尋ねなさったところ、「女官たちは今上帝のもとに参上して、（こちらには）お点しする者もありません」などと聞きなさるので、いっそう悲しくて、帝が崩御なさって六日という日に、髪を剃って、山深く籠もりなさってしまった。まだ三十七歳でいらっしゃった。（この話を）聞く人は涙を流さないということはございませんでした。

第5問 解説

出題のねらい

本問は、共通テスト第4問と同形式の問題に取り組むことで、現時点における漢文の学力を計り、不足を補ってもらうために作成した。そこで共通テストの出題傾向をふまえ、複数の文章を関連付けた問題とし、語句の意味、返り点・書き下し文、解釈、空欄補充といった頻出の設問を配した。本模試を受験し復習する中で、解けなかった設問を中心に、自分の読み方・解き方が正しかったかどうかを確かめ、入試本番に備えてほしい。

出典

【文章Ⅰ】『蒙求』「隠之感隣」

『蒙求』は、唐の李瀚《りかん》が編纂した逸話集。子ども の教育に用いることを目的とし、古代から南北朝時代までの有名な逸話を抄録したものである。本文は晋代の呉隠之という人物についてまとめた「隠之感隣」の項目を用いた。

【文章Ⅱ】劉基『誠意伯文集』「飲泉亭記」

劉基は、明代初期に活躍した人物。明王朝を創始した朱元璋（＝洪武帝）に仕えて活躍し、厚く信頼された。また、文章家としても当時から有名であった。『誠意伯文集』は彼の詩文集であり、本文はその中から「飲泉亭記」の一節をとった。劉基の友人が呉隠之の清廉さを慕い、建物に「飲泉亭」と名付けた。その友人の依頼を受けて建物の由緒を記したのがこの作品である。

本文要約

【文章Ⅰ】

広州刺史に任命された呉隠之は、飲んだ者は無限の欲望を抱くと伝わる「貪泉」の水を飲み、「伯夷や叔斉に泉の水を飲ませたならば、きっとその清廉な心は変わらないだろう」という詩を作った。州に着任するとますます清廉潔白を心がけた。

【文章Ⅱ】

呉隠之はあえて他人と異なる意見を唱えたのだと非難する人がいるが、そうではない。人の心の貪欲さと清廉さは外界の事物によって変化しないが、富を好むか名誉を好むかは変わり得る。呉隠之は道理に明るく自らを強く信じていた。だから自ら貪泉の水を飲んで見せて、人々に貪欲か清廉かは自らの内面に由来することを理解させ、名誉を好む貪欲な者には、その貪欲さを泉のせいにできないようにさせたのである。

設問解説

問1　語句の意味の問題（基礎）

解答　(ア)＝④　(イ)＝②

解法のポイント

本文中における語句の意味を問う問題は、知識を暗記しておくことはもちろんだが、複数の意味を持つ漢字が問われた場合は文脈に応じて正しい意味を選ぶ必要がある。

(ア)「懐」は、動詞としては「～を思う・慕う」（「おもフ」と読む・例：懐古）や、「～を（心に）持つ」（「いだク」と読む・例：懐疑）などの意味がある。本問は、広州に「貪泉」という泉があり、それを飲んだ者は「厭く無きの欲を『懐』」という話の流れだから、④「心に持つ」が最も適当である。ちなみに、【文章Ⅰ】の詩の中に「一たび歃れば千金を懐ふ」とあるが、こちらは「～を思う・慕う」の意味である。

(イ)「愈」は「いよいよ」と読み、「ますます」の意味。センター試験で読みが問われたことがある。読みと意味を一緒に覚えておこう。リード文にあるように、呉隠之は以前から清廉潔白な人物として知られていたが、広州に着任すると、その清廉な節操は「ますます」厳格になった、ということ。

問2　返り点と書き下し文の問題（標準）

解答　⑤

解法のポイント

返り点・書き下し文の問題は、共通テストでは毎年出題されているので、解法を身につけておきたい。傍線部に句法や重要語句が含まれていれば、それが解答のヒントになる。含まれていない場合は、語順の知識や文の構造を手がかりにして解くこととなる。いずれにせよ、その読み方で文脈に即した解釈になるかどうかの確認は必須である。

傍線部Aは、呉隠之が「貪泉」の水を飲んだ後に作った詩の一部である。

詩の前半部分の解釈としては、「昔の人はこう言った、この水は、一度飲めば大金を慕い思う、と」となる。詩の少し前に「曰二貪泉一、懐二無レ厭之欲一」とあるように、「貪泉」には、その水を飲むと欲望を抱くという言い伝えがあったのである。

三句目について、まず「試みに」は、「試しに――する」という意味。「使」は使役や仮定の句法で用いられる重要語句だが、ここでは「メバ」と送り仮名がついている通り、仮定を表している。【文章Ⅱ】で使役形も登場するので、以下にまとめておく。

これだけは覚えよう

○「使」を用いた句法

1．使役

使二――……一

〔読み〕――ヲシテ……しム

〔意味〕――に……させる

天帝使三我長二於百獣一。（『戦国策』）

▼天帝我をして百獣に長たらしむ。

▽天帝は私に百獣の長にならせた。

2．仮定

使二――……一

〔読み〕――ヲシテ……しメバ

〔意味〕①もし――に……させれば

②もし――が……すれば

使二民衣食有一レ余、自不レ為レ盗。

（『十八史略』）

▼民の衣食をして余り有らしめば、自ら盗を為さざらん。

▽もし民の衣食に余裕があるようにさせれば、自然と盗みをしなくなるだろう。

※使役・仮定とも、「――」には人や物、「……」には動作が当てはまる。

もし三句目の形を「仮定の句形」として覚

えていなくても、使役形を覚えていれば、正しく解釈することは難しくないだろう。「夷斉」は注にある通り、清廉潔白なことで知られた兄弟の名前。したがって第三句の解釈としては、「試しに伯夷・叔斉に飲ませれば」となる。飲ませる物は、詩前半の「此の水」すなわち「貪泉」の水である。傍線部Aはこれに続く句であるから、「(試しに伯夷・叔斉に飲ませれば)〜だろう」といった仮定の結果が入ると想定できる。

傍線部Aを見ると、複数の読み方を持つ漢字が多いので、代表的な意味を確認しておこう。「終」は「つひニ」と読んで「とうとう」や「最後まで」を意味する場合と、「をフ」と読んで「終わる」「終える」を意味する場合とがある。

「当」は動詞の「あタル」である可能性もあるが、再読文字であれば「まさニ――ベシ」と読み、「当然――しなければならない」あるいは「きっと――に違いない」を意味する。

「易」は「やすシ」と読んで「たやすい」を意味する場合や、「かフ」と読んで「変える」を意味する場合がある。

以上の意味をおさえつつ、選択肢の正誤を判断していこう。

①は、これを訳すと「たやすくないことにあたる心を終えるだろう」のようになり、意味の通る訳にならない。

②も、「心を変えないことにあたることを終えるだろう」といった訳になり、誤り。

③は「当不――」を「当に――べからず」と読んでいる点が誤り。ただし、「不当――」という語順ならばこのような読み方はあり得る。

④は「当」を「まさニ――ントす」と読んでいる点が誤り。訳も「とうとう今にも変えない心であろうとする」などとなり、意味が通じない。

⑤は訳してみると「とうとう心を変えないに違いない」のようになる。飲めば貪欲になると言われる「貪泉」だが、清廉潔白な伯夷・叔斉ならば、その水を飲んでも清廉な心を変えないに違いない、つまり「貪泉」にまつわる伝承は迷信だ、ということである。書き下し文として適当であり、かつ解釈にも問題が無い⑤が正解。

問3　空欄補充と書き下し文の問題（標準）

解答　②

解法のポイント

空欄補充を含む問題も、共通テストでは定番の設問である。漢詩の場合は押韻の知識を利用できることが多いが、文章の場合は選択肢を一つずつ当てはめ、文脈に整合するかどうかを丁寧に確かめるのがよい。

空欄を含む傍線部Bは、【文章Ⅱ】冒頭の一文の一部である。少し長く構造も複雑な文なので、丁寧に見ていこう。「予」は一人称であり、【文章Ⅱ】の筆者が自らを指して言っている。これが主語である。「旧」は「以前・昔」の意。「見」は動詞であり、見た内容が「昔人……為矯心」である。「刺史飲泉の事」は当然【文章Ⅰ】の故事を指す。注も参考にしつつ、一文をわかりやすく解釈すれば、「私は以前、〈昔の人が、刺史（＝呉隠之）が泉の水を飲んだ故事を論じる中で、ある人が、呉隠之はあえて常識に逆らい、他人と異なる意見を唱えたのだと非難した〉のを見て、非常に『不X然』（傍線部B）となる。よって傍線部Bの主語は「予」だと考えられる。

そして次の段落で人と外界の事物との関係性について論じた後、第三段落で「刺史のごときは、吾其の決して矯して以て名を沽る者に非ざるを知るなり」と言っている。少し先取りになるがこの文の意味を解説しておくと、「若」はここでは「〜については」といった意味。「刺史については、私は決して彼があえて他人と異なる意見を唱え、売名を図ったのではないと分かる」という解釈になる。このことから、筆者は「或ひと」の見方に反対していることが分かる。

以上をふまえ、各選択肢を検討しよう。

①は「如」を当てはめる。「――に如かず」は、「――に及ばない・――の方がよい」と訳す比較の重要表現。「然り」は「そうである・その通りである」の意。訳してみると「そうであることには及ばない」、言い換えれば「そうである方がよい」ということになる。これでは筆者が「或ひと」の意見に反対していることにならないため、不適。

②は「以為」を当てはめる。問2で確認した「以二――一為二……一」の「――」が省略された形で、「……と思う・みなす」の意味になる。訳してみると「その通りだと思わない」

となり、文脈に矛盾しない。これが正解。

③は「何」を当てはめるが、「何ぞ――ざる」と読んで「どうして――しないのか（――すればよい）」を表す句形は「何不――」の語順である。また強いて訳してみても「どうしてその通りだとしないのか、その通りだとすればよい」となり、文脈にそぐわない。

④は「所以」を当てはめる。「ゆゑん」と読んで「理由」「方法・手段」などの意味である。訳してみると「そうである理由ではない」などとなり、これも文脈にそぐわない。

⑤は「未」を当てはめ二重否定で読んでいるが、「未だ――ずんばあらず」は「未レ不二――一」の語順である。また二重否定は強い肯定を表すので、やはり本文における筆者の立場と矛盾が生じてしまう。よって誤り。

問4　内容理解の問題（標準）

解答　②・⑤

解法のポイント

設問文に書かれている「人と外界の事物との関係性」は、【文章Ⅱ】第二段落に述べられているので、この内容を正しくつかむ必要がある。注意が必要なポイントを押さえながら内容を確認していく。

一文目「貪与レ廉」の「与」は並列を表し、「貪と廉と」と書き下す。ここでは貪欲さと清廉さという対義語を並列している。「自レ我」の「自」は「より」と読み、「――から」という起点を表す。

傍線部Cが含まれている二文目は、「豈」を用いた反語文である。

これだけは覚えよう

○反語の「豈」

豈――哉　＊哉＝乎・邪・耶・也など

〔読み〕あニ――ンや

〔意味〕どうして――であろうか（いや――であるはずがない）

此豈山之性也哉。（『孟子』）

▼此れ豈に山の性ならんや。

▽これはどうして山の本性であろうか。

「能」は可能を表す。「所」は下に動作を伴って、その動作の及ぶ対象を表す。訳は「――するもの・こと」など。ここまでの二文は「人の心の貪欲さと清廉さとは、自分から引き起こす。どうして外界の事物が変えることができるものであろうか、いやできるものではない」となる。

三文目の後半「皆蠱二於物一者也」は、置き字の「於」を用いた受身表現である。

四文目「有レ一」は注にある通り「片方でもあれば」の意。三文目の「好利」と「好名」のどちらか一方でも、という意味である。「得二以――一」は「――することができる」という可能を表す。「可二以――一」と同様、この「以」は必ずしも訳す必要は無い言葉である。

三・四文目を訳すと、「人が富を好むことと名誉を好むこととは、どちらも物に誘惑されているのだ。富や名誉を好む気持ちが片方でもあれば、その守りは固くなく（＝富を好む心や名誉を好む心は何かの影響を受けやすく）、物はそれを変えることができる」となる。

以上、第二段落から読み取れる「人と外界の事物との関係性」をまとめれば、(1)人の心が貪欲か清廉かは自分自身が引き起こすものであり、外界の事物によっては変わらないが、(2)貪欲な人が富を好むか名誉を好むかは、外界の事物によって変わり得る、ということである。この内容と矛盾しない②と⑤が正解。

①は右の(1)に明らかに矛盾するため誤り。

③については、外界の事物によって変わり得るのは、富と名誉のどちらを好むかであって、貪欲か清廉かではないので誤り。

④は(2)の内容と明らかに異なるため誤り。

⑥は名誉を好む人と清廉な人を同一視している点が誤り。

問5　解釈の問題（基礎）

解答　③

解法のポイント

傍線部の解釈を問う設問も、共通テストでは頻出である。直訳に近い解釈が要求される場合もあるが、本文の内容に即して解釈を考える必要がある場合もある。解法としては返り点・書き下し文問題と同様、句法・語句の知識をヒントに書き下し文・解釈を考え、文脈に適合するか確かめる、という流れになる。

問3で既に確認した通り、傍線部直前の一文には、「刺史については、私は決して彼があえて他人と異なる意見を唱え、売名を図ったのではないと分かる」とある。このことをふまえれば、傍線部Dは呉隠之に肯定的な評価を与える内容であろうことが推測できよう。

傍線部Dの一字目「惟」は、ここでは「ただ」と読み、限定を表す。

これだけは覚えよう

> ○限定を表す「惟」
> 惟――　＊惟＝但・唯・只・徒・直など
> 〔読み〕ただ――（ノミ）
> 〔意味〕ただ――（だけだ）
> ※文末の「耳」・「而已」など（「のみ」と読む）と呼応する場合もある。
> ※同じ形で強意を表す場合もある。
> 与㆑吾定㆓天下㆒者、其惟卿耳。（『晋書』）
> ▼吾と天下を定むる者は、其れ惟だ卿のみ。
> ▽私と一緒に天下を統一する者は、ただあなただけだ。

「其」は指示語である。指示内容は前文の「其」と同じく呉隠之である。「知㆑道明」の「道」は、「道のり」などの意味ももちろんあるが、漢文では「物事の道理」の意味でしばしば使われる。前文までの文脈を考慮すれば、後者の意味が適切であろう。「自信篤」の「篤」は「あつシ」と読み、情愛の深さや純粋さ、あるいは感情が一途であることを表す。

以上から傍線部Eを訓点に従って解釈すると、「ただ呉隠之の物事の道理を理解することが明らかであり、自らを信じることが一途だっただけだ」などとなる。これを分かりやすい表現にした③が正解。

①・④・⑤はいずれも「道」の解釈が誤り。この「道」は「道のり」や「方法」ではない。

②は「私は……自説を信じて疑わないだけだ」という箇所が誤り。「自信篤」の主語は呉隠之である。

⑤は右記の理由に加え、「……だけでなく」という箇所が誤り。これは累加形「不㆓惟……㆒」（惟だに……のみならず）の解釈である。

問6　複数資料の内容説明問題（応用）

解答　③

解法のポイント

二つの文章全体の内容理解を問う問題である。【文章Ⅱ】は【文章Ⅰ】の故事に対する見解を述べているということを念頭に置きながら読解しよう。

まず【文章Ⅰ】の内容については、ここでは要約を示すだけにする。

> 【文章Ⅰ】の内容
> ・呉隠之が広州刺史に任命された
> ・広州の「貪泉」の水を飲むと、貪欲になるという伝承があった
> ・呉隠之はその水を飲み、詩を作った
> 詩：伯夷・叔斉に飲ませてみれば、清廉な心は変わるまい

次に【文章Ⅱ】の内容を整理するが、まずはここまでの解説で触れていない、【文章Ⅱ】最後の一文の内容確認から始めよう。

一文が長いので、少しずつ区切ってみる。「人」は呉隠之が「故飲㆑之以示㆑人」の意味は難しくない。「人」は呉隠之が「示」した相手であるから、具体的には当時の広州の人々を指すと考えてよい。

「使㆘人知㆔貪廉之由㆓乎内㆒、而不㆖仮㆓乎外㆒」は、問2でまとめた「使」を用いた使役形。ここでは使役の対象が「人」（＝当時の広州の人々）、させる内容が「知㆔貪廉之由㆓乎内㆒」と「不㆑仮㆓乎外㆒」の二つである。「仮」は「仮託する・かこつける」の意。「人々に貪欲と清廉は内側から来ることを理解させて、外側にかこつけないようにさせ」となる。

「使㆔外好㆑名而内貪濁者不㆑得㆔以藉㆑口而分㆓其罪㆒」も使役形。今度は使役の対象が「外好㆑名而内貪濁者」、させる内容が「不㆑得㆔以藉㆑口而分㆓其罪㆒」という構造。

「外好㆑名而内貪濁者」については、第二段落の内容をふまえれば意味が分かるだろう。事物の影響を受けて変わることがある「好㆑名」は「外」、自身の心の問題であって事物の影響を受けない「貪」は「内」なのである。

「不㆑得㆔以藉㆑口而分㆓其罪㆒」について、「不㆑得㆓以――㆒」は不可能を表す。「藉㆑口」は注の通り、「口実を作って言い訳をする」。「分㆓其罪㆒」は、ひとまず「その罪を切り離す」「その罪を分散する」あるいは「その罪を分散する」と解釈できる。「其の罪」は、具体的には「外好㆑名而内貪濁」であることの罪と考えて差し支えない。

【文章Ⅰ】によれば、「貪泉」の水を飲んだ

者は無限の欲望を抱く、という言い伝えがあった。ということは、呉隠之の時代の広州では、貪欲な心を持った者が、己の貪欲さを（実際には自分自身のせいなのに）「貪泉」の水を飲んだせいにしてきたのであろう。物事の道理に明るく自らを固く信じていた呉隠之は、「貪泉」の水を飲んで貪欲になるという道理は無いと分かっていたし、自らが貪欲になることも無いと信じていた。だから自ら「貪泉」の水を飲んで見せ、人々に貪欲と清廉は自己の内側から来るのであって、泉のせいではないことを教え、そのうえ自らの貪欲さを「貪泉」の水のせいにする者には、以後それができないようにさせた、というのが筆者の見解である。

【文章Ⅱ】の内容をまとめれば次の通り。

【文章Ⅱ】の内容

〔第一段落〕呉隠之に対する非難の紹介

・呉隠之はあえて他人と異なる意見を唱えたのだという見方は間違いだ

〔第二段落〕人と事物との関係性の説明

・貪欲か清廉かは自己の内面の問題であり、外界の事物の影響を受けない

・貪欲な人が富と名誉のどちらを好むかは、外界の事物の影響を受ける

〔第三段落〕筆者劉基の見解

・呉隠之は道理に明るく自身を固く信じた

・だから自ら「貪泉」を飲んで見せ、人々に貪欲さが自己の内面の問題であることを理解させ、貪欲な者に貪欲さを泉のせいにできなくさせた

【文章Ⅰ】・**【文章Ⅱ】**双方の内容を正しくまとめている③が正解である。

①は**【文章Ⅰ】**についての説明は間違っていないが、後半「わいろなどの不正行為を厳しく取り締まるという決意を表明した」という説明が劉基の見方と異なる。

②は、**【文章Ⅰ】**の詩の趣旨について「清廉で知られた人物も泉の水を飲めば貪欲になってしまう」と説明している点が誤り。また、後半も劉基の主張からずれている。

④も①と同様に、**【文章Ⅰ】**について説明した前半部分はよいが、後半の呉隠之の意図についての説明が誤っている。

⑤は、呉隠之の意図について説明した後半部分は必ずしも間違いではないが、**【文章Ⅰ】**の詩の趣旨について「清廉な人物であれば泉の水を飲もうとはしない」と理解している点が誤り。「もし飲んでも変わらないはずだ」という理解が正しい。

《全文訓読》※振り仮名は現代仮名遣いによる。

【文章Ⅰ】

広州《こうしゅう》は珍異《ちんい》の出《い》づる所《ところ》なれば、前後《ぜんご》の刺史《しし》多《おお》く貨《か》に黷《けが》る。朝廷《ちょうてい》其《そ》の弊《へい》を革《あらた》めんと欲《ほっ》し、隠之《いんし》を以《もっ》て刺史《しし》と為《な》す。州《しゅう》に水《みず》有《あ》り、貪泉《たんせん》と曰《い》ひ、飲《の》む者《もの》厭《あ》く無《な》きの欲《よく》を懐《いだ》く。隠之《いんし》泉《いずみ》の所《ところ》に至《いた》り、酌《く》みて之《これ》を飲《の》み、因《よ》りて詩《し》を賦《ふ》して曰《い》はく、

古人《こじん》云《い》ふ此《こ》の水《みず》
一《ひと》たび歃《すす》れば千金《せんきん》を懐《おも》ふと
試《こころ》みに夷斉《いせい》をして飲《の》ましめば
終《つい》に当《まさ》に心《こころ》を易《か》へざるべしと

州《しゅう》に在《あ》るに及《およ》び、清操《せいそう》愈《いよいよ》厲《はげ》し。

【文章Ⅱ】

予旧昔人《よもとせきじん》の刺史《しし》飲泉《いんせん》の事《こと》を論《ろん》じ、或《ある》ひと其《そ》の矯心《きょうしん》を為《な》すを病《や》むを見《み》て、甚《はなは》だ以《もっ》て然《しか》りと為《な》さず。

人心《じんしん》の貪《たん》と廉《れん》と、我《われ》より之《これ》を作《おこ》す。豈《あ》に外物《がいぶつ》の能《よ》く易《か》ふる所《ところ》ならんや。人《ひと》の利《り》を好《この》むと名《な》を好《この》むと、皆物《みなもの》に蠱《こ》せらるる者《もの》なり。一《いつ》も有《あ》れば、則《すなわ》ち其《そ》の守《まも》ること固《かた》からずして物以《ものもっ》て之《これ》を移《うつ》すを得《う》。

刺史《しし》のごときは、吾《われ》其《そ》の決《けっ》して矯《きょう》して以《もっ》て名《な》を沽《う》る者《もの》に非《あら》ざるを知《し》るなり。惟《た》だ其《そ》の道《みち》を知《し》ること明《あき》らかにして自《みずか》ら信《しん》ずること篤《あつ》きなり。故《ゆえ》に之《これ》を飲《の》みて以《もっ》て人《ひと》に示《しめ》し、人《ひと》をして貪廉《たんれん》の内《うち》に由《よ》るを知《し》りて、外《そと》に仮《か》らざらしめ、外《そと》に名《な》を好《この》みて内《うち》に貪濁《たんだく》なる者《もの》をして以《もっ》て口《くち》を藉《か》りて其《そ》の罪《つみ》を

分《わ》くるを得《え》ざらしむ。

《全文解釈》

【文章Ⅰ】

広州は珍しい物が産出する土地なので、歴代の刺史はわいろをむさぼる者が多かった。(晋の)朝廷はその悪弊を改めようとして、隠之を刺史に任命した。広州には湧き水があり、それを「貪泉」と言い、その水を飲んだ者は際限のない欲望を抱(くと言われて)いた。隠之はその泉のところにやって来て、その水を酌んで飲み、そこで詩を作って言った。

昔の人はこう言った、この水は
一度飲めば大金を欲しがるようになる、と
試しに伯夷・叔斉に飲ませたならば
とうとう(清廉の)心を変えないに違いない

と。広州に着任すると、その清廉な節操はますます厳格になった。

【文章Ⅱ】

私は以前、昔の人が、刺史(＝呉隠之)が泉の水を飲んだ故事を論じた中で、ある人が呉隠之はあえて常識に逆らい、他人と異なる意見を唱えたのだと非難したのを読み、全くその通りだと思わなかった。

人の心の貪欲さと清廉さとは、その人自身がそれらを引き起こすのである。どうして外界の事物が変えることができるものであろうか。(一方で、既に貪欲な)人が利益を好むことと名声を好むこととは、どちらも外界の事物に惑わされているのである。(好利と好名の)片方でもあれば、その富を好む心や名誉を好む心は確固たるものではなく、事物は好みの対象を変えることができる。

刺史については、私は彼が決してあえて他人と異なる意見を唱え、売名を図ったのではないと分かる。ただ物事の道理をよく知っていて、自らを固く信じていたというだけのことである。だから貪泉の水を飲んで人に見せ、人に貪欲さと清廉さは自分の内側から生じることを理解させ、外界の事物にかこつけないようにさせ、そして外面では名声を好み内面では貪欲な人物に、(貪欲は泉のせいだという)口実を作って言い訳をし、自分自身の罪を分散することができないようにさせたのである。

第3回 解答と解説

(200点満点)

問題番号(配点)	設問(配点)		解答番号	正解	自己採点
第1問(45)	1 (6)〈各2〉	(ア)	1	④	
		(イ)	2	③	
		(ウ)	3	②	
	2 (7)		4	①	
	3 (7)		5	②	
	4 (7)		6	①	
	5 (6)		7	⑤	
	6 (12)〈各4〉	(i)	8	④	
		(ii)	9	③	
		(iii)	10	②	
				自己採点小計	
第2問(45)	1 (5)		11	③	
	2 (5)		12	②	
	3 (6)		13	⑤	
	4 (6)		14	③	
	5 (6)		15	⑤	
	6 (6)		16	②	
	7 (11)	(i) (5)	17	③	
		(ii) (6)	18	③	
				自己採点小計	
第3問(20)	1 (4)		19	④	
	2 (4)		20	④	
	3 (4)		21	③	
	4 (8)〈各4〉		22	③・⑥	
			23	(順不同可)	
				自己採点小計	

問題番号(配点)	設問(配点)		解答番号	正解	自己採点
第4問(45)	1 (15)〈各5〉	(ア)	24	②	
		(イ)	25	③	
		(ウ)	26	①	
	2 (6)		27	②	
	3 (6)		28	②	
	4 (6)		29	④	
	5 (12)〈各6〉	(i)	30	②	
		(ii)	31	④	
				自己採点小計	
第5問(45)	1 (8)〈各4〉	(ア)	32	③	
		(イ)	33	①	
	2 (6)		34	①	
	3 (6)		35	⑤	
	4 (6)		36	③	
	5 (7)		37	①	
	6 (5)		38	④	
	7 (7)		39	②	
				自己採点小計	

自己採点合計

出　典　1　鷲田清一『〈ひと〉の現象学』
2　黒井千次「椅子」、井口時男「解説」
3　気候変動問題に関する文章と統計資料
4　『八重葎』
5　【文章Ⅰ】文同『丹淵集』、【文章Ⅱ】蘇軾『東坡題跋』

第1問　解　説

出題のねらい

本問は「大学入学共通テスト」国語の第1問の出題形式に慣れるとともに、そこで要求される漢字力、文脈把握力、文章の表現や構成を理解する力、複数のテクストを関連付ける力などがどの程度身についているかを試すことをねらいとして作成した。共通テストの第1問は従来のセンター試験の出題傾向を踏襲した部分も多いが、より「活用」を意識した出題が増えている。そのため本問でも、本文を踏まえた生徒同士の話し合いの場面を設問に取り入れるなど、実際の共通テストに即した設問構成をとっている。本問を通じて共通テストで出題される論理的な文章の読み方・解き方を確認してほしい。

出典

鷲田清一『〈ひと〉の現象学』（筑摩書房、二〇一三）より「8　ワン・オブ・ゼム―『多様性』という名のアパルトヘイト」の一節。出題の都合により省略・改変した箇所がある。

鷲田清一（一九四九～）は哲学者。京都府生まれ。関西大学文学部教授、大阪大学総長、京都市立芸術大学理事長・学長などを歴任。主な著書に『モードの迷宮』（ちくま学芸文庫）、『じぶん・この不思議な存在』（講談社現代新書）、『「待つ」ということ』（角川選書）、『「ぐずぐず」の理由』（角川選書）、『哲学の使い方』（岩波新書）、『つかふ　使用論ノート』（小学館）など多数。

本文解説

（1・2などは形式段落の番号を示す）

【多様性への問い（1・2）】

1 多様性という観念は、たがいの違いを認めるというようなイメージで受けとめられている。

2 が、多様性と言うとき、それを人びとはどのような地点から語っているのだろうか。

※一般的によいものとされる多様性という概念に対して、それがいったいどのような地点から語られているのかという問いを投げかけている。

【文化の多様性とはなにか（3・4）】

3 たとえば、たがいに異なる複数の文化が存在するというのは、そもそもどのような事態を想定して言われているのか。

4 D・スペルベルは相対主義を《異なる文化に属する人びとは異なる世界に住む》とまとめた。言葉と文化が異なれば世界はそれぞれ別様に現われる。つまり、世界はそれじたいが多型的な現象なのである……。

※ここでは文化の多様性に焦点を絞って、1・2段落の問題提起を具体的に考察しようとしている。

【相対主義と反相対主義（5～8）】

5 が、世界は多型的な現象であると言うときに、なぜ多型性を超えて、多型的に現出する一つの「世界」に言及できるのか。

6 ここで問題になっているのは真理が真理であるための条件の複数性であり、相対性である。真理が一定の「解釈図式」と相関的なのだとしたら、異文化の相互理解は不可能ということになる。あまたの相対主義批判はここにひっかかるのである。

7 相対主義の問題点を回避するため、異なる世界解釈のなかにもじつは認知や道徳における「不変項」が存在するという議論が出される。だが、これに対しては、そうした不変項は特定の文化的地平の内部で仮構されたものにすぎず、「普遍」を僭称しているにすぎないという反批判がありうる。

8 相対主義によるこの反批判は皮肉なものである。というのも、反相対主義者による相対主義の規定、《異なる文化に属する人びとは異なる世界に住む》をそのまま受け入れているからである。

※世界の現われはそれぞれの文化の解釈図式によって異なると相対主義は考えるが、それだと異文化間の相互理解が困難になってしまうため、反相対主義者は複数の文化をつらぬく普遍的な要素を考える。だが、それもまた相対主義者から見れば一つの解釈図式にすぎないと言われてしまう。相対主義者の方もそう言うことによって異文化間の相互理解が不可能という結論を自ら導いてしまう。これを筆者は「皮肉」と呼んでいるわけだ。

【ギアツの反―反相対主義（9～13）】

9・10 こうした議論の循環に異論を唱えるのが、クリフォード・ギアツの「反―反相対主義」である。相対主義と反相対主義との論争は、分析上の議論というよりもむしろ「警告の応酬」だと、ギアツはいう。
11 ギアツが批判するのは反相対主義者の、文化的コンテクストに依存しない人間概念である。反相対主義者は複数の文化の間に「人間」をつらぬく不変項が存在すると言う。
12 もしそうだとすると、文化の多様性はこの不変項からの逸脱の具合の多様性を示すものだということになる。その逸脱の具合はすぐに正常／異常という差異へとずらされる。だが、たとえばわたしたちの習性のうちなにが正常で何が異常かは結局その文化のコンテクストに依存するものである。
13 「わたしたちは他の人たちの生を自分自身が磨いたレンズを通して見るのであるし、他の人たちもわたしたちの生を彼ら自身が磨いたレンズを通して見る」というのが異文化にふれるときの基本的な事実であって、そうした接触のなかで「〈みずからの〉地平を設定しなおし、視野の中心をずらせる」ことも必然的に起こる。

※ここでは第三の立場としてギアツの反―反相対主義が提示されている。ギアツは反相対主義者のいう普遍的な人間概念に疑問を投げかけ、人びとは自らのレンズを通して異文化を見るのであり、そのなかで自分のレンズのありようが変容していくこと（＝みずからを疎隔化すること）に言及している。

設問解説

問1　漢字識別問題（基礎）

解答　(i)　(ア)＝④　(イ)＝③　(ウ)＝②

解法のポイント

(ア)は「擁護」。①は掲揚、②は寛容、③は長幼、④は擁立。したがって正解は④。

(イ)は「陥る」。①は突貫、②は等閑、③は陥落、④は勘案。したがって正解は③

(ウ)は「信奉」。①は返報、②は奉納、③は俸給、④は弥縫策（一時のがれにとりつくろい間に合わせるための方策）。したがって正解は②。

問2　傍線部内容説明問題（標準）

解答　①

解法のポイント

第4段落で述べられたD・スペルベルによる相対主義の規定の内容が問われている。傍線部Aの直前に「つまり」という言い換え関係を示す接続詞があるため、直前までの文の内容をまとめればよい。ポイントは言葉のはたらきである。「ひとは言葉とその意味とによって世界を分節し、解釈しながら生きている」とあるように、人びとは世界に直に接しているのではなく、言葉を介して外界の事象に切れ目を入れ、それを通じて各々の世界を作り上げている。そのため、言葉が違えば世界の現われ方は異なる。このことを指して「世界はそれじたいが多型的な現象なのである」とまとめているわけだ。以上を踏まえると選択肢①が正解となる。

②は、一見よさそうだが、最後の「文化間の相互理解は不可能だ」がこの段階では言い過ぎている。傍線部やその直前部分ではあくまでも言葉や文化が異なれば世界はそれぞれ異なった現われ方をする、という内容にとどまる。これに対して反相対主義が疑問を投げかけ、それだと文化間の相互理解は不可能になるのではないかと批判しているのである。反相対主義の批判内容まで先取りして含めてしまっている②は言い過ぎであり、不適切となる。

③は、「言語はその地域の自然環境に応じて世界を分節化している」とあるが、世界の分節の仕方がどのように決まるのかという点については本文中にはっきりとした言及がないため不適切。たしかに北極圏の話は書かれているが、色に関して北極圏ではそうなっているという一例を示しているにすぎない。

④は、「人びとは個々人で異なる語彙を通じて世界を認識している」とあるが、「個々人が」は本文と合わない。本文を離れて厳密に考えるとそう言えるのかもしれないが、本文ではあくまでも集団レベル（文化圏単位）の話をしているのであり、「個々人」の差異について述べているわけではない。

⑤は「文化は多様であり、互いに異なる複数のあり方をしている」とあるが、文化によって多様に異なるのは「世界」の現われ方であ

り、⑤は何が多型的なのかがずれている。

問3　傍線部理由説明問題（応用）

解答　②

解法のポイント

解法のポイントは二つあり、一つ目は傍線部の「この反批判」とはどのような内容か、二つ目はなぜ「皮肉」なのか、である。

一つ目のポイントから見ていこう。反相対主義から見れば、相対主義は異文化間の相互理解が不可能で、しかもこの世の真理を否定する懐疑主義に陥ってしまうという。たとえば、あきらかに「おかしな」文化や風習があってもそこに介入できず、各々が別々に分断されてしまうことを心配するわけだ。そこで反相対主義は、どのような文化にも共通する「不変項」があるはずだ、認知的あるいは道徳的な「普遍」が存在するはずだと考えるのである。反相対主義から相対主義へのこの批判に対して、相対主義の側から「反批判」があるという。それは簡単に言えば、「普遍」の存在を信じるのも結局は一つの解釈図式にすぎない、というものだ。

ここから二つ目のポイントが導かれる。「普遍」の存在を信じるのも一つの解釈図式にすぎないという主張は、そのような図式を他の文化におしつけることはできない、つまりわたしたちは各々の解釈図式の外に出られない、ということを認めてしまうことになる。相対主義の問題点として反相対主義者が提示した内容（＝異文化間の相互理解は不可能）をそっくりそのまま相対主義者自身が認めてしまうことになるわけだ。それゆえ、相対主義からの反批判は自らの欠点を自ら認める「皮肉」なものだと述べているのである。以上を踏まえると、正解は②となる。

①は、「世界の現れ方は～反相対主義の主張」がまず誤り。傍線部の「相対主義によるこの反批判」として正しくない。また、「そのような～相対主義が批判する」もおかしい。こちらは相対主義ではなく反相対主義の考えである。

③は、「真理の相対性を絶対化することは矛盾していると主張した反相対主義」が誤り。第6段落冒頭で「ここで問題になっているのは真理の複数性、真理の相対性という問題ではない」とあるため、問題の焦点がずれている。

④は、「(相対主義からの反批判は) かえって自らを「普遍」の立場に位置づける矛盾をおかしてしまう」という部分がおかしい。普遍の立場に自らを位置づけるのではなく、自分を一つの解釈図式のなかに閉じ込めてしまう帰結を招いてしまうのである。

⑤は「千変万化する自然現象の背後には不変の真理が実在するという反相対主義の思想」が誤り。反相対主義の思想は、自然現象の背後に不変の真理があるといったものではない。認知的あるいは道徳的な普遍の存在を主張しているのである。

問4　傍線部内容説明問題（標準）

解答　①

解法のポイント

指示語の内容を問う問題だが、傍線部の直前を見てもまた指示語ばかりなので、ここはギアツの議論を第11段落から振り返りながら考えるとよい。

ギアツが問題視していたのは、反相対主義の考える、文化のコンテクストに依存しない「人間」という発想だった。反相対主義者は複数の文化をつらぬいてそのような人間の本性（知性・深層心理）が存在するはずだと考える。ここでギアツは、そのような人間の本性なるものが存在するとした場合、文化の多様性はその本性からの逸脱の具合の多様性を示すと言う。人間本性からのズレのバリエーションに応じて様々な文化が存在すると考えるわけだ。たとえば、「食べる」という行動自体は、人間の生存本能に叶った行動として人間にとって本質的と言えるかもしれないが、何を食べるか、またどのように食べるかは様々であり、そこが文化の多様性としてあらわれるというわけだ。

だがギアツは「その『逸脱』の具合はすぐに正常／異常という差異へとずらされる」と言う。人間本性からのズレといっても、さすがにそこまでズレているのはおかしい（異常だ）、といったように、正常／異常の判断を下したくなる傾向があるというわけだ。たとえば、食べるという行動自体は自然だが、人肉を食べるのは不自然だ（異常だ）と思ってしまわないだろうか。同様に、牛を食べるのは正常で、犬を食べるのは異常だといった感覚をもつ人もいるだろう。だがもちろん牛を食べるなどありえないという文化もあるし、昔から犬を食べてきたという文化もある。ギアツは、正常／異常の判断は各文化のコンテクストによる（のだから、人間本性など考えても仕方がない）と批判するのである。

ここまでくれば、傍線部「その傾向」とは、先に示した反相対主義者の思考の傾向＝文化的コンテクストに依存しない人間本性が存在し、その本性をもとに各々の文化や習俗に対して正常／異常の判断を下そうとする傾向のことだと分かる。したがって、①が正解となる。

②は、「反相対主義者は…他の文化を普遍性のない劣ったものとして軽視する」が誤り。文化間の優劣云々については本文中には書かれていない。

③は、前半はよいが、最後の「相対主義的な発想から遠ざかってしまう」が誤り。反相対主義の思想なのだから、相対主義的な発想から遠ざかるのは当然である。

④は、反相対主義の思想が「異なる文化のコンテクストの中では成り立たない」とあるが、本文内容的には必ずしも誤りではないかもしれないが、傍線部の指示語の内容からは外れている。

⑤も指示語の指示内容を逸脱した内容を含む選択肢になっているし、「合理性の基準は各文化によって異なる」という指摘も本文中にはなく、話を合理性に限定している点でも不適切。

問５　本文の構成に関する問題（標準）

解答　⑤

解法のポイント

順に選択肢を検討していこう。

①は第1・2段落についてだが、本文解説で示した通り、ここは多様性について一般的な評価を述べた後に、それに疑問を呈するという流れになっている。そしてそれも、多様性をどのような地点・視点から語るのかという問いの立て方をしているため、①の説明は問題ない。

②は第3～6段落についてだが、ここからは話を文化の多様性というテーマに絞って進めており、まず文化の多様性とはどのような事態を指して言っているのかを述べ、それに対する反相対主義者の疑問をつづる展開になっている。そのため②の選択肢も問題ない。

③は、第7・8段落についてだが、ここは問3でもみたように、反相対主義から相対主義への批判とそれに対する相対主義からの反批判を述べつつ、その反批判も反相対主義者と同一の見解に陥ってしまうと結ばれている。そのため③も問題ない。

④は第9・10段落についてだが、ここは相対主義と反相対主義とは異なる視点をもつギアツの反―反相対主義について紹介されているところである。反―反相対主義は二重否定の表現で、「拒まれている対象（＝相対主義）を受け入れることなく、拒んでいるもの（＝反相対主義）を拒む（＝反―）」と当てはめるとよい。反相対主義を否定すると一見相対主義になるかにみえるが、その相対主義をも受け入れないという。つまり、相対主義を否定するということだ。同趣旨のことが④の選択肢では述べられているため、これも問題ない。

⑤は、第11～13段落についてだが、最終段落のギアツの結論は「相互理解の限界」を「強調」したものではない。もちろん、異文化理解は可能だというスタンスでもない。ギアツは、理解可能か否かという文脈を離れて、異文化との接触が自分の「感覚についての感覚」を変化させること、自分の「視野の中心をずらせる」ことを述べている。つまり、そうした自己変容を必然的に引き起こすものとして異文化との接触を捉え直しているわけだ。よって、⑤が本文に照らして不適切となる。

問６　生徒の学習過程を想定した問題（応用）

解答　(i)＝④　(ii)＝③　(iii)＝②

解法のポイント

〔(i)　空欄Xについて〕

Xは本文第1段落で述べられた「《政治》」の具体例として適切なものを選ぶ問題である。本文中で「《政治》」とは「もろもろの差異の存在をなにかある別次元の同一性のもとに回収する」ものと書かれている。何らかの多様に異なる者たちをある水準で同じものと見なしてしまうことを《政治》と呼んでいるわけだ。

①は、何を差異あるものとしているのか、またどのように同一性に回収しているのかと

いう点が不明瞭で、単に一般的な政治の説明として当てはまりそうな内容が書かれているだけなので不適切。

②は、「多様な民族」が差異ある存在に相当するが、「互いの生活領域を明確に区切ろうとする」は同一性のもとに回収するのではなく、差異ある者たちをむしろ別々に存在させるという内容になってしまっているため不適切。

③は、②とは逆に同一性の方の話しかしておらず、差異ある存在に言及できていないため不適切。

④は、「現実に存在する様々な性自認」が差異ある存在に相当し、それを「男性／女性の二元論的な発想」（＝別次元の同一性）に回収して見えなくさせてしまうという内容なので、《政治》の具体例として適切である。これが正解。

(ii)　空欄Yについて

Yは本文とは別テキストの内容を本文内容に当てはめて考える問題。別テキストのポイントは、個性の尊重といっても、他人の個性については自分の解釈図式を通じてアプローチするしかないとすれば、他者の尊重は自分がでっちあげた（仮構した）「他者」を尊重することにしかならず、「本当の」他者は置いてきぼりになってしまう、という危うさを指摘している。もちろん筆者自身「本当の」他者なるものがあると考えているわけではなく、一般的によいとされる個性の尊重という事柄が実はよく考えてみると危うさをはらんでいると述べているにとどまる。

このような他者理解の困難を、異文化理解の困難という文脈に置き換えて考えればよい。異文化を自文化の解釈図式を通してしか触れられないものだとするならば、そのような解釈図式を通して描かれた異文化は「異文化そのもの」ではなく、あくまでも自らでっちあげた（仮構した）ものにすぎない、ということになろう。それゆえ、安易に異文化理解を唱えることは、自分がこしらえた異文化イメージの中に当の異文化を閉じ込めてしまうことになるわけだ。以上より、正解にふさわしいのは③となる。

①は本文中には書かれているが、「文化」ではなく「わたし」と「他者」の関係を述べたものであるため不適切。

②は、前半の「異なる文化の世界解釈を自己の文化の世界解釈のなかへと翻訳・還元する」という記述は他者理解の困難さを文化の文脈に置き換えた表現ととることができるが、後半の「あらゆる解釈のあり方を超越した「普遍」を僭称することになりかねない」は別テキストの内容に沿った説明とは言えないため不適切。

④は、最後の「すべての真理は相対化されてしまう」が別テキストのいう他者理解の危うさの置き換えにはならないため不適切。

(iii)　空欄Zについて

Zは本文最終段落の「みずからを疎隔化する」という内容をもとにして、「異文化交流会」の開催趣旨の方向性を検討する問題である。「みずからを疎隔化する」とは、異文化との接触を通じて「〔みずからの〕地平を設定しなおし、視野の中心をずらせる」ことであり、またそのなかで「感覚（知覚）」についての感覚（知覚）」が変わることを意味する。つまり、異文化を理解できる／できないといった議論ではなく、異文化との接触が必然的に引き起こす自己変容に注目しているわけだ。

選択肢を順にみていく。

①は「異文化の世界は自分のレンズを通して知覚できる範囲に限られている」とあるが、先に示したように、ここでは異文化理解の限界に力点が置かれているのではないし、「みずからを疎隔化する」というポイントが含まれていないので不適切となる。

②は、自分がそれまでもっていた感覚や知覚のあり方が変わる、視野の中心をずらせる（＝ものの見方が変わる）といった自己変容の契機として異文化交流会を位置づける内容になっており適切。これが正解となる。

③は「海外の様々な文化のレンズを身につけ」が誤り。自分のレンズを通して他の文化を眺めることが基本とされているのであって、安易に異文化の視点を得ようとすることは、空欄Yで考えたように、異文化を自分で仮構したイメージのなかに閉じ込めることになってしまいかねない。

④は、「これまでの自分の世界認識を揺さぶり」は自己変容の要素を述べているとみなせるが、「自己自身の拠り所を探す」は疎隔

化の内容から外れており、余計な付け足しなので不適切となる。

第2問 解説

出題のねらい

大学入学共通テストの第2問では、文学的な文章の読解が問われる。二〇二三年度は小説が本文として出題され、問7では別の資料を参照して読解を深めるための問題が出題された。その前年の二〇二二年度では形式がやや異なるものの、やはり本文の表現について考察する【ノート】を用いた問題が出題された。このように、設問において本文と関連する文章やメモが用いられるというのが、近年の大学入学共通テストに見られる特徴的な傾向である。そこで今回も、本文について書かれた「解説」を用いた問題を用意した。今後の出題形式がどのように変化するにせよ、本文だけではなく、設問で提示された情報についてもしっかりと読み解き、本文をより深く、多角的に解釈する力が必要とされているのは間違いない。本問を通してこの力を養ってほしい。

出典

【本文】、問7【資料】ともに『戦後短篇小説再発見17　組織と個人』（講談社、二〇〇三）より。

【本文】黒井千次「椅子」の一節。

【資料】井口時男「解説　『昭和の体験、戦後の表現』」の一節。

黒井千次（一九三二〜）は日本の小説家。会社員として働きながら小説家としてのスタートを切り、「内向の世代」と呼ばれる文学潮流を代表する作家となった。主な作品に『群棲《ぐんせい》』（講談社、一九八四）、『カーテンコール』（講談社、一九九四）など。

井口時男（一九五三〜）は文芸評論家、俳人。主な著書に『悪文の初志』（講談社、一九九三）、『柳田國男と近代文学』（講談社、一九九六年）など。

本文解説

【部長の決定に納得がいかない北川四郎】

部長は、北川四郎が進めていた「B31」という商品の販売企画に対する中止命令を下した。北川四郎は突然の決定に納得がいかず食い下がるが、部長は聞く耳を持たずに立ち去ってしまった。

「あいつが決定するのは許せない」と北川四郎は思った。部長の坐っている部長椅子が決めるのなら、まだ俺は許せるだろう。部長の椅子は自分のものよりも大型でしっかりとした作りをしており、二つの差は歴然としているからだ。しかし、そこに坐る部長と自分との差を考えると、自分の販売業務についての知識と経験が部長よりも劣っているとは考えられない。

部長の部下であり自分の直接的な上司である課長は、奇妙な声をたてて笑った。それは怒りに丸くふくらんだ部長の後姿の滑稽さと、部長の決定に対して何もすることができなかった課長自身の無力さに向けられた笑いであることは明らかだった。

Aここで笑わなければいかん、と北川四郎は思った。自分は今後も部長のもとで働かなければならない。そう考えると、笑って、心の中に渦巻いている部長への怒りを鎮めることが必要である。そう分かってはいても、北川四郎の皮膚はこわばって笑うことができなかった。

【北川四郎を囲む同僚たち】

納得がいかないまま自席に戻った北川四郎に、同僚の森村はいたずらっぽく目をあげて「又やりましたね」と言った。北川四郎は黙って息を強く吐いた。部長の決定に対して動揺している身体を落ち着かせるためである。苦しそうに息を続ける北川四郎を見てB急に笑顔をひっこめた森村は、「北川さんの今度の企画は、がんばって作ったもんね」となぐさめの言葉をかけた。その目は病人をいたむ柔らかな光をたたえていた。

北川四郎はその柔らかな目を欲しくないと思うと同時に、森村の態度は森村自身が自分と同じような経験をしたからこそ生まれたものなのかもしれないと考えた。そうだとすれば、森村が自分をなぐさめるのは、森村自身をなぐさめているということにもなるのだろう。

同僚の木野は、「でもさ、北川さんとあの部長と、ちょっと似ているところがあるんじゃない?」と言った。折角部長への怒りがしずまりはじめていた北川四郎の身体に又血柱が立つように感じた。木野は、仕事に対して細かく、やかましく、企画資料が完璧主義であるところ、また字も似ている、と北川四郎と部長の似ている点を挙げた。北川四郎は「似ているよ、どうせ。あいつと俺が違うのは椅子だけだ」と言って、自分の椅子を乱暴に机へ引きつけた。

【「ファニチュアフェア」を見る北川四郎】

北川四郎の気分はまだ鎮まらなかった。部長の企画中止命令は北川四郎が一人耐えれば良いというものではなく、企画に関係している様々な人々を調整する必要がある。企画が本当に中止なのかどうかも含めて、部長の決定によって生じる仕事を冷静に考えぬくためには、気分の動揺をとりしずめなければならない。

C散歩をして来ます、と北川四郎は無愛想に課長に言った。会社を出てデパートの中を散策するのは、自分をもてあました時の北川四郎の気分転換の方法だった。

七階につくと、「ファニチュアフェア」という北欧家具の展示会をやっていた。北川四郎は展示商品である北欧製の椅子に坐った。すると、その椅子は坐るものをやたらに迎合するのではなく、坐るという行為を正確に受けとめる節度正しい反応を示した。デパートに来ると家具売場を見ずにはいられない妻のことを思い出しながら、北川四郎はほとんど家具の精のようになって展示を楽しんだ。

階段にさしかかると「ファニチュアフェア」の展示はそこで終り、デパートの白けた階段がひらけていた。D北川四郎の「ファニチュアフェア」も、足が階段にかかった瞬間に終りをとげていた。彼の身体は、祭りの後の虚しさを運ぶように固い階段を一段一段と降り始めた。

【ビジネス家具を見る北川四郎】

六階に降りると、国産のビジネスデスクと椅子とがせせこましく押し合うようにして並べられていた。七階の優雅な展示のことを考える時、Eそのデスクの列は冷ややかな事務機材の羅列にすぎなかった。

北川四郎はほとんど無意識のように、自分が会社で使っている机と椅子を見つめ、価格を確認した。彼の使っている椅子は、「ファニチュアフェア」で展示されていた椅子に対してあまりにも安い価格だった。

その横には課長用の椅子があった。北川四郎は二つの椅子の価格を比較し、給料の差に対して椅子の価格の差が大きい、つまり給料は坐る椅子の価格にストレートには比例せず、価格のより高い部分だけ、椅子は権限の大きさを象徴しているのかもしれない、と考えた。

課長用の椅子の三つ先には部長用の椅子があり、これも又、自分との給料の開きよりも価格の差の方が大きいように思われた。しかし北川四郎は椅子の価格の差そのものよりも、自分が使っている椅子の価格があまりにも安いことが、不当に貧しく思われた。

部長用の椅子に坐ってみると、「ファニチュアフェア」で展示されていた椅子の座り心地と比べれば悪いものだった。しかし、その程度の坐り心地さえオフィスの中で自分には与えられていないのだ、と彼は思った。背もたれはわざとらしい厭な柔らかさだったけれど、それでも自分が会社で使用している椅子と比べれば格段に快かった。

　この椅子が、俺の企画をぶっつぶしたのだ、と北川四郎は思った。F弾かれたように彼は部長椅子から立上っていた。先刻自分が叫んだ「あいつと俺が違うのは椅子だけだ」という言葉が熱の輪のようになって身体の底をまわっているのを彼は感じた。北川四郎は店員に、明日の朝いちばんでこの部長椅子を自分の働いているビルに運び込んでほしい、と告げた。

設問解説

問１　心情説明問題（標準）

解答　③

解法のポイント

○この時の北川四郎と課長、同僚の状況を整理する。
○なぜ笑わなければいけないのか、その理由を傍線部の後の部分から読み取る。

　まずは北川四郎の置かれている状況を整理しよう。リード文と冒頭の数行から分かるように、部長は北川四郎が進めていた販売企画を中止した。北川四郎はこれに納得しておらず、「あいつが決定するのは許せない」「自分の販売という業務についての知識と経験が、部長の持つそれより貧しいとはどうしても思えない」と憤っている。これに対して、課長は「ふえふえふえふえ」と奇妙な声をたてて笑った。これは怒る部長の姿の滑稽さと、部長の決定に対して何もできなかった自分自身への無力さに対する笑いだった。

　北川四郎はこの笑いが、「部長の支配する部屋の中で生存し続けるために絶対必要な生活技術である」と十分に認識していた。これが笑わなければならない理由である。「生活技術」とは、この後で説明される「自分の中に仁王立ちになってしまった正当な赤い怒りに肩すかしを喰わせ、まあまあとなだめ、仕方ないよと慰める最良の鎮静剤の働き」のこと。つまり北川四郎は、今後も部長が自分の上司であり続けることを考えると、課長のように笑って、現在抱いている部長への怒りを鎮めた方が良いと分かっている。しかし、笑いは「皮膚がこわばってしまった北川四郎の顔にどうしても浮かんでは来なかった」。それは部長への怒りが強いということもあるだろうが、傍線部の次の段落で説明されているように、北川四郎がB31とその販売企画に強い思い入れを持っていたということも影響しているだろう。以上を踏まえると、正解は③。
　①は「部員全体が連帯して立ち向かう」ため「共に笑うことで彼らとの一体感を生み出そうと努めている」とあるが、本文には北川四郎がこのように考えている描写はない。②は「保身のために部長に迎合した課長」とあるが、「保身のために」かどうかは本文から判断できない。課長は無力だったと言及されているだけである。また北川四郎は自分が部長の販売能力に劣らないとは考えているが、課長が北川四郎の企画の方が利益をもたらすものだと分かっているかも断定できない。④は「職場の雰囲気を暗くしてはならないと気がつき」とあるが、本文で示されている笑わなければならない理由は、周囲への配慮というよりも「鎮静剤の働き」という自分自身への効果である。⑤は「部長が憎いという自分の気持ちに嘘をつけず苦しんでいる」とあるが、笑うことが「部長が憎いという自分の気持ちに嘘をつ」くことにはならない。また、「憎い」という表現も、「正当な怒り」という本文の表現と照らし合わせるとずれている。

問２　心情説明問題（標準）

解答　②

解法のポイント

○森村の様子と、北川四郎がそれをどのように受け取ったのかを読み取る。

　自分の席に戻った北川四郎に、同僚の森村はいたずらっぽく目をあげて、「又やりましたね」と言った。しかし、その後北川四郎が「波立ってしまった身体に、何か生理的な解決を与えてやる」ために「黙って息を強く吐いた」あとで、急に笑顔をひっこめ、真顔になり、「北川さんの今度の企画は、がんばって作ったもんね」と「病人をいたむ柔らかな光をたたえた」目で北川四郎を見た。つまり北川四郎をなぐさめた。

　これに対して北川四郎は、「その柔らかな目を俺は欲しくはない」と思うと同時に「それは森村自身の同じような経験に根ざして生れて来ているものなのかもしれな」い、「そうだとすれば、森村の柔らかな目は北川四郎にむけられたものではなく、単に彼自身への慰めのために光っているにすぎない」とも思った。これを説明している選択肢は②。

　①は「自分」が「あまりに落ち込んでいる」とあるが、北川四郎の「波立ってしまった身体」とは、問1でも確認したように落ち込みというより怒りの感情だろう。③は「過去に自分と同じような状況にあった森村を無視した自分へのあてつけ」とあるが、本文にはこのようなことがあったとの説明はない。④も「森村が自分を部長と敵対する仲間に引き入れようとしている」が本文にはない。⑤は「部長と自分に共通する他者への厳しさ」自体は傍線部の次の段落で木野から指摘されることにあてはまるようだが、北川四郎はこのことに木野の発言で気がついたのであって、森村の態度から感じ取ったのではない。

問3　理由説明問題（標準）

解答　⑤

解法のポイント

○北川四郎が同僚からの指摘をどのように受け止めたのかを読み取る。
○北川四郎が現在置かれている状況を読み取る。

　木野が北川四郎と部長が似ていると言うと、北村四郎は「折角しずまりはじめていた身体の中に又血柱が立つのを」感じた。北川四郎は「部長の承認を得るために部長好みのスタイルの資料を作るのは技術の問題じゃないか」と言い返すものの、最後は「似ているよ、どうせ。あいつと俺が違うのは椅子だけだ」と乱暴に椅子を扱って席を立った。部長と似ていると言われて気分が良くなったとは見えないが、似ていること自体をはっきりと否定することもできないようである。

　続いて傍線部直前の段落は「北川四郎の気分はまだ鎮まらなかった」と始まり、部長の企画中止命令に伴って生じた仕事を考えるために気分の動揺をとりしずめなければならないという北川四郎の状況が説明されている。以上を踏まえると、正解は⑤。

　①は「企画への未練を断って」とあるが、未練を断とうとしているかどうかはわからない。②は「同僚と雑談をすることで販売企画中止の動揺を鎮めようと思ったが」とあるが、北川四郎と部長が似ているという話は北川四郎から雑談をしたくて始めたのではなく、木野が「突然前の机からくるりと椅子をまわし」「急に仕事上のことでも思いついたような口調で」はじめたものである。③は「部長に対する怒りは」「徐々に薄れた」とあるが、「北川四郎の気分はまだ鎮まらなかった」とある。また「課長や同僚の頼りなさが浮き彫りになるにつれて」北川四郎の気分がなだめられた、という流れも不適。④は「自分よりも販売実績のない部長」とあるが、部長が北川四郎よりも販売実績がないのか、本文からはわからない。「販売という業務についての知識と経験が、部長の持つそれより貧しいとはどうしても思えない」という北川四郎の認識は、実際の販売実績の差を示すものではない。

問4　状況と心情説明問題（標準）

解答　③

解法のポイント

○「ファニチュアフェア」を見ていた時と、そこから離れたときの北川四郎の変化を読み取る。

　単に展示を見終わったという事実だけではなく、北川四郎にとって「ファニチュアフェア」を出ることがどのような意味をもつのかを考える。まず「ファニチュアフェア」の展示をまわっていた北川四郎は、「ほとんど家具の精のようになって」いた。「快い薄闇」、「飾り戸棚があり、サイドデスクがあり、朝の匂いのする食卓セットがあり、澄んだ水溜りのような壁鏡があり、揺り椅子があり、可愛らしい国旗の群れがあり、そして厖大な数字の列があった」という、非日常的な家具と装飾、家具の値段によってもたらされた感覚であると思われる。また「デパートに来ると必ず家具売場をのぞかなければ気のすまぬ妻のこと」を頭に浮かべることで、「彼女がこのソファーに坐ったならば」「たちまち彼女のまわりには冷たく澄み切った北欧の空気と青い空がひろがるに違いない」と、この非日常的な感覚は増している。この感覚は、いつもと変わらぬデパートの白けた（興ざめな）階段に行き当たった時、終わりを告げた。六階に降り、普段見慣れた会社用の家具を見たところで「快い薄闇から出て来た彼の目に、その光景はあまりに現実的であり、あまりに影のない光に照らされすぎていた」という後の説明からも、北川四郎にとって「ファニチュアフェア」が現実的ではない空間であったことが分かる。これを説明している選択肢は③。

①は「会社で使っているのと同じ椅子を見てしまったことで」とあるが、傍線部の「足が階段にかかった瞬間」では、まだ会社で使っている椅子を見てはいない。②は「現実と地続き」とあるが、「ファニチュアフェア」と現実の日常との間には大きな隔たりがある。④は「買ったつもりになって満足していた」とあるが、これは北川四郎が家具を見ながら想像していた妻の姿であり、北川四郎自身が家具を買ったつもりになっていたわけではない。⑤は「日常のつらさを際立たせ」とあるが、「ファニチュアフェア」から現実の日常に戻って来たことは事実であるものの、展示会を見たことが「日常のつらさを際立たせ」たことを本文から読み取ることができない。

問5　表現に関する問題（標準）

解答　⑤

解法のポイント

> ○七階の北欧家具と、六階のビジネスデスク・椅子の対比を読み取る。

七階の「ファニチュアフェア」で展示されていた北欧家具と六階の日用品売り場に並べられていた会社で使用している家具はどのような違いがあるのかを確認しよう。特に描写の多い椅子を中心に見ていく。七階の「ファニチュアフェア」のソファーは「坐るものをやたらに迎合するのではなく、坐るという行為を正確に受けとめる節度正しい反応」を、肘掛け椅子は「坐ることは良いことだとでも言うような端正な椅子の鋭い主張」を与えた。また、「応接セットの価格は、優に彼の年収を上まわっていた」。これに対して六階の家具は「冷ややか」で、北川四郎がいつも会社で目にしたり、使用したりしているものである。北川四郎が使用しているものと、課長用、部長用のものは、値段や機能・装飾の違いはあるものの、その中で高級な部類に入るはずの部長用であっても「見たところよりクッションは固く、素気なく、今七階で坐ってみた北欧製の椅子の感触とははるかにかけ離れたもの」だとある。価格も北川四郎が買えないような高さではなく、特に彼が会社で使用している椅子は「七階の椅子に比し、それはあまりにも安い価格」だった。六階の事務機器を一括りに「羅列」と表現したことを適切に説明している⑤が正解。

①は七階の家具が「実用性に欠ける」とあるが、七階の家具は坐り心地という実用性も備えている。②は「デスクの列」という表現が「安価」「粗野」を示すわけではない。また「使い勝手はよい」かどうかも疑問である。③の「冷ややかな」は七階の家具と比べた特徴であって、社内での椅子の違いを述べたものではない。④の「事務機材」は、七階の家具と性質が異なることを述べたものであろうが、「事務用の機材として高い実用性を持つこと」がここでの強調点ではないので誤り。

問6　心情説明問題（標準）

解答　②

解法のポイント

> ○自分と課長、部長の椅子の差から北川四郎が何を感じたのかを読み取る。

まず「給料は坐る椅子の価格にストレートに比例はしていない。とすれば、価格のより高い部分だけ、椅子は権限の大きさを象徴しているのかもしれない」という部分に注目しよう。これは、自分と課長の給料の差よりも、自分の使っている椅子と課長の使っている椅子の価格の差の方が大きい、ということから生まれた北川四郎の考えである。なお、部長用の椅子についても、この後同じように考えている。つまり北川四郎は、椅子の価格の差によって、課長と部長、特に自分の販売企画を中止した部長の持つ権力の大きさを改めて感じた。

また坐り心地についても、部長の椅子に対して「七階で坐ってみた北欧製の椅子の感触とははるかにかけ離れたものだった」にもかかわらず、「その程度の坐り心地さえオフィスの中で自分には与えられていないのだ」「〔部長用の椅子は〕わざとらしい厭な柔らかさだったけれど、それでも彼が坐らせられている丸い椅子の申し訳程度の弾力にくらべればやはりはるかに快かった」と、会社の中で自分が置かれている状況に対する不満を誘発している。そして最終的に、「この椅子が、俺のB31の販売企画をぶっつぶしたのだ」と憤るにいたる。以上を踏まえると、正解は②。

①は「長年勤めてきた会社から爪はじきにされたような」とあるが、憤りの矛先は部長であり椅子であって、それを会社としてしまうことはポイントを外している。③は「職場で北欧製の椅子に坐っている自分の姿を空想することで」とあるが、この場面では北川四郎は北欧家具を考えてはいない。④は「意味のない序列化を一思いに拒否して」とあるが、職場に椅子を運び込もうとした北川四郎は「序列化」に囚われているとみるべきであろう。⑤は「本来平等であるべき社員間に不当な差別化と軋轢を生んでいる」とあるが、北川四郎がそう考えているという描写は本文にはない。椅子が「権限の象徴」ということを考えるとこのような推測も成り立つかもしれないが、北川四郎の心情の説明としては本文から読み取れることだけをもって考えなければならない。

問7 複数の資料による本文理解問題（応用）

解答 (i)＝③ (ii)＝③

解法のポイント

○【資料】を参照しながら、本文の読みを深めよう。

【資料】など本文に関連した文章や図が用意されている問題では、本文のみ、【資料】のみの情報だけで解いてはいけない。与えられている情報を横断的に活用して選択肢を吟味する必要がある。

今回の【資料】は本文についての「解説」で、本文を「組織」という視点から考えた文章である。北川四郎、課長、部長、森村や木野といった同僚たちは、会社という組織に所属している。【資料】は本文の描く会社という組織が生気を失い、「人間関係の感覚が、物のように凝固してしまったと感じられる」「椅子という物品に凝結してしまった人間関係を描いている」とする。これは、会社における「椅子」の違いが、課長、部長といった立場の違いを強く表していることを指すだろう。

そして「主人公は、その凝結した関係を逆手にとって反抗を試みる。だが、彼の反抗の方法自体、彼の意識が椅子に囚われてしまっていることを示している」とあるのは、本文の最後で、北川四郎が部長用の椅子を購入し、会社に運び込もうとしていることを指すだろう。椅子の違いによって部長、課長といった役職を区別するという「凝結した人間関係」を逆手にとる、つまり逆に利用して、部長ではないにもかかわらず部長用の椅子を自分で買って会社へ運び込むことで、反抗を試みたのだと推測できる。ただしこれは北川四郎が椅子の差異に囚われているということも示している。

【構想メモ】は【資料】と本文、それぞれから分かることを箇条書きにしたもので、【文章】を作るにあたって着眼点を整理するために書いたもの、という設定である。【資料】からは「椅子という物品に凝結してしまった人間関係」と北川四郎が「その凝結した関係を逆手にとって反抗を試みる」ことに、本文では北川四郎が「あいつと俺が違うのは椅子だけだ」と思っていること、「部長用の椅子を購入し、会社へ運び込もうとしている」ことに注目する。そして、北川四郎が「凝結した人間関係」に囚われている状態についての説明が【文章】の空欄Ⅰに、その「関係を逆手にとって反抗を試みる」ことについての説明が空欄Ⅱにあたる。それぞれ選択肢を見ていこう。

(i) ①は「出世して権力を手に入れたい」とあるが、北川四郎がそのように思っていたという描写は本文にない。部長の椅子を手に入れるというところから、部長の権力を手に入れる、部長になりたい、と考えるのは、本文の読みから逸脱している。②は「椅子の違いによってしか社員の見分けがつかなくなって」とあるが、こちらは【資料】における「人間関係の感覚が、物のように凝固してしまった」という説明を読み間違えている。本文を見ると北川四郎は同僚の区別をきちんとつけており、椅子によってしか人を見分けられないという状態にはない。③は部長という人間と、部長の坐っている椅子とが強く結びついているという説明で、これが正解。北川四郎は傍線部Fの直前で部長本人ではなく部長の椅子に対して「この椅子が、俺のB31の販売企画をぶっつぶしたのだ」と憤っている。本文冒頭の「あいつが決定するのは許せない」「部長椅子が決めるのならまだ俺は許せるだろう」という記述にもつながるが、北川四郎が部長と部長の椅子（権限の象徴）を強く結びつけ、部長本人というよりも椅子、また椅子の象徴する部長の権限・立場に囚われていることを示している。④は「同僚の気遣いも受け入れられないほど意固地になって」とあるが、これでは【資料】で触れられている「椅子」についての説明を踏まえていない。「凝結してしまった人間関係」という【資料】の一節と、本文で描かれる森村に対する反応（問2参照）から選んでしまわないように注意する。

(ii)　①は「本来持っていた仕事への自信」とあるが、北川四郎が仕事に対して自信を失っていた様子はない。②は「上司に遠慮することなく自らの能力を発揮」とあるが、これも本文では上司に遠慮して自らの能力を抑え込んでいる描写がない。③は部長用の椅子を会社に持ち込むことで、部長との椅子の差異がなくなり、「部長と同等の立場のようにふるまい一矢報いる（反撃する）」という説明で、これが正解。④は「こじれてしまった人間関係を円滑にする」とあるが、北川四郎が部長用の椅子を店員に頼む直前の描写を見ると、人間関係を円滑にするという目的があったとは読み取れない。

第3問　解説

出典

【資料Ⅰ】　図1・2…環境省「令和4年版　環境・循環型社会・生物多様性白書」より一部改変して使用。

表1…環境省「脱炭素ポータル」より「2020年度における地球温暖化対策計画の進捗状況」内の表「温室効果ガスのガス別・部門別の排出量・吸収量（確報値）および各部門の対策・施策の進捗評価」を一部省略して使用。

(https://ondankataisaku.env.go.jp/carbon_neutral/topics/img/pic-topic-30-stats@2x.png)。

【資料Ⅱ】　宇治梓紗「国際環境協調をどのように促すか?」（飯田高、近藤絢子、砂原庸介、丸山里美編『世の中を知る、考える、変えていく―高校生からの社会学講義』二〇二三年、有斐閣）の一節。

宇治梓紗は、国際政治経済学者。京都大学法学部卒、同大学院法学研究科法政理論専攻博士課程修了。現在、京都大学大学院法学研究科准教授。専門は環境問題、グローバル・ガバナンス。主な著書に、『環境条約交渉の政治学　なぜ水俣条約は合意に至ったのか』（二〇一九年、有斐閣）がある。

【資料Ⅲ】　戸谷洋志『未来倫理』（二〇二三年、集英社）の一節。

戸谷洋志（一九八八〜）は、哲学者。法政大学文学部哲学科卒、大阪大学大学院文学研究科博士課程満期退学、「ハンス・ヨナスにおける倫理思

想の体系について　形而上学の概念を手がかりに」で博士（文学）。現在、関西外国語大学国際英語学部准教授。専門は倫理学。主な著書に『親ガチャの哲学』（二〇二三年、新潮社）、『スマートな悪　技術と暴力について』（二〇二二年、講談社）などがある。

本文解説

丸数字は形式段落を示す。

【資料Ⅱ】

①　地球環境問題をめぐる国家間協調の難しさは、地球環境に根ざす2つの性質にある。

②・③　1つ目は環境問題への対処が国々の経済利益に反するという点だ。環境問題は産業革命以降環境資源が経済活動によって無制限に利用された結果顕在化した問題であり、企業にとって環境汚染の抑制は追加的なコスト負担になる。

④　2つ目は、他国によるフリーライド（ただ乗り）への懸念である。環境資源は誰もが利用できるものであり、一部の国々が協調することによって得られる環境資源は、協調に参加しなかった国にも利用可能である。このことが、協調の意欲をそいでしまう。

【資料Ⅲ】

①・②　気候変動問題に対して、一人ひとりの努力によって集団の行動を変えるのは簡単ではない。むしろ、集団的な行動を変えるためには公共的な政策によって社会のシステムを変える必要がある。しかし、そうであるとしたら、未来倫理は政策を考える人のためのものであり、個人には関係ないことになってしまう。

③～⑤　実はそうではなく、個人も未来倫理の実践に関与できる。たとえば、市民として政治家に意見を表明することや、消費者として未来に配慮した企業から商品やサービスを購入することなどが挙げられる。

設問解説

問1　図表の読み取りによる空欄補充問題（標準）

解答　④

解法のポイント

空欄補充問題に取り組む際は、まず前後の文脈を確認しよう。【レポート】の空欄X直前では、「表1、図2の」とあることから、空欄Xには表1および図2から読み取れる内容が入ることが分かる。また、直後には「CO2の排出は私たちの生活からも決して遠い事柄ではない」と続くことから、CO2の排出と私たちの生活が関連していることを示す内容が入る。

これらを踏まえて選択肢を吟味すると、表1より家庭からの排出量を減らす必要性を指摘し、図2より家計消費に関わる温室効果ガス排出量が全体の半分以上を占めていることを指摘した④が正解となる。

①、②はともに家庭や家計に関わる排出量を「2割に満たない」「1・5割に満たない」と少なく見積もる指摘になってしまっているため誤り。これではCO2と私たちの生活との関わりが薄く感じられてしまう。③は、家庭や住居に関連する排出量と運輸や移動に関連する排出量を比較している点が的外れ。⑤は「2030年度目標における家庭からの温室効果ガス排出量」が「全体の約6割を占めている」としている点が表1にそぐわない。2030年度目標では全体が7・60億トン、家庭からはそのうち0・70億トンとなっており、およそ1割の量である。

問2　資料要約による空欄補充問題（標準）

解答　④

解法のポイント

こちらも、まずは空欄の前後を確認しよう。空欄の前後では、気候変動問題が持つ、他の環境問題とは異なる特徴のために対処が難しいという流れになっている。そして、設問文では「【資料Ⅱ】および【資料Ⅲ】の要約」とされていることを考え合わせると、空欄Yには【資料Ⅱ】および【資料Ⅲ】で述べられている、気候変動問題が持つ対処を難しくする特徴が入るということになる。

①について。前半は【資料Ⅱ】で述べられている内容と合致するが、後半の「各国で国民一人一人に対策を呼びかけるしかない」は【資料Ⅱ】【資料Ⅲ】どちらでも述べられていない内容である。よって誤り。

②は影響範囲の広さや経済的コストの指摘は【資料Ⅱ】、個人での直接対処の困難さの指摘は【資料Ⅲ】と合致するが、「対応へのモチベーションを維持することが難しいため、対策に経済的なコストがかかる」という因果関係はどの資料からも読み取れない。よって誤り。

③は誤った記述は含まれていないが、全て【資料Ⅲ】の内容であり、【資料Ⅱ】の内容に触れられていないため誤り。

④は前半の経済的コストとフリーライドへの懸念が【資料Ⅱ】、後半の協調の必要性が【資料Ⅲ】の内容に合致する。これが正解。

⑤も③と同様、誤りはないが、【資料Ⅱ】の内容に関する記述のみになっているため、不適。

問３　具体例として適切でないものを選ぶ空欄補充問題（標準）

解答　③

解法のポイント

選択肢は、「個人でできる気候変動問題への対策の例」である。この内容については、【資料Ⅲ】で言及されていた。すなわち、市民として選挙で政治家に対して意見を表明すること、また選挙を介さない活動によって意見を主張すること、また消費者として未来に配慮した企業から商品やサービスを購入することなどである。これらの内容に照らして、適切でない選択肢を選ぼう。

①は温室効果ガス削減の取り組みについて意見を発信する内容であり、市民として意見を主張することや、また消費者としての周囲の人間の行動を変えることにもつながると考えられる。よって適切。

②は「未来に配慮した企業から商品やサービスを購入する」ことの具体例と言えるだろう。よってこれも適切。

③は、「ＣＯ２」にこそ言及されているものの、「きれいな空気の中で作られたものを選んで購入する」ことはＣＯ２の削減とは無関係である。よって不適切な選択肢は③ということになる。

④は自宅の家電を省エネルギー性能の高いものにするというものであり、【資料Ⅲ】冒頭の自動車の例のように家庭から排出されるＣＯ２を直接減らそうとするものであり、これも当然個人にできる取り組みだと考えられるだろう。よって適切。

⑤も②と同様、「未来に配慮した企業から商品やサービスを購入する」ことの具体例だと解釈できる。よってこれも適切。

問４　レポートの論拠を補う問題（応用）

解答　③・⑥

解法のポイント

【レポート】の内容に沿って、欠けている論拠を補う問題。まずは、【レポート】の展開を確認しよう。

【レポート】ではまず第１段落で気候変動問題の原因が温室効果ガスの濃度上昇によるものであること、また地球環境問題の中でも最も重要なものとして長年地球上で議論されてきたことを指摘し、この問題の難しさについて考える導入としている。続く第２段落では日本の温室効果ガス排出の現状を確認し、この問題が私たちの生活にも深く関わっていることを指摘するが、一方で第３段落では、経済的コストや影響範囲の広さなどの対処の困難さを指摘している。しかし、だからこそ、協調して対処することが重要であり、自分にできることを実行すべきだとして論を結んでいる。以上を踏まえて選択肢を検討しよう。

①は気候変動問題が注目され始めた時期についてであるが、気候変動問題の対処の難しさや個人にできる対策といった【レポート】の筋とは無関係である。

②は新興国と先進国を比べて、温室効果ガス削減の責任は国ごとに同等でないことを指摘しているが、多くの人々の協調が必要なこと、また協調の難しさは空欄Ｙで述べられており、特段補充の必要はないと考えられる。よって不適。

③は複数の種類が存在する温室効果ガスについて、そのうちの大半をＣＯ２が占めていることを指摘したもの。【レポート】の第２段落に着目すると、前半では「温室効果ガス」の排出量について述べているが、末尾の一文では「ＣＯ２」の排出についての記述になっている。③の内容を補足することで、この飛躍を埋めることができると考えられる。

④も①と同様、消費ベースの温室効果ガス排出量を算出するためにかかる時間については、【レポート】の趣旨と無関係である。

⑤は地球の平均気温の上昇によって冬期のエネルギー使用量が低下するという指摘であり、エネルギー使用の削減についての記述ではあるが、解決すべき「平均気温の上昇」を前提としてしまっているため、【レポート】の趣旨からはそれる。よって誤り。

⑥は気候変動問題への対策は効果の実感に

時間がかかるということを指摘したものであり、これも気候変動問題への対処の難しさの原因の一つと考えられるだろう。【レポート】第3段落末尾の「実際の効果に対して疑問を抱いたりしている人は多い」という記述は、⑥を補うことで意図がより明確になると考えられる。

よって正解は③・⑥。

第4問 解説

出題のねらい

本問は、二〇二三年度の共通テスト本試験、及び二〇二三年度共通テスト追試験に準拠した形式で、思考力・読解力重視の出題とし、共通テストに対応し得る実戦力の養成をねらいとした。今回は、中世王朝物語から、引歌《ひきうた》が多用される文章をとりあげ、【資料】を踏まえ、古歌や本文中の和歌が詠まれた背景や意味、また、語意・語法を踏まえた文脈・内容把握や心情把握の設問で構成した。

出典

『八重葎』の一節。

『八重葎』は中世王朝物語の一つで、作者は未詳。成立時期も未詳だが、『徒然草』の影響と見られる箇所があり、南北朝時代に入ってからの成立と考えられている。設問のリード文にもあるように、親の勧める縁談にも関心を示さず出家を志向する中納言と葎《むぐら》の宿の女君との恋を中心とした物語であるが、物語のあらすじを簡単に紹介しておこう。主人公の中納言は、小倉山の紅葉見物の帰りに一人の女君を見初め、その後忍び通うようになる。しかし、女君は叔母にだまされて船に乗せられ、錯乱《さくらん》のあまりに死んでしまう。その後、女君の死を知った中納言は、悲嘆のあまり出家同然の生活を送ることとなった。こうした展開には、平安時代後期の『狭衣《さごろも》物語』の影響が指摘されている。また、和歌が効果的に用いられ、さらに地の文に、著名な和歌の一部を引用する引歌も多用され、平安時代の王朝物語の雰囲気をよく継承した佳品《かひん》として評価される作品である。

本文は、『中世王朝物語全集13　八重葎　別本八重葎』に拠った（読解の便を図るため、一部表記を改めた箇所がある）。

本文の要約

葎の宿では、冬になるにつれて山里にいるような風情がある。男君はいつものようにねんごろに女君と語り合い、名前を教えてくれるよう求めるが、女君は恥ずかしさのあまり教えない。男君の詠みかけた歌に、女君は名乗るほどの生まれではないことを歌に詠んで返す。それでも、男君は、古歌に詠まれた武蔵野の紫草よりも、この紫草（女君）の方に心ひかれるのは妙だなと面白がって戯れ言を言う。男君は、適当な場所に女君を移したいのだが、亡き父の言い残した縁談のこともあり、こうした忍び通いが漏れ聞こえたらみっともないことだと思うと行動に移せない。

男君が母君のもとを訪ねると、女房たちが集まっている。仕え馴れている雰囲気に興をおぼえた男君が、どんな話をしていたのか教えて欲しいと戯れ言を言うと、若い女房たちは慌てふためいて隠れたりするが、年かさの女房は、むしろ男君の前にしゃしゃり出て、古歌を引きながら、男君の恋心をあてこするように、やりこめるばかりに返事をするので、男君は、聖同然で愚直なまでの私ですのに、と、これまた古歌を引きながら、戯れの言葉を言い残してその場を立った。

設問解説

問1　語句の意味を問う問題（基礎）

解答　(ア)＝②　(イ)＝③　(ウ)＝①

解法のポイント

(ア)「こまかに」は、形容動詞「細かなり」の連用形で、おさえておくべき意味としては、i　きめが細かい、ii　詳しい、iii　ねんごろだ・親切だ、など。選択肢①のように、「こまごまと」の意もあるが、「語らひ」を「問いただし」としたのでは文脈からは外れる。選択肢②のように「ねんごろに」と解すのがよい。③・④・⑤は語義から外れる。「うち語らひ」の「うち」は接頭語、「語らひ」は、四段活用動詞「語らふ」の連用形。

これだけは覚えよう

●語らふ（動詞・ハ行四段）
i　語り合う
ii　親しくつき合う・懇意にする
iii　男女が言い交わす
iv　誘い入れる

などの意があるが、ここはiiの意。

(イ)「はかなだち」は、形容詞「はかなし」の語幹に、動詞をつくる接尾語「だつ」〈四段活用〉のついた形。「〜めく・〜がかる・〜のようだ」の意を添える。

これだけは覚えよう

●はかなし（形容詞・ク活用）
i　たよりない
ii　本格的でない・かりそめだ
iii　つまらない・たわいもない

などの意になる。「はかなし」は古今異義語で、古文では、移りかわりやすく長続きしない、不安定で吹けばとぶような物事に対して感じる頼りなさを言う。ここは、名前を教えてほしいと言われた女君が、恥ずかしさから、故事を引いて、やんわりと断る様子について言ったものなので、③の「たよりなさそうにして」が適切。①・②・④は語義から外れ、⑤は文脈から外れる。

(ウ)「はしたなかるべし」は、形容詞「端なし」の連体形に助動詞「べし」のついた形。形容詞の下に助動詞がつづく時には、「―から・―かり…」と活用する補助活用が用いられる。「べし」は終止形に接続する助動詞だが、ラ変型活用語には連体形に接続することも確認しておきたい。

これだけは覚えよう

●はしたなし（形容詞・ク活用）
i　中途半端だ
ii　ぐあいが悪い・ばつが悪い
iii　（雨・風などが）はげしい・なみなみではない

などの意があり、古文では「中途半端だ・不安定だ」が本義。傍線部の前にある「かたがたに」は、副詞「方々に」で、「あれやこれや」の意。これは中納言が葎の女君のもとに通っていることが、右大臣家にあれこれと知られてしまうことを言ったもの。よって、iiの意があたるとわかる。「べし」は、「む」よりも強い推量の意を表す。正解の①以外の選択肢は語義から外れる。

問2　語句と表現に関する問題（標準）

解答　②

解法のポイント

選択肢にある内容の正誤を順に検討していこう。

①、「かばかり」は副詞で、予想した程度の大きさについて言う。

i　こんなに・これほど　（程度が予想以上）
ii　これだけ・この程度　（程度が予想以下）

この違いについて、ここは、リード文にあるように、「琴の音に惹かれて」たまたま立ち寄っただけの男君が、一夜にして女君との関係が深くなったことを言ったものなので、iの意に解すのがよい。また、「になり」の「に」は格助詞で、格助詞に続く「なり」は助動詞ではなく、四段活用動詞「成る」の連用形。よって、①は誤りの選択肢。

②、「とも」を「接続助詞」としたのは正しい。動詞・形容動詞型活用語の終止形、形容詞型活用語、および打消の助動詞「ず」の連用形に付く。

用法としては、逆接の仮定条件「たとえ…であっても」「…ても」の意。

> **例**「千年《ちとせ》を過ぐすとも、一夜の夢の心地こそせめ」（徒然草・七段）
> （＝たとえ千年もの長い年月を（生きて）過ごしたとしても、（たった）一夜の夢（のように短い）感じがするだろう。）

「いかなり」は形容動詞「いかなり」の終止形で、「どのようだ・どんなだ」の意。物事の状態や性質について言う。ここは、女君の身の上（身分・家柄など）についてのもので、自分の素性について話そうとしない女君に対して、「たとえどんな身の上であったとしても」という逆接仮定の条件句をつくる。そして、この条件のもとでも、選択肢②で言う「思いは変わらない」という事態が成立するかどうかを検討する。この「男君の思い」については、「おろかに思ふべき仲の契りかは」の部分が正しく解釈できないと判別できないので、ここはいったん保留にして、先に選択肢③・④をみておこう。

③、「おろかに思ふ」とある「おろかに」は形容動詞「おろかなり」の連用形で、重要語。

これだけは覚えよう

> ●「おろかなり」（形容動詞「疎かなり・愚かなり」）
> i　おろそかである・いいかげんである
> ii　（言葉では）表しつくせない・（表現が）不十分だ
> iii　（「言へばおろかなり」の略）言うまでもない
> iv　愚かだ

現代では「愚かだ・未熟だ・劣る」の意味で使われ、古文にもその用例はあるが、古文の「おろか」は程度がふつうである様子や、不十分であったり行きとどかなかったりする様子を表す。したがって、現代語の「おろそか」に近いと考えておけばよい。iiの「言ふもおろかなり」と言うと、「言うのもおろそかである」、つまり、口で言い表してもとおりいっぺんになってしまい、それでは表現が不十分だ（それほどすばらしい）の意になる。選択肢③は、ivの「愚かだ」の意に解して「愚直なまでの愛」としたもので、誤りの選択肢。ここはiの意で、男君が女君を「疎略に扱う」ということ。

④、ポイントは「契り」と「かは」にある。

これだけは覚えよう

> ●契り（名詞）
> i　約束・契約・取り決め
> ii　（仏教思想で）前世からの約束・宿縁
> iii　因縁・夫婦の縁

ここは、男君が、この葎の女君との偶然の出会いを、「前世からの因縁」だと訴えていることをおさえる。次の「かは」であるが、「や」「か」は疑問・反語の意をもつ係助詞で、そこに係助詞の「は」がついて「やは」「かは」となったもの。この形をとると反語になることが多い。ここも反語表現。「あなたを疎略に扱ってよい宿縁でしょうか。いや、よくない」ということ。つまり、あなた（女君）に対する愛情の深さを言ったものとわかる。「か」を疑問にとり、「男君の不安な気持ちが表現され」とした④も誤りの選択肢。

以上のことから、保留にしていた選択肢の②が正解となる。

問3　本文前半部の人物把握問題（標準）

解答　②

解法のポイント

各選択肢の内容を、各段落で描かれる表現と照合しながら丁寧におさえる。

①にある「紅葉を振り払う男君の優雅なふるまい」については、1段落で描かれている通りだが、その振る舞いについて、「女もをかしと見給ふらむかし」とある表現に注意しよう。「らむ」という助動詞は、現在推量の助動詞で、「○・○・らむ・らむ・らめ・○」と四段型に活用し、活用語の終止形（ラ変型活用語には連体形）に接続する。意味は、

> i　現在推量（今ごろは〜だろう）
> ii　原因推量（なぜ〜なのだろうか）

の両意あり、iの意になるのは、目に見えて

いない・視界外の事柄について推量する場合に、iiは、目にみえている・視界内のことについて推量する場合の用法。ここは、物語の作者が、女君の心中を推量するところで、実際に女君が「心ひかれ」ているのかどうかはわからない。また、「自分の将来も安心して託せる」については、本文の「長き世をさへかけて頼めたまふこと多かるべし」とある記述と照合する。ポイントは「頼め」という動詞。

これだけは覚えよう

●頼む（動詞）
ｉ　頼む（四段活用）
　…頼みにする・あてにする
ii　頼む（下二段活用）
　…頼みにさせる・あてにさせる

ここは、「頼め給ふ」とあり、「頼め」は、下の用言にかかる連用形。

語幹	未然形	連用形	終止形	連体形	已然形	命令形
頼	め	め	む	むる	むれ	めよ

と活用する。よって下二段活用とわかり、iiの意があたる。女君が「自分の将来を安心して託せる」としたのは明らかな誤り。ここは男君が女君に「将来をあてにさせなさる」ということ。

②は、[2]段落の男君の会話「行く末長かるまじき心と疑ひ給ふや」〈末長く頼みにすることのできない心とお疑いなのですか〉とある箇所をおさえる。「や」は問2の解説でも触れた疑問・反語の係助詞で、ここは文末用法（終助詞とする説もある）。「給ふ」は尊敬の補助動詞だが、ここは、疑う主体である女君に対する敬意。選択肢にある内容と合致する。また、同じ会話文中に「いつ知るべき徒し心ぞ」〈あなたゆえ、恋心に苦しんだこの私が、）いつ知ることになる浮気心でしょうか。（＝どうして浮気心などを覚える時がやって来ましょうか）〉とある点も合致する。「徒し」は形容動詞の語幹「徒」に形容詞化する語尾がついたものとされるが、ここは「徒し」の形で名詞を修飾する用例。「徒」は、「まことのないさま・浮気なさま」を意味する。反対語になる形容動詞「まめ」〈真面目だ・誠実だ〉と合わせて覚えておこう。また、文末の「ぞ」は、係助詞の文末用法（終助詞とする説もある）で、疑問語とともに用いて問いただす気持ちが込められる。「浮気心など決してもちませんよ」ということ。②が正解の選択肢。

③は、「（男君に対して）まだ不信感があるために名乗ることはしなかった」とあるのが誤り。[2]段落に「忍び過ぐす…恥づかしければ」とあり、名乗ることはしなかった理由の記述がある。「隠し通すつもりではないけれども、口に出して言うことが気が引けて恥ずかしいので」の意。「忍び」は、上二段活用動詞「忍ぶ」の連用形で、ｉ　こらえる・たえる、ii　つつみ隠す・秘密にする、の意があるが、ここはiiの意。「慎ましう」は、シク活用の形容詞「慎まし」の連用形。ｉ　気がひける・遠慮される、ii　恥ずかしい、の意になることも、ここでおさえておこう。③も誤りの選択肢。

④は、[3]段落の冒頭に着目する。ここは男君が葎の女君を他の場所に移そうと考えているところだが、その理由は、「暁露に濡ちつつ歩き給ふも苦しければ」とあり、これは女君のもとから帰るときの自分のつらさを言ったもので、「お互いに不都合」「女君の気持ちにも配慮して」にあたる記述は本文中に見出せない、誤りの選択肢。

⑤も[3]段落の末尾にある箇所をおさえる。「のたまひおきし御あたりをさへ、いとほしく聞き過ぐすに」とあり、これは「（あちらは）聞き流して（＝そしらぬふりをして）いるのに」ということで、「男君も良い話だと思い乗り気になっていたので」はまったく当たらない。「聞き過ぐす」は現代語にも通じる言葉で「聞き過ごす」こと。「いとほしく」はシク活用の形容詞「いとほし」の連用形で、「かわいい・いじらしい」の意もあるが、ここは、「かわいそうだ・気の毒だ」の意。また、「葎の宿の女君とは…別れるつもりだった」も、本文中には見出せないので誤り。

問4　本文後半部分の内容を把握する問題（応用）

解答　④

解法のポイント

[4]・[5]段落では、男君と老女房のかけひきが主眼となる。この女房は長く仕えてきただけあって、男君に対しても動じることなく

渡りあう。各段落とも短い文章なので、丁寧な読解、人物関係の把握、注にある歌の趣旨等、的確につかむ必要がある。

①について、[4]段落の内容をつかむ。ここは、人物関係を正しくつかむことがポイントになる。1行目の「かかること」の「かかる」は連体詞で「こうした・このような」の意。具体的には選択肢にある「男君が葎の女君の世話をしていること」を指す。「いとほしく、けしからず」というのは、「(右大臣家の姫君が)気の毒で、とんでもない」ということ。「聞かせ給ふまじけれ」の主語は男君の母君。母君は、男君を「かなしきもの」と思うあまり、「お聞きになられようはずがない」ということだが、リード文にもあるように、葎の女君とはまだ出会ったばかりであり、この時点で母君の耳に入っているとは考えにくい。もちろん、右大臣家の人々も知らないわけだが、もしも、このことが知られてしまうと、当然、「言ひ騒がむ言の葉」〈騒ぎたてる言葉〉も、次々思い浮かべられるので、「恥づかしくて、あるまじく思す」というのであるから、この主語は男君とおさえるべき。「母君は…目をつぶり、…決して知られてはならないことだ」とあるのは人物を取り違えた誤りの選択肢ということになる。また、ここの「思す」は「思ふ」の尊敬動詞で、「お思いになる・思いなさる」の意になるので注意しよう。

②、選択肢には「気分を害され」とあるが、[5]段落に「と、(男君は)微笑みて聞こえ給ふ」とあることに着目すると、これは戯れて言ったものだとわかるだろう。また、男君が「音無の里」と言ったのは、自分が問いかけたことに対する女房たちの反応を揶揄《やゆ》して言ったもので、続く「つひに流れ出づる涙もあらんを」というのもあくまで揶揄の文脈にすぎず、「嫌われ者の涙」ではない。よって誤りの選択肢。

③、「(男君に)口に出さない慎ましさが大切だと反論した」は明らかな誤り。老女房の発言のねらいは「その水上は、御前ぞ知らせ給ふべき」にある。注12にあげた和歌を踏まえ最初の男君のからかいに対して、「恋の機微はあなたさまの方がよく知っていらっしゃいますでしょう」とやりこめたわけである。

④が正解の選択肢ということになるが、これは、[5]段落にある男君の最後の会話文と照合すると一致することがわかる。「あやしきわざかな」とある「あやしき」は、シク活用の形容詞「あやし」の連体形。

これだけは覚えよう

●あやし(形容詞・シク活用)
- i 不思議だ
- ii 変だ・不審だ
- iii (身分が)卑しい
- iv 粗末だ・見苦しい

の意があるが、ここは、iiの意で、老女房から、まるで「恋の達人」であるかのように言われたことに対するリアクションである。「奇妙なことをおっしゃいますなあ」ということ。「この聖」というのは、男君が自分を称して「聖」と言ったもの。具体的には「仏の顔より外に見るべきものも思えぬ」〈仏の顔よりほかに見るものがあるものとも知らない〉ということ。注にも示したように、男君は当初出家を考えていた。「しれじれしさ」は、形容詞「しれじれし」に、名詞をつくる接尾語「さ」が付いた語。「痴れ痴れし」で、「愚かしい・間が抜けている」の意。つまり、愚直なまでに仏に帰依している自分をアピールした表現。「三瀬川の導べにやあらん」は、注を参照すれば、「この私と契りを交わして三途の川の手引きにしようというわけですかね」と戯れたことがわかるだろう。こうした和歌の一部を引きながら展開する恋にまつわるかけひきは、若い女房には難しいことであろう。④が正解の選択肢となる。

問5 【資料】を踏まえ、本文の登場人物の心情をつかむ問題(応用)

解答 (i)=② (ii)=④

解法のポイント

まず、【資料】にあるIの歌について、触れておこう。

「陸奥《みちのく》」は、陸奥《むつ》・陸中・陸前・岩代《いわしろ》・磐《いわ》城《き》の五国、出羽《でわ》を加えた奥羽、今の東北地方全体を言うこともある。「しのぶもぢずり」は、今の福島県信夫《しのぶ》郡にあたる所でつくられた乱れ模様にすり染めた布のこと。その乱れ模様から「乱れ」の語を導く。「誰ゆゑに」は「あなた以外の誰のせいで」の意。「誰」

は不定人称代名詞。「ゆゑ」は、原因・理由・事情・わけ、を意味するが、ここは形式名詞化して「誰ゆゑ」で「誰のために・誰が原因で」の意味になる。

「乱れそめにし」とある「そめ」は「染め」ではなく「初め」、「に」は完了の助動詞「ぬ」の連用形、「し」は過去の助動詞「き」の連体形で、「我」にかかる。「我ならなくに」とある「なら」は断定の助動詞「なり」の未然形。「なく」は、打消の助動詞の古い未然形に、接尾語の「く」がついた形。「に」は接続助詞から感動の働きに転じたもので、「なくに」で「ないことだのになあ」くらいの意になる。この歌の趣旨としては、「(あなたよりほかの)誰のせいで思い乱れはじめてしまった私ではないものなのにねえ。(それもみな、あなたのせいである)」ということ。こうした点を踏まえると、生徒の会話にもあるように、「誰ゆゑに」や「我ならなくに」が本文のBの歌と関連するものとつかむことができよう。初句の「おぼつかな」は、ク活用の形容詞「おぼつかなし」の語幹用法。

これだけは覚えよう

●おぼつかなし(形容詞・ク活用)
- i　ぼんやりしている・はっきりしない
- ii　心細い・不安だ
- iii　不審だ・うたがわしい

などの意があり、対象がぼんやりしていてはっきりわからない、というのがもとの意。そこから、落ち着かない、たよりない、不安で気がかりの気持ちや、iiiのような、疑わしい・いぶかしいといった意が派生した。ここは、形容詞の語幹用法で、詠嘆の意味を込める。「いぶかしいことだなあ」の意。「誰が植ゑそめて」は「誰が植えはじめて」の意で、「何を」にあたるのが「紫」、これは紫草のことで、姫君をたとえる。「心を砕く」は、心を悩ませることで、【資料】Iの歌の「乱れそめにし」と同趣旨。「つまとなりけん」の「つま」は「妻」ではなく「端」で、ここは「いとぐち・きっかけ」の意。「なり」は四段活用動詞「成る」の連用形。「けん」は、過去推量の助動詞(〜ただろう)で、「私の心をなやますきっかけとなったのだろう」の意となる。「いったい誰が植え始めた紫草(=女君)が私を悩ますきっかけとなったのだろう」の意で、この心情を「おぼつかな」と言い、さらに、その気持ちを強調するために初句に置いた表現。

そこで、問(i)、空欄Xに入る選択肢を検討すると、

①については、「将来あなたを妻として迎えることに不安がある」としたのが明らかな誤り。問2の解説でも触れた通り、女君が「たとえどんな身の上であったとしても」思いは変わらないとある表現をおさえる。

②が、前述の内容を的確におさえた内容になっている。正解の選択肢。

③は、「かなわぬ恋の行方」「悲観しているのは…あなたの方だと恨む」とする根拠は本文中に見出せない。初句の「おぼつかな」は、前述の通りで、恋の行方について悲観しているわけではない。

④は「あなたの心を悩ませるのは不本意だ」としたのが誤り。心を悩ますのは男君の方である。

次に問(ii)の空欄Yについて検討する。

【資料】IIの歌については、歌の意味はおさえやすかったと思う。「武蔵野」は、今で言えば東京都、埼玉・神奈川県の一部を含めた広大な野を言い、多摩川流域から荒川流域におよんでいる。『万葉集』にも「武蔵国の歌」としてとられている歌もあるが、生徒の会話にもあるように、「紫のひともと」は、「紫草一本」のこと。「ゆゑに」は、前述のように、「〜のために・〜が原因で」の意。「みながら」は「皆ながら」の縮約したもので、「すべてが・全部」の意になる。「あはれ」は、形容動詞「あはれなり」の意をおさえておく。

これだけは覚えよう

●あはれなり(形容動詞)
- i　しみじみとした情趣がある
- ii　さびしい・悲しい・つらい
- iii　ふびんだ・気の毒だ
- iv　かわいい・いとしい・なつかしい
- v　尊い・すぐれている

などの意があるが、同情・愛情・悲哀・感興などのしみじみと身にしみる感情を表す言葉。

ここは、ivの「いとしい」といった心ひかれる心情を言ったものと解せばよいだろう。

本文中の傍線部Cについては、直前に「あやし」とあることにも注意しておきたい。「あやし」は問4の解説でも触れた通り。この語はもともと、ふつうと違った状態の表現とか、自分に理解できないものに対して感じる気持ちを表す。ここも「奇妙だなあ」という男君の心情が表れたもの。ならば何が奇妙だと言うのか。「この紫」の「こ」は近称の代名詞であることから、あくまでも、女君にたとえられた「紫草」のこと。「また、武蔵野の」の「の」は格助詞で、ここは「武蔵野のもの（＝紫草）」となる準体格の用法で、古歌に詠まれた武蔵野の紫草にも「劣るまじうなつかしけれ」と言うのである。「まじう」は助動詞「まじ」の連用形「まじく」がウ音便化したもの。

これだけは覚えよう

●まじ（助動詞）
- i　打消推量（～ないだろう・～まい）
- ii　打消意志（～まい）
- iii　打消可能（不可能）の推量（～できないだろう・～できそうもない）
- iv　打消当然（～べきではない・～はずがない）
- v　打消命令（禁止）（～てはいけない）

の用法があるが、ここは、「劣らないだろう」「劣るはずもない」と訳出できる。「なつかしけれ」は、形容詞「なつかし」の已然形で、上の「こそ」の結び。意味は「心ひかれる」ということ。つまり、男君は、古歌にある「紫草」よりも、この「紫草（＝女君）」のほうに心ひかれるのは奇妙なことだ、と言っていることをつかむ。

以上のことを踏まえた選択肢は④ということになる。

①は、【資料】のIIの歌について、「一人の人を愛することによって」とあるが、正しくは、前述のように、「一本の紫草の存在が」ということであった。「誰からも慕われる」も当たらない。また、傍線部Cについての記述も誤り。

②も、【資料】のIIの歌について、「ひともとゆゑ」の意味を取り違えている。また、傍線部Cについて、「女君にはもっと自分に心を開いてほしい」とするのも当たらない。

③は、【資料】のIIの歌について、正解の選択肢④とは反対の意味になってしまう。また、傍線部Cについて、「女君以外の女性に対しても深い愛が向かう」は明らかな誤り。

《全文解釈》

1　冬になるにつれて、日に何度となく晴れたり曇ったり、しぐれまじりの木枯らし《の風》で散った楢の葉は、遣水も見えなくなるほどに埋まって、山里にいる心地がして風趣があるので、《その中を》がさがさと音を立てて入って行きなさると、今しもさっと吹き出した風に《葉が》はらはらと散って、御冠や直衣の袖に落ちてとまる、その紅葉が美しいので、「あれをごらんなさい。《梅の花を手折ると》二月の雪となって衣に落ちるとかいいますが、《紅葉が落ちるとは、これはこれで》一風変わった趣ですねえ」と言って、払い落としなさる。紫の色濃い直衣にくっきり映えなさる手つき、顔の色つやの美しさ、その魅力は、女君もすばらしいとご覧になっているだろうよ。《男君のほうもまた》いつものように愛情こまやかに語り合い、先の世々までも頼みにさせなさる（＝お言葉を尽くして約束なさる）ことも多いにちがいない。

2　「どうか名前をお明かしください。これほど《親しい仲》になったのですから、どんな《身の上の人であろう》とも疎略に考えるような《あなたとの》ご縁ではないのですから」と、お聞きになりたがりなさるが、《女君は自分の名を》隠し通すつもりではないけれども、口に出して言うことが気が引け恥ずかしいので、「《ここが》朝倉の木の丸殿でございましたら《名乗りもするのですが》」と言うのも、《男君には》たよりなさげに見えて愛らしい。

「おぼつかな……＝いぶかしいことだなあ。
　いったいどなたがお植えになって、この慕わしい紫草が《私の》心を悩ませるきっかけとなったのでしょうか。

やはりお話しください。このように隔てを置きなさるのは、末長く頼みにすることのできない心とお疑いなのですか。あなたゆえ、遠い恋の通い路の苦しさも学んだのですから、まして《私

に》どうして浮気心などを覚える時がやって来ましょうか」と、おっしゃるが、

「冬枯れの……＝冬枯れの水ぎわに残っているこの紫草は、ないも同然な根のような私なのです《わざわざ名乗るほどの生まれではないのです》」

と、かすかな声で答える。

「妙なことだな。この紫草の方が、あの武蔵野の紫草にもまして心ひかれるとは」とおっしゃって、興じなさるのもおもしろい。

3 暁の露にぬれて歩いて《通い》なさるのもつらいので、「朝夕思いにふけりながらぼんやり見つめていられる所に連れて行きたい」と、絶え間がないほどにお思いになるのは、当初のご意向とは異なる（＝思うにまかせぬ）あいにくなことのなりゆきであるよ。だが、《父上が結婚相手として》言い残された《右大臣家》あたり《との縁談》をさえも、《あちらは》聞き流して（＝そしらぬふりをして）いるのに、自分の思いのままに《女君の》世話にかまけてひねくれた話だと、それぞれに聞かれ申しあげてしまうとしたら、みっともないことであろう。

4 母君だけは《男君を》愛しなさるあまり、こうしたことも、《右大臣の姫君が》お気の毒でとんでもないことだともお聞きになられないだろうけれど、あの大臣邸あたりで、騒ぎ立てる言葉までもおのづから《次から次へと》思い浮かびなさるので、恥ずかしく、《女君を迎えることなど》あってはならないこととお思いになる。

5 母君のもとにお渡りになると、長炭櫃に炭をおこして、集まっている女房達の様子は、皆がみな感じよく、さまざまな色の裳や唐衣をゆったりくつろいだ様子に着て、いかにも仕え馴れている雰囲気に、《男君は》おもしろいとご覧になって、

「さてどんな話をしていたのか。ちょっと聞かせてほしいものだ。《私が》いない間は誰もかれも気分よさそうに、おもしろみのある歌や物語りをしているとみえるけれども、私がやって来ただけで、まるで気味の悪い虫でも這《は》ってきたかのように、『さあさあ』といって、引き下がって、音無の里でもつくり出そうというのか。《いくら黙って音無の里を決め込んだところで》それではかえって、いづれ音無の涙を流すことになるにちがいなかろうに」

と、微笑んで話しかけなさるので、若い女房たちは、死なんばかりに困り果てている。年かさの女房のほうは、かえって《男君の前に》しゃしゃり出て、

「その通りでございます。森の下草《同然の私ども》でさえ『せめて馬だけでも食《は》んでくれれば』と、思うのですから、ましてや、若い女房たちなら『かなわぬ物思いの涙が川となって溢《あふ》れ出ない』などということはございませんでしょう。ただ、その水上はと言えば、あなたさまご自身がよくおわかりでしょうに」

と、《やりこめるばかりに》お返事申しあげるので、堪えることができず、そっと《座をはずして》隠れてしまう者もいる。あるいは、《その場に残っている者も》お互いに膝をつついたり、顔を伏せたりなどするようである。

「それは妙なことですね。この聖《同然の私のこと》を、そんなふうにおっしゃるのは、《契りを交わして》三途の川の手引きにしようというわけなのでしょうか。仏の顔よりほかに見るものがあるものとも知らない愚かさかげん《の私》ですのに」

と言って、《その場を》お立ちになる。

第5問 解説

出題のねらい

これまでの共通テストを見るに、問題文の分量は二〇〇字程度。問題文は複数提示されているが、詩とその序文、問題とその答案のように、実質ひと続きの内容のものもあれば、同じテーマについて述べた詩と文章、本文とそれを補足する歴史的資料のように、別々の出典から出題されているものもある。問題文同士がどのような関係性にあるのか、念頭に置いて読むことが肝要である。

内容は、漢文では頻出の政治に関するもの（二三本試・二三追試・二二追試）、筆者の体験や感慨を述べたもの（二二本試）、馬の御術について述べたもの（二一本試第一日程）、著名な書家に関する故事（二一本試第二日程）など様々である。ジャンルを問わず様々な文章に触れておきたい。

設問は、語句の意味、返り点と書き下し文、解釈、空欄補充、内容説明問題などのオーソドックスな形式を基本としつつ、複数文章にまたがる問いが加えられている。

対策としては、語句や句法、訓読のルールなどの漢文の基礎知識をおさえ、二〇〇字程度の本文を解釈するという王道の学習を続けることが何より重要である。本問も前述の傾向を踏まえた出題としているので、まずはこのような標準的な問題で確実に得点できる力を身につけてほしい。

出典

【文章Ⅰ】文同『丹淵集』「紆竹記」

文同（一〇一八～一〇七九）は、北宋の文人画家。字《あざな》は与可。三二歳で進士に及第し、地方官を歴任した後、都に出るもわずかのうちに降任となり、五四歳の時に知陵州となった。本文はこの頃の作とされる。最後は知湖州として赴任する途上、六一歳で亡くなった。

博学で、書や画、詩文に優れた。中でも墨竹画（＝竹の水墨画）が有名であり、「湖州竹派」と呼ばれる画派の祖とされる。いとこの蘇軾と交友が深く、たびたび詩文をやりとりしており、蘇軾は文同の作品や人柄を高く評価していた。文同は墨竹の描き方について蘇軾と議論した際、「竹を描くにはまず完成した竹を胸中に思い浮かべなければならない」と述べ、これが「胸中に成竹あり」という成語の元となった。

『丹淵集』は文同の詩文集。「紆竹記」は、本編には収録されなかった作品を集めた「拾遺」という巻に収められており、本文は「紆竹記」の前半部分にあたる。

【文章Ⅱ】蘇軾『東坡題跋《とうばだいばつ》』「跋与可紆竹」

蘇軾（一〇三六～一一〇一）は、北宋の政治家・文学者。字は子瞻《しせん》、号は東坡（居士）、諡《おくりな》は文忠。新法派の王安石と対立して地方官を歴任。詩文によって朝廷を誹謗したとして投獄され、流罪となるなど、波乱に富んだ生涯を送った。詩文や書画を得意とし、「赤壁賦」など多くの優れた作品を残した。父の洵《じゅん》、弟の轍《てつ》とともに、唐宋八大家に数えられる。

「題跋」は文体の名であり、詩文や書画の冒頭もしくは後尾につける題字と跋文のこと。宋代以後、蘇軾や欧陽脩、黄庭堅らによって盛んに作られるようになった。本文は、「跋与可紆竹」（与可の紆竹に跋す）の後半部分にあたる。

本文要約

【文章Ⅰ】

紆竹は、二手に分かれて曲がって生えた竹である。一方は虫に食われ、もう一方は岩に阻まれてまっすぐに伸びることができない。周囲の草木を除いて起こそうとしても、固く地面を這って動かないが、節や葉はしっかり生長している。環境に負けず年月を経た素晴らしい植物である。

【文章Ⅱ】

屈することのない文同の精神は、この竹のごとくである。「紆竹図」を残して見る者を圧倒するとともに、彼の気風を思わせたい。

設問解説

問1 語句の意味の問題（標準）

解答 (ア)＝③ (イ)＝①

解法のポイント

これまでの共通テスト本試験では、問1で語句の意味が問われている。入試本番までに少しでも語彙を増やすとともに、複数の重要な意味をもつ語は、文脈によって訳し分けができるように力をつけていきたい。

(ア)「過」は様々な意味をもつ漢字。代表的なものは次の通り。

これだけは覚えよう

○「過」の主な意味

「あやまツ」（間違える・過失）

「すグ」（通る・通過）
（時が過ぎる・経過）
（超える・超過）
「よぎル」（訪ねる・立ち寄る）
「すゴス」（時間を費やす）

ここは、「余」（＝一人称。筆者・文同を指す）が薬草を採るためにその下を「過」、これを見た、とある。文同は紆竹の生えた崖の下を「通って」、その竹を目にした、と解釈すればよいだろう。③が正解。①・②・④は「過」のもつ意味としては適当だが、波線部前後の内容には合わず、⑤はそもそも「過」の語義からはずれている。

(イ)「遺」も「過」と同様複数の意味を持つ漢字であり、「落とす・失う」（遺失）、「後に残す」（遺産）、「忘れる」（遺忘）、「捨てる」（遺棄）、「贈る」（贈遺）など様々な意味を表す。選択肢のうち、「遺」のもつ意味に当てはまるのは、①「贈って」のみである。これが正解。「紆竹図」を模写した絵を手に入れた蘇軾は、それをある人物に贈り、石に刻んで残させた、ということである。

問2　解釈の問題（標準）

解答　①

解法のポイント

訓点に従って傍線部を書き下し文にすれば、「其の始め本を共にし以て出で、土を去ること未だ幾ならずして遽かに分かる」となる。表現として特におさえておきたいのは、「未レ幾」と「遽」である。

「未」は代表的な再読文字の一つ。「いまダ——ず」と読み、「（まだ）——ない」という意味。「幾」は「幾何」と同様、「いくばく」と読んで「どれくらい」の意。「未レ幾」（いまダいくばくナラず）はこれを否定した表現なので、直訳すれば「まだどれほどでもない」。時間について言う場合は「間もなく」などと訳す。傍線部の場合は「土を去ること未だ幾ならずして」とあるので、土を離れることがまだどれほどでもない、つまり、地面を出てわずかである、といった意味になる。

「遽」は「急遽」の遽。「俄」・「卒」などと同様、「にはカニ」と読んで「急に・突然」を意味する副詞である。

これを踏まえて全体を直訳すれば、「その始めは根元を共有して出ており、土を離れてわずかのところで急に分かれている」のようになる。土から出るものであるから、「其」は直前の一文にある「紆竹」（＝曲がった竹）を指す。「紆竹」は、その始めの部分は一つの根元から出ているが、地面からすぐのところで急に（二手に）分かれている、ということ。本来まっすぐ上に伸びるはずの竹が枝分かれしているさまを描写している。正解は①。

②は「竹はもともと二本生えていたが……別々の場所に移された」とあるが、これは傍線部前半「其の始め本を共にし以て出で」と矛盾する。

③は「長い時間をかけて」が「未レ幾」と、「次第に」が「遽」と明らかに矛盾する。

④は「本を共にし」や「遽かに分かる」の解釈が誤っている。このように解釈すると、後の「其一～其一～」（一方は～で、もう一方は～である）という二つの説明にもつながらない。

⑤は、「地面を離れるにつれて次第に」が「未レ幾」「遽」と矛盾する。

これだけは覚えよう

再読文字は漢文に頻出であり、入試でも問われやすい。まだ覚えていないものがあれば、必ず覚えておこう。

○再読文字の種類と意味

未	いまダ——（セ）ず	（まだ）——ない
将・且	まさニ——（セ）ントす	①今にも——しようとする　②——しそうだ
当・応	まさニ——（ス）ベシ	①当然——しなければならない　②きっと——だろう
宜	よろシク——（ス）ベシ	——するのがよい
猶	なホ——ノ・ガごとシ	ちょうど——のようだ
須	すべかラク——（ス）ベシ	——する必要がある
盍・蓋	なんゾ——（セ）ざル	どうして——しないのか（——すればよい）

問3　返り点と書き下し文の問題（標準）

解答　⑤

解法のポイント

これも共通テストで頻出の設問形式である。傍線部は白文になっているので、様々な読み方が考えられる。一から書き下し文を考えるよりも、選択肢に沿って検討するのが確実である。傍線部の重要な表現や句法をヒントに骨格の目星をつけつつ、各選択肢がルールに反した読み方でないか、書き下し文に沿って訳した時に文脈に合う解釈が得られるかを確認する。

「蓋」は、文や句の頭に置かれ、「けだシ」と読んで「思うに」を意味することが多いが、「盍」と同じく「なんゾ――ざル」と読む再読文字として用いられることもある。

「未」は前問でも確認した再読文字。二回読むために必ず返り点がつき、下の用言などから返って読む。

「之」は選択肢を見ると、「これ」・「の」・「(～ヲ) これ」のいずれかで読まれている。

「使」には、もちろん「つかフ」の意味もあるが、漢文では使役を表す際にしばしば用いられる。「使ニ――……ニ」(――ヲシテ……しム) が基本形であるが、「――」が省略された場合は単に「使ニ……ニ」(……しム) となる。

「然」は、接続詞の場合は「しかレドモ・しかルニ」のように読むが、本問では「しかリ」と読まれている。前の内容を受けて、「そうである」という意味を表す。

「爾」の主な用法は三つ。選択肢に見える「なんぢ」(二人称代名詞「おまえ」)、「のみ」(限定「――だけだ」・強意「――だ」) のほか、「しかリ」(そうである) の用法がある。

傍線部の重要な言葉をおさえたところで、選択肢を見ていこう。

①は「蝎之を害はしめて」と読む点が誤り。「使」を「しム」と読む場合、動詞「害」は「使」の後になければならない。

②は「爾」を「なんぢ」と読んでいるが、ここは会話文ではなく、読者に対する語りかけの言葉ととることもできないので不適当。また「使然爾」を「爾をして然らしむ」と読むのは、使役形の訓読法として誤りである。

③は「蝎を害ふ」と読んでいるが、動詞の目的語はふつう動詞より後に置かれるし、竹が虫を傷つけるという解釈も無理がある。また②同様、「爾」の読み方も誤り。

④は、「蝎の害を之れ使ひて」と読んでいる。「之れ」は確かに、動詞と目的語の倒置を示す際にこのように読むが、「蝎の害を使って……」ではおかしい。

⑤は、これを訳せば「思うにその (＝竹の) てっぺんがまだ皮を落としていない時に蝎がこれを傷つけてそのようにさせたのだ」のようになる。生長にしたがって落ちるはずの竹の皮がまだ落ちていない、つまり竹がまだ小さい筍《たけのこ》の頃に、蝎に食われてこのような形になってしまった、ということ。「然」は、具体的には直前にある竹の様子を指している。すなわち、二つに分かれた竹の一方が、わずか三尺ほどで枝もなく、根株から新しく芽が出たひこばえの状態になっているということ。読み方と解釈に無理のない⑤が正解。

問4　空欄補充と書き下し文の問題（基礎）

解答　③

解法のポイント

空欄補充の問題は、句法などの重要表現、対句などの文構造、漢詩であれば押韻がヒントになる場合が多い。本問は、重要語句や句法の知識を用いて各選択肢を検討するのがよい。選択肢の語を当てはめた場合の書き下し文も示されているので、これに従って適当な解釈となるものを選ぼう。

先に前後の内容を確認しておく。傍線部を含む文と直前の二文には、「其一～。其一～」とあり、対応関係にある。分かれて生えている竹の一方は～であり、もう一方は～である、という意味である。一方は虫に食われてわずかしか伸びていない (問3)。もう一方は盛んに伸び、「将に挺起せんとするも」(今にもそこから抜け出そうとしているが)、「X垂巌所軋」、争う力がない、という。前後の内容から、傍線部は竹の生長に対して否定的な内容が入るものと見当がつけられる。

傍線部の「垂巌」は注にある通り「大きな岩」。「所」は、後に続く用言を体言化する働きがあり、意味は「――(する) もの・こと・ところ」。「軋」も注にある通り「押しのける・圧倒する」といった意味。

では選択肢を確認していこう。①「非二──一」は、「──（二）あらズ」（──ではない）と読む否定の基本漢字。したがって「大きな岩が押しのけたものではない」といった解釈になるが、これでは前後につながらない。むしろ、大きな岩が（竹を）押しのけている、と解釈する方が内容として適当である。

②「雖二──一」は、「──トいへどモ」。意味は「たとえ──としても」（仮定の逆接）と「──であるが」（確定の逆接）の二通りあるが、「大きな岩が押しのけるものだとしても」・「大きな岩が押しのけたものであるが」のいずれも前後に合わない。

③は、「為三──所二……一」の形で「──ノ……ところトなル」（──に……される）という受身を表し、意味は「大きな岩に押しのけられる」となる。竹の一方は盛んに伸びて抜け出そうとしているが、大きな岩にはばまれて、争う力もない、という解釈であれば、前後の内容に矛盾しないといえる。これが正解。

④「如──」は、仮定「もシ──（バ）」であるが、ここで「もし大きな岩が押しのけたものであれば……」と仮定の話をするのは唐突である。

⑤の「安──」（いづクニカ──）は、場所を問う疑問の表現であるが、「どこで大きな岩が押しのけたものか?」などと場所を尋ねているわけではない。

受身は漢文に頻出の句法である。「見」とともに確実におさえておきたい。

これだけは覚えよう

○受身形

・為三──所二……一
　──ノ……ところトなル
　──に……される
　〔例〕為二鼠所一レ齧。
　鼠の齧《か》む所と為る。
　ねずみにかじられた。

・見二──一
　──る・らル
　──される

＊見＝被・所・為

問5　内容説明の問題（標準）

解答　①

解法のポイント

傍線部の比喩表現の理解を問う問題である。二三年度本試験でも、比況の再読文字「猶」を用いた比喩の理解が問われた。何が何のようだと言い表しているのか、正確にとらえよう。

まず、傍線部の最初の「若」は複数の重要な句法に関係する漢字である。

これだけは覚えよう

○「若」にかかわる句法

・仮定
　若──
　もシ──（バ）
　もし──ならば

・比況
　A若レB
　A（ハ）B（ノ・ガ）ごとシ
　AはBのようだ

・比較
　A不レ若レB
　A（ハ）Bニしカず
　AはBに及ばない

傍線部は返り点と送り仮名「シ」が付いているので比況の用法である。

次に「何が」、「何の」ようだと言っているのか、それぞれ確認しよう。「何が」に当たるのは「若」の直前、具体的には「已堅彊偃蹇宛骫附レ地」の箇所である。第二段落の冒頭から内容を確認しておくと、筆者はある日、この「紆竹」を見つけ、二人の召使いに命令して「撥二荒榛一除二腐蔓一、扶起而支二持之一」させた。すなわち、周囲の荒れた木々や腐ったつる草を取り除かせて、紆竹を助け起こさせ、支えさせようとした。しかし「竹はすでに固く曲がって地についており、そのさまは……（傍線部）」とつながる。よって「何が」に当たるのは「（竹が）すでに固く曲がって地についているようす」である。

一方「何の」に当たるのは当然「若」以下の部分。「欲」は願望を表すが、否定の「不」が付いているので「──したくない」の意味になる。「使」はすでに確認した通り、使役を表す漢字。ここは、「人」に「加中哀憐於其不レ得レ遂二諸生理一者上」させる、という構造である。「不レ得二――一」は、「――（スルヲ）えず」と読み、「――することができない」という不可能の表現。傍線部を直訳すれば、「人に、悲しみや哀れみを、その諸々の『生理』を遂げることができないものに加えさせたくないかのようである」となる。

この「諸々の『生理』を遂げることができないもの」とは、ここまでの本文の流れを踏まえれば、作者が出会った曲がった竹を指すと考えられる。「生理」はここでは「竹の生まれ持った本来の性質」といった意味の言葉で、竹はまるで、竹としてまっすぐに生長することができない自分自身を人間に憐れまれることを嫌がっているかのように、固く横に曲がって生えていて助け起こせなかった、ということであり、竹の強く曲がったさまを強調しているのである。正解は①。

②は、「其不レ得レ遂二諸生理一者」＝「人」と解釈している点が誤り。これは「竹」を指している。

③は、「人の手が加えられてかえって生きる道理を失ってしまったことを嘆いている」とあるが、竹が現状のような形になったのは人ではなく「蝎」と「垂巌」が原因であるため誤り。

④は、「人に同情されたがっている」が、「～を欲せざるがごとし」と矛盾する。

⑤は、竹の嫌がる内容を「枝葉を取られること」とする点が誤り。

問6　内容理解の問題（標準）

解答　④

解法のポイント

傍線部には、「万草をしのぐ『奇植』である」とある。「奇」には、「奇妙」のように「珍しい・不思議である」の意味もあるが、ここはあらゆる草木を凌駕する、と述べていることから、「優れている・素晴らしい」の意味でとるのが適当である。本問では、竹のどのような点が優れていると筆者が考えていたのかが問われている。

前問で見た通り、筆者は紆竹を助け起こそうとしたが、竹は人を拒むかのように固く地を這っていた。「然」（しかし）、と逆接でつなぎ、その後竹の描写が続く。竹の節は、強く高潔で、高く盛り上がっている（↓選択肢①）。そして葉は、細くて長い。竹の葉の形を思い浮かべると分かるように、竹の葉はもともと太いものではない。ここはやせ細って元気がないという意味ではなく、細く長くしっかりと伸びている、という意味である（↓選択肢③）。これはいわゆる、強い風や日光と戦い（↓選択肢②）、冬の氷や霜にも負けず、四時（＝四季）を経てきた（↓選択肢⑤）、あらゆる草木をしのぐ素晴らしい植物である、と述べられている。「凌二突四時一」は、第一段落の「曾莫レ知下其歴二寒暑一之何許上也」（いったいこの竹がどれほどの暑さ寒さを経てきたかわからない）とも類似しており、「蝎」や「垂巌」の被害を受けながらも、暑さ寒さに耐え年月を過ごしてきた竹への同情や称賛の気持ちが読み取れる。

選択肢のうち、本文の説明に合わないのは、④。すでに問3や問4で確認したように、紆竹が曲がったのは、虫や岩のせいである。

問7　複数文章の趣旨把握の問題（標準）

解答　②

解法のポイント

二つの文章全体の内容を把握する問題。【文章Ⅰ】の内容はすでに各問で見ているので、ここでは【文章Ⅱ】を確認する。

【文章Ⅱ】は、文同の死後に蘇軾が紆竹図について書いたものである。蘇軾は紆竹図の模写を入手すると、人へ贈ってその絵を石に刻ませた（問1(イ)）。風流を好む者を感動させ驚かせるようなものにし、かつ、亡き友（＝文同）の「風節」（気風や節操）を思い起こさせようとしたのだという。ここから、蘇軾は紆竹図が見る人を驚かせるような優れた絵だと思っていただけでなく、文同自身の気風をも評価していたことが分かる。そして「其の屈すれども撓まざるは、蓋し此くのごとしと云ふ」と結ばれている。「其」は、亡友・文同のこと。文同が曲げられても屈服することがないさまは、このようであった、と。「如レ此」とは、もちろん竹の様子を指す。竹は虫に食われ岩にはばまれ、二手に分かれて曲がって伸びざるを得なかった。それでも節や葉は力強く、自然に負けずに年月を経ている。文同もこの竹のように、曲げられても決して屈服しない気風や節操を備えた人物であった、という。

さらに踏み込んで解釈すれば、リード文にあるように、地方官へと左遷された、いわば

「屈」した状態にあった文同が、それでも腐ることのなかった様子を述べたと考えることもできるが、本問では竹の姿と文同とを重ね合わせている、という点がわかれば十分である。

　なお竹は、中国古典の中ではしばしば優れた人物の比喩として用いられる。竹はまっすぐに天に向かって伸び、立派な節を備え、厳しい暑さ寒さに耐え、一年中青々とした色を保つ。高潔で屈することのない節操をもつ君子のイメージである。

　さて、選択肢を見ていこう。

　①「これまで人から評価されることのなかった竹」とあるが、【文章Ⅰ】には、筆者がこの竹を目にした時の様子が描写されているだけで、それまで注目されていたか否かは書かれていない。また【文章Ⅱ】から蘇軾の嘆きを読みとることもできない。

　②はここまでに確認した二つの本文の説明として誤ったところはない。

　③「彼の姿を石に刻んで後世に伝えるべきだ」とあるが、【文章Ⅱ】には、紆竹図の模写を祁永に贈って「之」を石に刻ませた、とあり、「之」は紆竹図（の模写）を指すと考えられる。

　④「他の草木を寄せつけず、孤高の存在としてあり続けた竹に共感」したとは【文章Ⅰ】に書かれていない。また【文章Ⅱ】には、文同が「独創的な作品を後世に残した」とは書かれていない。

　⑤「折れ曲がった竹の形は問題ではなく、節や葉などの細部に竹の神髄が現れている」とあるが、文同はむしろ折れ曲がりながらも立派に生長しているさまを評価している。また蘇軾は「鋭い観察眼にもとづく緻密な絵」であるから評価していたわけではない。

《全文訓読》※振り仮名は現代仮名遣いによる。

【文章Ⅰ】

　紆竹陵陽《うちくりょうよう》の守《しゅ》の居《きょ》の北崖《ほくがい》に生《しょう》ず。其《そ》の始《はじ》め本《もと》を共《とも》にし以《もっ》て出《い》で、土《つち》を去《さ》ること未《いま》だ幾《いくばく》ならずして遽《にわ》かに分《わ》かる。其《そ》の一《いつ》裁《わず》かに三尺《さんしゃく》、倮然《らぜん》として他《た》枝《し》無《な》く、乃《すなわ》ち枿《ひこばえ》なり。蓋《けだ》し其《そ》の顚《いただき》未《いま》だ籜《たく》を脱《だっ》せざる時《とき》に蝎之《かつこれ》を害《そこな》ひて然《しか》らしむるのみ。其《そ》の一既《いつすで》に独《ひと》り盛《さか》んにして、将《まさ》に挺起《ていき》せんとするも、垂巌《すいがん》の軋《あっ》する所《ところ》と為《な》り、力競《ちからきそ》ふを得《え》ず。曾《すなわ》ち其《そ》の寒暑《かんしょ》を歴《ふ》ることの何許《いかばかり》なるかを知《し》る莫《な》きなり。

　余《よ》薬《やく》を采《と》るに其《そ》の下《した》を過《す》ぎて之《これ》を見《み》、二童奴《にどうど》に命《めい》じて、荒榛《こうしん》を撥《のぞ》き腐蔓《ふまん》を除《のぞ》き、扶起《ふき》して之《これ》を支《し》持《じ》せしむるも、則《すなわ》ち已《すで》に堅彊偃蹇《けんきょうえんけん》にして宛骫《えんい》して地《ち》に附《つ》き、人《ひと》をして哀憐《あいれん》を其《そ》の諸《もろもろ》の生理《せいり》を遂《と》ぐるを得《え》ざる者《もの》に加《くわ》へしむるを欲《ほっ》せざるがごとし。然《しか》るに其《そ》の節《ふし》を抱《いだ》くを観《み》るや、剛潔《ごうけつ》にして隆高《りゅうこう》たり。其《そ》の葉《は》を布《し》くや、瘦瘠《そうせい》にして修長《しゅうちょう》たり。是《こ》れ所謂風日《いわゆるふうじつ》に戦《たたか》ひ、氷霜《ひょうそう》に傲《ごう》し、四時《しじ》を凌突《りょうとつ》し、万草《ばんそう》を磨轢《まれき》するの奇植《きしょく》なり。

【文章Ⅱ】

　余《よ》其《そ》の摹本《もほん》を得《え》、以《もっ》て玉冊官《ぎょくさつかん》の祁永《きえい》に遺《おく》り、之《これ》を石《いし》に刻《きざ》ましめ、以《もっ》て好事者《こうじしゃ》の心《こころ》を動《うご》かし目《め》を駭《おどろ》かす詭特《きとく》の観《かん》と為《な》さんとし、且《か》つ以《もっ》て亡友《ぼうゆう》の風節《ふうせつ》を想見《そうけん》せしめんとす。其《そ》の屈《くっ》すれども撓《たわ》まざるは、蓋《けだ》し此《か》くのごとしと云《い》ふ。

《全文解釈》

【文章Ⅰ】

　曲がった竹は陵陽の長官の住居の北側に位置する崖に生えている。竹の生え始めは一つの根元から出ているが、地面からわずかのところで急に分かれている。そのうちの一方はわずか三尺ほどで、枝がなく、若芽である。思うに竹のてっぺんがまだ皮を落としていない（筍の）頃に、虫が竹を食ってこのようにしてしまったのだ。もう一方はすでにこちらだけ盛んに伸びていて、ここを抜け出そうとしているが、大きな岩に押しのけられ、対抗できる力はない。いったいこの竹はどれほどの寒さ暑さを越え（月日を経）てきたのかわからない。

私は薬草を採りにその崖の下を通った時にこの竹を見つけ、二人の子どもの召使いに命じて、荒れた木々や腐ったつる草を取り除かせ、竹を助け起こして支えさせようとしたが、(竹は）すでに固く伸び広がり、曲がって地面を這っており、まるで人に種々の竹本来の性質を遂げられない自分を憐れませたくないかのようであった。しかし竹が節をつけた様子を見ると、力強く高潔で高く盛り上がっており、葉を広げた様子は、細くて長い。これは世に言う、風や日差しと戦い、氷や霜をものともせず、四季を越えてきた、あらゆる草木をしのぐ素晴らしい植物である。

【文章Ⅱ】

私は「紆竹図」を模写した絵を手に入れ、玉冊官の祁永に贈り、この絵を石に刻ませ、風流を好む者が見て心を動かし目を驚かせるような素晴らしいものにしようとし、なおかつ亡き友（＝文同）の気質や節操を思い浮かべさせようとしたのである。文同の曲げられても屈服することのない精神は、思うにこの（竹の）ようなものである。

第4回 解答と解説

(200点満点)

問題番号(配点)	設問(配点)		解答番号	正解	自己採点
第1問(45)	1 (10)〈各2〉	(i)	1	④	
			2	④	
			3	②	
		(ii)	4	①	
			5	②	
	2 (7)		6	④	
	3 (7)		7	③	
	4 (7)		8	③	
	5 (14)〈各7〉		9	①	
			10	④	
自己採点小計					
第2問(45)	1 (7)		11	①	
	2 (7)		12	②	
	3 (7)		13	⑤	
	4 (7)		14	③	
	5 (7)		15	③	
	6 (10)〈各5〉	(i)	16	②	
		(ii)	17	①	
自己採点小計					
第3問(20)	1 (4)		18	②	
	2 (4)		19	⑤	
	3 (5)		20	③	
	4 (7)		21	⑤	
自己採点小計					
第4問(45)	1 (10)〈各5〉	(ア)	22	②	
		(イ)	23	⑤	
	2 (7)		24	③	
	3 (7)		25	③	
	4 (8)		26	①	
	5	(i) (5)	27	②	
		(ii) (8)	28	④	
自己採点小計					
第5問(45)	1 (12)〈各6〉	(ア)	29	①	
		(イ)	30	②	
	2 (5)		31	④	
	3 (6)		32	②	
	4 (7)		33	②	
	5 (7)		34	③	
	6 (8)		35	⑤	
自己採点小計					

自己採点合計

出典1 【文章Ⅰ】吉田徹『くじ引き民主主義　政治にイノヴェーションを起こす』
【文章Ⅱ】三上直之『気候民主主義――次世代の政治の動かし方』
2 小川洋子「小箱」、【資料】神田法子「全作品解説」
3 【資料】山本和博『大都市はどうやってできるのか』
【グラフ】テレワークに関するグラフ（総務省、公益財団法人　日本生産性本部作成）
4 『狭衣物語』
5 【文章Ⅰ】『荘子』、【文章Ⅱ】『抱朴子』

第1問　解説

出題のねらい

大学入学共通テストの出題を踏まえ、複数テクストを用いた出題とした。文章はいずれも民主主義の一つのあり方として、「くじ引き民主主義」を議論するものである。

出典

【文章Ⅰ】吉田徹『くじ引き民主主義　政治にイノヴェーションを起こす』（光文社、二〇二一年）の一節。吉田徹（一九七五～）は東京都生まれ。慶應義塾大学法学部卒業、東京大学大学院総合文化研究科博士課程修了（学術博士）。現在は同志社大学政策学部教授。専門は政治学。著書に『アフター・リベラル　怒りと憎悪の政治』（講談社）など。

【文章Ⅱ】三上直之『気候民主主義――次世代の政治の動かし方』（岩波書店、二〇二二年）の一節。三上直之（一九七三～）は千葉県生まれ。東京大学文学部卒業、東京大学大学院新領域創成科学研究科博士課程修了（環境学博士）。現在は北海道大学高等教育推進機構准教授、同大学大学院理学院准教授。専門は環境社会学、科学技術社会論。著書に『地域環境の再生と円卓会議――東京湾三番瀬を事例として』（日本評論社）など。

本文解説

【文章Ⅰ】

代表制民主主義は、国民国家形成のために階級によらない政治的な代表権が認められるようになったという歴史から分かるように、ナショナルなものが基盤となっている。従って、今日のようにグローバル化が進んだ時代では、国家がある事柄について何らかの決定を行ったとしても、その有効性は相対的に弱くなる。また、現在の官僚制では、縦割りや複雑さのため、市民の不満や困窮、生活上の障害を取り除くことができないでいる。さらに、個々人が困難を抱える理由も多様化しているため、一律的な対応も難しく、社会の進展から生じる新たな課題は市民社会での協力が必要となっている。

このように現在の政府は生活上の大きな問題を解決するには小さく、小さな問題を解決するには大きいため、代表制民主主義は大きな空間で生じるグローバル化も小さな空間で生じる人々の人生の問題も解決しかねている。くじ引き民主主義は、これらの問題に対して完全な解答にはならないかもしれないが、国民国家を基盤にする代表制に代わって、当事者が討議することによって特定の問題への特定の解決策を模索するという特質をもつ。

【文章Ⅱ】

政治学者の吉田徹は、既存の代表制民主主義の機能不全の原因を時間的制約、空間的制約、非対称性の三点として指摘して、くじ引き民主主義の意義や可能性を論じている。

くじ引き民主主義の構想が指し示す先は、一般の人びとによる熟議を通じた民主主義の深化という方向であり、近年民主主義についての議論では「デモクラティック・イノベーション（民主主義のイノベーション）」が注目されるようになった。それは「参加や熟議をしたり、影響力を与えたりする機会を増やすことによって、ガバナンスにおける市民の役割を問い直し、広げるために編み出される、新たなプロセスや制度」と定義される。定義中の「ガバナンス」とは「統治」の意味であり、民主主義においては主権者による自分たち自身の統治という意味となる。民主主義のイノベーションの発想とは、民主主義のガバナンスを再生しようというものである。

設問解説

問1　漢字識別問題（基礎）

解答　(i)　(ア)＝④　(イ)＝④　(オ)＝②
(ii)　(ウ)＝①　(エ)＝②

解法のポイント

(i)は漢字の知識を問う問題。いずれの選択肢についても書けるようになってほしい。

(ア)は「門戸」と書く。各選択肢はそれぞれ①「個展」、②「故事」、③「自己」、④「戸籍」と書く。よって、正解は④。

(イ)は「有効」と書く。各選択肢はそれぞれ①「友好」、②「成功」、③「巧妙」、④「効果」と書く。よって、正解は④。

(オ)は「射程」と書く。各選択肢はそれぞれ①「斜陽」、②「注射」、③「謝罪」、④「取捨」と書く。よって、正解は②。

(ii)は漢字の意味を問う問題。二〇二二年度共通テストからこの形式の出題がなされるようになったため、語彙の学習に努めてほしい。

(ウ)「失」には、1．持っていたものをなくす、2．過ちをする、などの意味がある。各選択肢のうち、①「紛失」は1の意味を持つが、②「過失」、③「失敗」、④「失言」は2の意味をもつ。よって、正解は①。

(エ)「通」には1．とおす、2．かよう、3．知らせる、4．一般に行われている、などの意味がある。そのうち「通じて」は1．とおすの意味。各選択肢のうち、①「通勤」は2、②「通読」は1、③「通告」は3、④「通常」は4の意味をもつ。よって、正解は②。

問2　内容説明問題（標準）

解答　④

解法のポイント

傍線部の内容を説明する問題。傍線部が引かれている場合は、まず傍線部を含む一文全体を確認する。そこで一文全体に目を通すと、「つまり、代表制民主主義は王や皇帝が独占していた『国家主権』を前提とした、……」と書かれているので、前文を確認する。前文は「いうまでもなく、議会で発議され、……」ということから、議会についてさらに前文で書かれていると判断できる。すると、「階級によらない政治的な代表権が広く認められるようになった」のは「国民国家を形成する目的があった」ゆえに「代表制は、……ナショナルなものを基盤にしている」という論が見いだせる。そして、「階級によらない政治的な代表権が広く認められるように」なる前は、「特権階級」が議会を占めており、「王の諸問機関が発展」した「イングランド議会」や王の提案を拒否した「三部会」など、王政と近代国家形成の歴史と関わっている。以上より、もとは王や皇帝しか参加できなかった議会に、国民国家を形成するために多くの人が参加できるようになったという内容を持っている選択肢を選べばよい。

したがって、正解は④。①は「戦争の勝利により、王や皇帝が独占していた主権を国民が無理やり奪い取って成立した」が誤り。そのような内容は本文にはない。②は「国際的ではなかった」が不適切。「非民主的な制度」をそのように説明することはできない。③は、本文の説明としては適切であるが、「非民主的」の説明になっていない。⑤は「厳密には民主主義とは呼べない」とあるが、非民主主義的な制度を前身にしているからといって、代表制民主主義が民主主義とは呼べないという説明はされていないため誤り。

問3　内容説明問題（標準）

解答　③

解法のポイント

傍線部の内容を説明する問題。傍線部を含む文全体を確認すると、「グローバル化を前に……一方、」とあることから、この内容を説明するためには傍線部の後を読む必要があると判断する。すると、「市民の不満や困窮、……取り除くのに、現代の官僚制はあまりにも縦割りにすぎ、複雑になりすぎている。例えば……」ということから、現代の官僚制は縦割りや複雑さのため、市民の抱える問題を解決できないと判断できる。続く段落が「さらに、」で始まっていることから、続く段落も解答に関係すると判断できる。つまり「個々人が困難を抱える理由も多様化」するため「全てに一律的に対応することも難しく」、「そして、社会の進展……から生じる新たな課題は、……協力がなければ、解決できなくなっている」という内容も解答に関係すると判断する。

したがって、正解は③。①は「行政は無力感を覚えつつある」が不適切。「無力化しつつある」という客観的な状態の描写と、「無力感を覚える」という主観的な表現は関係しない。②は「個々人の抱える多様な問題の解決にあたって市民社会の協力を前提として設計されていた」「民間の非営利団体などが発達していない現代社会ではそれらの問題は解決できない」が不適切。本文にそのような議論はない。④は「市民の要求にワンストップで有機的に対応する制度が機能せず」が不適切。そのような制度は「なかなか実現しない」と本文にあり、機能するかの以前に制度が構築できていない。また、後半も、本文には「一律的に対応することも難しくなっている」とあり、「一律的な対応しかできないでいる」とはややずれる。よって誤り。⑤は「グローバル化によって生活上の困難を抱えることとなった『新しい生活困難層』」が不適切。「新しい生活困難層」がグローバル化によって困難を抱えることとなったかどうかは本文には書かれていない。

問4　理由説明問題（標準）

解答 ③

解法のポイント

　傍線部の理由を説明する問題。傍線部を含む文全体を確認すると、「要するに、……」と前文の要約から始まっており、前文は「民主主義のイノベーション」の定義が書かれている。したがって、この問題は、「なぜ民主主義のイノベーションが必要であるのか」が問われていると判断できる。そして、その前段落冒頭「このような方向性」の内容が前文「一般の人びとによる熟議を通じた民主主義の深化、という方向」であるため、「くじ引き民主主義の構想が向かう先」が「民主主義の深化」であり、くじ引き民主主義が論じられるようになったのは代表制民主主義の機能不全が問題になったため、ということは、ここまでの議論から読み取れるだろう。

　そして、傍線部Cを含む段落の次の段落以降で、「定義のなかにある『ガバナンス』」についての説明がなされている。その説明によると「ガバナンス」とは「何らかの秩序を生み出す統治のプロセス」である。そして「ガバメント」から「ガバナンス」が注目されるようになった経緯として「グローバル化に伴って……国際的な課題が増大」と「企業やNGO・NPOなどが政策過程に関わる場面が増えてきた」ことが挙げられ、それに加えて民主主義における「ガバナンス」の説明がなされている。それは「主権者による自分たち自身の統治」という意味であり、代表制民主主義においては「選ばれた代表者にあらゆる事柄の決定を委ねてしまうことになりがちである」ので、「主権者による自分たち自身の統治という意味での民主主義のガバナンスを再生しよう」という発想が「民主主義のイノベーション」であると議論されている。つまり、代表制民主主義がうまく機能しなくなったために、主権者が自分たち自身を統治するようにする仕組みが必要である、という内容になる。

　したがって、正解は③。①は「市民自らが代表者を選ばずに企業やNGO・NPOと協力して行う統治」が不適切。本文に「代表者を選ばない」とは書かれていない。またグローバル化について言及されていない点も不十分である。②は「代表制民主主義によって国民国家は適切に統治されていた」が不適切。本文では代表制民主主義の機能不全について述べられている。④は「選挙を軸としているために支配者が被支配者を一方的に支配することは生じ得ない」が不適切。本文には「選ばれた代表者にあらゆる事柄の決定を委ねてしまうことになりがち」とある。また「企業が政策過程に関わる場面に増えてきた昨今は企業による市民の支配が生じうることから」も不適切。本文にそのような議論はない。⑤は「主権者は自分たち自身の統治を行うという意識が希薄であり代表者による統治を求める傾向にあった」が不適切。「選ばれた代表者にあらゆる事柄の決定を委ねてしまうことになりがち」であるとはいえ、そこから「……意識が希薄であり……統治を求める傾向にあった」とは言い切れない。また、「政府任せではない解決策を見出す必要が生じた」も本文にはない議論である。

問5　会話文問題（応用）

解答 (i)＝①　(ii)＝④

解法のポイント

　(i)は、二つの文章が「くじ引き民主主義」についてそれぞれどのような議論を行っているかをまとめる問題。各選択肢が【文章Ⅰ】【文章Ⅱ】の内容をそれぞれ適切にまとめているかを検討すればよい。

　各選択肢を検討すると、①はともに適切。②は後半「くじ引き民主主義が既存の代表制民主主義を補完して民主主義を深化させ」が不適切。【文章Ⅱ】には「補完する仕組みの模索なのか、……まだわからない」とある。③も後半の「民主主義のイノベーションを『企業やNGO・NPOの統治』と定義していた」が不適切。民主主義のイノベーションの定義は「参加や熟議をしたり、……新たなプロセスや制度」と本文にある。④は前半が不適切。「くじ引き民民主主義は……信頼を得つつある」が不適切。くじ引き民主主義は民主主義のイノベーションを行うための一つの方法として提示され、今も行われており、信頼を得つつあるとは書かれていない。したがって、正解は①。

　(ii)は、二つの文章に共通して言及されている現象をまとめる問題。なお、生徒Cの空欄部 Y の後の発言より、この現象が原因となって「代表者による議論だけではなく人びとによる熟議が必要」、すなわち代表制民主主義だけではなく、くじ引き民主主義やそれが示唆するデモクラティック・イノベーションが求められるようになったと考えられると判断できる。

　以上を踏まえて選択肢を検討すると、①は不適切。「国民の要求が複雑になりつつあり」は【文章Ⅱ】では言及されておらず、また【文章Ⅰ】でも「国民自身が自分たちの抱える問題を解決しなくてはならな」いとは言われていない。②は【文章Ⅰ】で言及されている内容だが、【文章Ⅱ】では触れられていないため不適切。③は、前半は【文章Ⅰ】でも【文章Ⅱ】でも言及されているが、後半の市民自身の意思決定については【文章Ⅰ】【文章Ⅱ】でも新たな発想として言及されており、事実として「市民自身が意思決定をしている場面がこれまで以上に増えてきている」とは書かれていない。④は前半も後半も【文章Ⅰ】【文章Ⅱ】両方で触れられている。したがって、正解は④。

第2問 解説

出題のねらい

　二〇二三年度の大学入学共通テスト第2問では、昨年と同様に小説が出題され、問7では本文と同時代の広告を用いて本文の表現を考察する問題が出題された。本模擬試験は二〇二三年度の出題を意識し、本文の小説の他に、複数資料を使った問題として批評文を用いて本文の解釈を考える設問を配した。

出典

　本文は小川洋子『小箱』（朝日新聞出版、二〇一九年）、【資料】は神田法子「全作品解説」・田畑書店編集部編『小川洋子のつくり方』（田畑書店、二〇二一年）所収による。

本文内容

　元は幼稚園であった建物に住む「私」は、子を亡くした親が子供たちのための品を保管しておくガラス箱が置かれた講堂を管理している。

　「私」は、息子が亡くなってから息子が歩いた道しか通らず生活を縮小していった従姉の代わりに図書館へ行き、死んだ作家の本を借りてくることが習慣になっていた。従姉は、息子がよく遊んでいた公園で弁当を売って生活しており、行列ができるほどの人気だったが弁当の売り方や生活が変化することはなかった。従姉が骨折した時、「私」はしばらく弁当屋を手伝っていた。お客さんの中には従姉を心配して花束を渡してくれる人もいたが、その帰り道、従姉は花束を川に投げ捨ててしまった。「私」は従姉の心情を理解し、何事もなかった振りをした。

設問解説

問1　心情説明問題（標準）

解答　①

解法のポイント

　従姉の発言に含まれる心情を考え、その心情に至った背景とともに説明する問題。

　まず、「悪いわね」という発言には、謝罪や感謝の意味があることを確認する。傍線部の前の場面に着目すると、「私」が本を積み上げたあとに従姉が「ありがとう」と述べている。さらに、その前の部分を読むと「私」が「頼まれていた本を図書館で借りて、従姉のところへ届けた」「町でたった一つの図書館が、新設された公道沿いへ移転して以降……図書館へ通うのが習慣になっていた」とあり、その理由として従姉は「息子が、生きていた時歩いた道しか」通らず、「新しい公道を、彼女は歩けないから」だと述べている。

　以上を踏まえて考えると、正解は①。②、⑤は申し訳なく感じている部分をそれぞれ「誤って作者が存命の本を借りてきていないか『私』に毎回確かめてもらわなければならない」、「『私』に大量の本を遠くの図書館から届けるという負担をかけている」こととしている点が不適切。③は「図書館がどこに移転したのか分からず」が不適切。④は「図書館が移転しても……影響は少ないと考えていた」について「美容院と公民館があったが、それらは図書館ほどの影響を与えなかった」とあるため不適切。また、「迷惑に思いつつ」についても本文から読み取れない。

問2　内容説明問題（標準）

解答　②

解法のポイント

　傍線部に含まれる「従姉の答え」やそれを聞いた「私」が考えたことについて説明する問題。

　従姉の答えの直後、「意味のよく通らない答えを返した」とあり、「私」は従姉の発言の意図をくみ取りかねていることが分かる。その後に、「私に分かるのは、これもまた息子の残した小さな地図に沿うための理屈なのだろう、ということだけだった」とあり、「小さな地図」については、前にある「彼女の頭の中には、息子がまだ十分には大きくなりきっていない、未熟な足で歩いたルートが克明に刻まれていた」という表現や、彼女が息子の死後、息子に縁のあった病院の元門番小屋と公園を行き来する生活を送っている様子から、「息子の生活圏の中で生きる」という従姉の中でのルールを指していると解釈することができる。このルールは、「越えることの許されない国境に等しかった」、「壁は高くそびえ、どこにも抜け道はなく、見張り塔からは強烈なサーチライトが発せられていた」などの表現や、傍線部の会話の直後にある「従姉が自らに歩くことを許している道」という表現から、従姉が自らに厳格に課しているものだと分かる。

　したがって、正解は②。①は「私」が「なぜ従姉が誘いを断るのか見当がつかなかった」としている点が不適当。また、「息子が生きていた時に口にしたことのあるものしか食べることができない」についても、本文から読み取れない。③は『私』に食事を作って食べさせる行為を息子との思い出と重ねている」が不適切。④は「従姉が真面目に答えていないと感じた」が不適切。⑤は「従姉が作ることと食べることを混同していると思った」が不適当。

問3　理由説明問題（標準）

解答　⑤

解法のポイント

　傍線部の心情を踏まえ、何に対して、なぜその心情を抱いているのかを説明する問題。

　まず、傍線部の直前を見ると、「それでも」という接続詞が見つかる。さらにその前の部分を見ると、「たまに仕事中の彼女を見かけることがあった」「愛想を振りまくでもなく……元門番小屋にいるのと少しも変わらない表情をしていた」とあり、弁当を売っている間も従姉に変化はないことが分かる。それでも「私」がその様子を見て好ましく思うのは、傍線部の直後に「お弁当が……身代わりになって、彼女の踏めない道に足跡を残してくれるような、縮小する地図をささやかでも押し広げてくれているような気持になれるから」だと述べられていることから、「私」には、従姉が作ったお弁当が人々に買われて彼女が行けない場所へも運ばれていくことで、縮小した彼女の世界を広げてくれているように感じられたからだと分かる。

　したがって、正解は⑤。①、③は「それでも」の指す内容をそれぞれ「単純な料理の弁当が売れるのか不安に思っていた」、「人気が出ても自転車に載る分しか弁当を作ろうとしない従姉に不満を抱いていた」としている点が不適切。②は「感情を取り戻しつつある」が不適切。本文から読み取ることができない。④は「息子との思い出にとらわれて生きる」が「地図」の言い換えとして不適切。また、「世界が広が」る理由を「面識のない人々と交流することで」としている点も「(弁当が)彼女が行けない場所へも運ばれていくことで」という先述の内容と合わない。

問4　状況と心情の説明問題（標準）

解答　③

解法のポイント

　傍線部を含む場面から従姉がどのような心情であるかをまず考え、どのような経緯でその心情に至ったのかを説明する問題。

　傍線部を含む場面は「そしてやはり講堂には、……」という一文から始まるが、講堂についてはリード文や本文始めの場面に説明がある。講堂には子どもを亡くした親が訪れて子どもが使っていた物や子どものために選んだ物をガラス箱に納め、「死んだ子どもたちは箱の中の小さな庭で、成長し続ける」とある通り、子どもが成長した姿を想像している。講堂には従姉の息子のための箱もあり、講堂に来るたび従姉は「あの子がこの渡り廊下を歩いていて、本当によかった」と述べ、その理由として「もしそうじゃなかったら、講堂に来られないんだもの」と述べている。このことから、生前の息子が歩いた道だけを歩く従姉は、生前の息子が元幼稚園の講堂を訪れていたため、講堂に箱を置いて息子が成長した姿を想像できることをありがたく思っているのだと分かる。その後従姉は「息子の足跡がまだ残っているとでも言いたげな様子で」「その一歩一歩に自分の足を重ね合わせるようにして」歩いたとある。

　以上を踏まえて考えると、正解は③。①は「廊下に息子が歩いた跡がはっきりと残っていることをうれしく思いつつ、息子の足跡の上を歩いた」が不適切。実際に足跡が残っているわけではない。②は従姉が想定した内容を「自分で息子の遺品の管理をしなければならなかったらと考えた」としている点が不適切。④は従姉が「よかった」と思っている内容を「息子が使っていた施設がまだ近くに残っていること」としている点が不適切。「講堂には、彼女の息子のための箱があった」「ガラスは透明度を保ち、中はよく手入れされ、納められているすべての品々が生き生きとしていた」と述べられていることから、従姉が講堂に来るのは、息子が使用した施設だからではなく、ガラス箱が設置されているためだということが読み取れる。⑤は「息子が講堂で箱を使っていた」という内容が本文から読み取れないため不適切。

問5　内容説明問題（標準）

解答　③

解法のポイント

　傍線部が含まれる場面について、それまでの状況を整理した上で、「私」が何に対して「何事もなかった振り」をしたのか説明する問題。

　傍線部が含まれる段落の始めの一文を見ると、「帰り道、従姉は歩みも止めずに花束を橋の上から川へ投げ捨てた」とある。この「花束」は前の場面で「公園の噴水を管理する作業員らしいお得意さんが、『お大事に』と言って」渡してくれたものである。それを投げ捨てた理由について「私」は傍線部の直前で、従姉は「お客さんの好意を拒否しているわけではな」く、「ただ外の世界から家の中へ目新しいものを持ち込みたくないだけだ」と述べている。

　したがって、正解は③。①、②、④は従姉が投げ捨てた理由をそれぞれ「花がぐったりと萎れた様子が従姉に息子の死を連想させるため」、「粗末なものだったため」、「うまくお礼の言葉を言えなかったことを思い出してしまうため」としている点が不適切。⑤は「私」の状況を「自転車を押すことに集中していた」と説明している点が不適切。

問6　複数の資料による本文理解問題（応用）

解答　(i)＝②　(ii)＝①

解法のポイント

　本文の批評文と、そこで取り上げられた同じ筆者の別作品の批評文を参照して、批評文の筆者の評価や解釈を読み取り、空欄に当てはまる内容として適当な選択肢を選ぶ問題。

　(i)　空欄Xには批評文の筆者が本文をどのように評価しているかについての説明が当てはまるが、【資料】のⅠからその評価が読み取れる。子どもが「独立して結婚したとき」のさみしさや喪失感は、一般的に「達成感や満足感などと相殺されがち」である。しかし、本文の筆者は「子どもを失う」という意味において自身の経験を、「生まれる前、成長し切る前の喪失」に読み替えて表現している。そのような点を、批評文の筆者は「すごいと言わざるを得ない」と評価している。

　したがって正解は②となる。

　(ii)　空欄Yには、本文中での「私」の行動を【資料】を踏まえて解釈し、「私」の人物像について説明したものが当てはまる。【資料】のⅠでは「私」が引き受けている手紙の解読（本文注1参照）や従姉のために本を借りてくる行為について、「仕事なのかボランティアなのかわからない」が『係』的な役割」を思わせると述べられている。さらに本文で「私」は講堂の管理も行っているが、これも前の二つの行為と同じように「係」的な仕事であると言える。この「係」的な仕事について【資料】のⅡでは、批評文の筆者は「単なる区分に過ぎないけれど所属よりもっと細かく働きかける対象ややるべき仕事に結びついてその人そのものを表し」、「本当に仔細な任務に溢れているが、それゆえに専門に担当する人だけに見え受け取れる密やかなサインが忍ばされており、それを受け止める喜びこそが仕事の醍醐味」であると感じていることが読み取れる。以上のことを踏まえると、本文中で「私」は「係」的な仕事を通して子を失った人々と関係しており、従姉の行動から暗に示される決心を受けとめているが、その行為は「私」そのものを表していると解釈することができる。
　したがって、正解は①。②は仕事のやりがいを「専門性の高い『係』的な役割をこなすこと」としている点が不適切。③は「『係』的な仕事を、本心では無意味だと思いつつも淡々とやり遂げられる」が不適切。④は「何度も取り組む中で意義を見出そうとする」について、「係」的な仕事の「愉しみ」は、繰り返す中で積極的に見つけようとするものではなく、「ふと見つけてしまう」ものだと述べられているため不適切。

第3問 解説

出題のねらい

　令和七年度大学入学共通テストの試作問題では第3問の案として、第A問と第B問が公開された。今回はそのうち第B問を模して、資料とグラフを元にレポートを書き、その内容に沿った設問を作成している。複数資料の読解や、文脈に沿って物事を考える練習に役立ててほしい。

出典

【グラフ1～2】総務省『令和三年版情報通信白書』(https://www.soumu.go.jp/johotsusintokei/whitepaper/ja/r03/pdf/n2300000.pdf)より。

【グラフ3】公益財団法人　日本生産性本部『第10回　働く人の意識に関する調査』(https://www.jpc-net.jp/research/assets/pdf/10th_workers_report.pdf)より。

【グラフ1】は図表2-3-4-1「企業のテレワーク実施率」、東京商工リサーチ「新型コロナウイルスに関するアンケート」調査(第二～六回、八、一〇、一四回)を基に総務省作成。

【グラフ2】は図表2-3-4-9「テレワークの実施頻度」。

【グラフ3】は図53「テレワークの課題」より改変。

【資料】山本和博『大都市はどうやってできるのか』(筑摩書房)の第5章「情報通信技術の発達がもたらすもの」の一節。

　山本和博は経済学者。専門は経済政策、都市経済学、応用ミクロ経済学、社会心理学、社会学。京都大学経済学部経済学科卒業、京都大学大学院経済学研究科博士課程修了。大阪大学経済学研究科教授。他の著書に『空間経済学』(有斐閣、共著)などがある。

　本書では、東京や大阪、名古屋といった大都市がなぜ生まれ、どのような役割を果たしているのかについて、人や企業が都市に「集まる」ことに着目し、その経済学的な効果を論理的に説明している。内容の興味深さに加え、入門的な新書のレーベルであるちくまプリマー新書でもあるため、経済学の基礎から丁寧な説明がなされており、語り口も親しみやすい。経済学に興味のある人はぜひ一度手に取ってほしい一冊である。

資料内容解説（数字は意味段落）

①イノベーションのような知的な生産活動には、「暗黙知」(表情や仕草など、同じ場所を共有していなければやり取りが難しい情報)のやり取りも重要です。

↓

経営学者の遠山亮子によると、イノベーションには暗黙知とともに「雑談」なども必要となります。

↓

雑談も同じ場を共有しなければ生まれませんが、雑談を通して暗黙知を含んださまざまな知識やアイデアが人々の間を移動しているのです。

↓

②グレイザーの著書では、スーパーマーケットのレジ打ちの例(顔を合わせて情報のやり取りを

することの重要性を示す例）が挙げられています。

←

③このように、顔を合わせて情報のやり取りをすることの重要性を示した証拠は数多くあります。

←

④ICTでは暗黙知のやり取りは難しいですし、仕事の合間に雑談をするのにも適していません。知的な生産活動のためにはICTだけではなく、顔を合わせて知識やアイデアを交換することが必要なのです。

※イノベーションを起こすには「暗黙知」をやり取りしたり、「雑談」などによって「暗黙知」を含む様々な知識やアイデアを交換することが重要である。また、「暗黙知」のやり取りにも「雑談」にも顔を合わせてコミュニケーションを取ることが必要となる。よってイノベーションには顔を合わせてコミュニケーションすることが重要であり、ＩＣＴでの顔を合わせないコミュニケーションばかりではよくない、という内容である。

設問解説

問1　グラフの読み取り問題（基礎）

解答 ②

解法のポイント

【グラフ2】を読み取り、空欄Xを埋める問題。レポートを見ると、空欄Xを含む一文は、「一回目の宣言時と二回目の宣言時を比べると、[X] ことなどから、実施頻度が少なくなる傾向が見てとれる。」とある。よって【グラフ2】の二つの帯グラフを比べ、「実施頻度が少なく」なった根拠となりうる箇所を適切に言葉で表した選択肢が正解となる。

なお、もちろん【グラフ2】の内容を正確に表せていない選択肢は誤りとなるので、その点にも注意して解答しよう。

①「『週3～4日程度』の割合が減少し」とあるが【グラフ2】では「週3～4日程度」は増加している。よって誤り。

②は【グラフ2】の内容を正確に表している。また、「週5～6日程度」と「週3～4日程度」「月に数回程度」が対比されており、より実施日数の長い「週5～6日程度」が減少し、より実施日数の短い「週3～4日程度」「月に数回程度」が増加したと述べている。実施日数が長い人が減り短い人が増えたことがうかがえるため、②が正解。

③は【グラフ2】の内容は正確に表せている。対比関係にあるのは「週5～6日程度」と「週2日程度」であり、『週5～6日程度』が減少し」たは実施日数が長い人が減った、という意味で問題ない。しかし後半がよくない。「週2日程度」は「週5～6日程度」と比べて実施日数が短いが、実施日数が短い人の数が変わらなかった、と述べても全体の実施日数が短くなったかどうかはわからない。よって誤り。

④も【グラフ2】の内容は正確に表せている。しかし「週3～4日程度」が増加していたとしても、「週2日程度」が変わらなかったとすれば、「実施日数が長い人が減って、実施日数が短い人が増えたことにより、全体として人々のテレワークの実施日数が少なくなった」とは言えないため、誤り。

⑤は『週1日程度』『月に数回程度』が減少し」とあるが【グラフ2】では「週1日程度」「月に数回程度」は増加している。よって誤り。

問2　空欄補充問題（標準）

解答 ⑤

解法のポイント

二箇所ある空欄Yを補充する問題である。グラフの読み取りとして選択肢の内容が正しいかの検討はもちろん、空欄Yに入る説明として適切な内容になっているかの検討も必要である。二つ目の空欄Yの箇所を確認すると、「【グラフ3】で着目した点（[Y]）が実感された。そして、【資料】にあるように[Z]というような、場を共有することのメリットが改めて意識された」とある。このことから、空欄Yは「場を共有することのメリットが意識された」という結論の内容と類似した説明が入ることが分かる。

①は選択肢の内容は正しい。ただ、テレワークを順調に行えるようになった人の割合が増えたという話と、【レポート】のテレワークの実施率や頻度が低下したという話は矛盾している。よって、誤り。

②は前半は正しい。しかし、オーバーワークを課題と答えた人の数値が13%から15・6%に増えているため、「オーバーワークに対する関心は年々薄まっており」という部分

は誤り。また、「場を共有することのメリットが意識された」という結論とも合わない説明である。

③は前半は正しい。しかし、「人々は情報セキュリティ対策にのみ力を入れて取り組んだ」かどうかはこのグラフからは読み取れない。また、「部屋、机、椅子、照明など物理的環境の整備」等の項目も課題と答えた人の数値が減っていることからも、この読み取りは誤っているだろうと推測できる。さらに、「場を共有することのメリットが意識された」という結論とも合わない説明である。

④は「データをネット上でどのように共有するかという課題は、他の課題に比べ優先順位が低い」とあるが、課題と答えた人の割合が変わっていないからといって、優先順位が低いことにはならず、そもそもこのグラフから優先順位の高さは読み取ることができないため、間違い。

⑤は選択肢の内容も正しく、「対面で働くことの重要性を再認識し」たという説明と、「場を共有することのメリットが意識された」という結論も合致するため、正解である。

問３　要約問題（標準）

解答　③

解法のポイント

二箇所ある空欄Ｚを補充する問題だが、設問にあるとおり、空欄Ｚには【資料】の要約が入る。さらに二箇所の空欄Ｚの直後にはどちらも「場を共有することのメリット」とあり、これが空欄Ｚの内容と類似していることがわかる。よって、【資料】の内容に反しておらず、かつ直後の「場を共有することのメリット」にも沿っている選択肢を選べばよい。

①は【資料】の内容に反している部分はないといえるが、「働く人同士がコミュニケーションを取ること」について述べており、「場を共有して」という内容が抜けている。「場を共有することのメリット」という記述に対して不十分といえるため、①は誤り。

②は「場を共有して」という要素は入っている。しかし場を共有すれば「一人きりのときよりもリラックスして仕事ができ」るという内容が【資料】には見られない。顔を合わせて仕事をすることのメリットは、暗黙知を含む知識やアイデアのやりとりができることである。よって②も誤り。

③は場を共有することについて「顔を合わせてともに仕事をする」と言い換えている。またそれが暗黙知のやりとりや雑談につながり、知的な生産活動を促すことを適切に述べている。③が正解。

④は暗黙知が「雑談のような目的の決まっていないコミュニケーションによってしか交換できない」としているが、暗黙知はあくまで「同じ場所を共有していなければやり取りすることが難しい情報」である。同じ場所を共有していれば、雑談のような目的のないコミュニケーションでも、会議のような目的のはっきりした場でも暗黙知のやり取りはできると考えられるので、④は誤り。

なお、【資料】の「イノベーションのベースになる知識の創造のためには、暗黙知とともに、『雑談』や『ノイズ』、『偶然の出会い』も必要」「雑談を通して暗黙知を含んださまざまな知識やアイデアが人と人の間を移動している」などの記述から暗黙知と雑談のつながりを読み取った人もいたかもしれないが、これらの記述からはあくまでも雑談が暗黙知のやり取りに有効だということが読み取れるのみであり、雑談でなければ暗黙知をやり取りできないとは書かれていないので注意しよう。

⑤は、ＩＣＴを使ったコミュニケーションについて「知識やアイデアを交換することができない」と述べているが、本文には、ＩＣＴでは暗黙知のやり取りは難しい、とあるのみで、暗黙知以外の知識やアイデアも交換できないかどうかは疑問が残る。また「仕事は常に顔を合わせて行う必要がある」としているが、【資料】の末尾に「ＩＣＴだけではなく、顔を合わせて知識やアイデアを交換することが必要」とある。これはＩＣＴだけではよくない、ということであり、選択肢のように「常に」顔を合わせて仕事をする必要がある、という意味とはならない。よって⑤も誤りである。

問４　反論として適切なものを選ぶ問題（標準）

解答　⑤

解法のポイント

【レポート】の主張に反論する問題。【レポート】はここまでの設問で扱ったグラフや資料を用いて、テレワークの普及によってテレワークのデメリットとアナログのメリットが浮かび上がってきたと述べてきた。これに基づく主張は、最後の一文に集約されている。

「感染症の流行が収束した場合、また誰もがアナログで出勤して働くべきだといえるだろう。」

すなわち、テレワークを取りやめ、アナログな働き方に回帰するべきだということである。これに対して反対の立場となっているものを選ぼう。

①は誰もが出勤して働く場合、外国など遠くに住む人と連携して仕事をすることが難しくなると述べている。一見アナログのデメリットを指摘しているように見えるが、後半で、このことが日本の技術が海外に流出するのを防ぎ日本の国際的な地位を高めるとしていて、前半部をメリットと捉えていることが分かる。アナログな働き方を肯定し【レポート】の主張を補強する内容といえるため、誤りである。

②は、前半で、【レポート】とは別の観点からアナログのメリットを述べており、後半で「働くモチベーションを維持できないテレワークは、感染症流行などの緊急事態に限定するべき」と主張している。むしろアナログな働き方を基本にすることを肯定しているといえるため、誤りである。

③はテレワークを続けるという内容とはなっているが、選択肢の主な内容はテレワークのリスクの指摘とそれに対する注意喚起になっており、テレワークを継続するべき理由に触れられていない。アナログのよさを主張する【レポート】への反論として不十分といえるため誤り。

④は前半で仕事以外の面にもデジタル化が進行していることを指摘し、後半で「アナログでしか味わえない感動もあるのだということを、強く発信していくべきだ」と述べている。アナログを肯定する意見でもあり、また【レポート】が一貫して仕事におけるデジタル化について述べているのに対して論点がずれているため誤りである。

⑤は前半でテレワークのメリットを指摘し、後半ではそのメリットを活かすためにテレワークを継続すべきと述べている。アナログに回帰すべきとする【レポート】に対して、新たな視点からテレワークを継続すべきと主張しており、反論として有効である。

よって⑤が正解。

第4問 解説

出題のねらい

二〇二三年度の大学入学共通テストの出題傾向を踏まえつつ、現段階で身につけておいて欲しい知識と、それをもとにした正確な読解ができているかを確認することをねらいとした。特に問4と問5では、複数のテキストを関連付けて読み解く力が必要となる。共通テスト国語では必須の力なので、しっかりと解法を習得してほしい。

出典

『狭衣物語』（巻一）

『狭衣物語』は、平安時代後期成立の作り物語で、『源氏物語』から強く影響を受けた作品である。作者は未詳ながら、源頼国の娘で、禖子《ばいし》内親王家宣旨とする説が有力である。主人公の狭衣大将（問題文の段階では中将）の、従妹《いとこ》である源氏の宮（故先帝の皇女）に対する叶わぬ恋を中心として、そのほか、飛鳥井の女君（故帥中納言女）など複数の女性との悲恋も織り交ぜて物語は展開する。

本文は『新編日本古典文学全集29　狭衣物語①』（小学館）に拠ったが、読解の便を図り、適宜表記を改めた。

本文の要約

狭衣中将の思い悩む様子は常に増して美しい。明け方、殿と狭衣はともに宮中から退出した。

自邸に戻った狭衣に、母宮は食事を差し上げるが、狭衣はそれを断り自室で休もうとする。母宮は狭衣を引き止め自分のそばで休ませるも、狭衣は宮中での出来事が思い出されて眠れず、「自分は人間界で人生を全うできないのか」と心細く感じる。

そこへ木幡の僧都が参上する。狭衣は、自分のために大げさに祈禱の準備がなされるのを聞くにつけ、そんな周囲の気持ちをよそに恋に身を焦がしている自分がやりきれず、涙があふれる。

狭衣の源氏の宮への思慕は弱まることがない。狭衣は、女二の宮をお嫁に頂いても甲斐があるとも思われず、源氏の宮への一途な思いを和歌に詠んだ。

設問解説

問1　語意問題（基礎）

解答　(ア)＝②　(イ)＝⑤

解法のポイント

(ア)「いかに困じたまひぬらん」

傍線部の後に、「…とて、御自ら、とかく物参りたまへれど」とあるので、傍線部は、「物参り」（食事を差し上げる）をした母宮の発言であるとわかる。自邸に戻ってきた狭衣中将に対する母宮のリアクションというわけだ。これを前提に、傍線部を詳しく見ていこう。

品詞分解すると、「いかに／困じ／たまひ／ぬ／らん」となる。「いかに」と「困じ」がポイント。

これだけは覚えよう

いかに（副詞）
1　《疑問》どうして・どのように（〜か）
2　《反語》どうして（〜か、いや〜ない）
3　《程度》どれほど（〜だろう）

「いか」と出てきたら「如何」と頭の中で変換して、疑問系の表現だと考えよう。

これだけは覚えよう

困《こう》ず（サ行変格活用動詞）
1　疲れはてる
2　困る

「困る」だけでなく、「疲れはてる」という意味もあることに注意しよう。

また、「たまひ」はここでは母宮から狭衣中将に対する敬意を表す尊敬の補助動詞、「ぬ」は完了の助動詞「ぬ」終止形、「らん」は現在推量の助動詞「らむ（らん）」連体形。

以上より、傍線部は「（狭衣中将は）どれほど疲れていらっしゃるだろう」などと解釈できるので、これに合致する②が正解。

①④⑤は尊敬語の訳出が抜けている。③は「退屈」が「困ず」の訳として不適。

(イ)「やんごとなく験あるべき」

「やんごとなし」と「験」がポイントだ。

これだけは覚えよう

やむ（ん）ごとなし（ク活用形容詞）
1　大切だ・この上ない
2　身分が高い・尊い

しるし【験・徴】（名詞）
1　効果・効き目
2　（神仏の）霊験・ご利益
3　兆候・兆し
※形容詞の「著《しる》し」（はっきりわかる）と混同しないように注意。

名詞「しるし」は、念仏や祈禱といった話題の中で出ることが多い。ここもそうで、木幡の僧都が祈禱のために、「しるし」のありそうな人々に指示した、という文脈だ。

「あるべき」は、ラ変動詞「あり」連体形＋推量の助動詞「べし」連体形で、「ありそうな」などと解釈する。

以上より、傍線部は「尊くて効験のありそうな」と解釈でき、⑤が正解。他の選択肢は、いずれも「やんごとなし」「験」の語義から外れる。

問2　語句と表現に関する説明問題（標準）

解答　③

解法のポイント

共通テストの古文で定着しつつある、語句と表現に関する問題。文法力や語彙力が幅広く問われる。選択肢を順に検討しよう。

①不適。この「なる」は形容動詞「あはれなり」の活用語尾。

これだけは覚えよう

形容動詞の識別

「〇〇なり」に、程度を表す副詞「いと」(とても)をつけて、意味が通れば形容動詞。

例　静かなり
→いと静かなり(とても静かだ)
→意味が通るので形容動詞

例　人なり
→いと人なり(とても人だ??)
→名詞＋助動詞(断定)

ここは、「いとあはれなり」(とても憂いがちだ)として意味が通るので、「あはれなり」で一語の形容動詞だと判断する。

②不適。「御」が接頭語だというのは良いが、敬意の方向が間違っている。「御」は名詞に付いて尊敬の意味を添える接頭語で、敬意の方向の考え方は、通常の敬語と同様。

これだけは覚えよう

敬意の方向

敬意の方向(誰から誰への敬意か)は、文の種類と、敬語の種類によって異なる。

(1)　誰からの敬意か
地の文……作者から
会話文……話し手から

(2)　誰への敬意か
尊敬語……動作をする人へ
謙譲語……動作を受ける人へ
丁寧語……聞く人へ(地の文なら「読み手」/会話文なら「聞き手」)

ここは地の文で、母宮の「けしき」について言っているので、正しくは「作者から母宮への敬意」となる。

③適当。助動詞「む(ん)」の意味は、次のように整理しておこう。

これだけは覚えよう

「む」の意味の識別

(1)　文末の「む」→主語による識別
イ　主語が一人称→意志
ロ　主語が二人称→勧誘・適当
ハ　主語が三人称→推量

(2)　文の途中の「む」→婉曲か仮定

波線部の「ん」は文末にあるので、主語を見極めよう。ここは主語の明示がないが、狭衣中将の発言中にあるので、主語は「私＝狭衣中将」(一人称)。すると「ん」は意志の意味になるので、波線部は「休みましょう」と解釈できる。今日は苦しく悩ましいので、もう休みたいと母宮に伝えているのだ。

④不適。「たまへ」が尊敬語だというのは良いが、ここの主語は木幡の僧都なので、敬意の方向は「作者から木幡の僧都へ」となる。

⑤不適。ここは「おほせ/らるる」と分解する。「おほせ」はサ行下二段活用動詞「おほす」未然形、「らるる」は尊敬の助動詞「らる」連体形である。

なお「おほせらるる」で動詞「おほせらる」の連体形とする説もあるが、いずれにせよ「るる」を自発と考えるのは誤り。

以上の検討により、正解は③。

問3　内容合致問題(標準)

解答　③

解法のポイント

本問のような内容合致問題は、選択肢の内容に該当する本文の箇所を見つけ、正誤を丁寧に照合していく。

①は、1段落前半が該当箇所。ここは、次のように整理できる。

(狭衣中将ノ様子ハ)
おぼろけの見目にては、帝の御女といふとも、並びにくげなめる
←
(ソノ様子ヲ見テ、帝ハ)
「この宮はなどかは」と思しめす。

ポイントは「などかは」だ。「などかは」は多く反語になり、「どうして……なことがあろうか、いや……ではない」という意味になる連語。ここでは、下に「並びにくげなる」を補い、「女二の宮は、どうして狭衣中将と不釣り合いなことがあろうか、いやそんなはずはない」などと解釈する。

要するに、素晴らしい様子の狭衣中将に対し、帝は女二の宮であれば釣り合うだろうと考えた、というわけだ。したがって①の内容は誤り。

②は、1段落後半が該当箇所。「多くの人々が宮中に参上したので」がおかしい。「みな人々まかでたまひぬ」とあるので、正しくは人々が宮中から退出したのである。

③は、2段落の中ほど、『いとど今宵ばかりは……せちにのたまへば』の記述に合致するので正しい。

これだけは覚えよう

> **せちなり【切なり】（ナリ活用形容動詞）**
> 1 切実だ
> 2 大切だ
> 3 〈「せちに（せつに）」の形で〉しきりに・ひたすら

④は、2段落後半の「めづらしかりつる……まどろまれたまはず」が該当箇所。ここで横になっているのは狭衣中将なので、主語は狭衣中将ととる。したがって、母宮を主語として解釈しているこの選択肢は誤り。

⑤は、2段落末の「ありつる御子の……我ながら心細し」が該当する。ここは、狭衣中将が「この世にはありはつまじきにや」（この世で生を全うできるのだろうか）と心細くなっている場面なので、「俗世で生き続けなければならなくなったことを心細く」がおかしい。

これだけは覚えよう

> **あり（ラ行変格活用動詞）**
> ある・いる・生きている
> ※「生きている」という意味があることに注意。

> **はつ【果つ】（タ行下二段活用動詞）**
> 1 終わる・死ぬ
> 2 （補助動詞）…し終わる。完全に…しきる。
> ※ここは2の用法。

以上の検討により、正解は③。

問4 心情説明問題（応用）

解答 ①

解法のポイント

まずは設問文で提示されている和歌を解釈しよう。

> 独り寝の床にたまれる涙には
> 石の枕も浮きぬべらなり

第五句「浮きぬべらなり」の解釈がカギ。ここの「ぬ」は連用形に接続しているので、打消ではなく完了（強意）の意味。

これだけは覚えよう

> **「ぬ」の見分け方**
> 1 直前の語の活用形（接続）から判断する。
> 未然形＋ぬ →「ぬ」は打消
> 連用形＋ぬ →「ぬ」は完了（強意）
> 2 「ぬ」そのものの活用形から判断する。
> 「ぬ」が連体形 → 打消
> 「ぬ」が終止形 → 完了（強意）

「べらなり」は馴染みがないかもしれないが、「べし」と同様だと考えれば良い。

したがって、この和歌は次のように解釈できよう。

> （恋人と会わずに）独り寝する時の床にたまる涙は（あまりに多く）、石の枕も浮いてしまいそうなほどだ。

つまり、涙がたくさん溢れるほどの悲しさ、つらさといった感情が主眼になっていることをつかむ。

ここで、本文に注目しよう。傍線部の前の狭衣中将の心内文は、敬語の有無をもとに主語等を補うと、次のようになる。

> 「（周囲ノ人タチハ）などかくしも思すらん。（周囲ノ人タチノ）いとかかる御心ざしを（私ハ）知らず顔にて、あるまじきことにより、（我ガ）身をいかにしなしてんとすらん」

つまり、狭衣中将は、自分に対する周囲の気遣いをよそに、「あるまじきこと」によって我が身を持て余していると感じているのだ。「あるまじきこと」は、狭衣中将の悩みの種である、源氏の宮への恋心。

先ほどの和歌の解釈とあわせて考えると、傍線部において狭衣中将は、そうした状況に対して涙で枕が浮きそうなほどやりきれなく思っている、と考えることができる。

以上の説明に合致する①が正解。②は「まるで石のようだと残念に思っている」が和歌の解釈から外れる。③は「往生」云々が見当違い。④は「帝の気持ち」「帝の恨み」というのがおかしい。傍線部は、周囲の人たちの祈禱をうけてのものなので、帝は関係ない。

問5　4段落の内容考察問題（応用）

解答　(i)＝②　(ii)＝④

解法のポイント

(i)　会話文と本文をヒントに、「御身の衣」「紫」「夜の狭衣」が誰を指すのか考えよう。

Ⅰ「御身の衣」

直前に「内の上の、……賜はせつる」とあるのに注目。

これだけは覚えよう

> **天皇の呼称には、次のようなものがある。**
> おほやけ、帝《みかど》、御門《みかど》、上《うへ》、主上《しゆじやう》、内《うち》の上《うへ》、内《うち》、内裏《うち》、今上《きんじやう》、当代《たうだい》、禁裏《きんり》

つまり「内の上」は天皇のこと。「天皇がお与えになった『御身の衣』」は女二の宮である。

Ⅱ「紫」

直後の「ならましかば」に注目。これは、後に「よからまし」などを補って、「……であったら良かったのに」という意味になる表現。反実仮想なので、「実際はそうではない」という点にも注意。

ここは、狭衣中将が、女二の宮の降嫁を「かひがひしくも思されで」（甲斐があるものとも思わずに）、『紫』であったらよかったのに」とばかり思う――という内容なので、「紫」は源氏の宮だと判断できよう。これは設問内の会話文に、『紫』という語が『血縁の者』という意味で使われる」とあるのにも合致する。実の妹同然なので、このように言ったのだ。

Ⅲ「夜の狭衣」

「いろいろに……」は狭衣中将の和歌。「人知れず思ひそめてし」（人知れずひそかに思いそめてしまった）というのだから、これは源氏の宮のこと。

以上より、Ⅰ＝女二の宮、Ⅱ＝源氏の宮、Ⅲ＝源氏の宮となるので、②が正解。

(ii)　(i)で得た人物関係を参考にしつつ、各選択肢を4段落と照合していく。

①は、「源氏の宮が狭衣中将の恋心に気づかず」というのが本文から読み取れないので不適。「わきかへる心の中の、しるしもなくて過ぐる」は、狭衣中将の恋が進展しないことを言っているのに過ぎない。

②は、「母宮は」というのがおかしい。4段落に母宮は登場しない。

③は、「内の上の、……」の文を誤読したもので、不適。「いと面だたしけれども」以下の主語はすべて狭衣中将であるし、「内心腹立たしい」といった表現も本文にはない。

④は、「内の上の、……」の文と「いろいろに……」の和歌の内容を端的に表したものであり、これが正解。

なお「いろいろに……」の和歌は次のように整理できる。

> いろいろと重ねては着るまい。（句切れ）
> いろいろに重ねては着じ／
> 人知れず思いそめた
> 〈人知れず思ひそめてし〉夜の狭衣
> ＝
> 源氏の宮

ここでは、人物を衣服にたとえて言っているので、「いろいろに重ねては着じ」というのは、つまり「源氏の宮以外の人とは結婚するまい」という狭衣中将の一途な思いの表明なのである。

《全文解釈》

（狭衣中将が）盃を手にしてとまどっておられる、灯火に映えるお姿の、いつもよりも何となく憂いがちな様子は、確かにほどほどの器量では、たとえ皇女であっても、並べば見劣りしそうなのを、（帝は）「この宮（＝女二の宮）はどうして（釣り合わないことがあろうか、いやない）」とお思いになる。（時鳥の）鳴く一声で（夜が）明けそうな気がするので、人々はみな（宮中から）退出なさった。殿も狭衣中将も、同じ車に乗ってお出になられた。

母宮が（無事帰宅した狭衣中将を）見申し上げなさった時の（喜びの）ご様子は、想像がつくだろう。（母宮は）「どんなにお疲れのことでしょう」と言って、ご自身で、あれこれと（狭衣中将の）お食事を差し上げなさるが、（狭衣中将は）本当に辛くて気分が悪くお思いになって、「今夜はとてもいただけそうもありません。（今日はもう）休みましょう」と申し上げ、ご自分のお部屋に行こうとなさるのを、（母宮は）「いよいよ今夜だけは、一時でもお側から離れておられるのが、とても気がかりでどうしようもない」とお思いになって、「ここでお休みなさい」と一心におっしゃるので、（狭衣中将は）畳などを敷かせて横におなりになったけれども、意外だった出来事ばかりが次々と思い浮かべられて、一睡もおできにならない。何というわけもなく、本当に魂が身から浮かれ出すような気がなさり、あの時の天の使いのお顔立ちや振る舞いが恋しくて、（ともに昇天しなかったことが）残念に思われなさって、「なるほど、殿のおっしゃるように、（私は）この人間界で寿命を全うすることができないのだろうか」と、自分のことながら心細い。

木幡の僧都がお召しで参上なさったのを、この（＝狭衣中将の）お側で、殿たちもお休みなさらず、今夜の出来事をあれこれとお話しなさって、たいそう何か不吉なこととお思いになって、明日から始まる手はずのご祈禱などの指示をなさる。しかるべき家司や職事たちを招集し、尊くて効験のありそうな人々に命じて、ご配慮の及ばない点が全くないほど細々と指図なさったご祈禱の数々が、まことに大げさなのを（狭衣中将は）横になったままお聞きになり、「どうしてこれほど（自分のことを）気遣いなさるのだろう。全くこんなお気持ちを無視し、けしからぬこと（＝源氏の宮への思慕）によって、（いったい自分の）身をどのようにしようとしているのか」と、自ら招いたことながら、（とめどもなく流れ出る涙で）枕も浮いてしまいそうだ。

（狭衣中将は）「（源氏の宮への思慕は）あってはならないことだ」とばかりくり返し思うものの、（源氏の宮と）朝夕お顔を合わせ申しているのに、思い乱れる心の中の、何の甲斐もなく日々が過ぎていく嘆かわしさは、少しも衰えるような気もしない。帝が、たいそうなお引き立てと思いあそばして降嫁させようとなさる、身近にまとう衣（のような女二の宮）のことは、たいへん晴れがましいけれども、（狭衣中将は）頂きがいのあることともお思いにならず、「（これが）紫の衣の宮（＝源氏の宮）であったら（どれほど嬉しいことか）」とばかりお思いになる。

いろいろに……＝色とりどりに衣を重ねて着るように、多くの女性に思いを寄せることはするまい。ひそかに思いそめてしまった夜の衣（＝源氏の宮）を一途に恋い慕っているので。

と、思わずくり返し吟じなさる。

第5問 解説

出題のねらい

二〇二一年から実施されている共通テストでは様々なパターンの本文が登場しているが、①複数の文章・詩を用い、②それら複数資料を組み合わせた内容理解を問うこと、この二点は変わらない方針のようだ。

過去の共通テスト本試験の出典は次の通り。

二〇二一年度
第1日程
【問題文Ⅰ】 欧陽脩『欧陽文忠公集』　詩
【問題文Ⅱ】『韓非子』　思想
第2日程
本文　曾鞏「墨池記」　文章
問7 **【資料】**『晋書』「王羲之伝」　歴史
二〇二二年度
【序文】 と **【詩】**
阮元『揅経室集』　文章・詩
二〇二三年度
【予想問題】 と **【模擬答案】**
白居易『白氏文集』　文章

個々の設問は、漢字の読みや意味、返り点と書き下し文、傍線部解釈、理由説明、内容理解、空欄補充、漢詩の知識を問うものなど、典型的な形式が多く出題されている。設問数は6から7問で、まんべんなく漢文力が問われる。基礎的な学力を幅広く評価する共通テストの性格から言って当然のことだろう。そのため、愚直に知識（漢字・句形・文学史）を増やし、そして読解力を高めることで対応するのがベストである。共通テストの漢文には特別な学習法などない。正攻法こそ近道である。

　この模試の設問は、二〇二三年の共通テストになるべく準拠したが、必ずしも完全に一致しているわけでなく、学習効果を考えて作問してある。具体的には、解釈、空欄補充、返り点・書き下し文、比喩を含む文の内容理解、理由説明、複数の文章の比較による内容理解という設問を用意した。

　入試までまだまだ時間があるように思うかも知れないが、意外とすぐにやって来る。しかし、今から怠ることなく学習をすれば、自信と実力が付き、本番で焦ることはない。そのための参考としてこの模試を役立ててほしい。

出典

【文章Ⅰ】『荘子』内篇「大宗師《だいそうし》篇」
【文章Ⅱ】『抱朴子』巻八「釈滞《しゃくたい》篇」

　『荘子』は道家思想の書。内篇七篇、外篇十五篇、雑篇十一篇からなる。戦国時代の思想家荘周（およそ前三七〇～前三〇〇年頃）の著作とされるが、現行の『荘子』は、弟子たちの手によって増補されたもので、戦国時代末から前漢にかけて成立した。そのなかで内篇は荘周の言葉に近いとされている。【文章Ⅰ】の「大宗師篇」は内篇中の一篇である。ここで述べられる万物斉同の思想は『荘子』の基本思想の一つ。

　『抱朴子』は東晋の葛洪《かっこう》（二八三～三四三年頃）の著作。内篇二〇篇・外篇五〇篇からなる。内篇は神仙道の書として知られる。【文章Ⅱ】の「釈滞篇」は内篇中の一篇である。

　葛洪は丹陽郡句容《こうよう》県（現・江蘇省江寧県）の人。字は稚川。号は抱朴子である。『抱朴子』のほかに仙人の列伝『神仙伝』を著した。神仙道はのちに成立する道教の重要な構成要素の一つである。道家思想もまた道教の構成要素だが、神仙道と道家思想には矛盾する面がある。本文に採用した箇所はその一つで、『荘子』の死生を超越する万物斉同の思想が、不老不死を目的とする神仙道と矛盾しているため、葛洪は『荘子』を批判している。

本文の要約

【文章Ⅰ】

　道を悟った真人は、生を喜ばず、死を憎まず、誕生を喜ばず、死亡することを嫌がらない。無心に自然にまかせて生死を往来する。始まりを避けず、終わりを求めず、生命が授けられれば受け入れ、生命を失ったら根元に戻る。このように取捨の心によって道を捨てることなく、人の立場から天を助けるような余計なことをしないのが、真人と言うのである。

【文章Ⅱ】

　文子・荘子・関令尹喜たちは黄帝・老子を祖述する文章を書いて虚無の道を明らかにしたが、大旨を敷衍するだけで至言はなかった。あるいはまた荘子は「死生を斉《ひと》しくする」と言って、生は苦役で死は休息だなどと言う。神仙の道から遠ざかること甚だしい。彼らの書物は読むに値しない。ただ、その寓話・比喩が雑用を満たし、急場しのぎになることから、後世の口達者で素行の悪い者が老荘をすみかとするのである。口惜しいことだ。

設問解説

問1　波線部解釈問題（標準）

解答　(ア)＝①　(イ)＝②

解法のポイント

　共通テストの問1では本文における語句の意味を問われることが多いが、本模試では他の設問とのバランスの都合上、短いフレーズの解釈を問う設問とした。同様の形式は追試験では出題されたことがある。語句や句法の知識を生かし、文脈も考慮して答えを絞り込みたい。

　波線部(ア)「但演二其大旨一」については、まずは限定を表す「但」が含まれていることに着目しよう。この字は漢文では、日本語の「但し——の場合は」のような条件を追加する用法はないので注意してほしい。

これだけは覚えよう

○限定の句法

1　但・唯・惟・只・直・徒など（文頭）
訓　ただ——（ノミ）
意　ただ——だけである
（例）但微頷レ之。（欧陽脩『帰田録』）
但だ微かに之に頷くのみ。
ただかすかに頷いただけである。

2　已・而已・耳・爾など（文末）
訓　——のみ
意　ただ——だけである
（例）食レ粟而已。（『孟子』）
粟《ぞく》を食《くら》ふのみ。
穀物を食べるだけだ。

※1と2は組み合わせても用いられる。
(例) 直不㆓百歩㆒耳。(『孟子』)
直《た》だ百歩ならざるのみ。
ただ百歩逃げなかったというだけだ。

残る「演㆓其大旨㆒」の部分について。「大旨」は「たいし」と読むが、訓読みすれば「おおむね」となる通り、「(およその)趣旨」の意味でとってよい。「演」は少し難しいが、ここでは「のブ」と読んで「引き延ばす・広げる」を意味する。「演繹《えき》」という熟語の「演」である。よって波線部は「ただその趣旨を敷衍しただけで」という解釈となる。

波線部前後の意味も確認しておこう。【文章Ⅱ】の冒頭から波線部直前までの箇所は、注も参考にしつつ訳してみると、「文子ら道家の思想家たちとなると、彼らが文章につづったことは、黄帝や老子といった道家の祖たちの学説を受け継いで述べ、奥深い虚無の道を明らかにしたとはいえ」となる。一方波線部の直後「永無㆓至言㆒」については、「永く」は「長い間」、「至言」は「極めて優れた言葉」くらいの意味であろう。したがって、【文章Ⅱ】の筆者は文子や荘子ら道家の思想家たちの著作について、黄老の学説を受け継いで万物の根源を明らかにしたという側面は認めつつも、「ただおよその趣旨を敷衍するだけで」少しも優れた言葉はない、と批判的に論評しているのである。

以上を踏まえ、正解は選択肢①。③・④・⑤はいずれも、明らかに限定の「但だ～のみ」を正しく解釈できていない。②は「～のみならず」と解釈しているが、これは累加形「不但㆓――㆒」の訳である。

波線部(イ)「豈足㆓耽玩㆒哉」については、一目で代表的な反語の句法「豈」が含まれていることに気付いてほしい。

これだけは覚えよう

○反語「豈」の用法
豈――哉(＊哉＝乎・耶・邪など)
訓 あニ――ン(や)
意 どうして――だろうか、いや――ない
(例) 豈得㆑不㆑見。(『孟子』)
豈に見ざるを得んや。
どうして会わないでよかろうか(、いや会わなければならない)。

「足」は多義漢字だが、ここでは下の「耽玩」から返って読んでいる。このような場合は「――(スル)ニたル」と読み、「――するのに十分である・――する価値がある」の意味になる。「耽玩」は選択肢から判断して「読みふける」という意味だろう。以上より波線部は「豈に耽玩するに足らんや」と書き下して、「どうして読みふけるだけの価値があろうか(、いや読みふけるだけの価値はない)」という意味になる。選択肢②が正解。

①・③・⑤はいずれも反語「豈――哉」の解釈が誤っている。「豈不㆓――㆒」(豈に――ずや)の形であれば詠嘆を表し、「なんと――ではないか」と解釈できるが、本問はそれとは異なる。④は「足」の解釈が誤っている。

問2 空欄補充の問題(標準)

解答 ④

解法のポイント

空欄補充は、共通テストでは毎年出題されており、定番になるかもしれない形式である。【文章Ⅰ】は対句表現が多く用いられており、空欄はそれぞれ対応する部分を持っている。【文章Ⅰ】中の対句表現を取り出してみると次のようになる。

(1)
不㆑知㆑説㆑生
不㆑知㆑X㆑死

(2)
其出不㆑訢
其入不㆑距

(3)
翛然而往
翛然而来

(4)
不㆑忌㆓其所㆑始
不㆑求㆓其所㆑終

(5)
受而喜㆑之
亡而復㆑之

五つの対句があるが、空欄になっていない対句では互いに反対の意味になっている。このことから、空欄Xも「説（よろこぶ）」の対義語が入ることが想定できる。したがって選択肢④「悪（にくむ）」が正解である。

対句は中国語と相性が良いレトリックで、対句が表れるのは詩だけではなく、文章の中にも頻繁に現れる。そのことを頭に入れて読解すると、内容理解のうえでの助けとなる。

問3 返り点と書き下し文の問題（標準）

解答 ②

解法のポイント

返り点と書き下し文の組合せの問題は定番なので、その対策は必須だが、基本は語句と句形の知識の集積である。特に句形は返り方の見当を付けるためのツールとなるので、覚えれば覚えるだけ有利となる。

傍線部A「是之謂不以心捐道、不以人助天」の最初の三文字「是之謂」は強調の句形である。傍線部Bのすぐ後に同じ句形の「是之謂二真人一」とあるのもヒントになる。

これだけは覚えよう

○強調の句形
是之謂二A一
訓 これヲこレAトいフ
意 これこそAというものである
※「謂二之A一（之をAと謂ふ）」を倒置した形。
（例）此之謂二大丈夫一。（『孟子』）
此を之れ大丈夫と謂ふ。
このような人こそ立派な勇士というものである。
※「此」は「是」と同じ。

次に「謂」以下が「不以心捐道」と「不以人助天」という「不以――……」型の繰り返しになっていることに気づきたい。これは「以A」の前置詞句によって手段・方法などを述語の前に置く決まった形である。

これだけは覚えよう

○手段・理由・時間・対象を表す「以」
以レA　B（動詞＋目的語・補語）
訓 Aをもつて　Bす
（例）以レ徳報レ怨。（『論語』）
徳を以て怨みに報ゆ。
徳によって怨みに応える。〔手段〕
※よく用いられる形に、以レA為レB（AをBとみなす）がある。その場合の「以」は対象を表す。

「以AB」全体を否定する場合は、「以」の上に否定詞を置き、「不　以AB」とする。傍線部Aはその形であり、「不以心捐道」・「不以人助天」は、いったん「不二以レ心捐一道」・「不二以レ人助一天」と返り点をつけると考えられる。

句形の知識によって得たものを傍線部Aに落とし込むと、「是之」はそのままで、「不」以下が「謂」に返読するのであるが、「不以心捐道」と「不以人助天」は対句構造になっているので、この両方が「謂」の目的語になっていると考えた方が素直である。「是之謂」は強調の句形であるので、「不以心捐道」だけを強調するのなら、「捐道」と「不以人」の間に「しかし」にあたる語句が必要である。

さて、「天」から「謂」まで返ってくるには、「不二以レ心捐一道」はそのままだが、すでに一二点を使ってしまっているので、さらにそれを越えて返るために、「不二以レ人助一天」の一二点を上中下点に変えて、「不中以レ人助上天」とし、「謂」に下点を振る。これで、「是之謂下不二以レ心捐一道、不中以レ人助上天」という返り点がついて、「是を之れ心を以て道を捐てず、人を以て天を助けずと謂ふ」と書き下せる。

最後に、この書き下しで意味が通るか否か検証するのが鉄則である。解釈すると、「これこそ、心によって道を捨てることなく、人によって天を助けることをしないというものである」となって、不自然さはない。「天を助ける」とは、ここでは人の立場で天（＝運命）を変えないということである。したがって正解の選択肢は②。

問4 内容説明の問題（標準）

解答 ②

解法のポイント

共通テストでは形式的に手の込んだ内容理解の設問が一問はあるので、耐性をつけてもらうために作問したが、あくまで内容理解の問題である。傍線部B「以二存活一為二徭役一、以二殂歿一為二休息一」は、問3の「これだけは覚えよう」の中でも触れた「以AB」の頻出の形、「以A為B」である。この形は「AをBとみ

なす」を表しているので、傍線部Bは要するに、

存活＝徭役
殂歿＝休息

を表している。「存活」と「殂歿」はそれぞれ注で意味が示されており、「生きること」と「死ぬこと」である。「徭役」は国家権力から課せられる無報酬の強制労働の意味で、短く置き換えると労役である。歴史用語として目にする機会もあったかもしれない。「休息」は現代語でも同じ意味。つまり、

存活＝徭役＝苦
殂歿＝休息＝楽

と捉えているのである。この理解を補強するため、傍線部Bを含む文を見てみると、「以存活」の前に、「或復斉二死生一謂レ無レ異（さらにまた死生を同一視して違いがないと言う）」者が登場し、これに傍線部Bが続いている。さらにさかのぼれば、【文章Ⅱ】冒頭からずっと「文子・荘子・関令尹喜」といった道家の思想家たちについての論評が続いているのである。文化史の知識がある生徒はピンと来たかもしれないが、実はこの死生を同一視する考え方は『荘子』の学説である。【文章Ⅱ】の著者葛洪は、「ただおよその趣旨を敷衍するだけで」（波線部㋐）いつまでも極めて優れた言葉は無く、死生を同一視したり「生を苦役とみなし、死を休息と見なし」（傍線部B）たりする荘子ら道家の思想家たちを批判しているのである。

以上の理解から、選択肢②が正解である。

誤答の選択肢①は、「生きたいと願っても」が間違い。荘子たちの思想にそのような内容はない。③のように死ぬことは「運命から逃げる無責任な行為」だという道徳的な所説も見られない。④の「死ぬことはその役目を放棄すること」も③と同様である。⑤は「死ぬことが大切」とはしているが、「よく生きるためにこそ」という内容が問題文中では述べられていない。誤答は全体的に常識的なことが書かれているが、予断に基づかず、本文に即して読解してもらいたい。

問5　理由説明の問題（標準）

解答　③

解法のポイント

理由説明の問題であるが、まず傍線部から見ていこう。傍線部C「不二亦惜一乎」は「亦た惜しからずや」と書き下して、「なんと口惜しいことではないか」という意味である。「不二亦A一乎」の句形は、『論語』の冒頭に出てくるので、すでに学習済みの人が多いかと思う。

これだけは覚えよう

○詠嘆の句形「不亦A乎」
不二亦A一乎
訓　まタAずや
意　なんとAではないか

（例）不二亦説一乎。（『論語』）
亦た説ばしからずや。
なんと喜ばしいことではないか。

では、【文章Ⅱ】の作者は何を「口惜しい」と思っているのか。問1㋐や問4の解説で少し触れたが、【文章Ⅱ】の作者は【文章Ⅰ】の『荘子』に対して決して全面的に賛成をしていない。傍線部Cの記述は、問4の続きの箇所のうち、とりわけ傍線部C直前までの「其寓言～為二窟藪一」を受けている。『荘子』といえば寓言であるが、その「寓言・譬喩（譬え話）」が、「供二給砕用一、充二禦卒乏一（こまごまとした用を足し、とっさの急場を間に合わせる）」のに役立つと、一定の評価を与えている。しかし「至レ使下末世利口之奸佞、無行之弊子、得丙以二老荘一為乙窟藪甲（後世の口達者で腹黒く素行の悪いならず者たちに、（老荘を）岩穴や藪のようなよりどころとすることができるようにさせたことについては）」とあって傍線部Cに続くので、結論としてはやはり否定的である。この部分について、「充禦卒乏」・「無行之弊子」・「窟藪」は注に意味が示されている。「使」以下はお馴染みの使役の句形。

これだけは覚えよう

○使役の句形
使二AB一
訓　AヲシテBセしム
意　AにBさせる

（例）使㆓子路問㆒ㇾ津焉。（『論語』）
　子路をして津を問はしむ。
　子路に渡し場を尋ねさせた。

本文の例では、基本型「使AB」からは変わっていないのだが、Aに当たるのが「末世利口之奸佞、無行之弊子」、Bに当たるのが「得㆛以㆓老荘㆒為㆚窟藪㆙」と長くなっているので、とまどった人もいたかも知れない。

以上の整理から、傍線部Cの直接的な対象が分かった。正解は選択肢③の「後世の口だけ立派で実際には行いの悪い者たちが『老子』・『荘子』の巧妙なたとえ話をその場しのぎに使っているから」である。ちなみに「末世利口之奸佞、無行之弊子」とは、晋の時代に活躍した竹林の七賢を指す。彼らは老荘思想の流れを汲む「清談」と称される高踏的な哲学議論を行った。

誤答の選択肢①は「たとえ話を真に受けて行動する愚か者たち」がおかしい。そのようには問題文では述べていない。②は「巧みなたとえ話をかみ砕いて使えば」や「惑わされることはなくなる」が間違い。④は「岩穴ややぶに隠れてしまう」が間違っている。⑤は「古いたとえ話の再利用しかできない」という内容が間違い。

問6　複数文章を比較する問題（標準）

解答　⑤

解法のポイント

【文章Ⅰ】と【文章Ⅱ】の立場が違うことは、これまでの解説でも触れてきたが、問6ではいよいよどう違うのかが問われている。

【文章Ⅰ】は「真人」という道（この場合の道は老荘思想の道）を悟った人というのはどういう人かが述べられている。問2の解説で見たように、「不ㇾ知ㇾ説ㇾ生」等で繰り返される対句表現で、生に執着せず、死を厭わないことが繰り返し述べられ、最後のまとめとして傍線部Aで人の感情によって道を捨てることなく、また人の立場から天を助けるといった余計なこともしないと総括される。一語で表せばすべてをありのままに受け入れる「翛然」という態度であろう。

【文章Ⅱ】では、まず「文子・荘子・関令尹喜之徒」の名を挙げるのだが、彼らの著作は「黄老を祖述」し、「玄虚を憲章」してはいるが、「但演㆓其大旨㆒、永無㆓至言㆒」（大旨を敷衍するだけで、極めて優れた言葉はなかった）」と低く評価している。これに続けて、「さらにまた死生は同じもので違いがないと言う」者が登場し、これに傍線部B（生を苦役と見なし、死を休息と見なす考え方）が続くのであるが、これはまさに【文章Ⅰ】が述べている内容に一致する。それを【文章Ⅱ】の筆者は、「其去㆓神仙㆒、已千億里矣（これは神仙を離れること、千億里である）」と言い、「豈足㆓耽玩㆒哉（読みふけるに値するものではない）」と否定する。【文章Ⅱ】は不老不死の仙人になることを目指す神仙思想の立場から書かれていて、『荘子』のように生死を超越したり、生を厭い死を願ったりする教えは間違っているとする立場である。それに続いて「末世利口之奸佞、無行之弊子（＝竹林の七賢）」が「寓言・譬喩」を悪用していることが述べられ、問5の傍線部Cの「不㆓亦惜㆒乎（なんと口惜しいことではないか）」で締めくくられる。

【文章Ⅰ】と【文章Ⅱ】の対立点は簡単に言ってしまえば《生死》に対する態度である。【文章Ⅰ】は生死を超越するが、【文章Ⅱ】は不老不死を求める。これにふさわしいのは選択肢⑤である。「【文章Ⅰ】は死を必ずしも悲しむべきことではなく、生の延長線上に捉えている」という理解も、「【文章Ⅱ】は【文章Ⅰ】が永遠の命を求める道を歪めていると批判している」という理解もこれまでのまとめからはずれていない。選択肢⑤が正解である。

誤答の選択肢①は、【文章Ⅱ】については良いが、【文章Ⅰ】が「生きることの素晴らしさと、死のつらさを述べて」いるという説明が明らかな間違い。②は【文章Ⅰ】についてはまあまあ良いが、【文章Ⅱ】についての「【文章Ⅰ】の間違いを指摘した口達者な後継者」という箇所が間違っている。口達者な後継者は『荘子』などを利用している。③は、【文章Ⅰ】については「無頓着」が引っかかるがおおむね良いとして、【文章Ⅱ】についての「仙人の道を正しく受け継いだもの」という箇所は明らかな間違い。④は【文章Ⅰ】と【文章Ⅱ】の生死に関する考え方の説明が入れ替わってしまっている。

《全文訓読》 ※振り仮名は現代仮名遣いによる。

【文章Ⅰ】

古《いにしえ》の真人《しんじん》は生《せい》を説《よろこ》ぶを知《し》らず、死《し》を悪《にく》むを知《し》らず。其《そ》の出《い》づるを訢《よろこ》ばず、其《そ》の入《い》るを距《こば》まず。翛然《しょうぜん》として往《ゆ》き、翛然《しょうぜん》として来《きた》るのみ。其《そ》の始《はじ》まる所《ところ》を忌《い》まず、其《そ》の終《お》はる所《ところ》を求《もと》めず、受《う》けて之《これ》を喜《よろこ》び、亡《うしな》ひて之《これ》に復《かえ》る。是《これ》を之《こ》れ心《こころ》を以《もっ》て道《みち》を捐《す》てず、人《ひと》を以《もっ》て天《てん》を助《たす》けずと謂《い》ふ。是《これ》を之《こ》れ真人《しんじん》と謂《い》ふ。

【文章Ⅱ】

文子《ぶんし》・荘子《そうし》・関令尹喜《かんれいいんき》の徒《と》に至《いた》りては、其《そ》の文《ぶん》筆《ぴつ》に属《つづ》るもの、黄老《こうろう》を祖述《そじゅつ》し、玄虚《げんきょ》を憲章《けんしょう》すと雖《いえど》も、但《た》だ其《そ》の大旨《たいし》を演《の》ぶるのみにて、永《なが》く至《し》言《げん》無《な》し。或《あ》るいは復《ま》た死生《しせい》を斉《ひと》しくして異《こと》なること無《な》しと謂《い》ひ、存活《そんかつ》を以《もっ》て傜役《ようえき》と為《な》し、殂歿《そぼつ》を以《もっ》て休息《きゅうそく》と為《な》す。其《そ》れ神仙《しんせん》を去《さ》ること、已《すで》に千億里《せんおくり》なり。豈《あ》に耽玩《たんがん》するに足《た》らんや。其《そ》の寓言《ぐうげん》・譬喩《ひゆ》は、猶《な》ほ采《と》りて以《もっ》て砕用《さいよう》に供給《きょうきゅう》し、卒乏《そつぼう》に充《じゅう》禦《ぎょ》すべきもの有《あ》るも、末世《まっせ》利口《りこう》の奸佞《かんねい》、無行《むこう》の弊《へい》子《し》をして、老荘《ろうそう》を以《もっ》て窟藪《こつそう》と為《な》すことを得《え》しむるに至《いた》りては、亦《ま》た惜《お》しからずや。

《全文解釈》

【文章Ⅰ】

むかしの真人は、生を喜ぶことを知らず、死を憎むことも知らなかった。生まれ出ることも喜ばず、（黄泉に）入って死ぬことも嫌がらない。無心に自然にまかせて行き、無心に自然にまかせて来るだけのことだ。始めとなるものを避けず、終わりとなるものを求めず、（生が）授けられれば喜んで受け入れ、（生を）失っては元に戻ってゆく。心によって道を捨てることなく、人の立場から天を助ける（といった余計な）ことをしないとはこのことを言うのであり、その通りにするものを真人と言うのである。

【文章Ⅱ】

文子・荘子・関令尹喜たちのような者になると、彼らの文章につづったことは、黄帝・老子を祖述し、虚無の道を明らかにしたとはいえ、大体の主旨を敷衍するだけで、とうとう至言はなかった。あるいはまた死生は同じもので違いがないと言って、生きることは苦役で、死ぬことは休息であるとする者（＝荘子）がいる。これは神仙を離れること、千億里である。（このような書物は）読みふけるに値するものではない。その寓話・比喩が、こまごまとした用を足し、とっさの急場に間に合わせるのに役立つものの、後の世の口達者で腹黒く素行の悪い卑劣な者たち（＝清談の徒）が、老荘を岩穴ややぶ（のようなよりどころ）とするようになったのは、なんと口惜しいことではないか。

第5回　解答と解説

（200点満点）

問題番号（配点）	設問（配点）		解答番号	正解	自己採点
第1問（45）	1（10）〈各2〉	(i)	1	④	
			2	②	
			3	①	
		(ii)	4	③	
			5	③	
	2（5）		6	③	
	3（5）		7	①	
	4（6）		8	④	
	5（12）〈各6〉	(i)	9	②	
		(ii)	10	④	
	6（7）		11	③	
				自己採点小計	
第2問（45）	1（6）		12	①	
	2（6）		13	⑤	
	3（6）		14	③	
	4（6）		15	②	
	5（7）		16	④	
	6（14）〈各7〉	(i)	17	③	
		(ii)	18	①	
				自己採点小計	

問題番号（配点）	設問（配点）		解答番号	正解	自己採点
第3問（20）	1（5）		19	④	
	2（5）		20	⑤	
	3（5）		21	⑤	
	4（5）		22	③	
				自己採点小計	
第4問（45）	1（10）〈各5〉	(ア)	23	③	
		(イ)	24	④	
	2（7）		25	①	
	3（10）〈各5〉		26	②・⑤（順不同可）	
			27		
	4（7）		28	②	
	5	(i)（5）	29	①	
		(ii)（6）	30	③	
				自己採点小計	
第5問（45）	1（8）〈各4〉	(ア)	31	⑤	
		(イ)	32	②	
	2（7）		33	⑤	
	3（7）		34	②	
	4（7）		35	①	
	5（8）		36	④	
	6（8）		37	①	
				自己採点小計	

自己採点合計

出　典　1　【文章Ⅰ】・【文章Ⅱ】平尾昌宏『日本語からの哲学――なぜ〈です・ます〉で論文を書いてはならないのか？』
2　【本文】吉村昭「梅の蕾」
【資料Ⅰ】松田哲夫「読みどころ」、【資料Ⅱ】福田宏年「吉村昭・人と作品」
3　【資料Ⅰ】環境省『すべての企業が持続的に発展するために―持続可能な開発目標（SDGs）活用ガイド　第２版（本編）』より抜粋・出題者作成
【資料Ⅱ】SDGs に関する表・グラフ
4　『海人の刈藻』
5　劉向『新序』、【資料】何坦『西疇老人常言』

第1問 解説

出題のねらい

大学入学共通テスト第1問は、論理的文章が出題される。テーマは多岐にわたるため、日頃から様々な文章に触れておくとよい。今回は言語をテーマとした文章を出題した。またこれまでの設問の傾向を踏まえ、会話文問題などを用いた設問を課した。文章は日本語の文体に関する論考であり、常体と敬体についての議論を整理しながら読むことが求められる。

出典

【文章Ⅰ】・【文章Ⅱ】 平尾昌宏『日本語からの哲学――なぜ〈です・ます〉で論文を書いてはならないのか?』(晶文社、二〇二二年)の一節。設問上の都合で文章を中略し、一部改めた箇所がある。平尾昌宏(一九六五～)は滋賀県生まれ。専門は哲学、倫理学。立命館大学大学院文学研究科博士課程満期退学。著書に『ふだんづかいの倫理学』(晶文社)、『人生はゲームなのだろうか?――〈答えのなさそうな問題〉に答える哲学』(筑摩書房)など。

本文解説

【文章Ⅰ】

〈である体〉が客観的で、〈です・ます体〉が主観的だという従来の見方は事柄を単純化しすぎている。そこでヨーロッパ語の人称概念を導入することによって、より厳密に〈である体〉の特性を明らかにしたい。この概念を導入することによって、〈である体〉には一人称単数的語法と一人称複数的語法の二種類があると言えるようになる。前者を〈である体A〉と呼び、その語る対象は書き手の自己を対象化したものである。後者を〈である体B〉と呼び、その語る対象は一人称とは区別された三人称となる。

【文章Ⅱ】

〈である体〉は一人称が単数であるか複数であるかによって類別されていたが、〈です・ます体〉は手紙文などでは書き手の一人称単数性が際立ちやすいし、教科書やニュース原稿などでは一人称は複数化していると言える。しかし、より注目すべきなのは読者である。その中でも、特定の相手に対して用いる二人称単数的語法を〈です・ます体A〉と呼び、不特定多数の相手に対して用いる二人称複数的語法を〈です・ます体B〉と呼ぶ。以上のように、人称概念という観点から〈である体〉と〈です・ます体〉の両方を総合的に捉えることができたことが本稿の成果である。

設問解説

問1　漢字の知識を問う問題(基礎)

解答　(i)　(ア)=④　(エ)=②　(オ)=①
(ii)　(イ)=③　(ウ)=③

解法のポイント

(i)は漢字の知識を問う問題。いずれの選択肢についても書けるようになってほしい。

(ア)は「粗雑」と書く。各選択肢はそれぞれ①「祖先」、②「組織」、③「租税」、④「粗品」と書く。よって、正解は④。

(エ)は「格好(恰好)」と書く。各選択肢はそれぞれ①「平行」、②「愛好家」、③「鉱物」、④「校歌」と書く。よって、正解は②。

(オ)は「水準」と書く。各選択肢はそれぞれ①「準備」、②「順番」、③「巡回」、④「湿潤」と書く。よって、正解は①。

(ii)は漢字の意味を問う問題。

(イ)「明」には、1.あかるい、2.あかりがつく、3.あきらか、4.夜が明けるなどの意味がある。傍線部は3の意味である。各選択肢のうち、③「明白」は3の意味を持つが、①「明暗」は1、②「明滅」は2、④「未明」は4の意味を持つ。よって、正解は③。

(ウ)「現」には、1.隠れていたものが見えるようになる、あらわす、あらわれる、2.今の、実際の、まのあたり、などの意味がある。また「うつつ」と読む場合は夢や虚構に対して現実、現実のものという意味にもなる。傍線部は1の意味である。各選択肢を見てみると、③「実現」は1の意味を持つが、①「現場」、②「現存」、④「現職」は2の意味を持つ。よって、正解は③。

問2　理由説明問題(標準)

解答　③

解法のポイント

傍線部の理由を説明する問題。まずは傍線部を含む一文全体を確認しよう。すると「この概念は日本語文法にとって不要であっても、〈である体〉の本質を捉えるのには役に立つというのが私の見立てである」と書かれている。主語の「この概念」というのは前段落の内容から「ヨーロッパ語の人称概念」を指すことが分かるため、【文章Ⅰ】の7段落後半の「ヨーロッパ語の人称概念が便利なのは……ここでの人称概念の導入には、十分意味があるのである」に注目しよう。つまり、人称概念を導入することによって、これまでは主観的・客観的という言葉で説明していた用法を、「一人称単数」や「一人称複数」といったより厳密な概念で規定することが可能となるのである。これが傍線部のように言える理由である。

　したがって、正解は③。①は日記の分析のみについてしか触れられていない点が不適切。②「斬新な分析が可能となる」という点が説明不足で傍線部の理由として不十分である。④は、ここでは二人称を導入すれば学術論文の文体が客観性を保持しようとするものであることがより明確になると言われており、傍線部には直接関係しない。⑤は「一人称・二人称・三人称の三つの人称概念を用いて」とあるが、日本語にも上記の三つの人称概念は存在しており、ヨーロッパ語の人称概念により導入されるのは、単数・複数の別である。

問3　内容説明問題（標準）

解答　①

解法のポイント

　傍線部の内容を説明する問題。傍線部が〈である体〉の客観的用法について説明している文であることを押さえた上で、書き手の一人称が「個別化されずに」「極端に一般化されている」とはどういうことかを説明する。まず直前では「読者は特権化されない書き手である『我々』と、いわば横並びに対象を見ている」とあるから、「我々」と読者を同じ立場として扱っていることがわかる。さらに〈である体〉の客観的用法では「対象へと一直線に注意を向けて」おり、「語られる対象の側に強く焦点が当たって」いることから、それは対象に対して「我々」と読者を同列に扱うということを意味する。そこに傍線部の「極端に一般化されている」という表現を考えるならば、傍線部は「我々」という語に読者を含む形で、両者をいわば一つの主観のように捉えるという意味だと理解できる。

　したがって、正解は①。②は「主語に一人称単数を用いる」が誤り。一人称単数を用いるのは、日記などの〈である体〉の主観的用法であり、〈である体〉の客観的用法は主語に一人称複数を用いる。③は「一人称で意味する範囲が曖昧であり」が誤り。一人称は書き手と読者を含むとある。④は「二人称への語りかけも書き手自身の中にある相手に対するものとなる」という部分が〈である体〉の主観的な用法の説明なので誤り。⑤は「新たな一人称が模索される」が誤り。「我々」という一人称の中に読者を含むのである。

問4　内容説明問題（標準）

解答　④

解法のポイント

　傍線部の内容を説明する問題。傍線部の直前には「言い換えれば」とあることから、その前の文から考え始めるとよい。そこでは「一方〈です・ます体〉では」とあるため、傍線部は〈である体〉と〈です・ます体〉を対比させて説明している文脈にあると理解できる。【文章Ⅱ】の内容からそれぞれについて適切に説明している選択肢が正解である。〈である体〉については【文章Ⅱ】の5段落で「読み手を意識しない文体」であり、独立の読者が想定されていないか書き手に吸収されていると説明されている。また〈です・ます体〉については【文章Ⅱ】6段落に「〈です・ます体〉では、書き手と読み手との関係が問題となる」と書かれており、同段落で「この他者性のあり方が書き手＝一人称のあり方を規定して」いると説明されている。

　したがって、正解は④。①は前半の〈である体〉についての説明で〈である体B〉の内容だけしか書かれておらず、また後半の〈です・ます体〉が他者と対立し続ける文体であるという説明も不適切である。②は前半の〈である体〉についての説明で〈である体A〉の内容だけしか書かれておらず、また後半の〈です・ます体〉についての説明も不適切である。本文では語法の話をしているだけであり、文章内容との関係については論じられていない。③は〈です・ます体〉について、記事、報道文などの場合、読者を特定の他者に限定するとは本文に書かれていない。よって誤り。⑤は〈である体〉の説明と〈です・ます体〉の説明において「読者に対する配慮」や「読者の受け取り方」に焦点を当てている点が誤り。そのような記述は本文にはない。

問5　会話文問題（応用）

解答　(i)＝②　(ii)＝④

解法のポイント

(i)は、二つの文章の分析の仕方について説明する問題。①は「語学研究では重視されてこなかった人称概念」について、【文章Ⅰ】6段落の冒頭に「『人称』はヨーロッパ諸語では決定的な意味を持つが、日本語ではさほど重要性が認められない」とあり、日本語では重視されていなかったが、ヨーロッパ諸語では重視されていたことが分かる。よって誤り。②は適切である。③は「日記や教師の語りかけ、手紙といった筆者の経験」とあるが、日記などは一般的な具体例であり、筆者の経験ではないため誤り。④は「主観的・客観的という概念によらない深い分析」が誤り。本文は主観的・客観的という概念をもとに分析している。

(ii)は、二つの文章の総合的な結論を導く問題。分析を踏まえると、学術論文にとって適当だと言える文体はどれになるかという問いに答える形となっている。【文章Ⅰ】の9段落では「学術論文などでは……それが語る対象が一人称とは区別された三人称であるという意味でも客観性を保持しようとする文体なのである」と述べられているから、最も適した文体は〈である体B〉ということになる。また生徒の会話中の具体例より対二人称複数的語法である〈です・ます体B〉も〈です・ます体A〉との比較においては客観性を担保しうるため、論文で使用可能である。したがって、正解は④。

問6　本文全体の把握問題（応用）

解答　③

解法のポイント

本文の全体的な内容を踏まえ、まとめる問題。まずaは書き手と読み手がともに一人であり、両者の立場が同等であるような文体である。【文章Ⅰ】10段落では「〈である体〉の一人称単数的語法……一人称単数の著者本人である」と述べられていることから、〈である体A〉があてはまる。同じように考えると、【文章Ⅰ】16段落で「読者は特権化されない書き手である「我々」と…読者をも含む形で極端に一般化されている」と述べられていることからbには〈である体B〉があてはまる。一方でcとdは著者―読者関係優先の語法であるから、読者に焦点をあてた文体である〈です・ます体〉を入れたい。【文章Ⅱ】6段落で「対二人称単数的語法〈です・ます体A〉と、対二人称複数的語法〈です・ます体B〉」と述べられていることから、cには〈です・ます体A〉を、dには〈です・ます体B〉をあてはめればよい。したがって、正解は③。

第2問　解説

出題のねらい

大学入学共通テスト第2問は、文学的文章が出題される。出題される文章の年代は戦前に発表された作品から近年の作品まで幅広い。どのような作品でも心情理解が問われることから、心情理解が文学的文章を理解する要と考えてよい。そしてそれを鑑賞するための会話文問題や複数テクスト問題が出題されているというのが共通テストの特徴だろう。以上に鑑み、心情理解を問う問題および複数テクスト問題を出題した。

出典

吉村昭「梅の蕾」および「読みどころ」より松田哲夫「吉村昭「梅の蕾」」、池内紀、川本三郎、松田哲夫編『日本文学100年の名作第9巻1994―2003　アイロンのある風景』新潮社。

福田宏年『吉村昭・人と作品』、『昭和文学全集第26巻』小学館、一九八八年。

【本文】「梅の蕾」吉村昭（一九二七―二〇〇六）は小説家。東京出身。「星への旅」（一九六六）で太宰治賞受賞。『戦艦武蔵』などの歴史小説を始め多岐にわたる作品を執筆する。

【資料Ⅰ】松田哲夫（一九四七―）は編集者。筑摩書房で「ちくま文庫」を創設した。

【資料Ⅱ】福田宏年（一九二七―一九九七）は文芸評論家、ドイツ文学者。香川県出身。井上靖の評伝がある。

本文解説

村に医師を招くべく東奔西走していた村長の早瀬は、村の診療所に赴任してきた堂前医師一家が村の生活になじみ、村人と親しく交流しているのを好ましく感じていた。しかし堂前夫人は難病を抱えており、三カ月に一度、千葉の病院に検査を受けに行っていた。年明けに夫人は千葉から梅の苗木を取り寄せ、その一本を早瀬に贈る。秋口に夫人が入院した折に、早瀬は堂前医師から夫人に回復の見込みはないと告げられるが、年明けに夫人の様子を見舞った際には好転するかもしれないと希望を持った。

しかし春先、公用で東京にいた早瀬は夫人を見舞おうと思ったその日の晩、夫人が亡くなったことを知る。早瀬は即座に葬儀に出席することを決め、心からの悲しみがそのまま表出した弔辞を書いた。翌日葬儀に参列した早瀬は、村人たちが夫人の葬儀に出席するためにやってきたのを見て驚く。そして、弔辞を読んでいて、夫人に贈られた梅の蕾について言及したくだりで絶句した。

その後、早瀬は堂前が村から離れると予想していた。しかし堂前は、夫人の葬儀に多くの村人が来てくれたことに感謝して、村に残るという。早瀬は驚くとともに心から喜ぶのだった。

設問解説

問1　内容説明問題（基礎）

解答　①

解法のポイント

傍線部の内容を説明する問題。傍線部とその前に注目すると、早瀬は「これまで多くの弔辞を書いてきた」が、「それは型通りのもの」であったため、堂前夫人への弔辞が「胸にあふれた感情を思いのまま表出した」「異例の文章」であったことに「かれは驚きを感じ」たという次第である。したがって正解は①。②は驚きの対象が「自分の感情の豊かさ」であるが、自分の書いた文章に早瀬は驚いていたので誤り。③も同様に驚きの対象は「自らの表現力」ではない。④は「これまで多くの弔辞を書くうちに書き方の型が生じてきた」が不適切。本文に「これまで多くの弔辞を書いてきたが（A）、それは型通りのもので（B）」とあるが、AとBに因果関係があるわけではない。また、弔辞の書き方を新鮮に感じたのが驚きの内容ではない。⑤も④と同様に前半が誤りであり、後半の内容も、夫人とのつき合いの長さが驚きの対象なのではない。よって誤り。

問2　心情理由説明問題（基礎）

解答　⑤

解法のポイント

傍線部の心情の理由を説明する問題。傍線部が引かれている文全体を確認すると、「早瀬は、梅の蕾、とそこまで読んだ時、絶句した」とある。「梅の蕾」については夫人から贈られたとあるリード文、および、弔辞に悲しみがあふれているとする傍線部Aの直前の箇所に描写がある。以上の箇所を総合すると、悲しみによって声が詰まったと考えるのが自然であり、したがって正解は⑤。①は「夫人との思い出で涙があふれ、字が読めなくなったから」という内容が本文にない。②は「気圧された」というのが本文に書かれていない。③は「懐かしさに感極まった」が悲しみのあまり絶句しているここでの感情と異なる。④は「後方に大勢いる村人たちにどう思われるか気になっ」たが本文に書かれていない内容のため誤り。

問3　心情説明問題（基礎）

解答　③

解法のポイント

傍線部の心情を説明する問題。傍線部を明確にすると、「分に過ぎた望み」すなわち「村に医師に来てほしい」という望みは分不相応であり、それは「いだくべきではない」という内容である。文全体を確認すると、「県下に無医村は数限りなくあり、自分の村もその一つであって」とあり、さらにその一文前を確認しておくと、堂前が村に赴任してきた理由が付されており、多数の無医村の一つである「自分の村」に堂前が来たのは「死期の迫った夫人のため」という「特殊な事情」によるものであり、「そのような特殊な事情がないかぎり、村にやってくる医師などいない」とまとめられる。したがって正解は③。①は「分に過ぎた望み」の内容が書かれていないため、不適切。②は堂前が村に来たのは「夫人が決めた」とあるが、夫人が決めたとは本文になく、早瀬によると堂前が夫人のためにしたことであると書かれている。よって誤り。④は県立病院や医科大学の話になっているため内容がずれている。「微かな

〜希望は持っても構わない」は「いだくべきではない」と沿わないため、⑤も内容がずれている。

問4　心情説明問題（標準）

解答　②

解法のポイント

傍線部に表されている堂前の様子と心情を説明する問題。傍線部全体を確認すると「顔に笑みが浮んだ」一方、「眼には光るものが湧いていた」という。これは笑みの反対である「涙が浮かんでいた」ということなので、④と⑤は不適切。そして、その前の堂前の発言内容を確認すると、「友人の医師たちからどこかの病院に勤めろ、としきりに言われ」たものの、「葬儀の時に、あんなに多くの村の人が来てくれ」たため「村にもどらぬわけにはゆ」かないという。したがって、村人たちへの感謝とそこから生じた使命感について触れている②が正解。①は単身赴任を悲しんでいるという内容が不適切。「単身赴任というわけですよ」と言っているときに堂前の口もとは「かすかにゆるん」でいる。③は「悔しく感じている」が不適切。友人たちの勧めを断るほどに村で働くことにやりがいを感じているのだと考えられる。

問5　心情説明問題（標準）

解答　④

解法のポイント

傍線部に至るまでの早瀬の心情の変化を説明する問題。本文を確認すると、最初は村長室の机の前に坐っていて「これで、すべては終りになった」「医者探しに努力する気持は失われていた」「疲れをおぼえていた」という状態にあった。そこに堂前がやってくるのが見えて、診療所の家財を運び出すため、つまり村から離れるためにやってきたのだろうと想像し、給与と退職金を渡すとともに「堂前に出来るだけのことはしなければならない」と早瀬は考えていた」。そして堂前が村に残ると聞いて、最初は「言葉の意味が理解できず」ており、「聞きまちがえではないか、と思っ」て「半ば疑わしそうにたずねた」。そして堂前の真意を聞いて、「本当ですか。すっかり諦めていました。そうですか、村に残ってくれるのですか」と「甲高い声で」言い、また「うわずった声で」観光課長に内線電話をかけている。「梅が、満開ですよ」と堂前に話しかけたのは、夫人への追悼を改めて表していると考えたらよいだろう。したがって、以上のような心情の変化を説明している④が正解。①は「医者探しが不要とわかり、喜びを感じた」が不適切。医者探しが不要なことではなく、堂前が村に来てくれることに喜びを感じたのである。②は「堂前の言葉を聞くまでは速断は避けるべきだと考えていた」が不適切。本文に根拠がない。③は「支払いが不要となり安堵した」が不適切。本文に書かれていない内容である。⑤は「堂前の関心を引こうとした」が不適切。関心を引くために梅の花の話を出したとは本文に書かれていない。

問6　複数テクスト問題（発展）

解答　(i)＝③　(ii)＝①

解法のポイント

共通テストに特徴的な複数テクスト問題を意識した。二〇二三年度入試では本文の時代と同時代の広告が提示され、それをもとに文章を書くという問題が出題されている。本問は小問内の資料に目を通すだけで解答できるが、本文との照合が必要になる場合が多いので、解答にあたっては必ず本文と資料および選択肢を照合すること。

(i)　空欄Xは、空欄Xの文の後に「同様に」と接続詞があることから【資料Ⅰ】と共通する【資料Ⅱ】の内容となる。「共通点」の内容が「事実そのものを描写しようとする」という内容であることから、「事実を描写する」というような内容が適切。したがって、正解は③。①は【資料Ⅱ】に「言って見れば一切の仮説や仮定なし」とあるため誤り。②も「事実の描写」とは無関係。④は【資料Ⅱ】の内容として不適切。

(ii)　共通テストに見られる、多様な言語活動を意識した問題。資料を基に文章を書くとして、どのような内容が当てはまりうるかを検討する。

空欄Yは、吉村昭氏の事実そのものを描くという姿勢によって、夫人の葬儀などの場面ではどういう表現効果が生まれているかを考える。【文章】は、「事実そのものを描くという姿勢…しかし、このように描かれているために、…かえって［Y］となっているので、空欄Yには事実そのものを描くという姿勢とは反対の表現効果が入ると分かる。これに当てはまるのは、①。事実が淡々と書かれていることで、かえって早瀬の感情が鮮やかに伝わり、読者の感動を呼ぶのである。②は事実が詳細に伝わるとあるが、これは事実そのものを描く姿勢と相反するものではない。③は「現実感のない物語上の出来事として私たちに感じられる」とあるが、事実がありのまま描かれることとの関係が感じられない。④は「早瀬の感情の動きが読み取りにくくなって」いるとあるが、事実そのものを描くことと相反する表現効果とは言えない。また、早瀬の心情の描写は本文に多くあり、本文から早瀬の感情の動きが読み取りにくくなっているとも言えないだろう。

第3問　解説

出題のねらい

二〇二二年一一月に二〇二五年度大学入学共通テストの試作問題が発表された。本問はその試作問題を参考に、高校一年段階での実力を試すことを目的として作成したものである。文章や図表資料の基本的な読解力を求める問題となっている。慣れない形式に戸惑った人もいたかもしれないが、現段階から様々な出題形式に触れることで、入試に向けて着実にステップを踏んでいってほしい。

出典

【資料Ⅰ】文章は、環境省『すべての企業が持続的に発展するために―持続可能な開発目標（ＳＤＧｓ）活用ガイド　第2版（本編）』より抜粋。

(https://www.env.go.jp/content/900498955.pdf)

図は出題者作成。

【資料Ⅱ】表は、環境省『すべての企業が持続的に発展するために―持続可能な開発目標（ＳＤＧｓ）活用ガイド　第2版（資料編）』より抜粋・改変。

(https://www.env.go.jp/content/900498956.pdf)

本文解説

【資料Ⅰ】

企業がＳＤＧｓに対応することによって得られるメリットを示している。メリットについては主に、新たな市場開拓、また経営リスクをビジネスチャンスに変えられることなどが挙げられている。他のメリットや経営リスクなどは図にて示されている。

【資料Ⅱ】

日本企業におけるＳＤＧｓの認知度や認識、対応状況をアンケートした結果が表やグラフにまとめられている。表から読み取るべきは、基本的に２０１５年から２０１８年にかけて認知度・認識いずれも改善傾向にあることがまず挙げられる。次に読み取るべきは、認知度においてはＣＳＲ担当や経営陣には認知度の割合が上昇しているものの、中間管理職や従業員、ステークホルダーにおける認知度の割合が低いことだ。上昇率は悪くないが、それでも未だ20％を切っているので決して高い割合とは言えないだろう。認識については、２０１７年で一度割合が下がり、２０１８年にて上昇していることは読み取っておきたい。

設問解説

問1　内容説明・正誤問題（基礎）

解答　④

解法のポイント

【資料Ⅰ】の文章と図を読んだうえで、選択肢の内容を吟味し適当でないものを選ぶ問題。強調されている通り、適当でない選択肢を選ぶ問題なので気をつけよう。各選択肢の内容については、文章や図に同一表現があるか、また同じ文脈で使われているかを確認したうえで吟味しよう。

①は文章に、「事業活動が環境に与える影響を把握することで、事業者は潜在的なリス

クを把握し、また、新たなビジネスチャンスを見つけることが可能とな」るとある。また、「企業イメージの低下」と「製品・サービスの売上減」が図にある。よって、文章と図の要素を組み合わせると、選択肢は正しい。

②は「環境問題や社会的課題を意識した事業活動を行う」は文章に「ＳＤＧｓへの取組によって……」とあるので正しい。次に「顧客のニーズの変化にいち早く対応し、ビジネスチャンスにつなげられる」に関しても、①と同様に文章の「事業活動が環境に与える影響を把握することで、事業者は潜在的なリスクを把握し、また、新たなビジネスチャンスを見つけることが可能とな」ると同じ文脈であると分かる。そして、具体的には図にある「ニーズの変化」というリスクを「新たな市場の開拓」というビジネスチャンスに変えていると読み取ることができる。よってこの選択肢は正しい。

③は「環境や社会の変化に気を配ることによって、自社商品の原材料不足や調達コストの増大など」は、図の「環境・社会の変化によるリスク」の項目から読み取れるので正しい。そしてそれらを早期に察知することで経営リスクを回避できるというのも、文章の「事業活動が環境に与える影響を把握することで、事業者は潜在的なリスクを把握し、また、新たなビジネスチャンスを見つけることが可能となります」という内容から正しいとわかる。よってこの選択肢は正しい。

④は、「品質やサービス面での他社との差異がなくなり」が誤り。文章では「どのようにして他社との差異化を図りビジネスチャンスにつなげられるかが勝負どころ」とある。よってこの選択肢は誤りなので、正答は④である。

⑤は「銀行や投資家からの資金を調達しやすくな」るは図の「ＥＳＧ投資による資金調達」というメリットと合致する。よってこの選択肢は正しい。

問２　表の読み取り（基礎）

解答　⑤

解法のポイント

【資料Ⅱ】の表から読み取れることと選択肢の内容とを照合し吟味する問題。選択肢にて触れられている項目について間違えないように照合しよう。

①は「２０１８年には『経営陣に定着している』が60％以上の割合にまで増加している」が誤り。表では59％なので60％には満たない。

②は「『持続可能性に関わる価値の向上』の割合は２０１６年から常に増加し続けて」が誤り。２０１６年は79％だったが２０１７年では77％とやや減少している。

③は「消極的認識を示す項目の割合についても全て増加している」が誤り。消極的認識についてはむしろ減少傾向であり、項目によっては０％になっているものもある。

④は「積極的認識を示す項目ではすべて60％を超えている」が誤り。「ステークホルダーとの関係強化」と「社会と市場の安定化」の２つが積極的認識を示す項目の中では60％未満である。

⑤はいずれの項目も正しい情報を示している。よって正答は⑤。

問３　正誤問題（基礎）

解答　⑤

解法のポイント

グラフから読み取った内容とア～エの内容が合致しているか否か、あるいは判断できないかどうかを答える問題。他の設問と同様に、ア～エの内容とグラフとを丁寧に照合し、正誤および判断の可、不可を選ぼう。

アについて、「近いうちに対応する予定である」企業が存在することは読み取れるものの、２０１７年には対応していたかどうかは読み取れない。よってアは「判断できない」となる。

イについて、「全体の70％近くの企業はまだ対応をしていない」はすでに対応している企業が30・5％、よって対応していない企業は残りの69・5％から無回答の0.6％とその他3.6％を引いた値となるので「70％近く」に合致する。よってイは「正しい」となる。

ウについて、「対応も検討もしていない」と答えた企業は確かに存在するものの、そう答えた企業が「ＳＤＧｓに関心がない」とは読み取れない。よってウは「判断できない」となる。

エについて、「２０１６年より前に対応を開始している企業は『すでに対応している』と回答した企業のうち50％未満である」とあるが、グラフを見ると２０１５年より前に27％、２０１５年に24％、合わせると51％なので50％を超えている。よってエは「誤っている」となる。

以上より、正答選択肢は⑤となる。

問４　内容合致問題（標準）

解答　③

解法のポイント

他の設問と同様に、【資料Ⅰ】と【資料Ⅱ】の内容と各選択肢の内容とを照合し吟味していけば難しくはない問題だが、制限時間内に他の大問も含めて解ききろうとするとどうしても読み取りが疎かになりがちである。焦らず、照合に必要な箇所だけを読み取ることを心がけよう。

①は、【資料Ⅰ】についての内容は正しいが、それを受けての【資料Ⅱ】の内容にて、「ＳＤＧｓが重要だと考えている人はいない」という意見が誤り。【資料Ⅱ】の表によれば、２０１８年には「特に重要であるとの認識はない」が０％なので、むしろＳＤＧｓが重要だと全員が思っているということである。

②は、【資料Ⅰ】の内容について、「企業がＳＤＧｓに対応した場合のメリットとデメリットが書いてある」が誤り。対応した場合のデメリットについては書かれていない。

③は【資料Ⅰ】・【資料Ⅱ】の内容どちらも正しい。よって正答は③である。

④は【資料Ⅰ】の内容については正しいが、【資料Ⅱ】の「ＳＤＧｓのことがわからない人は０％である」が誤り。表によれば２０１８年に「わからない」と答えている人は３％、グラフによれば「知らない」と答えている人は3.6％いる。

⑤は「ステークホルダー」について、【資料Ⅱ】の「ステークホルダーとの関係強化を意識している人は常に６割以上」が誤り。２０１７年、２０１８年ともに60％未満であり、６割以上だったのは２０１６年だけである。

第４問　解説

出題のねらい

大学入学共通テストの出題傾向を踏まえつつ、現段階で身につけておいて欲しい知識と、それをもとにした正確な読解ができているかを確認することをねらいとした。特に問５では、複数のテキストを関連付けて読み解く力が必要となる。共通テスト国語では必須の力なので、しっかりと解法を習得してほしい。

出典

『海人の刈藻』（巻三）

『海人の刈藻』は、平安時代から鎌倉初期にかけて成立したと思われる擬古物語である。作者は不詳。全四巻。

「擬古物語」とは、中世前期に盛んに作られるようになった物語群で、平安時代の王朝風を模したものをいう。

そのうちの一つ『海人の刈藻』は、許されない恋に身を焦がし、最後には出家往生する貴公子・新中納言の物語である。題名は古今和歌集にある恋の歌「海人の刈る藻にすむ虫のわれからと音《ね》をこそ泣かめ世をば恨みじ」から取られており、決して受け入れられることのない恋の苦しみは自分の身から出たことだから、相手を恨むことなく自分一人でこの苦しみを受け入れよう――という切なさが込められている。

本文は『中世王朝物語全集２　海人の刈藻』（笠間書院）に拠ったが、出題の都合上、省略した箇所と表記を改めた箇所がある。

本文の要約

日が暮れてから、大納言の君・少将姉妹のもとに、「少将に対面したい」と言って女房が尋ねてきたが、その正体は新中納言であった。

新中納言は二人に、子どもへの複雑な気持ちを語って、涙をこらえきれない。大納言の君ももらい泣きをした。

新中納言はさらに、女御を恋しく思う日々のことを泣いたり笑ったりして語る。そのいじらしい様子に姉妹はひどく泣いた。夜明けが近づき、少将は帰りを促したが、新中納言は帰りたがらない。彼は、二人から女御の身の上話を聞いて心打たれているのである。

すっかり夜が明けたので、新中納言はさすがに帰ろうとする。女御の着物の端だけでも見たいと繰り返し頼む新中納言に、少将は、「あなたに期待させても仕方ない」と詠みかけるが、新中納言は、「霊験あらたかな清水寺に来たのだから、仕方ないということはなかろう」と詠み返した。

退出しづらそうにためらっている新中納言の高貴なご様子を見るにつけ、二人は、普通の頼みであれば身に替えてでもかなえるのにと思った。

設問解説

問1　語意問題（基礎）

解答　(ア)＝③　(イ)＝④

解法のポイント

(ア)「おぼろけの人にはあらじ」

「あらじ」はラ変動詞「あり」の未然形「あら」に、打消推量の助動詞「じ」の終止形が接続したもので、「〜あるまい、〜ないだろう」と解釈する。この時点で、選択肢は①と③に絞られる。

「おぼろけ」は形容動詞「おぼろけなり」の語幹が名詞化したもの。

これだけは覚えよう

おぼろけなり（ナリ活用形容動詞）
(1) 並一通りだ
(2) 並々でない・格別だ
※「おぼろけならず」（並々でない・格別だ）の形で頻出。

多くは打消表現を伴った「おぼろけならず」（並々でない・格別だ）が用いられる。そこから、打消を伴わなくてもその意味で用いられるようになった。

ここは、やや変則ながら、打消表現の「じ」を伴っていることから、右の(1)の意味に取り、「並一通りの人ではないだろう」と解釈する。したがって、③が正解。

(イ)「岩木ならねば」

「ならねば」の「ね」が打消の助動詞「ず」の已然形だというのは問題ないだろう。「〜ではないので」などと解釈する。

問題は、「岩木」がどういう意味なのかだ。

これだけは覚えよう

岩木
非情なもの、感情がないもののたとえ。
「岩木ならねば」に続けて、登場人物が他者に共感する形でよく用いられる。
例　入道も岩木ならねば、さすがにあはれげにぞのたまひける。（『平家物語』）
（清盛入道も非情ではないので、やはりあわれげにおっしゃった）

したがって、正解は④。ここでも、「岩木ならねば」に続けて、大納言の君と少将の二人が新中納言に共感して泣いたという文脈になっている。

問2　語句と表現に関する説明問題（標準）

解答　①

解法のポイント

共通テストの古文で定着しつつある、語句と表現に関する問題。文法力や語彙力が幅広く問われる。選択肢を順に検討しよう。

①適当。ここの「あさまし」は、いわゆる「形容詞の語幹用法」である。

「語幹用法」とは、形容詞・形容動詞を語幹で言い切ることで感動のニュアンスを添える用法。ただしシク活用形容詞では、終止形が用いられるので、「あな、あさまし」は語幹用法と見なせる。

これだけは覚えよう

形容詞の語幹用法
形容詞の語幹（シク活用は「―し」までを含む）には次の用法がある。
(1) ミ語法
体言を語幹み

↓「〈体言〉が〈形容詞〉ので」と訳す。
和歌で使われる用法。
※「を」は省略されることがある。
例　水を浅み（水が浅いので）
山を嶮《さが》しみ（山が険しいので）
風寒み（風が寒いので）

(2)　感動・詠嘆用法
↓語幹で言い切って、感動の意味を添える。「あな＋語幹（＋や）」（ああ、～なあ）の形をとることが多い。
例　あな、尊《たふと》。（ああ、尊いなあ）
あな、をかし。（ああ、趣深いなあ）

ここは、右の(2)の用法で、「ああ、驚きあきれたなあ」などと解釈するところ。『少将』の驚きを強調する」という説明にも問題はない。

②不適。「給へ」が尊敬の補助動詞だというのは良いが、敬意の方向が間違っている。

これだけは覚えよう

敬意の方向

敬意の方向（誰から誰への敬意か）は、文の種類と、敬語の種類によって異なる。

(1)　誰からの敬意か
地の文……作者から
会話文……話し手から

(2)　誰への敬意か
尊敬語……動作をする人へ
謙譲語……動作を受ける人へ
丁寧語……聞く人へ（地の文なら「読み手」／会話文なら「聞き手」）

ここは会話文なので、話し手から聞き手への敬意を表している。「帰らせ給へ」（帰ってください）と言っているのだから、話し手は姉妹のどちらか、聞き手は新中納言であると判断できよう。したがって、選択肢は「作者から」の部分が誤り。（ちなみにこの発言は少将のものとされる。）

③不適。「あなれ」は、「あるなれ」の撥音便「あんなれ」の「ん」無表記形で、この「なれ」（終止形「なり」）は伝聞・推定の助動詞である。

これだけは覚えよう

「なり」の識別

(1)　終止形＋「なり」
↓伝聞・推定の助動詞「なり」

(2)　連体形／非活用語　＋「なり」
↓断定の助動詞「なり」

※直前の活用から判断できない場合でも、次のどちらかであれば伝聞・推定。
イ　ラ変型活用語の連体形の撥音便＋「なり」
ロ　〈音・声・噂〉＋「なり」

動詞「あり」は終止・連体同形なので、直前の活用から判断できないが、右のイのケースに該当するので、ここの「なり」は伝聞・推定である。

④不適。ここの「なれ」は正しくは動詞。「明かうなれば」は「明かくなれば」がウ音便化したもの。もし「なれ」が助動詞であれば、終止形か連体形に接続するはずだが、ここは連用形「明かく」に接続しているので、「なれ」は助動詞でなく、動詞（ラ行四段活用動詞「なる」の已然形）である。

⑤不適。「らん」が現在推量の助動詞だというのは良いが、『少将』の」気持ちというのが誤り。ここは新中納言の発言中にあるので、正しくは「新中納言」の気持ちである。

なおここが新中納言の発言だというのは、「て」の前後では主語がほとんど変わらないということを念頭に置いて、次のように本文を見渡せばわかる。

さし寄りて、↓
「益田は……思ひ給ふらん」とて、↓
「今一度、内裏へ……端をだに」と返す返すのたまふに、…

⇩地の文で尊敬語が付けられているのは新中納言だけなので、ここの主語は新中納言。

以上の検討により、正解は①。

問３　内容合致問題（標準）

解答　②・⑤

解法のポイント

本問のような内容合致問題は、選択肢の内容に該当する本文の箇所を見つけ、正誤を丁寧に検討していく。

①は、1段落の3行目が該当箇所。「御衣引きのけ給ふ」と尊敬語が用いられているので、着物を引きのけたのは「少将」ではなく「新中納言」である。

②は、2段落の1～2行目の「かかる折ならでは」に注目。「折」は「機会」という意味の名詞、「で」は「～ないで」という意味（打消接続）の接続助詞であるから、「こういう機会でないと」と解釈できる。するとこの箇所は、「こういう機会でないと（訪問が難しい）」と思って訪問を思い立った――と読むことができるだろう。したがって、この選択肢は適切。

③は、新中納言の心情を描写した、2段落の2～3行目の「いはけなき人に……恨めしく」が該当箇所。「いはけなし」は「幼い」という意味の重要古語なので、「いはけなき人」は「幼い人」すなわち新中納言の子のこと。それがどんなに「深山辺の道妨げ」になるだろうかと思うと恨めしい、といっているのである。

ここで、妻や子が出家の妨げ（絆《ほだし》）になるという、古文の典型パターンより、「深山辺の道妨げ」は「出家の妨げ」の意味だとわかる。したがって、選択肢は「女御のために」が誤りで、正しくは「わが子のために」である。

これだけは覚えよう

> いはけなし（ク活用形容詞）
> 　幼い・子どもっぽい

④は、2段落の最終文が該当箇所。「少将の」の「の」は主格の格助詞で、「少将が（新中納言のことを）いつも（大納言の君に）語り聞かせていた」と解釈すべきところ。選択肢はここの主客があべこべになっており、不適。

⑤は、3段落の1～2行目「おほけなき……泣きみ笑ひみのたまふ」が該当箇所。「おほけなし」は「身のほど知らずだ・おそれ多い」という意味の重要古語。そういう心というのは、本文の内容上、帝に仕える女御に懸想してしまったことだから、この選択肢は適切。

これだけは覚えよう

> おほけなし（ク活用形容詞）
> 　身のほど知らずだ・おそれ多い

⑥は、3段落の最終文が該当箇所。新中納言にとって「ゆかしき人」（恋しい人）はもちろん女御のことなので、選択肢は誤り。

以上の検討により、正解は②・⑤。

問4　内容合致問題（応用）

解答　②

解法のポイント

前問同様、各選択肢について本文の該当箇所を探し、正誤を検討していけばよい。

①は和歌Ⅰについての選択肢。ポイントは動詞「頼む」の解釈だ。

これだけは覚えよう

> たのむ【頼む】
> 〈四段〉あてにする・期待する
> 〈下二段〉あてにさせる・期待させる

「頼む」という動詞は、右のように、活用の種類の違いによって、立場が反対になるので注意が必要だ。

和歌Ⅰでは、直後の「て」が連用形接続の接続助詞なので、「頼め」は連用形。つまり下二段活用なので、ここでは「あてにさせる・期待させる」という意味になる。

和歌Ⅰが、「女御の御召し物の端だけでも（見たい）」と頼む新中納言に対する少将の返事であることを踏まえると、「頼めてもかひもあらじを」は、「私があなたに（女御をお見せすると）期待させても甲斐はないでしょうよ」と解釈できる。

したがって、①は「あなたが……期待をしても」が誤りである。「私はそれに答えられません」というのは和歌の大意として問題ない。

②は、そんな少将に対する新中納言の返歌（和歌Ⅱ）が該当箇所である。ここでも「頼む」がポイント。

「頼めし」の「し」は助動詞「き」の連体形。「き」は連用形接続だから、「頼め」は連用形、つまりここも下二段活用である。

「かひなからめや」は、「め」が推量の助動詞「む」の已然形、「や」が係助詞（ここでは反語）で、「甲斐がないことがありましょうか、いやありません」（＝きっと甲斐があります）という意味。

よって和歌Ⅱは、「あなたが私に期待させたことは、きっと甲斐がありますよ」と、少将に反論しているわけである。②はこの点を押さえており、適切。「霊験あらたかな清水寺」云々というのも、注7を踏まえれば妥当な説明である。

③は、5段落の第1文が該当箇所。まず「出でがてに」は「がてに」が「〜できる」の意の補助動詞「克《か》つ」の未然形＋打消の助動詞「ず」の古い連用形「に」で、「出て行くことができず」の意味。従って「退出した後」というのは誤り。また「やすらふ」を「休息している」と解釈しているのもここでは不適。

これだけは覚えよう

> やすらふ【休らふ】（ハ行四段活用動詞）
> (1) 躊躇する・ためらう
> (2) 立ち止まる

よって「出でがてにやすらひ給ふ」は、「出て行くことができずためらいなさる」という意味となる。「大納言の君や少将が」以降の説明は問題ない。

④は、5段落の最終文が該当箇所。「覚ゆるや」に尊敬語の使用がないので、ここの主語は大納言の君・少将姉妹である。姉妹が、新中納言の頼みが普通の頼みであれば身に替えてでもかなえるのに、と思うという内容なので、選択肢は誤り。

以上の検討により、正解は②。

問5　引き歌を踏まえた心情説明問題（応用）

解答　(i)＝①　(ii)＝③

解法のポイント

(i)　【学習プリント】と【ノート】に書かれている内容をヒントに、和歌Ⅲの大意をつかもう。

まず【ノート】を見ると、「よそふ」という動詞は活用の種類によって意味が変わるとある。そこで和歌Ⅲを見ると、「よそへつつ」とあり、「つつ」は連用形接続の接続助詞であるから、「よそへ」は連用形、つまり下二段活用だとわかる。

これだけは覚えよう

> つつ（接続助詞）
> 接続　活用語の連用形
> 用法
> (1) 反復・継続（〜ては・〜しつづけて）
> (2) 動作の並行（〜ながら・〜とともに）

ここでは右の(2)の用法。

次に、「光源氏が和歌Ⅲを詠んだ事情」を考えよう。【学習プリント】の説明によれば、光源氏は、不義の子・若君に由来する葛藤を、同じく葛藤を感じているだろう藤壺の女御に、「撫子の花」というテーマを通して伝えようとした──と考えられるだろう。とすれば、和歌Ⅲの「よそふ」を「なぞらえる」の意にとり、上の句の大意を「撫子の花を若君になぞらえて見ても、心は慰まず、…」などと解釈できる。

以上の説明に沿う①が正解。「いとしい子というその名の連想から」というのは、和歌中の「なでしこ」が、「撫子（＝花）」と「撫でし子（＝若君）」の掛詞になっていることを指摘したもので、正誤を判断しかねたかもしれないが、消去法で他の選択肢を消していくことで十分選べるだろう。

②「心の準備……動揺してしまう」、③「賛美」、④「愛情を吐露」は、いずれも右の説明からずれているため不適である。

(ii)　本文の二重傍線部は、新中納言が、大宮と斎宮がわが子を愛情深く養育していることを述べた後にある。新中納言は、ここで和歌Ⅲを引用することで、和歌Ⅲ中の「見るに心は慰まで露けさまさる」つまり「自分は我が子に思いを馳せても慰められず、かえって悲しみを募らせている」という心情を表現しているのだ。

これだけは覚えよう

> つゆ【露】（名詞）
> 露・涙の比喩・はかないこと
>
> 関連語

つゆけし（ク活用形容詞）
涙がちだ
⇩名詞化
つゆけさ（名詞）
涙に濡れること

したがって、正解は③。

①「同情を禁じえない」、②「後悔している」、④「情けなく思われる」が、いずれも右の解釈からずれており、不適。

《全文解釈》

1 日が暮れていくにつれて、月がとても明るく出て来たので、《二人は》ぼんやり眺めて座っていると、《侍女が》「『関白家から《来ました》』と言って、鈴虫という端童を尋ねて女の方がお見えになったのですが、少将殿に対面申し上げたい《とのことです》」と言う。《少将は》「誰だろう。並一通りの人ではなさそうだ」と思って、車から降りる人を月明かりで見ていると、いかにも優艶な人が入って来られて、《被っていた》お着物を取りのけなさったのを見ると、《なんとそれは》新中納言殿でいらっしゃった。

2 《少将は》「まあ、あきれたこと。どうして《ここにいることが》お分かりになったのですか」と申し上げると、《新中納言は》「先日取り次ぎを頼みましたら、これこれ《でこちらにお籠もりだ》と聞きましたので、『こういう折でもなければ《お会いできまい》』と思って出かけて来たのです」という旨をおっしゃって、ひどく恐縮した様子で、「それにしても、幼い子《のため》に、また悩みの種が増えたような気がします。《これが》どんなに出家の妨げになることかと《思うと》恨めしく、また一方ではかわいく《もありまして》」とおっしゃった。そして、「大宮や斎宮が、《若君を》かわいがっておられる様子といったら、《まるで》懐から離さないほどです。《でも私は》『見るに心は』（＝子を見ていても心は慰まず、かえって悲しみを募らせる）と今思われるのです」と言って、《涙を》こらえかねておいでのお姿は、大納言の君にとっては、あの《女御の寝所へ忍び込まれた》晩以来、はじめて拝見したのであった。少将がいつも《新中納言のおいたわしい様子を》語っていたのももっともだと思って、《大納言の君は》自分ももらい泣きしてしまった。

3 《新中納言は》「今はただ一心に出家のことを考えなければならないのですが、『子どもの御様子をもう少し拝見していたい』と思って、今日までも《ぐずぐずしているのです》」と言って、《女御を愛するというような》大それた心がかくも深く染みついてしまったこの年月《の間のこと》を、泣いたり笑ったりしながらお語りになる。その御様子は、なんともいじらしげで、《荒々しい》奥州の夷も泣いてしまいそうにお見えなので、《大納言の君も少将も》二人とも無情の岩や木ではないから、ひどく泣いた。《それを見て新中納言は》「それでは、《あなた方にもやはり》あわれを知るお心がおありだったのですね。これも仏のお導きでしょうか。『枯れた枝にも花が咲く』という《清水の観音の示現の》例かも知れません」と言ってお笑いになるので、《大納言の君は》「誰のつらさを《そんなふうにおっしゃるの》ですか」とお答えした。《そのうちに》鳥もたびたび鳴きだしたので、《少将が》「もうお帰りください。関白家の人々などが参られるかもしれません」と申し上げると、《新中納言は》「いや、とても苦しい《ので帰れません》。仏にはどんなに人に憎まれている者でも参るものだそうです。関白殿が参られたって構いません」などとおっしゃる。やはり《二人から》恋しい人の身の上話を聞くのもしみじみと心打たれるのである。

4 すっかり明るくなってきたので、そうはいってもやはり《新中納言は》出て行かれようとするが、《少将に》近寄って、「《私よりも》女御様の方がどんなに苦しんでおいででしょう」と言って、「もう一度、《女御が》宮中へ参られる前に、お召し物の端だけでも《見せていただきたい》」と繰り返しおっしゃるので、《少将は》

頼めても……＝あなたに期待させるようなことを申してもどうにもなりませんのに。なまじ同じことばかり繰り返しおっしゃるあなたの言葉を聞くとつらい気がします。

と言ったところ、《新中納言は》

枯れ木にも……＝枯れ木にも花が咲くという霊験あらたかなこの清水寺に来ているのですから、頼りにさせても甲斐がないなどということがありましょうか。

とおっしゃった。

5 出て行きたくなさそうにためらっておられる《新中納言の》お姿の、若々しく気品に満ちたさまは、「たとえ帝であっても、これほど《気高く》はいらっしゃれまいよ」と《二人は》拝見した。もし普通のことであれば、たとえ身に替えてでも《その願いをかなえて差し上げたい》と思われるのであった。

〈問5の引用文〉

よそへつつ……＝撫子の花を若君になぞらえて偲ぶつもりでおりましたが、心は慰められず、かえって花の露にもまして涙がこぼれました。

第5問 解説

出題のねらい

共通テストの漢文は、複数の資料を関連付けた問題となっており、模試はそのような独特な問題に慣れるための貴重な機会である。試験中は漢文まで手が回らなかった生徒もいるかもしれないが、一度は最後まで自力で解き、自己採点まで行おう。本問は決してハイレベルな知識は求めていないので、知識の漏れがあった人は必ず覚えておくこと。読解が難しいと感じた人は、解説をよく読み、知識を読解に活かす方法を学んでほしい。

出典

劉向『新序』刺奢

劉向は前漢後期の学者・政治家である。漢の皇族の血筋だが、臣下として皇帝に仕えた。『新序』は彼が編纂した説話集。儒学の立場から、春秋時代から前漢までの教訓とするべき故事・説話を集めたものである。本文は「刺奢」という篇から衛の霊公にまつわる逸話を採用した。霊公は孔子と同時期の人物で、『論語』などにも登場する。

【資料】 何坦《かたん》『西疇《ちゅう》老人常言』原治

何坦は南宋の儒学者。号は西疇。『西疇老人常言』は、自身の思想を述べた短文をまとめた書物。**【資料】**は「原治」篇から採った。

本文の要約

衛の霊公は冬に堀を掘ろうとした。宛春は、公は上等な衣服やかまどのおかげで今が寒い時期だと知らないが、人びとは服や靴が破れても直すこともできず寒いのだから、労役を中止するべきだと諫めた。霊公は宛春の諫言に従って労役をやめさせた。側近たちが、それでは宛春のもとには徳が、公のもとには怨みが集まると言って諫めたが、霊公は、宛春の諫言に従って労役をやめることで、宛春の善良さを人びとに示すのだ、そして臣下に善があるのは、そのまま君主の自分に善があるのと同じことだ、と答えた。霊公は君主としての道を知っている者と言える。

【資料】

霊公が冬に労役を始めようとしたのは過ちだったが、諫言を聞き入れて過ちを改めることができた。霊公以外の君主も、過ちを嫌いながらそれを改めることを遠慮してはならない。

設問解説

問1　語句の意味の問題（基礎）

解答　(ア)＝⑤　(イ)＝②

解法のポイント

共通テストの問1では、語句の意味が問われることが多い。複数の意味を持つ漢字について、文脈を根拠に意味を判別させる問題もよく出題される。日ごろから漢字・語彙の力を養っておこう。今回は漢文に頻出の重要語句を問うた。

(ア)「是以」は「ここヲもつテ」と読む接続語で、意味は「こういうわけで・それで」である。冬にもかかわらず「天寒きか」とたずねる霊公に対して宛春は、あなた様は皮衣を着て毛皮の敷きものに座り、部屋の隅にはかまどがある、「こういうわけで」寒くないのです、と答えている。正解は⑤。

「是以」と似ている接続表現を次にまとめておくので、読みと意味を覚えておこう。

これだけは覚えよう

○「是」を含む接続表現
- 是以　▼ここヲもつテ　▽こういうわけで・それで
- 以レ是　▼これヲもつテ　▽これによって・このことから
- 於レ是　▼ここニおイテ　▽そこで・こうして

(イ)「左右」には「君主の側近」という意味がある。宛春の意見に従って労役をやめさせた霊公を、「側近が」諫めたのである。正解は②である。

問2　空欄補充問題（標準）

解答 ⑤

解法のポイント

空欄補充問題は、共通テストでは定番になりつつある。漢詩の句末に空欄がある場合は押韻の知識を用いて答えを絞り込める。文章の場合は前後の文脈を押さえたうえで、選択肢を一つ一つ確かめるのがよいだろう。

傍線部は、寒い季節に堀を深く掘ろうとした霊公を、宛春が諫めて言ったセリフに含まれている。傍線部直前の「役」とは「労役」、すなわち人びとを動員して働かせることを意味する。「寒い季節に労役を始めれば、……」と諫めたのである。

傍線部の続きの内容も確かめよう。宛春の諫言に対し、霊公は「天寒きか」と答えた。「乎」はここでは「か」と読んでいるので疑問文。霊公はその時、寒い季節だと知らなかったのである。宛春はさらに、「あなた様には防寒具があるため寒くないでしょうが（問1(ア)参照）、人びとは服や靴が破れても直すことができません。あなた様は寒くありませんが、人々は本当に寒いのです」と述べている。

以上から、宛春は寒い時期に民を働かせて堀を掘れば、衣服や靴を繕うことさえできない民衆を苦しめることになる（から働かせるのはやめるべきだ）、と諫めたのである。この文脈に合うような選択肢を探そう。

①は「不」を当てはめ「民を傷なはず」と読んでいる。「傷なふ」は「損傷・損害を与える」という意味。よってこの選択肢では労役が人びとを苦しめないことになり、不適。

②は「何」を当てはめ「何ぞ民を傷なはんや」と反語で読んでいるが、これを訳してみれば「どうして人びとに損害を与えようか、いや与えない」となり、①と同様に不適。

③は「請」を当てはめ、「請ふ民を傷なはん」と読んでいる。「請ふ」は願望を表すので、「どうか私に民に損害を与えさせてほしい」という意味になるが、これでは人びとの苦しみを訴える諫言として不自然であるため誤り。

④は「安」を当てはめて「安くにか民を傷なはんや」と読んでいる。「安くにか」は場所に関する疑問・反語を表す。ここでは反語で、「どこで民に損害を与えるだろうか、いや与えない」となり、①・②と同様誤り。

正解は⑤。「恐らくは」は推量を表す。傍線部は「人びとに損害を与えるのではないでしょうか」という意味である。

問3　返り点・書き下し文問題（標準）

解答 ②

解法のポイント

返り点・書き下し文問題は、傍線部に句法が含まれていれば読み方の参考になるが、含まれていなければ文脈を押さえたうえで、漢文の語順や重要語句の知識を活かして選択肢を絞りこむ必要がある。

本問の傍線部には、特に句法は含まれていないので、まずは傍線部直前の内容を押さえる。傍線部は宛春の諫言に従って労役を中止した霊公に対し、側近たちがさらに諫めた発言の一部である。その発言を傍線部前まで書き下せば、「君池を鑿たんとして、天の寒きを知らざるに、宛春の知れるを以て役を罷めば」となる。「君」は当然霊公を指す。「以」はここでは理由・原因を意味する。訳としては、「あなた様は堀を深くしようとして、寒い季節だとはご存じなかったのに、宛春が知っていたことによって労役を中止すれば」となる。よって傍線部は、寒い季節だと知らず労役を始めようとした霊公を、知っていた宛春が諫め、霊公がその諫言に従って労役を中止すればどうなるか、を述べていると考えられる。

次に傍線部を見ていく。「是」はここでは

「コレ」と読み、「そして」くらいの意味だが、しいて訳さなくてもよい（すべての選択肢で「コレ」と読んでいるので心配は要らない）。

「徳帰宛春」の部分で重要なのは「帰」である。すべての選択肢が「帰《き》す」という動詞で読んでいるが、この字には「かえる・もとの場所にもどる」だけでなく、「——に帰属する・——のものになる・——に集まる」という意味がある。よって「徳」が主語、「帰」が動詞であり、傍線部前半は「是れ徳（は）宛春に帰し」と読む可能性が高い。先述の通り、傍線部は霊公が宛春の諫言に従って労役を中止すればどうなるか、を述べているので、中止すれば「徳は宛春のものになり」という訳で問題ない。

ここまで来れば後半「怨帰於君」の読み方も見当がつく。「怨」は「徳」と反対に否定的な意味の言葉であり、前半と対《つい》になっている。「於」はここでは、「於＋〈名詞〉」の形で、動作の及ぶ場所や範囲を表す置き字。後半は「怨みは君に帰す」と読み、「怨みはあなた様のものになる」という意味になる。側近たちは、このままでは宛春が徳のある人物として評価される一方、霊公は人びとに怨まれてしまう、と諫めたのである。正解は②。

①・⑤は前半の読み方が誤り。傍線部の語順で宛春を主語にして読むことはできない。

③は後半の「於」を比較で読んでいるため不適。訳してみると「あなた様よりも集まることを怨むでしょう」などとなり、意味が通じない。

④も訳してみると「集まることを宛春に徳であるとし、集まることをあなた様に怨むでしょう」などとなり、意味が通じない。

問４　解釈の問題（標準）

解答　①

解法のポイント

傍線部を解釈する問題も共通テストでは頻出である。返り点・書き下し文問題同様、語句や句法の知識の活用力が問われる。それに加えて、省略語を補ったり指示語の指示内容を正しく把握したりする力も重要となる。模試や問題集を解いた後は現代語訳をよく読み、読解の精度を高めよう。

傍線部は、問３のような側近たちの心配に対し、霊公が答えたセリフの一部である。セリフ一文目に「然らず（そうではない）」とあるから、霊公は側近たちの意見は間違いだと考えており、以下で宛春の諫言に従う理由を述べていると推測できる。二文目「匹夫」は庶民という意味。「挙ぐ」は登用するの意味で、「之」は霊公が登用した人物、すなわち宛春を指すと考えられる。そして三文目「民未だ焉を見ること有らず」であるが、「未だ——ず」は「まだ——ない」と訳す再読文字。「焉」はここでは「これ」と読む指示語。傍線部直前までの霊公のセリフを直訳すると、「そうではない。宛春は、魯の庶民だったが、私が彼を登用した。人びとはまだこれを見たことがない」となる。「これ」の指す内容はもちろん宛春だが、ここではもう少し踏み込んで、人びとの暮らしぶりを憂慮して主君の行動を諫めた、宛春の人徳・善良さまで含むと考えてよい。

次に傍線部について見ていく。傍線部には「まさニ——ントす」と読む再読文字「将」が含まれている。覚えていない人は必ず覚えてほしい。

これだけは覚えよう

○再読文字「将」
将ニ——」　＊将＝且
▼まさニ——（セ）ントす
▽（今にも）——しよう（とする）
　（今にも）——しそうだ
例：吾将ㇾ問ㇾ之。（『論語』）
　吾将に之を問はんとす。
　私がこのことを（先生に）尋ねよう。

次に「令」。この字は「しム」と読み、使役を表す。使役形も入試問題では頻出なので、この機会に押さえておこう。

これだけは覚えよう

○使役形
令ニ——……」　＊令＝使・教・遣など
▼——ヲシテ……（セ）しム
▽——に……させる
例：秦令ニ起賈禁ㇾ之。（『戦国策』）
　秦起賈をして之を禁ぜしむ。
　秦は起賈にそのことをやめさせた。
※「——」には人や物、「……」には動作が当てはまる。

※「──」が省略された「令二……一」（……（セ）しム）の形も頻出。

以上をふまえて傍線部を直訳すれば、「人びとに〈此〉によって〈之〉を見させよう」となる。この二つの指示語の指示内容について考えよう。

先述の通り、傍線部は霊公が宛春の諫言に従う理由を説明しているので、「此を以て（これによって）」の「此」は、宛春の諫言に従って労役を中止することを指すと考えられる。そうすることによって「之」を人びとに見させよう、というのだから、見させる内容「之」は、一文前の「焉」と同様、宛春の人徳・善良さ、といった内容になるだろう。

以上より、①が最も適当な選択肢である。

②は再読文字「将」の訳が不適。「──するのがよい」を表す再読文字は「宜」である。

③は使役形が正しく解釈できていないため誤り。「（霊公が）見たい」ではなく、「人々に見させたい」が正しい。

④は使役形の使役の対象を取り違えている。見させる対象は民であり、「お前たち」（＝側近たち）ではない。

⑤は後半の主語が宛春になっているので誤り。また「手柄を誇って」という訳も傍線部に対応箇所がない。

問5　内容説明問題（標準）

解答　④

解法のポイント

内容説明問題は、まずは傍線部を正しく解釈し、それが本文に照らしてどういうことを意味するのかを考える、という手順で解こう。

傍線部を返り点・送り仮名に沿って書き下すと、「寡人の善に非ざらんや」となる。文末の「与」はさまざまな意味・用法を持つ重要語句だが、ここでは「──（ン）や」と読んでいることから分かるように、反語を表す文末表現である。「寡人」はもともと「（徳が）少ない人」の意味だが、転じて君主がへりくだって用いる自称になった。訳としては「私（＝霊公）の善でないだろうか、いや私の善である」となる。

傍線部の直前の一文には、「且つ」（そのうえ）とあるから、宛春の諫言に従って労役をやめる理由を述べる部分が続いているのである。その理由の一つは、宛春のことをまだよく知らない人びとに、宛春の人徳や善良さを理解させること（問4参照）、もう一つが「且つ」以下に述べられているのである。

「且つ」以下は、「春や善有り。寡人春の善有れば、（傍線部D）」である。「春也」の「也」は「や」と読み、強調のニュアンスを表す。先に確認した傍線部の訳と合わせ、「且つ」以降全体を解釈すると、「そのうえ宛春には善があるのだ。私に宛春の善があれば、私の善でないことがあろうか、いや私の善である」となる。つまり、宛春は人びとの生活を思いやり労役を中止するよう諫言する善良な人物であり、そのような人物が配下にいるならば、そのまま霊公が善良さを持っていることになる、と言いたいのである。この内容に矛盾しない④が正解。

①は「衛国にはめったにいない」が誤り。実際に宛春のような善良さを持った人物は少なかったかもしれないが、それは本文に書かれていないし、そもそも傍線部の内容とかけ離れている。

②は「宛春の善良さに、霊公の善良さは及ばない」が誤り。そのような内容は書かれていない。

③は「霊公が善良だということにはならない」が誤り。傍線部の言いたいことと正反対の説明である。

⑤は選択肢全体が本文に書かれていない内容であり、不適。

問6　複数文章の内容理解問題（応用）

解答　①

解法のポイント

共通テスト漢文最大の特徴は、複数の文章を関連付けた問題になっていることである。リード文や注、設問文をよく読み、文章同士の関係性を押さえる必要はあるが、文章の内容を正確に理解し、設問の要求に答えるという点は通常の問題と変わらない。複数文章だからといって身構えずに挑戦してほしい。

設問文によると、【資料】は本文の逸話について後世の人（＝南宋の何坦）が記したものである。そして求められているのは、本文の二重傍線部と比較したときの、【資料】の意見の特徴的な点はどこにあるか、である。

まずは二重傍線部の内容理解から着手しよう。二重傍線部を書き下すと、「霊公の宛春を論ずるは、君の道を知れりと謂ふべし」となり、「霊公が宛春について論じたことは、君主の道を知っていたと言える」といった訳になる。これは霊公のセリフに続いて記された地の文であり、本文冒頭から二重傍線部直前までの内容についてのまとめの言葉である。

「霊公が宛春について論じたこと」の対応箇所を本文中から探すと、「不然」以降の霊公のセリフ、特に「且春也有善」以降の二文を指すと考えられる。この二文の内容は問５で解説したとおり。念のため繰り返すが、宛春は善良な人物であり、彼のような善良な人物が配下にいることは、そのまま霊公が善良さを有していることと同じだ、と言っている。このように臣下の優れた資質をうまく利用して自分のものにした霊公について、この逸話を記した人物は「君主としての道を知っていると言える」と高く評価したのである。

次に**【資料】**を確認する。一文目の意味は、本文の内容が頭に入っていれば難しくないだろう。ここではわざわざ訳さないが、霊公が冬に人びとに労役を課そうとしたことを、何坦が《過ち》と指摘した点は注目してほしい。

二文目は書き下すと「後世焉を取るもの有り、其れ能く人の善を用ゐると為す」となる。簡単に訳すと「後世、このことを取り上げる者がおり、霊公が人の善を用いることができたと考えた」となり、これは本文の二重傍線部の見方に対応していることが分かるだろう。

そして三文目は「況して霊公たらざる者は、過ちを諱みて改むるを憚るべけんや」と書き下せる。「況」は通常「いはンヤ」と読み、抑揚形「まして――ならなおさらだ」を意味するが、ここでは単に「ましてや――」、「そのうえ――」くらいの意味。「霊公たらざる者」は、**【資料】**が統治について論じたものだということを踏まえれば、「霊公以外の為政者」といった意味であろう。「諱」は「忌み嫌う」、「憚る」は「遠慮する」。現代日本語でもしばしば目にする語彙であるから、覚えておいて損はない。そして「諱レ過」と「憚レ改」が「而」で繋がれている。「而」は順接（そして）・逆接（しかし）・累加（そのうえ）など様々な接続を表すが、ここではいずれとも解釈できる。仮に「過ちを嫌ってそして改めることを遠慮する」と訳しておこう。重要なのは「諱レ過而憚レ改」がまとめて「可――乎」に挟まれていることである。

「可――乎」は「――べケンや」と読む反語形。「――できようか、いやできない」が直訳だが、文脈によって「――よかろうか、いやよくない」を意味する場合もある。

これだけは覚えよう

○反語「可――乎」
可二――一乎　＊乎＝哉・与・耶など
▼――（ス）べケンや
▽――できようか（いやできない）
　――よかろうか（いやよくない）
例：以レ臣弑レ君、可レ謂レ仁乎。
（『十八史略』）
臣を以て君を弑す、仁と謂ふべけんや。
臣下の身分で主君を殺すことは、仁と言えようか（、いや言えない）。

したがって「可二諱レ過而憚レ改一乎」を分かりやすく解釈すれば、「過ちを嫌いながら改めることを遠慮してよかろうか、いやよくない」となる。

以上、**【資料】**の意見をまとめれば、「霊公は冬に労役を始めようとしたという《過ち》を犯したが、宛春の諫言に従って改めることができた。このことによって霊公は臣下の善をうまく活用したと評価された。ましてや霊公でない者は、過ちを嫌いながら改めることを遠慮してはならない」、すなわち、霊公以外の君主も、霊公を見習って自らの過ちをためらうことなく改めるべきだ、と言いたいのである。ここまで来れば、本文の二重傍線部と比べて**【資料】**の意見のどこが特徴的かが見えてくるだろう。二重傍線部は霊公がうまく臣下の資質を活用した点を評価しているのに対し、**【資料】**は霊公を「自らの《過ち》を改めた人物」とみなし、広く為政者が心がけるべき教えを導き出しているのである。正解は①。

②は「臣下の過ちを正した人物と見なし」が不適。これは**【資料】**の霊公に対する見方と異なる。また選択肢後半の内容も誤り。

③は「君主は身分に関係なく」以降の内容

が不適。【資料】は国を存続させる方法を説いているわけではない。

④も選択肢後半の内容が誤り。【資料】は歴史上の過ちを改めた君主の中に、霊公を位置づけているわけではない。

⑤も「過ちを未然に恐れるのではなく」以降の内容が誤り。【資料】は過ちの未然・已然の話はしていない。

ちなみに、『論語』学而篇に「過ちては則ち改むるに憚る勿《なか》れ」（過ちがあればそれを改めることを遠慮してはならない）とある。【資料】の意見は、この『論語』の言葉を念頭に置いたものだろう。

《全文訓読》※振り仮名は現代仮名遣いによる。

衛《えい》の霊公天寒《れいこうてんさむ》きを以《もっ》て池《いけ》を鑿《うが》たんとす。宛春《えんしゅん》諫《いさ》めて曰《い》はく、「天寒《てんさむ》くして役《えき》を起《お》こさば、恐《おそ》らくは民《たみ》を傷《そこ》なはん」と。公曰《こうい》はく、「天寒《てんさむ》きか」と。宛春曰《えんしゅんい》はく、「君狐裘《きみこきゅう》を衣《き》、熊席《ゆうせき》に坐《ざ》し、陬隅《おうぐう》に竈《かまど》有《あ》り、是《ここ》を以《もっ》て寒《さむ》からず。今民《いまたみ》は衣弊《ころもやぶ》るるも補《おぎな》はず、履決《くつやぶ》るるも苴《おぎな》はず。君《きみ》は則《すなわ》ち寒《さむ》からざるも、民《たみ》は誠《まこと》に寒《さむ》し」と。公曰《こうい》はく、「善《よ》し」と。役《えき》を罷《や》めしむ。左右諫《さゆういさ》めて曰《い》はく、「君池《きみいけ》を鑿《うが》たんとして、天《てん》の寒《さむ》きを知《し》らざるに、宛春《えんしゅん》の知《し》れるを以《もっ》て役《えき》を罷《や》めば、是《こ》れ徳《とく》は宛春《えんしゅん》に帰《き》し、怨《うら》みは君《きみ》に帰《き》せん」と。公曰《こうい》はく、「然《しか》らず。宛春《えんしゅん》は、魯国《ろこく》の匹夫《ひっぷ》にして、吾之《われこれ》を挙《あ》ぐ。民未《たみいま》だ焉《これ》を見《み》ること有《あ》らず。今将《いままさ》に民《たみ》をして此《これ》を以《もっ》て之《これ》を見《み》しめんとす。且《か》つ春《しゅん》や善有《ぜんあ》り。寡人春《かじんしゅん》の善有《ぜんあ》れば、寡人《かじん》の善《ぜん》に非《あら》ざらんや」と。霊公《れいこう》の宛春《えんしゅん》を論《ろん》ずるは、君《きみ》の道《みち》を知《し》れりと謂《い》ふべし。

【資料】

霊公冬寒《れいこうふゆさむ》くして民《たみ》を役《えき》して池《いけ》を鑿《うが》たんとするは、過《あやま》ちなるも、能《よ》く宛春《えんしゅん》の諫《いさ》めを聴《き》きて其《そ》の役《えき》を罷《や》む。後世焉《こうせいこれ》を取《と》るもの有《あ》り、其《そ》れ能《よ》く人《ひと》の善《ぜん》を用《もち》ゐると為《な》す。況《ま》して霊公《れいこう》たらざる者《もの》は、過《あやま》ちを諱《い》みて改《あらた》むるを憚《はばか》るべけんや。

《全文解釈》

衛の霊公が、寒い季節に堀を深くしようとした。宛春が諫めて言った、「寒い季節に労役を始めれば、人びとを痛めつけることになるのではないでしょうか」と。霊公は言った、「（今は）寒い季節なのか」と。宛春は言った、「あなた様はキツネの皮衣を着て、クマの毛皮の敷きものに座り、部屋の隅にはかまどがあります。こういうわけで寒くないのです。今、人びとはといえば、衣服が破れても繕えず、履き物が壊れても直せません。あなた様は寒くありませんが、人びとは本当に寒いのです」と。霊公は「その通りだ」と言った。そして労役を中止させた。側近たちは諫めて言った、「あなた様が堀を掘ろうとしたとき、寒い季節だと知りませんでしたが、宛春が知っていたことによって労役を中止させれば、徳は宛春のものということになり、怨みはあなた様のもとに集まるでしょう」と。霊公は言った、「そうではない。宛春は、魯国の庶民だったが、私が登用した。人びとはまだ誰も宛春（の徳）を知らない。今人びとにこのこと（＝宛春の諫めに従って労役を中止すること）によって宛春の徳を知らせようではないか。そのうえ宛春には善良な心があるのだ。私が宛春の善良さを有していれば、それは私自身が善良だということにほかならない」と。霊公の宛春に対する評価は、君主としての道を知っているものといえよう。

【資料】

霊公が冬の寒い時期に人びとに労役を課し、堀を掘ろうとしたのは、過ちであるが、宛春の諫言を聞き入れて労役を中止することができた。後世、この故事を取り上げる者がおり、霊公が他人の善良な心を活用することができたと考えた。ましてや霊公でない君主は、どうして過ちを嫌いながら改めることを遠慮してよかろうか（、いや遠慮してはならない）。

共通テスト試作問題

解答と解説

問題番号（配点）	設問（配点）		解答番号	正解	自己採点
第A問（20）	1（6）〈各3〉	(i)	1	①	
		(ii)	2	②	
	2（5）		3	③	
	3	(i)（4）	4	③	
		(ii)（5）	5	②	
自己採点小計					

問題番号（配点）	設問（配点）	解答番号	正解	自己採点
第B問（20）	1（4）	1	②	
	2（3）	2	③	
	3（3）	3	③	
	4（10）〈各5〉	4	②・④（順不同可）	
		5		
自己採点小計				

自己採点合計

出典 第A問 【資料Ⅰ】環境省「気候変動影響評価報告書　詳細（令和２年12月）」
気象庁「気候変動監視レポート2019（令和２年７月）」
【資料Ⅱ】橋爪真弘「公衆衛生分野における気候変動の影響と適応策」
第B問 【資料Ⅰ】旺文社「第６回ことばに関するアンケート」
【資料Ⅱ、Ⅲ】金水敏「役割語と日本語教育」

第A問　解説

出典

【資料Ⅰ】 文章 および 図 は環境省「気候変動影響評価報告書　詳細（令和２年12月）」をもとに作成。

グラフ1 ～ グラフ3 は気象庁「気候変動監視レポート2019（令和２年７月）」をもとに作成。

【資料Ⅱ】 橋爪真弘「公衆衛生分野における気候変動の影響と適応策」・『保健医療科学（第69巻５号）』所収・国立保健医療科学院の一節。橋爪真弘（一九七一～）は医師、医学者。東京大学大学院医学系研究科国際保健学専攻国際保健政策学教授。

本文解説

【資料Ⅱ】

地球温暖化の対策は、これまで原因となる温室効果ガスの排出を削減する「緩和策」を中心に進められてきた。しかし、地球温暖化の進行を完全に制御することは難しいと考えられている。

↓

その影響を抑えるには私たちの生活・行動様式の変容や防災への投資といった被害を回避、軽減するための「適応策」が求められる。

↓

また、健康影響が生じた場合、現状の保健医療体制で住民のニーズを満たせるのか、そのために不足しているリソースがあるとすれば何で、必要な施策は何かを特定することが望まれる。

↓

また緩和策と健康増進を同時に進めるコベネフィットを追求していくことも推奨されている。

設問解説

問１　文章と図を対照する問題（標準）

解答　(i)＝①　(ii)＝②

解法のポイント

(i) 文章 は見出しにある通り「健康分野における、気候変動の影響について」書かれており、図 は同じ内容を概略している。文章 の傍線部と 図 を対照し、傍線部の内容が 図 で省略されているものを探そう。

ⓐは「気候変動による気温上昇は熱ストレスを増加させ」とあり、図 の「気温上昇」から伸びる矢印の一つが「熱ストレスの増加」を指している。よって省略はなく、傍線部と同じ内容が読み取れる。

ⓑは前半に「暑熱に対して脆弱性が高い高齢者を中心に」とあるが、図 には高齢者に関する内容はない。後半も「暑熱による超過死亡の増加」とあるが、これも 図 とややずれる。超過死亡者数とは注の通り過去のデータから統計的に推定される死者数をどれだけ上回ったかを示す指標であり、図 には「暑熱による死亡リスク・熱中症リスクの増加」があるが、リスクの増加を指摘しているのみで、実際に超過死亡が増加したとまでは書かれていない。以上二点よりⓑは省略されている。

ⓒは「気温の上昇」が「感染症を媒介する節足動物の分布域・個体群密度・活動時期を変化させる」とある。図 の「気温の上昇」を見ると、「分布・個体数の変化・蚊・ダニ等の分布領域拡大・個体群密度増加・活動時期の長期化」等の枠へつながり、さらに「節足動物媒介感染症リスク、刺咬被害の増加」へつながる。個体数等が変化した動物のなかに感染症を媒介する種が含まれていることがわかるため、ⓒの内容は省略なく 図 に表現されているといえる。

ⓓは「自然災害が発生すれば、被災者の暑熱リスクや感染症リスク、精神疾患リスク等が増加する可能性がある」とある。図 では「自然災害発生に伴うライフラインの停止」から「避難生活の長期化に伴う熱中症・感染症・精神疾患リスクの増加」へと矢印が伸びており、ライフラインの停止と避難生活の長期化をはさんで、自然災害の発生と暑熱等リスクの増加がつながっていることがわかる。よってⓓも省略されていない。

ⓔは「光化学オキシダント・オゾン等の汚染物質の増加」とあり、図 の「大気汚染物質（オゾン等）の生成促進」にあたるだろう。しかしそこから出発する矢印の先は「心血管疾患死亡・呼吸疾患死亡リスクの増加」のみで、後半の「超過死亡者数が増加するが、それ以降は減少する」のうち特に「減少する」

の根拠がない。よってⓔは省略されている。

以上よりⓑ、ⓔを挙げている①が正解。

(ii) 一つ一つの選択肢を図と対照しよう。

①にある「気候変動による影響」とは図の左端の見出しのことである。図全体を「気候・自然的要素」「気候変動による影響」の二つに分け、「気候・自然的要素」にあたる要素と「気候変動による影響」にあたる要素を区別している。

文章も同じ二つの要素を記して健康分野における気候変動の影響を記しているが、「気候変動による気温上昇は熱ストレスを増加させ」のように、「気候・自然的要素」と「気候変動による影響」を一文として結びつけて表す。よって文章では何が「気候・自然的要素」で何か「気候変動による影響」なのか、視覚的に区別しにくい。図ではこれをより理解しやすくしており、①は適当。

②は「気温上昇によって降水量・降水パターンの変化や海水温の上昇が起こる」という関係を図示しているとあるが、図の「気温上昇」と「降水量・降水パターンの変化」「海水温の上昇」はどれも矢印でつながっておらず、関係が示されていない。②が誤り。

③は、①同様「気候・自然的要素」と「気候変動による影響」を区別していることについてで、区別した上で矢印でつなぐことで、各要素の関係が視覚的にわかりやすくなっている。③は適当。

④については、図を見ると、一つの「気候・自然的要素」から複数の矢印を出すことで、一つの要素が複数の「気候変動による影響」を生み出し得ることが表されている。④は適当。

⑤は図が「気候・自然的要素」と「気候変動による影響」のうちいくつかの要素に限定して図示しているとある。現実の気候変動問題を考えてみると、「気候・自然的要素」は無数にあり、またその影響も無数にあることは明らかだろう。図にある要素がごく一部であることは当然といえるため、⑤も適当。

よって適当でない選択肢は②である。

問2　複数の資料による正誤問題（標準）

解答　③

解法のポイント

(ア)～(エ)のそれぞれについて、【資料Ⅰ】、【資料Ⅱ】の関連した箇所を参照し、正誤を判断しよう。

(ア)は気温上昇がもたらす健康リスクに関する記述で、主に【資料Ⅰ】の図に関連する。前半は「気温上昇」から「冬季の気温上昇」「冬季死亡者数の減少」へ矢印が伸びていることから正しいといえる。また、後半も、「気温上昇」から「熱ストレスの増加」「暑熱による死亡リスク・熱中症リスクの増加」とつながる矢印と、「大気汚染物質（オゾン等）の生成促進」「心血管疾患死亡・呼吸疾患死亡リスクの増加」とつながる矢印が出ている。「高齢者を中心に」という点は図にはないが、【資料Ⅰ】の文章の傍線部ⓑから正しいと判断できる。よって(ア)は正しい記述である。

(イ)は、日本の年降水量についてなので【資料Ⅰ】のグラフ2を見る。一九〇一年から一九三〇年までの年降水量に注目すると、一九八一年から二〇一〇年までの平均（グラフの縦軸のゼロ地点）を上回っている年が多い。一方、一九八一年から二〇一〇年までの年降水量は、同じ平均を下回っている年が多い。よって一九〇一年から一九三〇年の三〇年間の降水量より、一九八一年から二〇一〇年までの降水量の方が少ないとわかり、(イ)は誤りと判断できる。

(ウ)は台風の発生数と日本の真夏日・猛暑日の日数の関連を指摘している。台風の発生数は【資料Ⅰ】のグラフ3に示されているが、同じグラフに示されているのは台風の日本への接近数であり、真夏日・猛暑日との関連は読み取れない。他の資料にも日本の真夏日・猛暑日の日数を示したものはなく、台風の接近数との関連はわからない。よって(ウ)の正誤は判断できない。

(エ)は緩和策と適応策に関する記述で、【資料Ⅱ】の一～五行目と一四～一五行目にある内容となっている。よって(エ)は正しい。

以上を表した選択肢は③である。

問3　レポートの内容に関する問題（標準）

解答　(i)＝③　(ii)＝②

解法のポイント

(i)　空欄Xは【目次】の第三章のcにある。第三章の他の箇所から考えると、ここは「気候変動に対して健康のために取り組むべきこと」として、a、b、dに並列できる内容が入ると考えられる。

a、b、dは【資料Ⅱ】からの引用なので【資料Ⅱ】を見ると、以下のような展開となっている。

> 温暖化の影響を抑えるためには、生活・行動様式の変容や防災への投資といった被害を回避、軽減するための「適応策」が求められる。
>
> ↓
>
> 例えば、熱中症予防情報サイトや保健指導マニュアルを公開したりしている。
>
> ↓
>
> また、住民の医療ニーズに応えるために必要な施策は何か特定することが望まれる。
>
> ↓
>
> 例えば、熱中症搬送車数増加に備えた対策の立案が求められる。
>
> ↓
>
> また緩和策と健康増進を同時に進めるコベネフィットを追求していくことも推奨される。
>
> ↓
>
> 例えば、自動車の代わりに自転車を使うことは、緩和策でもあり健康増進にもつながる。

このように【資料Ⅱ】では「例えば」と「また」が繰り返し使われ、「また」で並列された各トピックに対して具体例が添えられていく。a、b、dはいずれもトピックにあたるため、c（空欄X）もトピックが入ると考えられる。正解は③の「住民のニーズに応えるために必要な施策を特定すること」。

①、②、④はいずれも「例えば」で挙げられる具体例にあたるため不適。⑤はコベネフィットについての補足情報であり、dのトピックに付随する内容である。dと並列すべき内容ではないため不適。

(ii) 資料を参照しながら選択肢を吟味しよう。

①はテーマに掲げている「対策」という表現が、「健康を守るための対策」なのか、「気候変動を防ぐための対策」なのかわかりにくいと指摘している。確かにテーマの文面はどちらとも解釈でき、後者と解されるとレポートの内容と食い違いが生じる。テーマの意味を明確にするために、適切な助言である。

②は第一章bの表現に、健康への影響の発生原因を加えたほうがよいという意見である。確かにa、cは第一章の見出し通り、気候変動とその影響の両方に言及しているので、bも同じ書き方にしたほうが表現も揃い、見出しにも合う。

しかし、付け加えの案に「大気汚染物質による感染症の発生リスクの増加」を挙げているところに問題がある。【資料Ⅰ】の図を見ると、「大気汚染物質（オゾン等）の生成促進」から伸びている矢印は「心血管疾患死亡・呼吸疾患死亡リスクの増加」のみであり、感染症の発生リスクには結びついていない。よって②は誤り。

③は気候変動と健康というテーマで論じるなら感染症や熱中症の発生状況など健康に関するデータも示したほうがよいという意見である。確かに気候変動についてデータで実態を示すのと同様に、健康についても実態を示し、その上で対策を考察したい。

④は第一章「気候変動が私たちの健康に与える影響」と第二章「データによる気候変動の実態」の順序を入れ替えた方がよいという指摘である。確かに気候が変動することで健康に影響が出る、という順序であるため、その順序に沿ったほうが読みやすくなるだろう。

⑤は資料の内容だけでなく、ひかるさん自身の考察を付け加えたほうがよいという指摘である。レポートという形でまとめる以上、資料の内容を繰り返すだけでなく、それを踏まえての自分の意見も加えることができると、より有意義な取り組みとなる。

以上より、正解は②。

第B問 解説

出典

【資料Ⅰ】 旺文社「第6回ことばに関するアンケート」集計結果より。

【資料Ⅱ】【資料Ⅲ】 金水敏《きんすいさとし》「役割語と日本語教育（『日本語教育』第一五〇号）の一節。金水敏（一九五六〜）は日本語学者。

二〇二五年度から、言語活動の過程を重視した実用的なテクストを含む問題が第3問として出題される予定である。試作問題として公開された第B問は「役割語」について生徒が作成した【レポート】とその作成にあたって用いた【資料】（文章とグラフ）を読み取る問題となっている。一つひとつの資料を適切に読み取る力はもちろん、資料相互の対応関係を読み取る力が求められる。

本文解説

【レポート】

男女間の言葉遣いの違いに注目し、まず【資料Ⅰ】から分かることを述べる。続いてそれを深掘りする形で【資料Ⅱ】【資料Ⅲ】の読み取りに移り、最後に自身の考えた具体例を挙げ、役割語の性質を理解したうえで、自らの言葉遣いについて自覚的でありたいとまとめている。

【資料Ⅰ】

小学生〜高校生の男女を対象に、性別による言葉遣いの違いについてどう実践しているか、どう感じるかということを、具体的な用例を用いて調査したアンケート結果。言葉遣いに性差があると思うかという質問には円グラフが、具体的な用例を用いた質問には帯グラフが使われている。

【資料Ⅱ】

役割語の定義について説明した文章。役割語を用いた具体的なセリフがａ〜ｆまで挙げられ、対応する話し手（役割）の紹介もされている。

【資料Ⅲ】

役割語の認識について幼児を対象に行った実験を紹介し、役割語の認識は日常生活というよりも絵本やアニメ作品などフィクションから学習されると指摘している。実験に用いた図も添付されている。

設問解説

問1　データの解釈を問う空欄補充問題

解答　②

問2　別掲資料の要旨を問う空欄補充問題

解答　③

解法のポイント

・【資料Ⅱ】【資料Ⅲ】どちらの要旨も含む選択肢を選ぶ。

設問には「【資料Ⅱ】及び【資料Ⅲ】の要約」とある。【資料Ⅱ】は役割語の定義について、【資料Ⅲ】は役割語が絵本やアニメ作品を通じて習得されるということについての内容なので、これら双方を含む選択肢が正解となる。正解は③。前半が【資料Ⅱ】、後半が【資料Ⅲ】の内容に合致する。

①は【資料Ⅲ】の内容としては適切だが、【資料Ⅱ】の内容が抜けている。②・④は【資料Ⅱ】の内容としては合っているが、【資料Ⅲ】の内容が抜けている。⑤は「成長の過程で理性的な判断によってその（役割語の）イメージは変えられる」という記述が、【資料Ⅱ】【資料Ⅲ】どちらにもない。役割語は成長の過程で習得されるが、そのイメージが変えられるかどうか、またそれが理性的な判断によってなされるかということは分からない。【資料】からは、役割語は理性的に判断されるものというよりは、自然と使ったり、認識したりされるものとして捉えられる。

問3　具体例の適不適を問う空欄補充問題

解答　③

解法のポイント

・「適当でないもの」という指示に注意。
・資料全体から役割語について理解し、具体例を導く。

【資料Ⅱ】から役割語は「特定の話し方あるいは言葉遣いと特定の人物像（キャラクタ）との心理的な連合」だと分かる。このことを説明できていない選択肢を選ぶ。正解は③。慣れていない不自然な方言よりも、慣れている自然な方言の方が好まれるという内容だが、「慣れている／慣れていない」という比較には、言葉遣いが特定の人物像に結びついているという要素が欠けており、役割語の具体例として不適切。

他の選択肢は話す相手や状況、性別などによって言葉遣いや表現したい人物像を変えているという内容で、言葉遣いが特定の人物像に結びついているという役割語を表す例として適切。②はアニメやマンガなどの作品が役割語の理解に影響を与えているという内容で【資料Ⅲ】の内容も含んでいる。

問4　内容及び構成の確認問題

解答　②・④

解法のポイント

・【レポート】の主張を読み取る。
・【レポート】や【資料】にそぐわない内容は選ばない。

【レポート】の最終段落には「役割語の性質を理解したうえで、フィクションとして楽しんだり、時と場所によって用いるかどうかを判断したりするなど、自らの言葉遣いについても自覚的でありたい」とあり、これが「【レポート】の主張」にあたる。この論拠を補足する内容を考えると、正解は選択肢②・④。②は一人称代名詞という普段何気なく使っている言葉遣いの一部も、「具体的な人物像を想起させる」という役割語の機能を持っているという内容が、④は「不用意に役割語を用いることは人間関係において個性を固定化してしまう可能性がある」という内容が、それぞれ役割語の性質を理解し自覚的でありたいという【レポート】の主張を補足するものとして適している。

また【レポート】や【資料】と矛盾する内容や、【レポート】の主張にそぐわない内容は除外する必要がある。この観点から、①は「役割語では語彙や語法より音声的な要素が重要」、③は「役割語の多くが江戸時代の言葉を反映している」、⑤は「（役割語の習得が）子どもの語彙を豊かにする可能性がある」、⑥は「役割語の数が将来減少してしまう」という内容がそれぞれ【レポート】の主張と無関係であり、不適切。

2024 共通テスト本試験　解答と解説

(200点満点)

問題番号(配点)	設問(配点)		解答番号	正解	自己採点
第1問 (50)	1 (10) 〈各2〉	(ア)	1	②	
		(イ)	2	③	
		(ウ)	3	②	
		(エ)	4	②	
		(オ)	5	③	
	2 (7)		6	⑤	
	3 (7)		7	①	
	4 (7)		8	⑤	
	5 (7)		9	③	
	6	(i) (3)	10	①	
		(ii) (3)	11	③	
		(iii) (6)	12	②	
自己採点小計					
第2問 (50)	1 (9) 〈各3〉	(ア)	13	④	
		(イ)	14	④	
		(ウ)	15	②	
	2 (5)		16	①	
	3 (6)		17	④	
	4 (7)		18	②	
	5 (7)		19	②	
	6 (6)		20	②	
	7 (10) 〈各5〉	(i)	21	④	
		(ii)	22	③	
自己採点小計					

問題番号(配点)	設問(配点)		解答番号	正解	自己採点
第3問 (50)	1 (15) 〈各5〉	(ア)	23	③	
		(イ)	24	②	
		(ウ)	25	⑤	
	2 (7)		26	②	
	3 (7)		27	④	
	4 (21) 〈各7〉	(i)	28	②	
		(ii)	29	②	
		(iii)	30	③	
自己採点小計					
第4問 (50)	1 (5)		31	⑤	
	2 (15) 〈各5〉	(ア)	32	①	
		(イ)	33	④	
		(ウ)	34	①	
	3 (7)		35	④	
	4 (7)		36	④	
	5 (8)		37	⑤	
	6 (8)		38	②	
自己採点小計					

自己採点合計

出　典　1　渡辺裕『サウンドとメディアの文化資源学』
2　牧田真有子「桟橋」　問７【資料】太田省吾「自然と工作」
3　『草縁集』「車中雪」
4　【詩】杜牧「華清宮」
【資料】Ⅰ～Ⅲ　蔡正孫『詩林広記』、【資料】Ⅳ　程大昌『考古編』

第1問 解説

出典

渡辺裕『サウンドとメディアの文化資源学――境界線上の音楽』（春秋社、二〇一三年）の一節。渡辺裕（一九五三〜）は千葉県生まれの音楽学者。専門は音楽美学、音楽社会学。

本年度の本試験では、昨年までと異なり一つの文章だけが課された。モーツァルトの音楽の演出方法を例として、音楽をはじめとする芸術の分野において「博物館化」「博物館学的欲望」と呼ばれる現象が生起していることが紹介されている。「博物館化」「博物館学的欲望」とはどういう事態を指すのかを読み取り、筆者の問題意識を理解することができただろうか。

本文解説

※1、2などは形式段落番号を表す。

【モーツァルトの《レクイエム》】

1 モーツァルトの没後二〇〇年の一九九一年二月五日に、ウィーンの聖シュテファン大聖堂でモーツァルトの《レクイエム》の演奏が行われた。それは「音楽」でもあり「宗教行事」でもあった。

2 《レクイエム》という「音楽」として聴こうとする者は、音楽部分だけをつなぎ合わせてひとまとまりとして捉える認識の仕方をしている。

3 それに対して、この催しは典礼であり、音楽として捉える姿勢は本末転倒だとする立場も当然考えられる。典礼の全体を体験してこそその意味を正しく認識できるという主張である。

【「鑑賞」される典礼】

4 ここでも問題は、音楽vs．典礼といった図式的な二項関係の説明にはおさまりきれない複合的できわめてアクチュアルな現代的問題を孕んでいる。

5・6 Aこれが典礼なのか、音楽なのかという問題は、実はかなり微妙である。音楽は典礼の一部というレベルをこえて、その音楽自体を「鑑賞」の対象にしている。そして、大多数の人々は典礼の様子を、LD、DVDなどのメディアを通して体験しており、これはほとんど音楽的なメディア・イヴェントと言っても過言ではない。だがここで非常におもしろいのは、典礼の要素が背後に退くのではなくかえって、典礼をも巻き込む形で全体が「作品化」され、「鑑賞」の対象になる状況が生じていることだ。

【モーツァルトの《レクイエム》博物館的欲望】

7 このことは、B今「芸術」全般にわたって進行しつつある状況（＝「博物館化」「博物館学的欲望」）とも対応している。美術館や博物館においては、物品を現実のコンテクストから切り取って展示することの不自然さが批判されてきた。（そのため）背景の時代全体を主題化した展覧会のようなものが増えている。

8 「作品そのもの」の外に位置していたはずの現実の時空もろとも、美術館や博物館という「聖域」の中に引きずり込まれた状況であるとみることもできる。それどころか、「鑑賞」のまなざしは町全体にまで流れ込み、さながら町全体がテーマパークのような状態になっている。シュテファン大聖堂の《レクイエム》も、現実の都市の様々な空間が「コンサートホール化」されている状況の反映とも言い換えられよう。

【音楽と芸術に対する危惧】

9 「音楽」や「芸術」という伝統的な概念や枠組みが解体、多様化しているようにみえながら、それらの概念があらゆるものの「音楽化」や「芸術化」を促進しているように思われる。そうであるならば、「音楽」や「芸術」を自明の前提とすることに、Cなおさら警戒心を持って周到に臨まなければならないのではないだろうか。「音楽化」や「芸術化」の動きの周辺にはたらいている力学や、そういう中で「音楽」や「芸術」の概念が形作られたり変容したりする過程屋メカニズムを明確にすることこそが決定的に重要になってくるからである。

10 「音楽」や「芸術」は最初から「ある」わけではなく、「なる」ものである。にもかかわらず「音楽」や「芸術」という概念がいつの間にか本質化され、その結果、「音楽は国境を越える」、「音楽で世界は一つ」という怪しげなグローバリズムの論理に取り込まれていたということにもなりかねない。

設問解説

問1　漢字問題

解答　(ア)=②　(イ)=③　(ウ)=②　(エ)=②　(オ)=③

解法のポイント

(ア)は「掲載」。①は「啓発」、②は「掲出」(人の目に触れるように示すこと)、③は「契機」、④は「系図」。

(イ)は「活躍」。①は「ご利益」、②は「倹約」、③は「面目躍如」(評判通りの活躍をすること)、④は「役職」。

(ウ)は「催し」。①は「採択」、②は「催眠」(眠気を催すこと)、③は「喝采」(感心して声をあげ、手をたたいてはやすこと)、④は「負債」。

(エ)は「悪弊」。①は「公平」、②は「疲弊」(心身ともに疲れ果てて弱っている状態)、③は「幽閉」、④は「横柄」。

(オ)は「紛れ」。①は「噴出」、②は「分別」、③は「紛糾」(みだれもつれること)、④は「粉飾」。

問2　傍線部理由説明問題

解答　⑤

解法のポイント

・5・6段落の趣旨をおさえること。
・「音楽」と「典礼」の関係を読み取ること。

モーツァルトの《レクイエム》は「音楽」なのか「典礼」なのかという議論は、明確な答えを出せるようなものではない。傍線部で「微妙」としているのは、音楽と典礼の線引きが、ということだ。傍線部に続く箇所ではまず、それが「紛れもなく宗教行事であるには違いない」としているが、同時に、「その音楽自体を『鑑賞』の対象にしている」ものでもあるという。

そして6段落では「何といっても極めつきな」「非常におもしろい」こととして、典礼の映像がLDやDVDとしてパッケージ化されていること、さらに「音楽作品」の性格を前面に出すことで、典礼が「鑑賞」の対象になっていることが指摘されている。

それがもし音楽であるならば、儀式としての性格は後景へと退き、LDやDVDなどメディアを通して「鑑賞」され、典礼であるならば音楽は附属的なものに過ぎない。しかしここでは、典礼もろとも「鑑賞」されるという、一見奇妙な事態となっている。傍線部で筆者が「微妙なのである」としたのは、この点を指している。

このように典礼でありながら音楽であり、典礼が「作品」のように鑑賞されているという「奇妙さ」を適切に説明している⑤がよい。

①は「《レクイエム》は典礼の一部である」「典礼を体験することが楽曲を認識することになる」という趣旨であり、「《レクイエム》=典礼」と断定しているところが誤り。

②は《レクイエム》を「独立した音楽として鑑賞できる」としてしまっているが、これでは右で確認した「微妙な」あり方が説明しきれていないので適切でない。

③は「参列者のために儀式と演奏の空間を分けたこと」が「音楽」を「典礼から自立」させたとしているが、「空間を分けたこと」には根拠がなく、また典礼と音楽を明確に線引きすることができないことが「微妙」なのだから「典礼から自立」しているのでもない。

④は「典礼が音楽の一部と見なされるようにもなっ」たという指摘だが、6段落後半によれば「典礼の要素が背景に退くのではなく」「全体が『作品化』され、『鑑賞』の対象」になるのだから、「典礼」は鑑賞されるべき作品になったのではあっても、「音楽の一部」になったのではない。

問3　傍線部説明問題

解答　①

解法のポイント

・7・8段落の趣旨をおさえること。
・8段落に2か所ある「状況」に注目し、「博物館化」「博物館学的欲望」とはどういうことを意味するのかを読み取ること。

[7]・[8]段落では話題を音楽から『芸術』全般」に押し広げ、そこで「進行しつつある状況」を論じている。その状況は、傍線部のすぐ後で端的に「博物館化」「博物館学的欲望」と名づけられている。「～化」とは「(そうではないものを)～にする」ことを意味する接尾辞だから、「博物館化」とは「博物館にしてしまう」ということだ。何を「博物館にしてしまう」のか?

かつて博物館や美術館に展示されていたのは例えば仏像だったが、それは「信仰の対象」という本来の役割をはぎ取られ、美術品として美術館のガラスケースに収められて展示され、鑑賞された。しかし昨今では、作品とそれがあった「現実の時空」が合わせて展示物のようにして鑑賞されるようになった。美術館や博物館の展示品とゆかりの深い町全体が美術館や博物館のようなものとして「鑑賞」の対象となった。「博物館化」とはそのようなことを指している。

傍線部の「～進行しつつある状況」は、[8]段落で「～現実の時空もろとも、美術館や博物館という『聖域』の中に引きずり込まれた状況」「現実の都市の様々な空間が、どんどん『コンサートホール化』されている状況」と言い換えられている。ここでの2つの言い回しに共通するのは、現実の空間が、(かつては外部から切り離されて独立していた美術館や博物館の空間のように)「鑑賞」されているという「状況」である。

鑑賞されるべきものが「作品」ばかりではなくなり、現実の都市空間までもが合わせて鑑賞されるようになったことを説明している①が正解。

②は「美術館や博物館内部の空間」と「物そのものが置かれていた生活空間」を対比させ、前者から後者へと関心が移った、という見方がおかしい。かつての「美術館や博物館」は展示品が置かれている空間として関心を集めていたわけではない。展示品を外部の環境から切り離し、地展示していた空間が美術館や博物館だったというだけのことである。

③は前半の「～のまなざしが生まれ」までの箇所は本文に即した記述ができているが、後半の「施設の内部と～曖昧になってきた」が本文を取り違えている。展示品を生み出してきた現実の空間もろとも鑑賞されるようになったというのであって、施設内外の境界線がにじむようにして曖昧になってきた、ということではない。

④後半の「コンテクスト全体が作品の主題化されるようになってきた」は傍線部にいう「状況」と合う。しかし「美術館や博物館の～取り込まれるようになったこと」が、そのままこの「状況」を導いたのではない。美術館や博物館に取り込まれていることに対して、それを不自然だとして批判する動きがあったために([7]段落)、傍線部の「状況」が生まれた。

⑤以前の「鑑賞の対象」は(コンテクストと切り離された)展示品それ自体であり、「美術館や博物館内部の展示空間」が鑑賞の対象だったかのようにしている点がまず誤り。また「町全体を～都市が出現してきた」とあるが、「テーマパーク化し」ていることは本文の趣旨に沿うものであっても、都市が「人々の関心を呼び込もうと」していることは芸術に関わる「状況」とは言い難い。

問4　傍線部理由説明問題

解答　⑤

解法のポイント

- [9]・[10]段落の趣旨をおさえること。
- 「～からである」「問題のポイントを簡単に言うなら」などの表現をチェックするとともに、音楽や芸術で「ある」ことと「なる」ことなど、筆者特有の言い回しを正しく理解すること。

「あらゆるものの『音楽化』や『芸術化』」とは、《レクイエム》が典礼を「音楽化」してしまうことや、美術品を鑑賞する姿勢が美術館の外部にまで広がって町全体が「芸術化」しているという状況を踏まえている。そして、「『音楽』や『芸術』という概念が～してしまう」とあるように、筆者はそれをとても健全なことだとはみなしていない。なぜか。

傍線部に続く文の末尾は「～からである」となっていて、この文が傍線部の理由であることを明示している。そこには「一定の価値観やイデオロギー」が「力学」として働いている、というのが筆者の危惧である。

次の段落の冒頭には「問題のポイントを簡

単に言うなら」とあるので、これ以降の記述にも注目しよう。「音楽」や「芸術」は「決して最初から『ある』」、すなわち自明の概念ではないのに、「いつの間にか本質化され」ること、「それ自体に価値が具わっている」という錯覚を生んでしまうことを筆者はあやうんでいる。音楽であるということ、芸術であるというそのこと自体が価値のあることとして絶対視されてしまうと、「音楽は国境を越える」といった言説が独り歩きして、それに振り回される事態が起こらないとも限らない——筆者はそのことに警鐘を鳴らしている。

　音楽や芸術を自明の概念としてしまうある種の「力学」に対して警戒すべきであることと、自明の概念となることによって音楽や芸術それ自体が力を持ってしまう（あるいは力を持つという錯覚を生んでしまう）こと、ここに筆者の問題意識がある。

　①は後半の「〜自明のものとしてしまうと」までは筆者の批判と合うが、「概念化を促す原動力としての人々の心性」がよくない。「概念化」が人々のあずかり知らぬところでいつの間にか固定化してしまうことが批判されている。

　②は前半の、「音楽」や「芸術」が「多様に評価され変容してきた」が誤り。問2で見たように「微妙」という言い方はあるが、「博物館化」など一定の方向性へと向かっている。

　③は後半の「あらゆるものが『音楽化』や『芸術化』の対象になってゆく」がよくない。「音楽」や「芸術」が自明のものとされてしまうという筆者の批判と合わず、また、「あらゆるものが」と限定なく広げてしまっている点もふさわしくない。

　④はまず、前半の「コンサートホールや〜価値観やイデオロギー」が不適切。なるほど「価値観やイデオロギー」が関わっていることは、傍線部に続く文で指摘されている。しかしこれは「音楽」や「芸術」を自明のものに仕立て上げる「価値観やイデオロギー」であり、コンサートホールや美術館を飛び出して、町中全体を「展示空間」にしてしまうといった類いの「博物館化」を推進するものである。

　⑤の後半にある「本質化」は[10]段落の第2文にある。また、「普遍的な価値」は同じ段落の「グローバリズムの論理」にあたる。『鑑賞』のまなざし」を外部におしひろげることによって「音楽」や「芸術」は自明なものに昇華し、それが自明で「本質」的、「普遍的」なものと見なされてしまうことが筆者の警戒しているところであり、これが正解。ここでは「本質」や「普遍」を否定的な意味合いで使われていることに留意したい。

問5　文章の構成と展開を問う問題

解答　③

解法のポイント

・段落相互の関係を読み取ること。
・選択肢の抽象的な表現を、本文の具体的な記述や展開によって裏づけられるかを判断の材料とすること。

① [1]段落は《レクイエム》の演奏が行われた経緯と、その性格を述べており、以下の「導入」にあたる。[2]・[3]段落は《レクイエム》を「音楽」とする立場と「典礼」と見なす立場があることが紹介されている。[3]段落冒頭の「それに対して」は、2つの立場が互いに異なることを示している。よって正しい。

② [4]段落では第2文で「ここでの問題は、〜ではない」、最終文で「〜現代的問題を孕んでいる」とあり、問題提起の箇所であるとわかる。[5]・[6]段落はそれを受けたもので、なるほどモーツァルトの場合に即して「具体的な情報」が加わっている。そして[5]・[6]段落での議論は、[7]段落以降では「芸術」全般に押し広げられており、「議論を方向づけ」がなされているとしてよい。

③ [7]段落の冒頭には、それまでの「音楽」について指摘された状況が「芸術」全般に対応しているとあるので、「より一般的な事例を通して検討し直す」とは言える。しかし「新たに別の問題への転換を図っている」わけではない。いわゆる「博物館化」は「音楽」の場面で起こっていることで、「別の問題」ではない。[8]段落では、例えば第1文に「別の見方をすれば、〜とみることもできる」などとあり、「筆者の見解」が示されているとしてよい。しかし[7]段落についての指摘に誤りがあるので、不適切。

④ [7]・[8]段落、[9]・[10]段落はそれぞれ

一つずつの意味段落をなしており、前者は「芸術」、後者は再び「音楽」を論じている。「芸術」に関して「博物館化」の動きがあるという指摘をした上で、傍線部Cでは「警戒心」を持つべきだと主張されている。これを「（前者の）観点に基づいて問題点を指摘して」いるとまとめることは妥当である。

10段落の最初の「問題の～簡単に言うなら」は選択肢の「問題点を簡潔に言い換えつつ」に対応する。また9段落では「音楽」や「芸術」が「自明の前提」となること、10段落ではそれが「本質化」され「グローバリズムの論理」に取り込まれてしまうことへの危惧が示されており、9段落の議論から10段落の危惧が導かれたとしてよい。よってこれも妥当。

問6　本文と関連するテーマの文章推敲問題

解答　(i)＝①　(ii)＝③　(iii)＝②

解法のポイント

・本文とは独立していることを見抜き、頭を切り替えて取り組むこと。

Sさんの書いた文章の構成は次の通り。

①「作品を現実世界とつなげて鑑賞することの有効性」というテーマの宣言（第1段落）。

②「作品世界」を通して「現実世界」を鑑賞する（第一の「つなげ」方）（第2～4段落前半）。

③「実際の町（現実世界）」を歩くことで「作品が新しい姿を見せる」（第二の「つなげ」方）（第4段落後半）。

(i)　傍線部は「近くのある町」という「現実世界」の見方が変わったことを表現している。Sさんはそれまで、その町に「何も感じることがなかった」のだが、「小説を読んでから訪れてみる」（「作品世界というフィルターを通じて」見る）と、「別の見方」ができるようになった。

「作品世界」を通してみることで、「何も感じることがなかった」町が「別の」様態で、よりよく見えてきたという内容で「修正」してある表現として①がふさわしい。

②は「町」ではなく「作品」を「新たな視点で読み解け」るとしているので不可。

③は「作者の創作意図が感じられて」とあるが、「町」に対する見方の変化ではないので不可。

④は「時間の経過が実感できて」では「町」の見方がかわったことにあたらないので不可。

(ii)　〔1〕Sさんの加筆した一文は「自身が感じ取った印象に理由を加え」るという目的で書かれていること、〔2〕加筆した一文を読むと、「現実の空間に身を置くことによって得たイメージで作品を～捉え直す」と自らを振り返っていることを確認しよう。

〔2〕は、町を訪れる経験が作品の新たな見方を促した、という内容で、これにあたることが書かれているのは第4段落の「一方で、」以下にあたる。〔1〕にある通り、加筆した一文は自身の「印象」に対する理由付けであり、（c）の直前にある「～気もした」が印象にあたるので、（c）の箇所に理由としてこの一文を加えるのがよい。

（d）の箇所も「町を訪れること」→「作品の見方が変わる」という内容を扱った部分である点では検討の余地があるが、（d）の前の一文（「実際の町の～こともあるのだ」）の、〈「町の印象を織り込んで読んでみる」→「作品が新しい姿を見せる」〉は加筆された一文とほぼ同様のことを述べており、（d）の箇所にほぼ同じ内容を理由として付け加えるだけの十分な根拠がない。よって（c）に入れた方が合う。

(iii)　Sさんが書くべき「結論」は【文章】の主張をより明確にするとあるが、主張とは第1段落の「作品を現実世界とつなげて鑑賞することの有効性」のことを指す。

また、Sさんは【文章】末尾で「さまざまな発見があった」としているが、この発見とは、作品によって現実の見方が深まり、逆に現実世界が作品世界を深めることもあるという双方向的な働きをいう。

各選択肢の第2文冒頭の「その気づき」が「発見」にあたると考えられる。すると、第1文で「現実世界」と「作品世界」の双方向なかかわり方を指摘し、第2文で「主張」にあたる「作品を現実世界とつなげて鑑賞することの有効性」を述べればよいことになる。

①は2つの文とも不十分。第1文は「作品世界」の理解が「現実世界」の認識を深めることだけしか述べていない。第2文について

は「作品世界と現実世界が不可分である（＝分かつことができない）」とまでは言えない。

②は2つの文ともよい。第1文は「それとは逆に」を挟んで、「作品世界」と「現実世界」の双方向的な関係を指摘している。第2文でそれを受けて「相互に作用しうる」とまとめていることは「作品を現実世界とつなげて鑑賞することの有効性」と合う。

③は2つの文とも誤り。第1文の後半「現実世界を意識せずに作品世界を味わうこと」が有効であるとは【文章】の主張に合わない。第2文の「読者の鑑賞」が「作品の意味」を多様にするという記述では、「作品を現実世界とつなげ」るというテーマと合わない。

④は2つの文とも不十分。第1文は「現実世界と重ね合わせること」が「作品世界の捉え方」を促すとしているが、その逆に作品世界を通すことで現実の捉え方も変わること（(i)で確認した内容）が抜けている。第2文は「作品世界」の鑑賞には「現実世界」の鑑賞が欠かせないとしている。「作品を現実世界とつなげて鑑賞することの有効性」という【文章】の主張とその内容に照らすと、「作品世界」の鑑賞が「現実世界」の理解を深めるという方向性がそこにはない。また【文章】の「有効性」という主張は「欠かせない」というほど強いものではない。

第2問 解説

出典

牧田真有子「桟橋」（『文学２０１８』日本文藝協会編・講談社）の一節。

牧田真有子（一九八〇〜）は日本の小説家。二〇〇七年に「椅子」で文學界新人賞辻原登奨励賞を受賞し小説家デビューした。

本文解説

【リード文】

・一六歳の高校生「イチナ」の家に、八歳年上の「おば」が訪れ、同居するようになる。
・イチナは幼少期、祖父母の家でおばと親しく接していた。
・おばは中学生のころから演劇の才能を発揮し、劇団に所属しながら住居を転々としている。

【幼い頃のおばとの記憶】（1〜19行目）

イチナが幼い頃のおばの印象は、「ままごとになぜか本気で付き合ってくれるお姉さん」だった。幼稚園や小学校から祖父母の家に直行するとき、イチナの目当てはおばだった。昼寝をしておばの帰りを待ち、砂利を踏む音で目を覚まして玄関へと急ぐ。

祖父は神経質な口調でイチナをたしなめるが、おばは気にしていない様子を見せる。イチナはおばにまとわりつくようにして一緒に家を出る。

遊び場は児童公園だった。おばが砂場へ向かうと、年齢にばらつきのある七、八人が我先にと集まってくる。

ままごとといっても、ありふれた家庭を模したものであったためしはなく、どれも凝っていた。子どもには耳慣れないせりふが多い。おばは一人で何役もこなす。彼女からは簡単な説明があるだけなので、子どもたちは的外れなせりふを連発するが、おばがいる限り世界は崩れなかった。

ここと、ここにあるはずのない場所とがらりと入れ替わっていく一つの大きな動きに、子どもたちは皆、巻き込まれたがった。全力を尽くして立ちこぎするブランコよりも、たしかに危険な匂いがした。

夕暮れの公園を斜めに突っ切っていく通行人も多い。おばの同級生が苦笑交じりに声を掛けてくることや、年配の男性が立ちどまって見ていくこともあるが、制服姿のおばは構わず続ける。

【幼馴染との会話】（21行目〜49行目）

公園の砂場で遊んでいた幼馴染たちの一人と、イチナは今も親交がある。

その年上の友人と電話をしていた夕方のことである。話の切れ目に、おばがイチナの家に居候していることを告げると、電話口の向こうに、すばやい沈黙があった。階下の台所からは天ぷらを揚げる母親の声と手伝っているおばの声が一か所に重なったり離れたりしながら聞えていた。二人の声質はそっくりで、わずかに小さいおばの声は、母の声の影のようだった。一拍置いて友人はちぐはぐなことを言った。

　イチナが冗談半分でおばに電話を代わるか勧めると、相手も笑って断ったが、そこには何か、拭いきれていない沈黙が混じっているようだった。

　おばと話すのは億劫かとイチナが訊くと、友人は言いにくそうに、去年の春、おばが友人の家に居候していたことを語った。おばのことを言ってしまい、気安い声をだすようになった友人と狼狽を引きずったままのイチナは会話を続ける。「全然ぼろをださない」というおばに対する友人の評価にイチナは「ずぼらだしそそっかしい」と反論するが、友人はおばの自然体で、他人なのに不透明感がなさすぎるところを指摘し、共同生活についてもなぜかはっきり思い出せないと語った。

　電話を切ると、母からの伝言を携えておばが上がってきた。イチナは通話相手（友人）の名を告げる。

【おばという人】（50行目～71行目）

　イチナはおばが自分の友達のところに押しかけたこと等について苦言を呈するが、おばはもっともらしい顔でかわした。

　厳格な祖父ですら、本当のことを受け入れれば自分自身を損なうような場面では自分の領域を護ろうとするときがあった。友人の言う通りなのかもしれない、とイチナは考える。普通、人にはもっと内面の輪郭、その人がそこから先へでることのない領域の縁が露わになる瞬間がある。それは当人には自覚しきれなくても他人の眼にはふしぎとなまなましく映るものであるが、たしかにおばには、どこからどこまでがおばなのかよくわからない様子があった。

　居候という根本的な問題に対して母が得意の批評眼を保てなくなったのは、おば自身の工夫による成果ではない。母だけではなく、おばを住まわせた人は皆、おばの果てのなさに途中で追いつけなくなってしまうのだ。だから彼らはおばが去った後、おばとの暮らしをはっきり思い出せない。私はごまかされなくない、とイチナは思う。

　おばは、「私の肉体は家だから、これより外側にもう一重の、自分の家をほしいと思えない」のだと言う。それが、演じるごとに役柄に自分を明け払うからだという意味だとイチナが理解したときには、おばはもう台所にいる。イチナの耳には、母とおばの声が、空をよぎる鳥と路上を伝う鳥影ののような一体の質感で届く。

設問解説

問1　語句の意味を問う問題

解答　(ア)＝④　(イ)＝④　(ウ)＝②

解法のポイント

　語句の意味を問う問題は、まず辞書での意味を踏まえて、文脈上での使われ方を考える必要がある。
　(ア)の「うらぶれる」は「落ちぶれたり、不幸な目にあったりしてみすぼらしくなる」という意味。これに合う選択肢は④。
　(イ)の「もっともらしい」は「(実際に正当であるかは不明だが)いかにも道理にかなっているかのような様子」という意味。よって正解は④。
　(ウ)の「やにわに」は「その場ですぐに。ただちに」という意味。正解は②。なお、「やにわに」の意味を問う問題は二〇一一年度のセンター試験追試でも出題されている。

問2　内容説明問題

解答　①

解法のポイント

　傍線部は、イチナが幼少期におばと一緒に遊んでいた、普通とは少し異なる「ままごと」について説明した箇所に引かれている。ここで述べられている「世界」とはおばと子どもたちが演技によって作りだしている世界のことであり、子どもたちが慣れない役を演じているため的外れな言動をとったとしても、おばの演技によって世界が壊れることなく「ままごと」は続いていたということだろう。以上の内容に合致するのは①。
　②は「もともと子ども相手のたわいのない遊戯～おばの姿勢によって本格的な内容になり」が本文内容とそぐわない。「ままごと」の設定は、子どもには理解が難しいものであり、たわいのない遊戯とは言えないだろう。

③は「子どもたちの取るに足りない言動にもおばが相応の意味付けをしたため」が不適切。傍線部の後にあるように、子どもたちはおばの演技に巻き込まれたがったのであり、自らの演技に意味付けを求めたわけではない。

④は「子どもたちも安心して物語の設定を受け入れることができた」がおかしい。世界が崩れなかったのは、子どもたちが設定を受け入れたからではなく、おばの演技がそれだけの力を持っていたからである。

⑤は「おばが状況にあわせて話の筋をつくりかえる」とあるが、おばの演技について触れられていないので、傍線部を説明したものとしては不適切となる。

問3　心情説明問題

解答　④

解法のポイント

傍線部にある友人の対応の理由を把握するためには、まず状況と友人の心境を確認する必要があるだろう。

直前の内容を確認すると、友人がこのような対応をしたのは、おばが彼女の家に居候していたことをイチナに言ってしまったからだということがわかる。また、彼女の発言から、おばの居候についてイチナに伝えるか迷っていたが、「おばさんと話すのは億劫？」とイチナに言われたことで伝えることを決心したと読み取れるだろう。そして、言ってしまって隠し事がなくなったので気安い声を出すようになったと考えられる。よって正解は④。

①「同居していたことをおばに口止めされていた友人」がおかしい。傍線部までにそのような記述はなかったし、後の場面におけるイチナとおばのやりとりを見ても、口止めされていたということはありえないだろう。

②は「くつろいだ雰囲気をつくろうとした」というのが、隠し事をしている状態から解放された友人の状況にそぐわないので不適。

③は「二人の仲を気に始めたイチナに衝撃を与えないように」という描写が見られないのに加え、「現在は付き合いがないことを示すために気安い声をだしたというのも説明としてズレている。

⑤は「同居していたことをイチナには隠そうとしていた友人」というのが誤り。友人は言うかどうか迷ってはいたが、隠そうとしていたわけではない。また、おばがイチナに話してしまうことを懸念するという内容も本文中にはないものである。

問4　表現と心情の説明問題

解答　②

解法のポイント

イチナが糸屑を拾う様子に関する描写は33行目、37行目、47行目にある。まず、33行目では、おばさんが友人の家に居候していたことを知り、糸屑を拾う動きがとまるというもの。そして、37行目で狼狽を引きずりながら糸屑拾いを再開するが、47行目では友人が語るおばの一面に今度は糸屑を拾う手を上手く止められない様子が描かれている。以上からは、おばが友人のところに居候していたことに対する驚きと、友人の語るおばの一面に対する動揺が見て取れる。これらを説明しているのは②。

①は「自分とおばの間に他人が割り込んでくることの衝撃」というのがおかしい。イチナとおばは幼いときから複数の子どもたちとままごと遊びをしており、友人もその一人である。

③についてはまず、おばが友人の家に居候していたことに対する衝撃に触れられていないのがよくない。また、イチナの見方の内容そのものの正確さにも疑問はあるが、なにより友人の言うとおりなのかもしれないとイチナが思ったのは、この場面の後におばとの会話を経てからであるという点にも注意しよう。

④は友人とおばの関係を知ったイチナが「物寂しい思い」を抱いているというのが不適。小説の読解においては、本文中に根拠を求めながら登場人物の感情を追うように心がけよう。

⑤は、イチナの感情についての説明が最後の部分に限定されている点がよくないし、イチナが友人と同じ思いをおばに対して抱いているとする根拠も本文中にない。

問5　心情説明問題

解答　②

解法のポイント

傍線部はイチナがおばとのやりとりを経ておばのあり方を考えた結びの箇所となっている。友人との会話を思い出しながら、イチナはおばについて以下のように考えている。おばには、普通人にある内面の輪郭がつかみにくく、どこからどこまでがおばなのかがよくわからない様子がある。それゆえ、おばと同居する人は誰もが、おばの果てのなさについていけなくなり、おばとの暮らしをはっきりとは思い出せなくなるというものだ。そして、イチナは、それでも、自分はおばにごまかされることなく見極めていきたいと考えているのである。これらをまとめたのは②。

①は「自分だけは迷惑なものとして追及し続けたい」というのが誤り。たしかにイチナは居候をしない理由として迷惑ということを挙げているが、それによっておばを強く非難し追及しようという意思までは読み取れない。

③は「明確な記憶を残させないようおばがふるまっている」が不適。おばの振る舞いとその結果はおば自身の工夫による成果ではないとイチナは考えている。

④も③と同様に、おばのあり方を作為的なものと考え、「どこまでが演技か見抜くことができなかった」としている点がおかしい。

⑤はおばが「はぐらかすような答えしかしない」ので「自分だけは口先で丸め込まれることなく」ありたいというのがズレている。傍線部で述べられている内容は会話でのやりとりだけに限られたものではない。

問6　表現理解問題

解答 ②

解法のポイント

表現に関する問題は、選択肢の一つ一つを本文の内容と照らし合わせていく必要がある。表現そのものについての説明と、それが意味するところの説明が正しいか確認をしていこう。

①は正しい。挙げられている「ざくざく」「どすん」という擬音語や、「すたすた」という擬態語はどれもおばの動作を表し、具体的なイメージにつながっていると言える。

②が誤り。たしかに、遊具の影の動きは比喩で表されているが、これは影が伸びる様子を述べることで時間の経過を表現していると考えられ、子どもたちの意識の変化と結び付けるのは無理がある。よって正解は②。

③・④は描写とそれによって描かれているものどちらも正しいと言える。

⑤についても、比喩と倒置が用いられ、表現されているものの説明も適当である。

問7　複数の資料による本文理解問題

解答 (i)＝④　(ii)＝③

解法のポイント

【資料】は演技について論じた文章であり、筆者はわれわれが「〈私〉を枠づけたいという欲求は、われわれの基礎的な生の欲求」であるとする。そして、演技の欲求を自分ではないなに者かになりたいと言うとき、目指されているのは自分ではない者ではなくなに者かの方であるとし、そのなに者とは自分のことであると述べ、自分になりたい欲求を基礎とした一つの言い方であると結んでいる。

以上の内容を踏まえて、それぞれの問題について考えていこう。

(i)

空欄Xには、本文でのイチナのおばに対する思い、空欄Yにはそれを裏付ける【資料】の内容が入る。空欄Xの選択肢はすべてイチナがおばに対して考えたことのあるものであるが、問7全体が、本文の後半におけるイチナのおばの捉え方に注目していることから、③または④が当てはまりそうだと考えられる。さらに、空欄Yに入るのが③「日常、己の枠をもたずに生活し」なのか④「なに者かである者として〈私〉を枠づけ」なのかを検討すると、空欄Yの直後に「おばには見られない」様子ということが説明されていることから、本文の描写と合わせて④が正解となる。

おばは、内面の輪郭が見えず、どこからどこまでがおばなのかよくわからないところがあるのである。

(ii)

(i)で整理した内容も踏まえつつ空欄Zについて考える。これまでの問題でも触れてきた通り、イチナのおばに対する考えは本文の最終場面で特に詳しく説明されている。「どこからどこまでがおばなのかよくわからない」「皆その、果てのなさに途中で追いつけなくなってしまう」などが該当する。さらに「演じるごとに役柄に自分を明け払う」というイチナの考えを踏まえると、イチナはおばが自己の枠にとらわれることなく振舞っていると思っていることが読み取れるだろう。また、イチナの考えているおばのあり方が【資料】における「自分ではないなに者かになりたい」欲求の表れという演技への考え方とは隔たりがあるとされている点にも注目したい。よって正解は③。

第3問 解説

出典

江戸時代後期の作品集である『草縁集《そうえんしゅう》』の中の「車中雪《しゃちゅうのゆき》」という題で創作された作品からの出題。『草縁集』は、江戸時代後期の歌人、国学者である天野政徳が編纂した。江戸時代の国学者が平安時代の歌・文章を模範として作った擬古文《ぎこぶん》と言われるもので、本文の文体は平安時代とそう変わらない。また、本文では主人公にのみ敬意が払われているので、主体判定に迷うところもなく、別段難解な箇所もない。ただ、状況を正確に把握できていないと迷う選択肢も散見された。

本文要約

折からの雪に心惹かれた主人公が、数人の親しい従者を連れ、牛車をしたてて桂の別邸に向かう。いざ出かけてみると、雪はやんだように見える。ここで引き返すのもみっともないと、気を取り直して、法輪の八講にかこつけて桂の院に向かう。すると、またもやあたり一面が曇って、以前より一層雪が舞い散っていることから、主人公は興趣をそそられて、とどまって雪景色をご覧になる。歌を詠んで面白がっているところに、源少将からの手紙が届く。それは、自分を差し置いて出かけた主人公への恨みごとを詠んだ歌であった。主人公は、すかさず、私はあなたが追ってくるのではないかと待っていたことを知らなかったのですか、と「待つ」にかけて「松」の枝に歌を結びつけて返事をする。しだいに日が暮れかかる時分になると空もすっかり晴れ渡り、桂の里の月の光が差し込んで、まばゆいばかりであった。一行が桂の院に到着すると、桂の院の管理人は主人公の突然の訪問に驚き、ひたすら平身低頭する。また、そわそわする人々をよそに、主人公はまだ雪景色に心惹かれるのだった。

設問解説

問1　傍線部解釈問題

解答　(ア)＝③　(イ)＝②　(ウ)＝⑤

解法のポイント

語句の解釈問題は、まず辞書的な意味として適当な選択肢はどれか検討してから、文脈上あてはまるものを選ぶ。二四年度の問1については、全体的に古語の基礎知識があれば、迷うことなく正解が導けるものであった。

(ア)「あからさまに」は、形容動詞「あからさまなり」の連用形。「あからさまに」の形で「ほんのちょっと・一時的に」の意になる。現代語の「露骨に・あらわに」とは意味が異なるので注意しよう。③が正解だが、他の選択肢は語義からも文脈からも外れる。

(イ)「とみのこと」の「とみ」は漢字表記では「頓」で、「すぐだ・急だ」の意。「とみの＋体言」で、「急な〜」と訳出する。正解の選択肢②の「にわかに」が「急に・突然」の意になる現代語。たとえば、「にわか雨」も、急に降り出してやむ雨のこと。また、この主人公の外出は前もって計画していたことではなく、本文冒頭に、「ゆくりなく思し立たす」〈急に思い立ちなさる〉とあることからもわかる。「ゆくりなく」も、「突然・不意に」の意。②以外の選択肢は語義からも文脈からも外れる。

(ウ)の「かたち」は「容」のことで「容姿」の意。「をかしげなる」は、形容詞の語幹「をかし」に「―げなり」がついて形容動詞化したもの。「をかし」は、「趣がある・(容姿などが)美しい・優美だ」などの意。ここから、「かたち」を「見た目」、「をかしげなる」を「好ましい」とした⑤が正解。他の選択肢は語義からも文脈からも外れる。

問2　語句や表現に関する説明問題

解答　②

解法のポイント

二四年度の共通テストでは、二三年度に続いて五か所の破線部が本文全体に分散され、文法事項と表現が問われた。二三年度は文法寄りの設問であったが、二四年度は、選択肢の半分が表現に関する記述であった。

①は、「うち興じたりしも」とある箇所で、品詞分解すると、「うち／興じ／たり／し／も」となる。「興じ」は「面白がる」の意になるサ変動詞「興ず」の連用形。「たり」は存続の助動詞「たり」の連用形で、それに続く「し」は過去の助動詞「き」の連体形である。「面白がっていた」の意。この「し」を強意の副助詞としたのは誤り。副助詞の「し」は意味を強めるだけなので、除いても意味は変わらない。

例　はるばる来ぬる旅をしぞ思ふ→旅のことを思う

※「し」を外して訳しても文意は通る。

また、ここでは「主人公の喜びの大きさ」を表しているわけでもない。

②の「引き返さむも」とある「む」は推量の助動詞で、ⅰ推量(～だろう)、ⅱ意志(～よう)、ⅲ適当・勧誘(～するのがよい・～しませんか)、ⅳ婉曲(～ような)、ⅴ仮定(～ならば・～たら)、など多くの用法があるが、「む」の下に「は・に・も・こそ」などの助詞がある場合には仮定表現になると考えてよい。ここも、「もしも引き返したならば」の意で、「引き返した場合の状況を主人公が考えている」とした記述も正しい。

③の「面変はりせり」の「せ」はサ変動詞「す」の未然形で、「り」を完了の助動詞とするのは正しい。ただし、「面変はり」の「面」は「人々の顔色」ではなくて、直前の山や河原の景色が、また降り始めた雪によって一変したことを言ったもの。

④の「興ぜさせ給ふ」の「興ぜ」は前述のように、「面白がる」の意。「させ」は助動詞「さす」の連用形で、「使役」に解すと選択肢にあるように「人々を楽しませた」という意味になるのだが、そう読み取る根拠は見出せない。ここは、やはり主人公自身が歌を詠んで「面白がりなさった」と解すべきところ。よって、この「させ」は尊敬の助動詞「さす」の連用形とするのが正しい。

⑤の「大夫とりつたへて奉るを見給ふ」について、「とりつたへ」はハ行下二段活用動詞「取り伝ふ」の連用形で、「受け伝える・取り次ぐ」の意。もちろん、「源少将からの手紙を」ということ。「奉る」は「与ふ」の謙譲動詞で、ここは主人公に「差し上げる」の意。謙譲語は動作の受け手に対して敬意を払うものであるから、主人公への敬意を表す。そして、その手紙を「見給ふ」のも主人公。「給ふ」は尊敬の補助動詞で、「お～になる・～なさる」の意。尊敬語は動作主体に対する敬意を払うので、これも敬意の対象は主人公。ちなみに、本文で敬意が払われているのは主人公のみであった。

問3　和歌の贈答に関する説明問題

解答　④

解法のポイント

和歌の贈答に関する問題は、二一年度の本試験(第一日程)でも出題された。和歌三首の表現や趣旨が問われ、選択肢六つうち正解を二つ選ばせるものであった。二四年度では、選択肢四つの中から正解を一つ選ぶというもの。選択肢の記述量も減少し、かなり易化したといえる。

Xの歌について。解釈のポイントは、第二句に「掛詞」が用いられていること。また、第四句にある「恨み」が何をさすか、の二点である。

「掛詞」というのは、同音異義により、一つの言葉に二つの意味を持たせる用法。

例　山里は冬ぞ寂しさまさりける人めも草もかれぬと思へば

※「かれ」が「枯れ」と「離れ」の掛詞。主な掛詞として、「あき」(秋・飽き)、「うき」(浮き・憂き)、「おく」(置く・起く)、「す

む」（住む・澄む）、「ながめ」（長雨・眺め）などがあり、古文の学習の中で出会った掛詞については極力覚えるようにしたい。

まず、Xの歌にある掛詞については、「ふり捨て」の「ふり」に「(雪の) 降り」と、「振り (捨て)」の両意が掛けられていることに着目できたかどうか。「積もれ」は「雪」の縁語。本文の2～3行目から、いつもは同行する従者の中の一人に「源少将」もいたことがわかるが、この度の主人公の外出は突然の思いつきであったので、ただ、「親しい人四、五人のみ」連れてのものであった。歌の直前に、「いつも後らかし給はぬを、かく」とある「後らかし」は、サ行四段活用動詞「後らかす」の連用形で、「後に残す」の意。つまり、いつもは連れて行ってくださるのに、今回はこのように（私を残されるとは…）」ということで、「恨み」とは、同行させてもらえなかった源少将の気持ちとわかる。選択肢①・②がこのXの歌にかかわるものだが、①「主人公の誘いを断ったことを気に病み」が誤り。主人公は誘ったりしていない。②は本文にはない内容で、まったく当たらない。

Yの歌は、Xの歌に対する主人公の返歌。この歌も第二句に掛詞があり、「ゆき」に「雪」と「行き」の両意が掛けられている。初句は「あなたが追ってくるのではないかと」の意で、第二句が「行くときに、雪に跡を残して」の意となる。そして。「あなたを待っていたのですよ」と、「待つ」に掛けて「松」の枝に手紙を結いつけたということ。この内容に合致するのは④である。③は「源少将が待つ桂の院に」としたのが誤り。源少将は同行させてもらっていない。

問4　内容把握問題

解答　(i)＝②　(ii)＝②　(iii)＝③

解法のポイント

二三年度の教師と生徒の対話形式が姿を消し、本文をよりよく理解するための解説文（約八〇〇字）に三つの空欄を設けてそれぞれ四つの選択肢から適当なものを選ぶ、という形式に変わった。いずれにせよ、本文を正確に読み、正解を導くための根拠が与えられていると言ってよい。

(i)、空欄Ⅰに対応する本文の箇所は「雪の光もよに似ざりけり」とある下の句。上の句の末尾にある「らし」は、ある根拠に基づいて「～らしい」と推定する助動詞。その根拠にあたるのが下の句。「よに似ず」は、「世に知らず」「世に無し」と同じく、「世間に類例がない・比べるものがない」の意。解説文の空欄は、この場所を「月の中なる里」と判断する根拠となっている。『竹取物語』などを想起すれば、月がこの世ならざる世界であることは理解できるだろう。

(ii)、空欄Ⅱにあたる情景が描かれている本文中、「なごりなく晴れわたりて」は、形容詞「名残無し」で、「まったく後に残るものがない・跡形もない」ということ。「雲がすっかりなくなって」の意。「いとどしく映えまさりつつ」の「いとどしく」は形容詞「いとどし」の連用形で、「いよいよはなはだしい」「いっそう…だ」の意。選択肢②にあるように「雪明かりもますます引き立ち」と解すのがよい。また「ごとく」は比況の助動詞で、「まるで～のようだ」の意。よって「白銀うちのべたらむがごとく」は、銀色に輝く様子の比喩となり、以上のポイントを的確におさえた②が正解。①・③はこうした単語・文法知識から外れる。④はまったくの的外れ。

(iii)、空欄Ⅲについて。説明文から、光源氏と主人公が重ねられていると分かる。「光源氏の弾く琴の音が素晴らしく」とあることを踏まえ、③の選択肢「主人公の風雅な心」を選ぶ。①のように、院の預かりは「足手の色」は気にしていない。また、②のように院の預かりを放っておいたわけではない。また、④「都に帰りたくて落ち着かない」という記述は本文中にはない。

〈全文解釈〉

《主人公は》桂の院を別邸としてお作りになったが、少しの間もいらっしゃらなかったので、消え残りの雪に感興をかきたてられて、突然《桂の院への御渡りを》決意なさったようだ。このようなお出かけには、源少将、藤式部をはじめとして、今の世の中で知識人として評判の高い若者をみな、必ず御供させなさったが、にわかに思いついたことだったので、このように《桂の院に行く》とさえも雰囲気に出しなさらないで、「ただ親しい事務方四、五人といっしょに」とお決めになったのだった。

すぐに御車を引き出したが「空より花の（＝冬なのに空から花が散ってくるのは雲の向こうは春なのだろうか）」と面白がっていたのも、《雪を》称えている端から早くも散り消えていくのは、これで《雪は》やんだということなのだろうか。「それはもうひどく、出てすぐに消える雪だよ」と人々は非常に残念がっているのを、「本当にあっけなく残念だ」とお思いになるが、「そのまま引き返すのもみっともなかろう。やはり法輪の八講にかこつけて《桂の院まで行こう》」と思いなさるようになり、ひたすらに先を急ぎなさるうちに、またもや真っ暗闇のようにあたり一面が曇って、以前よりもいっそう雪が舞い散っているので、道の側に御車を立てかけさせながらご覧になると、どこそこの山、そこらの河原も、ただ一時の間に様子が変わっている。

あの《雪がやんだのを惜しみつつ》渋々ついてきた人々も、とても笑顔に変わって、「これが小倉山だろうか」「そこが梅津の渡りだろう」と口々に推定し合うが、松と竹の区別をさえも、取り違えて間違いそう《なほどの一面の雪景色》である。「ああ、世の中で風流だとはこのような景色を言うのだろうかね。やはりここで見て賞美しよう」といって、そのまま下簾をかかげなさりながら、

ここもまた……＝《まだ桂の里に着いていな
いはずだが》ここもまた月の中にある里
だと思われる。《なぜなら》雪がこの世
のものとも思えないほど光り輝いている
から

など面白がっていらっしゃるうちに、見た目が好ましい童で水干を着た者が、手に息を吹きかけながら《主人公の》御跡を付いていきて、榻のところにうずくまりながら、「これを御車《の中の御方》に」といって差し出したのは、源少将からの御手紙であった。大夫が取り次いで《主人公に》差し上げるのを《主人公が》ご覧になると、「いつも《私を》後に残しなさらないのに、このように《今日は残しなさるのはつらいです》、

白雪の……＝白雪が降り、私も振り捨てられ
た辺りには、雪が積もるように、あなた
への恨めしさばかりが深く積もっていま
すよ」

とあるのを《見て主人公は》、微笑みなさって、畳紙に、

尋め来やと……＝後を付いてくるだろうか
と、私が雪の上に、車で行った跡をつけ
ていたのに、《私がこうして》待っている
とはあなたは知らなかったのでしょうか

《と詠んで》すぐにそこにある松を雪が積もったまま手折りなさって、その枝に《和歌を》結び付けてお与えになった。

しだいに日が暮れかかる時分になると、あれほど一面に曇っていた空も、いつのまにか雲も残らずすっかり一面に晴れわたって、《月を想起させる》名を持つ《桂の》里の月の光が鮮やかに差し込んできて、雪の輝きもいっそう照り映えながら、天地のすべてが、白銀を延ばしたようにきらきらと一面に光を放って、目も眩むほどにまぶしい夜の様子である。

桂の院の管理人も出てきて、「このようにいらっしゃるとも知らなかったので、すぐにもお迎え申し上げなかったことですよ」など言いながら、頭も上げないで、ひたすらペコペコするあまり、牛の額の雪をかき払おうとしては、軛にぶつかって烏帽子を落とし、御車を進める道を掃除しようとしては、もったいないことに《美しい》雪をも踏み荒らしながら、手足の色をエビのように真っ赤にして、桂の里を歩いて風邪を引いてしまう。人々は「今はすぐに《車を》引き入れよう。あちらの様子もとても見てみたいので」といって一斉にそわそわしあっているが、《主人公は》「確かにそうだ」とはお思いになるものの、ここもやはり見過ごしづらくて《雪景色に見入っている》。

第4問 解説

出典

【詩】 杜牧「華清宮」（蔡正孫『詩林広記』所収）

杜牧は唐代の人。晩唐の代表的な詩人である。史実を題材として感慨を述べる詩を得意とし、四字熟語「捲土重来」の出典である「題烏江亭」などの作品が有名。「華清宮」は彼が長安郊外の驪山に造営された離宮・華清宮のそばを通った際に作った詠史詩である。

【資料】 Ⅰ～Ⅲ 蔡正孫『詩林広記』
Ⅳ 程大昌『考古編』

『詩林広記』は、六朝時代から北宋までの詩人の佳作を集めたアンソロジーである。詩自体だけでなく、それぞれの詩に関連する逸話を一緒に掲載している点に特徴がある。編者の蔡正孫は、南宋末から元代初頭の人である。

『考古編』は、北宋末から南宋初頭の人・程大昌が著した、儒教経典の様々な解釈を比較検討したり、史伝の誤りを訂正したりした書物である。

本文要約

【詩】

長安から驪山の方を眺めると山容は綾絹を重ねたように美しく、山頂にある宮殿の数多の門が次々と開く。一騎の早馬が砂煙を巻き上げて駆けてくると楊貴妃は笑った、人々はそれが茘枝を運んできたものだと知らない。

【資料】

Ⅰ 楊貴妃の好物である茘枝を急いで都に届けるため、早馬が目的外に用いられ、人々は苦しんだ。

Ⅱ 玄宗は遠方の産物を取り寄せて楊貴妃を喜ばせることに執心し、人々を苦しめても気にとめないことがあった。

Ⅲ 唐についての歴史記録によると、玄宗が驪山に滞在したのは十月から翌春の間であり、真夏に熟す茘枝がこの時に献上されたはずはない。

Ⅳ 唐の逸話集によると、天宝十四年六月一日、玄宗は楊貴妃の誕生日に驪山に出かけた。その時ちょうど献上された茘枝にちなみ、音楽隊が作った楽曲に「茘枝香」と名付けた。

設問解説

問1 詩の形式と押韻の問題

解答 ⑤

解法のポイント

まず形式について。【詩】は一句七字、全四句で構成されているので、七言絶句である。

次に押韻について。近体詩の規則では、五言詩は偶数句末、七言詩は第一句末と偶数句末で押韻するのが原則である。ただし、七言詩の第一句末は押韻しない作品もしばしばあるので注意したい。ひとまず原則に従い、【詩】の第一・二・四句それぞれ最後の字の音読みを調べると、順に「堆」(tai)・「開」(kai)・「来」(rai)である。いずれも「-ai」という響きが共通しているので、この三字で押韻していることが分かる。

以上より⑤が正解。

問2 語句の意味問題

解答 (ア)=① (イ)=④ (ウ)=①

解法のポイント

(ア)「百姓《ひゃくせい》」は漢文に出てきた場合、「多くの人々」を意味する場合が多い。日本語の「百姓《ひゃくしょう》」のように農民の意味ではない。【資料】Ⅰによれば、茘枝が好きな楊貴妃のために、南方から早馬を使って茘枝を急いで届けたという。そのため人馬が多く路上に倒れ、「民衆」が苦しんだのである。正解は①。

(イ)「膾炙人口」は慣用表現。「膾」はなます、「炙」はあぶり肉のことで、これらは多くの人々が好んで賞味するものであることから、「人口に膾炙す」で「世の中の評判になって広く知れ渡る」という意味で用いる。現代の日本語でもしばしば使われる表現であるから覚えておくとよい。正解は④である。

(ウ)「因」には、「よリテ・よッテ」と読み、理由となる直前の内容を受け、結果となる直後の内容につなぐ用法がある。【資料】Ⅳによれば、驪山に出かけた玄宗は、音楽隊に新曲を献上させたが、その曲にはまだ名前がなかった。ちょうどその時、南海郡から茘枝が献上されたので、「そのために」曲に「茘枝香」と名付けた、ということである。正解は①。

問3 返り点と書き下し文の問題

解答 ④

解法のポイント

本問は傍線部の後半に着目するとよい。「有」は「有二――一」の形で「――がある」を意味し、必ず下から返って読む。この時点で②・③は誤りである。「所」は直後に動作を表す語を伴い、その動作の及ぶ対象を表す用法がある。この場合も「所二――一」の形で下から返って「――（スル）所」と読み、「――するもの・こと」などと訳す。「不」は必ず下から返って読み、直後の内容を打ち消す語。以上をまとめると、「有」「所」「不」はいずれも下から返って読む可能性が高い語なので、傍線部後半は「有レ所レ不レ顧」と返り点が付いて「顧みざる所有り」と書き下す可能性が高く、④が正解であろうという見当が付けられる。

次に傍線部前半を確認する。「窮人力絶人命」は三字ずつの対句を成し、どちらも「〈動詞〉＋〈目的語〉」の構造と見てよい。「窮二人力一絶二人命一」と返り点を付け、「人力を窮め人命を絶つ」と読む④が最も適当であろう。

念のため内容も確認しておく。④の読みに従って傍線部全体を直訳してみると、「人の力を使い果たし人の命を絶っても、顧みないことがあった」となる。【資料】Ⅱ前半には、玄宗は遠方の産物を取り寄せて夫人（＝楊貴妃）を喜ばせたと書かれている。これは具体的には【資料】Ⅰに書かれている、南方から茘枝を運んだことを指すのであろう。すると傍線部（＝【資料】Ⅱ後半）の「人力を窮め人命を絶つ」も、【資料】Ⅰ最後の一文「人馬多く路に斃れ、百姓之に苦しむ」に対応していると考えられる。玄宗は楊貴妃に執心するあまり、人々を苦しめても気にしない場合があった、ということである。

以上より④が正解。

問４　詩句の解釈問題

解答　④

解法のポイント

設問の要求は「【資料】Ⅰ・Ⅱをふまえた」【詩】の第三句の解釈であるから、解答の順序としてはまず【資料】Ⅰ・Ⅱの内容を確認する必要がある。とはいえいずれの資料も難解な表現はないため、注を参考にすれば内容の把握は難しくないだろう。分からなかった人は問１(ア)・問３の解法のポイントや後の全文解釈で確認してほしい。

次に【詩】の第三句「一騎紅塵妃子笑」の解釈を、【資料】Ⅰ・Ⅱの内容を参考にして考える。「一騎」は【資料】Ⅰに出てくる、楊貴妃の好物である茘枝を、南方から都に届けに来た早馬のことである。また【資料】Ⅱをふまえれば、この早馬は楊貴妃を喜ばせるための玄宗の命令に従ったものであろう。「紅塵」はその早馬が疾走する際に上げる砂煙のこと。

以上を押さえたうえで、選択肢を確認する。①は「玄宗のため楊貴妃が手配した」という箇所が明らかに誤り。②も「早馬が……産地へと走りゆく」という箇所が明らかに誤り。③は「早馬が……倒れて砂煙を上げる」が誤り。砂煙は「七日七夜」かけて都にやって来た早馬が疾走することで上がったものと考えるのが妥当である。また、馬が倒れるのを見て楊貴妃が笑うという解釈も不適。楊貴妃の笑いは、好物の茘枝が到着した喜びや満足の気持ちを表すと考えられる。⑤は「砂煙のなか早馬を走らせて来る」という箇所が誤り。砂煙の中を早馬が走ったのではなく、早馬が走ったことで砂煙が上がったのである。

特に誤りの無い④が正解である。

問５　複数資料の内容説明問題

解答　⑤

解法のポイント

まずは【資料】ⅢとⅣそれぞれの内容を正しく把握する。

【資料】Ⅲは、『遯斎閑覧』という書物からの引用である。以下、重要なポイントを確認していく。

引用部分の一文目については、問１(イ)の解法のポイントを参照。

二行目冒頭「以」は、直後に日時を表す語を伴い、「――のときに」という時間を表す用法。「幸」は動詞で、ここでは直後に「驪山」という場所が続くので、「（皇帝や王が）出かける」の意味。「行幸」という熟語を連想したい。「即」は「すなはチ」と読む重要語句。ここでは「すぐに」と解釈すればよい。「宮」は外出先の驪山から「還る」場所であるから、具体的に都・長安の宮殿を指す。

「是未……」の「是」は接続語。前の内容を受けて「したがって」などといった意味を表す。ここでは、玄宗が十月に驪山に出かけたという前文の内容を受け、「したがって」と言っているのである。「未二嘗――一」は重要表現。「いまダかつテ――ず」と読み、「これまで一度も――したことがない」と訳す。

二行目末尾の「然」は「しかルニ」と読んでいるので、逆接を表す接続詞。「方」は複数の読み・意味を持つ重要語句であるが、ここでは「はじメテ」と読み、「そこではじめて」という意味。

【資料】Ⅲの「拠唐紀」以降を訳すと、「唐についての歴史記録によると、玄宗は十月に驪山に出かけ、翌春になってすぐに（長安の）宮殿に戻った。したがって、一度も六月に驪山にいたことはないのである。しかし茘枝は真夏になって初めて熟す」となる。整理すると、玄宗が驪山の華清宮に滞在したのは十月から翌春であり、茘枝が熟すという六月（＝「盛暑」）の時期とずれがある。だから、玄宗と楊貴妃が華清宮に滞在した際、本当に茘枝が献上されたわけではないのではないか（＝杜牧「華清宮」の内容は事実に反するのではないか）、と**【資料】**Ⅲは言いたいのである。

一方、**【資料】**Ⅳは『甘沢謡』からの引用である。

引用一・二文目は注を読めば解釈に困らないだろう。全文解釈を参照してほしい。

二行目後半の「会」は、ここでは「たまたま」と読み、「ちょうどその時」の意。南海郡から茘枝が献上されたので、それにちなんで新曲を茘枝香と名付けた、ということである。

以上、**【資料】**Ⅳは、玄宗は楊貴妃の誕生日に際して「六月一日」に驪山を訪れ、そして滞在中に茘枝が献上されたことを示す逸話であり、玄宗らが驪山に滞在した時期と、茘枝が献上されたか否かについて、**【資料】**Ⅲの主張に対する反証となっているのである。

したがって⑤が正しい説明である。

問6　複数資料による詩の内容理解問題

解答　②

解法のポイント

【資料】Ⅰ～Ⅳをふまえた**【詩】**の鑑賞を行う設問である。**【資料】**の内容は、Ⅰ・Ⅱについては問4を解く過程で、Ⅲ・Ⅳについては問5を解く過程でそれぞれつかめているはずである。ここではまず、**【資料】**をふまえると**【詩】**はどのように解釈できるかを確認する。

【詩】第一・二句は、**【資料】**をふまえずとも、注をよく読めば大意はつかめるであろう。第一句は驪山の美しい山容を述べ、第二句は驪山一帯に造営された華清宮の盛大さを述べている。第三句の解釈は、問4で**【資料】**Ⅰ・Ⅱをふまえて導き出したとおり。第四句は、「人の是れ茘枝の来たるを知る無し」と書き下せる。第三句に描写された情景を受けて、「その様子（＝早馬が砂煙を上げて走ってくる様子）が茘枝を運んで来たものだと知る人はいない」などとなる。

ただし、第三・四句に関してはもう少し踏み込んだ解釈が可能である。**【資料】**Ⅰには茘枝の輸送が人々を苦しめたことが書かれており、**【資料】**Ⅱには玄宗が人々の苦しみに注意を払わないことがあったと書かれている。これらをふまえれば、楊貴妃に対する情愛のあまり、民衆に無縁のぜいたくに溺れた玄宗への批判のニュアンスが読み取れるのである。

以上を押さえ、各選択肢を本文と注意深く照らし合わせよう。

①は「事実無根の逸話をあえて描き」という箇所が誤り。「事実無根」は**【資料】**Ⅲの主張に則った表現であるが、問5で確認したように、**【資料】**ⅢとⅣは互いに異なる内容であり、どちらが正しいかは判断できない。

③は誤りと見なせる箇所が多いが、例えば「茘枝についても写実的に描写している」という部分が明確に誤り。**【詩】**は茘枝を写実的に描写しているとは言えない。

④は「玄宗が天下のすべてを手に入れて君臨していたことへの感嘆」という箇所が誤り。先述の通り、**【資料】**をふまえれば、**【詩】**から読み取れるのは、楊貴妃に惚れ込んでぜいたくに溺れた玄宗に対する嘆きである。

⑤は「玄宗と楊貴妃の仲睦まじさ……二人が永遠の愛を誓ったことを賛美」という箇所が誤り。**【資料】**はいずれも、玄宗と楊貴妃の仲睦まじさを象徴する逸話だとはいえず、また**【詩】**から二人に対する賛美は読み取れない。

したがって②が正解。

《全文訓読》※振り仮名は現代仮名遣いによる。

【詩】

華清宮《かせいきゅう》

長安《ちょうあん》より回望《かいぼう》すれば繡堆《しゅうたい》を成《な》す

山頂《さんちょう》の千門《せんもん》次第《しだい》に開《ひら》く

一騎《いっき》紅塵《こうじん》妃子《ひし》笑《わら》ふ

人《ひと》の是《こ》れ茘枝《れいし》の来《き》たるを知《し》る無《な》し

【資料】

Ⅰ『天宝遺事《てんぽういじ》』に云《い》ふ、「貴妃《きひ》茘枝《れいし》を嗜《たしな》む。当《とう》時《じ》涪州《ふうしゅう》貢《こう》を致《いた》すに馬逓《ばてい》を以《もっ》てし、馳載《ちさい》すること七日七夜《しちじつしちや》にして京《けい》に至《いた》る。人馬《じんば》多《おお》く路《みち》に斃《たう》れ、百姓之《ひゃくせいこれ》に苦《くる》しむ」と。

Ⅱ『畳山詩話《じょうざんしわ》』に云《い》ふ、「明皇遠物《めいこうえんぶつ》を致《いた》して以《もっ》て婦人《ふじん》を悦《よろこ》ばしむ。人力《じんりょく》を窮《きわ》め人命《じんめい》を絶《た》つも、顧《かえり》みざる所《ところ》有《あ》り」と。

Ⅲ『遯斎閑覧《とんさいかんらん》』に云《い》ふ、「杜牧《とぼく》の華清宮《かせいきゅう》詩《し》尤《もっと》も人口《じんこう》に膾炙《かいしゃ》す。唐紀《とうき》に拠《よ》れば、明皇十月《めいこうじゅうがつ》を以《もっ》て驪山《りざん》に幸《こう》し、春《はる》に至《いた》りて即《すなわ》ち宮《きゅう》に還《かえ》る。是《こ》れ未《いま》だ嘗《かつ》て六月《ろくがつ》には驪山《りざん》に在《あ》らざるなり。然《しか》るに茘枝《れいし》は盛暑《せいしょ》にして方《はじ》めて熟《じゅく》す」と。

Ⅳ『甘沢謡《かんたくよう》』に曰《い》はく、「天宝十四年六月一日《てんぽうじゅうしねんろくがつつい》たち、貴妃誕辰《きひたんしん》、駕《が》驪山《りざん》に幸《こう》す。小部音声《しょうぶおんせい》に命《めい》じて楽《がく》を長生殿《ちょうせいでん》に奏《そう》し、新曲《しんきょく》を進《すす》めしむるも、未《いま》だ名《な》有《あ》らず。会《たまたま》南海《なんかい》茘枝《れいし》を献《けん》じ、因《よ》りて茘枝香《れいしこう》と名《な》づく」と。

《全文解釈》

【詩】

華清宮

長安からかえりみて眺めると、（驪山は）綾絹を重ねたような美しい山容を形成している

山頂の（華清宮の）多くの門が次々と開く

一騎の早馬が砂煙を上げて走って来て、それを見た楊貴妃が笑う

人々は誰も早馬が茘枝を届けに来たものだとは知らない

【資料】

Ⅰ『天宝遺事』にこうある、「楊貴妃は（中国南方の特産物である）茘枝が好物であった。当時、（茘枝が採れる）涪州は（公文書の運搬に用いる）早馬の中継による緊急輸送によって茘枝を貢納し、七日七晩馬を走らせて都（＝長安）に到着した。（輸送にかかわった）多くの人や馬が路上に倒れ、民衆はこのために苦しんだ」と。

Ⅱ『畳山詩話』にこうある、「玄宗は遠方の産物を取り寄せて夫人（＝楊貴妃）を喜ばせた。人々の力を使い果たし、人々の命を絶つことがあっても、気にとめなかった」と。

Ⅲ『遯斎閑覧』にこうある、「杜牧の華清宮の詩はとりわけ広く知れ渡っている。唐についての歴史記録によると、玄宗は十月に驪山に出かけ、翌春になって（長安の）宮殿に戻った。したがって六月に驪山にいたことはないのである。しかし茘枝は真夏になって初めて熟す」と。

Ⅳ『甘沢謡』にこうある、「天宝十四年（＝七五四年）六月一日、楊貴妃の誕生日に、玄宗は（楊貴妃と）乗り物に乗って驪山に出かけた。（玄宗は）宮廷の少年歌舞音楽隊に命じて（華清宮内の）長生殿で音楽を演奏させ、新曲を献上させたが、（新曲には）まだ名前がなかった。ちょうど南海郡から茘枝が献上され、そのために（新曲を）茘枝香と名付けた」と。